云南金融年鉴

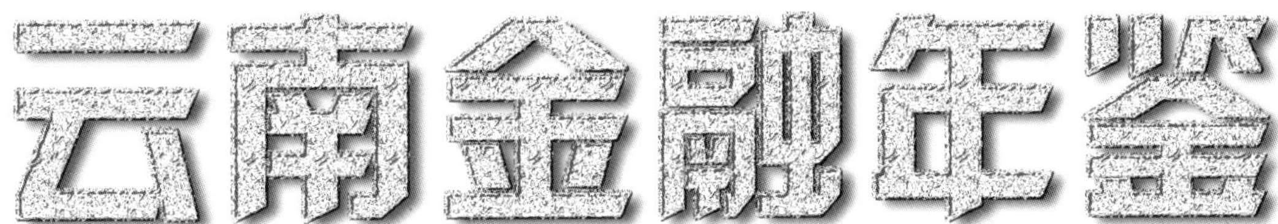

YUNNANJINRONGNIANJIAN

2013 总第十八卷 云南金融年鉴编委会 编

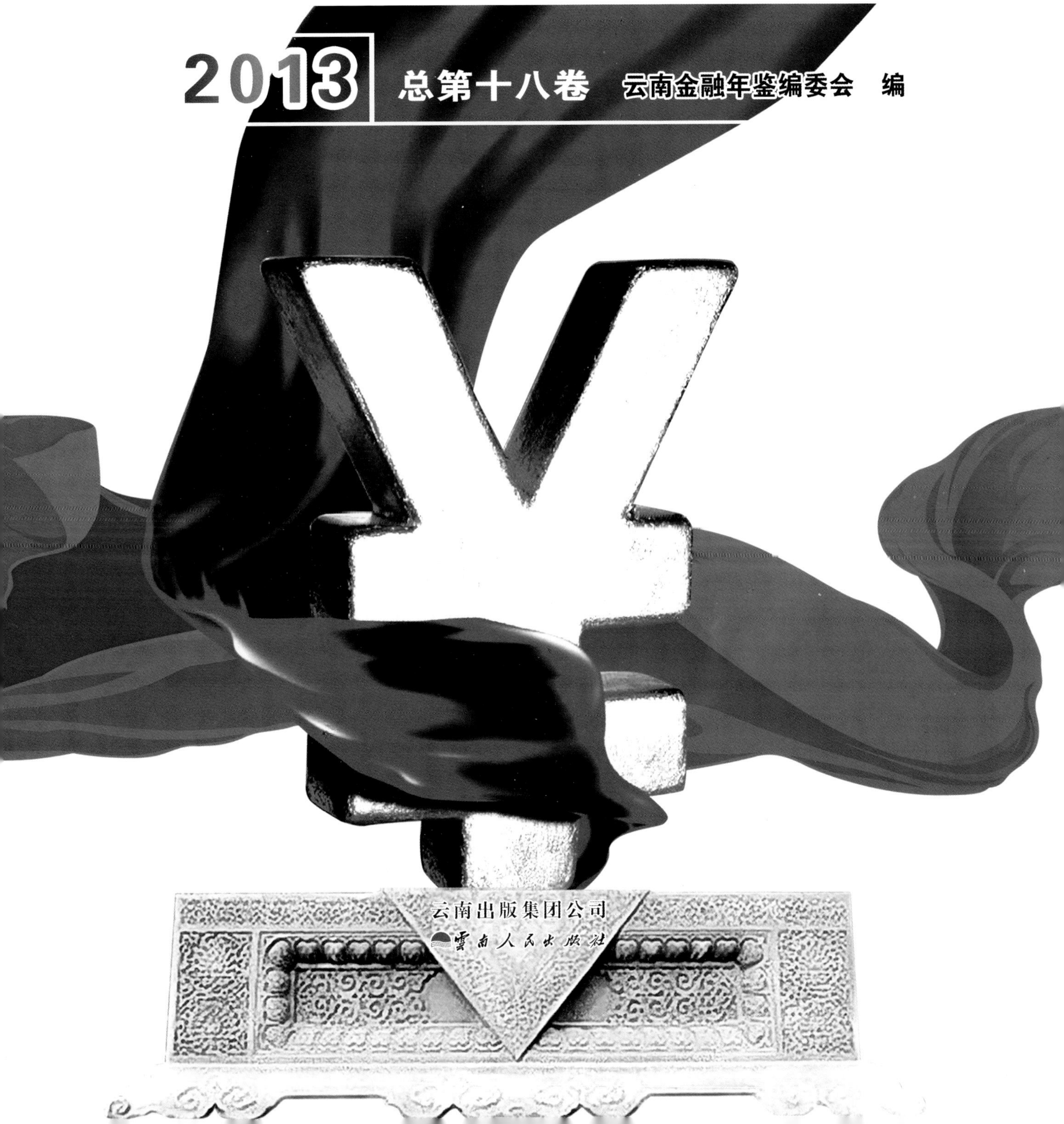

云南出版集团公司
雲南人民出版社

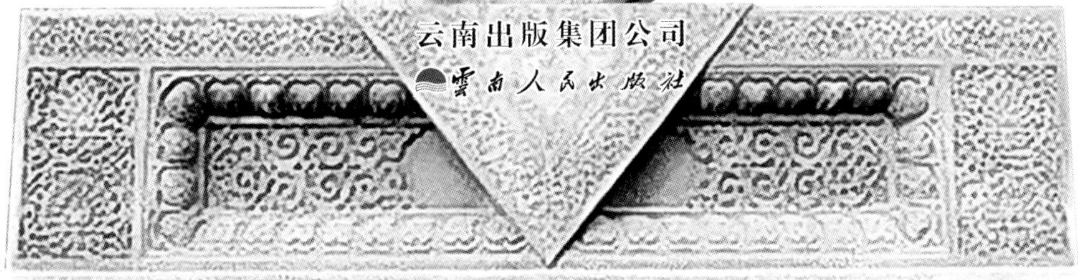

云南金融年鉴编委会

UnionPay
银联
手机支付
mobile payment

中国建设银行
China Construction Bank
云南省分行

坚持发展 扎实工作 稳中求进 推动各项工作上台阶

与国家开发银行云南省分行全面合作协议签约

2012年,建行云南省分行面对复杂多变的经济金融形势，全行以打造三项机制为着力点，以实施“三大一高”战略为抓手，坚定不移推进结构调整和战略转型，整体经营情况良好。截至年末，全行一般性存款新增284.04亿元，增长13.79%；各项贷款新增158.33亿元，增长12.04%，中间业务净收入15.63亿元，增长8.26%，实现税前利润46.63亿元，增长26.51%。不良率仅为0.45%，均达到历史最好水平。

全力以赴抓好增存稳存工作。对公条线着力抓重点客户和重点产品，做好关键核心行业、企业上下游、关联客户营销，对公存款时点、日均余额和新增均排四行第一。个人条线深入挖掘客户需求，强化产品联动，持续推进系列营销竞赛活动，个人存款新增排四行第二，人民币理财产品时点保有量保持四行第一。

坚定不移推进信贷结构调整。优先支持个人贷款、信用卡分期及小企业贷款，“三类贷款”新增占比57.9%。小企业、个人贷款增幅分别高于公司类贷款增幅15.6和13.7个百分点，个人住房贷款余额、新增保持四行第一，信用卡专项分期交易额为上年的3.9倍。坚持按价格、产品、战略客户、存款四个维度配置对公信贷资源，优先支持类行业贷款占对公类贷款余额的54.5%。

与昆明市人民政府签定“助保贷”业务银政合作协议

突出重点夯实发展基础。围绕“三大一高”梳理8大重点行业和5大系统核心客户，打造“链条式”和“批量化”营销模式。以湖南商会、螺蛳湾综合市场、云纺商业区为试点做社区金融服务方案探索，积极推进商会、供应链融资、担保增信等平台建设，促进小微企业、小客户和无贷户增长。渠道建设加速推进，新开业1家财富管理中心和3家私人银行；电子银行账务性交易量比56.87%，提升值高于系统平均3.29%；自助设备综合效益系统第10位。服务质量保持良好，两次总行组织的神秘人检查名列前茅。

坚持不懈抓好风险内控管理。推进全面风险管理，实施“五重一大”风险监控机制,完善重大风险事项动态监控和追踪机制。提升案防和内控执行力，对梳理出的屡查屡犯、此查彼犯问题开展“案防和屡查屡犯专项治理”活动，采取各种措施保持对案件的高压态势，连续四年实现“四无”目标。

持续完善内部体制机制。通过完善竞争力、执行力和联动机制，实施“3+1”考核体系（即KPI、等级行、管理业绩考核和案件防控及检查纠错专项治理工作考评）做实过程管理。高质量完成298个网点前后台分离项目上线工作。启动网点“三综合”试点。出台相关政策鼓励县支行做强做大。

举办2012年度少数民族地区大学生成才计划奖（助）学金颁奖仪式

城西支行开展抗旱献爱心党、团、工会活动

与中国进出口银行云南省分行签署《战略合作协议》

与省供销合作社签署《战略合作协议》

云南省东南亚南亚经贸合作战略合作协议签字仪式

中国农业银行
AGRICULTURAL BANK OF CHINA

云南省分行

坚持稳健经营　强化基础管理
农行云南省分行2012年业务经营实现优质高效发展

与大理州政府签订金融战略合作协议

开展电子银行走进企业活动

2012年，农行云南省分行在农总行党委的正确领导下，以科学发展观为指导，始终坚持“稳中求进、好中求快、变中求新”的总要求，紧紧围绕“横向提升、纵向进位”的总目标，积极实施“发展、转型、强管、创新、控险、增效”的业务经营方针，大力加强产品与服务创新，不断深化服务“三农”工作和业务经营转型，加强企业文化建设和内部管理，积极履行社会责任，各项业务经营实现了规模增长、结构优化、质量提升、效益提高的良好局面，为云南经济社会发展提供了有力的金融支撑。

2012年12月20日，农行云南省分行正式对外发行金穗IC借记卡

截至年末，全行本外币各项存款余额为2851亿元，较上年增加324亿元，存款存量、增量在全省四大行中均排名首位；本外币各项贷款余额为1879亿元，较上年增加191亿元，贷款存量、增量在全省四大行中分别排名第1位和第2位；实现拨备前利润、拨备后利润和中间业务收入分别为76.52亿元、74.15亿元和19.76亿元，利润和中间业务收入在全省四大行中均排名首位，经营效益持续增长，有效巩固和提升了在省内的主流银行地位。

农行新农保代理点便利广大农户

信贷支持茶业产业发展

信贷支持花卉产业发展

支持香港青年赴丽江开展乡村服务计划

农行送福下乡村

国家开发银行股份有限公司云南省分行

China Development Bank Corporation Yunnan Branch

在温家宝总理和老挝通辛总理见证下，国开行与老挝开发银行签署贷款合同

秦光荣书记与陈元董事长互赠礼物

战略性成长性企业座谈会

支持澜沧江糯扎渡水电站建设

2012年，国家开发银行云南省分行（以下简称“云南分行”）认真贯彻中央的各项政策措施，秉承“抓好党建、办好银行、支持发展、服务云南”的理念，积极落实云南省加快推进桥头堡建设、深入实施西部大开发、滇中产业新区建设等战略部署要求，加大对水利、交通、电力、工业等重大项目的信贷支持，以省委、省政府确定的“稳增长冲万亿促跨越”为目标，充分发挥开发性金融的优势和作用，为“中国梦”在云南的具体实践作出了积极贡献。截至2012年底，分行管理资产余额已达1891亿元，本外币贷款余额1602.98亿元，新增融资总量404.25亿元，创历史新高。呈现出资产增长较快、资产质量提高、对云南经济社会发展支持力度增强的的良好势头。

成立13年来，云南分行已形成“两基一支”、基层金融、国际合作“一体两翼”的发展格局。一是发挥优势，确保重大项目资金供应。重点支持了昆明新机场，南北大通道，昆明轻轨，大丽、保腾、昆武公路，牛栏江—滇池补水工程，功果桥、鲁地拉水电站等云南省重大重点项目，重大项目贷款发放量占到分行全年人民币贷款发放量的66%，保障了重大项目建设顺利推进，中长期贷款主力银行的地位得到进一步加强。二是积极履责，基层金融亮点纷呈，全年共

省公路公司送来锦旗

分行向寻甸捐款仪式

发放保障性住房贷款46.94亿元，居云南银行业之首；牵头组建全省保障房120亿元银行贷款；发放中小企业和产业贷款28.3亿元，支持蓝晶科技、美山花卉等130家中小企业发展；向10.29万名学生发放生源地助学贷款5.94亿元，创历史新高；发放应急贷款2亿元，有力支持了昆明、曲靖、楚雄等地抗旱救灾。三是奋力开拓，国际业务逆势而上，年末外汇贷款余额22.27亿美元，占全省的47.3%；余额新增4.67亿美元，占全省的35.5%；连续三年居全省同业第一。国际项目开发和省内重点企业开发齐头并进，支持昆钢、云南建工、云锡等云南优质企业开辟国际市场；对缅甸和对老挝合作同步推进；发展方式和手段不断丰富，实现了多元化发展。

展望未来，云南分行将在总行的坚强领导下，紧紧围绕云南省“两强一堡”发展战略要求，进一步深化开发性金融理论与实践，坚持科学发展、和谐发展、跨越发展，以更加饱满的热情、更加鼓舞的士气，与全省人民一道，立足彩云南，共筑“中国梦”，为云南与全国同步全面建成小康社会作出应有的贡献。

分行贷款支持的大丽铁路丽江站

分行贷款支持修建的大丽铁路

富滇银行 FUDIAN BANK

12月21日，省政协主席罗正富、副省长丁绍祥、省人大常委会原常务副主任牛绍尧和富滇银行党委书记、董事长夏蜀揭牌

2012年度全国支持中小企业发展十佳商业银行奖牌

【综述】

2012年是富滇银行品牌创建一百周年，也是恢复组建后第一个"五年计划"的收官之年。一年来，富滇银行紧扣国家政策和监管主线，各项业务快速发展，资产规模、盈利水平和资本实力取得较大突破，进一步实现了业务转型，有力服务了实体经济建设。

【主要经营指标完成情况】

● 本外币资产总额1047.87亿元，较上年同期增加222.32亿元，增幅为26.93%；

●本外币全口径存款余额 861.28亿元，较上年同期增加170.15亿元，增幅为24.62 %；

●本外币各项贷款余额 498.22亿元，较上年同期增加 76.67亿元，增幅为 18.19%；

●实现净利润 9.6亿元，较上年同期增加2.28 亿元，增幅为31.17%；

●不良贷款率为0.96 %，较上年同期下降 0.12个百分点；拨备覆盖率为 332.84%，较上年同期提高 25.9个百分点；

●流动性比例为32.04%，同比下降6.45个百分点；存贷款比例为66.44%，同比上升0.47个百分点。

【积极支持地方发展 资产突破千亿元大关】

2012年，面对复杂严峻的国内外经济金融形势，富滇银行认真贯彻落实货币信贷政策、产业政策，围绕省委省政府的经济工作部署，积极履行地方银行职责，促进云南经济跨越发展，重点围绕园区经济、县域经济、民营经济"三大战役"，强化金融服务支持力度。紧盯全省"稳增长、冲万亿、促跨越"目标，坚持"有扶有控"的信贷政策，加大对实体经济和全省产业升级的支持力度，积极支持"滇中引水"工程项目、滇池污染治理项目等2012年全省重点督查的20个重大建设项目，积极支持实体经济、全省重点企业发展，全年累计投放贷款707.09亿元。富滇银行还充分发挥独立法人优势和金融平台作用，引进省外资金支持云南经济发展，通过卖出票据、再贴现、短期外债、信托收益权等业务累计融入省外资金400余亿元支持云南经济建设。富滇银行在积极支持地方积极发展的同时，自身也不断发展壮大，截至2012年末，全行资产总额突破千亿元大关，达到1047.87亿元，本外币全口径存款余额 861.28亿元，本外币各项贷款余额498.22亿元，实现净利润 9.6亿元。

【积极"走出去" 促进区域性金融中心建设】

按照"立足云南，辐射西南，放眼全国，走向泛亚"的区域性发展规划，2012年富滇银行进一步加大了对云南省内的网点布局，新设楚雄开发区支行、普洱人民路支行、大理宾川支行、西双版纳勐泐支行、红河个旧支行；强化重庆分行融通滇渝、服务西南的作用，新设了重庆渝北支行、重庆南岸支行；围绕将瑞丽重点开发开放试验区建设成为中缅边境经济贸易中心、西南开放重要国际陆港、国家文化交流窗口、沿边统筹城乡和睦邻安邻富邻示范区的要求，富滇银行进一步加大对瑞丽支行的支持力度，并将瑞丽支行升格为分行，进一步提升其服务开发开放试验区的能力。同时，紧紧围绕云南面向西南开放的桥头堡建设，加快“走出去”步伐，积极推进老挝代表处转为经营性机构，努力推进以国际结算、贸易融资、人民币贸易结算为重点的国际业务发展，推动以东南亚国家为重点的境外合作，积极推进跨境人民币结算和小币种金融服务。以瑞丽、河口、版纳为重点，推进跨境人民币结算工作，完成跨境人民币结算量19.01亿元人民币，同比增长44.56%；参与人民币对泰铢银行间区域市场的交易，成为全国首个东南亚小币种金融服务商、首批参与泰铢银行间区域交易市场的做市商，累计完成泰铢银行间交易2.59亿泰铢，基普交易82.05亿基普。

【加强金融创新 满足客户多元化需求】

不断加强业务创新工作，制定了《产品创新与推广专项考核办法》，将产品创新纳入年度刚性考核范围。着力开发非标准型债务工具、票据型产品、债券型产品、同业存款型产品、混合投资型产品，与其他金融机构共同开发理财和结构性产品，被《理财周报》评为“2012年中国最具区域竞争力城商行金融品牌”。

进一步强化产品创新工作，发行了“富滇稳健”、“富聚财富”、同业存款理财计划、券商合作票据类定向资产管理计划、银信租合作应收租金债权转让信托理财计划、富业成长中小企业集合等理财产品，累计发售35期，金额48亿元。其中，“富聚财富”系列理财产品荣获《理财周报》评选的“2012年中国十大最佳银行理财产品”称号。

创新林权抵押贷款融资模式，加大“三农”金融服务。针对保山、版纳、普洱的林产业特色，加大对咖啡产业、林产业支持力度，办理林泉抵押贷款21笔、贷款1.58亿元，超额完成人行昆明中心支行下达的新增贷款投放任务。充分利用州县网点和已发起设立的四家村镇银行优势不断加大对“三农”的支持力度，全行涉农贷款余额突破100亿元。

加强电子渠道建设，强化电子银行产品营销能力、风险防控能力和新业务的推广能力，稳步提高全行电子银行业务有效客户、交易量及业务替代率，替代率较上年提升5.64个百分点，达25.28%。全行企业网上银行客户新增3728户，个人网银（专业版）客户新增15861户，个人手机银行客户新增11118户。

【支持小微企业、非公经济发展】

富滇银行以国家政策为导向，结合云南本地经济特点，加强对小微企业和非公经济的差异化服务建设，2012年7月，在昆明辖区内挑选了7家二级支行作为服务小微企业的专业支行，将小微企业金融服务触角延伸到专业市场、社区等最基层网点。在此前成立的小企业信贷专营中心、科技服务创新中心、矿业中心也日益发挥出重要作用，小企业信贷专营中心各项贷款余额8.3亿元，小企业客户229户；科技服务创新中心贷款余额1.7亿元，支持科技型企业15户；矿业中心贷款余额3.61亿元，服务矿业企业23户。三个中心为不同行业领域的小微企业和非公企业客户提供了专业化、差异化的金融服务。

富滇银行还加速小企业业务改革创新，设计了全行小企业发展的战略规划、商业模式和品牌建设；制定小企业全行营销整体推进和集群客户营销方案；制定充分反映贷款风险、易于操作、以信用评级为基础的风险定价体系；推进“信贷工厂”的建设工作；整合“成长360°”专属品牌，推出“医保融”、“助保融”等产品，其中，“助保融”在第七届中国中小企业家年会上，获“2012全国中小企业最受欢迎金融特色产品”，“成长360°”金融产品营销案例被《银行家》杂志评为“十佳金融产品营销奖”。

同时富滇银行紧密联系省市工信委、金融办、劳动就业局及昆明市总工会等相关政府职能部门，积极参与政府主导的促进小微企业发展的活动。截至2012年末，全行小企业业务口径贷款（不含贴现）余额为67.47亿元，较年初新增26.31亿元，增幅达63.92%，增幅高于全行贷款增幅45.78个百分点，增量高于去年同期10.29亿元。在第七届中国中小企业家年会上，荣获“2012年度全国支持中小企业发展十佳商业银行”等称号。

【强化社会责任 加强品牌建设】

结合“富滇银行”品牌创建100周年契机，富滇银行加大宣传力度，推动历史题材电视剧《富滇风云》播出工作，提升富滇银行品牌影响力，增强员工的自豪感和凝聚力。切实履行社会责任，积极支持“兴边富民工程”、定点挂钩扶贫、新农村建设工作和其他公益事业，加强社会责任教育，引导干部员工更好地服务社会，促进经济、金融与环境的可持续发展。2012年，投入扶贫资金近600万元至定点挂钩扶贫单位宁蒗县以及定点帮扶沧源县，完成扶贫项目多个。被省委省政府授予“十一五”扶贫开发工作先进集体和“2011年度社会扶贫工作先进集体”称号。

富滇银行党委书记、董事长夏蜀走访挂钩农户

云南省农村信用社

YUNNAN RURAL CREDIT COOPERATIVES

省联社党委委员及主任助理在柯渡丹桂红军村接受革命传统教育

2012年，云南省农村信用社认真贯彻党的十八大精神，落实国家宏观调控的信贷政策，紧扣省委、省政府“稳增长、冲万亿、促跨越”的工作部署，以“八个坚持”治社方略为指导，着力支持“三农”、中小微企业和重点项目建设，着力创新金融产品和服务方式，着力提升经营管理的精细化、规范化水平，促进各项业务持续健康发展，存贷款规模位居全省金融机构首位，各项监管指标排列全国农信社系统前十位，市场竞争力和社会形象大幅提升，荣获云南金融支持桥头堡建设突出贡献奖。

业务发展实现新突破。截至2012年末，各项存款余额达3958亿元，各项贷款余额达2315亿元，其中涉农贷款1654亿元，小微型企业贷款余额682亿元，各项收入达到278亿元，实现净利润54亿元，上缴税收超29亿元，社会贡献度大幅提升。

民生金融服务再上新台阶。一是积极做好抗震救灾金融服务工作。在宁蒗“6·24”和彝良“9·7”地震发生后，第一时间在灾区搭建起“帐篷银行”，成为唯一一家在灾区提供各项金融服务的银行。二是积极改善农村金融服务环境。继续开展信用乡镇建设，共评定信用乡（镇）74个、信用村2804个、信用小组1.4万个，信用户454万户；在15个州（市）118个县（区、市）建立惠农支付服务点3956个，占全省惠农支付服务点总量的70%，累计办理刷卡消费、取款、缴费、转账等业务103万笔，金额2亿多元；在88个县办理了“新农保”、“新城保”的资金兑付、代收费等金融服务工作，全年代理发放各类财政直补农民资金达96亿元。

电子银行业务新跨越。省联社高度重视科技信息化建设，着远长远发展，树立“科技领社”战略，引领各项业务跨越发展。截至2012年12月末，全省农信社电子银行客户13.19万户，企业电子银行客户8549户，累计交易额突破2000亿元大关，达到2334.59亿元。在第二届春城金融博览会上，农信社电子银行荣获“2012年度云南最佳电子银行奖”。

风险防范取得新成绩。一是信贷风险和流动性风险得到有效防控。二是深入持续开展案件防控工作。三是安全防范意识增强。实现安全经营无重大案件。

党的建设取得新成效。一是思想建设迈上新台阶。2012年，省联社党委在系统总结全省农村信用社改革发展各项经验基础上，提出了坚持合作建社、质量立社、服务美社、依法治社、勤俭办社、效益强社、科技领社、人才兴社的“八个坚持”治社方略。二是政治建设获得新成效。全面加强党的领导制度建设，坚持党的民主集中制原则，实施“三重一大”决策制度，推进“阳光党委”建设。三是组织建设实现新突破。省联社党委着眼于农信社长远发展，坚决贯彻落实省委“走活干部这盘棋”的战略思维和工作部署，狠抓组织和干部队伍建设。2012年，省联社再次被省委、省政府评为“惩治和预防腐败体系建设暨党风廉政建设责任制检查考核优秀单位”。

企业文化展现新气象。2012年，全省农村信用社企业文化建设展现新气象。一是研究制定了《云南省农村信用社企业文化建设三年规划2012—2015年》，探索建立企业文化建设长效机制。二是组织开展青年优秀文章征集评选活动，并选送前30名优秀文章至省直机关工委参加评选。三是组织开展全省农村信用社着装展演活动，充分展示了农村信用社深厚的文化底蕴和职工的精神风貌。四是坚持开展群众性的精神文明建设活动，积极开展文明单位、青年文明号、巾帼文明示范岗等创建工作。

云南省农村信用社首届“信合风采”着装展演颁奖晚会

帐篷银行门口排着取款的灾民

农村信用社惠农支付点开到山村，使景颇族人民享受到现代金融的便捷与实惠

最红星期五 太平洋借记卡

刷太平洋借记卡 享星期五好礼

庆太平洋卡发行20周年，星期五刷卡好礼享不停。

活动时间：即日起至2013年12月31日

最红幸运刷卡礼

凡当月使用交通银行太平洋沃德卡、交银卡每周五完成一笔刷卡消费，单笔消费2000元(含)以上，有机会赢取苹果IPAD MINI(黑色16G)。

最红商户共享礼

活动期间，凡使用交通银行太平洋借记卡每周五在餐饮、百货、娱乐类活动商户处刷卡消费，单笔消费满人民币500元(含)，即有机会赢取价值50元的中国移动充值卡。

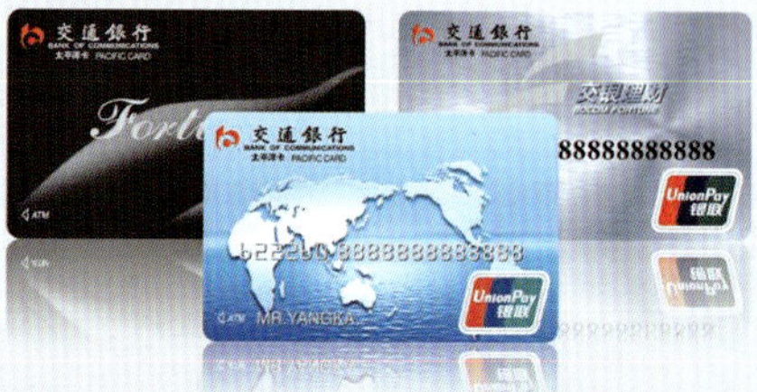

客服热线：95559 www.bankcomm.com

云南省财贸工会：1955年11月，省委批准成立中国商业工会云南省筹备委员会，1958年底，改名为中国财贸工会云南省筹备委员会，1959年金融工会工作并入省财贸工会。文化大革命开始，省财贸工会随省总工会撤销。1979年10月10日经省委批准，正式成立省财贸工会筹备委员会，1984年，省总决定将财贸、农林、建筑三个产业合并为产业工作部，1989年11月，省总党组决定，撤销产业工作部再次恢复省财贸工会，1997年9月，经省总批准，召开第一次代表大会，成立了第一届委员会。发展至今，省财贸工会召开了三次全委会议，选举产生了三届委员会，云南省财贸工会在组织建设和会员发展中，始终按照全总提出的“组织起来，切实维权”的工作方针，把组织建设作为工会工作的组织基础，云南省财贸工会组织不断壮大发展起来。到2012年，云南省财贸工会所属厅、局、社、公司工会和直属单位33个，基层工会69个，职工15920人，会员15224人。

中国民生银行 昆明分行

CHINA MINSHENG BANK KUNMING BRANCH

《金融推进文化产业发展合作备忘录》签字仪式

昆明市小微企业金融促进会第一次会员会暨成立大会

昆明市小微企业金融促进会第一次会员会暨成立大会

为进一步促进云南省文化产业的发展，充分发挥金融支持产业的作用，经省委、省政府研究决定，2013年8月9日上午举行了云南省《金融推进文化产业发展合作备忘录》签字仪式，作为“2013云南文化产业博览会”的一台重头戏。昆明分行党委副书记、副行长（主持工作）黄岚应邀出席并见证签字仪式，同时代表昆明分行与云南省文产办、云南省金融办签署了《金融推进文化产业发展合作备忘录》。

2013 年4 月24 日下午，昆明市小微企业金融促进会第一次会员会暨成立大会在昆顺利召开。昆明市委、市政府、省市工商联、市民政局、中国民生银行昆明分行领导，部分商会、企业家代表和新闻媒体等共计200 余人参加了会议。

昆明市小微企业金融促进会的成立，对昆明分行小微业务发展意义重大，标志着昆明分行向着总行“做大做强”互助基金的目标迈出了坚实而关键的一步!

西南有旱，民生有爱；爱心水窖，青年行动!

2013年5月3日，昆明分行团委于文山壮族苗族自治州西畴县法斗乡政府顺利举行“爱心水窖”仪式。本次共募集15万元人民币，分行专门成立支援小组到西畴县法斗乡实地考察并举行捐献仪式，以实际行动履行社会责任。

2013 年8 月7 日，由云南信息报主办的“2013 昆明金融业民意大调查”权威榜单降重揭晓，中国民生银行昆明分行荣获“营业厅服务满意度TOP10”、“个人信贷业务满意度TOP10”、“电子银行服务满意度TOP10”、“银行卡业务满意度TOP10”、“个人理财满意度TOP10”等多个奖项，综合满意度达90%以上。

“爱心水窖”仪式

新办公大楼奠基仪式

2013 昆明金融业民意大调查

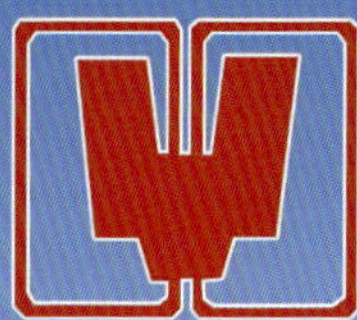

玉溪市商业银行
YUXI CITY COMMERCIAL BANK

玉溪市商业银行在全行范围内广泛开展文明规范服务

2012年，玉溪市商业银行在玉溪市委、市政府的正确领导下，在人行玉溪中支和玉溪银监分局的指导和监管下，以科学发展观为指导，全面贯彻央行货币政策和金融监管的各项要求，强化基础管理，坚持服务实体经济，严守风险底线，团结一致，奋力拼搏，积极应对动荡的国际金融环境和复杂的国内经济金融形势，各项业务稳健发展，净利润突破亿元大关，基本完成年初制定的计划目标。截至年末，全行资产总额为1193315万元，比年初增加170269万元，增幅16.64%；其中贷款余额434932万元，列玉溪市金融机构第6位，比年初增加83405万元，增幅23.73%。负债总额为1115692万元，比年初增加151538万元，增幅15.72%；其中各项存款余额为989986万元，列玉溪市金融机构第4位，比年初增加58024万元，增幅6.23%。储蓄存款余额为111053万元，比年初减少1162万元，减幅1.04%。实现净利润13635万元，同比增加5309万元，增幅63.76%；实现净利息收入23136万元，同比增加8883万元，增幅62.32%。主要监管指标均达到监管要求，其中资本充足率14.07%，核心资本充足率12.07%，资产利润率1.24%，资本利润率20.07%，不良贷款率1.19%，拨备覆盖率为233.56%，流动性比例63.03%，存贷比43.96%，收息率98.65%，成本收入比31.89%。

2012年12月5日，玉溪市商业银行党委向红塔区北城街道莲池社区居委会捐赠图书

2012年7月4日，银监会二部领导莅临玉溪市商业银行指导工作

2012年4月23日，玉溪市商业银行职工代表到漯河小寨村送水

2012年10月29日，玉溪市商业银行举办以“落实内控制度、提高业务技能、严防操作风险”为主题的劳动技能竞赛

2012年1月4日，玉溪市商业银行党委书记、董事长走访慰问了挂钩扶贫点—元江县曼来镇团田村委会的群众

2012年11月29日，昆明分行搬迁暨昆明曙光支行开业庆典隆重举行

2012年8月23日，玉溪市商业银行党委书记、董事长旃绍平与澄江县委书记杨兴荣为澄江支行开业揭牌

玉溪市商业银行党委书记、董事长旃绍平代表全行员工向元江县阿布都村委会捐献抗旱救灾款

2012年1月4日，玉溪市商业银行组织员工参加环城赛跑活动

用卡安全
一卡多用
便民惠民

金融IC卡

金融IC卡，又称芯片银行卡，智能银行卡，符合中国人民银行PBOC2.0标准，采用了先进的智能卡技术，除具备传统磁条卡所拥有的消费、信用、转账结算、现金存取等功能外，还具有安全性高、可支持多应用、支付更快捷等特点。2015年以后，各商业银行不再发行磁条银行卡，将逐步被芯片银行卡所取代。

95516
www.unionpay.com

银联随行 世界随心

序　言

2012年，云南省实现地区生产总值10309.8亿元，经济总量首次迈过万亿元大关，同比增长13%，高于全国平均增速5.2个百分点，列全国第4位。全年全省经济社会发展的各项目标圆满完成，全省“科学发展、和谐发展、跨越发展”的势头进一步得到巩固和发展。

一年来，全省金融业认真贯彻落实上级经济金融工作会议精神，把实现国家的宏观调控意图与促进云南经济社会发展的各项目标相结合，全年金融业贯彻落实稳健的货币政策实现了预期目标。金融服务的质量和效率全面提高，在辖区主导的金融创新工作取得了实效，在辖区强化金融监督管理的成效开始显现，全省金融业生态环境进一步优化，有力地维护了辖区的金融稳定。全年辖区资本市场服务云南经济社会发展的能力和水平进一步增强。全省保险业在经济社会发展各领域的保险保障功能得到全面发挥。金融业为全省“稳增长、冲万亿、促跨越”目标的实现发挥了不可或缺的支撑作用。

银行业：截至2012年末，全省银行业法人金融机构164个，营业网点5269个，从业人员70610人。全省金融机构人民币各项存款余额17978.22亿元，同比增长17.01%，比年初新增2615.17亿元，同比多增662.25亿元；全省金融机构人民币各项贷款余额13869.75亿元，同比增长14.34%，比年初新增1733.29亿元，同比多增172.86亿元。全省银行业金融机构资产总额为23054.69亿元，比年初增加4040.62亿元，增长21.25%；负债总额22357.84亿元，比年初增加3882.77亿元，增长21.02%；不良贷款余额151.34亿元，比年初减少34.36亿元，不良贷款比率为1.07%，比年初下降0.44个百分点。

证券业：截至2012年末，全省共有28家境内上市公司，82家证券经营机构，22家期货经营机构，4家境外期货持证企业，资本市场总体规模居西南片区第3位。全年云南证券市场A股、基金总成交额4559亿元，同比下降26.52%，新增A股投资者开户数9.13万户，同比增长4.86%，累计A股投资者开户数达196.86万户。全年上市公司新增再融资109.5亿元，同比增长9.23%。全年新设6家证券营业部、5家期货营业部。全省期货市场累计完成代理交易额3.37万亿元，同比增长114.46%。全年共新增6家上市辅导备案企业，完成辅导备案企业达到20家，比年初增长近50%。全年着力推动部分上市企业的市场化并购重组，使其业绩和核心竞争力进一步提升。太平洋证券在老挝设立合资证券公司获证监会批准，云南证券业“走出去”迈出了实质性步伐。

保险业：截至2012年末，全省有保险法人机构1家，保险省级分公司32家，保险中支及以下机构2542家，保险专业中介法人机构38家，保险从业人员达7.15万人。保险公司资产总额为441.23亿元，较年初增加60.67亿元。全年各保险公司累计实现保费收入271.29亿元，同比增长12.52%；全年累计保险赔付支出100.11亿元，首次突破百亿元大关，同比增长25.30%。全年农业保险保费收入7.13亿元，赔付支出4.1亿元，使44.13万户农户受益。全年政策性保险为支持云南外向型企业“走出去”提供了全方位的保险保障。全年针对农户的新农合大病补充医疗保险、针对城镇居民和职工的大病补充医疗保险服务和覆盖面进一步扩大。全年针对工程建设和高危行业企业的保险保障进一步加强。

2013年，在国家深入实施新一轮西部大开发战略、支持云南加快建设面向西南开放重要桥头堡及中央继续实施积极的财政政策和稳健的货币政策下，云南经济保持平稳较快发展，面临的挑战和机遇并存。全省金融业将继续认真贯彻落实上级各项金融政策，不断改进和提升全省金融服务水平，切实维护辖区金融稳定，继续为云南经济社会发展贡献力量。

Preface

2012, Yunnan Province, the realization of regional GDP 1. 03098 trillion Yuan into the total economy for the first time crossed the one trillion Yuan mark, an increase of 13% , higher than the national average growth rate of 5. 2 percent, ranking No. 4. Year the province's economic and social development goals successfully completed, the province's "scientific development, harmonious development, leapfrog development," the momentum of further consolidation and development.

Over the past year, the province's financial sector to seriously implement the higher level of economic and financial work conference, to achieve the country's macro – control intention and to promote economic and social development of Yunnan goals combined annual financial industry to implement a prudent monetary policy to achieve the desired objectives, financial services and comprehensively improve the quality and efficiency, leading in the area of financial innovation has made effective, strengthening financial supervision and regulation in the area began to show the effectiveness of the province's financial sector to further optimize the ecological environment, and effectively safeguard financial stability in the area . Annual capital markets services area of economic and social development of Yunnan's ability and level further strengthened. The province's economic and social development of the insurance industry in the fields of insurance protection function was fully play. The financial industry for the province's "steady growth, red trillion, and promote across the" goals to play an integral role in supporting.

Banking: As of the end of 2012, the province's corporate banking financial institutions 164, outlets 5269, employing 70, 610 people. The province's financial institutions RMB deposit balance of 1. 797822 trillion Yuan, an increase of 17. 01% over the beginning of the year 261. 517 billion Yuan, an increase of 66. 225 billion Yuan; province's financial institutions, the loan balance of RMB 1. 386975 trillion Yuan, an increase of 14. 34% , add 173. 329 billion Yuan over the beginning, an increase of 17. 286 billion Yuan. The province's total assets of banking institutions 2. 305469 trillion Yuan, an increase of 404. 062 billion Yuan, an increase of 21. 25% ; total liabilities of 2. 235784 trillion Yuan, an increase of 388. 277 billion Yuan, an increase of 21. 02% ; non – performing loans 15. 134 billion Yuan over the beginning 3. 436 billion Yuan to reduce non – performing loan ratio was 1. 07% , down 0. 44 percentage points over the beginning.

Securities industry: As of the end of 2012, the province's total of 28 domestic listed companies, 82 securities institutions, 22 futures companies, four overseas futures business permit, the overall size of the capital markets southwest area of the first three ranks. A – share stock market throughout the year in Yunnan, the Fund's total turnover of 455. 9 billion Yuan, down 26. 52 percent, the new A – share investment accounts 91, 300, an increase of 4. 86%, total A – share investors accounts reached 1, 968, 600. Annual refinancing of listed companies added 10. 95 billion Yuan, an increase of 9. 23%. New six year securities business department, five futures business department. The province's futures market transactions totaled 3. 37 trillion Yuan agency, an increase of 114. 46%. A total of six new listing guidance for the record companies, completed the counseling record companies reached 20, an increase of nearly 50% compared to the beginning. Some listed companies throughout the year focus on promoting market – oriented mergers and acquisitions, so that performance and further enhance the core competitiveness. Pacific Securities in Laos to establish joint venture securities companies approved by the SFC, Yunnan securities industry "going out" has taken a substantial step.

Insurance: As of the end of 2012, the province had insurance legal entities an insurance 32 provincial branches, insurance agencies charged and below 2542, the insurance intermediary agencies specializing in 38 insurance employing 7. 15 million people. Insurance companies amounted to 44. 123 billion Yuan assets, increased 6. 067 billion Yuan over the beginning. The insurance companies realized a total annual premium income 27. 129 billion Yuan, an increase of 12. 52%; annual cumulative Insurance claims paid 10. 011 billion Yuan for the first time surpassed the ten billion mark, up 25. 30 percent. Annual income of 713 million Yuan of agricultural insurance premiums, claims paid 410 million Yuan, the 441, 300 farmers benefited. Annual insurance policy to support export – oriented enterprises in Yunnan "going out" to provide a full range of insurance coverage. Year for farmers NCMS illness supplementary medical insurance for urban residents and workers ill supplementary medical insurance services and coverage further expanded. Year for construction and high – risk industries and enterprises to further strengthen the insurance coverage.

2013, in – depth implementation of the new national western development strategy, support for the southwestern Yunnan Province to speed up construction of an important bridgehead open and central continue to implement the proactive fiscal policy and prudent monetary policy, the economy maintained steady and rapid development of Yunnan challenges and opportunities. The province's financial industry will continue to earnestly implement the various superiors financial policies, constantly improve and enhance the province's financial services, and earnestly safeguard financial stability in the area and continue to contribute to economic and social development of Yunnan.

Zhou Zhenhai

编 辑 说 明

一、《云南金融年鉴》由中国人民银行昆明中心支行主管，《云南金融年鉴》编辑部出版发行。自1996年以来，始终本着坚持“全面、真实、客观和翔实反映云南金融业发展状况，忠实记载云南金融业发展历史”的宗旨，每年出版一卷，为社会各界全面了解、研究云南省金融业发展提供基础材料和基本线索。

二、本卷为第十八卷，汇集了2012年云南省金融业发展的重要信息，收录了2012年云南省金融业发展的基本资料，基本涵盖云南省辖内银行业、证券业、保险业和其他金融机构。

三、本卷内容均由各参与金融机构提供，由编辑部编辑、订正。

四、本卷对各金融机构的排列顺序按照惯例进行，无名次高低之意。

五、本卷收录的全省主要金融统计资料由人行昆明中支、云南银监局、云南证监局、云南保监局提供的口径为准。

六、本卷的编辑出版是在《云南金融年鉴》编委会和各参与金融机构的大力支持及全体参编人员共同努力下完成的，并得到云南人民出版社、云南民大印务有限公司的支持。

七、在总结以往经验和吸取其他年鉴好的做法的基础上，本卷在内容编排上做了适当的调整。书中有不足之处，恳切希望广大读者批评指正，以促使我们今后改进编撰工作，进一步提高编撰质量。

最后，我们对多年来一直关心、支持《云南金融年鉴》编撰工作的各金融机构的领导和提供稿件的各单位及撰稿人的辛勤付出表示衷心的感谢！

年鉴若存在印装质量问题，请与编辑部联系，我们将及时予以更换。

编辑部联系电话：0871—63212646/63212705。

《云南金融年鉴》编辑部

2013年8月

目 录

第一部分 金融运行报告

第二部分 金融业务

第三部分　各州市金融运行篇

第四部分　附录

CONTENTS

Part 3 Part of the City financial operations

Part 4 Appendix

第　一　部　分

金融运行报告

2012 年云南省金融运行报告

【内容摘要】

2012 年，面对复杂严峻的国内外经济形势，云南省积极应对各种挑战，采取一系列强有力措施，全力以赴“稳增长、冲万亿、促跨越”，全省经济持续较快发展，地区生产总值实现从千亿元到万亿元重大突破。全年内外需求均保持活跃，生产形势稳定向好，结构调整取得积极进展，人民生活不断改善，国民经济运行和社会发展呈现良好态势。

金融机构贯彻稳健货币政策成效显著，金融运行总体平稳；银行业稳健发展，货币信贷合理适度增长；证券业创新加快，融资能力有效提升；保险业较快发展，保障服务功能进一步强化；金融生态环境建设深入推进，金融对经济社会发展的支撑作用显著增强。

云南省经济正处于跨越发展的关键时期。2013 年，云南省经济发展面临的政策环境和形势总体向好，在积极推进结构调整和方式转变的同时，国民经济仍将保持较快发展。金融机构将继续认真贯彻落实稳健的货币政策，改进和提高金融服务水平，保持信贷总量平稳适度增长，满足实体经济发展的合理资金需求。

一、金融运行情况

2012 年，云南省金融业保持良好发展趋势，主要金融指标均实现平稳较快增长，金融改革创新深入推进，金融市场稳步发展，金融生态环境持续改善，金融与经济发展的协调性显著增强。

（一）银行业稳健发展，货币信贷适度增长

2012 年，云南省银行业金融机构贯彻落实稳健货币政策成效显著，全年信贷合理适度增长，结构继续改善，支持实体经济和社会薄弱环节发展力度明显增强，银行业金融机构运行稳健，经营效益和风险管控能力有效提升。

1. 综合实力不断增强，服务体系日益完善。2012 年，云南省银行业金融机构数量、从业人员均有所增加，资产规模较快增长，不良贷款明显下降。年末，全省银行业金融机构数量、从业人员同比分别增加 92 个和 4597 人，资产总额同比增长 21. 3%，不良贷款余额和不良贷款率比年初分别减少 34. 4 亿元和下降 0. 4 个百分点。年内，东亚银行昆明分行设立，成为云南省第 4 家外资银行；新型农村金融机构快速发展，村镇银行数量增加到 26 家，营业网点增至 42 个，资产规模扩大到 84. 5 亿元（见表 1）。此外，服务于农村和小微型企业发展的非银行业地方金融组织数量较快增长，截至年末全省已批准成立小额贷款公司 484 家，其中已挂牌营业 430 家。

表 1　2012 年云南省银行业金融机构情况

机构类别	营业网点			法人机构（个）
	机构个数（个）	从业人数（人）	资产总额（亿元）	
一、大型商业银行	1584	35088	9766. 0	0
二、国家开发银行和政策性银行	88	2030	2541. 8	0
三、股份制商业银行	163	5611	3897. 8	0
四、城市商业银行	149	3335	1326. 0	3
五、城市信用社	0	0	0	0
六、主要农村金融机构	2382	20699	4742. 8	133
七、财务公司	2	38	61. 4	1
八、信托公司	1	82	12. 8	1
九、邮政储蓄	851	2864	588. 3	0
十、外资银行	4	98	33. 5	1
十一、新型农村金融机构	42	635	84. 5	26
十二、其他	0	0	0	0
合　计	5266	70480	23054. 7	165

注：1. 营业网点不包括总部。2. 主要农村金融机构包括农村商业银行、农村信用社、农村合作银行。3. 新型农村金融机构包括村镇银行、贷款公司和农村资金互助社三类机构。4. “其他”包含金融租赁公司、汽车金融公司、货币金融公司、消费金融公司等。

数据来源：云南省银监局。

2. 各项存款增速加快，新增存款波动幅度增大。2012 年，受企业投资意愿下降及引入省外资金力度加大等因素影响，云南省存款增速有所加快（见图 1、3）。年末，全省银行业金融机构本外币存款余额同比增长 17. 1%，比上年末提高 2. 6 个百分点，其中单位存款同比增长 18. 1%，比上年末大幅提高 5. 5 个百分点。近年来，由于理财产品快速发展对个人存款的替代作用增强及单位存款存在季末冲时现象，年内全省月度间新增存款波动幅度明显增大。

全年季初月份和季末月份新增存款占全年存款新增总额比重同比分别下降18.6个和提高10.8个百分点。

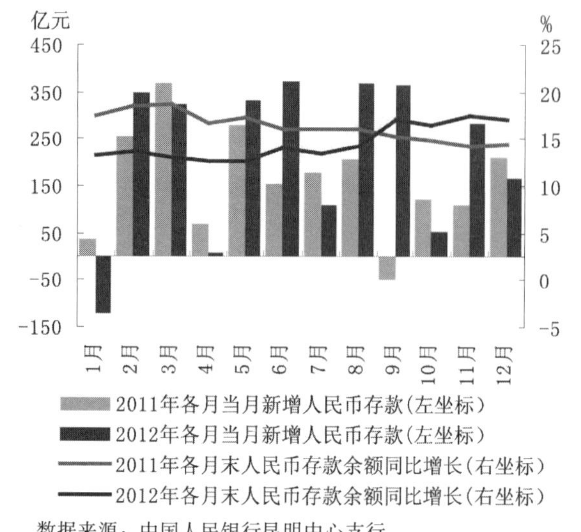

数据来源：中国人民银行昆明中心支行。

图1 2012年云南省金融机构人民币存款增长变化

3. 各项贷款平稳增长，信贷支持重点突出。全年云南省信贷保持均衡稳定增长（见图2、3），年末全省银行业金融机构本外币各项贷款余额同比增长14.8%，比上年末略低0.6个百分点。其中，受人民币升值预期减弱，外币贷款增速显著回落，年末全省外币贷款余额同比增长37.2%，比上年末大幅下降31.4个百分点。信贷期限结构继续改善，年末全省中长期贷款余额和短期贷款余额占全部贷款余额的比重由上年同期的72.2∶25.7调整为68.1∶29.1。在确保“稳增长、扩内需”重大项目信贷资金需求的同时，全省银行业金融机构积极调整信贷投向结构，不断增大对涉农、中小微型企业及民生改善的信贷投入。人民银行昆明中心支行通过运用支农再贷款、再贴现等货币政策工具，引导金融机构加大对涉农、中小微型企业的信贷投入。2012年，云南省实现涉农和中小微型企业信贷增量高于上年水平、增速高于全部信贷平均增速的目标任务。年末，全省小额担保贷款余额146.8亿元，增长65.2%；个人消费贷款余额1856.3亿元，增长16.9%，个人消费贷款增速企稳回升。

4. 表外业务较快发展，金融创新力度加大。2012年，为满足全省实体经济发展的多元化资金需求，各银行业金融机构不断加大金融创新力度，实现全年银行体系表外融资业务较快发展。年末，全省委托贷款、信托贷款和银行承兑汇票余额同比分别增长23.4%、9.5倍和26.1%；全年委托贷款、信托贷款和未贴现的银行承兑汇票合计新增751.4亿元，同比多增454.3亿元。

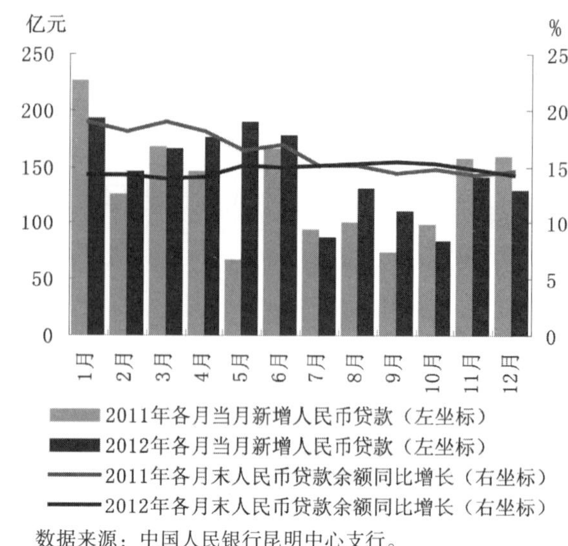

数据来源：中国人民银行昆明中心支行。

图2 2012年云南省金融机构人民币贷款增长变化

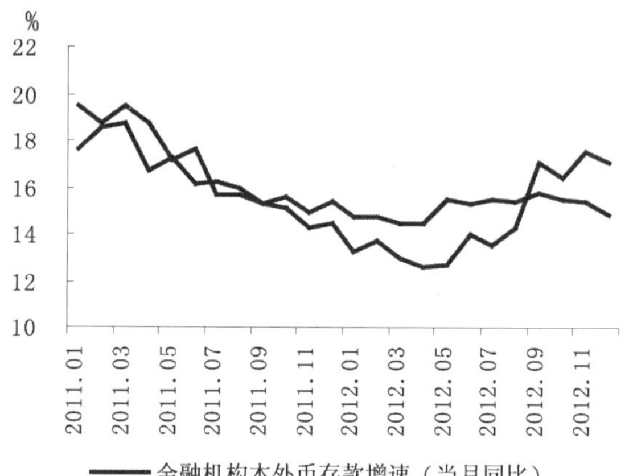

数据来源：中国人民银行昆明中心支行。

图3 2011～2012年云南省金融机构本外币存、贷款增速变化

5. 贷款利率总体下行，差异化定价格局逐渐形成。2012年，云南省金融机构积极应对利率市场化改革带来的挑战和机遇，努力提高资产负债管理能力，完善定价机制建设，并根据自身发展基础、经营定位和客户资源状况实施差异化定价策略，利率市场化改革的效果开始逐步显现，企业融资成本有所下降。从存款看，利率在基准利率及其1.1倍区间内浮动。从贷款看，在年内两次下调基准利率和浮动区间下移共同作用下，利率水平总体不断走低，上浮贷款比重持续下降（见表2）。12月份，全省银行业金融机构人民币贷款加权平均利率和上浮利率贷款比重分别同比下降73个基点和8.9个百分点。全年样本监测民间借贷加权平均利率为20.5%，下降1.4个百分点，其中农户民间借贷加权平均利率为16.9%，上升1.6个百分点。

表 2　2012 年云南省人民币贷款各利率浮动区间占比表

单位:%

月份		1月	2月	3月	4月	5月	6月
合计		100	100	100	100	100	100
[0.8-1.0)		2.7	5.7	2.7	3.4	2.8	2.7
1.0		22.9	23.8	18.6	22.8	24.8	26.3
上浮水平	小计	74.4	70.5	78.7	73.7	72.3	71.0
	(1.0-1.1]	22.4	21.5	20.2	20.5	17.6	16.7
	(1.1-1.3]	21.6	20.3	29.6	26.5	29.4	25.1
	(1.3-1.5]	14.4	13.7	14.4	12.7	13.1	16.8
	(1.5-2.0]	15.0	14.1	13.3	13.3	11.5	11.7
	2.0以上	1.0	0.8	1.3	0.8	0.7	0.7
月份		7月	8月	9月	10月	11月	12月
合计		100	100	100	100	100	100
[0.7-1.0)		3.1	7.2	5.1	5.2	6.6	6.3
1.0		24.2	22.1	23.3	21.8	26.7	27.5
上浮水平	小计	72.7	70.7	71.6	73.0	66.7	66.2
	(1.0-1.1]	17.4	20.9	18.9	19.7	16.4	19.9
	(1.1-1.3]	24.4	23.9	26.0	24.7	25.8	23.3
	(1.3-1.5]	16.9	14.1	14.0	14.9	13.6	12.6
	(1.5-2.0]	13.3	11.1	11.8	13.0	10.0	9.7
	2.0以上	0.7	0.8	1.0	0.8	0.9	0.7

数据来源：中国人民银行昆明中心支行。

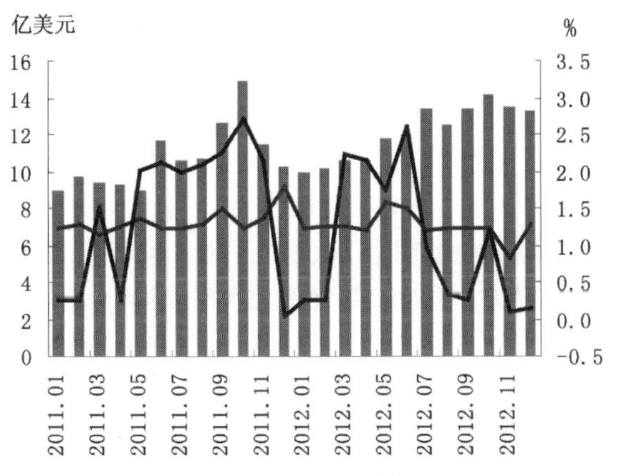

数据来源：中国人民银行昆明中心支行。

图 4　2011～2012 年云南省金融机构外币存款余额及外币存款利率

6. 银行业金融机构改革稳步推进，运行良好。省内大型商业银行公司治理结构不断完善，风险管控能力进一步增强，经营效益有所提升，年末资产拨备覆盖率、不良贷款率和资产利润率比年初分别提高 59.8 个、下降 0.6 个和提高 0.1 个百分点。农业银行云南省分行“三农金融事业部”改革取得重要进展，支持三农和县域经济能力显著增强，年末不良贷款率比年初下降 1.0 个百分点。地方法人金融机构治理与经营体制机制改革继续深化，不良贷款率持续下降，流动性比率、资产利润率及资本充足率指标明显改善，实现了经营管理能力和盈利能力的同步提高。

7. 跨境人民币业务快速发展。2012 年，全省银行累计办理跨境人民币结算业务 460.9 亿元，比上年增长 84.2%。其中，资本项下结算 175.5 亿元，增长 1.2 倍；贸易项下结算额占同期外贸总额的 18.6%，比全国平均水平高 10.2 个百分点。全年跨境人民币结算地域范围从上年的 26 个国家和地区扩展至 47 个，全省从边境州市发展为各州市均有业务发生，业务发展地域均衡性显著提升。

专栏 1　金融助推云南省工业园区加快发展

工业是云南经济的重要支撑，是实体经济发展的重要基础；工业园区是工业集聚的代表，是推进新型工业化发展的重要平台。2012 年初，云南省委、省政府提出了打响园区经济、县域经济和民营经济的“三大战役”，其中园区经济是“三大战役”的核心和关键。3 月 17 日，云南省委省政府印发了《关于推动工业跨越发展的决定》（云发〔2012〕5 号），云南工业发展再度奏响强音。围绕“工业兴省、工业富省”目标，结合加快工业园区发展战略，全省银行业金融机构采取有力措施，不断加大金融对工业园区发展的支持力度。2012 年，云南省银行业金融机构累计向工业园区发放贷款 443.7 亿元，其中向园区中小微型企业发放贷款 232.2 亿元，占比达 52.3%。在金融的有力支持下，云南省园区经济发展取得显著成效。2012 年，云南省工业园区工业总产值、工业销售收入、规模以上工业增加值同比分别增长 26.4%、25.5% 和 31.3%，继续保持了较快发展势头。

一是深入调研，强化窗口指导。年初，中国人民银行昆明中心支行组织云南省各级人民银行对全省 119 个工业园区建设发展、金融服务情况开展了专题调查，摸清了当前金融支持云南省工业园区发展的基本情况，深入分析了金融支持工业园区发展存在的问题，找准了金融支持工业园区发展的结合点，形成了《云南省金融支持工业园区发展调查报告》。在此基础上，代省政府起草了《云南省金融支持工业园区发展指导意见》，省政府办公厅以云政办发〔2012〕194 号文印发全省执行，首次在全省明确了金融支持工业园区发展的措施及保障机制。

二是完善机制，促进金融服务水平提高。为促进银行业金融机构加大金融对工业园区发展的支持力度，人行昆明中心支行建立了省级银行业金融机构联络员制度，加强沟通协调；建立了金融支持工业园区发展情况的专项监测制度，动态掌握银行业金融机构支持工业园区发展的情况及成效，分析存在的问题，研究解决措施；建立了工业园区信贷政策导向效果评估制度，引导银行业金融机构进一步优化园区信贷结构。

三是加强创新，促进工业园区加快发展。各银行业金融机构紧抓工业园区发展的有利时机，针对园区发展特色，通过完善信贷管理制度、设立园区专营机构、创新金融产品和服务方式、强化“银政园企”合作等有效途径，不断加大对工业园区发展的支持力度。交通银行云南省分行建立了园区贷款审批绿色通道，在贷款条件落实的情况下与借款人签订借款合同，按计划尽快发放贷款。农业银行云南省分行针对园区内小企业无足额有效房产抵押，但具有存货或设备的情况，推出了“四方一体”的金融创新产品，由担保公司提供担保，依托园区管委会对小企业的经营情况进行管理监测，为园区内优质、可持续发展的小企业提供信贷支持。富滇银行在昆明高新技术开发区成立了科技创新金融服务中心，针对科技创新企业不同发展阶段设计了19项产品，积极支持园区内中小科技型企业发展。浦发银行昆明分行推出了“银元宝”合作模式，分别与西山工业园区、杨林工业园区签署了战略合作协议，向园区企业提供各类贷款、票据承兑和贴现、保理、信用证等各种融资服务。

（二）证券业创新加快，资本市场融资发展态势良好

2012年，在艰难的内外部环境中，云南省证券业积极推动业务创新发展，扩大融资规模，资本市场服务实体经济发展的能力不断提高。

1. 市场主体业绩下滑，创新发展加速推进。2012年，云南省82家证券经营机构新增A股投资者开户数9.1万户，比上年增长4.9%。受市场持续震荡调整影响，证券市场交易规模、收入水平和盈利能力均出现不同程度下滑，全年云南省证券市场A股、基金总成交金额同比下降26.5%，两家法人券商营业收入和资产利润率分别比上年下降22.4%和1.8个百分点。年内，两家法人券商公司业务创新发展加速推进，新三板主办券商业务、融资融券业务、基金代销业务资格获批，分别成立了直投子公司及发起设立了3个定向资产管理产品，证券经营机构盈利模式进一步优化。

2. 企业上市步伐加快，直接融资态势良好。年末，全省28家上市公司总市值同比减少2.1%，降幅较上年大幅收窄。2012年，云南省积极推动企业上市和再融资，全年新增6家上市辅导备案企业，鸿翔一心堂首次公开发行股票已获证监会审核通过。全年新增再融资及拟融资110.2亿元，其中公司债融资10亿元，定向增发融资0.7亿元（见表3），3家过会企业待发拟融资99.5亿元；此外4家企业进入证监会审核程序拟融资152.5亿元，资本市场直接融资呈现良好发展势头。

（三）保险业较快发展，保障服务功能显著增强

2012年，云南省保险业平稳较快发展，保险覆盖面不断扩大，服务地方经济发展和经济补偿功能作用有效发挥。

表3 2012年云南省证券业基本情况表

项　目	数量
总部设在辖内的证券公司数（家）	2
总部设在辖内的基金公司数（家）	0
总部设在辖内的期货公司数（家）	2
年末国内上市公司数（家）	28
当年国内股票（A股）筹资（亿元）	0.7
当年发行H股筹资（亿元）	0
当年国内债券筹资（亿元）	292.1
其中：短期融资券筹资额（亿元）	-6.1
中期票据筹资额（亿元）	109.0

数据来源：中国人民银行昆明中心支行、云南省发展改革委、云南省证监局。

1. 保险业规模平稳增长，投资业务较快发展。年末，云南省保险公司分支机构达到32家（见表4），较上年增加1家；保险业资产总额441.2亿元，增长15.9%。保险业金融机构积极支持服务云南经济发展，全年新增保险机构融资100亿元，其中平安集团保险资金债权和华泰保险公司债权分别投资华能澜沧江项目、云南投资集团项目50亿元和46亿元。

2. 保险业务稳步发展，涉农服务力度加大。2012年，云南省保险业经济补偿功能作用有效发挥，赔付支出首次突破百亿元，比上年增长25.3%；全年实现保费收入增长12.5%，其中人身险增速低于财产险1.1个百分点。保险密度和保险深度一升一降，比上年提高61.8元/人和下降0.1个百分点，保险业发展水平逐年提升。全年云南省保险业共提供涉农风险保障1303.2亿元，比上年增加128.9亿元；农业保险赔付支出4.1亿元，增长44.1%，受益农户达44.1万户，农业保险品种已基本覆盖全省主要农业支柱产业。

表4 2012年云南省保险业基本情况表

项　目	数量
总部设在辖内的保险公司数（家）	1
其中：财产险经营主体（家）	1
人身险经营主体（家）	0
保险公司分支机构（家）	32
其中：财产险公司分支机构（家）	20
人身险公司分支机构（家）	12
保费收入（中外资，亿元）	271.3
其中：财产险保费收入（中外资，亿元）	123.5
人身险保费收入（中外资，亿元）	147.8
各类赔款给付（中外资，亿元）	100.1
保险密度（元/人）	585.8
保险深度（%）	2.6

数据来源：云南省保监局。

（四）融资结构变化明显，金融市场平稳发展

2012年，云南省直接融资总量增加、比重上升，金融机构参与货币市场活跃度有所提升，票据融资业务快速增

长，市场利率整体回落。

1. 直接融资比重上升，股票融资大幅萎缩。2012 年，云南省贷款、债券、股票融资总量有所增加，结构变化明显。其中，企业债券净融资占三项融资总量的比重较上年大幅提高 10.2 个百分点；受国内股票市场不景气影响，全年云南省无一家企业首次发行股票或公开增发，仅现金定向增发 0.7 亿元，股票融资量较上年大幅萎缩，占贷款、债券、股票融资总量的比重下降为 0.03%（见表5）。

表 5　2001 ~2012 年云南省非金融机构部门贷款、债券和股票融资情况表

	融资合计（亿元人民币）	比重（%）		
		贷款	债券（含可转债）	股票
2001	195.4	96.2	0.0	3.8
2002	257.8	97.3	0.0	2.7
2003	564.1	98.8	0.7	0.5
2004	439.2	98.1	0.0	1.9
2005	669.4	98.8	1.2	0.0
2006	878.8	93.3	4.6	2.2
2007	963.7	91.6	-0.4	8.8
2008	1226.1	88.5	6.5	5.0
2009	2320.1	95.0	1.5	3.5
2010	2190.9	84.4	13.1	2.6
2011	1782.5	92.2	3.7	4.1
2012	2107.7	86.1	13.9	0.0

数据来源：中国人民银行昆明中心支行、云南省发展改革委、云南省证监局。

2. 货币市场交易量有所增加，资金呈现融出态势。2012 年，云南省金融机构参与货币市场交易活跃度有所提升，全年拆借、回购、现券买卖累计成交 15878.6 亿元，同比增长 8.8%，其中融出资金占比 55.6%，比上年提高 12.6 个百分点。受全年市场资金面逐步宽松影响，全省金融机构货币市场交易利率震荡下行，12 月份拆借、回购交易加权平均利率比年初分别下降 1.5 个和 2.1 个百分点。

3. 票据融资快速增长，利率水平整体回落。2012 年，云南省金融机构运用票据业务加强信贷总量控制及结构调整，票据融资规模快速增长（见表 6）。全年表外票据承兑额增长 24.1%，表内票据贴现额大幅增长 101.6%；年末表外票据余额增长 26.1%，表内贴现余额增长 48.2%。受货币市场利率及票据市场供求变化影响，全年云南省票据贴现、转贴现利率整体较快回落，但在下半年金融机构压缩贴现资产的情况下，票据利率略有回升（见表 7）。

（五）金融基础设施建设取得新成效，生态环境持续改善

支付系统建设不断完善，完成支付结算综合业务系统在全省的推广使用，实现辖内、同城间银行资金划转的实时到账。非现金支付工具推广使用取得明显进展，全年新建 18 条县域刷卡无障碍示范街（区），新增惠农卡 117 万张，已累计建成 10463 个惠农支付服务点，行政村覆盖面达到 82.9%，县域及农村地区银行卡受理环境和支付环境有效改善；人民银行昆明中心支行联合云南省财政厅、教育厅等部门加快推进公务卡制度改革，全面推行普通高中学生资助卡，银行卡产品种类和服务更趋丰富。财税库银横向联网建设取得重大突破，完成全省全面覆盖的任务目标，在全国首家实现国有资本经营预算收益金收入通过横向联网系统收缴。

表 6　2012 年云南省金融机构票据业务量统计表

单位：亿元

季度	银行承兑汇票承兑		贴现			
			银行承兑汇票		商业承兑汇票	
	余额	累计发生额	余额	累计发生额	余额	累计发生额
1	1015.4	561.9	193.1	502.0	1.6	37.7
2	1130.8	1261.2	258.2	1517.5	5.5	170.8
3	1203.4	1866.1	214.3	2612.3	12.6	233.1
4	1219.1	2585.2	214.0	3781.1	5.3	222.9

数据来源：中国人民银行昆明中心支行。

表 7　2012 年云南省金融机构票据贴现、转贴现利率表

单位:%

季度	贴现		转贴现	
	银行承兑汇票	商业承兑汇票	票据买断	票据回购
1	7.1392	7.8139	6.9679	5.6918
2	5.1862	6.0669	5.1322	4.6581
3	5.0814	6.3951	5.1861	4.7075
4	5.6142	6.7354	5.0048	4.9867

数据来源：中国人民银行昆明中心支行。

信用体系建设步伐加快，首次将法院执行案件信息、担保公司代偿信息采集纳入征信系统。加快中小企业信用体系试验区建设，为 2.1 万户中小企业建立了信用档案，其中 5576 户获得信贷支持。加强对征信市场的培育和监管，累计完成对 428 家担保机构和 90 家借款企业的信用评级。农村信用体系建设试点工作全力推进，为 300.6 万户农户建立了纸质信用档案，占试点县所辖农户的 76.2%，评定信用农户 149.5 万户，信用村 1245 个。

二、经济运行情况

2012 年，面对复杂严峻的国内外经济形势，云南省积极应对各种挑战，采取一系列强有力措施，全力以赴“稳增长、冲万亿、促跨越”。全年云南省经济逆势而上，地区生产总值实现从千亿元到万亿元重大突破，增长 13.0%（见图 5），人均地区生产总值达到 22195 元。

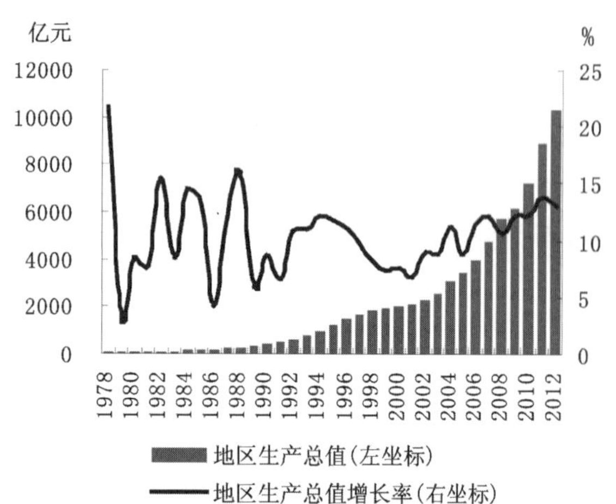

数据来源：云南省统计局。

图5　1978～2012年云南省地区生产总值及其增长率

（一）*内外需求保持活跃，经济增长动力强劲*

2012年，云南省固定资产投资保持高位运行，成为拉动全年经济持续较快增长的最主要动力，消费市场持续活跃，对经济增长的贡献度有所提高，对外贸易快速回升，均衡性增强。

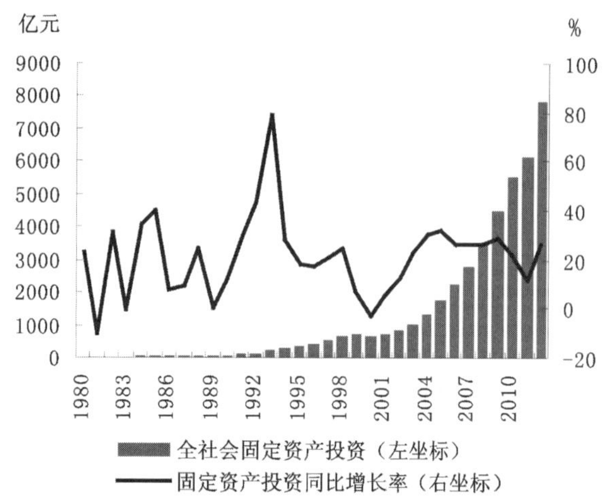

数据来源：云南省统计局。

图6　1980～2012年云南省固定资产投资及其增长率

1. 投资保持较快增长，民间投资活力增强。2012年，云南省全社会固定资产投资完成7828.5亿元，增长26.6%（见图6），其中规模以上固定资产投资7553.5亿元，增长27.3%，投资对经济增长的拉动作用显著。第三产业投资全面较快增长，投资结构有所变动，第一产业投资比重下降0.7个百分点。投资向重点行业集聚趋势明显，全年电力、水利、房地产、教育、公路运输五大重点行业投资占全部固定资产投资比重达56.1%。非公经济和民间投资活力增强，非公经济投资增速快于公有经济投资5.2个百分点，全年民间投资完成4123亿元，占总投资比重比上年提高2.0个百分点。

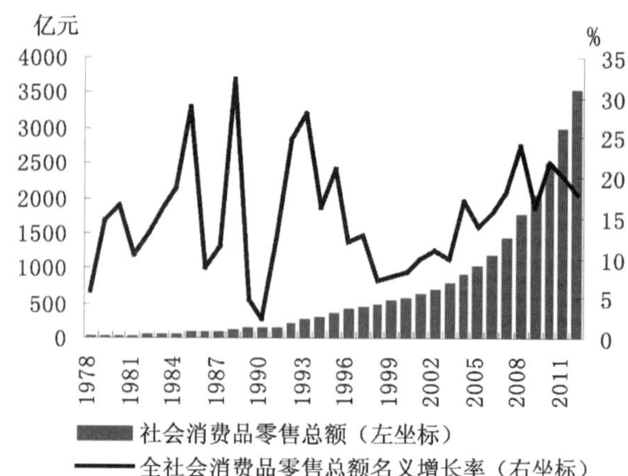

数据来源：云南省统计局。

图7　1978～2012年云南省社会消费品零售总额及其增长率

2. 居民收入稳步提升，消费市场持续活跃。2012年，在国家调高退休人员补助标准待遇、提高个税起征点及就业形势良好作用下，全省城乡居民收入稳定增长，其中城镇居民人均可支配收入增长13.5%，农村居民人均纯收入增长14.7%。消费市场持续活跃，全年社会消费品零售总额实现3541.6亿元，增长18.0%，已连续3年净增500亿元以上（见图7），消费对经济增长的贡献明显提高，其中假日经济和旅游经济成为推动消费市场快速发展的重要力量。受农村居民收入提高及新一轮家电、节能产品下乡政策刺激，农村消费市场增速加快，城乡市场增幅差距较上年收窄2.8个百分点，但城镇市场仍为消费主力，全年对社会消费品零售总额增长的贡献率达81.2%。

3. 对外贸易快速增长，利用外资能力增强。2012年，云南省在紧抓内需的同时，坚持抓外需不放松。全年在国际需求持续萎缩的情况下，云南省进、出口贸易额双双破百，实现进出口总额210.1亿美元，增长31.0%。其中，出口增长5.8%，进口增长67.6%，进出口差额首次出现逆差，为9.7亿美元（见图8）。从出口商品结构看，贵金属成为全省最大出口品种，比上年激增7倍，机电产品及磷化工等传统主要出口商品均有不同程度减少；国内产业链转移带动加工贸易迅猛增长，全年加工贸易进出口总额68.8亿美元，增长8.1倍。传统贸易伙伴得以巩固，拉美等新兴市场开拓有力，全年对东盟贸易总额66.8亿美元，占全省贸易总额的31.8%。

2012年，云南省抢抓桥头堡建设的发展机遇，利用区位优势，积极加大吸引利用外资力度。全年共批准外商投资项目121个，实际利用外资21.9亿美元，增长26.0%（见图9）。第三产业成为外商投资主要产业，投资额占实际利用外资总额的近七成。香港仍是云南外商投资主要来源地，全年实际到位资金 17.5 亿美元。企业“走出去”步伐加快，全年新批境外投资企业 63 家，对外实际投资 7.1 亿美元，增长 24.5%。对外投资行业逐渐多元化，全年对外投资共分布在矿业、电力、制造业、建筑业等 14 个国民经济行业大类。

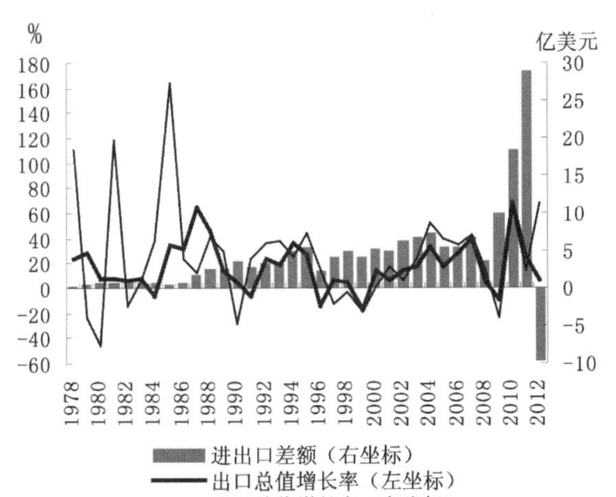

数据来源：云南省统计局、云南省商务厅。

图 8　1978～2012 年云南省外贸进出口变动情况

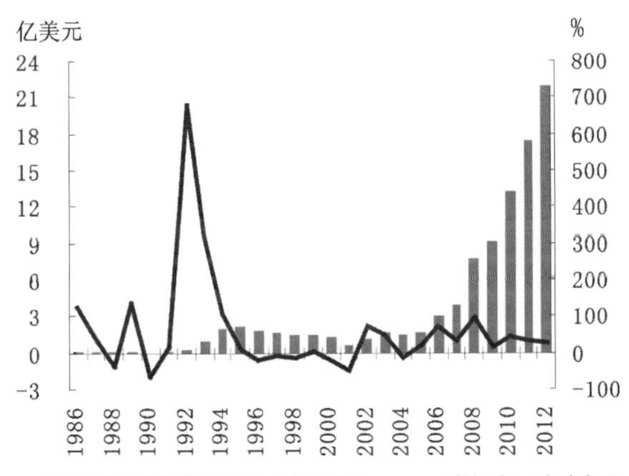

数据来源：云南省统计局、云南省商务厅。

图 9　1986～2012 年云南省外商直接投资情况

（二）生产形势稳定向好，结构调整取得进展

2012 年，云南省农业基础地位作用进一步稳固，工业生产快速恢复，经济效益逐步好转，服务业发展速度加快，结构调整取得进展，三次产业结构比重调整为 16.0∶42.9∶41.1。

1. 农业生产再获丰收，高原特色农业发展加快。2012 年，云南省强化强农惠农政策落实，积极推进农业结构调整和产业化经营进程，农业发展呈现崭新局面。全年农业增加值达 1654.6 亿元，增长 6.7%；粮食总产量 1827.8 万吨，增产 4.5%，实现粮食产量十连增。农业高原特色产业快速发展，种植结构不断优化，特色经济作物增效显著，咖啡、橡胶、茶叶、烟叶、甘蔗等种植面积和产量均居全国前列，高原农业正逐渐成为云南品牌，全年农产品出口 20.4 亿美元，增长 16.1%。面对连续干旱，云南省加快推进农田水利建设，金融支持力度增强，年末全省农田水利贷款余额 261.7 亿元，增长 16.6%。全省金融机构以“一创两建”为平台，努力提升金融服务三农水平，全年新增涉农贷款 706.5 亿元，比上年多增 159.4 亿元。

2. 工业增速稳步提高，运行质量明显改善。2012 年，云南省加快实施“工业兴省、工业富省”战略，出台了《中共云南省委云南省人民政府关于推动工业跨越发展的决定》，工业经济在需求不足、价格下滑等不利情况下保持了较快增长，增速呈逐月回升态势。全年规模以上工业增加值增长 15.6%（见图 10），比年初提高 5.5 个百分点。重点行业支撑作用明显，工业结构调整稳步推进，全年烟草、化工、有色等传统支柱行业对全省工业增长的贡献率达 46.0%，但食品、医药、装备制造业等工业增加值增势强劲，增速显著快于全省工业平均水平。工业运行质量明显改善，规模以上工业企业主营业务收入增长 14.8%，增速逐季提高；利润总额下降 10.6%，降幅逐季收窄。

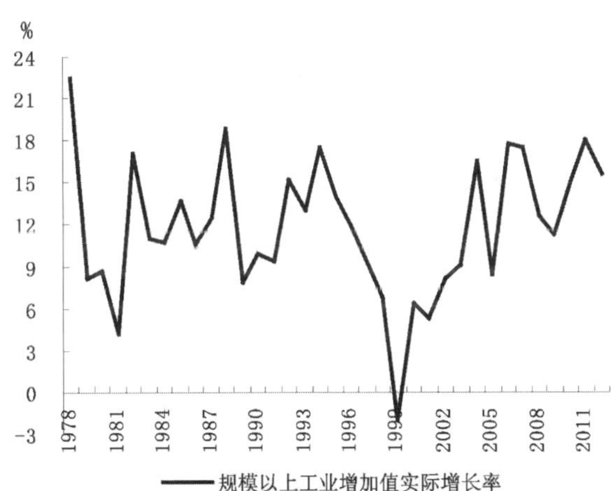

数据来源：云南省统计局。

图 10　1978～2012 年云南省规模以上工业增加值实际增长率

3. 服务业发展水平提高，新兴服务业不断壮大。2012 年，云南省在加快交通运输、邮政等传统服务业升级改造的同时，大力培育信息技术服务、新兴电信、租赁商务服务、现代物流、现代金融等新兴服务业，全年服务业增加值达 4236.1 亿元，增长 11.4%。据全省 11 个行业门类 1752 户大中小型服务业企业统计结果显示，2012 年全省服务业企业营业收入 3012.2 亿元，增长 25.6%，其中金融业、仓储运输和邮政业、租赁和商务服务业、信息传输软

件和信息技术服务业4个行业门类的营业收入占比为95.5%；营业利润444.9亿元，增长13.9%，其中盈利最多的行业为金融业、信息传输、计算机服务和软件业。

（三）价格上涨趋势得到控制，潜在压力值得关注

2012年，云南省主要物价指标持续走低，物价上涨趋势得到有效控制，但受多数国家量化宽松货币政策及季节性因素影响，四季度居民消费价格涨幅有所反弹（见图11），潜在通胀压力值得关注。

1. CPI呈“U”型变动，食品价格仍是主要推手。2012年，云南省居民消费价格总水平同比累计上涨2.7%，前8个月CPI逐月减小，8月份达到0.9%的最低点后逐月回升，12月份升至2.7%。食品价格仍是推动居民消费价格总水平上涨的最主要因素，受四季度蔬菜价格快速上涨影响，全年食品价格上涨6.2%，拉动价格总水平上涨约1.9个百分点。

2. 生产者价格持续下降，生产资料价格涨幅收窄。2012年，受国内外需求放缓影响，云南省工业生产者购进价格、出厂价格同比分别从4月份和3月份开始下降，但购进价格降幅持续低于出厂价格，二者倒挂现象严重，全年分别下降0.7个和2.1个百分点。全年农业生产资料价格同比累计上涨4.6%，其中化肥、农具价格涨幅降低带动农业生产资料价格涨幅收窄，12月份农业生产资料价格同比上涨1.6%，比年初大幅下降6.8个百分点。

数据来源：国家统计局云南调查总队。

图11 2001~2012年云南省居民消费价格和工业生产者价格变动趋势

3. 劳动力成本上升，转移就业形势良好。近年来，受政府调高最低工资标准、人口红利逐渐消退、劳动者素质不断提高等因素影响，全省工资性收入持续较快上涨。2012年，全省城镇居民和农村居民人均工资性收入同比分别增长16.0%和26.1%，均高于各自人均总收入增速。2012年，云南省继续推进“农村劳动力转移就业特别行动计划”，农村劳动力转移就业工作呈现良好发展态势，全年新增转移农村劳动力115万人，开展农村劳动力转移培训54万人。

4. 资源性产品价格改革加快推进。2012年，云南省继续推进电价、水价、成品油价格改革，形成了云南省电价改革试点方案，出台丰枯差别居民阶梯电价政策，调整完善发电企业和工商企业丰枯电价政策，启动用电大户与发电企业直购电试点，建立价格调节基金，积极推进云南电网输配电价格改革试点等。

（四）财政收入较快增长，支出结构不断优化

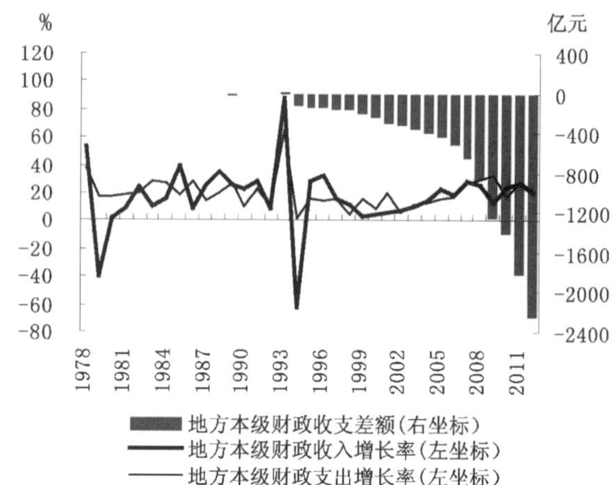

数据来源：云南省统计局、云南省财政厅。

图12 1978~2012年云南省财政收支状况

2012年，云南省经济持续较快增长确保了财政收入预算目标顺利完成。全年实现财政总收入2624.2亿元，增长16.2%，占GDP的比重为25.5%；地方财政一般预算收入1338亿元，增长20.4%，其中税收收入完成占比为79.5%；地方财政一般预算支出3537.4亿元，增长22.0%，占GDP的比重为34.3%（见图12）。财政支出对民生的保障作用更加突出，其中教育支出、社会保障和就业支出、农林水事务支出、医疗卫生支出均保持快速增长，支出额占全部支出的53.1%，财政支出结构不断优化，公共财政职能进一步彰显。

（五）节能降耗取得实效，生态文明建设加快推进

2012年，云南省通过淘汰落后产能，加大工业经济结构调整力度、推进节能技改等措施，能源加工转换效率有所提升，节能降耗取得实效，全年规模以上工业单位工业增加值能耗同比下降3.2%，其中六大高耗能行业下降1.3%。为实现节能降耗目标，云南省结合自身特色和优势，重点发展以生物资源为基础的生物产业、生物制药、生物食品工业以及风能、太阳能发电等循环经济和低碳

经济。

生态文明建设加快推进。七彩云南保护行动和森林云南建设深入实施，绿色经济强省迈出新步伐。以滇池为重点的九大高原湖泊水污染综合治理取得新进展，洱海保护成为全国湖泊治理典范。相继启动乌蒙山区、怒江及藏区等生态脆弱地区陡坡地生态治理工程，推进石漠化生态治理工程。加快集体林权制度改革，生态环境得到有效保护和改善，年末森林覆盖率超过53.0%，居全国第三位。

专栏2 云南省金融支持城镇保障性安居工程建设的实践与探索

2012年，为确保完成云南省城镇保障性住房任务，加快推进城镇保障性住房建设融资工作，云南省成立了城镇保障性住房建设融资工作协调领导小组，人民银行昆明中心支行出台了《云南省金融支持城镇保障性安居工程建设的指导意见》（昆银发〔2012〕71号），与云南省银监局联合下发了《2012年云南省城镇保障性安居工程新增贷款计划的通知》（昆银发〔2012〕101号），组织召开省级金融机构保障性住房融资工作座谈会，督促银行业金融机构加大信贷投放力度。

一、公共租赁住房和廉租住房新开工套数列全国第一

2012年，国家下达云南省城镇保障性住房建设任务30.3万套，其中公共租赁住房和廉租住房27.5万套。全年云南省城镇保障性住房新开工30.4万套，其中公共租赁住房和廉租住房新开工27.5万套，占国家下达任务的100.1%，“两租房”新开工套数位列全国第一。

二、公共租赁住房和廉租住房贷款余额和发生额居全国第三

截至年末，云南省金融机构城镇保障性住房贷款余额170.2亿元，其中公共租赁住房和廉租住房贷款余额83.3亿元。全年云南省金融机构累计发放城镇保障性安居工程贷款90.4亿元，其中向公共租赁住房和廉租住房建设发放54.7亿元。2012年云南省“两租房”贷款余额和发生额均居全国第三。国家开发银行云南省分行和四大国有商业银行云南省分行是全省金融支持城镇保障性安居工程建设的主力军，贷款余额占比超过七成。

三、云南省金融支持城镇保障性安居工程建设的模式

一是融资平台模式。昆明市和临沧市通过土地划拨、资本金注入相继成立了昆明市公共租赁住房开发建设管理有限公司和临沧市城市建设投资公司等融资平台，负责市级保障性住房的建设和运营管理工作。两平台按照公司化经营、市场化原则建立了资金筹措和偿还机制，以项目用地和房屋为抵押分别从国家开发银行云南省分行获得38.6亿元和27.8亿元贷款。

二是BT模式。昆明市官渡区房产管理局通过公开招投标，引进昆明未来城开发有限公司对官渡区方旺片区保障性住房项目进行投资建设。双方通过签订合同，约定由昆明未来城开发有限公司负责项目的土地征用、投资建设以及销售，昆明市官渡区房产管理局在工程验收合格后的约定时间内，向昆明未来城开发有限公司支付投资款及一定比例的项目开发利润、投资回报费。

三是信托产品模式。民生银行昆明分行委托其总行通过发行信托产品，为昆明市拓东路片区拆迁户改造项目筹集资金32.1亿元；国家开发银行云南省分行通过提供融资担保，为昆明市官渡区方旺片区保障性住房项目引入8亿元的信托资金。

四是住房公积金委托贷款模式。2010年8月，国家住房和城乡建设部批准昆明市成为首批运用公积金贷款支持保障性住房建设的试点城市，目前昆明市公积金管理中心已委托建设银行云南省分行分别对昆明市子君村、昆明市五华区经济适用住房发放公积金贷款3.1亿元和1.4亿元。

五是银团贷款模式。2012年，为加大对云南省城乡建设投资有限公司承建的省级公共租赁住房建设项目的支持力度，以国家开放银行云南省分行为牵头行，工行、农行、建行云南省分行为成员行组成银团贷款，各行分别承贷30亿元，共计120亿元。目前各行已达成意向，相关工作正在推进中。

（六）房地产调控效果明显，文化产业发展增速加快

1. 房地产市场运行稳健，政策调控效应凸显。2012年，在国家继续实施住房限购、限贷等房地产调控政策作用下，云南省商品房销售面积和销售额增速均大幅下降，重点城市房价总体趋稳，房地产市场呈现平稳健康发展态势。

（1）房地产开发投资快速增长，自筹资金和其他资金仍为主要资金来源。2012年，云南省房地产开发投资完成1782.1亿元，同比增长39.2%，高于全省固定资产投资增速11.9个百分点，继续保持快速增长态势。全年房地产开发投资资金来源2134亿元，增长25.4%，其中国内贷款216.1亿元，增长47.4%，比上年提高56.9个百分点，自筹资金和其他资金仍为主要资金来源，比重分别高达45.7%和44.2%。

（2）商品房供应较快增长、结构改善，保障性住房各项目标全面完成。全年云南省商品房施工面积、新开工面积、竣工面积、批准预售面积同比分别增长30.4%、23.0%、17.8%、12.9%，受房地产调控政策影响，中小户型住房供给力度显著加大，全年90m^{2}及以下住宅施工面积、新开工面积及竣工面积增速分别高于全部住宅32.3个、42.2个和31.1个百分点。全年云南省城镇保障性住房开工30.4万套，基本建成19.9万套，分别占国家下达计

划的 100.2% 和 101.2%。

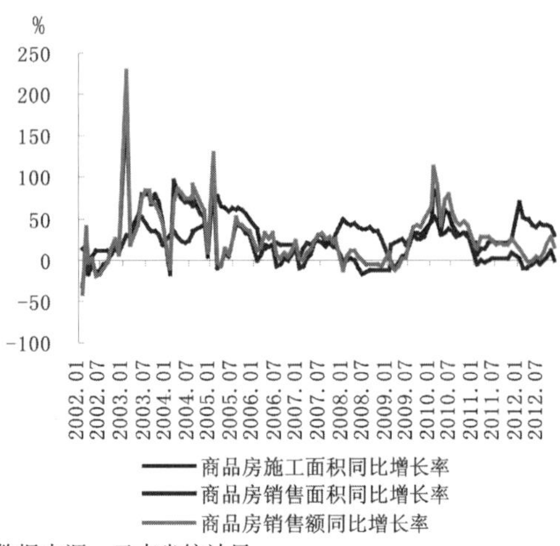

数据来源：云南省统计局。

图 13　2002～2012 年云南省商品房施工和销售变动趋势

（3）商品房销售总体低迷，但年底有所回暖。2012 年，云南省商品房销售面积和销售额同比分别增长 0.5% 和 16.3%（见图 13），比上年下降 8.4 个和 9.1 个百分点；年末全省商品房待售面积同比增长 53.1%，比上年末提高 33.1 个百分点。四季度，商品房销售出现回暖迹象，销售面积和销售额增速较前 3 季度均有所提高。

（4）重点城市房价总体趋稳，房价调控收到成效。2012 年，云南省昆明市、大理市新建住宅销售价格同比涨幅较上年均有所收窄，部分月份销售价格出现同比下降。从环比来看，全年昆明市、大理市分别有 8 个和 9 个月份销售价格环比涨幅为零或负。受年末全国性房地产市场预期变化影响，11、12 月份昆明市新建住宅销售价格同比和环比涨幅均有所反弹，但涨幅总体较小，保持温和上涨（见图 14）。

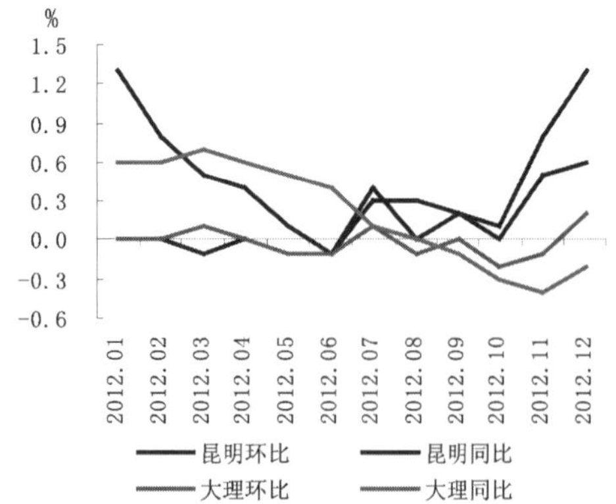

数据来源：云南省统计局。

图 14　2012 年昆明市、大理市新建住宅销售价格变动情况

（5）房地产贷款增速趋稳回升，金融机构积极支持保障房建设。年末，全省房地产贷款余额同比增长 18.9%，自 3 月份以来呈趋稳回升态势。其中，受房地产企业土地购置费用大幅增加影响，房地产开发贷款增速显著回升，年末余额增速同比提高 27.0 个百分点；个人住房贷款增速有所回落，年末余额同比增长 9.7%，比上年末下降 3.8 个百分点。全省金融机构积极支持保障性安居工程建设，全年累计发放保障性住房开发贷款 90.4 亿元，年末全省保障房贷款余额达 171 亿元，均居全国前列。

2. 文化产业发展成效明显，金融支持力度增大。文化产业是云南省重点发展的战略性支柱产业，近年来，云南省委、省政府依托云南得天独厚的自然资源、浓郁的民族气息、深厚的历史文化积淀，积极探索云南文化产业发展的新规律、新路子、新方法，深入实施大项目拉动、大集团牵动、大园区带动、大品牌驱动、大开放促动战略，着力推进文化与旅游、文化与体育、文化与科技的深度结合，文化产业发展取得了显著成效，被媒体称为"云南模式"。2012 年，云南省文化产业增加值达 640 亿元，比上年增长 19.9%，占全省 GDP 的 6.2%，比上年提高 0.2 个百分点。

近年来，虽然云南省文化产业发展增速加快，对全省经济增长的贡献不断提高，但全省文化产业发展仍面临较多问题。主要表现在资本积累规律与文化产业投入、文化产业的创意本质与人才缺乏、生产要素聚合规律与市场发育滞后、产品实现与需求制约、文化产业的高技术性与科技落后、区位优势与文化同构的矛盾。

全省银行业金融机构认真贯彻落实人民银行等九部委《关于金融支持文化产业振兴和发展繁荣的指导意见》（银发〔2010〕94 号）和云南省委、省政府办公厅《关于金融支持文化产业发展的意见》（云办发〔2012〕1 号）等文件精神，积极加大金融对文化产业发展的支持力度。年末，全省文化产业贷款余额 37.1 亿元，增长 24.9%，高于各项贷款增速 10.1 个百分点；涉及户数 297 户，比上年增加 150 户。

三、预测与展望

2013 年，国内外经济形势仍将错综复杂，不确定性依然较大，云南经济发展面临的形势同样如此，但挑战与机遇并存，困难与希望同在。一方面，云南省经济总量仍然偏小，产业层次仍然较低，转方式、加快发展任重道远；城乡和区域发展不平衡问题仍然突出，县域经济发展滞后，扶贫攻坚任务十分繁重，一些地方生态环境压力较大。另一方面，国家实施新一轮西部大开发战略、支持云南桥头堡建设、推进集中连片特困地区区域发展与扶贫攻坚等一系列政策叠加、效应释放，为云南加快发展提供了宝贵机遇；桥头堡战略加快实施、中国—东盟自由贸易区建设深入推进、中国—南亚博览会落户昆明，云南在我国对外开放中的战略地位更加突出；园区经济、县域经济、民营经济“三大战役”全面打响，滇中产业新区建设加快推进，加之云南已迈入城镇化加速发展阶段，全省上下思富求变，具备较长时期内实现经济持续健康较快发展的基础和条件。

今年是全面贯彻落实党的十八大精神的第一年，是第十二届省人民政府履职的开局之年，是为全面建成小康社会奠定坚实基础的重要一年，总的来看全年经济发展面临的机遇大于挑战，经济持续较快增长的可能性仍然很大。综合考虑各方面因素，预计云南省全年 GDP 增长 12% 以上，CPI 控制在 3.5% 左右。

2013 年，云南省金融机构将继续认真贯彻落实稳健的货币政策，保持信贷总量和融资总规模适度增加、合理增长；继续改进和提升金融服务水平，加大金融对实体经济发展和民生改善的支持力度；继续加强风险监测排查，切实防范和守住不发生系统性、区域性金融风险；继续推动金融改革和创新步伐，进一步增强金融对地方经济社会发展的支撑作用。

（中国人民银行昆明中心支行）

【2012 年云南省金融大事记】

1 月 19 日，云南省首家法人保险公司——诚泰财产保险股份有限公司在昆明揭牌成立，填补了云南金融体系无法人保险机构的空白。

3 月 17 日，《中共云南省委云南省人民政府关于推动工业跨越发展的决定》下发执行。

4 月 1 日，财税库银横向联网实现在全省各州市级的全覆盖。

5 月 19 日，瑞丽次区域跨境人民币金融服务中心在德宏傣族景颇族自治州正式启动，随后两家本外币特许兑换机构正式对外挂牌办理人民币与缅币现钞兑换业务，中缅本币直接兑换成为现实。

6 月 29 日，云南省人民政府印发《关于切实做好当前经济工作努力保持经济平稳较快发展的意见》，为全年全省 GDP 冲万亿奠定了坚实基础。

8 月 9 日，《泛珠三角区域地方金融战略合作备忘录》在海口签订，该协议将进一步加快东部闲置资金向云贵川等西部省份流动。

10 月 31 日，《云南省加快建设面向西南开放重要桥头堡总体规划》获国务院批准。

12 月 3 日，东亚银行（中国）有限公司昆明分行正式开业，云南省外资法人银行分支机构达到三家。

12 月 12 日，中国人民银行昆明中心支行、云南省人民政府（授权金融办公室）、中国银行间市场交易商协会三方签署《借助银行间市场助推云南国家桥头堡建设合作备忘录》。

第　二　部　分

金融业务

中国人民银行昆明中心支行

行长：周振海

【综述】

2012年，中国人民银行昆明中心支行（下称昆明中支）认真贯彻落实中央经济工作会议、人总行和分行工作会议精神。把国家金融宏观调控的目标和全省经济社会发展的实际相结合，继续抓住制约云南金融总体水平推进的主要矛盾，围绕昆明中支“强基础、保安全、抓创新、上水平”的工作主线展开全面工作。一年来，昆明中支在辖区全面贯彻落实稳健的货币政策，继续主动规范金融市场，进一步提升和健全金融服务和管理的各项细节，不断优化辖区的金融环境，有力维护了辖区的金融稳定。全年昆明中支在履职中央银行派驻机构职能、引导金融支持全省经济社会发展等方面发挥了重要作用。

【业务工作情况】

一、贯彻落实稳健货币政策取得实效

全年昆明中支认真领会和把握稳健货币政策的各项要求，认真贯彻落实金融宏观调控各项政策措施，综合运用各项政策工具引导信贷合理投放，优化金融机构信贷资源配置，全省货币信贷实现了合理、均衡和较快增长，有力支持了地方经济发展，成为全省GDP过万亿的重要推动力量。截至年末，全省金融机构本外币各项存款余额18061.5亿元，同比增长17.06%，比年初增加2633.3亿元；本外币各项贷款余额14169亿元，同比增长14.75%，比年初增加1814.9亿元，其中人民币贷款增加1733.3亿元，同比多增172.9亿元。

（一）货币政策执行成效显著

全年昆明中支制定下发全省信贷指导意见、金融支持城镇保障性安居工程建设指导意见等文件，对全省货币信贷工作做了总体安排，并结合云南经济金融发展实际和“桥头堡”战略推进规划，制定完善了货币信贷和金融市场工作考核标准、货币政策分析小组工作制度、省级金融机构信贷政策导向效果评估和加强抗旱救灾金融服务工作等文件，明确了不同时期金融支持重点和方向，在有力引导金融机构在确保重点建设项目信贷资金需求的同时，进一步优化信贷结构，不断加大对“三农”、中小企业及社会薄弱环节的信贷投入力度，全面确保了各项货币信贷政策措施的有效传导和贯彻落实。同时，围绕稳健的货币政策，通过组织召开多种季度例会等方式，推动金融机构准确把握辖区经济金融运行形势，合理调整信贷投放，优化信贷资源配置。

截至年末，全省一、二、三产业贷款余额占全部贷款余额的比重分别为1.3%、33.9%和64.8%。其中第二产业比重较上年同期提升2.1个百分点，有助于推动全省工业跨越发展。全省涉农贷款余额为4914.03亿元，同比增长17.2%，较年初增加706.5亿元。全省中小微型企业贷款余额5073.6亿元，同比增长21.2%，较年初增加630.2亿元，同比多增191.1亿元。全省创业促就业小额担保贷款余额146.8亿元，增长65.2%，其中“贷免扶补”小额担保贷款余额55.1亿元，增长31.0%；全年累计投放创业促就业小额担保贷款112亿元，余额和累放数分别居全国第四和第二。小额担保贷款已累计带动就业人数超过60万人，有效发挥了小贷款大稳定的作用。全省累计发放保障性住房贷款90.4亿元，余额和累放数分别居全国第三，为全省保障性住房建设提供了必要的信贷资金支持。

（二）客观反映情况，货币政策工具效用充分发挥

一是面对2012年云南自然灾害频发的严峻形势，为有

效发挥金融支持地方经济的作用，深入了解自然灾害给云南社会经济和群众生产、生活带来的严重影响，昆明中支多次向总行专题汇报云南省地方法人金融机构在支持“三农”以及抗旱救灾、地震灾后重建等方面发挥的重要作用，进一步争取到总行的理解和支持。二是根据云南省春耕抗旱、抗震救灾的实际资金需求，及时调增昆明6个县市和6个州市的支农再贷款限额。全年全省人民银行累计向农村信用社及村镇银行发放支农再贷款42.9亿元。三是有效发挥再贴现、中小金融机构再贷款的引导作用，提升对“三农”、中小微企业等薄弱领域的金融服务水平。全年累计办理再贴现达95.3亿元，同比多增16.8亿元；累计对富滇银行发放中小金融机构再贷款5.8亿元，增强了该行服务中小微企业的资金实力。

（三）支持工业园区发展取得重大进展

围绕全省工业园区发展战略，昆明中支组织对全省119个工业园区建设发展、金融服务情况专项调研，形成了《云南省金融支持工业园区发展调查报告》，拟定《云南省金融支持工业园区发展指导意见》，以省政府办公厅名义转发全省执行，首次在全省明确了金融支持工业园区发展的措施、保障机制，组织召开省级银行业金融机构就贯彻落实该指导意见的专题会议，进一步引导金融机构积极创新园区金融产品和服务方式，细化措施，改善和提升金融服务，从经营战略、业务发展以及资产配置等方面真正把对云南工业园区发展的支持措施落到实处。截至年末，全省金融机构投向第二产业的人民币贷款余额为4555亿元，比年初增加541亿元，占全部新增贷款的32.8%。

（四）积极推广银行间债券市场债务融资工具，金融市场融资功能增强

一是利用专业会议和平台积极向企业宣传银行间债券市场，引导商业银行树立“双赢”理念，扶持符合条件的企业发行债券。二是努力债券承销银行创造良好环境。三是与中国银行间市场交易商协会、云南省金融办成功签署了《借助银行间市场助推云南国家桥头堡建设合作备忘录》，该《备忘录》的签署对充分发挥金融市场功能、加快推动云南桥头堡建设将发挥积极作用。全年全省通过银行间债券市场直接融资434.4亿元，同比多融资217.9亿元。其中，短期融资券143.4亿元，同比减少6.1亿元，中期票据84亿元，同比增加27亿元。华能澜沧江水电有限公司年内成功运用银行间市场非公开定向债务融资工具融资25亿元，实现该融资工具自2011年推出以来在云南的首发，非金融企业债务融资工具得到进一步拓宽。

二、金融生态环境进一步优化

全年昆明中支进一步加大金融风险监测和预警工作力度，强化金融监管和金融稳定职能，优化信用环境建设，提升反洗钱工作效果，确保了全省金融市场的健康稳定发展。

（一）“两管理、两综合、一保护”工作迈上新台阶

昆明中支在全面总结上年“两管理、两综合”推进经验的基础上，修订下发《云南省新设银行业金融机构加入人民银行业务系统管理办法》、《云南省新设银行业金融机构金融管理与服务指引》、《云南省银行业金融机构执行中国人民银行政策综合评价办法》、《中国人民银行昆明中心支行综合评价工作操作规程》和《中国人民银行昆明中心支行综合执法检查暂行规定》，进一步完善了云南省金融服务与管理的制度体系，使“两管理、两综合”走上了制度化、规范化的轨道。

全年共完成44家新设银行业金融机构的开业管理与服务审批工作，对全省96个银行业金融机构贯彻执行国家金融法律法规的情况开展了综合执法现场检查，完成2011年度银行业金融机构执行人民银行政策情况的综合评价工作，并对26家省级银行业金融机构和昆明地区法人银行业金融机构进行了首次综合评价，共评出A级8家、B级16家、C级2家。

积极推进金融消费者权益保护试点工作，在全省挑选8个州市中支和昆明地区2个县支行作为试点单位，结合实际制定《金融消费者权益试行保护办法》、《金融消费者权益保护工作流程》等相关制度，迅速建立行之有效的工作机制，并通过签署金融机构保护金融消费者权益自律公约、明确金融消费者维权领域、建立健全监督考核奖励机制等各具特色的有益尝试，为金融消费者权益保护工作的全面开展积累了经验。全年试点单位辖内各级机构共处理完毕的投诉、申诉共921件，投诉、申诉人满意度达96%。

（二）资产清理处置扎实有效

昆明中支顺利开展了金融稳定再贷款损失认定工作，完成玉溪、楚雄、西双版纳、德宏、大理、保山、文山、晋宁等州市县共11个损失项目的审核认定工作，其中4个项目已获总行批复同意，共计本金5624.6万元、利息199.65万元；昆明中支批复的项目6个，本息合计3535.92万元。积极开展云南省融资机构的清理，完成云南融资有限公司、云南省资金融通中心、昆明金融市场、楚雄州金融市场公告的市场退出工作，组织各州、市人行向汇达资产托管公司移交了原融资机构所有待处置资产和负债。云南省9个州、市人行15个原自办经济实体和待处置资产已全部移交汇达资产托管有限责任公司。

（三）社会信用环境进一步优化

昆明中支认真组织机构信用代码推广应用工作，截至年末，全省共发放机构信用代码361028户。制定下发《云南省省级金融机构征信管理工作考核办法》，有效规范商业

银行的业务操作，确保了征信系统数据的质量和安全。进一步完善信用评级制度，聘请44位资深专家充实评级报告集中评审专家资料库，并着力推动评级机构规范行业收费标准。截至年末，全省已累计完成对420家（次）担保机构和87家（次）借款企业的信用评级，实现评级收入2241.74万元。努力拓宽信用信息采集渠道，将担保公司代偿信息、法院执行信息采集到征信系统。积极开展征信宣传工作，通过“企业征信知识和征信成果展示培训班”，对全省5400户企业的1万余名高管人员进行了宣传培训，并组织全省126个人民银行分支机构、近5000个银行机构网点开展第五次“信用记录关爱日”活动，发放宣传资料40万余份，有效提高了社会信用意识，推进社会信用体系建设。

（四）金融稳定履职水平全面提升

昆明中支及时制定2012年金融稳定工作要点，确保全年金融稳定工作的顺利开展。制定下发昆明中支金融稳定工作考核办法，全面细化考核指标，有效增强各州、市中心支行和县区支行的工作积极性和主动性，并通过建立金融稳定工作完成情况季度通报制度，有力推动全省各级行的交流学习，全面提升了全省金融稳定工作的水平和质量。顺利完成全省县域保险市场、小额信贷保险、银保合作业务发展和“购物返利”活动等重点或高风险领域的监测和调研、全省重点金融领域风险排查，以及2012年云南省银行业金融机构稳健性现场评估等工作，《云南省金融稳定报告（2012）》、《云南省2011年证券业风险监测报告》、《云南省2011年保险业风险监测报告》等报告的研究深度和撰写质量不断提高，为总行决策提供了依据。

（五）反洗钱工作成效明显

昆明中支为进一步完善金融机构反洗钱履职风险评估指标，对96家驻昆金融机构开展了反洗钱履职风险评估，组织全省人民银行完成对100余个银行机构，19个保险机构，1个证券机构和1个期货机构开展的反洗钱现场检查。进一步加大对边境8州市边境地区大额现金的监测和分析力度，较好地发挥反洗钱非现场监管的预警、导向和评价功能。不断强化反洗钱联席会议制度作用，先后七次组织召开案商会，两次组成工作组赴边境地区，切实提升了主动发现可疑线索的能力。全年全省人银行系统共发现或接收可疑线索数517个，调查重点线索数79个，开展行政调查611次，涉及金额38.44亿元，向公安机关报案10个。协助破获“4.26”特大武装贩毒案，涉案金额1800万元、“2.09”毒品案，涉案金额932万元、胡某某贪污受贿案，涉案金额2354.5万元等一系列大案要案。其中，因协助省纪委查办医保行业腐败案“3.21”专案和教育出版行业腐败案“4.25”专案，受到省委、省政府通报嘉奖。

三、金融服务水平和质量全面提高

2012年，昆明中支进一步强化金融服务意识，创新工作手段，全面提升金融服务水平，有力推动了全省经济社会的和谐发展。

（一）“一创两建”工作优势进一步巩固和扩大

昆明中支继续把“一创两建”（农村金融产品和服务方式创新、农村信用体系建设和农村支付环境建设）作为改善农村金融服务的重点工作来抓，一是积极推动地方政府发挥主导作用。进一步加强对政府主要领导及相关部门的汇报宣传，以省政府名义下发了《关于进一步做好2012年林权抵押贷款工作的通知》、《关于进一步加强惠农支付业务相关管理的通知》，以及《关于进一步规范云南省惠农支付服务业务的通知》等文件，促使各级地方党政部门进一步采用多种形式和措施大力扶持“一创两建”工作，切实推动“一创两建”工作向纵深发展。二是详细制定规划，明确发展思路。在全面总结2011年工作经验的基础上，先后出台《关于农村信用体系建设三年（2012年—2014年）规划实施方案》、《金融服务“三农”“一个创新两个建设”工作规划（2011—2015年）》等文件，进一步明确“一创两建”工作的指导思想、基本原则、发展目标、工作措施，以及保障措施，有效推动金融服务“三农”和“一创两建”工作走上制度化、规范化的可持续良性发展道路。三是强化工作手段，提升推进效果。通过建立农村金融产品和服务方式创新重点联系行制度、动态监测和调整林权抵押贷款重点推进县、进一步规范惠农支付业务操作流程、将农村信用体系建设试点工作作为重点考核内容等办法，有力调动全省金融机构的积极性、主动性和创造性，推动“一创两建”工作不断取得新的成效和突破。

截至年末，纳入监测的14项重点农村金融创新产品的贷款余额为409.5亿元，较年初增长55.8%。其中，全省重点推进的两项创新产品——林权抵押贷款余额为114.6亿元，同比增长54.64%，连续三年居全国第一；在全国首创的“贷免扶补”小额担保贷款余额为55.1亿元，增长31.0%。全省已为716.56万户农户建立了纸质信用信息档案，占农户总数的76.23%；为251.96万户农户建立电子信用档案；评定信用农户494万户、信用村2979个、信用乡镇85个。农村地区银行类金融机构网点接入行内系统3073个，接入现代化支付系统1977个，覆盖面分别达到94.5%和60.81%；全省农村地区邮政储蓄银行639个网点和农村信用社1807个网点开通了农民工银行卡业务，农村地区人均持卡达到0.69张，非现金支付量增长27.8%；全省已建成10463个惠农支付服务点，服务惠及129个县的1219个乡10108个行政村，行政村覆盖面达到82.91%。

（二）调查统计和金融研究工作成效显著

一是进一步强化系统业务管理。严格执行辖内调查统计考核制度，认真组织全辖调统部门开展业务运行和安全防范自查，严格调查工作流程，加大培训力度，有效提升全省调查统计管理整体水平。二是进一步完善调查统计工作机制。创新思路将云南省金融机构引入省外资金和贷款累放月度统计，不断完善对融资平台贷款、涉农贷款等重要领域的专项统计研究，有序推进金融统计标准化工作进程，进一步优化银行家问卷、企业家问卷调查内容和企业调查样本结构，并依托人民银行网站、金融信息交互平台、新闻媒体、动态监测、调查统计与分析等平台，按时发布调查分析信息，有力提升了调查成果转换力度。三是探索建立云南省宏观经济增长预测模型，加强对全省经济增长、信贷增长、价格走势的预测分析；建立“云南省人民银行调查统计监测分析小组”，对贸易条件与利率汇率问题、小微企业发展及融资问题、保障房建设问题、城镇化与工业化等问题进行专题研究分析；开展全省社会融资规模的月度、季度监测分析，为全面、客观掌握金融对实体经济的支持提供了有效参考。四是强化金融研究制度建设和机制创新。进一步健全完善研究成果奖励机制、青年课题组机制、重点课题管理办法、研究工作考核办法、课题经费管理办法等制度，不断加大重点课题的组织、指导和监督力度，并通过下发课题指南、召开课题中期报告会等形式，调动全省研究系统优势资源，圆满完成1项总行重点研究课题和60项云南省重点研究课题，有力提升了金融研究成果的质量和水平。

（三）支付体系稳定高效运行

昆明中支制订商业银行重要业务系统运行维护、应急演练、系统升级和停运的审批报备制度，严格开展支付系统参与者健康性巡检、重要业务系统安全管理检查，以及ABS系统、综合业务系统的应急演练，不断提高系统故障处理能力，有力确保全省各业务系统的安全稳定高效运行。积极推进支付密码和云南省支付结算综合业务系统在全省的推广使用。于2012年7月开始向全省推广使用综合业务系统，目前全省14个州市的105个县支行取消县辖同城票据交换。截至年末，云南省支付结算综合业务系统平稳运行，发生业务笔数全年共成功处理业务124.20万笔，资金达4605.29亿元。认真做好日常账户行政许可及管理工作，不断加强公民身份信息联网核查系统管理，公民身份信息核实方式及途径增多，相关投诉明显减少。积极推动非现金支付工具使用，1至12月，有8家银行分支机构网点新加入电子商业汇票系统，全省共办理电子商业汇票业务1640笔，金额117.77亿元；截至年末，在10个州市新建成18条县域银行卡示范街。全省累计在14个州市、36个县、7个景区建成“刷卡无障碍示范街（区）”。截至年末，云南省累计有效发行银行卡6564.36万张，同比增长19.1%，其中借记卡6081万张，信用卡483.36万张。累计入网商户191150户，POS终端255287台，ATM终端9343台，与上年相比，分别增长58.21%、54.4%和29.76%。

（四）现金管理工作水平进一步提高

继续加强发行基金调拨管理，积极发挥“以新逐旧”机制作用，不断调整券别结构，合理满足了全省对发行基金供给的需求。顺利完成全省州市一级发行基金物流系统上线运行工作，最大程度实现了发行基金出入库及仓储的自动化管理。认真组织对15个州（市）中心支库及下辖38个县支库的发行基金安全及制度执行情况的检查，不断提高突击检查的频率，共对6个州（市）中心支库和10个县支库实施突击检查，比例达30%，有效强化对全省发行库的风险控制，切实提高了全省各级发行库的制度执行力。不断强化钞票处理中心内部管理，合理安排工作计划，有效提高清分、销毁和复点能力，全面完成各项工作任务。2012年，全省发行基金投放1765.9亿元，回笼1679.3亿元，净投放86.6亿元；省外调入87个火车皮，金额254亿元，174150箱，5220吨；全省全年完成大型机械销毁残损券129.05亿元，清分623.5亿元，清分联机销毁250.8亿元。全年昆明钞票处理中心共清分回笼券591000捆，金额537.46亿元，共销毁残损人民币894502捆，813.88吨，金额129.05亿元，完成总行全年设备定额的153.56%。

（五）国库管理水平稳步提升

一是及时、准确办理预算资金的收、支、退、更业务，有效履行国库职责。全年全省各级国库共办理一般预算收入2668.14亿元，同比增长16.25%；完成一般预算支出业务3715.21亿元，同比增长了26.25%；共组织发行凭证式国债三期、储蓄式国债（电子式）十四期，金额共计23.98亿元；办理直接支付补助资金4.68万笔，金额为2938.46万元。二是稳步推进国库信息化建设。顺利完成财税库银横向联网在全省的全面覆盖，并实现“两大突破”：8月1日，云南省财政非税收入局通过TIPS完成了首批20笔736万元非税收入的收缴工作，成为全国首家实现该业务的省份，突破了“税”的范围将非税收入纳入了横向联网；12月3日，42户缴费人成功申报缴纳工会经费264万元，突破了“预算内”的限制将业务拓展到了预算外收入。全年累计通过系统处理了国库业务230.28万笔，金额783.46亿元，较去年同期增长了97.13%。三是全面提升国库内控管理水平。进一步细化《国库会计基本规定》、《国库监督管理基本规定》、《国库会计核算监督办法》等制度规定，为上述制度的深入贯彻落实奠定基础；

顺利完成对全省158个国库机构和国库处自身经办的“三级四库”业务管理和业务执行制度情况的自查，5个州市中心支库和9个县支库的国库实地业务检查，实现了国库业务检查“全覆盖”，有效消除国库管理工作中的风险隐患。

（六）科技工作不断创新突破

一是金融技术监管新职责履行有新成效。初步建立适应全省人民银行对外履职的金融技术监管体系，在全国率先引入第三方专业机构开展辖内同城电子清算系统的安全测评和风险评估，认真组织全省27家银行业金融机构信息系统的定级、测评、整改、备案和报告工作，进一步加大新发行银行卡、人民银行金融城域网准入、金融机构核准等工作的审核力度，并严格开展了对云南省获得支付牌照的3家支付机构业务系统的认证和漏洞检查。二是金融信息安全管理迈上新台阶。将全省、州市、县三级银行业金融机构全部纳入综合执法金融信息安全检查范围；筹建了云南省金融信息安全专家咨询委员会，组织9个不同行业管理机关召开了云南省金融业信息安全协调工作会议，首次实现金融业信息安全协调机制省级和州市级全覆盖，并通过定期召开各种信息安全会议，不断强化强化金融业信息安全协调机制。同时，认真开展了自身科技管理专项治理、信息安全等级保护和涉密信息分级保护等工作。三是信息系统基础设施有新提高。圆满完成全省县支行网络改造、总行电视会议系统到县、小微金融机构专网、安防视频网络规划立项等4项基础网络设施工程；有效推广省级数据中心管理平台、钞处设备联网、货金物流、消费者权益、廉政等5个新应用系统；顺利完成第二代支付系统模拟运行测试，全面做好全行100多个应用系统，1700个办公用户，以及全省1200多人个人证书及130多份服务器证书的管理及维护工作。四是金融IC卡多应用再拓新领域。发布《昆明市金融IC卡推广应用工作指导意见》，促成银企签订战略合作协议，促使云南省金融社保卡发卡工作已进入实施阶段，并实现了金融IC卡在机场、农产品供应、便利店、学校、出租车、通信、医院和社保等8个行业的多应用，构建了中小金融机构信息服务中心，支持支付机构和电子商务创新发展。截至年末，全省已有11家商业银行能够发行金融IC卡，发卡量2201671张，占新发银行卡的比例超过15%；全省POS终端和ATM终端受理金融IC卡改造率分别达到100%、超过90%，近25万台POS终端、超过8000台ATM终端具备受理金融IC卡能力。

四、外汇管理工作水平进一步提高

昆明中支按照全国人民银行暨外汇管理工作会议的部署，加快转变外汇管理理念和方式，坚持“稳中求进”主基调，立足云南，抓创新、优服务、防风险，各项工作成效显著。全年全省跨境收支总规模和银行结售汇总额平稳增长并双创同期历史新高，分别达226.47亿美元和127.41亿美元，同比增幅18.54%和0.21%。外汇收支由2011年的净流入转为2012年的持续净流出，累计结售汇逆差达22.53亿美元，且由多年来的“双顺差”转为了“双逆差”格局。

（一）创新工作方式，服务实体经济取得新突破

一是系统制定全省个人本外币兑换特许业务五年规划，积极拓展特许兑换业务覆盖范围和交易品种，指导省内特许机构加挂印度、印尼、尼泊尔等周边国家非自由兑换货币牌价，特别是中缅边境地区特许机构开通了人民币与缅币现钞的直兑业务，开创了口岸地区非金融机构办理货币兑换业务的先河，填补了国内无规范机构经营缅币的空白。全年全省酒店类和非酒店类货币代兑机构87家，特许兑换机构4家、网点7个，特许机构交易货币多达25种，特许兑换业务总量达2371万美元，位居全国前列。二是针对云南以鲜活农产品出口为主的特点，积极支持、协调、配合海关、税务、商务、商检等部门，畅通鲜活农产品出口渠道，指导企业及时报关，缩短收汇、退税周期，降低运输损耗，拓展盈利空间，加速农产品行业转型升级，有效促进云南农产品行业做大做强。三是针对欧美进口商因经营困难，延期付款情况增多的现状，及时寻求从外汇管理政策上给予突破，支持企业特别是花卉、高新技术出口的企业办理中长期延期收款，积极应对欧债危机收汇风险，有力解决了企业延期收汇不能退税的难题。四是在确保贸易真实性的前提下，为中缅石油天然气管道、糯扎渡电站、中缅大型水电站建设等重点项目相关的物流企业出具核准件准予购付汇，在风险可控前提下解决了企业的用汇需求，又支持了国家重点项目的顺利实施。五是引入银行合作办理远期结售汇等业务模式，对地方法人银行实行银行结售汇综合头寸正负区间管理，有效增强银行外汇交易和风险管理的灵活性、主动性，促进了全省外汇市场健康发展。目前，全省开办结售汇业务的金融机构网点达1130个，同比增长6.7%。

（二）严厉打击“热钱”活动，有效维护外汇市场金融秩序

昆明中支以货物贸易、外债项下跨境资金双向流动为监管重点，集中对省内5家银行41个分支机构开展外汇业务专项检查，共排查涉外交易12905笔、17.1亿美元；查实违规机构10家，违规资金153.68万美元。在注重扩大检查覆盖面的同时，重点对红塔证券公司、中国出口信用保险公司等非银行金融机构开展外汇业务专项检查，进一步促进全省金融机构合规经营，确保外汇市场规范、有序运行。探索创新外汇非现场检查手段，将固化指标与频次

指标相结合，进一步提高检查工作的精度、深度和广度。全年通过非现场检查排查出可疑与违规交易4.51亿美元，锁定异常银行、企业21家，查实并立案8件，案件线索查实率居全国第五名，使非现场检查成为现场检查的重要助力；全年全省共查处外汇违法违规案件18件，收缴罚没款29.2万元人民币，有效维护了全省经济金融秩序。

（三）强化跨境资金流动监测，防范跨境资金流动风险取得新成效

一是夯实基础工作。改进国际收支数据采集模式，有步骤、有计划地在全省推广国际收支企业网上申报系统，提高数据采集效率和质量；加大数据核查力度，优化结售汇核查手段，对转口贸易、对外借债等跨境资金波动较大项目开展专项核查。全年累计对12万余笔、225亿美元的国际收支数据进行了非现场核查，对旅游、教育、转口贸易、对外投资等重点监测项目外汇收支情况开展了专项核查，对7家金融机构、2家企业开展了现场核查。二是扎实提升风险监测水平。结合云南省经济金融形势新变化，实时跟踪监测结售汇变动情况，重点关注银行贸易融资、企业贸易信贷、个人购汇等跨境资金流动主渠道，有效防范异常资金流动风险；全面监测分析企业进出口、结售汇等涉外经济数据，对外汇潜在风险较大的企业实施重点关注，并通过窗口指导、实地调研等方式进行风险提示；加快推进企业调查问卷指数化体系建设，首次引入进出口前景、汇率预期、贸易顺差压力等领先指标，并先后对300多家涉外企业开展近20次问卷调查，大幅提高了监测分析的敏感性和前瞻性。三是进一步强化周边国家经济金融动态监测。充分利用在7个边境州市、15个边境县建立的27个人民币对周边国家汇率监测网点，针对缅甸汇率制度改革、边境地区人民币汇率波动等进行了重点跟踪调查，并及时上报监测报告，得到了上级和政府有关部门的好评。

（四）提升服务水平，有力推动贸易投资便利化

一是货物贸易外汇管理方式全面转型，进一步促进云南省涉外经济健康发展。精心组织、周密部署，按照能否“服务好”、“说得清”、“管得住”的衡量标准，做实做细货物贸易核销改革各项工作。举办了20余期、银企2300多人参加的专题培训班，培训面达到100%和86%，扎实推进了货物贸易改革。全省近99%的进出口企业享受到了便利化改革的成果，企业、银行经营成本大幅降低。二是进一步强化以会计师事务所代为申报为主的外商投资企业外汇年检方式，不断提升工作效率，使2012年全省外商投资企业外汇年检工作取得新突破。全省应参检外商投资企业1286家，实际参检1224家，参检率95%，比上年提高了两个百分点，其中，通过会计师事务所代申报的年检企业家数为1175家，会计师事务所代申报率高达96%，创历史新高。全省应检境外投资企业196家，实际参检企业196家，基于企业家数的参检率100%，基于投资总额的参检率100%。三是通过进一步简化直接投资外汇管理，简化外商直接投资项下跨境人民币出资的验资询证手续，取消直接投资项下的购付汇审核，简化境外投资者以境内合法人民币再投资手续等手段，有效促进投资便利化。2011年度全省招商引资工作，受到了云南省人民政府的表彰，获得了“全省招商引资工作贡献奖”。2012年，全省外商直接投资外资流入8.38亿美元，同比下降39.28%；境外投资外汇资金汇出2.94亿美元，同比增长27%。

（五）进一步加强与云南周边国家双边本币合作，跨境人民币结算工作快速发展

一是进一步扩大中泰双边本币结算合作。积极扩大人民币对泰铢银行间市场的交易主体，努力推动商业银行参与人民币对泰铢柜台挂牌，于6月14日至17日，成功举办中泰双边本币结算会谈，进一步推动了中泰两国双边本币结算的快速发展。2012年，泰国开泰银行深圳分行、光大银行昆明分行获准加入银行间市场；全年人民币对泰铢累计交易441笔，金额共计22.59亿元人民币。人民币对泰铢累计交易453笔，金额共计23.6亿元人民币。人民币对泰铢柜台交易共发生5925笔，金额3204.67万元。二是鼓励全省银行积极开展对外合作，疏通结算渠道，扩大跨境人民币结算地域范围。目前，与境内发生跨境人民币结算的国家和地区扩大到47个，较上年增加21个。三是进一步疏通银行、企业在办理跨境人民币结算业务的各个环节，推动全省跨境人民币结算业务迅速增长。2012年，全省银行共办理跨境人民币结算460.9亿元，较去年同期增长84.16%。其中，货物贸易结算247.06亿元，占同期海关进出口总额的18.7%，较去年再提高3个百分点。跨境服务贸易及其他经常项目结算38.33亿元。资本项下结算量达175.51亿元，较上年增长123%。

（李峰组稿）

【大事记】

1月12日，昆明中支工会办荣获中国人民银行和中国人民银行工会工作委员会2012年度中国人民银行工会工作先进集体，受到总行表彰奖励。

1月至8月，昆明中支人事处组织完成2012年全省119名新录用人员的面试、政审、签约、培训工作，并组织其到商业银行进行岗前实习锻炼，为各中心支行补充了新鲜血液，改善了人员结构。

2月15日，“昆明市惠农支付服务业务推广工作会议暨五华区服务点授牌仪式”在昆明中支隆重举行。昆明市朱永扬副市长、洪维智副秘书长、人行昆明中心支行段会

全副行长、云南省公安厅经侦总队王伟总队长等领导出席了本次会议。

2月15日，“昆明市惠农支付服务业务推广工作会议暨五华区服务点授牌仪式”隆重举行

2月16日至17日，全国经常项目外汇管理工作会议在云南省瑞丽市召开。国家外汇管理局邓先宏副局长、经常项目管理司杜鹏司长、谢和民副司长等领导及全国各分局代表约70人参加了会议。

2月20日，曲靖市惠农支付服务业务开通及推广工作会议暨麒麟区授牌仪式举行

2月21日，昆明市市委常委副市长朱永扬与市政府副秘书长等相关负责人亲临昆明中支，与于华副行长共同磋商农村信用体系建设试点工作。

2月24日至26日，昆明中支营业部由昆明中支机关所在地——昆明市正义路69号顺利搬迁至昆明市日新东路69号，2月27日开始正常营业。

2月27日，昆明中心支行召开2012年纪检监察工作会议暨工作动员大会，中支机关科长以上干部及辖区各县（市）区支行领导班子成员参加会议。

2月，在昆明中支党委的高度重视下，会计财务处积极配合审计署驻昆特派办完成2011年度昆明中支财务收支审计工作。并就审计意见进行深入分析和研究，及时、客观地反馈，拟定详细的整改落实措施，并以审计活动为契机，进一步规范会计财务行为，严格预算制约，提高财务管理水平。

3月5日，根据中国人民银行办公厅《关于配合做好审计人民银行系统基本养老保险基金工作的通知》（银办发［2012］41号）文件精神，审计署昆明特派办于3月对我行养老保险工作进行审计。

3月7日至9日，召开全省国库工作会议。会议全面总结了2011年云南省国库的各项工作，通报表彰了2010年云南省和昆明市国库业务考核评比获奖单位，明确了全省“强基础、保安全、推系统、抓调研”的国库工作思路，安排部署了2011年的国库工作任务，云南省分库主任与各中心支库库主任（副主任）签订了国库资金风险防范责任书。

3月13日，昆明中支获“2011年度全省招商引资工作贡献奖”。

3月26日，印发《中国人民银行昆明中心支行关于做好云南省机构信用代码推广应用工作的通知》和《云南省机构信用代码推广应用实施方案》，对全省各阶段工作进行部署。

3月27日，组织召开了“云南省机构信用代码推广应用动员大会”，共2332人参会，覆盖全省人民银行和银行业金融机构。昆明中支行长周振海在会上作了重要讲话。

3月，财政部驻云南省监察专员办事处对云南省人民银行系统2011年财务决算的进行审计。会计财务处积极协调业务部门及时、准确、完整地提供审计所需资料，认真解答财务决算部分相关问题，并陪同审计组赴曲靖、玉溪中支开展审计工作。针对检查组现场发现的问题，及时沟通与反馈，督促被检查单位落实整改措施，切实提高财务管理水平。

3月，昆明中支调查统计处与省财政厅、省财监办相关部门组成联合检查组对部分县域金融机构进行现场检查，对人民银行调统部门涉农贷款增量奖励审核认定口径作了明确的规定和要求。

3月，昆明清算中心开始搭建支付清算数据分析平台，截至年末，已完成支付清算数据分析平台的集成安装和第一阶段建设。

3月至5月，成功完成了云南省货物贸易外汇管理系统、非现场检查系统的部署和推广。

4月1日，云南省财税库银横向联网在昭通、文山、红河、普洱、西双版纳、玉溪、楚雄、大理、丽江、保山、德宏11个州（市）同时成功上线运行，加上之前上线的昆明、曲靖、临沧、迪庆和怒江，实现了在全省州（市）级横向联网的全面推广。

4月5日，转发《国家外汇管理局资本项目管理司关于进一步简化直接投资外汇管理有关问题的通知》。

4月19日，召开机关2012－2014年度文明单位创建工作动员大会，机关科级以上干部200余人参加了会议。党委书记、行长周振海代表中支党委对2012－2014年度新一轮机关文明单位创建工作进行动员部署。

4月23日，核定富滇银行2012年度短期外债余额指标为3000万美元，核定泰国泰京银行大众有限公司昆明分行2012年度短期外债余额指标为4500万美元。

4月25日至5月10日，总行清算总中心技术支持小组亲临昆明CCPC对支付系统CCPC存储加固暨二代支付系统新设备安装现场指导和技术支持。4月28日，昆明中支段会全副行长及科技处、支付结算处到施工现场听取了施工部署安排汇报。经过努力，昆明清算中心顺利完成了支付系统CCPC存储加固暨二代支付系统昆明CCPC新设备安装运行环境建设工作。

5月4日，昆明中支党委按“推荐、评议、推出”三步推进“身边好人”活动开展，共征集到“身边好人”事迹推荐材料37份，选出11篇有代表性的事迹，举办了“身边好人”主题演讲。

5月5日至6日，根据人总行相关要求，由昆明中支副行长王建东带队的应急领导小组实地到清算中心现场办公，在业务监控机房实时监控并指挥全省16个ABS节点、158个TBS节点实施应急演练，成功率为100%，顺利完成了演练任务。

5月6日，云南省省分库组织全辖各级国库参加人总行开展的国家金库会计核算系统应急切换演练。

5月8日，国家六部委联合发文《关于出口货物贸易人民币结算企业重点监管名单的函》，最终确定了云南省41家进出口企业为重点监管企业。目前，云南省所有具有进出口经营资格的企业均可开展跨境人民币结算业务。

5月10日，昆明中支工会在党委的领导下组织召开昆明中支机关首届职工代表大会暨会员代表大会，共征集提案、意见和建议51件，立案5件，其余46件为意见及建议。会后由分管行领导签批后交由各相关职能部门认真落实，提案、意见或建议已全部答复或与当事人会商。

5月26日至27日，配合总行国库局参加了TIPS中心机房搬迁的业务测试工作，测试顺利通过。

5月，昆明中支国库处印发新修订的《云南省国库业务考核评比办法（试行）》（昆银国2012［9］号）和《昆明市国库业务考核评比办法（试行）》（昆银国2012［10］号）。

5月，昆明中支制定《关于农村信用体系建设五年（2011年－2015年）规划实施方案》。

5月至7月，组织完成了全省55名守库押运岗位合同制人员的招聘工作。同时制定了《云南省合同制守库押运人员管理暂行办法》，进一步加强和规范了云南省人民银行合同制守库押运人员的管理。

6月4日，官渡区支行举行“全国级文明单位”挂牌仪式，昆明中支党委书记、行长周振海，党委委员、纪委书记陆豪，昆明中支精神文明建设指导委员会全体成员，官渡区委常委、常务副区长黄晶，昆明市及官渡区文明委的主要领导参加了挂牌仪式。

6月13日至15日，组织全省126个人民银行分支机构、近5000个银行机构网点开展第五次“信用记录关爱日”活动，发放宣传资料40万余份。

6月14日至20日，由泰国银行北部分行行长带队，泰国银行总行、北部分行相关部门人员以及泰国部分商业银行代表组成的24人代表团到中国人民银行昆明中心支行进行正式访问和调研。

6月15日，中泰双边本币结算会谈在昆明举行

6月，总行委派天职（北京）国际工程项目管理有限公司，完成了对临沧市中心支行新建发行库及营业办公用房项目竣工决算审计。审计结论认定该项目建筑面积、投资均控制在总行核准的范围以内。

6月，昆明中支会计财务处完成普洱民生村镇银行和景洪民生村镇银行两家新设立的地方性法人金融机构存款准备金和财政存款交存范围的核批工作。

6月至8月，昆明清算中心针对风险隐患排查出的问题，实施完成了中心大楼发电机组、空调、门禁系统等基础设施的更新改造项目，进一步提高了支付系统运行保障能力。

7月1日，昆明中支表彰了10个先进基层党组织、8名优秀党务工作者和69名优秀共产党员，推出“身边好人”9个，发出“我评议、我推荐身边好人”专刊11期，利用《党建工作简讯》发出宣传学雷锋活动、辉煌成就专题信息21篇。

7月1日至5日，由昆明中支工会承办中国人民银行全国工会主任培训班，人民银行上海总部、各分行、营业管理部，省会（首府）城市中心支行及直属企事业单位工会主任（主席）参加了培训。人民银行党委委员、纪委书记、工会主任王华庆出席开班典礼并作重要讲话，对培训的服务给予了高度评价和充分的肯定。

7月17日至18日，昆明中支在曲靖举办了“云南省货物贸易外汇管理改革培训班”，就贯彻货物贸易外汇管理改革、政策解读、业务操作、系统设置等方面进行了系统培训。

7月，昆明中支会计财务处组织相关人员编写《昆明中心支行机关公务卡管理暂行规定》，同时对科培财务管理规定进行修订。制度的编写和修订进一步强化资金投资风险控制及内部建设管理，提高单位财务管理的规范化管理水平。

8月1日，新版个人信用报告在全省正式上线。

8月1日，货物贸易外汇管理制度改革在云南省顺利推广。改革后，全省近99%的进出口企业享受到了便利化改革的成果，企业、银行经营成本大幅降低，贸易便利化水平显著提升。

8月1日至12月31日，昆明中支举办各类货物贸易制度改革银企培训班23期，培训人数2300多人，银行和企业培训覆盖面达到100%和86%，扎实推进了货物贸易改革。

8月30日，昆明中支工会举办全省人行系统为期半个月的“书画抒情怀，献礼十八大”书法、美术、摄影展。党委书记、行长周振海带领党委班子成员对559幅作品认真地参观了展览，并对参展作品给予了充分肯定。

8月，财税库银横向联网取得的重大突破，云南省财政非税收入局通过TIPS完成了首批19笔0.65亿元非税收入的收缴工作，云南省成为全国首家实现该业务的省份。标志着云南省横联业务范围得到了进一步扩大，国库信息化建设成果的社会影响力得到进一步提高。

8月，昆明中支结合云南国债管理工作情况，制定并下发了《云南省国债“收款单”催兑活动方案》和《云南省无记名国债及收款单兑付业务操作规程》。

8月，按照年初的工作部署，昆明中支会计财务处联合支付结算处开展对6个州市中心支行会计财务管理情况的检查。通过交叉检查防风险，堵漏洞，促进业务工作合规、安全管理。

8月，昆明中支会计财务处完成总行会计重点研究课题《南非储备银行2011会计年度财务状况》。经总行会计财务司审定后，该调研成果在总行综合信息服务系统网站上发布。

8月，总行委派天职（北京）国际工程项目管理有限公司，完成了对保山市中心支行新建发行库及营业办公用房项目竣工决算审计。审计结论认定该项目建筑面积、投资均控制在总行核准的范围以内。

8月，昆明中支会计财务处完成沪农商行在云南省8个新设机构准备金及财政存款交存范围的核定工作。

8月，昆明中支国库处组织开展对临沧市中心支库、玉溪市中心支库、保山市中心支库、怒江州中心支库、迪庆州中心支库的国库会计暨国库统计分析业务的实地检查。

9月3日至5日，昆明中支会计财务处、支付结算处成立联合检查小组，对昆明辖区12家县级支行开展会计财务管理联合检查。通过检查确保资金安全，切实有效防范控制风险，进一步提高辖区支行会计财务管理规范化工作水平。

截至9月上旬，昆明中支货币金银处组织完成了对15个州（市）中心支库及下辖38个县支库的发行基金安全及制度执行情况的全面检查，是多年来货币金银处首次对全省县级库的全面直接检查。

9月11日，昆明中支纪委在人行曲靖中支召开云南省人民银行系统业务管理中落实党风廉政建设工作座谈会，云南省15个州市中心支行纪委书记、监察室主任参加会议。

9月12日，昆明中支作为云南省社会信用体系建设牵头部门，参加了国家发展改革委和中国人民银行在北京共同组织召开的地方信用体系建设牵头部门座谈会，会后向省政府上报了相关报告。

9月12日至16日，昆明中支组织清算中心、支付结算处、科技处等相关部门配合总行清算总中心与科技司顺利完成了昆明CCPC第二代支付系统模拟运行网络接入工作。

9月24日，汇丰银行昆明分行以直接参与者的身份正式加入大额支付系统，并于9月25日正式加入小额支付系统。

9月25日，向省政府上报了《中国人民银行昆明中心支行关于调整我省社会信用体系建设部门联席会议牵头部门的请示》（昆银发〔2012〕225号）。

9月28日，昆明中支联合省委宣传部在机关办公楼举办了“喜庆党的十八大，科学发展，辉煌云南”主题展览。

9月29日，昆明中支下发了《关于担保公司代偿信息纳入企业信用信息基础数据库的通知》，率先将担保公司代偿信息纳入企业征信系统。

9月29日，为使评级收费标准符合市场发展需求，促进评级机构有序竞争，昆明中支推动出台了《云南省融资担保企业评级收费标准暂行规定》，并于10月1日起执行。

9月，按照总行的要求，昆明中支会计财务处精心部署“人民币存款准备金数据处理系统”上线工作，实现该系统在全省顺利上线运行。

9月，为贯彻落实总行的《中国人民银行分支行行员考核暂行办法》，结合昆明中支实际，制定了《中国人民银行昆明中心支行行员考核实施细则》，并于12月组织全省各州市中支完成了分支行行员考核信息系统的上线培训工作。

9月至10月，昆明中支调查统计处开展了对州市中支调查统计部门的检查工作。通过部门自查、现场抽查、及时整改，有效促进了全省调查统计业务水平提升。

9月至2月，昆明清算中心联合中支支付结算处、科技处组织开展全省支付清算系统宣传活动，深入人行红河中支、曲靖中支、玉溪中支、西双版纳中支和华夏银行昆明分行指导支付系统宣传暨参加“中国现代化支付系统走进校园”系列宣传活动。

10月14日至19日，国库局依据《国库会计业务实地检查指导意见》对云南省分库会计业务进行实地检查，检查项目包括2011年下半年的内控管理、系统管理，以及后督发往国库差错通知单情况；2011年年终决算情况；2011年12月至2012年1月的会计账务组织、账务处理和账务核对情况等。

10月18日，总行以《中国人民银行办公厅关于德宏州中心支行新建发行库及营业办公用房的批复》（银办函〔2012〕592号），正式批准德宏州中心支行新建发行库及营业办公用房。

10月23日，云南省首次电子支付业务工作会议在昆明中支召开。

10月23日至11月9日，在昆明中支刘莹副行长的带领下，跨境办相关人员深入德宏、西双版纳、普洱等地州进行了考察调研，进一步了解替代种植涉及的跨境人民币结算中的突出问题，并就解决替代种植企业跨境资金清算的问题提出了指导意见。

10月29日，由昆明中支工会、云南省人民银行系统文艺体育协会主办，云南省国学研究会、《时代金融》杂志社、昆明电视台《盛世典藏》栏目联合协办，容历史文化、金融、保险、证券、养生、书画、摄影等学科的“滇银文化大讲堂”系列讲座正式开讲。

10月31日，昆明中支在全省共发放机构信用代码证348016户，发放比例占全部基本存款账户的97.31%，剔除7651户已在工商等登记注册部门注销的户数，实际发证比例为99.44%，按时完成了年度机构信用代码发码任务。

11月7日，昆明中支刘莹副行长参加了中国农业银行云南省分行与老挝发展银行南塔省、丰沙里省分行在西双版纳州磨憨举行的“跨境人民币结算中老座谈会”。

11月19至21日，人总行清算总中心在昆明举办全国分支行清算中心业务主管培训，全国32个城市支付清算业务骨干共33人参加。

11月30日至12月9日，为培养业务骨干，确保国库会计数据集中系统（以下简称TCBS）计划于2013年4月1日在云南省正式上线并顺利开展，举办了全省TCBS业务培训班，采取讲练结合的方式，学习TCBS构架、参数设置、业务操作。

11月，昆明中支会计财务处完成云南安宁稠州村镇银行、昆明阿拉沪农商村镇银行两家新设立地方性法人金融机构会计资料及核定存款准备金和财政存款交存范围的审核。

11月，昆明中支全面启动了云南省TCBS系统上线准备工作，成立了以昆明中支周振海行长为组长的国库会计数据集中系统上线领导小组，并制定了相关工作要求，起草了云南省TCBS系统上线预案。

11月，完成总行对昆明中支人事档案历时三年的审核整理验收工作。

12月3日，云南省工会经费纳入财税库银横向联网试点在曲靖市直属分局、麒麟区地税局、开发区分局成功上线。当天上午，共有42户缴费人通过网上申报和实时下账，成功申报缴纳工会经费264万元。

12月3日至4日，昆明中支举办全省直接投资外汇管理政策改革培训班，对全省各州市中心支局、各外汇指定银行外汇业务人员以及会计师事务所相关人员进行了培训。

12月5日，昆明中支转发《国家外汇管理局关于进一步改革和调整直接投资外汇管理政策的通知》，取消了直接投资项下外汇账户开立及入账核准、购汇及对外支付核准、境内外汇划转核准、外国投资者境内合法所得再投资核准等35项行政审批项目，简化合并了外商投资性公司境内再投资外汇管理、外商投资企业验资询证、外国投资者收购中方股权外资外汇登记等14项审批手续，将资金来源和汇出核准由事前审批改为事后登记，简化了行政审批手续，优化了投资业务办理流程，促进了全省投资便利化。

12月6日，昆明中支举办党支部书记学习十八大精神培训班。

12月6日至7日，国家外汇管理局资本项目管理工作座谈会在昆明召开，资本项目管理司孙鲁军司长出席会议，云南省分局刘莹副局长在会上致辞。

12月9日，曲靖市八县二区工会经费全部纳入财税库银横向联网系统。试点工作的成功，为社会保险费及其他各项规费纳入财税库银横向联网打开了空间，积累了经验。

12月13日，为全省人民银行126个贷款卡业务网点配发了扫描枪，在全省推广“贷款卡信息录入软件”，通过二维码扫描枪实现信息采集由手工录入向扫描采集的转变。

12月26日，昆明中支根据昆明市五华区第十五届人大代表换届工作的总体安排，在机关举行护国街道办金融联合选区人民银行选举投票工作，投票选举刘莹副行长为五华区人大代表。

12 月 11 日，滇银文化大讲堂第四讲中日关系与钓鱼岛问题在人行昆明中心支行开讲，由云南大学硕士生导师、昆明市政府咨询研究委员会委员徐启亚主讲

12 月 31 日，云南省省委常委、常务副省长李江率领省政府办公厅、省财政厅、省国税局、省地税局主要负责人及昆明市政府常务副市长黄云波、市财税等有关部门负责人，在国家金库云南省分库主任周振海、副主任段会全等的陪同下，来到云南省分库看望坚守在年终决算第一线上的国库干部。

12 月 31 日，云南省省委常委、常务副省长李江率领有关部门负责人，在国家金库云南省分库主任周振海、副主任段会全等的陪同下，来到云南省分库看望坚守在年终决算一线的国库干部

12 月 31 日，昆明中心支行党委书记、行长周振海带领全体班子成员及相关处室领导到昆明清算中心（结算中心）视察指导年终决算工作，并亲切慰问岁末坚守在支付清算系统业务运行一线的干部职工。

12 月 31 日，昆明中支国库处核算管理科荣获总行“青年文明号”称号，官渡区支行陆璐荣获总行“青年岗位能手”称号。

昆明中支年内组织开展了对 2 个空缺处长职位的推荐选拔和 11 个空缺正、副科长职位的竞争上岗。

12 月 31 日，昆明中心支行党委书记、行长周振海带领全体班子成员及相关处室领导到昆明清算中心（结算中心）视察指导年终决算工作，并慰问岁末坚守在支付清算系统业务运行一线的干部职工

为促进干部流动，加强对干部的锻炼与培养，先后选派 1 名处长、5 名副处长分别到省外、省内和地方政府部门进行挂职锻炼；组织 7 名科级干部跨处室横向换岗；接收 18 名州市中支年轻干部到中支各处室交流；派送 11 名新录行员到各商业银行岗前实习。

全年开展干部续聘考核，干部聘期管理工作日趋规范。严格领导干部聘期和试用期管理有关规定，按时对 40 名聘期已满的正、副处长和 11 名试用期满的副处长实施了续聘考核和试用期满任职考核，并进行续聘和正式聘任。

年内，昆明中支党委中心组开展 9 次专题学习，分别学习了全国金融工作会议、人总行、成都分行工作会议精神，研究全年工作措施。党的十八大召开后，先后三次专题学习，带动全辖掀起学习十八大热潮。

2012 年，昆明中支货币金银处依托在全省全面铺开的惠农支付业务服务点，把惠农支付业务服务点拓展成集残损券兑换、小面额人民币投放、反假宣传于一体的综合金融服务点，目前红河、曲靖等地已有 73 个惠农支付点同步建设成为“反假货币宣传站”，培训惠农支付点从业人员 1347 人。

昆明中支年内全面完成了昆明中心支库、昆明钞票处理中心及全省 15 个州、市中心支库发行基金物流智能管理系统的上线运行工作。

年内，按人总行清算总中心的统一部署，昆明中支清算中心分别于 2 月、5 月、7 月、11 月组织开展了四个季度的支付系统巡检，通过自查、交叉检查等形式，进一步提高了支付系统运行管理水平，有效保证了云南省资金清算安全。

为规范发行库守卫和押运工作，做到全省统一标准、统一管理，健全制度管理体系，制定了《云南省人民银行系统新建办公大楼及发行库封闭式管理设施建设标准》、《云南省人民银行人民币发行库安全监控系统管理实施细则（暂行）》、《云南省人民银行系统人民币发行基金押运安全管理实施细则》等制度。

（杜杉组稿）

中国银行业监督管理委员会云南监管局

局长：林勇力

【综述】

2012年，中国银行业监督管理委员会云南监管局（简称云南银监局）在省委、省政府及银监会的正确领导下，积极应对复杂经济金融形势，按照“守住底线防风险，加大力度稳增长”的工作思路，不断增强监管的针对性和有效性，重点抓好稳增长、强服务、促改革、防风险四个方面的工作，为支持全省“稳增长、冲万亿、促跨越”目标实现做出了积极贡献。截至年末，全省银行业金融机构资产总额为23054.69亿元，比年初增加4040.62亿元，增长21.25%；负债总额22357.84亿元，比年初增加3882.77亿元，增长21.02%；各项存款余额18061.48亿元，比年初增加2633.31亿元，增长17.07%；各项贷款余额14168.99亿元，比年初增加1814.87亿元，增长14.69%；不良贷款余额151.34亿元，比年初减少34.36亿元，不良贷款比率为1.07%，比年初下降0.44个百分点。全省银行业各项业务发展平稳，贷款均衡快速增长，风险管控水平不断提升，综合实力进一步增强。

【业务工作情况】

一、“稳增长”积极主动，成效显著

一是引导银行业合理满足重点领域资金需求。对全省“四个一百”重点项目累计新发放贷款468.55亿元，占全辖新增贷款总额的30.2%，其中14个国家级项目贷款余额219.16亿元，占比18.5%。积极加大对云南桥头堡、昆明区域金融中心及滇中产业新区等区域战略的支持，优先支持战略性新兴产业、科技创新、现代服务业、文化产业发展。

二是大力推进信贷结构调整。努力提升实体经济贷款比重，批发零售业、制造业贷款增量合计占全部贷款增量的47.53%，增速高于各项贷款平均增速。积极推进绿色信贷，完善相关授信程序和管理要求。支持城市污水处理、风力发电、资源综合利用等可再生能源项目，累计投入114亿元贷款支持滇池综合治理，累计压缩11.75亿元“两高”及落后产能行业中的限制类及淘汰类贷款。

三是主动沟通协调形成合力。从推动云南银行业可持续发展的高度出发，协同多方向银监会沟通汇报，积极反映银行业发展及监管重点难点问题，积极争取银监会对云南桥头堡重大战略、“三农”发展、地方法人银行和非银行及外资银行机构设置、风险化解等方面的政策支持。继续强化与金融办、人行、工信委、财政、公安、高院等部门的联动，共同推动全省经济社会和谐发展综合目标的实现。

二、“强服务”措施得力，效果突出

一是小微企业和“三农”金融服务成效明显。继续完善体制机制，总结推广先进经验，统一部署小微企业“宣传月”活动，推动地方政府出台配套扶持措施和建立风险补偿机制，营造良好的“支小”氛围。截至年末，全省小微企业贷款2445亿元，较年初增加365亿元，增长17.55%，增速高于全省贷款平均增速2.86个百分点，增量高于上年同期82.97亿元。推进实施“三大工程”，组织开展“双百竞赛”，督促涉农机构优先支持“米袋子”、“菜篮子”、“水窖子”等民生工程，重点保障抗旱应急水源工程建设和春耕生产资金需求。继续扩大试点范围持续推进林权抵押贷款工作，林权抵押贷款规模连续三年居全国第一。截至年末，全省涉农贷款4914亿元，同比增加

706.5亿元，增长17.2%，增量高于去年同期159.4亿元，增速高于各项贷款增速2.41个百分点。

二是民族地区和抗灾救灾金融服务成效明显。深入实施《云南银行业支持民族地区发展规划（2010－2012）》，全省8个民族自治州、29个自治县银行业在网点增设、信贷投放、服务改善、人才培养等方面均取得了长足进步，有力支持了民族地区经济社会发展。积极指导银行业做好抗旱救灾金融服务工作，在彝良抗震救灾及灾后重建金融服务工作中，指导当地银行机构为促进灾区恢复生产生活发挥了重要作用，相关工作得到李纪恒省长批示。

三是金融消费者保护切实增强。有效整治银行业不规范经营，清理取消收费项目1604项，清退金额1908万元，整改完成率和投诉处理完成率均达到100%，银行业公众满意度得到提升。广泛深入开展送金融知识下乡和防范非法集资宣教活动，宣教面覆盖全省各乡镇、各民族，全面提升基层民众的金融素质，引导广大群众远离高利贷、地下钱庄等非法金融活动，维护了良好的金融秩序。

三、“促改革”持续深化，推动有力

充分发挥督促、指导和协调职能，引领深化以市场为导向的改革创新，建立健全多元化、多层次、功能互补、符合云南地方实际的银行业机构体系，激发银行业竞争活力。积极引进各类银行业金融机构来滇设立分支机构，新设东亚银行昆明分行，积极支持马来西亚银行来滇设立法人机构；云天化集团财务公司、华夏金融租赁公司获银监会批复筹建；推动村镇银行跨越发展，实现在全省州（市）全覆盖。支持富滇银行审慎推进“走出去”战略，推动辖内城商行优化发展战略，加快转变发展方式，强化公司治理和内部控制；推动辖内非银机构发展，持续推进邮储银行二类支行改革。鼓励银行业围绕实体经济需求稳妥开展业务产品和服务方式创新，突出强调对薄弱领域的支持；督促农合机构为边远群众提供现金支取和刷卡消费等便捷服务，金融服务普惠程度进一步提高。

四、“防风险”多策并举，运行平稳

一是做好平台贷款分类管理指导，推动到期平台贷款风险排查，强化平台退出管理，把好新增平台贷款投向，确保国家重点项目续建资金需求的同时推进风险缓释。多方协调有序部署二级公路平台贷款偿债工作，化解到期贷款偿还风险取得成效。

二是关注房地产贷款风险，修订完善房地产信贷统计制度，持续加强重点风险的监测分析和预警。督导个别机构对房地产信托项目潜在延期支付风险提早做好风险处置预案。针对少数房企资金链断裂形成逾期风险的情况，加强跟踪指导确保贷款收回。

三是密切关注重点领域信贷风险。针对钢贸企业票据出现大额垫款的突出问题，督促停止授信，防范风险扩散。高度关注小水电、风电、有色金属、化工、水泥等行业风险暴露情况，加强调研及跟踪监测，及时进行风险提示。跟踪管控食品、药品、化学污染等热点问题引发的贷款风险，不良贷款反弹趋势得到有效控制。督导法人机构加大资本拨备补充，筑牢风险防范基础。强化舆情监测、突发事件应对和银行业信息科技风险防控，为全省经济社会稳定、可持续发展提供了有效保障。

【大事记】

1月13日，云南银监局召开云南银行业2012年年初监管工作会，总结回顾全省银行业2011年工作情况，全面部署2012年重点工作。

1月17日至18日，云南银监局召开2012年工作会议，传达贯彻全国金融工作会议和银监会2012年监管工作会议精神，对全局系统2012年主要工作任务进行了全面部署。

云南银监局召开2012年工作会议

2月10日，云南银监局召开全省银行业不规范经营专项整治工作电视电话会议，就全面贯彻落实专项整治工作提出总体要求。

3月22日，云南银监局在普洱组织召开云南省进一步规范推进林权抵押贷款工作会议，积极探索金融助推林业改革发展的有效模式，促进信贷支持实体经济、“三农”和小微企业发展。

6月18日，“17家村镇银行落户云南启动仪式”在昆明举行，云南银监局林勇力局长出席仪式，宣布17家落户云南村镇银行名单，并对各村镇银行稳健持续发展提出希望和要求。

6月20日，云南银监局召开银行业金融机构重点风险排查及监管工作分析会，分析研究各监管处近期关于平台贷款、案件、房地产贷款、流动性、表外业务等重点风险排查的情况，并对后续工作进行部署。

7月11日，云南银监局召开全省银行业金融机构防范和打击非法集资宣传教育活动动员会，对深入开展防范和打击非法集资教活动进行了动员部署，并提出工作要求。

云南银监局召开全省银行业防范和打击非法集资宣传教育活动动员会

9月11日，丁绍祥副省长一行到云南银监局调研，充分肯定云南银监局近几年工作成效，并对当前重点工作提出相关要求。

9月19日，中国银监会在昆明组织召开“小微企业金融服务工作座谈会”，梳理针对小微企业金融服务出台的相关产业、财税及金融扶持政策和措施，研究落实差异化监管政策、扶持小微企业金融服务的具体措施。

11月8日，云南银监局全体干部职工集中观看党的十八大开幕式实况，认真学习胡锦涛同志《坚定不移沿着中国特色社会主义道路前进 为全面建成小康社会而奋斗》的报告。

12月3日，东亚银行（中国）有限公司昆明分行举行开业典礼。

12月3日，中国银监会在昆明召开银行业信息科技风险管理2012年会暨高层指导委员会全体会议，尚福林主席、郭利根副主席出席会议并作重要讲话。期间，中国银监会主席尚福林到云南银监局视察调研并就进一步做好监管工作作出重要指示。

中国银监会主席尚福林到云南银监局调研

中国银监会在昆明召开中国银行业信息科技风险管理2012年会暨高层指导委员会全体会议

12月7日，云南银监局团委、云南省银行业协会联合组织2012年度“送金融知识下乡”宣传服务站挂牌仪式暨青年主题系列活动。

12月13至14日，中国信托业协会在昆明召开“2012年中国信托业峰会”。

2012年中国信托业峰会在昆明召开

（畅双雷供稿）

中国证券业监督管理委员会云南监管局

局长：王广幼

【综述】

2012年，在省委、省政府和中国证监会的正确领导下，云南证监局认真贯彻落实中央经济工作会议、全国金融工作会议、全国证券期货监管工作会议及全省金融工作会议精神，全力推进直接融资工作，助推云南桥头堡建设，不断提升辖区资本市场服务云南经济社会发展全局的能力和水平，资本市场改革发展和监管工作都取得了明显成效，为全省“稳增长、冲万亿、促跨越”工作目标的实现做出积极贡献。截至年末，云南辖区共有28家境内上市公司，82家证券经营机构（2家证券公司，2家证券分公司，1家证券投资咨询公司，77家证券营业部），22家期货经营机构（2家期货公司，20家期货营业部），4家境外期货持证企业，资本市场总体规模居西南五省区市第三位。

【业务工作情况】

一是积极推动首发上市和再融资，加大对实体经济的资金支持力度。推动企业上市工作取得新突破。全年共新增6家上市辅导备案企业，完成辅导备案企业达到20家，比年初增长近50%，辖区拟上市公司数量创历史新高。鸿翔一心堂首次公开发行股票已获证监会审核通过，还有3家拟上市企业处于证监会审核阶段。支持上市公司再融资取得新进展。全年新增再融资109.5亿元，高于去年的100.25亿元，同比增长9.23%，其中1家发行公司债融资10亿元，3家过会待发拟融资99.5亿元，企业正择机发行。此外，还有4家进入证监会审核程序拟融资152.5亿元，直接融资呈现良好势头。

二是着力推动市场化并购重组，服务全省经济结构调整。推动上市公司并购重组取得新成效。积极推进市场化并购重组，鼓励和支持辖区上市公司深度参与全省产业整合，通过整体上市、资产注入、并购重组等方式，对上下游配套企业进行重组、改造，从根本上解决同业竞争、减少关联交易，不断完善产业链，提高资源控制和利用能力，提升上市公司的规模化效益和整体质量。丽江旅游、昆百大等公司通过重大资产重组，业绩保持持续增长，核心竞争力进一步提升；云天化集团整体上市取得实质性进展，综合实力和盈利能力将得到极大增强。

三是加快中介机构创新发展，提升市场服务功能。证券期货公司创新发展取得重大进展。新三板代办系统主办券商、融资融券、资产管理、基金代销等业务资格获批以及直投子公司、控股基金公司的成立，进一步优化辖区证券公司的盈利模式，公司的经纪、自营、投行业务等收入构成趋向均衡。此外，太平洋证券到老挝设立合资证券公司获证监会批准，云南省证券公司对外开放“走出去”迈出实质性步伐。证券期货市场覆盖面进一步拓展。积极支持和引导省内外优质证券、期货公司在云南沿边及证券期货市场不发达地区增设营业网点，分别在国家开发开放实验区瑞丽、藏区香格里拉、保山、玉溪、曲靖等地新设证券期货营业部，全年新设6家证券营业部、5家期货营业部，进一步优化了市场结构，扩大了市场覆盖面，增强了证券期货行业服务云南经济发展的能力。2012年，云南证券市场A股、基金总成交额4559亿元，同比下降26.52%，新增A股投资者开户数9.13万户，同比增长4.86%，累计A股投资者开户数达196.86万户。云南期货市场累计完成代理交易额3.37万亿元，同比增长114.46%。

四是加强监管规范行为，保护投资者合法权益。规范发展基础进一步夯实。强化信息披露和公司治理监管，上市公司内生规范机制逐步健全，治理水平进一步提高；强化合规管理和风险监控，证券期货机构合规管理进一步深化，诚信经营水平进一步提高；强化上市公司对股东的回报，辖区现金分红上市公司比例及现金分红占可供分配净利润比例等指标均优于全国平均水平。投资者权益保护专项工作扎实有效开展。

五是着力优化发展环境，有效防范化解市场风险。证监会和交易所出台了“西部绿色通道”制度，云南中小企业私募债试点获证监会批准；配合推进交易场所清理工作，防范市场风险积聚和溢出；深化综合执法协作机制，进一步提高执法效率；深入开展整非工作，严厉打击违法违规行为；稳妥处置上市公司风险，退市和失稳风险处置取得阶段性进展；认真做好十八大召开前后矛盾纠纷排查工作，确保了进京上访、群访、闹访等非正常上访的零发生。

【大事记】

2 月 10 日，召开 2012 年全省证券期货监管工作会议，认真贯彻落实中央经济工作会议、全国金融工作会议和全国证券期货监管工作会议精神，总结 2011 年工作，全面分析当前云南资本市场发展面临的形势，部署 2012 年重点工作并提出相关要求。王广幼局长作了题为《发挥市场功能 改进监管工作 全面推动资本市场服务云南经济社会发展》的主题报告。

2 月 25 日，举办投资者保护集中宣传活动启动仪式，正式拉开为期两个月的云南辖区投资者保护集中宣传活动序幕。启动仪式结束后，太平洋证券随即举办了第一场“理性投资 长期投资”主题报告会。

3 月 9 日，孟强副局长参加昆明市 2012 年第一季度金融机构座谈暨融资对接会，就如何进一步推动昆明市资本市场发展壮大作了交流发言。

3 月 12 日，联合云南省高院、省检察院和省公安厅就贯彻落实最高人民法院、最高人民检察院、公安部和中国证监会《关于办理证券期货违法犯罪案件工作若干问题的意见》召开专题工作会议，加强行政执法与刑事司法协作。

3 月 14 日，王广幼局长陪同云南省李纪恒省长一行拜会郭树清主席，双方就加快推动云南资本市场发展、助推云南桥头堡建设进行了深入座谈。

3 月 16 日，红塔证券融资融券业务实施方案获中国证券业协会专家评审通过。

5 月 11 日，张玉祥副局长出席由共青团昆明市委、市金融办、市创建国家森林城市办公室和南京证券共同主办的“爱心助力 抗旱救灾活动”启动仪式。

5 月 17 日，方正证券昆明三市街营业部、齐鲁证券昆明拓东路营业部获得上交所评选的“蓝筹市场创新业务宣传先进营业部”称号。

5 月 23 日，鸿翔一心堂 IPO 获得证监会审核通过。

5 月 24 日，王广幼局长、孟强副局长一行赴昆明高新区调研多层次资本市场发展情况。与昆明市金融办、昆明高新区及区内企业就如何发挥高新区区位优势、挖掘多层次资本市场效能、把握市场主体定位、促进经济发展深入交换了意见。

5 月 29 日，与云南省公安厅联合下发《云南省公安厅 云南证监局关于印发打击证券期货违法犯罪协作试行规定的通知》，进一步深化云南证监局行政执法与云南省公安系统的刑事司法协作。

打击非法证券活动工作座谈会

6 月 12 日，红塔红土基金管理有限公司在深圳市注册成立，公募专户资格同时获批，成为中国内地第 72 家基金管理公司。红塔红土基金注册资本 2 亿元人民币，其中，红塔证券持股 49%，深圳市创新投资集团有限公司持股 26%，北京市华远集团有限公司持股 25%。

9 月 20 日，王广幼局长陪同云南省政府丁绍祥副省长拜会证监会姚刚副主席。

丁绍祥副省长莅临云南证监局检查视察工作

9 月 28 日，云南证监局联合深交所信息公司和云南省证券业协会组织开展了“中小投资者走进云南上市公司”

主题活动。

云南上市公司开通投资者关系互动平台

9月28日，云南驰宏锌锗股份有限公司提出的拟募集不超过50亿元的配股方案获证监会发审会通过。

11月6至9日，圆满完成证券期货监管系统内幕信息警示教育云南站展览工作。

内幕交易警示教育展

11月29日，根据中国证监会《关于核准太平洋证券股份有限公司在老挝人民民主共和国设立合资证券公司的批复》（证监许可〔2012〕1591号），太平洋证券获批在老挝人民民主共和国参与发起设立老－中合资证券有限责任公司。太平洋证券出资额不超过人民币3500万元。

12月3日，根据中国证监会《关于核准太平洋证券股份有限公司证券投资基金销售业务资格的批复》（证监许可〔2012〕1620号），太平洋证券获批证券投资基金销售业务资格。

12月，完成云南省人民政府与上海证券交易所和深圳证券交易所关于《中小企业私募债券业务合作备忘录》的签订工作。

（蒋厚贤、朱俊波供稿）

中国保险业监督管理委员会云南监管局

局长：华日新

【综述】

2012年，云南保险市场健康平稳运行，在服务“三农”、促进多层次社会保障体系建设、保障安全生产和社会稳定等方面充分发挥保险功能作用。在“楚大公路4·25”、“汕昆高速5·05”、“彝良9·7地震”、“彝良10·4泥石流滑坡”等重特大交通事故和自然灾害中，保险业较好地履行了赔付责任。政策性保险大力支持“走出去”战略实施，保险资金积极支持桥头堡建设。2012年，云南保监局进一步强化监管为民的理念，紧紧围绕“抓服务、严监管、防风险、促发展”，夯实保险监管制度基础，结合云南行业发展状况、市场特点开展监管工作。防范市场运行风险，探索构建三层级数据监管体系，进一步建立完善公司评价制度，加大与司法、执法等部门协调联动。促进保险消费者权益保护，完善消费者权益保护工作机制，切实解决车险理赔难问题，深入治理保险销售误导。突出检查重点、加大检查频度和处罚力度，着力整顿规范市场秩序。

【业务工作情况】

一、云南保险市场总体情况

2012年全省保险业共实现保费收入271.3亿元，保费增速为12.52%，高于全国平均水平4.51个百分点。其中，产险公司实现保费收入129.81亿元，寿险公司保费收入141.49亿元。保险赔付支出达100.11亿元，同比增长25.3%，高于全国平均水平5个百分点。

2012年全省共新开业保险省分公司1家，截至年末，全省共有保险法人机构1家，保险省级分公司32家，其中财产保险省级分公司20家（含中国出口信用保险公司云南分公司），人身保险省级分公司12家。保险中支及以下机构2542家。保险专业中介法人机构38家。保险从业人员达7.15万人，保险公司资产总额为441.23亿元，较年初增加60.67亿元。

二、保险业服务和保障民生情况

（一）政策性保险大力支持“走出去”战略实施

积极参与工业强省计划，为外向型企业提供全方位风险保障服务。2012年，出口信保公司承保云南省对外经贸风险金额30亿美元，同比增长39.8%，提振了企业开展国际化经营的信心和能力。进一步深化与一批中型外向型企业的合作，通过灵活结算方式，便利融资等信用保险功能促进企业竞争力提高。帮助企业获得出口信用保险项下的银行贷款余额达42.32亿元，帮助中小企业获取出口贸易项下无担保、无抵押物、不占用原有授信额度的银行融资4.76亿元，增强了企业承接海外订单的能力和项目实施能力。

（二）保险资金积极支持桥头堡建设

2012年，保险企业集团在全省投融资总额达96亿元。在保险资金运用方面，继平安资产管理公司投资小湾水电站项目50亿元的债权投资于2012年1季度全部到位后，华泰－云投糯扎渡水电项目30亿元债权投资项目资金与2012年8月全部到位。在帮助云南企业融资方面，平安证券先后为云南城投结构化融资6亿元，为云南水利电力有限公司发行企业债券融资10亿元。保险资金在支持云南交通、能源、市政建设等方面发挥的作用越来越显著。

（三）加大涉农保险服务力度

全省中央政策性农业保险品种已经发展到14个品种，

基本涵括了云南重要的种、养两业主要支柱产业，获得中央财政支持2.41亿元。2012年，农业保险保费收入7.13亿元，赔付支出4.1亿元，共使44.13万户（次）农户受益。政策性森林火灾保险在全省129个县（区）全面展开，实现保费1.47亿元。种植业保险责任在原有责任基础上均扩展了干旱责任，其中水稻和橡胶保险还扩展了病虫害责任，保险保障范围进一步扩大。稳步推进农村小额人身保险试点工作，积极探索构建覆盖全省农业人口的意外风险保障网络。

（四）促进多层次社会保障体系建设

建立了云南省城乡居民大病保险制度。新农合大病补充医疗保险渗透度大幅提升，为约345万农民群众提供了新农合大病补充医疗保险服务，累计赔付4691.28万元。城镇职工、城镇居民大病补充医疗保险覆盖面不断提高。为250.57万城镇职工提供了大病补充医疗保险服务，覆盖率达87%；为147万城镇居民提供了大病补充医疗保险服务，参保率达50%。受托管理年金50亿元，进一步提升了人民养老保障水平。

（五）保障安全生产和社会稳定

建工意外险充分保障了施工人员在遭受意外伤害后能得到有效的救治和经济补偿，分散了建筑施工企业事故风险。2012年承保工程总造价1096.68亿元，赔付支出2640.11万元。安保互动工作深入推进，促进了安全生产管理。2012年为全省4979家高危行业企业提高了212.3亿元的保险保障，参保企业占比达37%，支付赔款3238.75万元。

三、保险监管工作

（一）切实防范市场运行风险

一是探索构建三层级数据监管体系。通过数据管理、数据监测和数据监管三个层级，实现数据共享，提高数据使用率。整合非现场监管职能，加强风险的检测和预警，提高保险监管效率。二是进一步建立完善公司评价制度。从服务、风险、发展三个方面设计提出了63项人身险公司报送指标和22项统计信息系统可提数据指标对公司进行评定打分，提高监管针对性和有效性。邀请省行业协会和各州市行业协会参与保险服务质量测评和风险状况调查，及时了解各地区保险市场苗头性变化和突出问题。三是加大与司法、执法等部门协调联动。举办“保险合同纠纷司法裁判座谈会”，推动省高院出台《云南省高级人民法院关于统一全省保险合同纠纷案件裁判标准的会议纪要》。与昆明中院联合编写了《云南保险典型案例汇编》。选派干部担任官渡区人民法院人民陪审员，参与保险纠纷诉讼案件的调解和审理工作。与省公安厅经侦总队商讨建立共同打击保险欺诈犯罪联动平台，借助公安司法机关力量，遏制当前保险领域各类违法犯罪案件的高发态势。

（二）促进保险消费者权益保护

一是切实解决车险理赔难问题。要求各产险公司进一步按照保监会《机动车辆保险理赔管理指引》，完善车险理赔制度和流程，提升服务水平。在全省范围试点启动车险理赔“诚信服务绿洲工程”，初步建立了云南车险理赔服务质量评价体系，做好信息披露工作，保护被保险人的知情权。二是深入治理保险销售误导。向辖区人身险公司下发治理寿险销售误导有关要求，强化公司对销售行为、销售过程的管控，加大对公司人员的合规教育培训力度，开展保险知识公益宣传年活动，营造齐抓共管、行业全员参与的良好局面。组织辖内人身险公司开展销售误导自查自纠和督导工作。与银监局协调建立银保业务监管的征询通报机制。加强与中介监管的联动，及时反馈涉及银邮渠道的误导投诉情况，共同开展“投保提示”张贴情况检查。三是完善消费者权益保护工作机制。成立了保险消费者权益保护工作领导小组，通过12378热线、局长接待日、选聘保险消费者社会监督员等方式，拓宽群众诉求表达途径，强化社会监督。开展消费者教育工作，向云南省2000余万手机用户发送主题为“明白投保，理性消费”的公益短信，组织3.15保险宣传和消费者教育活动，与云南人民广播电台合作开播为期一年的以消费者教育和保险知识普及为主题的互动栏目。加强与司法部门的联动，建立了保监局参与保险纠纷诉讼案件的调解工作机制和诉调对接机制。加强信访投诉和调处工作的联动、行业调处和各保险公司内部处理的联动。2012年，云南保监局共接收和处理有效信访投诉253件，接待信访人128批212人次。

（三）加大整顿规范市场秩序力度

突出检查重点，选择违法违规现象较为集中的电话营销、条款费率执行、数据真实性等业务领域和经营环节，有针对性地开展专项检查。加大检查频度和处罚力度。2012年，云南保监局共派出49个检查组199人次，对49家次保险机构和中介机构进行了现场检查，作出正式处罚决定35份，对16家机构和19名个人实施了35项次行政处罚，共计罚款239.6万元。通过处罚惩治的手段，明确监管红线，树立监管权威。

（四）夯实保险监管制度基础

一是规范保险监管行政执法行为。从行政许可、稽查、行政处罚三个方面分别制定下发了一系列的制度和规程，进一步规范保险监管行政执法调查取证行为，促进行政审批工作提速增效。统筹全省市场稽查工作，规范现场检查行为。全面贯彻落实查处分离工作机制，跟踪办案，全程监督，提高办案质量。二是探索建立市场准入和退出机制。制定《2012年度云南省区域保险市场准入规划指导意见》，将公司分支机构设立与公司偿付能力、服务能力、合规经营以及风险管控水平挂钩，引导各公司围绕全省各地区区域经济发展战略，按照保险业与经济社会发展适应度和匹配度调控市场准入节奏，合理布局、稳步推进分支机构建设。严格按照保监会有关的规定，提高保险中介机构准入门槛。同时以许可证管理为抓手，对“小、散、乱、差”的中介机构进行“关、停、并、转”。下发《关于开展云南保险业机构及高管人员清理整顿工作的通知》，对存在违法违规行为的15家公司均提出了有针对性的整改措施。

【大事记】

1月19日，云南省内首家保险法人机构诚泰财产保险股份有限公司在昆明正式开业。

12月31日，《云南省人民政府办公厅关于转发省发展改革委等部门云南省城乡居民大病保险实施意见（试行）的通知》（云政办发〔2012〕237号）正式下发，《云南省城乡居民大病保险实施意见（试行）》由省发展改革委、省卫生厅、省财政厅、省人力资源社会保险保障厅、省民政厅和云南保监局等部门制定，明确了在云南省实施城乡居民大病保险工作的指导思想和基本原则、主要政策要求和监督管理等内容。该文件对进一步巩固和完善云南省城乡居民医疗保障制度，健全多层测医疗保障体系具有重要作用。

截至年末，云南省保险赔付支出首次突破100亿元，保险业服务地方经济社会能力进一步增强。

（张笑妍供稿）

国家开发银行云南省分行

行长：邓廷铎

【综述】

2012年，国家开发银行云南省分行（以下简称“云南分行”）认真贯彻中央的各项政策措施，积极落实云南省加快推进桥头堡建设、深入实施西部大开发、滇中产业新区建设等战略部署要求，以省委、省政府确定的“稳增长冲万亿促跨越”为目标，充分发挥开发性金融的优势和作用，加大对水利、交通、电力、工业等重大项目的信贷支持，为“中国梦”在云南的具体实践做出了积极贡献。截至年末，分行管理资产余额已达1891亿元，本外币贷款余额1602.98亿元，新增融资总量404.25亿元，创历史新高。实现贷款本息回收率100%，不良贷款率0.18%。呈现出资产增长较快、收益大幅提高、对云南经济社会发展支持力度增强的良好势头。

【业务发展情况】

一、高层推动，深化银政合作，市场建设取得新进展

2012年是分行成立以来高层互动最为频繁的一年，标志着开发银行和云南省互动互信加深，合作向纵深发展。

高层互动频繁，合作不断加深。新年伊始，李纪恒省长、昆明市委张田欣书记赴京拜会陈元董事长，双方共识加深。3月21日，云南省政府、国家开发银行在昆明召开高层联席会，成功签署《深化桥头堡战略合作备忘录》，在继往开来的新时期把合作推向深入。根据协议，“十二五”期间，双方将重点支持国家高速公路网云南段、跨境（边境）经济合作区基础设施、民生工程、能源开发输送、产业发展、昆明区域性金融中心等六大重点领域建设。省委省政府主要领导对云南分行的工作给予了充分肯定，认为云南分行“创造性”地实践了开发性金融。8月份，郑之杰行长与云南省长李纪恒、副省长丁绍祥进行了座谈，深入探讨了云南的发展机遇、前景，并就双方合作方向、重点等达成一致意见。9月份，丁绍祥副省长赴京拜会王用生副行长，就双方合作重点等进行了沟通，加深了共识。

在深化与省政府及有关部门合作的同时，加强与昆明、大理等重点地区的合作。2月份，昆明市委书记张田欣带队到总行与陈元董事长会谈，开启合作新起点。5月份，分行与昆明市政府签订《支持中小微企业融资壮大实体经济合作协议》，向新的领域、新的高度不断迈进。6月份，分行与大理州政府签订了《战略合作协议》，明确了银政合作的方向和内容。

“两会”期间，分行邓廷铎行长提交的《加强诚信文化建设、重视银团贷款运作，为“两强一堡”建设提供可靠融资保障》提案，得到省政府、省政协及有关部门的高度重视和充分肯定，省金融办委托分行牵头起草有关鼓励、规范云南省银团贷款发展的指导意见，并正式印发，成为

云南银团贷款市场建设的首个标志性指引文件，市场建设取得重要进展。

二、抢抓机遇，确保重点项目，地区影响力进一步增强

2012年，云南分行共发放人民币贷款195亿元，重大项目贷款发放量占到分行人民币贷款发放量的66%；广辟途径，通过银团、社保资金、信托资金、债券发行、租赁资金等方式累计引导各类表外资金263亿元，有效缓解了重大项目资金需求，有力支持了昆明新机场，南北大通道，昆明轻轨，大丽、保腾、昆武高速公路，牛栏江－滇池补水工程，功果桥、鲁地拉水电站等我省重点项目，保障了重大项目建设顺利推进。

在市场下行预期增强，其他商业银行减少中长期贷款发放的情况下，分行发挥坚持中长期贷款优势特色，并保持较快的增长速度，成为提振市场信心，稳定资金供给，平抑经济周期波动的重要力量。分行在云南省中长期贷款市场份额比年初提高了0.55个百分点，达14.26%，非个人中长期贷款市场份额比年初提高了1.2个百分点，达19.24%。

严格执行有保有压的平台政策，发放平台贷款70.84亿元，投向高速公路、轨道交通、滇池治理等符合国家监管政策的项目，对保重点工程在建、续建，稳定经济增长起到积极作用。

三、攻坚克难，服务国家战略，国际业务逆势而上

2012年，分行外汇业务再创新高，年末外汇贷款余额22.27亿美元，占全省的47.3%；余额新增4.67亿美元，占全省的35.5%；连续三年居全省同业第一。并且国际项目开发和省内重点企业开发齐头并进；对缅甸和对老挝合作同步推进；发展方式和手段不断丰富，实现了多元化发展。

创新引领，老挝业务取得突破。2012年，中老两国领导人的三次会见，均有分行与老方重要合作协议的签署。6月10日，在贺国强同志和老挝本扬副主席见证下，分行邓廷铎行长代表开行与老挝国家电力公司及老挝开发银行签署了融资框架协议；7月10日，在胡锦涛主席和老挝朱马利主席见证下，陈元董事长代表开行与老挝国家电力公司、老开行签署了贷款承诺函；11月5日，在温家宝总理和老挝通邢总理见证下，分行邓廷铎行长代表开行与老挝南欧江公司、老开行签署了贷款合同。这些协议、合同的签署，夯实了高访成果，并发展成为中国对外经济合作的重要形式。

巩固提高，对缅业务不断推进。积极应对新局面，对缅一、二、三期合作项目齐头并进，并行发放。完成缅一期项目变更，发放缅二期贷款，签署缅三期合同。发放境外人民币23.97亿元，支持中缅油气、天然气管道等项目顺利建设。

全面发展，支持企业走出去。发放贷款5.02亿美元，支持昆钢、云南建工、云锡等云南优质企业开辟国际市场。

四、勇于担当，践行金融普惠，基层金融亮点纷呈

培育市场，创新银政合作方式，大力发展保障房融资业务。保障性住房发展成为分行民生业务的亮点。通过保障性住房项目建设，开辟了与地方政府合作的新渠道。2012年，分行共发放保障性住房贷款46.94亿元，居云南银行业之首；牵头组建全省保障房120亿元银团贷款；昆明保障房评审模式、临沧保障房建设被总行作为案例推广，为共建和谐云南，不断增强各族群众幸福感做出积极贡献。

以机制建设为推手，倾力支持中小企业发展。发放中小企业和产业贷款28.3亿元，支持蓝晶科技、美山花卉等130家中小企业发展。搭建了高新园区产业类中小企业平台；继续探索与民生等银行的合作机制；探索与荣恒咨询等公司的银企合作机制，试点市场化统贷平台等。

多措并举，民生业务亮点不断。向10.29万名学生发放生源地助学贷款5.94亿元，创历史新高；发挥金融力量，抗击自然灾害，发放应急贷款2亿元，支持昆明、曲靖、楚雄等地抗旱救灾；维护稳定，支持藏区建设，发放贷款1.69亿元，支持藏区电站等项目建设，为藏区发展注入和谐、稳定的力量。

奉献爱心，回馈社会，倾心公益事业。当年累计捐款517.6万元，创历年之最，人均捐赠达2.86万元。其中向彝良灾区捐赠款项及物品折合218万元；捐款200万元支持寻甸六哨乡道路建设；向爱心水窖工程捐款50万元；捐款40万元建设皎平渡镇“希望小学”等。

五、引领社会资金，深化金融发展，综合融资开创新局面

顺势而为，从两基一支贷款主力银行向两基一支融资主力银行转变。当年人民币贷款新增182亿元，实现融资规模达到519亿元，撬动倍数为2.89倍，分行已经从以贷款为主的两基一支主力银行发展成为表内外业务协同发展的综合融资银行。

引领发展，银团贷款从量的扩张向质的提高飞跃。银团贷款连续三年保持全省最快的增长速度，市场份额占到全省的54.5%。分行积极维护银团信誉，在其他银行资金不能到位的情况下，通过自身增贷，保障了新机场建设资金需求，为新机场顺利转场启用发挥了至关重要的作用。分行也因此荣获昆明新机场建设及转场先进集体一等功，关宏岩副行长荣获先进个人二等功。

奋起直追，债券承销取得突破，市场份额居全省第一。经过一段时期的培育，分行抓住机遇，成功承销各类债券

103 亿元，占到全省的 23.85%，同比提高了 22.17 个百分点，稳居全省第一，债券承销主力银行的地位逐步建立。

不断创新，融资租赁居于领先位置。业务开展至今，累计签订租赁合同 123.46 亿元，实现资金到位 100.46 亿元。2012 年，分行创新租赁模式，开展昆嵩高速公路租赁，实现资金到位 15 亿元，并对租赁业务发展产生积极影响。

完善负债结构，实现总分行协同发展。协助国开金融实现募集资金到位 3 亿元；与云南省农信社搭建债券销售平台，实现债券销售 10.2 亿元，有力支持了总行资金工作的开展。

【金融服务与创新】

一、创新规划模式，服务云南发展战略

编制完成《桥头堡系统性融资规划》；搭建“银政企学”研究平台，完成《瑞丽开放试验区投融资模式研究》，为试验区建设出谋献策。在总行规划局指导下编制的《云南省城镇保障性安居工程“十二五”系统性融资规划研究》获专家好评，并于 3 月 21 日高层联席会上，由陈元董事长亲手将该规划成果递交李纪恒省长，获得省政府主要领导高度认可。围绕云南产业兴滇战略和县域、园区、民营“三大战役”，编制《迪庆香格里拉农特产品发展规划》，助力打造藏族特色旅游文化区；编制《善洲林场红色旅游度假区融资规划》，打造红色文化旅游区；支持鹤庆草海镇发展新型工业；为发展县域、园区、民营经济，打造特色乡镇做出积极贡献。

二、创新银团模式，确保重大项目资金到位

针对银团贷款中存在的风险，分行积极创新银团模式，确保重大项目资金到位。在泸昆铁路银团组建过程中，尝试多种形式的创新：一是创新模式，采用“总 + 分”分组银团；二是规范流程，合同条款中明确资本金按成员融资比例进行管理的要求；三是维护银团信誉，在合同中设定了贷款同步发放的制约条款，以保障银团资金的到位。

三、创新业务领域，推动新兴领域发展

与省水利厅、财政厅等搭建合作机制，参与云南省 100 亿元水利专项贷款；支持养老行业发展，积极与省发改委、民政厅及昆明等重点州市相关部门沟通，摸清当前云南省养老服务行业发展现状及未来发展，收集重点企业及项目情况，推动建立长效合作机制，储备优质项目 16 亿元。加大对文化产业的支持力度，引入首笔社保资金 16 亿元，其中 8 亿元用于支持我省文化产业发展，探索了多元化资金服务文化产业发展的模式。

四、创新联合监督检查模式，增强对分行业务指导的针对性

针对分行信贷重点、难点以及薄弱环节，选取玉溪市生源地助学贷款、临沧市保障房贷款等项目，作为分行联合监督检查的重点，借助外部专家的力量，提升分行管理水平，通过检查及时发现问题，及时整改，杜绝风险隐患。

【风险管理与内控制度建设】

云南分行坚持以提高风险管理能力为目标，强化制度建设，信用风险管理能力稳中有进，操作风险管理有序稳步推进，加强风险动态管理，保障了业务健康、快速发展。

一、制度保障，提高内部管理的精细化水平

分行历来重视制度建设，制定了《云南分行客户身份识别和客户身份资料及交易记录保存工作实施细则》等制度，规范业务操作流程，防范合规风险。2012 年，云南分行继续深化内部规章制度管理，按计划开展制度建设，进一步完善内控合规风险管理制度体系，有效保障合规经营。

二、信用先行，实现银政合作与风险管控的有效结合

深化与云南省各级政府的合作，围绕政府工作热点、难点，结合云南桥头堡建设战略重点，研判云南地区信用风险的变化趋势，完成 2012 年度云南地区及省级政府信用评级报告，为分行把握贷款投向和开展项目评审提供依据，有效规避和预防地区信用风险。

三、居安思危，推进操作风险管理迈上新台阶

针对人员、流程、系统和外部事件等关键要素，分行着力强化操作风险管控，推进自我评估和关键风险点等工具运用，深入开展操作风险大检查，推进业务持续性管理，保障各项业务安全稳健运行。制定《云南分行 2012 年度操作风险与案防培训工作方案》，建立操作风险与案件防控培训机制，开展专题培训，增强全行员工的案防意识。

四、动态管理，增强风险防控能力

结合云南地区金融经济形势及国别风险状况，定期发布信用风险监控报告，动态反映信用风险管理情况，并对风险专项事项进行分析，并提出相应处置建议。定期完成客户风险预警与排查工作，充分应用内外部预警信息，及时主动采取有针对性措施，动态掌握客户风险状况，未雨绸缪，防范风险于未然。

【大事记】

1 月 6 日，云南分行与昆明钢铁控股有限公司签订《开发性金融战略合作协议》，商定在项目融资、公司金融、并购重组、债券承销、国际合作、资本市场、金融衍生品、私募股权基金等九大领域开展合作。

1 月 18 日，云南分行与省文投集团签订《开发性金融战略合作协议》，联手助推云南文化产业大发展大繁荣。

2月13日，云南分行为武钢集团云南昆钢国际贸易有限公司开立1176万美元跟单信用证，实现分行跟单信用证开立业务零的突破。

2月28日，总行陈元董事长在京会见云南省委常委、昆明市委书记张田欣，表示将全力支持昆明抗旱救灾工作。

3月2日，总行陈元董事长在京会见云南省李纪恒省长，表示将大力支持国家高速公路网云南段建设项目、昆明区域性国际金融中心、跨境基础设施、民生、物流产业等发展。

3月13日，云南分行通过CPIS系统完成老挝项目第一笔境外人民币资金受托支付。

3月19日，云南分行和建行联合主承销的华能澜沧江水电有限公司2012第1期私募债成功发行，发行金额25亿元，这是云南省境内企业发行的首只私募债。

3月21日，总行陈元董事长与云南省委书记秦光荣、省长李纪恒共同出席国家开发银行与云南省高层联席会议，并见证王用生副行长与省委常委、省委秘书长、副省长曹建方代表双方签署《深化桥头堡战略合作备忘录》。

高层联席会

3月26日，云南分行与云南省水利厅签订《开发性金融支持水利发展战略合作备忘录》，以“投、贷、债、租、证”全方位金融服务优势，支持云南省水利工程设施建设。

3月27日，云南分行与云南省文产办签订《战略合作协议》，推进云南文化产业信用建设和市场建设，加强投融资体制机制建设。

3月30日，云南分行与云南省工信委、财政厅签订《工业产业发展专项贷款合作协议》，三方将从规划研究、项目调研、融资及平台建设等方面加强合作，重点支持生物、节能环保、装备制造等领域。

4月5日，在柬埔寨副首相索安和云南省省长李纪恒的见证下，云南分行与云南省海外投资有限公司、柬埔寨索玛集团在金边就20万吨大米加工项目签署了合作框架协议。

4月8日，总行姚中民监事长与云南省委书记秦光荣会谈，就推进云南文化产业发展，建设民族文化强省达成共识。

4月9日，总行姚中民监事长与云南省省长李纪恒会谈，表示将积极支持国家高速公路网云南段建设。

4月9日－12日，总行姚中民监事长考察澜沧江糯扎渡、小湾、景洪等三个重要水电站。

4月12日，总行姚中民监事长与大理州委书记尹建业座谈，开行将支持大理州以文化旅游产品为品牌，以绿色发展的思维实现开放型发展。

4月14日，昆明地铁3号线首个车站封顶与盾构始发典礼举行，云南分行作为银团牵头行组建91亿银团并协调社会融资28亿给予支持。

5月15日，云南分行受云南农业龙头企业云南瑞宝生物科技有限公司委托，完成分行首笔出口托收业务，金额23.40万美元。

5月22日，总行袁力副行长、周清玉纪委书记在昆出席国家开发银行2012年营运管理工作会暨营运岗位建功立业竞赛表彰大会。

5月31日，云南分行完成了首笔与国内第三大铜冶炼企业——云南铜业股份有限公司2620万美元的信用证开立工作，进一步拓展了分行与省内优质客户的合作空间。

6月6日，云南分行与临沧市人民政府、临沧市工业投资经营有限公司分别签署《支持县域经济及中小企业发展贷款合作协议》，本次协议的签署标志着开行与临沧市额度为3亿元的中小企业贷款机制正式建立。

6月10日，云南分行与老挝国家电力公司签署《融资框架协议》。双方同意开行在老“七五”期间向老挝电站、电网建设等领域意向提供约20亿美元的融资支持。

6月19日，云南分行联合资金局与云南机场集团有限责任公司签订35亿元中期票据主承销协议，这是当时全省注册金额最大的中期票据。

6月20日，云南分行完成与云南省城市建设投资有限公司合作社保基金信托贷款项目16亿元资金交割，这是云南省首次引入社保基金支持云南省经济建设。

6月20日，云南分行积极开展“结对子”活动，分行各支部分别与驻老经商处、驻孟使馆经参处、厦门分行、稽核专员成都组、海南分行、浙江分行等开展结对共建活动。

6月26日，云南分行行长邓廷铎撰写的《为云南品牌创建提供全方位金融服务》一文在云南省政协企业家论坛组织的“树品牌、兴产业、促跨越”征文中获一等奖。

6月26日－28日，云南分行党委书记、行长邓廷铎参加中国共产党云南省代表会议，选举产生云南省出席党的十八大代表。

6月27日，云南分行与大理白族自治州人民政府在昆明签订《战略合作协议》。

6月28日，昆明长水国际机场正式启用。机场总投资230亿元，开行牵头组织的76亿元银团贷款，是云南省内首个大型标准化银团。

7月8日－14日，云南分行行长邓廷铎参加云南省政府代表团赴港澳粤开展经济合作交流活动。

7月11日，在胡锦涛主席和老挝国家主席朱马利的见证下，陈元董事长分别与老挝国家电力公司、老挝开发银行签署贷款承诺函。开行向老挝国家电力公司承诺贷款8.85亿美元，用于支持老挝5个重点电网项目；向老挝开行承诺贷款2000万美元，用于支持老挝中小企业项目。

7月17日，云南分行参加秦光荣书记与老挝国家主席朱马利的会谈，根据秦光荣书记的要求，分行积极与云南海外投资公司合作，就实施中国境外示范园区——老挝万象1000公顷综合开发园区项目的规划及融资予以支持。

7月17日，国开金融会同云南分行在香格里拉举办“国家开发银行云南省分行2012年募资工作专题会议”。云南省城市建设投资有限公司、昆明市交通投资有限责任公司在会议上分别签署了2.5亿元、1.5亿元的投资意向书。

8月2日，总行袁力副行长在昆出席国家开发银行与老挝国家银行“老挝支付系统建设项目”合作会议。开行与老挝国家银行就支付系统建设模式、实施范围、资金来源等达成共识，并签署合作备忘录。

8月3日，云南分行参加云南省南北高速公路大通道昭通至麻柳湾段开工仪式。该项目总投资122亿元，拟申请银行贷款80亿元，开行是大通道银团贷款牵头行。

8月14日，总行郑之杰副行长在昆出席战略性成长型企业客户座谈会。

8月14日，总行郑之杰副行长与云南省李纪恒省长、丁绍祥副省长进行座谈。支持推进铁路、公路、民航等国际大通道建设和云南的优势产业、民营经济、园区经济快速发展。

8月14－16日，云南分行作为唯一受邀金融机构参加普洱市中心城区河道环境综合整治工程利用德国复兴信贷银行贷款评估会。该项目总投资13.8亿元，其中德国促进贷款6000万欧元，分行作为外汇贷款转贷银行将配套提供人民币贷款6亿元。

8月16日，在总行支持下，云南分行向昆明市寻甸县捐款200万元，用于寻甸县六哨乡道路建设。9月5日，昆明市金融办向总行及陈元董事长发来感谢信。

8月23日，云南分行为云南金沙江中游水电开发有限公司开立分行首笔电子银行承兑汇票，金额1500万元。

8月29日，云南分行会同全省24家金融机构与临沧市政府签订县域经济跨越发展合作协议，支持临沧市打好“县域经济、园区经济、民营经济”三大攻坚战役。

9月3日，云南分行与滇中引水办签订《滇中引水工程意向贷款协议》，计划在滇中引水工程8年的建设期内，提供不低于项目总融资需求30%、约50－100亿元的资金支持。

9月6日，云南分行参加澜沧江糯扎渡水电站首台机组投产发电仪式。开行是该项目最大融资行，承诺贷款150亿元，发放贷款32.48亿元，贷款余额32.48亿元。

9月12日，云南分行被昆明市政府授予昆明优秀企业称号。

9月18日，云南分行在总行支持下，向昭通彝良地震灾区捐款200万元，同时分行员工自发捐款13.93万元。

9月20日，总行王用生副行长在京会见云南省丁绍祥副省长。开行将对彝良地震灾区开辟绿色通道，特事特办，支持抗震救灾。

9月27日，云南分行为外商投资企业安宁北控浩源水务有限公司顺利开立分行第一个跨境人民币业务资本金账户，为客户办理2400万元资本金的入账及相关申报工作。

9月27日，云南分行与省公路公司就大丽高速公路项目签订分行首笔反向保理协议1.5亿元。

10月18日，云南省十届政协委员、云南分行行长邓廷铎被评为省政协第十届委员会先进提案个人。

11月5日，在温家宝总理和老挝通辛总理见证下，云南分行代表开行与老挝南欧江流域发电公司签署7.7亿美元贷款承诺函。

在温家宝总理和老挝通辛总理见证下，开行与老挝开发银行签署贷款合同

11月13日，规划局会同云南分行组织国内专家评审通过《云南省加快建设面向西南开放重要桥头堡系统性融资总体规划》。

12 月 2 日 –3 日，总行王用生副行长在昆出席银行业信息科技风险管理 2012 年年会暨银行业信息科技风险管理高层指导委员会全体会议，并与云南省丁绍祥副省长会谈。

12 月 14 日，云南分行与建行云南省分行签订《全面业务合作协议》。协议约定双方将在银团贷款、结算代理、票据业务、金融市场、民生领域等方面开展合作，实现优势互补，共同推进云南省金融市场改革与发展。

12 月 15 日，云南分行行长邓廷铎被评为云南省银行业协会等举办的第五届云南金融百姓口碑榜“年度云南金融领军人物”。

12 月 18 日，云南分行赴昭通市彝良县地震灾区开展送温暖，献爱心活动，为灾区人民送去 100 床棉被、210 件棉大衣及全体员工捐赠的大批衣物，帮助灾区人民温暖过冬。

12 月 21 日，云南分行向禄劝县政府捐款 40 万元，用于当地革命老区的皎平渡镇发展小学建设，并将该小学命名为国家开发银行希望小学。

12 月 24 日，云南分行向地处高寒山区的迪庆藏族自治州德钦县升平镇师范小学捐款 5 万元，用于学校添置教学设施和冬季取暖用品。

12 月 25 日，云南分行与昆明轨道交通有限公司、工行云南省分行、农行云南省分行、建行云南省分行签订昆明市轨道交通 3 号线工程项目 91 亿元银团贷款合同，其中开行作为牵头行和代理行，银团份额为 46 亿元。

昆明轨道交通首期工程

12 月 26 日，云南分行与云南省农村信用社联合社签订《全面合作协议》及《资金业务专项合作协议》。

12 月 30 日，云南分行参加云南省委、省政府组织召开的昆明新机场建设及转场表彰大会，分行被授予先进集体一等功，关宏岩副行长被授予先进个人二等功。

12 月 29 日，云南分行参加 2012 中国茶产业创新论坛暨天士力帝泊洱生物茶集团投产仪式。该项目为云南分行和天津分行银团贷款项目，总投资 11.9498 亿元，申请开行贷款 8 亿元。

（何兴龙供稿）

中国进出口银行云南省分行

行长：徐联升

【综述】

2012年，在中国进出口银行党委的正确领导下，云南省分行紧紧围绕总行年初工作会议确定的目标和任务，按照省委、省政府的战略规划，积极支持云南“桥头堡”建设，根据云南区域经济特点，加强信贷业务拓展，加快发展中间业务，扎实开展风险防控，实施“内部管理强化年”活动，加强党建纪检和内部管理工作，不断提高业务经营和管理水平，较好地完成了全年各项工作任务。主要取得了四个方面的成效：一是信贷业务快速发展。截至年末，本外币贷款余额151.40亿元，全年新增本外币贷款43.93亿元，比年初增长40.88%，增速在全省银行业机构中名列前茅。同时，拓展了一批优质企业客户和兼具经济效益与社会效益的重大项目，为分行下一步业务发展做好了项目储备，奠定了良好基础。二是资产质量保持优良水平。截至年末，分行正常类贷款134.92亿元，占比89.11%；关注类贷款16.48亿元，占比10.89%，较年初增加10.38亿元；无不良贷款。三是盈利水平稳步提高。2012年实现账面利润1.845亿元，比2011年增长约0.4亿元。实现人均利润428万元，在2010年以来进出口银行新成立的6家分行中名列前茅。

【业务发展情况】

一、存款业务

截至年末，分行本外币存款共计5.89亿元，较年初增加1.27亿元，增长27.49%。其中：活期存款3.96亿元；专项存款1.39亿元；定期存款0.22亿元；保证金存款0.32亿元。

二、信贷业务

截至年末，分行有贷款余额的企业客户达40家、项目81个，本外币贷款余额151.40亿元，其中人民币贷款120.54亿元，外汇贷款4.91亿美元。全年累计发放贷款本外币100.12亿元，新增贷款43.93亿元，其中：人民币贷款新增32.84亿元，比年初增长37.45%；外汇贷款新增1.76亿美元，比年初增长55.87%. 本外币不良贷款继续保持为0。

三、中间业务

2012年一季度，分行召开中间业务工作专题会议，明确中间业务发展目标，专门成立了工作领导小组，制订了发展计划及方案，出台了相应的营销激励措施，努力实现业务经营和收入来源的多元化。4月份，分行分别与建设银行云南省分行、工商银行老挝分行等金融同业机构签订战略合作协议，为中间业务发展奠定良好基础。在营销措施方面，分行着力强化部门联动机制，加强前、中、后台部门的联动，对存量信贷客户进行整合营销，提升现有企业客户对分行业务的综合贡献度。分行领导亲自走上营销一线，带领中间业务营销小组，对云天化、惠嘉集团、南磷集团等行业龙头企业进行中间业务营销，成功推广了一系列中间业务。截至年末，分行贸易金融业务量1.38亿美元，贸易金融业务收益2025.65万元，中间业务各项指标均超额完成，国内信用证押汇、海外代付、人民币利率掉期、福费廷、出口双保理、融资性对外担保等多项业务实现了零的突破，极大地丰富了分行中间业务品种。

四、盈利情况

截至年末，分行共实现营业收入2.90亿元，其中国际结算、保函及贸易融资手续费收入1240.83万元，提前、超额完成了总行下达的800万元的任务指标。实现账面利润1.845亿元，圆满完成了总行下达的任务指标。

【金融服务和创新情况】

一、全力支持桥头堡建设，促进云南沿边开发开放

分行认真贯彻落实国务院、总行关于支持云南桥头堡建设的指导意见，一是定期走访云南各级党政部门，搜集政府战略规划和桥头堡相关项目信息，并制订了支持桥头堡建设实施方案。二是加强与总行业务部门的联动。2012年分别在瑞丽、昆明召开“优惠贷款支持桥头堡建设座谈会”、“推进桥头堡建设业务创新座谈会”，先后邀请总行优惠贷款部、业务开发与创新部、公司业务部等部门到云南调研，与云南省发改委、商务厅、交通厅等部门及主要外经贸企业座谈，积极争取总行“两优”贷款和创新业务支持。三是密切关注桥头堡“国际大通道”项目，推动云南与周边国家互联互通。就支持昆明南连接线公路工程等“大通道”项目进行了论证和洽谈，并着手完成一些重大项目，例如昆明长水国际机场等“桥头堡”战略重要项目。四是开展桥头堡专题调研，支持瑞丽试验区建设。分行积极与德宏州、瑞丽市政府合作，重点关注瑞丽试验区的规划及建设进展。分行领导3次前往瑞丽进行桥头堡专题调研，对2012年昆明国际交易会上瑞丽市推出的总投资额达500亿元的60个项目进行梳理和跟进，相关项目已列为重点跟踪对象，并对芒市通往瑞丽口岸的芒瑞大道项目进行前期调查，支持瑞丽率先建设中缅口岸上的“桥头堡”。

二、拓展进出口信贷业务，促进云南外贸稳定增长

2012年以来我国外贸形势严峻，云南进出口增长额同比明显下降，分行业务发展受到一定影响。分行党委立足省情，迎难而上，认真贯彻落实国务院《关于促进外贸稳定增长的若干意见》和总行《关于进一步推动业务发展支持外贸稳定增长的若干措施》，针对性地开展工作：一是大力支持企业“走出去”承揽境外业务。积极落实国务院关于“优化外贸国际市场布局”的要求，大力支持云南建工、联合外经等企业到赤道几内亚、缅甸、老挝等国家开展跨国经营和工程承包。二是大力支持云南特色产品出口贸易。领导班子成员分别带队赴云南各地区寻找潜在项目，实地考察了30余家进出口额较大、产品特色和优势明显的企业，支持了云南咖啡、茶叶、辣椒、鱼类等特色农产品出口。三是努力降低外经贸企业融资成本。为云南锡业股份公司等企业量身设计成本优、效率高的融资方案；对云南铜业引进重要资源的项目，通过优惠利率进口信贷业务给予支持；引导客户规避汇率风险，为多家企业办理掉期业务。四是支持企业增加进口和对外投资，促进贸易平衡。云南周边国家拥有丰富的水电、矿产资源，但勘探、开发、利用的技术力量比较薄弱，分行积极支持云南企业开展对外投资，促进境外能源资源特别是战略资源的开发和进口。2012年，分行用于支持进出口贸易的新增本外币贷款达25亿元，占全部新增贷款余额的76.42%。

三、针对企业融资难、担保难问题开展业务创新

一是开办林权抵押贷款业务。及时制定《云南省分行林权抵押贷款操作规程》，并以德宏后谷咖啡公司为试点企业，探索了“直接林权抵押”和“间接林权抵押”两种林权担保方式。直接林权抵押，即：以后谷咖啡1000亩经济林林权作为抵押，向其发放农产品出口信贷流动资金贷款3000万元；间接林权抵押，即：由重庆担保公司为其提供担保，而后谷咖啡以林权作为反担保。二是创新推出贸易融资产品“融商通”，业务模式在全行系统尚属首创。为云南锡业股份公司设计创新产品“融商通”，开办了全行首笔出口订单融资业务、金额7000万元。三是为资源进口型企业创新设计贷款品种。云南冶金和化工行业大部分原料需从国外进口，而企业多采用国内设备，分行针对性地设计了“进口企业固定资产贷款”，解决企业在国内采购设备、进行固定资产投资的资金困难。

四、积极支持文化产业领域的中小企业发展

认真落实党的十七届六中全会关于“推动社会主义文化大发展大繁荣”的精神，积极支持文化类项目“走出去”。向大理新华白族村提供1.8亿元旅游文化国际化贷款，用于景区基础设施建设和湖泊、湿地环境整治，支持其创建“新华白族村银都水乡5A级景区”，宣传和弘扬了白族历史文化。向云南文化产业投资公司发放“小企业统借统还贷款”6500万元，支持其打造和改进《吴哥的微笑》等4台境内外大型高端演艺节目。

【风险管理和内控制度建设情况】

一、认真落实贷款新规要求

定期组织员工开展贷款新规培训，学习银监会、总行下发的最新文件和监管要求，牢固树立合规意识。严格落实贷款发放及支付审核要求，2012年以来发放并对外支付的贷款，无论金额大小均采取受托支付方式，切实保证贷款资金用途合规合理且专款专用。重点对代理行落实贷款新规情况加强监督，1月份发现代理行招商银行昆明滇池路支行对昆明经济开发区项目2.8亿元贷款资金的管理存在问题后，及时召开行务会议研究处置措施，取消该支行代理资格，将贷款收回由分行自管。严把资金支用关，对昆明经济开发区项目资本金迟迟未能到位导致贷款无法支用的情况，及时与昆明市政府和有关部门进行沟通，及时收回贷款资金1.2亿元。

二、加强全面风险管理体系建设

坚持风险防控与业务发展“两手抓，两手都要硬”，注重加强日常监测和风险预警，扎实做好日常基础工作，实施好全面风险管理体系建设方案，树立全人员参与、全品种覆盖、全流程贯穿的风险管理理念。同时，分行积极借鉴商业银行风险防范和项目评审先进经验，引入其他银行机构的贷款审批培训教材和风险经理能力培训教材，结合分行评审手册和风险管理制度，开展每周一课培训活动。认真坚持每月风险例会制度，每次会议均由分行一把手亲自主持，6月份风险分析例会还专门邀请云南银监局派员列席。根据云南银监局的监管提示，及时强化国别风险防控工作，探索建立国别风险评估体系，试点推进国别风险限额管理，密切关注贷款项目所在国的政治经济局势，做好重大国别风险突发事件应急处置；加强环境风险管理，严格项目环保准入标准和审查，将绿色信贷理念贯穿信贷业务始终。

三、严格执行贷款“三查”制度

一是认真做好贷前调查。要求信贷员全面了解企业生产经营情况、所在行业前景，认真测算各项主要指标，避免出现超企业需求和超企业偿付能力地放贷，有效降低信贷风险。二是严格进行贷中审查，实现贷放分控。督促相关业务处室对贷款审批各环节严格按程序操作，并要求公司业务处、风险管理处定期对审批工作进行自查，及时查缺补漏。三是强化贷后管理。密切关注贷款用途及支付情况，严防信贷资金被挪作他用。分行存量贷款项目共57个，2012年均进行了现场检查，覆盖面达100%，并对贷款余额5亿元以上的贷款项目进行了重点检查。

四、准确进行贷款风险分类

分行严格按规定对贷款分类状况实施日常监控，对风险因素进行全面、准确评估，并根据借款人经营管理状况变化及时、动态地调整风险分类。2012年，分行共调整了两户企业、4笔贷款的分类，一是普洱磨思高速公路项目15.6亿元人民币单笔贷款。1月份，借款人在未征得分行同意的情况下擅自变更股权并完成工商登记，分行发现问题后，及时采取了风险处置措施，将该项目列为重点风险监控项目，将贷款分类下调一级至“关注类”，并与借款人、省公路局、省交通厅、发改委及省政府多次进行沟通和交涉，要求追加债权担保措施。二是德宏后谷咖啡公司万吨速溶咖啡生产线项目。6月份，分行在贷后管理过程中发现后谷咖啡与六家股权投资机构、两位自然人股东发生严重分歧，导致银行融资渠道不畅、资金链紧张，分行及时派出调查组进驻企业进行现场调查和走访，在准确评估风险的基础上，将后谷咖啡在分行的1笔进口信贷固定资产投资贷款1.3亿元人民币和2笔国内信用证买方押汇下调为关注类，并及时制定了精细化贷后管理方案。

五、全面加强制度建设与内部管理

分行将2012年确定为“内部管理强化年”，认真总结分行开业以来内部管理中存在的问题与不足，并制订了实施方案。一是认真梳理和完善规章制度，针对内外部检查中发现的问题和管理漏洞，及时填补制度建设中的空白和死角。二是建立精细化管理长效机制，完善任务分解和年度考核，加强考勤管理，实行指纹打卡、岗位问责，建立工作差错报告机制，强化奖惩激励。三是以管理推动培育企业文化，对员工开展“责任感、使命感、荣誉感”三感教育，增强责任意识、大局意识、忧患意识和效率意识，培育形成了“合规、安全、效益”的企业文化理念。

【大事记】

1月上旬，将昆明经济技术开发区项目、普洱磨思高速公路项目列为重点监控项目。

1月13—14日，在云安会都召开2012年工作会议。

1月17日，昆明市政府朱永扬副市长到分行看望干部员工，并与副处级以上干部座谈。

2月18—19日，组织党员赴罗平县与海王水产有限公司开展“银企共建基层党支部”活动。

2月28日，云南省政府李纪恒省长、罗正富常务副省长、曹建方副省长到总行拜会李若谷行长，就深化银政合作、支持云南省“桥头堡”建设与外向型经济发展进行会谈。

2月下旬—3月底，云南银监局派出现场检查组对分行业务进行全面检查。

3月5日，中国进出口银行纪委书记宫杰同志一行来滇就党建和纪检工作开展调研。

3月上旬，总行内控合规部对分行开展现场检查。

3月9日，在德宏召开“发挥我国援助性优惠贷款优势推动桥头堡建设银企座谈会”。

3月19日，分行与普洱市人民政府签订战略合作协议。

3月，分行与普洱市人民政府签订战略合作协议。图为杨纪东副行长（左）与普洱市杨林副市长（右）正在签署协议文本

3月26日—4月6日，杨纪东副行长参加云南省政府经贸代表团，出访缅甸、泰国、柬埔寨、越南和老挝五个大湄公河次区域国家。

4月中旬，分行与中国建设银行云南省分行签订业务合作协议。

4月18日，召开“内部管理强化年”活动动员大会。

4月下旬，分行与中国工商银行老挝万象分行签订业务合作协议。

4月，分行与工商银行老挝万象分行签订业务合作协议。图为徐联升行长（右）与工商银行万象分行卢健行长（左）交换协议文本

5月初，组织分行全体员工学习“两弹一星”精神。

5月中旬，组织员工赴白邑乡三转弯小学慰问，并向山区贫困师生捐款捐物。

6月底，财政部、银监会和总行联合调研组到分行开展政策性银行机构建设专项调研。

7月8—9日，组织分行全体共产党员赴蒙自市查尼皮村中共云南省委“一大”旧址开展理想信念教育。

徐联升行长（左一）赴罗平县新海丰水产公司开展贷后现场检查和业务调研

7月9日，与云南锡业股份有限公司签署战略合作框架协议。

7月，总行风险管理部对分行进行现场检查。

8月17日，人民银行昆明中心支行于华副行长带队到分行开展业务调研。

8月23日，人民银行昆明中心支行对分行进行2012年度金融机构信息系统信息验证及检查。

9月上旬，协助总行人力资源部在昆明举办中国进出口银行新行员培训班。

10月23日，成立新办公楼基建办公室。

11月，总行稽核评价部对分行进行现场检查。

11月中旬，开办全行系统首笔出口订单融资业务。

11月中旬，总行会计管理部对分行进行现场检查。

11月下旬，向云南省山区捐献抗旱救灾款30万元用于建设爱心水窖。

12月上旬，信永中和会计师事务所受总行委托对分行进行外部审计。

12月11日，收回昆明经济技术开发区未能及时支用的1.2亿元贷款资金。

12月13日，召开分行2012年度党员领导干部民主生活会，总行孙平副行长到会指导。

12月中旬，就七彩俊园新办公楼装修设计工程组织开展竞争性谈判，研究确定了设计机构。

12月25日，邀请昆明市委党校教授到分行举办学习党的十八大精神专题讲座。

12月26日，对七彩俊园新办公楼进行了接房验收。

（胡黛玉供稿）

中国农业发展银行云南省分行

行长：段云翔

【综述】

2012年，农发行云南省分行实施“两轮驱动”业务发展战略，坚持“一巩固、三突出、一择优”的业务发展思路，切实履行农业政策性金融职责，加大信贷支农力度，积极培育新的业务增长点，着力推进各项业务可持续发展，强化风险防控长效机制建设，认真做好金融支持和服务“三农”工作，业务经营实现了有效发展，各项工作取得新的进展。主要表现在：

——信贷支农成效明显。贷款再创新高，余额达611亿元，比年初增加71亿元，完成突破600亿元的目标。

——存款和中间业务稳步增长。各项存款余额178亿元，比年初增加19亿元，中间业务收入1921万元，比上年增加115万元。

——信贷资产质量持续良好。全行信贷资产质量良好，不良贷款比例0.14%。

——经营效益明显增长。账面利润14亿元，同比增长19%。

——党建、队伍建设和企业文化建设全面提升。全行上下团结进取，和谐有效发展，进一步巩固了“风正、气顺、心齐、劲足、绩优”的良好局面。

【业务发展】

2012年信贷增长面临前所未有的困难，一方面信贷供给和需求的矛盾尤为突出，增长受到规模的控制；另一方面有40多亿元中长期贷款需归还，贷款余额下降因素增多。在这种情况下，农发行云南省分行采取“三突出、两做好”的做法，克服不利因素，在弥补收回因素的影响下，全年仍净增了71亿元。

政策性业务。农发行云南省分行坚持做好传统粮油信贷业务，实现又好又快增长。农发行云南省分行将粮油贷款作为本业来抓，全力做好政策性粮油收储信贷工作，确保粮油收购资金足额供应，以科技贷款归属政策性贷款为契机，加大对农业科技的贷款支持力度，进一步调整客户和贷款结构，培育粮油战略性客户，做到粮油收购贷款按期双结零，有效防控信贷风险，全年发粮油类贷款58.5亿元，比年初增长14.53%，确保了全省受灾地区的粮食供给和市场价格基本稳定。

商业性业务。一是突出流动资金贷款，支持实体经济发展。2012年，农发行云南省分行围绕蔗糖、畜牧、酒业等高原特色行业和产业，以农业产业化龙头企业和农业小企业为载体，发放贷款支持生产、流通、储存、加工等环节，促进实体经济发展，带动就业和农户增收，年末余额达195亿元，增幅28%。二是突出票据业务，解决企业短期资金需求。在做好汇票承兑的基础，农发行云南省分行将票据贴现业务作为新的业务增长点，完善票据贴现的转授权工作，规范办理流程，强化同业合作，积极营销贷款企业上下域客户，全年办理贴现业务467笔，金额25亿元，年末贴现余额17亿元，既解决企业短期资金需求，又完善了政策性银行服务手段。三是突出重点项目，做好续贷项目，保持中长期贷款平稳增长。依托农发行总行与云南省政府签订的战略合作协议，加大对重点项目的营销申报，以项目争取中长期贷款规模，牛栏江—滇池补水30亿元项目获总行审批，已发放7亿元。同时按照保续贷的原则，加强与项目单位的沟通，掌握项目进度、资金需求等情况，提早落实贷款条件，提前发起信贷作业监督流程，一旦总行下达信贷规模，就及时发放贷款，全年共支持续贷项目42个，发放贷款金额48亿元。

存款与中间业务。做好资金计划工作。针对信贷规模供给与需求的矛盾，加强请示汇报，积极争取总行在信贷规模安排上给予倾斜，同时实施好信贷计划，提高信贷资源运用效率。做好资金、利率管理，强化财政补贴工作，综合财政补贴到位率达99.59%，保障了全年财务计划的顺利实现。狠抓存款组织，推进中间业务发展。通过完善存款考核激励办法，抓好以贷引存，以贷稳存，实现企事业单位存款增长，依托同业合作推进存款组织，实现同业存款余额比年初增长68%的良好业绩。坚持规范经营，加强与保险机构的合作，大力开展保险代理，积极推进咨询顾问业务，突出重点抓好国际业务，以上举措的实施，推进了存款和中间业务收入的稳步增长。

【金融服务和创新】

一是用活财务资源，调动基层行积极性。在做好日常财会管理的基础上，争取财务资源，保障业务发展和风险防控的费用需要，修订完善经营绩效考评办法，出台财务资源分配办法，将各行业务发展和风险防控与财务资源分配挂钩，用活资源，调动各级行控风险、求发展的积极性。二是创造条件改善基层行办公条件。年内，总行审批了3个县支行置换、自建营业办公用房，意向同意3个县支行购买营业办公用房，批准了5个基建项目。三是深化合作，提升服务水平。促成总行与省政府签订战略合作协议，省分行与部分州市政府签订合作协议，强化银政合作，开展与保险、担保公司、评估和审计等机构合作，深化与工商银行合作，续签《电子银行业务合作协议》和《信用卡合作协议》，增加签订《战略合作协议书》，开展信贷业务、同业资金业务、银行卡业务、电子银行业务、信息交流与人员培训等方面合作。与云南省农村信用联社签订业务合作协议，建立合作关系，开展资金融通业务、现金业务等业务合作。通过合作，实现优势互补，引导资金回流农村，共同支持三农，提升服务质量。

【风险管理和内控制度建设】

2012年政府融资平台贷款进行进入还款高峰期，部分农产品价格波动加大，受宏观经济影响，部分企业效益下滑，经营风险加大，风险防控难度增加，为此农发行云南省分行进一步强化信贷管理，狠抓风险防控。一是严格客户准入，防范信贷风险。2012年以来，农发行云南省分行大力推进CM2006系统二期上线，做好评级授信工作，开展评级授信、信贷作业监督检查，规范用信调查，不断提高信贷审查审议工作质量和效率，严格客户准入，有效防范信贷风险。二是做好检查监测，及时化解风险。年初，开展贷款客户风险排查，排查客户594户，对贷款客户进行分类排队，积极退出风险较大的客户；按月进行贷款风险十二级分类，准确反映贷款质量状况，做好逾期贷款、大额准政策性、商业性贷款、政府融资平台贷款等信贷资产的监测分析，加强贷后管理，及时发现风险，并采取措施处置化解风险，严控新增不良贷款。三是大力清收存量不良贷款。针对存量不良贷款余额较小、形成时间较长、集中度较高、清降空间有限的情况，农发行云南省分行突出重点，加强对重点行的督促指导，建立省、市、县清收联动机制，成立清收工作组，加强与党政部门的沟通协调，采取清收企业各类款项、依法促收、引资代偿等手段，全面完成总行下达的清收任务。

加强内控机制建设，一是强化整合会计监督、条线管理和审计检查的职能作用，稳步形成“三位一体”的内控格局。开展内部审计检查，充分发挥内部监督作用。全年开展了中长期贷款、薪酬、序时、任期经济责任、新增不良贷款等审计，通过审计发现问题、促进整改、完善机制、推动稳健发展。全年完成了序时审计、任期经济责任审计工作，对21位二级分行和16位县级支行，共37位正副行长进行了经济责任审计。认真做好云南银监局对农发行云南省分行贷款新规执行情况的检查工作。二是加强合规组织建设，提升合规管理水平。经总行批准省分行设立了法律合规处，在各分支机构设置法律合规岗位，配置专兼职合规人员，做好信贷担保和非业务合同文本的法律审查，进一步推进合规办贷，加强合规教育，强化合规管理。三是搞好机房达标建设，提升科技支撑能力。通过科学设计、严格管理，按时按质完成29家机房达标建设工作和网络升级，做好各类管理系统的日常维护，推广应用综合办公平台系统，继续做好信息安全保障，提升科技信息支撑能力。四是加强安全教育和安全管理，为全行发展保驾护航。

【大事记】

1月4日，段云翔行长与到访的临沧市委书记杨洪波、副市长李华松商谈业务合作事宜。

1月9日，段云翔行长与昆明市市委常委、副市长黄云波、朱永扬商谈业务合作事宜。

2月3日至4日，段云翔行长赴福建泉州出席中国农业发展银行全国分行行长会议。

2月21日至22日，全省分支行行长会议在昆明召开，传达学习贯彻落实总行全国分行行长会议精神，总结云南分行2011年工作情况，安排部署2012年各项工作。

2月27日，云南分行段云翔、徐一丁、赵张贵参加在北京举行的云南省政府与农发行战略合作协议签字仪式。

2 月 21 日，全省分支行长会议

3 月 9 日，总行 2012 年金融债券承销团组建大会在昆明召开。

3 月 28 日，云南省分行党代会

4 月 10 日，总行后勤工作会议在昆明召开。

5 月 14 日，段云翔行长赴山东青岛出席中国共产党中国农业发展银行代表会议预备会议和正式会议。

5 月 16 日至 17 日，杨辉副行长出席总行资金计划部在腾冲召开的部分省市分行中长期贷款计划管理座谈会。

5 月 24 日，举办省分行“青年礼仪之星”比赛。

7 月 25 日至 26 日，段云翔行长赴黑龙江省哈尔滨出席中国农业发展银行全国分行行长汇报会。

8 月 15 日，年中全省州市分行行长汇报会在昆明举行。

9 月 13 日，省分行召开行长办公会，听取昭通市分行彝良地震受灾情况汇报，研究布置抗震救灾相关工作。

11 月 8 日，省分行组织全辖员工收看中国共产党第十八次全国代表大会现场直播。

12 月 7 日，省分行与云南省农村信用社联合社签订全面业务合作协议。

12 月 13 日，与省工行签署战略合作协议

12 月 20 日，省分行召开党员领导干部民主生活会。

12 月 31 日，全省各项贷款余额 611 亿元，比年初增加 71 亿元；各项存款余额 178 亿元，比年初增加 19 亿元；中间业务收入 1921 万元，账面盈利 14 亿元。

（罗元红供稿）

中国工商银行云南省分行

行长：许 海

【综述】

2012年，工行云南省分行紧紧抓住“桥头堡”建设的历史机遇，以科学发展观为统领，以提升竞争力为主线，大力营销优质贷款，加大稳存增存工作力度，积极发展中间业务，切实加强内控案防，着力提升服务水平，主要业务保持了良好发展势头，全行经营管理再上新台阶。

一、经营效益大幅增长

实现净利润38.24亿元，同比增加6.20亿元，增长19.36%，任务完成率在全国分行排名第11位，净利润增量排名第9位，增幅排名第6位。

二、各项贷款均衡增长

人民币贷款余额1659.54亿元，比年初增加203.26亿元，增长13.96%，增量同业排名第1位。其中：小企业贷款余额128.43亿元，比年初增加50.58亿元，增长64.97%。贸易融资贷款余额140.01亿元，比年初增加34.39亿元，增长32.56%。

三、各项存款稳步增长

人民币存款余额2138.03亿元，比年初增加158.93亿元。其中：储蓄存款（含保本型理财产品）增加106.49亿元，机构存款（含同业）增加89.71亿元。

四、中间业务持续增长

全年实现中间业务收入15.69亿元（含工银租赁收入），增长11.04%，增幅高于全国平均水平3.92个百分点，排名第13位，上升15位。

五、不良贷款实现“双降”

不良贷款余额9.4亿元，比年初减少11.63亿元；不良贷款占比0.59%，比年初下降0.88个百分点，实现了不良贷款余额和占比的“双下降”。

【业务发展情况】

以“大联动、大营销”活动为突破口，围绕重大项目和重点企业，实施上下联动的市场拓展战略，抢抓优质信贷市场，确保在市场竞争中抢占先机。一是全面完善市场营销机制。以“大联动、大营销”活动为契机，强化公私联动营销机制，从业务和产品入手，采用重复销售、交叉销售、向上销售等多种营策略，推行了多元化组合营销体系。与昆明、昭通、曲靖、红河、文山、西双版纳、大理、怒江8个州（市）政府，省工商局、省工商联，省农发行签订了《金融战略合作协议》。二是积极拓展优质信贷市场。全行新增公司有贷客户113户，新增个人客户49.65万户。全行优质客户贷款余额占比由年初的93.26%提升到97.96%，新增贸易融资贷款占新增公司贷款占比高达40.36%。三是加大稳存增存工作力度。通过巩固和扩大基本面客户存款、重点客户存款、重点资金留存来夯实发展基础，持续加大公司存款督办力度。通过大额资金监控流向监测平台的运用，深入研究资金运动规律，确保客户资金在工行云南省分行体内循环。强化贷款用途控制，加强对工行云南省分行贷款客户的资金封闭管理。

【金融服务和创新情况】

以“满意在工行”活动为主线，把提升服务水平作为竞争优质客户的重要手段，推动业务持续发展。一是领导高度重视，服务工作成效明显。全行管理人员到网点坐班达8000余人次。进一步确立“机关为基层，二线为一线，上级为下级，领导为员工，全行为客户”的大服务格局。2012年客户对工行云南省分行服务的满意度达95.34%，满意度较上年提升8.57个百分点，全年共发生客户投诉92件，投诉数量较上年减少97件，降幅达51.32%。二是强化监督检查，服务水平持续提升。全面推行了服务规范非现场检查，每月抽调检查二级分行部分营业网点的监控录像，对照服务规范逐条进行评分，被抽查网点的评分结果即作为其所在二级分当期服务工作考评得分，纳入行长经营绩效考核。三是完善服务体系，满意程度明显提升。在全省启动创建一批服务水平优、客户满意度高、经营业绩好、示范能力强的优质服务样板店工作，有1个网点进入中国银行业“百佳服务示范单位”行列，3个网点进入总行金融服务样板店百佳行列，14个网点进入云南省银行业文明规范服务示范单位行列，3个网点荣膺“2012年度中国银行业文明规范服务千佳示范单位”称号。

通过改革创新，进一步完善经营管理机制和考核机制，提高运行体系的效率，完善综合服务能力，形成高效的内部营运模式和优质的外部服务格局。一是深化体制机制改革。制订了《云南分行三年发展规划》。完成了网讯云南分行子站点的创建工作。深入实施MOVA系统推广和应用。完成NOVA+1.3.6至NOVA+1.4.5等4个季度综合版本和3个月度综合版本的投产工作。全面完成全省授信审批工作的集中上收，集约独立的授信审批体系初步建立，整体运行顺畅良好。二是强化业务运营管理。在总行业务集中平台实现26大类、77小类业务集中的投产推广，对公非现金业务总行平台集中处理占比突破70%，柜面对公非现金业务集中处理比例达到94%。三是加大改革创新力度。完成对昆明螺蛳湾8亿元融汇物流股权投资基金的投放、丽江束河1.2亿元景区门票收益权项目等一批有示范推广效应的品牌类投行项目，累计提供投行创新融资106.5亿元。林权抵押贷款取得新突破，贷款余额达到11.4亿元。研发了官渡区地税多元化申报系统、昭通住房公积金联名卡项目、曲靖公积金还款代扣业务处理系统、临沧烟草配送资金电子结算系统、版纳旅游管理信息系统、POS机刷卡方式代缴非税收入业务处理系统等新应用。组织实施并完成省分行绩效合约项目，提倡承诺型的绩效文化，建立科学有效的绩效管理体系。

【风险管理和内控制度建设情况】

在全行组织开展“执行力建设年”主题实践活动和“员工行为规范”主题教育活动，不断加强风险管理，提高分行资产的整体质量。一是推进内控案防制度建设，全面完善风险管理体系。召开全行纪检监察工作会议和案件形势分析会，举办全省安全防范系统管理培训班和纪委书记监察主任培训班。按照总行要求认真组织开展“建设最安全银行”主题活动，完成第二批9个二级分行远程监控报警网络管理中心建设。内部控制管理经总行评价进入了全国一级行列。二是深入开展主题教育活动，加强主动防范风险意识。在全行范围内认真组织开展以学习落实“三位一体”员工行为规范管理体系为主题的员工行为规范教育活动。根据银监会、云南银监局和总行的工作部署，在全行范围内开展“不规范经营”专项治理工作，将原有的565个收费项目下降到409个，降幅达27.61%，切实维护好金融消费者权益，不断提高全行经营管理水平。三是不断提高信贷管理水平，促进业务持续健康发展。全面开展非零售、零售风险量化工作，以及内部评级推广运用和操作风险管理工作。全行清收处置完毕亿元以上不良贷款3户，合计金额9.64亿元。

【大事记】

2月2日，省分行召开全省州市县行长工作会议，进一步贯彻落实总行发展战略研讨会和2012年工作会议精神，总结2011年工作情况，深入分析全行面临的经营形势，部署2012年工作任务。

2月2日，许海行长、苑书义副行长、王建红纪委书记、余良副行长出席省分行与昆明市人民政府在昆明市级行政中心会议中心举行的《金融战略合作协议》签约仪式。

3月2日，许海行长作为第十一届全国人大代表，出席在北京召开的第十一届全国人大五次会议。

4月2日，许海行长召开全省二级分行行长工作会议，贯彻落实了总行行务会议精神，总结分析一季度经营情况，研究分析当前经营中存在的问题，全面部署下一步重点工作和工作措施。

4月19日，许海行长、合杰、余良副行长会见昭通市委夜礼斌书记、市政府刘建华市长、何刚副市长等昭通市党政领导，双方就进一步加强银政合作进行了友好交谈。下午，省分行与昭通市人民政府举行《战略合作协议》签署仪式。

4月24日，许海行长、合杰、余良副行长会见前来调研的人民银行昆明中心支行周振海行长一行。下午，许海行长、余良副行长出席省分行与曲靖市人民政府的《战略合作协议》签署仪式。

5月11日，许海行长、余良副行长出席在南屏支行营业室正门隆重举行的省分行“百佳示范单位”授牌暨贵金属旗舰店开业、贵金属投资者俱乐部启动仪式。

5月19日，许海行长召开全省二级分行行长工作会议，深入传达贯彻总行2012年上半年分行行长工作会议精神，认真总结2012年上半年工作情况，研究分析当前经营中存在的问题，部署2012年下半年重点工作任务。下午，许海行长、合杰副行长、王建红纪委书记、余良、王晓东副行长、钱良模、黎跃辉专家出席省分行与中国人民解放军云南省军区共同举行的“星耀牡丹分外红”庆祝“八一”建军节文艺联欢活动。省军区政治部主任李继才少将及部队首长出席联欢活动。

8月13日，许海行长主持召开行务会，听取六个帮扶组对二级分行帮扶情况、2012年上半年经营绩效与业务发展考评分析、2012年二季度经营绩效考评情况的汇报。下午，许海行长、合杰副行长、王建红纪委书记、王晓东副行长，钱良模、黎跃辉专家出席省分行与西双版纳州人民政府《金融战略合作协议》签约仪式。

9月13日，许海行长、合杰、余良副行长出席省分行与省工商局、省工商联“工商搭台金融服务　助推民营经济发展”战略合作启动仪式。

11月6日－7日，许海行长主持召开全省二级分行行长工作会议并作重要讲话，贯彻省委省政府关于加快桥头堡建设的一系列会议精神和云南银行业2012年三季度经济金融形势分析会暨监管工作会议精神，总结分析三季度末经营情况，研究分析当前经营中存在的问题，全面部署下一步重点工作和工作措施，推动全行业务持续发展，确保完成全年各项工作任务。

（胡智鹏供稿）

中国农业银行云南省分行

行长：宇如钧

【综述】

2012年，农行云南省分行在农总行党委的正确领导下，以科学发展观为指导，始终坚持“稳中求进、好中求快、变中求新”的总要求，紧紧围绕“横向提升、纵向进位”的总目标，积极实施“发展、转型、强管、创新、控险、增效”的业务经营方针，大力加强产品与服务创新，不断深化服务“三农”工作和业务经营转型，加强企业文化建设和内部管理，积极履行社会责任，各项业务经营实现了规模增长、结构优化、质量提升、效益提高的良好局面，为云南经济社会发展提供了有力的金融支撑。

截至年末，全行本外币各项存款余额为2851亿元，较上年增加324亿元，存款存量、增量在全省四大行中均排名首位；本外币各项贷款余额为1879亿元，较上年增加191亿元，贷款存量、增量在全省四大行中分别排名第1位和第2位；实现拨备前利润、拨备后利润和中间业务收入分别为76.52亿元、74.15亿元和19.76亿元，拨备前利润和中间业务收入在全省四大行中均排名首位，经营效益持续增长，有效巩固和提升了在省内的主流银行地位。

【业务发展情况】

一是稳步推进内部经营机制改革。继续实施二级分行和县域支行业务市场份额目标管理，先后出台《推进“三类重点行”加快发展工作意见》等一系列力促“三农”县域业务发展的办法措施，进一步激发县域支行经营活力；研究制定《2012年城市行发展目标》和促进城市行发展的相关措施，在16个城市行推行二级分行公司业务部（机构业务部）专司城区业务经营模式，增强城市对公业务整体营销合力；进一步完善考评机制，优化资源配置，夯实可持续发展能力；按照农总行统一部署和要求，完成了岗位管理体系改革落地工作，现代商业银行人力资源综合改革稳步推进。

二是以加强城市对公业务经营、加大创新型融资业务和新产品推广运用、加快零售业务转型为重点，着力推进业务经营转型。截至年末，16个城市行存款增量、贷款增量和中间业务收入在全行的占比分别为54.2%、42.7%和59.7%，在四行的份额分别提高7.77个、8个和1.97个百分点，城市行同业竞争力取得新的提升；“三农”县域拨备前、拨备后利润在全行的占比分别为65.7%和67.5%，同比提高7.7个和8.2个百分点，对全行的价值贡献稳步提升。全行BBB级以上法人客户数及其新增贷款占比分别达91.6%和97.8%，小微企业和个人贷款增幅分别达17.8%和22%，客户和信贷结构更趋优化；代理保险、结算、投行等业务收入四行份额均在40%以上，保持市场领先地位；国内信用证、委托债权投资、融资租赁、银赁通等新兴业务取得实质性突破；电子渠道交易占比为58.5%，较上年提高10.8个百分点；10月20日正式启动金融IC卡发行工作，仅用72天时间共发行金融IC卡39.8万张。在产品创新方面，自主研发的代收交通罚没款收缴业务系统、省总工会经费管理系统、自助设备C端优化、代收云南省体育彩票系统、大理烟叶收购电子结算系统、个人网银增加体彩和福彩缴费功能、文山代收电费业务系统、曲靖公积金委托代扣系统、昆明理工大学校园卡和国库信息处理系统等21个新产品陆续上线运行。在网点转型上，坚持“硬转型”和“软转型”并重，网点改造建设进度加快，营业网点外部形象焕然一新；加大电子机具布放力度，全年新增ATM479台、POS机10589台；通过网点服务和营销技能导入、神秘人检查、内训师队伍建设、大堂经理培训等活动的持续开展，网点服务质量和水平不断提升，共被银行业协会评为全国“千佳”网点2个，省级文明规范服务示范网点15个。

【金融服务和创新情况】

深入实施农村产业金融“千百工程”和金穗“惠农通”工程，金融服务“三农”能力和水平不断提高，先后被农总行评为“服务三农先进集体”，被云南省委省政府评为“农业综合开发先进单位”、“农垦改革先进单位”。截至年末，全行“三农”存款人民币余额为1885.82亿元，比年初增加197.26亿元；“三农”贷款人民币余额为1080.65亿元，比年初增加142.03亿元。一是围绕特色优势产业，积极支持农业现代化。截至年末，累计发放农业产业化贷款69.91亿元，省级以上农业产业化龙头企业服务覆盖率为58.68%，国家级以上农业产业化龙头企业服务覆盖率为92.31%。二是着力推动县域工业化。先后向小水电、煤炭、制糖等11个集群的51家企业发放贷款18.13亿元；向德宏姐告边境贸易区、曲靖煤化工工业园等12个省级以上工业园区94家企业发放贷款35.15亿元；向县域中小企业发放贷款349.08亿元。三是稳步推进农村城镇化发展。重点支持城镇基础设施、农民集中居住区及小城镇整体建设项目，截至年末，累计发放农村城镇化贷款14.81亿元。四是积极扶持农村商贸物流和金融服务业。重点支持县域大型批发市场和特色商品流通市场、县域大型商场和超市、管理先进的第三方仓储物流企业等，截至年末，累计发放农村商业贷款61.75亿元。五是努力服务县域民生事业发展。重点支持县域教育、卫生事业发展，累计发放县域机构贷款13.7亿元；加大扶贫工作力度，共对全省73个国定扶贫县和7个省定扶贫县累计发放贷款354.12亿元。六是加大对春耕备耕和抗旱救灾的信贷支持力度。春耕备耕期间，累计发放春耕生产贷款42.14亿元，为支持全省春耕生产和抗旱救灾发挥了积极作用。七是以惠农卡和农户贷款为抓手，做好强农惠农富农工作。截至年末，累计发放惠农卡315万张，农户覆盖率达35%；全年累计发放农户贷款49.95亿元，为农户发展生产和增收致富提供了有力的金融支持。八是积极开展新农保、新农合代理工作。共获得12个县的新农保代理权，累计发放资金1.5亿元；共在20个县开展新农合代理业务，累计发放资金36.99亿元。九是大力建设金穗“惠农通”工程，改善农村支付服务环境。截至年末，共在农村地区建成各类服务点3761个，覆盖全省896个乡镇和3585个行政村，覆盖率分别为72.1%和29.8%。

【风险管理和内控制度建设情况】

全行上下始终坚持“抓合规、控风险、促发展”的管理理念，持续推进“基础管理提升年活动”，积极实施信贷、科技、运营、财会、员工行为五大领域精细化管理，着力抓实四项不良贷款专项治理，有效提升了全行基础管理和全面风险管理水平。全行到期贷款现金收回率达98.94%，较上年提高0.9个百分点；风险水平评价得分持续提高，继续保持A类行；集中监控、集中作业、集中授权“三大集中”实现全覆盖，有效提升业务集约化管理水平；“三化三铁”单位创建活动成效明显，总行、省分行分别认定40个“三铁”、347个“良好”营业机构，全省营业机构优良率较上年提高27.05个百分点；波音（BoEing）系统推广工作有序推进，有力保障了生产系统安全稳定运行；通过开展内控风险检查、案件专项治理、案件风险排查等工作，加强问题整改，及时化解业务经营中的潜在风险隐患。全年未发生重大经济、刑事案件和事故。

【队伍建设和企业文化】

在党建和队伍建设上，继续在三级行深入开展以“基层组织建设年”为重点的创先争优、合规文化建设以及“加强廉政文化建设，推进廉政风险防控”主题教育实践活动；深入实施省分行、二级分行党委成员党建联系点制度，加强对联系点党建工作的督导；严格党风廉政建设责任制考核，有效提升领导干部履行“一岗双责”的能力和水平；加大班子结构调整、干部交流等工作力度；开展各类培训近百期，参训员工达1.2万余人次；积极组织员工参加系统内外各类考试，有效提升各专业条线员工的综合素质。在企业文化建设上，深入推进企业文化核心理念宣贯和深植工作，让广大员工对农行使命、愿景、核心价值观认知认同、入脑入心和自觉执行，工作成效显著，得到农总行认可，并被中国企业文化研究会评为2012年度企业文化建设优秀单位；积极履行社会责任，关注社会民生，云南农行先后捐助480万元用于全省抗旱、抗震等救灾工作，造福云南百姓。

【大事记】

1月，启动2012年“大行德广 伴您成长 金钥匙春天行动”，拉开全年综合营销活动的帷幕。

2月，全面启动整治不规范经营专项活动，制定全行专项整治方案，对全辖整治工作进行了安排部署。

3月，为云南大为制焦有限公司办理了国内信用证买方代付业务，实现国内信用证买方代付业务“零”的突破。

4月，通过北京金融资产交易所成功为华能澜沧江水电有限公司募集到流动资金，实现委托债权投资业务“零”的突破，创新型融资业务取得实质性进展。

5月

启动2012年“百县千镇”零售产品营销宣讲活动，致力提升县域基层员工的综合技能和全行零售业务营销水平。

组织全省16个二级分行开展小微企业金融服务宣传月活动，取得良好活动成效。

农行送福下乡村

举办“e商务·赢财智”电子商务业务暨企业网银营销推介会。邀请来自全省传统企业及产业应用的人士现场感受农行“财智e通”、“领商e航”电子银行产品，共同探讨关于企业电子商务发展与供应链融资的话题。

与德宏州政府签订《德宏傣族景颇族自治州人民政府与中国农业银行云南省分行促进德宏经济发展金融战略合作协议书》。双方围绕德宏州今后五年包括“德宏州桥头堡黄金口岸”、“瑞丽重点开发开放试验区”、“美丽富饶新盈江”建设等经济发展战略目标，在支持和服务“三农”、促进县域经济发展等领域开展全面合作。

为塑造农业银行的社会形象和服务品牌，全面提升营业网点服务质量和营销能力，在全辖启动首批服务、营销标杆示范网点创建工作。

召开全省农行三农金融“三大工程”推进工作会议，推进重点县域支行“121工程”、“十二五”期间农村产业金融业务“千百工程”、金穗“惠农通工程”的组织实施，服务“三农”工作向纵深推进。

农行新农保代理点便利广大农户

取得宾川、剑川、易门3个县的第四批新型农村社会养老保险业务和城镇居民养老保险业务独家代理权。

6月

与越南湄公河三角洲房屋发展银行老街省分行签订《中国农业银行云南省分行与越南湄公河三角洲房屋发展银行老街省分行跨境贸易人民币结算协议》和《网银合作协议》，双方约定在人民币购售、网上银行跨境人民币结算等方面开展业务合作。至此，农行云南省分行与越南的合作银行由4家增加至5家，进一步巩固了在边境地区的贸易结算地位。

与农银金融租赁有限公司成功合作首个融资租赁项目，为云南昊龙实业集团黄角树水电开发有限公司办理了直接融资租赁业务。

在人行昆明中支召开的云南省2012年第一次省级银行业金融机构支付结算工作联系会议上，农行有5家机构被授予2011年度昆明同城票据交换标兵单位及先进单位。

信贷支持花卉产业发展

7月

与大理州人民政府签署金融战略合作协议，承诺在未来5年内，向大理州提供不低于200亿元人民币的意向性信用额度，全力支持大理州基础设施、公共事业、农林水、能源、环保、工业、旅游、服务等产业项目，推动大理州经济社会实现新的跨越式发展。

完成集中式国际贸易融资业务处理系统（GTF系统）和集中式国际应收账款融资业务系统（ARFP系统）的上线工作，国际贸易融资业务处理信息系统和操作系统建设取得重大进展。

正式推广以农总行版自助服务终端系统、自助设备统一平台、自助设备管理及监控系统、智能支付终端系统为主要内容的自助银行“四大工程”和金融IC卡工程，着力强化自助银行服务。

成功为大理祥云县品位经贸有限公司办理了出口信用保险项下押汇业务，重启出口类国际贸易融资业务。

举办全省农行柜台业务技术比赛，提高一线员工的整体业务素质和服务水平，在全行形成岗位练兵、岗位成才的良好氛围。

支持香港青年赴丽江开展乡村服务计划

8月

与普洱市政府签署《推进普洱绿色经济发展合作战略协议》，双方约定在支持普洱绿色经济发展上进行全面合作，农行承诺向普洱市92个重点项目及企业提供意向性合作额度160亿元。

信贷支持茶业产业发展

与保山市人民政府签订《推进保山绿色经济发展合作战略协议》，承诺在未来5年向其提供80亿元人民币意向性信用额度，支持保山市茶叶、咖啡、烟草、渔牧等绿色产业项目以及农业产业化龙头企业、农村城镇化和基础设施建设；双方将在支持绿色产业、服务“三农”县域、促进城乡经济发展等方面加强深度合作。

举办针对高端客户的“健康是金·金穗人生”健康讲座，回馈全省150余位农行尊然白金贷记卡高端客户。

宾川兴隆建筑有限责任公司通过网上银行自主操作成功获得农行贷款，标志着全省农行第一笔小企业自助可循环贷款成功发放，金融服务小企业迈向新的里程。

正式启动“六五”普法巡回宣讲活动，在全辖广泛普及金融法律知识。

在云南省财政厅省级国库现金管理服务投标事项中成功入围，成为云南省国库现金存款管理的服务银行之一。

9月

与临沧市人民政府签订全面战略合作协议，承诺在未来5年向其提供意向性信用额度80亿元，用于支持其糖、茶、酒、电、矿、文化旅游等支柱产业和咖啡、烤烟、林、橡胶、养殖业等特色产业发展。

为宾川永城酒店有限公司成功办理全省农行第一笔现金管理定向资产管理计划，也是全国农行第一笔定向投资于银行同业存款的现金管理定向资产管理计划。

10月

10月20日，正式对外发行金穗IC借记卡，迈出银行卡产业升级的新步伐，正式跨入“磁”旧迎“芯”时代。

完成ACBS系统省域集中工程，全行信息科技架构建设迈上新台阶。ACBS系统是农业银行柜面业务系统的简称，通过ACBS系统省域集中工程的实施，能提升核心业务系统安全稳定运行水平，同时为建立全国集中的一级分行重要业务系统灾备应急奠定基础。

在2011－2012年全省地税机关代收工会经费和建会筹备金工作表彰电视电话会议上，农行共有23个集体和45名个人获得表彰，且23个先进集体同时被云南省总工会授予“工人先锋号”荣誉称号，成为全省金融系统唯一获此殊荣的单位。

11月，完成国际结算单证业务上收工作，实现国际结算单证集中（总行）的处理模式，全行单证业务集约化、专业化管理水平显著提高。

12月，正式启用BoEing一期系统对外营业，BoEing一期系统投产切换工程取得圆满成功，标志着农行云南省分行新一代核心银行系统的构建和推广迈出重要的第一步。

（高云供稿）

中国银行云南省分行

行长：黄志刚

【综述】

2012年是中国银行成立100周年的历史时刻，中国银行云南省分行以此百年跨越为发展契机，在新一届领导班子带领下，大力转变思想、锐意改革创新、奋力攻坚克难，克服了宏观经济下行，银行利差收窄、自身发展局限等诸多困难，取得了良好的经营业绩，实现了“绩效进步、员工满意”，为新的三年规划的全面实施打下了坚实基础。

【业务发展情况】

截至年末，云南中行资产、负债总额双双突破1400亿元，较上年末分别增长13.33%和12.85%，其中人民币各项存款余额较上年末增长14.81%；人民币各项贷款余额较上年末增长4.07%；净收入较上年末增长15%，净利润较上年末增长28%。客户基础不断加强，公司客户进步率达22.84%，个人客户进步率达15.90%；新发借记卡突破57万张，新发借记IC卡近18万张，新发信用卡7.9万张；资产质量不断夯实，不良率为0.44%，继续保持不良双降。

【金融服务和创新情况】

进入2012年，面对错综复杂的经济环境，在总行党委的正确领导下，云南中行新一届领导班子深入贯彻科学发展观，明思路、立制度，筑基础、破瓶颈，抓机遇、谋发展，推动该行经营管理步入了良性发展的轨道。

一、确立“抓收入”为主线的新思路

2012年，针对各级管理者中存在的“发展不算账”、“谈业务就是拉存款”的落后观念，该行下大力气扭转全行经营观念，统一发展认识。年初，郑重向全行承诺“绩效进步、员工满意”的工作目标；5月，提出以“保收入”为首的“四保”工作要求；年中，明确把“增收入、控风险、强基础、稳进步”作为工作重点，引导各级机构围绕收入抓业务发展，并以收入指标为核心开展绩效考核。经过一年的努力，该行上下经营观念发生了较大转变，以效益为核心的发展观渐入人心，“抓收入”为主线的发展思路逐步确立，算经济账、算成本账成为每个管理者乃至每个员工自觉坚持和贯彻的经营行为。这一发展思路的确立，为该行积极应对总行经营管理的新要求赢得了先发优势，为全年收入及利润目标的实现打下了坚实的基础。

二、实施“双基”建设的新举措

2012年，该行以“群众满意”为切入点，深入挖掘经营管理中存在的问题，针对基础工作薄弱和部分管理者工作作风不实两个制约业务发展的瓶颈，开展了“双基”建设年活动，以“抓基础工作、抓基层建设”为核心，将“双基”建设与党建工作相结合、与网点建设和队伍建设相结合，从提升基层网点效能的事抓起，从完善基础管理的事管起，切实解决经营管理中的难点问题，解决对基层和客户服务中的突出问题，并将整改情况纳入年度绩效考核。另外，针对部分管理者工作作风不实、责任意识淡薄等问题，提出了实现三个转变、做到三个负责，坚决不做“四空”干部的管理要求，着力改进工作作风。通过“双基”建设，该行基础工作和基层建设有了一定提升，工作作风发生了较大转变。

三、迈出转型发展的新步伐

一是转变过去不计成本、不讲效益的低效发展模式，提出了“转变经营理念、转变经营方式、转变经营文化”的发展思路，以转型促发展、特色强发展、文化助发展，由传统的依赖存贷利差盈利的经营模式向通过金融创新和特色业务盈利的经营模式转变，加快培育新的利润增长点，并将这一转型要求纳入三年规划，并成立由分管行领导挂帅的工作领导小组，围绕重点工作深入开展研究，制定翔实的工作方案和落实措施，有力助推三年规划实施；二是着力探索管理机制改革。改革绩效考核机制，考核体系以效益优先为导向，与总行指标体系无缝对接，扭转过去那种只盯存款任务，不研究考核规则的绩效观念。强化考核的激励约束作用，对二级机构实行分组赛马，按照综合贡献度分三组考核，分组组别动态调整，各组在管理层薪酬等级、资源配置和绩效奖金总量上有所差别，并按组设置绩效奖金池，鼓励通过绩效进步获取更多的绩效奖金；三是推动省行公司业务部管理模式转型。将公司业务部的自营业务平移到二级机构，突出公司业务部条线管理、系统营销和带队伍的职能，推动全行公司业务均衡发展；四是在昆明地区试点推行单点支行直管模式，选取4家底子较好、规模较大、网点等级评定高的经营性支行，纳入省行直管，并在薪酬等级和资源配置上予以倾斜，鼓励网点做强做大，并发挥龙头示范作用，带动全行网点争先进位。

四、丰富特色发展的新内涵

一是推出跨境人民币转收款创新产品，为“走出去”客户创建海外融资新产品“联证对证通”业务，对保理池融资、融信达等产品进行集成创新，助推边贸业务。2012年累计办理跨境人民币结算突破137亿元，市场占有率较年初提升26个百分点；二是创新银行承兑汇票在产业链、供应链金融服务上的运用，创新研发票据池业务管理系统，对各级财政单位成功开办现金管理平台产品，提高财政资金收付效率；三是大力推广直接融资业务，代理云天化集团、昆钢控股等公司发行中期、短期票据合计近100亿元，通过黄金租赁业务为黄金集团等客户提供融资近15亿元；四是研究中小企业区域特色发展模式，批量发展中小企业客户，建立中小企业业务特色支行，拉直审批流程，提高审批效率，推出快易贷、押税通宝、美石通宝等多款特色产品，推动中小企业业务发展；五是加大个人金融业务创新，成功投产全国第一个借记金融IC园区卡项目——机场园区一卡通，创新推出车位分期贷款、双向宝、白银宝等金融产品，针对“螺蛳湾”市场，推出银商通宝个人投资经营贷款、商户通宝灵活经营贷款等个贷品种，培育批发市场特色业务优势。

【风险管理和内控制度建设情况】

一、强化风险管控的新要求

加强信用风险管理，开展对“桥头堡”战略及云南优势行业调研，制定2012年行业投向指引和行业组合方案，指导业务发展；优化授信审批机制，对新增贷款严审贷款用途合理性及贸易背景真实性，授信优先支持实体经济；深入开展资产盘存和后评价，科学制定和实施“一户一策”的风险化解方案，强化风险监控预警；加强对重点领域的风险管控，制定平台贷款风险化解和增信整改方案，不断缓释贷款风险；做实存量贷款的动态风险识别和分类调整，准确反映资产质量。加强操作风险管理，开展“百年基业、内控护航”专项活动，把操作风险防控延伸至全行各个层面。加强内控案防工作，坚持业务发展和内控合规两手抓，加强对基层负责人、重要岗位员工的管理和行为规范，加大对重点业务、重点岗位的合规检查和案件排查，要求各级领导干部认真履行“一岗双责”，强化制度约束，并加大对违规操作、履职不到位人员的处罚力度，从严内控管理，确保业务有序发展。

二、创造人文和谐的新氛围

加强人力资源管理，给干事的人提供舞台，让实干的人享受实惠。在班子建设上，一是全面实行公开选聘，并引入外部测评公司进行专业测评，科学考量拟提拔人员的综合素质；二是搭建优秀青年员工挂职培养通道，选拔了一批业务过硬、有激情的优秀青年员工到经营性支行挂实职副行长，通过挂职锻炼，加快优秀青年人才的开发培养；三是选派优秀人才到绩效落后的机构开展绩效辅导督导，加强政策宣导，统一思想认识，帮助机构提升绩效；四是从严治行，严惩懈怠，对业务能力差、群众满意度不高的干部启动组织调整程序。在队伍建设上，一是改革培训模式，改变单一课堂教学模式，引入“情景教学”、“互动教学”等多元模式，突出培训的实战性和针对性；二是强化基层网点负责人培训，对全行基层网点负责人分三期轮训，不断提高网点负责人的业务水平和管理能力；三是要求各机构“一把手”把带队伍作为提升领导能力的第一要务来抓，新员工成长与“一把手”的绩效考核挂钩；四是选拔新入行员工进行客户经理、理财经理定向培训，充实网点客户经理后备队伍。

不断加强企业文化建设。围绕“双基”建设，强化各级党建工作，发挥基层党组织的战斗堡垒作用。发挥青联组织职能，举办了“责任·奋斗·成长”、“学雷锋、做公益”等主题活动，发挥共青团和青联的带头作用。组织开展全行职工运动会、新员工入行仪式、员工素质教育专题讲座等，丰富员工业余文化生活。认真落实维稳工作，深入排解不稳定因素，及时解决员工诉求，营造和谐良好的发展氛围。积极传播百年中行企业形象，加强核心业务品牌建设，先后荣获 2012 年度云南省银行业支持地方经济贡献奖、最具社会责任金融机构、最佳贸易融资银行奖等 22 项大奖，有力提升了品牌美誉度、取得了良好的社会反响。

【大事记】

1 月 5 日，云南中行团委组织开展了“百年中行 百年辉煌——中国银行云南省分行迎百年行庆爱心助学”捐赠活动，为宜良北羊街小学捐赠了价值 4 万元的学习用具、课外读物及体育用品。

云南中行团委赴宜良开展爱心助学活动

1 月 19 日，云南中行召开全辖中层以上人员会议。

2 月 8 日，云南中行与云南黄金矿业集团股份有限公司举行实物贵金属业务合作签字仪式。

云南中行与云南黄金矿业集团股份有限公司举行实物贵金属业务合作签字仪式

3 月 7 日，云南中行与云南省肿瘤医院签署《战略合作协议》。

3 月 27 日，云南中行资金业务部成功叙做第一笔对公 1800 万美元外币理财业务，实现对公外币理财业务的零突破及业务平稳发展。

3 月 30 日，云南中行成为云南省首批股权投资基金托管合作银行。

4 月 14 日，云南中行特邀香港著名国学专家柏天心先生在昆明剧院举办了“百年中行 百年辉煌——2012 年理财智慧与传统国学”知识讲座。

4 月 20 日，云南中行召开第二届五次职工代表大会，听取审议了《行长工作报告》、《云南省分行 2011 年度财务工作报告及 2012 年财务工作安排》、《云南省分行第二届四次职工代表大会提案落实情况报告》，表决通过了《第二届五次职工代表大会提案》。

云南中行召开第二届五次职工代表大会

5 月 4 日，云南中行团委举办五四青年节“责任．奋斗．成长”主题访谈活动。

云南中行团委举办五四青年节“责任．奋斗．成长”主题访谈活动

5 月 16 日，云南中行与中豪商业集团有限公司签署全面战略合作协议。

5 月 18 日，云南中行设立直属昆明市金碧支行、八一支行、高新支行、滇池路支行 4 个单点支行。

5 月 19 日，云南中行在昆明举办了“百年中行 储金为财”贵金属新藏品发布暨郎咸平财富人生畅享会，盛邀中国著名经济学家、金融专家、香港中文大学教授郎咸平先生现场讲授最新经济走势和投资理财之道，并推出了多款不同题裁的贵金属珍藏新品供客户甄选、鉴赏。

云南中行举办“百年中行 储金为财”贵金属新藏品发布暨郎咸平财富人生畅享会

6月13日，云南中行叙作冶金集团财务公司代理开票业务，成为首家与公司建立该项业务合作的银行，此项业务的开立使该行成为中行系统内为数不多的几家成功开展代理开票业务的分行。

6月15日，云南中行研发的“云南机场集团一卡通”贷记卡正式对外发卡。“机场园区一卡通”是以借记园区卡为主要载体，同时发行部分准贷记园区卡。它采用最新的IC芯片技术，通过“闪付功能”可在昆明长水机场园区餐厅及空港快线大巴车上实现小额无现金支付，不仅为机场园区食堂、交通车等后勤保障服务提供高效安全的数字园区金融服务，而且园区外的普通客户可以通过中行各网点申领“长城云南空港卡”享受空港快线金融IC卡“闪付”的便捷服务。

7月3日，云南中行与云南省武警消防总队签署战略合作协议。

7月19－20日，云南中行在昆明召开该行2012年年中工作会议。会议主题总结2012年上半年经营管理情况，围绕“打基础、调结构、做特色、上水平”的工作方针，部署下半年工作任务，并开展讨论。

7月21日，云南中行举办2012年职工运动会祝贺百年行庆，全辖共1876名职工参加。

云南中行举办2012年职工运动会

8月7日，云南中行与普洱市人民政府签订战略合作协议及重点项目及企业融资意向书。

8月23日，云南中行与保山市人民政府签订《金融战略合作协议》和《重大项目及重点企业融资意向书》。

8月29日，云南中行与临沧市政府签订金融支持临沧市县域经济跨越发展《战略合作协议》及《融资意向书》。

9月3日，云南中行与省发改委滇中引水办、省金融办签署《滇中引水工程贷款意向书》。

9月20日，云南中行与昆明万达广场投资有限公司签署《战略合作协议》。

9月20日，云南中行举办2012年新员工入行仪式。

云南中行举办2012年新员工入行仪式

10月18日，云南中行与昆明医科大学第二附属医院签署“银医对接”合作协议。

云南中行与昆明医科大学第二附属医院签署“银医对接”合作协议

11月1日，云南中行与云南省广播电视局签署战略合作协议。

11月6日，云南中行辖属省分行营业部、昆明市东风支行营业部、昆明市团源支行、昆明市盘龙支行营业部、昆明市北站支行、昆明市官渡支行营业部、昆明市民族村支行、曲靖市分行营业部、玉溪市分行营业部、红河州分行营业部、西双版纳州分行营业部共11家单位被云南省银行业协会评为“2012年度银行业文明规范服务省级示范单位”荣誉称号。

11月26日，云南中行举办与昆明医科大学第三附属医院合作的银医诊疗卡项目启动仪式，正式投产。

12月4日，云南中行在“2012年泛亚经济高端论坛暨第二届春城金融博览会颁奖典礼”上斩获在本次博览会最具分量的7项大奖，分别是：2012年度云南省银行业支持地方经济贡献奖、2012年度云南省最佳青少年财商推广机构、2012年度云南省最具社会责任金融机构、2012年度云南省最佳财富管理银行奖、2012年度云南省最佳贸易融资银行奖、2012年度云南省最佳电子银行奖、2012年度云南省百姓最喜欢的银行卡，获奖数量及分量再次蝉联四大行之首。

12月26日，云南中行召开2013年“开门红”动员大会。

云南中行召开2013年“开门红”动员大会

12月31日，云南中行圆满完成年终决算各项任务。

（向薇、黄丽莉、黄红梅供稿）

中国建设银行云南省分行

行长：潘念宁

【综述】

2012年，中国建设银行云南省分行认真执行中央宏观调控政策和各项监管要求，以实施“三大一高”战略为抓手，以打造“三项机制”为着力点，坚定不移推进结构调整和经营转型，各项业务快速发展，主要工作扎实推进。截至年末，全行一般性存款余额2343.05亿元，较年初新增284.04亿元，增长13.79%。其中对公存款新增176.96亿元，增长14.42%；个人存款新增107.08亿元，增长12.87%。各项贷款余额1473.7亿元，较年初新增158.33亿元，增长12.04%。其中公司类贷款新增83.13亿元，增长8.7%；个人贷款新增75.19亿元，增长20.87%。实现中间业务收入16.13亿元，同比增速8.83%。不良贷款实现“双降”，资产质量历史最优。税前利润增长26.51%，经营效益良好。

【业务发展与经营转型】

一、抢抓发展机遇，资产业务稳健发展、结构优化

一是积极跟进国家“桥头堡”战略实施、云南省委省政府打好“三大战役”和加快推进滇中产业新区建设步伐，把握区域经济加快发展机遇，做实项目储备，用好用足信贷资源，加大对云南重点在建续建项目、行业龙头企业、区域特色产业，文化、教育、卫生等民生领域支持力度。全年累计投放对公贷款479.3亿元，通过直接融资方式满足企业融资需求133.5亿元。二是坚决执行中央宏观调控政策和各项监管要求，扎实推进信贷结构调整。AA级及以上客户贷款投放占比86.2%。信贷规模优先保障小企业贷款投放，小企业贷款增速高于公司类贷款增幅15.6%。个人住房贷款保持发展优势，个人消费类贷款实现较快增长。积极开展信用卡汽车分期、安居分期、车位分期等业务，信用卡专项分期交易额为上年的3.9倍。三是实施主动授信管理，对风险集中度高的行业和客户执行减额授信，严控“两高一剩”、房地产等调控行业以及政策限制领域的贷款，超额完成全年退出计划和不良资产处置、现金回收、超值现金回收目标。

二、突出经营重点，负债业务稳步增长、份额提升

高度重视存款在业务发展中的基础性作用，将增存稳存作为“重中之重”抓好抓实。一是客户/账户增量拓展与存量挖潜并举，实施稳“大”扩“中”增“小”的客户策略，一户一策挖掘集团客户潜力，巩固机构类客户的份额优势，组织开展“提质增量”对公账户拓展营销活动，做好小额无贷户拓展工作；扎实开展零资产个人客户激活工作，构建完善客户分层服务体系，大力拓展优质个人高端客户。二是抢抓资金源头与资金体内循环并重，围绕资金流、产品流、客户账户变化强化重点行业和重点客户存款营销和日常管理，突出财政业务源头拉动、辐射作用，抓住民生领域金融服务主线，扩大房改金融业务领先优势，上线工商验资通系统，加大现金管理、结算通卡推荐力度，增存稳存工作取得成效。三是产品运用与考核激励同步，持续推进系列营销活动，做细各类产品销售工作，有力带动客户拓展和存款增长；合理设置考核指标，提高存款稳定性。

三、坚持转型不动摇，中间业务规范与发展并重

一是认真落实监管部门“八项重点”、“七个不准”及收费“四项原则”要求开展不规范经营专项自查自纠工作，梳理细化有关业务操作流程、内部管理规定，整治不规范经营工作取得成效。二是坚持转型不动摇、坚持加快中间业务发展目标不变、激励政策不减，抓实重点产品培育，抓好综合金融服务。国内保理、理财产品、财务顾问、房改金融、信用卡分期等重点产品带动作用明显增强，银行卡、国际业务、投行业务等战略性业务贡献度提升。

【金融服务和产品创新】

一、客户经营战略

按照综合性、多功能、集约化发展要求，围绕“三大一高”核心客户抓重点，开展资金链、存款链、客户群梳理，从对单个客户单点服务向对客户群体链式、系统服务转变；改变传统单一信贷服务模式，以客户为中心，做好综合金融解决方案设计，强化渠道推广运用，从单一产品向综合服务转变；抓大不放小，以湖南商会综合金融服务方案为示范模版，积极推进商会、供应链融资、担保增信等平台建设，与昆明市政府签订“助保贷”业务银政合作协议，对小企业、个人高端客户服务从“一对一”向批量化转变。

二、产品支持体系

持续加强产品创新和推广，优质高效满足大众金融需求。成为省内股权投资基金托管首批合作银行；为华能澜沧江承销云南首笔私募债券；为云锡控股开发“白银+锡”资产收益权理财产品；国内首家为缅甸经济银行开通边贸结算网上银行。开展个人金融业务“中国龙 建行年”、住房金融与个人信贷业务“龙腾拓新篇，房贷惠万家”等内容丰富、形式多样的活动，举办首届现金管理、新“医保通”等产品推介会，组织“小微企业金融服务宣传月”活动。2012年第二届“春城金融博览会”活动中获最佳房屋交易金融服务奖、云南省最佳电子支付平台奖、最佳汽车贷款银行奖、最佳手机银行奖等奖项。

三、打造渠道平台

优化布局，完善功能，加大物理网点建设。大力发展网上银行、手机银行、短信金融服务。持续加强前后台分离等流程优化工作，提高服务效率和品质。昆明南亚、大理、昆明螺蛳湾3家私人银行和德宏财富管理中心先后开业，投行俱乐部挂牌成立，专业化服务能力进一步增强。配套政策支持县支行做强做大，开业勐腊支行支持县域经济发展。

四、提升服务品质

继续推进网点转型工作，优化业务操作流程、改善网点环境，提升客户满意度。落实网点服务“新标准”，更加突出服务与营销工作有效结合，实施网点服务质量常态化管理，持续保持网点、理财中心、私人银行等各个服务平台质量稳定，全年两次神秘人检查名列全国建行系统前茅。

【风险管理和内控建设】

一、打造“三项机制”

通过完善竞争力、执行力和联动机制，实施KPI、等级行、管理业绩考核和案件防控及检查纠错专项治理工作考评“3+1”考核体系，做实过程管理，提高整体经营管理水平。

二、推进全面风险管理

按照全面风险管理责任制的要求，组织开展风险排查工作。贯彻加强主动授信管理要求，建立项目评估提前介入机制以及预审批机制。针对重点领域、重点问题、重点产品、重点事项和重点机构以及大额风险项目，加强风险监控。完善重大风险事项动态监控和追踪机制。

三、强化内控案防建设

进一步梳理完善内控制度和流程，强化教育引导和行为排查工作。开展屡查屡犯、此查彼犯问题检查纠错专项治理，提高内控执行力。将过程管理与结果考核相结合，完善基层机构案件防控管理能力评价体系。始终坚持对案件防控的高压态势，坚持“出重拳、下重药”，实现“四无”目标。

四、加强系统建设和日常维护

全年系统可用率保持在较高水平，三级以上事件“零发生”。在云南省银行业26家金融机构信息化工作考核中排列A级第二名。

【队伍建设和企业文化】

一、认真组织并开展党建工作

紧紧围绕“强组织、增活力，创先争优迎十八大”主题，深入开展创先争优活动，落实“基层组织建设年”要求。建立健全基层党建工作长效机制，以创建“五个好”先进基层党组织、争做“五带头”优秀共产党员为主要内容推进创先争优工作，开展基层网点党组织和党员“亮标准、亮身份、亮承诺”以及“比技能、比作风、比业绩”等活动，引导广大党员带头讲党性、重品行、作表率。

二、加强队伍建设和员工关爱

加强干部队伍选拔任用工作，完善领导班子和领导人员年度考核机制。将企业的“大爱”与具体的人文关怀结合，加强员工管理。通过实施全方位员工培训计划，帮助员工实施职业生涯规划，畅通专业技术职务渠道。通过完善补充医疗保险、住房补贴、弹性福利等多样福利体系，吸引和稳定人才。坚持“员工恳谈会”制度，广泛组织开展各类文体活动，缓解员工工作压力。实施对困难员工的帮扶，解决员工特殊困难。

三、加强企业文化建设

围绕“践行核心价值观、服务合规促发展”主题推进企业文化建设工作，开展“走基层、转作风、促发展”学习实践、“比服务、比合规、比业绩、比创新”四比服务竞赛等6项主题系列活动。通过“一把手文化心语”专题片、“平凡的坚持、身边的感动”员工故事会、“先进的力量”访谈等形式，增强企业文化感染力和凝聚力。

四、积极履行社会责任

积极参与爱心助学，持续做好“成才计划”和“成长计划”工作，完成年度“成长先锋”的评选推荐。开展社会捐助和扶贫工作，以高度负责的态度积极履行社会责任。

【大事记】

1月1日，建行云南省分行代理昆明市级财政国库集中支付业务一体化系统上线，通过与昆明市财政接口直连实现业务处理全电子化操作。

1月7日，建行房e通个贷频道在昆明地区正式对外营运，建行云南省分行住房金融与个人信贷业务发展渠道电子化取得突破。

1月19日，建行云南省分行昆明南亚壹城支行开业，成为全省第6家私人银行专营机构。

2月27日-28日，建行云南省分行召开2012年全省建行工作会议暨三届二次职工代表大会。会议期间举办“先进的力量——创先争优先进典型与职工代表面对面”访谈。

2月28日，建行云南省分行召开县支行行长专题座谈会，出台《云南省分行支持县支行加快发展的意见》，鼓励县支行做强做大。

3月5日，建行云南省分行与云南省文化厅共同举办“建行杯”云南省优秀文化企业评选颁奖典礼，典礼颁出“最具影响力文化企业”、“最具成长性文化企业”和“最具创意性文化企业”共计80家。

3月9日，建行云南省分行成为云南省股权投资基金托管首批合作银行。

3月20日，建行云南省分行为华能澜沧江承销云南首笔私募债券。

3月29日，建行云南省分行大理私人银行开业，成为全省第7家私人银行专营机构。

3月31日，建行云南省分行与云南省供销合作社签订战略合作协议，为进一步加大对“三农”领域的金融支持与服务奠定基础。

4月13日，建行云南省分行成功举办首届现金管理客户推介会。

4月18日，建行云南省分行与中国进出口银行云南省分行签订战略合作协议。

4月25日，建行云南省分行与云南省教育厅在楚雄师范学院联合举行“中国建设银行少数民族地区大学生成才计划奖（助）学金2012年度颁奖仪式”，大理学院、红河学院、楚雄师范学院、文山学院和保山学院五所高校500名贫困少数民族大学生获得资助。

5月10日，建行云南省分行为昆明鹈环进出口公司办理首笔跨境人民币信用证换币转通知业务。

5月18日，建行云南省分行成为云南省卫生厅居民健康卡试点期间唯一合作银行。

5月31日，建行云南省分行为云南云天化联合商务有限公司办理首笔人民币出口代付业务。

6月6日，建行云南省分行成功举办云南电网公司团组会，创新营销方式，推进“三大一高”战略实施。

6月7日，建行云南省分行POS代收非税系统成功上线，成为省内首家具有POS代收非税收入功能的代理银行。

6月15日，建行云南省分行顺利通过云南省档案局档案工作规范管理示范单位认定，成为全省金融保险系统首家档案工作规范化管理“示范单位”。

6月15日，建行云南省分行通过云南省档案局档案工作规范管理示范单位认定，成为全省金融保险系统首家档案工作规范化管理“示范单位”

6月28日，建行云南省分行推出以专业化金融服务为依托的电子商务金融服务平台——“善融商务”。

7月1日，建行云南省分行工商验资通系统上线，为对公客户/账户拓展开辟电子化渠道。

7月7日，建行云南省分行参加云南省政府金融办主办的曲靖市重点项目融资协调推进会，并与曲靖市政府签订重点项目融资合作协议。

7月12日，建行云南省分行《云南铜业（集团）有限公司综合金融解决方案》荣获全国建行集团客户综合金融解决方案评优活动二等奖。

7月18日，建行云南省分行与昆明市人民政府签订

“助保贷”业务银政合作协议，共同搭建政府增信平台成为省内首创助力小微企业融资新模式。

7 月 18 日，建行云南省分行与昆明市人民政府签订“助保贷”业务银政合作协议

7 月 20 日，建行云南省分行与国电云南电力有限公司签订银企合作协议。

8 月 8 日，建行云南省分行作为牵头行组织昆明铁路枢纽扩能改造配套征地拆迁项目银团贷款获中国银行业协会“最佳交易奖”。

8 月 7 日，建行云南省分行参加云南省政府金融办与普洱市政府主办的“金融支持普洱行”系列活动，并与普洱市政府签订战略合作协议。

8 月 8 日，建行云南省分行与大理州政府签订战略合作协议。

8 月 9 日，建行云南省分行与临沧市政府签订战略合作协议。

8 月 9 日，建行云南省分行中标云南省本级国库现金管理服务项目。

8 月 16 日，建行云南省分行与建银国际（中国）有限公司、云南锡业集团（控股）有限责任公司签署战略合作协议，全面落实央企入滇工作要求，打造银企合作的新模式。

8 月 16 日，建行云南省分行与建银国际（中国）有限公司、云南锡业集团（控股）有限责任公司签署战略合作协议

8 月 23 日，建行云南省分行参加云南省政府金融办与保山市政府主办的“金融支持保山行”系列活动，并与保山市政府签订战略合作协议。

8 月 25 日，建行云南省分行与德宏州政府签订战略合作协议。

8 月 31 日，建行云南省分行与红河州政府签订战略合作协议。

9 月 21 日，建行云南省分行与云南省湖南商会全面金融服务合作推进会暨“滇湘卓越卡”合作协议签约仪式在昆举行，全方位服务商会客户，助推在滇湘商会企业发展。

9 月 27 日，建行云南省分行成为首家加入云南省文化产业界联合会的驻滇银行机构。

10 月 24 日，“文山州富宁县网上招投标”正式运行，标志着建行云南省分行成为省内同业首家实现招投标业务电子化的银行。

10 月 27 日，建行云南省分行与昆明百货大楼家有宝贝商贸有限公司联合举办“家有宝贝龙卡”首发仪式。

10 月 29 日，建行云南省分行为云南高深橡胶有限公司办理首笔国内信用证项下赎单融资贷款。

10 月 30 日，建行云南省分行为云南锡业股份有限公司发行首笔资产收益权理财产品。

10 月 30 日，云南省省长李纪恒一行到北京与建行董事长王洪章会谈。

10 月 31 日，建行云南省分行个人网上银行客户规模跃居省内同业首位。

11 月 13 日，建行云南省分行昆明螺蛳湾第二支行开业，成为全省第 8 家私人银行专营机构。

11 月 15 日，建行云南省分行国内首家为缅甸经济银行开通边贸结算网上银行，打通中缅两国银行间边贸结算新渠道。

11 月 20 日，建行云南省分行举办 2012 年跨境人民币业务重要客户推介会。

11 月 23 日，建行云南省分行在云南成功办理首笔私人银行财富管家业务。

12 月 4 日，建行云南省分行与昆明航空签订战略合作协议。

12 月 4 日，建行云南省分行在 2012 年第二届“春城金融博览会”活动中获最佳房屋交易金融服务奖、云南省最佳电子支付平台奖、最佳汽车贷款银行奖、最佳手机银行奖等奖项。

12 月 13 日，建行云南省分行与云南省东南亚南亚经贸合作发展联合会签订战略合作协议。

12 月 14 日，建行云南省分行与国家开发银行云南分行签订全面合作协议。

12 月 20 日，建行云南省分行西双版纳州勐腊支行开业。

12 月 21 日，建行云南省分行与中电投云南国际电力投资有限公司签订战略合作协议。

12 月 21 日，建行云南省分行与中石油签订战略合作协议。

12 月 28 日，建行云南省分行德宏财富管理中心成立，成为全省第 9 家私人银行专营机构。

12 月 28 日，建行云南省分行与开泰银行（大众）有限公司签署人民币代理清算协议，首次搭建起与泰国的人民币结算渠道。

（宁晓娟供稿）

交通银行云南省分行

行长：李大军

【综述】

2012年，面对复杂多变的经营环境，交通银行云南省分行认真贯彻落实中央经济工作和全国金融工作会议精神，认真贯彻落实监管工作要求和交通银行工作会议精神，紧紧围绕全省桥头堡建设暨稳增长冲万亿促跨越工作会议的要求，充分发挥交通银行国际化服务网络、综合化经营平台的优势，按照“稳发展、促转型、控风险、抓改革、增效益”的工作方针，围绕客户拓展主线和增存款、保利润、控风险三大重点，扎实推进各项工作，努力提高服务实体经济的质量和水平，努力提高转型发展的能力，努力提高风险管控的能力，各项业务实现了持续稳健发展。

年末，全行本外币资产规模达677.37亿元，较年初增加102.2亿元，增长17.76%；人民币存款余额607.37亿元，较年初增加83.59亿元，增长16%其中，对公存款余额416.61亿元，较年初增加61.12亿元，增长17.2%；储蓄存款余额190.96亿元，较年初增加22.48亿元，增长13.3%。外币存款余额24116万美元，较年初增加17835万美元，增长284%。人民币各项贷款余额449.78亿元，较年初增加44.78亿元，增长11.05%，其中，零售贷款余额96.91亿元，较年初增加31.48亿元，增长48.1%，占比为21.55%，较上年提高5.4个百分点。不良贷款余额13063万元，较年初减少4767万元；不良贷款占比为0.29%，较年初下降0.14个百分点。中间业务净收入27172万元，完成年度计划的104.9%，较上年增长28.1%；中间业务贡献度提高，净收入占营业收入和经营利润的比重分别为11.16%、20.67%，较上年分别提高0.12、0.89个百分点。

【业务发展】

一、着力支持“桥头堡”建设

加强与省委、省政府的汇报沟通，积极争取总行的政策和信贷规模支持，6月，总行牛锡明行长、钱文挥副行长等领导赴昆，交总行与省政府签署支持桥头堡建设的战略合作协议；9月，丁绍祥副省长赴上海，拜访了交总行领导，双方高层就支持云南经济社会的发展、交行的信贷政策等，进一步加强了沟通。积极参与省政府金融办组织的金融支持桥头堡建设的系列活动，走进保山、临沧、曲靖、普洱等地，与当地政府加强沟通协调，寻找支持地方经济发展的切入点。着力支持大通道建设，重点支持综合交通体系、能源管网、物流通道和通信设施建设，四大行业贷款余额超过180亿元，助力云南构筑外连东南亚、南亚，内连西南及东中部腹地的陆上的国际大通道。着力支持先行区建设，积极发挥交通银行国际化服务网络的优势，本外币业务、离在岸业务、境内外机构联动，重点发展国际结算、人民币跨境结算、贸易金融等业务，助力云南提升对外开放水平，支持云南建设我国沿边开放的试验区和西部地区实施“走出去”战略的先行区。全年国际结算量达35.9亿美元，较上年增加13.1亿美元，增长57%；人民币跨境结算量达22亿元，较上年增加7亿元，增长47%。着力支持大基地建设，围绕省里提出的“3个10”千亿元企业、园区和产业行动计划，加强与昆明高新区、经开区、安宁工业园区、杨林工业园区、红塔工业园、研和工业园、红河工业园等产业聚集区的合作，加强与昆钢集团、云天化集团、云铜集团、冶金集团、云锡集团等大型企业的合作，加大对烟草、电力、有色、生物、钢铁、石化、磷化工、煤化工、建材及家具、装备制造、电子信息及新材料等全省重点培育产业的支持力度，促进园区基础设施建设和提升承载能力，支持产业和企业向开发区及工业园区集聚，助力云南打造我国重要的出口加工贸易基地、清洁能源基地、新兴石油化工基地、优势特色农产品生产加工基地、生物产业基地和国际知名旅游目的地。

二、着力支持社会民生事业

加大云南少数民族地区和边疆地区的信贷投放，支持云南建设我国民族团结进步、边疆繁荣稳定的示范区，目前交行已在楚雄、大理、红河三个少数民族自治州设有3家分行、8家支行，信贷业务已扩展到全省范围；积极争取总行社会捐赠资金，向挂钩扶贫点维西县捐赠20万元，支持挂钩扶贫点的人民群众改善生产生活条件。在信贷投放中，优先支持中小企业，缓解中小企业融资难的突出问题，年末小企业贷款余额41.3亿元，较年初增加25.5亿元，增长161.4%；优先支持特色农业，选择云南省化肥、农资、烟草、茶业、咖啡、橡胶、花卉、制糖、食品、畜牧、林产等农业产业化龙头企业和中小企业加大支持，助推云南省建设优势特色农产品生产加工基地和流通中心，年内涉及“三农”贷款累计投放22.8亿元，年末直接涉农贷款余额20.3亿元；优先支持教育事业，帮助改善教学条件和设施，年内教育行业累计投放贷款4.7亿元，年末教育行业贷款余额3.43亿元；优先支持医疗卫生事业，改善居民医疗条件，帮助云药企业做大做强，年内医疗卫生及医药行业累计投放贷款2亿多元，年末教育行业贷款余额2.52亿元。加快机构网点建设，支持县域经济发展，7月份交通银行个旧支行开业，8月份宣威支行开业，机构逐步覆盖经济社会发展情况较好的县域。

三、加快推进公司业务转型发展

积极发挥交通银行综合化经营平台的优势，加快发展融资租赁、短期融资券、中期票据、资产池、理财产品、联合贷款、委托贷款、银行承兑汇票等新型业务，年内办理新型融资业务42.1亿元，满足企业与机构客户多样化的融资需求。积极发挥交通银行国际化服务网络的优势，本外币业务和境内外机构联动，优化产品组合和服务方案，加快发展外币贷款、国际结算、人民币跨境结算、贸易金融等业务，支持滇企走出去拓展国际市场。按照城市成功路线图计划，对业务空白领域和无合作的大中型潜力客户，积极开展业务清零和客户清零。以产品和服务渗透，依托系统服务平台和特色服务方案，开展政府市场专项营销。以蕴通供应链、贸易融资为抓手，加大链式营销力度，带动中型客户拓展。积极通过蕴通账户、电子银行等产品提高结算效率，争取客户资金留存。抓住国家重视和着力改善民生的有利时机，加快推进“自助医院”和社保金融IC卡。

四、加快推进零售业务转型发展

强化“一个交行、一个客户”理念，加强业务板块之间的联动，整合个人金融、零售贷款、电子银行、银行卡等业务板块资源，为客户提供全方位的个人金融服务。加强财务顾问产品组合方案设计，拓宽理财资产投资渠道，优化理财资产配置策略，规范个人理财业务。继续保持私人银行客户良好的发展势头，提升财富管理的能力，为高端客户提升尊享服务。通过举办“友富同享”、“沃德尊享季”等主题市场营销活动，带动沃德客户发展。以交银理财品牌推出5周年为契机，开展客户互荐、专享优惠等系列营销推广活动，着力拓展交银理财客户。整合借记卡、贷记卡资源，扩大特约商户、特惠商户规模，加快拓展“家易通”和收单业务。加强板块联动和交叉发掘，围绕园区、市场、商圈、商会、协会，推进个人客户集群营销。借助第三方合作单位客户资源，积极推进联名卡、融资融券账户等业务，拓展个人客户群。针对不同客户群举办增值服务活动，成功举办沃德财富之夜新春答谢会、沃德财富杯及交银财富杯高尔夫邀请赛、斯诺克大师杯昆明站比赛、代发企业行等活动。与金格、百盛、五星电器等商场联合开展大型营销活动，积极开展10元看电影、最红星期五等客户回馈活动，通过积极发展消费金融业务扩内需，促进经济增长方式的转变。

五、加快发展电子银行业务

加快发展自助银行服务，年末离行式自助银行总数达86个、较上年增加20个，离行式ATM单机105台，较上年增加35台，方便了广大市民存款、取款、查询、缴费。加快投放POS机具，全年新增特约商户8009台终端，方便了广大市民消费结算。加快发展手机银行业务，手机银行新开户37583户，为广大市民带来了方便快捷的移动金融服务体验。加快发展网上银行业务，完善网上银行服务功能，让广大市民足不出户享受现代金融服务。

六、全力打造财富管理银行品牌

围绕“您的财富管理银行”理念，丰富产品，提升服务，为客户提供综合化的财富管理服务。打造“蕴通财富”品牌，整合、丰富和优化公司与机构的业务产品，为客户提供现金管理、融资服务、贸易服务、投资银行、资产管理、企业年金、电子银行、离岸银行等9大服务领域的特色产品服务方案，为企业提供全方位、一站式、个性化的“金融智慧服务”。打造“领汇财富”品牌，整合、丰富和优化国际业务和产品，全面满足客户外汇交易、贸易结算、贸易融资、国际汇兑、外汇理财等国际金融需求，助力滇企拓展国际市场。打造“私人银行”、“沃德财富”、“交银理财”、“快捷理财”等品牌，为高端客户提供专属客户经理、专属服务渠道、专享理财产品、专享价格优惠、专享增值服务、专享沃德账户等专享服务；为交银客户提供专属窗口、专享优惠、专属理财锦囊、专属礼遇等理财规划。为快捷理财客户提供快捷入门、快捷开通、方便快捷的理财服务。

【金融服务和创新】

强化“客户为中心”和“服务立行”的理念，认真开展“为民服务创先争优”、“普及金融知识万里行”等活动。通过举办理财及金融知识讲座、印发宣传资料、深入居民家中等形式，走进社区、走进学校，向老百姓宣传普及金融知识，增强金融消费者权益保护意识。不断完成服务设施，优化服务环境，细化和规范大堂经理、柜员、客户经理等岗位优质服务规范标准及流程，加强网点服务质量的检查和考评，提升网点服务质量。

【风险管理和内控制度建设】

一、探索推进精细化管理

在利率市场化加速推进的背景下，统筹考虑不同产品与业务的战略定位、资金成本、竞争策略、客户价值、风险程度和目标利润，完善定价管理体系，平衡好增存款与控成本的关系，实现成本约束下的有效增长。借助RAROC工具加强分析，提升公司贷款的精细化管理水平，引导新增贷款优先投向综合价值高的客户，降低信用贷款的占比，不断改善担保结构，缓释风险，降低违约率和损失率，提高RAROC回报率，增加经济利润。坚持成本导向与竞争导向相结合，以保持合理的息差水平为目标，加强定价管理，合理控制负债成本。坚持降本增效的理念，加强费用预算控制和动态管理，严禁超支和缺口预算，加强对办公费、差旅费等日常费用的管理，努力压缩行政开支。

二、全面加强风险管控

严控重点领域风险，针对政府融资平台、民间借贷、钢贸企业、公路贷款、多元化企业集团、中小民营企业及房地产等重点领域和重点客户，实行名单管理，加大风险排查力度，加强关联交易审核，早发现、早干预、早化解风险隐患。认真按照“流程约束、换手监督、系统控制”的原则，加强操作风险防范。加强合规管理，落实“七不准”、“四公开”规定，持续推进专项治理活动。健全案防工作机制，落实案件防控“一把手”负责制，严格执行案防工作“双挂钩”和考核“一票否决”制，强化制度执行力，严肃责任追究，保持案防高压态势。

【队伍建设和企业文化】

一、加强人才队伍建设

抓好干部队伍建设，加强干部交流，锻炼提升干部的综合能力，年内先后交流干部6人次。加大竞争性选拔的工作力度，为各类人才的成长搭建平台，年内共有11名同志通过竞聘走上管理岗位。加强作风建设，强化发展责任制，加大奖勤罚懒、治庸治懒力度。加强人才队伍建设，全行AFP、CFP等理财师人数达到111人，初步建成数量充足、职业化水平较高的营销队伍。推进后备队伍建设，公司、个金、会计条线分别建立了43人、131人、11人的后备人才库。加强客户经理和专业人才队伍的培养，推进员工职业发展规划，让各类人才找到发展的空间。积极开展教育培训工作，组织各单位主要负责人赴中央党校参加为期一周的脱产学习，组织开展政府金融、投资银行、国际业务等专题培训班，全年共有355人次参加了总行组织的各类培训，组织开展氛围宽松的经验交流会或业务研讨会，出台名师带高徒办法。

二、做好员工关爱工作

“创建学习型组织、争做知识型职工”活动，借助“e校园”电子化学习平台，营造良好的学习氛围。积极运用摄影书法作品、女员工手工制品创意比赛、员工文艺汇演、讲座论坛、兴趣小组、俱乐部、劳动竞赛、“职工之家”、“交银书屋”、广播体操推广比赛等形式，积极开展文化体育活动，加强和改进基层工会组织的工作。以提高综合竞争力、加强风险防控、提升服务质量为目标，以建立全员创新机制为主要抓手，深入开展“交银杯”劳动竞赛活动。推进“员工心理关爱行动”，发挥好省分行“交融驿站”的作用；认真落实“一个不漏”要求，实施送温暖工程，看望慰问患重大疾病、困难员工和退休干部员工。

三、加强党团建设工作

认真开展了“创先争优”、“为民服务创先争优”和“基层组织建设年”活动，召开党员大会，邀请专家作《共产党员的责任与荣辱》的主题讲座，组织党员观看电影《雨中的树》。加强党的组织机构建设，成立红河分行党委和纪委，将市内12个经营机构的联合党支部整合为9个联合党支部，并选派9名C、B职等干部担任基层联合党支部专职书记。团委开展了登山活动和“春天里”青年员工主题交流活动，举办以“财智舞台，精彩人生”为主题的主持人风采大赛，加强青年团员的沟通交流，鼓舞团员青年为交行事业奋发努力。

【大事记】

1月18日，省分行召开2012年度工作会议。

5月4日，交通银行总行华庆山监事长到云南省分行调研指导工作。

5月12日至13日，“沃德财富——全国业余斯诺克大师赛”昆明站比赛成功举办。

5月14日，省分行“弘扬交行精神”主题教育活动全面启动。

云南省交行连续多年帮扶迪庆州维西县永春乡解决饮水难题，得到当地群众好评

6月18日，交通银行总行牛锡明行长在昆会见云南省委副书记、省长李纪恒，交通银行与云南省人民政府签署《支持桥头堡建设战略合作协议》。

交通银行与云南省人民政府签署支持桥头堡战略合作协议

6月18日，交通银行与云南省农村信用社联合社签署全面合作协议。

省分行与红河州人民政府签署战略合作协议，红河支行升格为分行

7月23日，省交行与云锡集团签署银企合作协议。

7月24日，个旧支行隆重开业，红河分行与个旧市政府签署战略合作协议。

7月25日，交通银行红河支行升格为分行，省交行与红河州政府签署银政合作协议。

8月20日，中共云南省委、云南省人民政府向交通银行赠送树化玉。

9月19－20日，交通银行总行侯维栋副行长到云南省分行调研指导工作。

10月18日，宣威支行开业，交行省分行分别与曲靖市政府、宣威市政府、宣威市部分企业签署银政、银企合作协议。

12月12日至14日，交通银行总行杨东平首席风险官到云南省分行调研指导工作。

（高占鹏供稿）

中国邮政储蓄银行云南省分行

行长：夏小平

【综述】

2012年，邮储银行云南省分行积极开展各项管理和经营发展工作，各项业务稳健快速发展。截至2012年12月31日，实现邮政金融业务收入144137万元，较上年同期增加29909万元，同比增长26.18%。全省邮政储蓄余额469.8亿元。

全省二级支行单点月均利润达到151564元，较2011年增长110.86%；截至年末，邮储银行云南省分行总资产588亿元，比年初增长25.54%，全行贷款拨备覆盖率为568.99%，比年初上升207.81%，达到了银监会不良贷款拨备覆盖率要求。各项资产计提的减值损失准备为1.72亿元，比年初增加6950万元。

【业务发展情况】

一、公司业务快速发展

2012年，邮储银行省分行将公司业务作为发展重中之重的业务，在机构建设、人才引进、考核奖励、费用支撑等方面加大对公司业务的发展支撑。截至年末，公司信贷报总行授信35亿元，累计放款10亿元，余额9亿元；通过积极争取获得供应链融资业务的开办资格，并结合云南特点设计业务方案、梳理优化业务流程，截至2012年12月26日，实现5个核心企业的准入，完成供应链业务放款25145万元。采取外引内配的方式，将能力强、业务精的人才集中到公司业务条线上来，进一步加强公司业务队伍的建设。从队伍建设、考核激励、资源配置等方面制定有力的措施和办法，切实发挥经营绩效考核和费用资源配置在公司业务发展中的推动作用，进一步提高全行员工营销积极性，促进了公司业务的快速发展，发展态势良好。

二、信贷业务稳健发展

2012年，省分行合理调整信贷结构，重点发展优质、高效的客户及产品，积极发展个人综合消费贷款、再就业小额担保贷款、个人经营性车辆按揭贷款、林权抵押贷款新贷款产品业务，确保在规模受限的情况下实现信贷业务规模有效的增长；进一步加强信贷业务队伍建设工作，信贷业务队伍逐步从专业型向复合型转变；推进信贷业务条线的精细化管理，信贷业务的精细化管理和经营水平不断提高；积极开展信贷合规文化建设，整体风险防控能力不断提升。截至年末，零售类信贷业务（含小企业）余额78.77亿，较年初增长36.81亿，完成全年净增计划的184%。信贷资产不良率为0.57%，资产质量良好，资产拨备覆盖率为361.86%，确保了银行的稳健运行。

三、个金业务稳步快速发展

2012年，省分行围绕着效益和新业务的发展，从发展支撑、人力资源、考核标准上给予倾斜、重点投入，重点发展；在盈利模式上改变息差占比偏重的局面，加快形成多元化的盈利增长格局。加快信用卡、网银以及结算业务的发展，认真开展各项工作，优化业务结构，提高了网点的自然吸储能力。在激烈的市场竞争中，全省邮政金融储蓄业务稳步快速增长。截至年末，全行个人VIP客户数达到60390户，较年初增长12210户，增幅25.34%；活期储蓄存款占比58.89%；个人业务总收入同比增幅16.67%，其中，本外币利差收入同比22.04%的正增长；非利差收入在交易结算、银行卡、理财类交易规模的有力推动下，扭转了转账交易手续费下调影响，实现同比7.03%的正增长。

四、支持地方经济发展的力度不断加大

2012年，省分行金融服务的范围进一步扩大。按照省政府的安排，承担为大理、文山、临沧等9个州市14个县16个金融服务缺失乡镇网点的建设任务圆满完成；做好了“新农保”的金融服务工作，开展了“新农保”金融服务的试点工作。在大理永平县、丽江玉龙县、东川区、文山市、彝良县、河口县、华坪县开办新农保及城镇居民养老保险试点业务，为广大农民提供支农惠农的优质服务，受到了广大农民群众的好评。

积极为全省农户、城镇居民、个体工商户提供了信贷支持，支持“三农”、商户及小、微企业的发展。通过小额贷款、再就业小额贴息贷款、林权抵押贷款、烟农贷款、微小企业贷款、二手房贷款、综合消费贷款等零售信贷业务，向省内个体工商户、小企业、农户、个人客户以及再就业人群等累计发放贷款10.03万户，金额120.41亿元。

积极争取总行信贷支持，努力为省内经济建设和发展融资。积极推动总行与云南省政府搭建起银政合作平台，给予省内重点项目及企业专项融资及信贷资金支持。直接向云南省交通厅、云南铁投公司、小湾电站、云南冶金集团、国电电力等省内重点企业提供资金累计达126.5亿元；积极推动总行参与省内银团贷款合作项目，向云南省交通、城市基础设施、电力、有色金属等省内重点项目投放资金达168亿元；积极推进总行资金在省内的运用，通过同业存款、大额协议存款、票据转贴现等方式向中行、国开行、建行、农行、交行、工行、兴业、招商、民生、富滇、玉商行等金融机构提供资金379.98亿元。截至目前，省分行推动总行资金投放云南向云南省经济建设提供资金支持累计1058亿元，为云南省经济建设的发展做出了积极的贡献。

【风险管理和内控制度建设情况】

2012年，在上级各部门的领导下，省分行以科学发展观为指导，以管理和发展为主题，以均衡发展和精细化管理为重点，继续按照“错位经营、特色发展”的定位和“一加强、二加快、三调整”发展思路，深入实施“条块结合、调整结构、提高能力、提高效益”发展战略，开展“均衡发展、精细化管理”工作，进一步加快向现代商业银行和流程银行转型的步伐，初步构建了运营管理、风险防控、客户综合服务三大体系，全行经营发展势头良好，经营管理水平不断提升，风险管控能力进一步增强，客户服务能力不断提高，员工队伍综合素质进一步提高，各方面的工作都取得了一定的成效。

一、风险管控能力进一步提高

一是整合全行风险管理资源，发挥各专业委员会的作用，营造全员参与、全过程控制的风险管理文化；通过分散与集中相结合的风险管理组织体系和强有力的岗位履职考核，对存在的各种风险隐患及时进行处置，保障各项业务的依法合规、健康快速发展。

二是健全体系，建立条块结合、条线结合、职责清晰、管控有力、能够支撑业务持续发展的“大风险”管理体系，切实提高各分支机构、各业务条线的风险管理能力，提升支行营销和赢利能力，防范风险事件发生，保障各项业务健康发展。

三是研究风险先于业务开办，把防范风险嵌入业务发展和管理的全过程，实现业务发展与防范风险的平行推进和有机统一，搭建风险管理综合平台，建立交流、协调、配合、监督、考核的风险管理运行机制，持续提高风险管理能力，全面提升风险管理对业务运行的渗透和支撑力度，为发展创造良好、稳健的内部环境。

四是由各级风险合规部门牵头，各分支机构、各部门通力配合，以支行为主要平台，以风险经理、风险管理员、风险联络员、风险监督员履职为切入点，以业务发展及风险管理平行推进和风险管理关口前移为目标，整合风险管理资源，突破机制瓶颈，扎实做好全面风险管理工作，防范风险事件和各类资金案件发生。

五是分类推进大风险管理工作实施方案，逐步实现全行所有支行（网点）风险管理工作的有机统一。在全省33个一级支行配备了大风险管理员，46个二级支行配备了风险管理员，在各条线层级配备了风险监督员，整合风险管理资源，打造工作平台，夯实了风险管理工作基础，风险管理能力得到有效提升；健全风险管理委员会运行机制，对二级分行风险管理委员会实施了挂点包干指导工作，全省33个一级支行均成立了风险管理委员会，且运行正常。

二、进一步加强案件防控的能力

一是坚持“强化管理、防控风险、促进发展”的指导思想，签订案件防控责任书，突出各级分行行长作为案件防控第一责任人的核心地位，强化了各级行领导在案件防控中的责任，将案件防控责任目标具体化、责任化。

二是高度关注新业务的风险防范工作，把金融资金安全防范作为审计工作的重点，有计划、分步骤地开展各项审计实务与管理工作，开展了公司业务、票据业务及小企业贷款业务类专项审计；对版纳、普洱、楚雄和丽江分行行长开展了任中经济责任审计；对迪庆、怒江和临沧开展了常规审计；对昆明、曲靖分行开展了风险经理派驻运行效果专项审计调查；组织全省开展了内控评价工作、存款业务自查整改及基层网点合规性自查工作及反洗钱专项审计工作。

三是继续保持案件专项治理工作的高压态势，深入开展案件风险排查，做好案件专项治理工作。在案件专项治理工作中，加强邮银沟通协调，强化邮银联动、三道防线联动机制。开展各分行之间深层次的协作，打破地域界线，交流经验，互通信息，建立联动机制，组织风险管理履职评价和机构评级活动，共同促进案件防控水平的提高。针对内控薄弱的地区和机构进行重点检查，并加大检查频次和检查力度，进一步有效控制操作风险，降低同质同类案件发生的可能性。

四是加强队伍建设，加强人员配备，严格执行各项基本制度。加大对现有人力资源的整合力度，采取多种方式充实基层从业人员。认真落实岗位轮换、近亲属回避、强制休假等基本制度。加大新业务培训力度，培养员工合规经营理念，创建企业合规文化。加大员工违规惩处力度，促进各级机构认真落实整改工作，关键岗位人员认真履职、切实负起责任，从细节做起，进一步解决"屡查屡犯"问题，将提升基本制度执行力工作常态化，将案件风险隐患消灭在萌芽状态。

三、人力资源的精细化管理工作进一步提升

开展了定岗定编工作研究，科学合理配置人力资源，满足均衡发展及经营管理的需要；构建现代商业银行的绩效考核体系，建立量化考核制度和科学合理的考核方法，建立有效的薪酬激励机制，以推动每个岗位的员工提高工作效率和工作质量。完善人力资源管理制度，建立更加有效的管理机制和手段，深化调整考核激励的支撑，加重对公司、信贷等新业务新增的收入利润的考核奖励，注重风险防控，提高赢利水平；加强员工培训工作，注重提高培训质量，不断更新员工的知识体系，提升员工综合素质。

四、财务管理工作不断加强和改进

进一步提升全行财务会计管理水平，持续优化财务会计管理基础和运行机制，推进财会管理现代化、规范化、标准化建设。分解、落实，明确管理目标，改进管理方式，更好地发挥财会管理部门的职能作用。在规范化管理的基础上，更加突出管理重点、注重管理细节，按照内外部监管的标准，加强财会合规建设，切实增强全行财会风险管控能力；加强成本费用管理，优化成本费用的结构，提高成本费用的配置效率，加大对提升生产能力的网点建设、重点业务、重点市场的成本投入。推进降本增效和成本集中管理工作，继续实施积极的超额上缴利润奖励政策，鼓励增收节支，提高财务收益水平；进一步提升固定资产投资管理水平，坚持效益优先的政策导向，继续深入和细化支行损益核算工作，提高核算数据的质量，规范统一收入归集和成本费用分摊的口径，突出以效益为中心，将支行损益核算的结果持续深入应用到绩效考核及投资决策中，切实转变增长方式，以促进企业资产质量的提高和利润最大化目标的实现。

五、构建了运营管理体系

打造平台、打通流程，使前、中、后台分离，前台以客户为中心，中后台以前台为中心，实施精细化管理，进行流程再造。各层级实现资源共享和资源整合，并形成相互支撑、相互配合、相互监督制约的格局；支行实现了条块结合，配套相应经营管理资源，强化效益和质量考核，使支行成为真正意义上的效益、风控中心和自主经营的业主；一级支行客户部经营重点为满足客户需求，扮演前台整合者的角色，即：对外客户资源整合，及对内资源整合。一线人员摆脱单一条线色彩，扮演综合客户经理角色，为客户提供一揽子服务方案。

六、构建了客户综合服务体系

根据支行的经营效益以及客户需求，由支行（前台）自下而上主动式地拉动；充分利用邮政及邮储银行大网资源（包括：网络、客户、信息、产品等资源），丰富业务发展手段和渠道。以效益为核心，整合使用各条线业务发展费用，使有限的成本费用效用最大化；不仅注重当前阶段性任务目标的完成，还按照上级机构的长远规划，着眼于未来，强化各项基础和能力的体系建设工作；中后台充分发挥平台支撑和服务功能，针对全行员工就专业技能、综合素养、职业道德等方面开展持续、系统、全面的培养和训练。

转变营销方式，在全省 31 个一级支行均成立了客户部，将原来三个业务条线的客户经理整合起来，配备了专职或由支行长兼任的客户中心主任，整合各业务板块和产品条线，开展交叉销售，为客户提供综合金融服务。全省共配备了 342 名专兼职客户经理其中综合性的客户经理 204 名，占客户经理总数的 59.65%。加强队伍培训，提升综合营销能力。对客户经理实现动态的升降级管理制度，激励培养一支素质较高的客户经理队伍。

深入推进规范化服务活动，继续以开展"服务双星"评选活动为契机，结合各项争先创优活动，强化服务管理、提升我行形象。采取内外结合的方式，定期开展服务质量检查工作，加强网点服务质量监督考核工作，促进服务质量与水平的全面提升。

七、加强渠道管理工作

全力推进二类支行改革工作 2012 年计划的 21 个二支改革建设项目，按照总行投资与效益相结合的原则稳步推进，至年末已大部分完成。实施"错位经营"网点转型转型调整，开展网点建设综合评价、机构管理工作信息化和流程化工作，发挥邮银区域经营发展优势，提高机构管理工作效率，促进网点服务形象及经营效益的提升；全行一类网点实体数量由最初成立时期的 80 个增加的现在的 152

个，60%的网点为新建或原址改扩建、迁址改建，网点功能和形象实现了质的飞跃，为下一步的发展奠定了坚实的基础。

明确目标、强化支撑，扎实开展电子业务经营管理工作，加强电子银行自助交易终端管理，组织开展电子银行外部营销及内部竞赛活动，开展网上商户拓展工作，坚持做好电子银行风险防范工作。电子银行业务发展取得一定成效。截至2012年9月30日，电子银行业务新增客户14.64万户，年增幅50.59%；交易笔数215.81，同比增幅64.19%；交易金额46.49亿元，同比增幅276.35%。

八、抓好干部队伍建设

发挥表率作用，营造良好氛围。首先在发扬民主上下功夫，在重大决策中，充分发扬民主，集纳群言，形成正确的决策，班子成员在思想上同心，目标上同向，行动上同步，事业上同干，形成团结和谐、畅所欲言、讲真话讲实话的良好氛围，努力提高分行党委班子的凝聚力、战斗力。其次在遵章守纪上下功夫，班子成员带头遵守纪律，带头执行制度。自觉贯彻执行民主集中制，实行集体领导和个人分工负责制，对重大决策、人事任免等重大问题由集体研究决定，班子成员根据集体的决定和分工，各司其职，各负其责，保证各项工作的健康发展。三是在沟通交流上下功夫，促进思想和谐统一。班子成员经常沟通交流，积极开展批评与自我批评，统一思想、消除误会、化解矛盾，增强相互间的了解和信任，提升了班子的凝聚力。一年来，班子团结统一、一心一意谋发展，彰显了勇于担当、开拓进取的事业追求，营造了不断攻坚克难共谋发展、推动各项工作取得新成绩的良好氛围。

加强干部队伍建设，提升能力和水平。坚持民主生活会制度，健全党内民主，加强党内监督，提高党组织依靠自身力量解决问题和矛盾的能力。践行科学发展观，增强工作主动性、加强党性修养、强化宗旨意识、严肃党的纪律、端正党的作风、增强政治意识、提高政治修养，促进团结协作。认真组织开展党委中心组织学习活动、党风廉政和履职情况年度考评活动，以及通过各种培训学习活动，不断加强全行各级领导干部思想作风、工作作风、学风、领导作风、生活作风的教育引导，增强依法行政、合规经营、遵章守纪、科学管理的意识和能力，努力培养全行各级领导的综合履职能力和领导能力，培养健康向上的价值取向，树立和践行了正确的权力观和政绩观，使全行各级领导干部在错综复杂的社会环境中，时刻保持清醒的头脑，保持政治上的坚定性和思想道德上的纯洁性，事业上的积极性和创造性，逐步锻炼了一批开拓进取，恪尽职守、甘于奉献、勤奋务实，忠诚于邮储银行事业的优秀干部队伍。

九、党群和党风廉政工作取得新的成效

稳步推进党群工作。完成全行党组织体系建设，积极开展入党积极分子的培训和新党员的发展工作，进一步充实党员队伍。开展了“为民服务创先争优”活动，对涌现出的13个基层党组织、58个优秀共产党员、14个优秀党务工作者进行了表彰奖励，充分发挥了基层党组织战斗堡垒作用和共产党员先锋模范作用。建立完善工会组织，成立了省分行、省分行机关和13个二级分行及其所辖的二级支行工会组织。开展了形势任务教育活动，积极引导广大员工把思想、行动统一到经营发展上来，参与企业发展、支持企业改革、维护企业稳定大局。开展了评先树优发挥榜样活动，一批先进集体和先进人物脱颖而出。开展多种形式的送温暖活动，切实为困难员工提供生活救助。开展了读书活动，进一步提高了干部员工读书学习的积极性、主动性，提升了员工的综合素质。开展了丰富多彩员工文体活动，丰富了员工的精神文化生活，保障了员工的身心健康，增强了企业的向心力和凝聚力，推动了邮储银行文化建设。

党风廉政建设工作进一步加强。以抓好党风廉政建设责任制落实，认真开展反腐倡廉教育，加大源头治理工作，严肃党纪、政纪，以及加强党建工作和纪检监察干部队伍建设等各项工作为重点，充分利用履职监察、效能监察、廉政监察手段，融入和服务中心工作，成为了大风险管理体系当中重要的组成部分，在全行的干部队伍建设、风险管控和案件防控中发挥了积极的作用。以党风廉政建设责任制为抓手，落实一岗双责，进一步完善工程建设和集中采购规章制度，认真贯彻落实“三重一大”决策制度，强化制度和流程制约，有效支撑经营发展，遏制领导干部违法违纪行为的发生。突出勤政廉政教育。发挥教育职能，促进全行各级领导干部党风建设，转变工作作风；持续有效开展党委中心组学习。营造风清气正的氛围；坚持开展党纪法规学习活动。组织学习了《中国邮政储蓄银行云南省分行党员领导干部教育读本》、《中国邮政储蓄银行云南省分行员工学习读本》；组织开展“反腐倡廉宣传教育月”活动，“党风廉政宣传教育月”活动，参观“金融系统反腐倡廉建设巡展”等形式多样的廉政教育活动。

（牛德华、朱晓雯供稿）

招商银行昆明分行

行长：潘新民

【综述】

2012年，面对国内经济增速放缓、金融脱媒加快、利率市场化加速、监管约束更趋严格、市场需求日新月异等经济金融环境的变化，昆明分行以“突破瓶颈 创新求变 提升管理 深化转型 在控制风险的前提下赢得持续发展”为指导思想，根据总行年度工作部署，结合当地实际，切实加快二次转型，坚定不移地推动小企业与小微企业业务发展，加快业务转型和结构调整，各项业务取得了新的进展。

截至年末，全行资产总额512.1亿元，比上年末新增167.4亿元，增幅48.6%。全折人民币自营存款余额389亿元，比上年末新增63.8亿元。全折人民币对公存款余额266.2亿元，比上年末新增41.7亿元。全折人民币储蓄存款余额122.8亿元，比上年末增22.1亿元。全折人民币自营贷款余额372.6亿元，较上年末增加66.6亿元。其中一般性贷款余额354.6亿元，较年初增加62.6亿。全年实现净利息收入19.3亿元，较去年增长3.1亿元；实现非利息净收入3.4亿元，较去年增长0.5亿元；实现经营利润15.6亿元，较去年增长2.7亿元；实现经济利润9亿元。

【业务发展情况】

——负债业务。利用产品组合、债券承销、企业债等多种措施吸收行外资金，有效地促进了负债业务增长。截至年末，全行对公存款余额266.2亿元，较年初新增41.7亿元，对公日均存款228.7亿元，较年初新增16.1亿元。广义财政性存款余额88.5亿元，较上年末新增33亿元，占对公存款的33.2%。加强基础客户群建设，不断增加价值客户，截至年末，全行有基本客户1084户，较年初新增140户。

——小企业业务。大力推广“千鹰展翼”创新型成长企业培育计划，全年共举办了3场近280家企业参加的股权投资、银企合作项目对接活动，建立了与政府部门、优质小企业的沟通交流渠道，收到了良好效果。截至年末，全行小企业客户204户，小企业贷款余额30.02亿元，较年初增长14.3亿元，小企业贷款定价加权浮动比例20.9%，比上年提高0.99个百分点，全年新发放小企业对公贷款RAROC为22.9%，比上年提高8.2个百分点。

——小微业务。从贷款额度资源、授信政策、流程优化、产品创新等方面采取多项措施全力支持小微业务发展，取得了总行2012年小微业务评优考核各分行排名第一的优异成绩。截至年末，个人贷款余额152.4亿元，比年初新增30.1亿元，其中小微贷款余额51.4亿元，较年初新增40.9亿元，小微贷款占个人贷款余额的33.7%，占比较年初提升了25.1个百分点，网均小微增量达到1.8亿元。

——同业业务。加强重点客户营销，充分把握同业利率权限下放分行的契机，拉动了同业负债及资产经营快速增长。截至年末，同业存款余额达100.9亿元，同业定期、活期存款较年初增加95.9亿元；同业存款日均达79.5亿元，较年初增加34亿元，资产经营累计完成37.25亿元。

持续创新、整合产品资源，贴近市场需求，拓宽中收渠道，提升 FTP 收益。

——国际业务。大力营销特色联动业务，持续推进产品创新，加强贸易融资的精细化管理，努力克服外贸形势严峻的不利影响，国际业务主要指标完成情况良好。2012 年完成国际结算量 49.3 亿美元，较去年同期增长 37%，增幅高于系统内平均增幅 22 个百分点。通过揽存类产品介入以及结算存款沉淀，强力拉动负债业务大幅增长，全年带动负债增长 19.8 亿元。

——票据业务。利用额度优势提高议价，动态调整利率抢占票源，促进票据非利息收入及负债业务有效增长，全年票据业务累计投放量达 427.3 亿，其中直贴投放 151.1 亿元，转贴现投放达 276.2 亿元，实现开票保证金沉淀 13 亿元，存款流量沉淀 121 亿元，新增批发基本客户 43 户。改变传统的“谁持票谁贴现”模式，在云南省创新开展票据代理贴现业务，年内累计办理代理贴现 1.92 亿元。

——财富管理业务。截至年末，全行管理客户总资产日均余额（剔除三方市值）192.9 亿元，较年初增长 38.25 亿元，完成全年计划任务的 115.9%；储蓄时点存款余额 122.8 亿元，较年初增长 22.1 亿元；储蓄日均存款余额 99.6 亿元，较年初增长 14.7 亿元。在客群建设方面，截至年末，全行私人银行客户 104 户，较年初新增 33 户；钻石客户 223 户，较年初新 76 户；标准金葵花客户 7475 户，较年初新增 1719 户；金卡客户 39839 户，较年初新增 6427 户。电子银行渠道类指标稳步增长。截至年末，累计拓展各类 POS 商户 2683 户，新装 POS 机具 3334 台，实现交易额 48 亿元；签约超级网银转账户 2842 户，资金归集户 2313 户，净转入资金达 4 亿元；信用卡发卡 35519 户，计划完成率达 137%；高端信用卡发卡占所有信用卡发卡量的 21.7%，较上年提升 8.9 个百分点。

【金融服务与创新情况】

——服务管理。进一步强化“服务创造价值”理念，在全行营造良好的服务氛围，加大流程优化力度，着力解决服务管理的系统性问题，有效提升了客户体验。持续关注客户满意度，努力降低投诉率，客户之声系统受理投诉的“48 小时响应率”、“5 天结案率”均达 100%。持续监督并指导各网点对服务细节进行监测并有效整改。在 2012 年四季度总行神秘人监测中系统内排名第 13 位，较去年提升 12 个位次。在全行“温暖 2011”服务评比中，荣获“温暖 2011”特别表彰单位，是全行 6 个获奖单位之一；一家经营机构荣获优质服务标杆网点，一批基层员工分别荣获优质服务明星、优质服务内训师等称号。辖内三家经营机构被云南省银行业协会授予“2012 年度云南省银行业文明规范服务省级示范单位”称号。

——在小企业、小微业务创新方面。从贷款额度资源、授信政策、流程优化、产品创新等方面采取多项措施全力支持小企业、小微业务发展。一是按总行要求复制小贷中心模式，组建了分行小企业金融部，建立了小企业专业化营销团队，构建“五岗分离”的操作模式，以总行“中流砥柱千鹰展翼营销竞赛”为依托，积极推动“贷款 + 选择权”、知识产权质押融资等创新型业务营销，并成为省科技厅唯一挂牌的“科技与金融结合示范单位”和云南省第二期中小企业集合债发行的唯一合作银行。二是以“快”制胜，以“客”为先，以“小”定额，创新小微业务发展模式。应用“大数据”实现小微业务的流程优化，通过个贷产品和工具的定量标准化提高了审批效率，打造 24 小时审批小微信贷工厂。围绕翡翠珠宝、药材市场、花卉、野生菌、旅游等云南特色优势产业，推出行业专属小微贷款方案。与远程银行中心开展空中贷款在线受理、主动授信、电子化签约等合作，通过空贷接单 2978 笔，其中小微业务 1298 笔，累计发放小微贷款 4.6 亿元。明确提出了个贷审批的“三原则”、划定了禁入行业的“四不贷”，以抵押类小微贷款为主导的发展策略，实现了对风险的有效缓释和控制。

——在批发业务创新方面。第一，同业业务。围绕市场需求，加强创新，联动营销，着力拓宽同业业务领域。在系统内率先推出了证券公司定向资产管理项下票据理财、财务公司代理承兑等新兴业务，丰富了业务种类。通过加强与零售业务、公司业务联动，扩充基础业务，有效促进同业负债及代理业务发展。积极推进委托债权投资业务，化解信贷规模难题，扩大同业中收渠道。分支联动，成功叙做分行首笔黄金租赁业务。第二，国际业务。通过行内外多渠道合作，持续推进产品创新，有利推动业务发展。先后成功叙做分行首笔出口买方信贷、特殊条款转让信用证、非关联企业招行系统内背对背信用证、人民币委托开证等业务。创新同业合作，与外资银行合作的远证即副产品、与政策性银行开展的“内保内贷”业务等取得了良好的成效。第三，票据业务。运用代理贴现等创新金融产品服务于中小企业，涵盖信息科技、煤矿、电力等多个行业，既解决了作为付款方的中小企业的经营资金不足问题，又促进了异地企业贸易活动的顺利实现。昆明分行代理贴现业务的操作模式及经验，收录于人民银行昆明中心支行《金融信息》第 104 期，并在全省范围内推广使用。

——在零售业务创新方面。一是成功办理分行首笔自行审批并代销的融资类信托——保山电力集合资金信托计划。二是实物黄金销售良好，合计销售 5700 套金银月饼，累计销售额近 400 万元，首次开创了熊猫币全行预售系统销售模式，销售额突破800万元；黄金、外汇业务双双进入总行完成率排名前十。三是基金类中间业务收入再创新高。全年累计销售开放式基金30.12亿元，混合型基金和债券型基金累计销售近11亿元，基金保有量增长9.7亿元，基金定投完成率总行排名跃升至第12位。四是推进产能飞跃项目，截至年末，两家试点支行在同组别中均排位靠前，项目小组5位理财经理销售产能平均增幅115%。

【风险管理和内控制度建设】

——在信用风险管理方面。一是不断提升对支行信贷管理能力考核评价的科学性和有效性，逐步提升数据质量，高度重视信用风险信息收集，尤其是不良客户的信息。建立信贷与非法集资、民间融资、影子银行、担保公司、小贷公司、典当行的风险隔离，避免外部风险冲击银行信贷。二是深化风险量化工具和风险缓释手段的运用。提高抵质押贷款比例，增强风险缓释措施。年末，分行抵、质押及担保贷款占比71.8%，较年初提升了6.6个百分点。强化评级管理，提升高评级客户占比。三是积极开展风险预警和信贷检查工作。梳理制度流程，设定预警岗位，实现风险信息的共享。运用风险预警平台完成预警信号的过滤、排查、认定、发布和跟踪流程，梳理业务中存在的漏洞，规范业务办理流程。信用风险检查有效覆盖了“尽职调查、授信审查、放款操作、授信后管理、贷款收回”等5个环节，不断创新信贷检查模式和手段。

——在法律合规方面。持续推进合规守法教育活动，将合规管理嵌入具体业务流程中。开展合规风险监测，形成合规风险评价报告，进一步提升法律审查咨询的工作效能，重点加强对新产品、新业务及“两小业务”的法律支持，全年共受理审查、咨询687件，办理诉讼案件23件，收回不良资产292.5万元。深入推动反洗钱工作，努力提升昆明分行反洗钱管理水平和风险防范能力。

——在操作风险管理方面。持续开展操作风险管理系统的数据采集及维护工作，全年收集录入各项指标近5000条，为昆明分行操作风险系统的运用打下了坚实的基础，被总行选为RCSA问卷的首家试点分行。运用操作风险管理系统开展操作风险管理，在全行率先开展操作风险监测，并发起首例行动计划，进一步提升了昆明分行操作风险管控能力。持续优化零售运营流程，强化柜面业务风险管理，全年组织开展19次零售柜面检查工作，检查覆盖率100%。

——在声誉风险管理方面。继续完善声誉风险管理体系，明确了声誉风险应对流程和工作职责，对声誉风险管理进行了多次培训和通关演练。加强对主流媒体的沟通维护力度，进一步做好舆情监测和危机处理。

——在纪检监察与案件防控方面。深入落实反腐倡廉、案件防范和安全保卫工作责任制，开展廉洁从业教育、职业操守教育和案例警示教育。开展“员工严重违规行为排查整治活动”，有效防范因违规引发的案件风险，认真做好员工异常行为排查，有效遏制异常行为引发的各类风险。组织多种突发事件的应急管理，为全行74个自助网点改造、安装IP紧急对讲系统，实现远程语音喊话、预警，保证自助网点安全。全年实现了无案件、无事故、无违纪的“三无”目标。

【社会责任与文化建设】

——在社会责任方面。通过扶贫济困等活动继续彰显社会责任。积极响应省委省政府号召，在银行同业中率先捐资50万元支持云南省“爱心水窖”建设，在盘龙区组织的“抗旱捐赠”活动中捐款2万元，各基层工会小组分别开展了“抗旱捐水”活动，帮助灾区人民渡过难关。联合云师大附中开展“捐书助学”公益活动，募集相关图书2000余册将送至武定、永仁定点扶贫县。

——在党建工作方面。按总行党委要求，选举产生了分行出席招商银行系统党代表大会代表。在十八大召开期间，认真组织党员干部通过电视、报纸、网络关注会议进展、学习十八大精神，及时召开专题会议对学习贯彻十八大及总行视频会精神进行安排部署。组织开展“加强基层党组织建设年”活动，完成各党支部支委换届选举、党支部书记集中轮训、群众满意度调研等系列活动。严格落实党委中心组学习制度，组织创建学习型组织活动，举办入党积极分子培训班，37人参加培训并取得了良好成绩，确定了11名党员发展对象。制作了历届党代会知识专栏，积极开展党史教育。积极健全党内民主制度，疏通党内民主渠道。做好“自律意识、职业操守”主题教育活动，落实“三重一大”决策制度，切实执行对重大决策、重大投资、重要人事任免、大额资金运作等事项的决策机制及议事流程。

——在企业文化和员工关爱方面。不断营造和谐的家园文化，开展第八届企业文化节活动，配合做好总行25周年行庆系列活动，开展了“三八”节慰问、“六一”亲子游戏等一系列员工关爱活动。组建了分行羽毛球、太极、摄影等多个兴趣俱乐部，组织干部员工进行健康体检。多次深入基层和医院看望生病住院、生活困难的员工及家属。

【大事记】

1月9日，昆明市委常委、常务副市长黄云波，市委常委、副市长朱永扬，市政府副秘书长李肇圣，副秘书长、市金融办主任洪维智等市政府领导一行来昆明分行调研并进行新春慰问。

3 月 23 日，昆明分行党员代表会议召开，选举产生了分行出席招商银行系统党代表大会代表。

4 月 3 日，招商银行 2012 年“金葵花”杯全国少儿钢琴大赛总决赛在总行举行，昆明分行荣获本次大赛“十佳分行”。

昆明分行举办第八届企业文化节之“百年招银林”植树活动

4 月 11 日，昆明分行与红塔证券股份有限公司举行三方存管业务启动会。

4 月 23 日，云南省人民政府召开了全省金融工作会议，昆明分行潘新民行长作了题为《调整结构 务实创新 支持中小微企业加快发展》的经验交流。

5 月 4 日，昆明分行与云南省能源投资集团签订战略合作协议。

5 月 28 日、3 月 6 日，分别被人行昆明中心支行、云南银监局授予“2011 年度执行人民银行政策综合评价 A 级”、“2011 年度综合监管 2A 评级”称号，均为云南银行业获得的最高等级。

5 月 29 日，昆明高新支行成功举办“科技金融结合示范银行”挂牌仪式暨“科技型企业投融资对接会”。

昆明高新支行成功举办“科技金融结合示范银行”挂牌仪式暨“科技型企业投融资对接会”

5 月 31 至 6 月 3 日，总行马蔚华行长赴昆明分行调研并参加了全国政协在丽江的考察活动。

7 月 9 日，昆明分行与昆明市工业和信息化委员会、昆明市中小企业服务中心联合举办了 2012 年“千鹰展翼”创新型成长企业金融服务论坛暨项目对接会。

7 月 13 日，招商银行与云南省签订了金融支持云南桥头堡建设战略合作协议。

7 月 27 日，由招商银行主办的“2012 中小企业资金管理公益巡讲活动”在昆明隆重举行。

8 月 2 日，丽江分行成功营销的 7 亿元企业债募集资金顺利到账，为丽江分行 2012 年对公存款奠定了坚实基础。

8 月 4 日，昆明分行第六届业务技术比赛隆重举行。

昆明分行在总行第十届业务技术比赛中荣获佳绩

9 月，昆明分行与云南阳光基业能源管控技术有限公司正式签署了“千鹰展翼”项下的首单“选择权”业务合作协议。

10 月 12 日，昆明分行向云南省建设“爱心水窖”工程捐资 50 万元。

10 月，昆明分行成功续创云南省委、省政府授予的“云南省省级文明单位”称号。

11 月，昆明分行潘新民行长赴同城所有经营机构进行行庆慰问和现场调研。

12 月 5 日，在第二届春城金融博览会上，昆明分行荣获“最佳财富管理银行”等六个奖项。

12 月 15 日，昆明分行喜获第五届云南金融百姓口碑榜“昆滇最佳零售银行”等四个奖项。

（林先超供稿）

上海浦东发展银行昆明分行

行长：李卫星

【综述】

2012年，面对极为复杂严峻的国内外经济形势和更加激烈的市场竞争和挑战，在省委省政府、各级监管部门和总行的正确领导和大力支持下，上海浦东发展银行昆明分行领导班子带领全行员工积极落实“抓客户促转型，上规模提效益，强管理控风险”工作思路，以扩大客户规模、夯实客户基础为核心，以建设具有竞争力的产品体系为驱动，加快业务结构和盈利模式的转型，不断提高经营效益和市场占比，保持资产质量优良，强化内控和全面风险管理。

截至年末，昆明分行总资产规模达438.77亿元，总存款余额416.87亿元，总存款余额416.87亿元，各项贷款余额255.46亿元。五级分类不良贷款率0.17%。

【业务发展情况】

一、大力拓展客户群体，明晰客户经营视图

夯实客户基础是实现可持续发展的根本途径，2012年，昆明分行将提高公司授信客户数和个人优质客户数作为客户拓展的重中之重。

公司客户方面，一是坚持以“两个开发，两个回避”为原则，明确客户开发目标。积极开发产业链上游的资源型企业，生产、销售产业链末端日常生活不可或缺的消费品企业以及服务业；积极开发符合国家产业政策的新兴产业客户，以及“稳增长”背景下的经济拉动型企业；回避产供销不畅的中间制造业；理性回避传统领域中面临产能过剩、调整退出的企业和产能。二是坚持以“中改流”客户开发为主，保障业务经营稳步增长。在不断开发新客户的同时合理保住存量客户，以贸易融资、项目融资、现金管理、投行业务等产品为抓手培育客户。三是坚持以批量开发为手段，迅速扩大中小企客户规模。利用“二区一链”批量开发模式，以标准化、规模化的中小企业客户开发模板实现对交易市场、园区、供应链的批量营销、批量授信、批量放款。先后在富民工业园区、宜良工业园区、云南省工业园区招商引资班、云南家居市场实现中小企业客户批量开发。在云南省工信委与金融机构合作签字仪式上“园区模式”成为会上唯一获政府部门口头奖励的金融融资新产品。

个人客户方面，一是切实提升客户经营能力，积极改进客户服务流程。理顺和明确PCRM系统中相关模块的使用方法和效用，进一步运用PCRM系统做好客户维护工作，实现客户分层管理、分层维护、分层营销。二是切实开展客户服务活动，有效拓宽影响力和覆盖面。结合总行“四季同行·星耀浦发”、“走进商区、社区、园区”活动等，创新推出“感恩二十年·浦发电影节”等客户服务活动，增强产品与服务的影响力和竞争力，拓宽优质客户开拓渠道，实现“客户唤醒，客户活跃，客户渗透，客户提升”。三是切实做好贵宾客户增值服务，强化客户归属感与尊荣感。除结合总行开展“超越财富·寻找幸福”浦发卓信智慧之旅巡讲活动以外，分行继续完善并推出包括机场贵宾通道、省级医疗机构专家预约、全程导诊在内的一系列贵宾增值服务，不断优化白金“四尊”服务、钻石“六心”服务的内涵，逐步构建成为完整的非金融类贵宾增值服务体系。

二、优化资源配置，提高资源利用率

一是坚持信贷资源配置“四优先”原则不动摇，即“中小客户优先、新客户优先、实体客户优先、核心客户优先”，合理利用信贷规模，将有限的信贷规模用于大力支持具有良好发展前景中小客户和贸易融资客户，确保和促进分行信贷结构优化升级和业务健康、快速发展，实现信贷业务“突出效益、调整结构”的目标。二是建立差异化的资源分配授权机制。根据异地分行的管理成熟度，制定贷款资源分配的原则、客户定价的标准，授权给异地分支机构自行管理，同时建立后评价体系，跟踪执行情况，实现窗口指导。三是强化利率管理。分行对公司贷款及个人消费贷款、个人经营性贷款利率下浮实行主管行长审批制度，严格控制利率下浮数量和比例，切实保障盈利能力。

三、机构建设快速推进，有效扩大服务范围

一是全年新增四家营业机构。分别是异地分行—楚雄分行，同城支行—海源中路支行，县域支行—宣威支行和富民浦发村镇银行。机构总数已达19个，其中同城支行13家，异地分（支）行5家、富民浦发村镇银行1家。营业网点已实现对昆明市五个行政区的全面覆盖，扩大了分行对昆明市乃至云南省的辐射影响范围，带动了负债规模的持续扩大，为分行进一步扩大客户规模，为实现可持续发展奠定了必要的外延基础。二是加大自助网点建设力度。分行全年新增自助设备25台，其中离行式自助设备增加12台；新增加了8个离行式自助网点，离行式自助银行设备累计37台。有效弥补了分行物理营业网点覆盖面不足的缺陷，扩大分行外延服务半径，为各项业务发展提供强力支持保障。

四、优化人员结构，提高队伍战斗力

一是围绕转型发展要求，明确了分行人才发展战略思路，即在强调从外部引进优秀人才的同时更注重人才的自身选拔培养。二是持续调整人力资源配置结构，人才队伍素质有所提高，人力资源的科学投入，服务能力得以提高，支撑管理效能明显改善。三是加大员工流动调整力度，逐渐拓宽员工职业发展空间，实现分行业务和员工的共同发展。四是推进学习型组织建设工作。统筹安排全年培训工作，围绕新业务、新产品组织培训，重点开展中高层管理人员和业务骨干培训项目，做好大规模全员培训工作，进一步提高各层次人员的业务能力和综合素质。五是关心员工职业发展。关心、爱护员工，为员工做好职业生涯指导，各级领导深入基层，同一线员工交心谈心，增强员工的归属感，激励员工为企业多作贡献。

五、强化运营支撑，提升服务能力

昆明分行大力强化运营服务能力，一是提出“推产品带客户”坐销理念，制定了《昆明分行转型坐销竞赛方案》，通过每月评比通报，按季兑现奖励，营造了浓厚的比、学、赶、超氛围。截至年末，实现新开个人网银6315户，占全行新增数的88.61%；新开个人手机银行1755户，占全行新增数的75.23%；销售标准理财产品3.19亿元，转介标准理财产品20亿，占全行销售总量的63.15%。二是创建优质运营品牌。通过深入开展了网点厅堂服务标准化、流程化、精细化的管理，构建“以客户为中心”的网点营销和服务模式，分行营业部、拓东支行营业部、玉溪分行营业部获得“2012年度云南省银行业文明规范服务省级示范单位”荣誉。

【金融服务和创新情况】

昆明分行强化“中场”支撑作用，不断建设和完善丰富的产品体系，并针对不同发展阶段、不同行业种类的客户提供从“融资”到“融智”的全方位金融服务。由于分行在公司业务和理财管理上突出的表现，在今年第二届春城金融博览会上荣获了“2012年度云南省银行业最佳公司金融服务奖”和“2012年度最佳财富管理银行奖”。

公司业务方面，一是继续发挥银团贷款业务优势。目前，昆明分行牵头或参与的银团共有4笔，银团贷款余额为35.3亿元，占全行贷款的17.53%，2012年度银团贷款发放金额为20.38亿元。二是利用债务融资工具重塑客户关系。一方面，分行首单作为主承销商发行5.9亿元短期融资券成功落地，占全省短融发行量的5.82%；另一方面，分行作为联席主承销完成了16亿元中票的发行工作，占全省中票发行量的13.4%。三是传统优势继续保持，新兴产品发展良好。分行在理财产品、绿色信贷业务方面得到良好发展，全年新增对公理财客户21户；新增代理证券产品销售客户一户；绿色信贷、保理业务成功引入云南省电力系统上下游客户50余户。四是在全国银行业金融机构中首创“家居金融”概念，开发了“家居金融－赢家计划”，让需要装修房子、购买家具建材的广大客户享受到了实实在在的优惠，同时也实现了对家居行业中小客户批量开发。

个人业务方面，一是分行首张联名借记卡“轻松理财－吴氏嘉美”联名卡于9月正式发卡。浦发银行、吴氏嘉美作为金融业和美容业的两大巨头，在云南市场上推出了首张以呵护客户“美丽”和“财富”为主题的“财富双全”联名卡，成为云南市场上首家金融与美容联姻的银行卡。二是与布放理财POS机具。分行与银联商户云南分公司签订了《银联商务银行卡跨行转账汇款协议书》，将实现客户在分行各网点将他行储蓄资金转入我行银行卡的功能，进一步拓宽了客户资金划款渠道，同时，通过理财POS机具也可以实现便民支付功能，方便客户缴纳水、电、煤气以及通讯话费等业务功能。三是强化公、个联动，推进个人业务发展。首先，积极介入公司客户的开发与挖潜，利用代发业务和POS收单业务为公司客户提供全方位金融服务，在提高客户满意度的同时实现存款锁定与优质客户拓展。截至年末，昆明分行直联系统拓展商户593户，布放终端942台；间联系统拓展商户47户，布放终端52台；与第三方公司合收单拓展商户190户。新增代发对公客户177户，代发个人客户数新增超过9200户。其次，以“居家金融－赢家计划”等项目为抓手，结合理财产品、银行卡产品及个贷产品开拓负债来源渠道，做大做强负债业务。四是重新整合个人信贷业务产品。突破传统抵押模式，积极推进商户联保、经营权质押、法人保证等新型业务模式，探索批量开发客户并取得实质进展。目前推出知名品牌及市场“1＋N”模式得到市场认可；开发项目拓展取得突破，准入房地产项目9个，为个人按揭贷款的发展奠定了坚实基础。

【风险管理和内控制度建设情况】

2012年，国民经济发展形势依然复杂，经济发展更加重视结构调整和产业优化，信贷风险问题日益凸显，风险管理工作形势严峻。分行紧盯银行业面临的潜在风险，提升在复杂环境下应对风险的能力，坚守风险底线，实现了稳健可持续的发展。

完善风险审查制度，切实把好授信准入关口。昆明分行坚持授信业务审查审批工作中“有所为、有所不为”，坚决从源头上进行风险把控。同时，将审查工作前移，提前介入授信业务调查，开创了“统筹营销、联动控制风险”的工作模式，将授信审查工作端前移，提前介入拟申报授信业务的前期调查工作，获取最直接的授信客户信息，提高审查评价的客观性和全面性，有效提高工作效率。

强化贷后风险管理工作，确保分行资产质量优良。昆明分行高度关注国家的宏观调控政策，针对风险暴露较快校对的行业和地区采取行业排查、名单管理等措施，防范信贷资金挪用带来的风险。不断细化贷后管理工作措施，提高管理深度，加强风险检查、反馈、整改及处罚的力度，继续促使风险检查和贷后预警工作日常化、制度化、规范化。不断拓宽贷后检查工作广度、提高贷后检查工作的深度，提高分行层面贷后检查工作的覆盖率和频率，加强对二级分、支行及中小授信客户的现场检查力度。不断提升全行贷后管理风险预警工作水平，切实督促贷后检查工作与五级分类相结合，把“重点监控客户”的有关工作落到实处，建立客户重大事项报告制度，重点客户的监控制度，强化风险预警，防控风险的发生。进一步加强地方政府融资平台贷款监控和贯彻落实国家关于房地产调控的宏观政策，严格控制投放节奏和融资总额。

深化合规体系建设，合规风险得以控制。昆明分行健全合规管理组织机制，夯实合规管理发展基础。分行制定了《上海浦东发展银行昆明分行合规联络员合规经理管理办法》，进一步明确了工作职责，完善了合规管理机制，夯实合规管理基础。组织开展银行业金融机构不规范经营行为自查和整改。成立了由分行行长李卫星任组长的昆明分行治理银行业金融机构不规范经营工作领导小组，认真、彻底、全面开展了“银行业金融机构不规范经营行为自查”活动。对违规收取的费用进行清退，并对收费项目进行了清理。扎实开展合规管理基础工作。一方面，组织开展内部控制规范实施及评价项目分行推广工作，完成15项业务流程的测试，对业务关键风险点和内控措施的准确性和可行性进行了测试，优化和提升了分行内部控制管理水平和风险控制能力。另一方面，持续加强规章制度管理，进一步规范了分行规章制度的合规性、系统性、效力性和实用性，为分行业务的开展提供了完善的制度保障。

案件防控落到实处，保障分行人事平安。昆明分行制订年度案件防控工作方案，确保分行案件防控工作有计划、有重点、有目标向前推进。组织全体员工签订2011年案件防控目标责任书，将案防责任层层落实、责任到人。并开展了为期半年的“2012年十大重点领域案件风险检查”。进一步提高内控和案防制度执行力，推动重点领域案件防控措施落实到位，防微杜渐，消除各类案件风险隐患。加强员工廉洁从业教育。一方面，开展严禁银行业金融机构及其从业人员参与民间融资活动，并根据总行要求对员工账户进行核查；另一方面，分行成立了员工廉洁从业督导办公室，要求分行营销人员与客户签订《上海浦东发展银行昆明分行员工廉洁从业告知书》作为授信申报材料附件，并按季对员工廉洁从业情况向客户进行回访。

强化安全保卫力度，确保分行安全运营。昆明分行高度重视安全保卫。一是加强培训和演练力度。二是加大安全保卫物力投入，强化物防、技防建设。分行完成对集中监控中心升级改造，改造后可以对所有网点进行远程联网监控。全辖所有营业网点监控设备上加装了“人脸识别系统”，进一步强化了技防措施。三是加强安全检查深度和广度。

【企业社会责任】

2012年，昆明分行积极践行企业社会责任。完成了文山县平坝镇定点扶贫点、瑞丽市兴边富民对口帮扶年度计划以及兴边富民工作规划的拟订，确保分行扶贫计划的顺利实施。为缓解云南省百年一遇的旱灾，响应省委省政府号召，分行向文山县平坝镇捐赠10万元、曲靖市20万元用于解决当地群众生产生活用水，并捐赠50万元用于修建“爱心水窖”。并为瑞丽浦发银行勐立希望小学、贺肥希望小学及西山区谷律民族中学改善教学设施捐赠电脑25台。

【大事记】

2月4日，召开2012年工作会议。会议认真总结了2011年主要工作，传达了总行2012年全行工作会议精神，并对2012年各项工作进行安排和部署。

2月15日，召开第一届职工代表大会第四次会议暨2012年第一次工会会员大会。会议增补职工代表18人，审议并通过了2012年15项考核办法，听取并审议了《2012年工会工作报告》。

2月17日，与云南省药材商会签署战略合作协议。搭建起一个银行、商会、企业三方互利共赢的合作平台，是昆明分行切实贯彻落实总行"以客户为中心"的基本发展策略和"二区一链"的工作指引的一个重大突破。

3月，分别荣获国家外汇管理局云南省分局、中国人民银行昆明中心支行和云南省财贸工会授予的"2011年度外汇统计工作先进单位"、"2011年度云南省支付清算系统运行考核先进集体"、2011年云南省金融统计工作先进单位"、"2011年云南省银行家问卷工作先进单位"、"2011年工会重点工作目标责任考核一等奖"等荣誉称号。

4月，荣获云南省外汇统计工作一等奖及"2011年云南省银行卡产业发展进步单位"称号。

5月14日，与昆明市人民政府签署《支持中小微企业融资、壮大实体经济合作协议》。

7月5日，举办纪念建党91周年暨浦发昆明分行党委先进表彰大会。会议表彰了先进支部、优秀共产党员、优秀党务工作者，并对总分行党务公开监督员颁发了聘书。

9月1日，昆明分行、曲靖支行分别荣获"2011年安全保卫先进集体"称号。

9月21日，成功发行分行首张联名卡——"轻松理财-吴氏嘉美"财貌双全联名卡。

9月21日，成功发行分行首张联名卡——"轻松理财-吴氏嘉美"财貌双全联名卡

9月26日，全国首创"家居金融"概念，"家居金融-赢家计划"盛大启动。

9月26日，全国首创"家居金融"概念，"家居金融-赢家计划"盛大启动

10月29日，举办"中国移动-浦发银行借贷合一联名卡"启动仪式暨新闻发布会，标志着昆明分行与中国移动云南有限公司的战略合作伙伴关系进一步加深。

10月29日，举办"中国移动-浦发银行借贷合一联名卡"启动仪式暨新闻发布会

11月6日，辖属分行营业部、拓东支行、玉溪分行荣获"2012年度云南省银行业文明规范服务省级示范单位"荣誉称号。

11月13日，辖属海源中路支行开业。

11月28日，辖属第二家县域支行——宣威支行开业。

12月18日，辖属第三家二级分行——楚雄分行正式开业，标志着昆明分行完成了对滇中经济圈的全面覆盖。同时，昆明分行机构总数达到18家。

12月，在"2012年泛亚经济高端论坛暨第二届春城金融博览会"上荣获"2012年度最佳财富管理银行奖"和"2012年度云南省银行业最佳公司金融服务奖"。

（谢冠霖供稿）

民生银行昆明分行

行长：黄 岚

【综述】

一、规模

截至年末，资产总额达 501.36 亿元，较年初新增 185.86 亿元，增幅为 58.91%。

二、存款

截至年末，各项存款达 381.09 亿元，比年初增加 118.94 亿元，增幅为 45.37%。其中，对公存款余额 286.65 亿元，储蓄存款余额 94.44 亿元。

三、贷款

截至年末，各项贷款余额 319.36 亿元，较年初新增 73.67 亿元，增幅为 29.99%，其中小微贷款余额 103.26 亿元，较年初新增 48.15 亿元。

【业务发展情况】

一是零售业务发展迅猛，截至年末，分行小微企业客户数达到 43000 户，比 2011 年年初净增 12000 户，成立城市商业合作社 106 家，互助合作基金 32 支，募集小微企业互助基金超过 3 亿元，发放贷款金额超过 11 亿元。成功首发了“昆明市肉类蔬菜流通追溯联名 IC 卡——源卡”，是商务系统肉类蔬菜流通追溯系统建设中首张与银行合作发行的联名 IC 卡，也是民生银行系统内首个金融 IC 卡行业应用项目，同时“源卡”的首发也使银政、银企合作新模式迈上了更高的台阶。

二是公司业务、民营企业战略稳步推进，通过创新产品、优化金融管家服务方案赢得市场。其中一批大型民营企业成为战略伙伴，成功首发了云南第一家民营企业“短期融资券”，在社会上引起极大反响。

三是中收业务不断发展，成功引入云南第一支保险债权资金，获得了政府的高度好评。

四是私人银行业务实现了突破。

【内控建设】

一是完善人员管理，强化考核导向。

二是加强制度建设，开展“百日合规”工作。

三是大力强化风险管理。

四是加强服务管理。

【机构建设】

截至年末，昆明分行共有 17 家人工网点，自助网点近百个。分行的金融网络已基本覆盖云南省主要经济区，为该行服务县域和“三农”经济提供了基本保障。

2012 年，分行新办公大楼开工建设，翻开了民生银行在云南发展的新篇章。

【监察工作】

2012 年，昆明分行紧紧围绕中心工作，深入开展案件警示教育，精心组织案件专项治理、治理商业贿赂、效能监察等专项工作，为全行改革发展提供了有力的支持和保障。一是积极倡导合规文化建设。从领导人员做起，多次进行合规理念和合规文化教育培训；二是基础管理工作更为扎实；三是反洗钱工作水平不断提高。

【党建工作】

2012年，在总行党委的统一部署下，分行扎实推进"六个提升"重要思想教育实践活动，"六个提升"在全行得到全面、深入、持续、有效地贯彻执行，全行业务发展、综合管理、团队建设与精神风貌等各方面都较活动开展前期有明显的进步和提升，为推动分行成功转型构筑了强有力的思想堡垒，对进一步夯实全行思想政治工作及业务发展发挥了重要作用。

通过从思想到行为的整顿，员工工作作风得到明显改善，充分调动起员工的工作激情，协作精神不断加强，特别是合规风险意识得到进一步提升，从员工到社会对民生企业文化有了更进一步的理解。在云南金融行业最具权威的年度评选活动金彩5年·云南十大金融领军人物暨第五届云南金融百姓口碑榜（2008－2012）评选活动中，昆明分行获得云南十大金融领军人物、云南十大金融创新人物、昆滇最具影响力银行品牌、昆滇十大卓越理财团队、昆滇十大金牌理财师、最佳中小企业金融服务银行等多项荣誉。分行也涌现出许多先进集体先进个人的优秀事迹并通过总行、分行、社会等多渠道加大对先进事迹的宣传，以先进鼓励、带动全员共同迈向先进行。

【社会责任】

在不断发展壮大的同时，昆明分行不忘履行社会责任，积极秉行回报社会的理念；先后开展了送金融知识进社区，举行宣传关于反假币、银行卡、服务渠道、客户体验、理财服务、个人贷款、小微金融、信用卡等银行知识及风险防范措施等活动，履行了金融教育责任；同时，分行还向存在严重用水困难的玉溪市响水小学捐赠了饮用水，并向云南地区"母亲水窖"工程捐款50万元，用以缓解当地群众用水困难。

（孙小娇供稿）

光大银行昆明分行

行长：胡勤俭

【综述】

2012年，光大银行昆明分行认真贯彻落实“内涵发展”战略，积极应对形势，进一步加强经营管理，优化服务和业务结构，积极调整思路，通过拓展表外业务、投行业务和其它业务弥补了贷款资源紧缺的短板，维护了市场，夯实了客户基础，不断提高市场竞争力和员工综合素质，保持了稳定发展。经营管理成效主要体现在：一是盈利能力明显提升，中间业务收入显著增长。二是经营规模稳步增长，信贷风险得到有效控制。三是业务结构得到了进一步调整。四是经营管理水平进一步提高。五是品牌建设进一步提升。六是进一步加强了人才培养。

截至年末，全行一般存款236.83亿元，较年初增21.23亿元；各项贷款202.34亿元，较年初增7.69亿元。福海支行、前卫支行开业，现有1家二级分行曲靖分行、15家昆明城区支行，服务网点日益完善。

2012年，光大银行昆明分行在经营管理中较好地突出了“五个着力”：一是着力加强产品市场营销，奋力推进各项业务稳健发展。二是着力加强授信过程管理与操作风险管理，切实强化风险防控，积极清收不良。三是着力加强综合经营管理，建立健全规章制度。四是着力加强队伍建设，完善考核机制，提高全员素质。五是着力推进阳光服务精益管理进程，加强企业文化建设和品牌建设。

【业务发展情况】

分行在以存款、利润为考核核心的经营思路下，坚定拓市场、抓经营、求生存、谋发展的信心和决心，把加快内涵发展落实到行动中，体现在经营上，着力加强业务营销，加快推进业务发展。

一、绿色存款快速增长，存款结构进一步优化

面对钢铁金色链、货押、政府平台三大板块存款下滑的严峻形势，将稳存增存重点放在了绿色存款增长上：一是烟草行业存款稳步增长。二是财政性存款持续增长。三是结构性存款成为不依靠信贷拉动存款增长的新亮点，在4月、5月和7月的总行“龙腾2012”对公存款劳动竞赛中荣获了奖项。

二、信贷投放重点突出，议价能力系统内领先

2012年，信贷资源紧缺，分行将信贷资源优先倾斜实体经济、重点项目、重点客户、模式化业务，成效显著。一是优先满足实体经济信贷需求，分别向几家贸易企业、总行级重点客户、重点项目和新能源项目及新拓展的优质客户增加或者新增了信贷投放。二是围绕核心客户营销其下属子公司和上下游企业，成功营销了部分优质授信中小客户。三是积极推动“4+1”重点行业集中营销活动，尤其是在食品饮料和医药行业中成功营销了一批优质客户。此外，昆明分行严格执行总行贷款利率政策，在全系统34家分行中（1月至10月），分行对公存贷利差列第13位，发放贷款（剔除贴现与贸易融资）的加权平均利率列第2位，发放贷款的平均浮动比例列第3位，表现了较好的贷款议价能力。

三、特色业务持续领先，创新业务发挥了较好作用

昆明分行养老金业务、投行业务、汽车全程通业务、高资理财业务等几大传统特色业务继续保持良好发展势头，在托管业务创新上实现了零的突破，成功营销了股权投资基金托管业务。贸金业务积极运用创新产品，探索新模式，中间业务收入、贸易融资余额、保理出单量等稳步增长，拓展了8家代付、偿付等同业合作银行，为开展国内国际

结算业务提供了保障。

四、制定产品组合和交叉销售策略，打牢零售基础

通过产品组合，改变以往产品营销“单打一”。积极利用“批量代发业务+薪资贷”、“特惠商户+借记卡”等产品组合，寻找目标客户群，实现基础客户的快速增长。针对潜力及以上客户，推出了以“美食娱乐季”为主题的借记卡营销活动方案，通过与知名餐厅、电影院、会所等商户合作，创新传统刷卡消费模式，全面提升客户用卡体验，激活借记卡消费能量，实现了发卡量及存款沉淀的双丰收。运用小微采购卡的功能特点，积极组织营销，成功营销了多个项目，不仅实现了发卡，储备了项目，而且带来了存款、网银等综合收益。通过不断加大营销力度，信用卡团队在2012年共发卡5万多张，带动了存款的有效增长，提前半年完成了总行指标。通过信用卡分期、商户回佣等活动，带动了中间业务的发展，占全行中收的45%，为全行利润作出了突出贡献。

五、个贷结构得以调整，小微金融发挥了积极作用

2012年，昆明分行将调整个贷业务结构、加快小微金融业务发展作为重点，成立了小微金融中心，设立了专业支行，通过项目储备、加大培训力度、政策导入系列等，实现了模式化融资助业贷款和螺蛳湾中豪置业链式快贷等项目投放。截至年末，小微贷款完成了省政府“两个不低于”的考核目标，云南银监局编发了《光大银行昆明分行小微金融产品八大特色功能助发展》的专题简报，中国银监会《小微企业金融服务工作动态月报（2012年11月刊）》、光大总行《简报》、集团《光大报》先后予以转载。

六、电子银行业务成效初现

电子银行业务在2011年开通市电力、市燃气、省联通、省电信业务的基础上，2012年完成了省移动话费及数字电视费的上线工作，通过开展网银手机银行、ATM等促销活动，进一步提高了客户忠诚度。“理财夜市”、“理财早市”深受客户欢迎，累计销售理财产品超2亿元。电子银行考核达标客户转化率、网点达标率、活跃客户转化率稳步提升。

【金融服务和创新情况】

一、阳光服务精益管理计划

“阳光服务精益管理计划”是光大银行服务创新的重要举措。该计划通过结合客户体验，借助专业化工具，将“阳光服务”的架构和内容进行深化、细化，建立立体分层的服务营销体系，优化流程，实现银行资源和客户资源全方位的对接。通过推行“阳光服务精益管理计划”，昆明分行的服务质量、服务效率、服务环境等明显提升，是系统内为数不多的全年零投诉行之一，受到了广大客户的肯定，树立了良好的品牌形象。在总行第四季度阳光服务测评中，分行取得了99.2分的历史最好成绩，系统排名上升至第10位，全年综合排名为第21位。

二、创新客户服务模式

通过积极创新客户服务模式，做好客户拓展和维护工作。一是通过筛选高价值信用卡客户和提前结清个贷客户清单，深入分析客户资金流状况，针对该客户群的需求，运用各类产品实现交叉销售和客户资产提升。二是持续完善高端客户的增值服务，提升服务水平：昆明长水机场建成投入使用后，分行积极搭建机场贵宾增值服务平台，及时设立了百事特机场贵宾厅，增加了高端客户服务渠道。三是以“金阳光”俱乐部成立为契机，与光大证券、平安保险以及珠宝协会、花卉协会等合作，打造了高端客户服务平台。通过开展形式多样的主题活动，吸引了大批优质客户。

【风险管理和内控制度建设情况】

一、风险管理

（一）强化授信后管理

2012年以来，分行不断加大授信后检查、回访、监控等工作力度。积极运用电话、短信方式随时提醒、督促和指导客户经理，客户经理的预扣款提醒、贷后催收、现场及非现场检查、保证金管理、回购、预警等规定动作的执行力明显提高。预警委员会按月通报，及时预警，研制应对措施，加大现场平行作业力度，强化了全行的授信后管理。

（二）加强清收管理，着力保全化解不良资产

截至年末，通过全流程、全覆盖的检查和梳理，目前分行“钢铁金色链”项下业务除现有已发生不良贷款2亿多元外，其余客户均成功实现全部退出。全年共退出潜在风险客户30多户，压缩收回授信9亿多元，退出压缩了潜在风险隐患较大的行业和客户，基本实现了规避系统性风险、及时止损的工作目标。

（三）实施更有前瞻性的风险预警管理。

2012年，分行进一步完善了预警工作规则，明确了各部门及经营机构预警工作职责要求。结合形势变化、监管要求以及上级发布的预警信号，着重对钢铁金色链、商商银、货押业务、全程通等业务潜在风险进行预警提示，提出明确要求和措施，有效控制了新风险的发生。

二、内控制度建设情况

（一）坚持民主集中制

按照坚持集体领导与分工负责相结合的原则，及时调整经营班子分工、各专门委员会组成人员，完善工作规则，明确重大问题特别是“三重一大”事项决策的程序和途径，切实防范道德风险。在坚持党委会、行长办公会作为全行决策主要组织形式的前提下，较好发挥了专门委员会

的作用，保证了决策的科学化、规范化。

（二）搭建了“四位一体”内控监督机制，下发了“四位一体”工作规则

有效整合资源，加强部门联动，强化事前防范、事中控制、事后监督和横向联动“四位一体”内控防范动态机制，在全行初步形成了有力的内控合力。

（三）积极开展整治不规范经营工作

围绕“八项整治重点”、贷款“七不准”、收费“四公开”，制订实施方案，把工作细化到部门，责任落实到个人，实施过程中层层推进，认真落实整改，得到了银监会检查组的充分肯定。

（四）加强党风廉政建设

分行党委一开年即组织各党支部签订了《党风廉政建设责任书》，形成了责任明确、层层落实的工作体系。通过组织各类党组织活动使广大党员和干部进一步牢固了正确的世界观、人生观、价值观、权利观，进一步增强了党性观念、宗旨观念、责任意识和自律意识。

（五）加强案件防控

形成了一把手负责、分级管理、层层落实的案件防控机制。

（六）认真开展内控评价工作

对发现的内控缺陷，制订计划，落实整改，加强管理，不断提高内部管理水平。

【大事记】

1月7日，昆明分行举办“2012年光大·天鹅湖之夜”演出活动，全体员工和客户观看了演出。

1月15日，昆明分行召开2012年工作会议，分行行长胡勤俭作2011年度工作总结和2012年度工作计划报告，表彰了2011年度先进集体和先进个人。

1月15日，光大银行昆明分行召开2012年工作会议

3月12日，云南省政府与光大集团在京签署合作协议，董事长唐双宁，省委副书记、省长李继恒出席签约仪式并讲话，行长郭友、副省长高峰分别代表双方签署协议。昆明分行行长胡勤俭参加了仪式。

4月17日，中国银行业监督管理委员会机关党委副书记侯海燕一行五人到昆明分行检查指导，并肯定了分行整治不规范经营工作。

5月3日，昆明分行召开第一届第二次职工代表大会暨2012年工会工作会，选举副行长苏飞卡为工会主席。

5月4日，中国光大集团董事长、党委书记唐双宁应邀在云南省领导干部时代前沿知识讲座作专题报告，昆明分行班子成员以及中层干部参加了讲座。

6月30日，昆明分行召开庆祝建党91周年党员大会，表彰了“为民服务创先争优”活动先进党支部优秀共产党员，会上，全体党员向贫困小学捐款。

7月7日，昆明分行召开成立15周年庆祝大会。

7月7日，光大银行昆明分行举办成立15周年庆祝活动

8月1日，昆明分行举办“中国光大银行成立20周年成就展”。

8月15日，昆明福海支行举行开业庆典，分行副行长高俊霞、张晓丽、苏飞卡，云南省银监局副局长郭雁和昆明市西山区政府常务副区长李增以及云南铜业（集团）有限公司、云南锡业集团（控股）有限责任公司、云南冶金集团股份有限公司等企业代表和私人客户应邀出席了典礼。

10月18日，昆明分行举办金阳光俱乐部揭牌仪式。

11月7日，昆明分行营业部、西园路支行荣获“2012年度银行业文明规范服务省级示范单位”称号。

12月4日，昆明分行喜获第二届春城金融博览会“2012年度云南省银行业支持地方经济贡献奖”、“2012年度云南省最佳电子银行奖”、“2012年度云南省银行业最佳产品创新奖”三项大奖。

12月18日，昆明前卫支行举行开业典礼，分行副行长张兵、苏飞卡，云南省银行业协会秘书长高午春、昆明市金融办副主任吕品以及云南金圣融资担保有限公司等企业客户和私人客户应邀出席了典礼。

12月18日，光大银行昆明前卫支行开业

（刘露供稿）

广发银行昆明分行

行长：景　峰

【综述】

2012 年，广发银行昆明分行认真贯彻落实国家宏观金融调控政策、措施和总行五年战略规划，致力于“用三年时间把昆明分行建设成为系统内优秀，本地区领先的一流商业银行”的三年工作目标，夯实基础，合规经营，加快转型，提速发展，全行经营管理取得新突破。信用卡优势继续扩大，国际结算量首次突破 10 亿美元大关，投行业务发展迅猛，金融同业业务合作渠道进一步拓宽，内保外贷、现金管理、理财顾问、信托财产保管、保函、保理项下代付、国内信用证、跨境人民币订单融资等业务相继成功落地，在本地市场引起了强烈反响，极大地提升了广发银行的品牌知名度。截至年末，人民币各项存款余额 219.84 亿元，各项贷款余额 174.26 亿元。

【业务发展情况】

一、信贷业务

狠抓核心客户营销，针对目标市场中云南省优势产业的集团客户，组织集团统一授信的上报，贮备、上报项目贷款，保证资产业务的稳步持续增长。同时加大对实体经济的信贷支持力度，多个行业贷款余额较年初显著增长，如采矿业与制造业 12 月末贷款余额较年初增长 61.8%；批发零售行业贷款余额较年初增长 79.2%。外币贷款（含国际贸易融资业务）发展迅速，外币贷款余额较年初增长 4529.04%。有效调整了以前平台贷款占比较大的局面，资产结构更加多元稳定。

二、存款业务

昆明分行以公司业务为抓手，做好核心客户的深度挖掘，加强对行政事业单位、财政性单位存款营销和平台贷款二次营销的力度，依托财富管理体系，转变储蓄存款发展模式，实现存款规模持续增长的同时，优化负债结构。截至年末，分行对公无授信客户存款占比比年初下降 4.96 个百分点，排名前 20 的对公大客户存款余额占比下降 13.12 个百分点，由烟草行业向政府平台、房地产、化工等重点企业分散。行政事业单位存款余额较 2011 年增长 13.31%，总行级核心客户存款余额较年初增长 35.68%，分行级核心客户存款余额较年初增长 13.11%。存款稳定性进一步加强，对大客户的依赖度进一步降低，行业结构进一步优化。

三、中间业务

一是继续扩大信用卡优势，信用卡累计发卡数量在本地股份制商业银行排名第一，中间业务收入同比增长 66%。二是国际结算量及贸易融资业务取得重大突破，建行 15 年来国际结算量首次突破 10 亿美元大关。三是投行业务发展迅猛，成功代销全系统内单笔托管金额最大的业务。四是金融同业业务合作渠道进一步拓宽。在深入挖掘现有存量客户的基础上，先后与多家境外银行开展业务合作，金融同业业务收入创历史新高。截至年末，昆明分行中间业务收入在云南省股份制商业银行中排名第一。

四、信用卡业务

一是进行营销团队的组建和完善，有效解决了支行人员紧张、专业营销技能偏低、落实不到位的“老大难”局面，对加强交叉营销、强化信用卡的作业模式和技巧、发卡政策的宣导及落实等工作起到了积极的促进作用，为信用卡业务持续、健康、快速发展提供了保障。二是进一步完善考核、奖励机制，逐渐引导“活发卡、发活卡”的观念与意识，强调“规模、质量”两手抓。三是联合多家知名商户开展了一系列促销活动，改善用卡环境，逐步营造优惠商户的规模优势，提升品牌形象。截至年末，全年新增信用卡 90074 张，新增 POS 商户 390 户，新增广发卡特惠商户 800 户。

五、客户管理

分行始终把扩大基础客户群、有效客户群和优质客户群作为战略目标实现的关键。分行以核心客户为重点，加强中小企业客户及个人客户的营销力度，加快调整客户及业务结构，全力以赴促进业务又好又快持续发展。截至年末，分行对公客户较年初提高 27.42 个百分点，总行级核心客户 7 户，分行级核心客户 19 户。个人贵宾客户同比增长 70%，其中三星级至五星级客户同比增长 73%。客户基础进一步夯实，客户结构进一步优化。

六、业务拓展

2012 年以来昆明分行加大业务产品的拓展力度，投行、内保外贷、现金管理、理财顾问、信托财产保管、保函、保理项下代付、国内信用证、跨境人民币订单融资等业务相继成功落地。特别是首笔 2530 万美元外汇流动资金贷款成功发放、首笔国内信用证福费廷即时转卖业务及国内信用险项下应收账款融资业务成功办理，一批内保外贷业务成功落地，系统内第一笔水电项目固定资产贷款项目的成功获批，为调整分行客户结构、增加客户黏度、扩大客户规模及全行业务健康、多元发展起到了积极作用，在本地市场引起了强烈反响，极大地提升了分行的品牌知名度。

【金融服务和创新情况】

第一，从服务理念、服务设施、服务渠道、服务产品、服务流程等方面入手，不断提升服务品质。一是完善服务评价与考核体制，通过定期检查、第三方检查，全面提升整体服务水平。二是不断加强硬件设施，优化网点布局，完善功能分区，提高科技水平，努力实现服务人性化和硬件标准化。三是提高全行文明规范服务培训效能，通过阳光心态培训、银行基础业务手语培训和服务礼仪培训，增强员工服务意识，强化员工职业素养和气质修养的提升。四是加大理财顾问团队、大堂经理队伍的培训和技能训练，不断提高员工整体素质，通过开展业务技能竞赛，展示员工良好的综合素质和过硬的业务技能。五是开展普及金融知识活动、“尊师重教”志愿者公益活动，通过金融知识专题讲座、业务产品知识宣传等，积极向公众普及金融知识，大力提高全行服务水平和质量，提升了广大客户对广发银行金融服务的社会满意度。

经过不懈的努力，昆明分行的服务赢得了客户和社会的认可与信任。2012 年，玉溪分行营业部被授予“2012 年度中国银行业文明规范服务示范单位”称号，玉溪分行营业部、金碧路支行和吴井路支行被授予“2012 年度云南省银行业文明规范服务示范单位”称号，昆明分行被总行授予 2012 年度“优秀服务智囊团”称号，分行 2012 年度文明规范服务综合考评位列全行第八位，全行文明规范服务工作获得了上级监管单位的充分肯定和社会各界的广泛赞誉。

第二，进一步加大产品创新力度，注重服务内涵，根据客户需求，研发新产品，打造新平台，致力于为客户提供全方位的金融服务解决方案。在优质服务的推动下，促进了全行各项业务的快速发展。在由云南省人民政府金融办公室、云南日报报业集团联合主办的“第二届春城金融博览会”中，分行荣获“2012 年度云南省银行业支持地方经济贡献奖”、“2012 年度云南省最受欢迎信用卡品牌”和“2012 年度云南省最佳财富管理银行奖”；在云南省银行业协会和都市时报主办的“第五届云南金融百姓口碑榜”评选活动中荣获“最佳中小企业金融服务银行”、“云南百姓最喜爱的手机银行品牌”、“优秀贸易融资银行”称号。不仅为云南企业和老百姓提供了全优的、独具特色的金融服务，更为云南省经济快速发展贡献了应有的力量。

【风险管理和内控制度建设情况】

一、加强风险控制，严控信贷风险

分行高度重视银监会“三个办法，一个指引”的贯彻落实，强化全行信贷人员依法合规经营意识，全面开展对政府融资平台贷款的清理整顿、分类和到期催收工作，开展全行担保品年检核查、生产型企业风险排查、钢贸企业风险排查、“涉伊”企业授信风险排查等风险排查工作，加强动产质押业务监管。

二、加大不良资产清收处置力度

分行将不良资产的清收处置作为工作的重中之重，策略上，“先易后难、先大后小”，抓大户，抓新户，抓抵（质）押物易处置客户；手段上，风险控制措施前移，分类管理，一户一策，有效提升资产质量。

三、进一步加强合规内控建设

一是调增 4 人到合规条线，充实合规队伍，加强队伍建设。二是结合内控与风险防范联席会议制度、年度合规管理情况报告工作机制、合规晨会制度加强对重点单位部门、重点业务、重点环节的控制和管理。三是扎实进行合规文化建设，完善合规体系建设，巩固“内控三道防线”，切实加强党风廉政建设，规范员工从业行为，保障各项业务依法合规经营。

四、加强案件防控，确保万无一失

坚持“预防为主，群防群治，标本兼治，安全第一”

的工作方针，开展职业道德教育和案件防控专题讲座，加强党风廉政建设和员工廉洁从业教育，结合案件专项治理工作强化内部管理，完善工作机制，加强人防、物防、技防建设，全面提高安全保卫工作管理水平和整体防范能力。特别对12个案件多发部位及违规办理票据业务套取银行信贷资金、伪造银行存单骗取质押贷款、挪用盗用客户资金等主要风险点进行深度排查、严查严防，确保了全年无案件、零事故发生。

【大事记】

1月11日，举办2012“广发杯”高尔夫球精英赛。

1月14日，举办2012年春节文艺汇演暨团拜会。

1月14日，举办文艺汇演

2月4日，召开2012年存款工作座谈会。

2月18日，举办首届“广发杯”名人桥牌邀请赛。

3月18日，与省金融办成功签订小额贷款公司筹建保证金管理合作协议。

4月26日，首笔装船前融资业务成功落地。

5月15日，召开2012年全行半年工作会议。

5月15日，召开全行半年工作会

6月10日，开展夏季踏青活动。

7月21日，开展“争先进位大讨论”活动。

7月21日，开展“争先进位大讨论”动员会

9月17日，投行业务实现零的突破。

11月20日，首笔外汇流动资金贷款成功发放。

11月21日，首次建立中层干部岗位匹配度测评制度。

11月22日，签署首笔《中小企业财务顾问服务协议》。

11月30日，首笔福费廷类业务成功落地。

12月2日，系统内第一笔水电项目固定资产贷款成功落地。

12月5日，首家小企业金融中心昆明大商汇支行“小企业金融中心”正式挂牌。

12月5日，举行大商汇支行“小企业金融中心”授牌仪式

12月14日，“广发银行希望奖学金”云南大学捐赠仪式顺利举办。

12月14日，“广发希望奖学金”云南大学捐赠仪式顺利举办

（刘爱萍供稿）

第二部分 金融业务

中信银行昆明分行

行长：林争跃

【综述】

2012年，中信银行昆明分行围绕“转型、提升、发展”的工作思路，推动产品创新、拓宽市场领域，对公负债坚持五种增长方式的转变，零售业务在总行部署下，推动网点转型建设，实现整体业务从年初下潜到快速增长，增量和增幅在系统内和当地同业都排名靠前，连续三年获总行优秀分行，排名不断提升。

实现和保持“走在前”的目标，是中信银行昆明分行保持竞争力的不懈追求，中信银行昆明分行积极转型，与总行的理念保持高度一致，依托三大平台，“以创新谋发展，以差异化赢取客户”。

2012年，中信银行昆明分行实现各项存款434亿元，同比增长15%，对公存款历史性突破300亿元大关，储蓄存款历史性突破60亿元大关，国际业务结算量历史性突破10亿美元；实现贷款305亿元，同比增长23.7%。

2012年，中信银行昆明分行在第四届中国银行业好分行评选中获评“最具创新精神分行”，在第五届云南金融百姓口碑榜中获“最佳股份制银行”、“百姓最信赖财富管理品牌”、“最佳金融服务银行”，在第二届春城金融博览会上获“支持地方经济贡献奖”、“最佳产品创新奖”、“最佳贸易融资银行奖”，在2012年云南金融机构价值发现评选活动中获“年度卓越创新奖”、“年度最具社会责任银行品牌”、“年度公司金融品牌奖”。

【业务发展情况】

一、信贷业务

2012年，分行面对国内外严峻的经济金融形势，在总行的正确领导下，准确把握市场定位，迎难而上，全面把握云南桥头堡建设带来的市场新机遇，通过差异化竞争和中信特色创新服务实现持续领先的发展路径，做实以客户为中心服务理念的关键步骤，坚持全面创新、发扬创新精神，分行积极改变经营思路，通过信贷结构调整继续支持云南省重点项目的建设以及“桥头堡”建设的推进。同时通过调整结构、金融创新等方式加强对云南省重点基础设施建设项目的支持，并优先支持中小企业和个人贷款的发展在资源配置和信贷政策上给予大力支持。

2012年，分行各项贷款余额305.36亿元，较年初增长58.46亿元（实际贷款投放175.2亿元），完成省政府年初下达的任务。年末对公贷款余额240.78亿元，较年初增加37.02亿元，增幅18.16%，其中，小微型企业贷款余额21亿元，涉农贷款余额56亿元。年末个人贷款余额为64.57亿元，较年初增加21.43亿元，增幅49.68%。

分行持续调整资产负债结构的成效也逐步显现，在保持日均存款增速快于贷款增长的基础上，时点存贷比控制在79%左右，日均存贷比也由2006年的117%调整至81%，完成总行调控目标，成功实现软着陆，改善了存贷比速降失重的不适状况，形成对分行业务的有力支撑，表明分行正在走向资本约束下的理性发展道路，科学合理、理性均衡已经成为分行资产负债结构的新形象。

在规模控制趋紧的环境下，为更好支持云南省经济社会发展，分行充分发挥中信集团优势，进一步丰富企业融资渠道。2012 年分行牵头承销的企业中期票据累计 13.79 亿元、企业短期融资券 9 亿元，企业债 46.5 亿元，通过信托融资、融资租赁、并购贷款等为企业融资 25.9 亿元，累计销售公司理财产品 59.85 亿元，为企业的资产筹集和运用提供了更多的渠道和选择。2012 年，分行依托全景式、差异化的创新业务，为云南经济社会发展筹集资金 146.49 亿元。

二、负债业务

2012 年，伴随同业竞争加剧，银行业负债业务增长面临诸多困难，分行多措并举狠抓营销。分行负债业务实现了稳步增长，存款总量规模和增量在中小商业银行中保持前列。

对公业务方面，分行把产品部门的力量、资源整合到一起，为一线经营机构业务发展提供强有力支撑，继续推动大公司平台建设，将大公司平台打造成分行的竞争优势，为客户提供综合化的金融服务；调动、整合全行资源，组织营销大项目、大客户，强有力带动了对公负债业务增长。2012 年年末，一般性对公存款余额达到 319.5 亿元，比年初增加 77.3 亿元，增幅 16.73%。

零售业务方面，分行着力推动网点转型，核心聚焦在网均产能提升，打造交易、营销、服务一体化的新型网点，提升市场竞争力，形成网点标准化、流程化、专业化的经营模式。拓展营销渠道，加强零售专业队伍建设，推进零售服务体系建设，努力提高中信银行昆明分行零售业务的核心竞争力。零售管理资产站上 95 亿元台阶，较年初新增近 25 亿元，管理资产三年平均增幅超过 30%，高于全行平均增速。储蓄存款余额 54.07 亿元，比年初增加 6.4 亿元，增幅为 13.71%。

三、中间业务

分行中间业务在搭平台、建机制、强队伍的基础上，在短短几年的时间内创造了多个云南第一和系统第一。围绕社会全景融资模式，坚持把资产、负债、中间业务协调互动发展作为有机的整体来谋划，以市场为导向，以客户为中心，以追求合理利润为核心，不断创新，多措并举，积极完善工作机制，不断加大对中间业务组织推动力度，为客户提供具有中信特色的个性化的综合金融产品和服务，全力推动中间业务更快更好地发展。

分行不断加强投资银行中心、同业票据部业务创新能力，调整优化业务结构，通过对客户的深入研究，不断提升中信银行昆明分行投资银行业务的运作能力。

四、银行卡业务

2012 年，中信银行昆明分行围绕“两卡一金”，加大银行卡业务推广力度，主推香卡和信福年华卡，同时加快电子渠道建设，改善用卡环境。

中信香卡为云南地区广大女性提供了独特的银行服务；信福年华卡为中老年朋友提供了温馨的理财服务，2012 年累计发卡 19793 张；中信回卡以中信银行出国金融服务的独有优势满足了人民群众出国留学、旅行的需要，全年新增出国金融客户 398 名；中信 home 卡则积极为需要购买住房的客户提供帮助。

2012 年 3 月以来，中信银行昆明分行实施 POS 业务集中经营。截至年末，中信银行昆明分行间联 POS 存量达 3270 台，本年新增 2475 台，新增率达 302%，全年合计刷卡 941793 笔。随着业务量的不断增加，业务的管理和推动难度也在不断加大，中信银行昆明分行从多个维度进行了 POS 业务流程和管理内容的梳理，完善审批机制，加快工作效率，丰富业务品种。

【金融服务和创新情况】

一、金融服务

2012 年是中信银行昆明分行打造服务型组织建设的一年，在全行的共同努力下，全行服务水平得到长足进步。

在保持并继续提升原有服务硬件设施水平的基础上，中信银行昆明分行进一步提升服务软实力。在总行“新支点”网点转型的号召下，中信银行昆明分行积极响应，在此基础上完善服务制度、优化服务流程、从营业大堂和服务柜台两方面开展服务能力提升的培训，牢牢树立了“一线服务客户、后线服务一线”的服务意识。

2012 年，在当地媒体发起的第五届云南金融百姓口碑榜评选活动中，中信银行昆明分行入选最佳金融服务银行。此外，在 2012 年度云南省银行业文明规范服务省级示范单位评选当中，中信银行昆明分行所辖安康路支行、高新支行、白塔路支行获得 2012 年度银行业文明规范服务省级示范单位。

二、金融创新

紧紧抓住云南实施“桥头堡”国家大战略机遇，用好用活国家给予的金融扶持政策，围绕大战略开拓大投行，抓住云南省重大建设项目和央企入滇带动重大投资项目的融资机会，以个性化、专业化、创新性的综合金融服务解决方案开展创新业务；同时通过创新业务继续做深做透云南省大型国有优质企业，并配合走出去战略通过中信金融控股集团综合优势继续巩固区域内主流银行和方案银行的市场地位，也为云南企业提供积极的资金支持。

2012 年，中信银行昆明分行通过银信合作、银银合作、银资合作、银租合作等方式实现了全景社会融资模式的业务突破，2012 年通过积极创新全景社会融资模式，实现委托债权理财、创新性委托贷款、银银合作单一信托等多项业务的创新突破，累计业务单数 20 笔，累计实现融资超过150亿元，为云南企业提供融资成本相对较低的资金支持。

【风险管理和内控制度建设情况】

一、风险管理

中信银行昆明分行自成立以来，面对复杂多变的国内外经济环境以及接连不断的内部发展压力，始终坚持在总行构建的风险管理体系下，严格执行相关制度，注重分行的实施细则等制度建设，落实“三个办法、一个指引”的监管要求，在加强信用风险、市场风险、操作风险等传统风险管理的同时，还努力加强声誉风险、信息科技风险等其他风险的管理，努力健全风险管理架构，完善全面风险管理。风险管理工作坚持“三性”原则即专业性、独立性、合规性，已建立风险线独立于业务线、行业审贷、层级审批、一票否决的信贷决策系统。

2012年，中信银行昆明分行风险管理工作以“创新、转型”为中心，立志打造一支“反应灵活、专业素质高、服务定位明确、指导地位稳固”的风险管理队伍，通过实现了个人经营贷款及小企业贷款集中嵌入式审批、搭建二级分行风险管理体系、适度扩大经营机构个人消费贷款（含商用房按揭）审批转授权额度三项举措，实现四个突破、多个亮点：四个突破，即推行授信业务专岗专职审查、建立客户经理专项考核体系、推行差异化授信方案、将风险管理做新做精；多个亮点：评级管理得到强化、经营单位对风险管理部反向考核有成效、通过现代信息技术改进信审流程、绿色通道“绿”起来、新思路提高统计准确性、专业资格考试获100%合格率、风险管理常抓不懈。

二、内控制度

内部控制是一项长期的任务，是个不断完善、不断优化、不断与内外部环境和发展要求相适应的动态过程。中信银行昆明分行紧跟全行发展战略，以高度重视的态度，秉持科学的发展观，持续完善内控制度建设，加强内控工作的规范性、标准性。

为完善内控制度设计，规范制度管理体系，中信银行昆明分行依据总行《制度管理办法》和《业务流程管理办法》，统筹规划、整体联动，构建起各项制度流程执行、维护、更新、优化的动态管理机制。一是按照效力等级规范了制度层级，依次分为基本制度、管理办法、操作规范三个层级，并在综合办公系统中建立了分级传阅制度，确保不同层级制度传达到位。二是在完成对2011年前各类规章制度整理、汇编成册的基础上，2012年在分行权限内新制定下发各类规章制度67个，涵盖了16个管理门类。制度制定过程中注意强化制度合规审核，为制度合规管理提供专业化把控。三是深化全流程管理，推进流程负责人制度，确立了分行各业务流程负责人。在进行跨部门制度办法制定时严格注意明确主办部门、协办部门的职责，并通过分行办公室督办制度的充分发挥，有效协调部门间的沟通配合，避免出现同一流程下不同部门下发制度不衔接的情况。通过以上措施，切实提升了制度流程管理水平。

在完善制度管理的同时，中信银行昆明分行还通过加强培训力度，增强员工的合规意识和风险意识，促进全行管理制度及机制的持续优化。分行层面，开展了“创建合规支行”、“全行首届合规知识竞赛”、合规征文活动、新员工合规教育、兼职合规员专题培训等形式多样的活动；经营单位和部门层面，也建立起常态化的学习培训机制，利用班前、班后、晨会、例会等时间，学习讨论各项内控制度，解析相关业务流程管控要点，加深员工对规章制度的掌握程度。

通过上述措施，中信银行昆明分行内控制度建设不断趋于科学性和严密性，为进一步提高银行经营管理水平和风险防范能力提供了有效保障，促进了银行业务的持续、健康发展。

【大事记】

1月初，获“最佳股份制商业银行”等四项大奖。

1月16日，召开2012年工作会议暨表彰大会。

2月2日，与云南省投资控股集团签署银企战略合作协议。

2月2日，召开党员代表大会。

2月3日，创新网点经营模式进入试点阶段。

2月8日，总行副行长孙德顺到昆明分行调研指导工作。

2月14日，首单股权融资财务顾问项目落地大理。

2月13日，迅速开展整治不规范经营自查自纠。

2月16日，召开年度公司银行业务主线工作会议。

2月23日，召开年度零售银行专业工作会议。

3月3日，举办“中信银行”杯第四届桥牌名人邀请赛。

3月14日，与云南煤化工集团签署银企战略合作协议。

3月20日，与云南大学签署银校战略合作协议。

3月23日，召开2012年信贷风险管理工作会议。

3月下旬，获云南省银监局2011年度监管评级2A等级。

3月27日，财政部驻云南专员办到分行进行会计信息质量查前调研。

3月27日，与永诚财险云南分公司签订全面业务合作协议。

3月30日，承办云南省客户风险第八次联系会议。

4月18日，与云南省工业投资集团签署银企战略合作协议。

4月中旬，高分入选云南省股权投资基金托管首批合作银行。

4月21日，参加云南省金融办基金入滇会议。

5月3日，发行大理地区首笔企业债资金。

5月9日，成功入围总行“新支点”网点销售化转型第三批推广分行。

5月11日，与云南省城市建设投资有限公司签署银企战略合作协议。

5月，获2011年度云南省支付清算系统运行先进集体、2011年度昆明同城票据交换标兵单位称号。

6月5日，与昭通市人民政府签署银政战略合作协议。

6月6日，召开零售业务网点销售化转型项目启动大会。

6月15日，首次通过对公渠道募集并向企业发放委托债权理财融资资金。

7月6日，承办“3S”外汇业务战略客户高层论坛。

7月10日，与昆明温州总商会签订战略合作协议。

7月11日，贵宾理财中心揭牌。

7月中旬，开立首张电子银行承兑汇票。

7月19日，获评中国银行业最具创新精神好分行。

7月24日，达成首笔银资合作债务重组业务。

8月2日，连续三年获云南省“社会扶贫先进集体”。

8月2日，“信福年华之家”正式揭牌。

8月3日，举办出国金融业务专场推荐会。

8月6日，人民银行昆明中心支行副行长刘莹一行到分行调研。

8月10日，总行董事长田国立到分行调研指导工作。

8月16日至17日，承办总行2012年办公室工作会议。

8月27日，举办第二届“中信圆你一个梦”扶贫助学活动。

8月28日，广福路支行盛装开业。

8月30日至9月3日，举办战略客户银企合作论坛活动。

9月6日，与信银国际参访团举行业务座谈。

9月8日，参加总行25周年行庆大会。

9月13日，信福年华书画摄影大赛颁奖典礼落幕。

9月17日，中标云南省省本级国库现金管理服务代理行资格。

9月24日，组织战略客户参加总行中秋联谊会。

9月26日，成功办理首笔国内信用证付款融资业务。

9月27日，办理新系统首笔电票贴现业务。

10月13日，获云南省金融宣传工作二等奖。

10月17日，云南省银行业协会到分行拜访。

10月18日，召开“新支点”项目阶段性总结暨全面推广启动大会。

10月20日至21日，举行第六届高尔夫邀请赛。

10月24日，召开2012年信贷风险管理专题会议。

10月25日，举办银担合作论坛。

11月6日，三家支行获年度省级银行业文明服务示范单位。

11月15日，开立辖内首笔跨境人民币信用证。

11月21日，办理首笔大额外币同业存款业务。

12月4日，获评“支持地方经济贡献奖”等三项奖项。

12月15日，蝉联云南省最佳股份制商业银行。

12月20日至21日，召开2013年公司银行业务务虚工作会议。

（吴辉江供稿）

华夏银行昆明分行

行长：杨 伟

【综述】

2012年，在省委、省政府和中国人民银行昆明中心支行、云南银监局的关怀、监管下，华夏银行昆明分行认真贯彻总行年度工作会议精神和5年发展规划的要求，围绕“三个转变、两个提高、一个发挥”，坚定不移地实施做好“点”、做强“线”、做大“面”的经营策略，在“做精、做深、做专”上下功夫，努力向结构调整要效益，向资本管理要效益，向精细化管理要效益，向提升服务水平要效益，通过强化基础管理和风险防控，实施以产品打市场的经营策略，在全体行员的共同努力下，较好地完成了各项经营管理任务，实现了稳健快速发展。

2012年，华夏银行昆明分行全年实现利润总额8.23亿元，实现中间业务收入1.9亿元，一般性存款余额438.45亿元，其中对公存款余额373.72亿元，储蓄存款余额64.74亿元，对公存款日均286.85亿元，储蓄存款日均53.57亿元，个人金融资产总量118.22亿元，本外币贷款余额243.77亿元。全行利润、存款、资产等主要指标实现了连续15年的持续稳定增长，存款规模增幅为历年最高，存款规模在云南股份制银行中排名第一位。

【业务发展情况】

2012年全年，在“稳中求进”的指导思想下，分行认真分析形势变化，全力以赴抓中心工作，按“做大规模、做优结构、做强效益”的工作思路，坚持在业务结构和人员队伍结构调整上下功夫，不断加快改革创新步伐，力求从根本上推进经营转型和发展方式的转变。在总行总体目标要求下，将全年工作安排编制成折子工程，提出7个方面、30项重点工作、101项细化措施，分阶段、有步骤地牵头组织推进落实。

一、重点推动小企业业务、物流金融业务和电子银行业务的发展

小企业业务通过继续推动平台合作与批量开发，实现稳定增长。年末，小微企业客户9487户，完成总行计划的376%，授信客户776户，完成总行计划的263.95%；小微企业存款余额96.3亿元，较年初新增18.15亿元，贷款余额42.61亿元，较年初新增14.29亿元；累计投放小微企业贷款34.57亿元。供应链金融业务明确目标市场，通过行业解决方案和集中营销，实现批量开发，授信客户总数48户，实现业务量58.71亿元。电子银行业务由服务为主向营销与服务并重转变，发挥渠道优势，将电子银行替代率纳入对柜台、大堂经理、理财经理的日常考核。电子银行业务取得快速发展，企业网银和个人网银开户数较年初分别增长66%和58%，TPOS布放数增长49%，获总行电子银行公司条线十佳分行。

二、有效落实客户倍增计划

引导支行立足客户倍增工作，加大客户链式开发。以债务融资工具等新兴金融市场业务的资金落地为契机，对客户资金流向脉络进行提前梳理分析，通过了解客户资金计划安排和提前信息收集，跟进交易对手，确保资金的体内循环；同时通过实际控制的资金流来开发下游客户授信业务，形成资产业务联动，通过账户开立、授信跟进、存款落地等顺序和环节的把控，实施客户滚动链式开发及授信业务的储备，截至年末，资产负债业务联动开发成果逐步显现，对公客户倍增661户。个人业务通过优化客户分层服务方案，推行客户服务网格化管理和全员营销，实现有效客户新增15250户，贵宾客户新增2729户。小企业业务通过深入落实“在烧饼上捡芝麻”的营销策略，客户数较年初新增1504户，授信客户新增482户，实现授信客户数量翻两番。

三、加大结构调整力度

大力退出对公低质低效客户，制定低质客户退出方案，全年正常类低质低效客户累计退出 31 户，金额 14.33 亿元，完成全年计划的 132.07%，进一步改善了授信客户风险状况。坚持“有保有压、有进有退、优化增量、调整存量”，进一步优化信贷行业结构。对于重点投放类，加大投入信贷资源，构建信贷业务长期稳定发展的战略支柱产业；对于适度增长类，准确把握信贷机会，积极稳妥开展信贷业务，保持信贷总量合理增长；对于结构调整类，结合产业结构调整、技术装备升级发展方向，以优化内部结构、提升整体质量为重点，组合优化区域、客户、产品、担保和期限结构，切实提高相关信贷资产的安全性、流动性，以及满足风险对价要求。重点投放及适度增长领域的贷款达到 156.61 亿元，占比 78.47%，较年初增长 12.30 亿元，进一步融入了地方主流经济。

四、整合营销资源与业务资源

通过将重点客户营销层级上移，解决大客户难以做深做透、交叉营销严重等问题。在分行层面成立 16 个重点客户营销工作小组，对烟草、财政、能源、矿冶等重点行业、重点客户实施更高层级和更具针对性的营销，深入挖掘重点客户的综合贡献度以及业务合作度、产品依赖度。同时针对重大信贷项目，成立营销攻关小组，建立从信贷项目方案设计到项目组织上报的一体化工作机制。通过深入提升挖潜，目标行业存款增长显著，其中烟草行业尤为突出，年底该行业重点客户存款余额突破 20 亿元，存款日均增长突破 10 亿元，对全行存款增长起到了支撑性作用。分行产品经理及各专业团队直面客户，商谈业务，设计产品，确定合作方案，组织业务实施，通过大力开展发债融资、信托、租赁、资产托管等新兴业务，拉动存款增长近 70 亿元。

五、加强经营调控与贷款定价管理

要求资源配置和资本回报、分类管理相挂钩，实现资源配置和统筹管理、后评价机制相结合，向资源使用效果佳的业务倾斜，向资源使用效率高的单位倾斜，促进全行业务良性发展。年中针对分行资产收益情况，对分行资源配置分配原则进行修订，努力提高分行风险资产利润率和资产利润率，以适应总行针对监管新规推进的分类管理考核和杠杆率考核导向。

【金融服务和创新情况】

以提升网点规模和服务能力为核心，通过优化考核激励机制、强化服务意识与能力、加强班子指导帮扶力度等措施，推动了网点单产水平和客户服务能力的大幅提升，为全年快速发展奠定了基础。

一、鼓励支行跳出计划谋发展

为提升考核激励制度与总行考核政策的正向相关度，分行在 2011 年尝试推出评价考核体系，并在取得良好激励效果的基础上，2012 年进一步将评价考核体系权重由 40% 加大至 60%，引导支行跳出计划谋发展。年初尝试开展支行差异化管理模式，通过考核资源的调配和收入基数权重的设置，鼓励大行做大做强，鼓励小行快速成长，明确了营业部作为小企业特色行进行试点，并配套出台了扶持期内资源配置和考核倾斜政策。在强调评价指标的考核导向下，支行的积极性得到了充分发挥，网点单产水平大幅提升。2011 年，分行一般性存款余额突破 20 亿元的支行仅有 2 家，但到 2012 年末，分行一般性存款余额超过 40 亿元的支行有 2 家，20~40 亿元的支行有 5 家。

二、提高网点规范化服务水平

为迅速扭转网点规范化服务管理薄弱，有效提升服务能力，2012 年 5 月，分行组织召开了全体行员参加的服务工作会，要求全行上下提高思想认识，把提升服务作为创先争优工作和提升核心竞争力的一项重要内容来抓，对存在问题划分责任部门，明确整改时限，并组织相关部门和支行针对网点环境设施改善、柜台和营销人员礼仪规范、服务技能等方面做了大量细致而有效的工作。2012 年下半年对 19 家网点实施网点建设导入培训，分行服务管理部门和支行行长全程参与，将培训内容落地，植入日常管理中，并通过举办优质服务竞赛、会计技能比赛等，检验客户服务能力和服务突发事件应急处置能力。经过全体行员的共同努力，全行的服务意识和能力有了新提高，对服务的重视程度得到提升，总行“神秘客户”检查排名大幅提高，服务管理工作综合评价在系统内排名第 4。有 3 家网点入围“云南省银行业文明规范服务示范单位百佳”网点，高新支行和玉溪支行营业部荣获中国银行业文明规范服务千佳示范单位称号，成为当地取得该项荣誉最多的股份制银行。

三、加大人力资源向一线倾斜的有效、有序力度

为进一步优化人员结构，不断提升一线营销人员占比，提高全行的业务竞争能力，2012 年进一步加强了行员队伍结构调整的力度，对支行下达编制计划。编制按半年度实行浮动管理，以一般性日均存款、利润实际完成值计算规模编，以客户结构为调节计算结构编，根据规模编和结构编计算得出的编制作为下一个半年度支行编制的控制额。编制控制额中，限定基础编制为 22 人，营业室人员按人均业务量计算导出配置数，不足 7 人按 7 人配备。在编制计划的指导下，分行的整体人员调配实现了尽可能向支行和营销部门倾斜的目标，年末一线营销人员占比达到 36.45%。

四、发挥党委委员联系行制度的积极作用

为了使党委委员更充分、全面地了解各支行发展情况，更好地发挥引领帮扶作用，2012年初对党委委员联系行做了调整。各位委员认真落实联系行制度，深入基层、深入一线员工、深入客户，掌握大量翔实的第一手资料，指导支行修正发展中存在的偏差和不足，分析查找出制约全行业务发展的全局性问题，进一步提高了决策水平和能力。分行各业务团队和产品团队也深入支行和客户，与客户经理共同面对客户，进行实战培训，解决业务难题，促进业务发展，发挥了对支行经营发展的支撑作用。

五、推动新兴业务与传统业务的联动

深化“关系＋产品＋服务”的营销理念，进一步提升了条线支撑能力和服务能力，为拓展新的业务增长点打开了良好的局面。通过建立有效的同业合作机制，运用“大金融”手段，加大与信托公司、租赁公司、基金公司等外部资源平台的合作，全力推进信托、短融、中票、托管等业务，将同业产品与分行产品有机结合，实现存款沉淀的同时提升了中间业务收益。全年累计办理银承直贴116.43亿元、商票保贴3.35亿元、转贴864.4亿元，国内信用证开证25亿元、买方代付18亿元，办理福费廷业务1.3亿元，金融机构贸易融资委托付款（我代他业务）1.2亿元，旅游产业基金30亿元。累计销售个人理财产品109亿元。

【风险管理和内控制度建设情况】

一、强化信用风险管理

2012年，昆明分行继续完善信用风险管理体系，加强房地产贷款、政府融资平台贷款、表外及新兴业务、民间借贷渗透等领域的风险防控，密切关注钢贸企业，防范行业性风险。从年初开始对钢贸企业采取了果断的调整措施、保有原则、退出方法，严控新增，加大排查，确保分行钢贸企业客户未发生系统性风险。积极应对供应链金融发生的信用风险，通过查封、移库、转让、重组，最大限度地控制、化解了风险，并进一步完善、规范了货押业务操作流程。年末不良贷款余额8115.15万元，较年初压缩2011.56万元，不良率0.33%，稳步保持双降，控制在1%的目标内。

二、持续不懈地抓好合规运行和案件防控，坚持风险管控与业务发展并重，实现“零案件”目标

（一）强化内控管理与合规经营

全面落实各条线风险防控措施，通过以查促防、以查促改，有效解决业务操作和专业管理的规范性问题，细化了重点风险环节的防控责任和防控措施。建立推行违规积分考核办法，建立员工违规问题积分卡，对责任人进行积分考核和警示教育，对违规违纪和不尽职行为予以问责，严肃内控制度的威慑力，促进分行内控管理水平和效能不断提升。在全辖范围内深入开展以“规范贷款行为、科学合理收费”为主题的不规范经营专项治理活动。各业务条线、各支行在辖内组织了全层级、全流程、全品种的地毯式、无死角、无盲点的自查清理工作，将自查工作落实到了每个营业网点、每位从业人员。

（二）不折不扣地落实“两防”工作

在廉防工作上，针对分支行领导班子和关键部位、关键岗位，全面查找并评定可能出现的思想道德、岗位职责、制度机制和外部环境“四类风险”，并制定防范措施。将廉政惩防体系纳入经营管理工作整体规划，把惩防体系基本制度的学习宣传纳入分行党委中心组学习、党课教育和干部日常学习内容之中，使广大领导干部特别是行部班子熟悉掌握惩防体系制度基本规定，并通过落实廉政谈话制度，提高广大领导干部对“一岗双责”的认识。在案防工作上，在健全“制度＋流程＋技术＋人员”案防体系建设的同时，进一步加大排查力度。年内共组织了银行从业人员违反职业操守、银行员工涉及社会融资行为风险排查、员工个人行为“10条禁令”排查、行员配偶子女移居国（境）外情况调查、严禁参与民间融资风险排查、重点岗位员工异常行为排查、十八大期间信访舆情排查等11次风险排查，涵盖了分行全体600余名员工。组织开展了对4个专业部门和6家支行网点的效能监察工作，行员访谈20余人次。

（三）稳步推进集约化管理

根据总行信贷工作指导意见，结合分行授信业务持续快速增长、信贷潜在风险日益突出的实际情况，分行研究制定了贷后管理集中工作方案并于2012年5月份正式设立了贷后管理中心，将公司、个人、中小、物流等条线的贷后业务进行集中管理，逐步推进贷后管理的全面化、专业化、集约化，提升贷后管理质量。分行还将小企业授信业务的放款、档案和资产保全统一纳入了对公信贷风险管理。进一步加大了会计业务重点和风险业务的集中上收管理，积极探索ATM机加钞、巡检、资金清点等业务外包模式，在加强风险控制的同时有效控制管理成本。

（四）扎实推进会计规范化管理

会计工作以防范案件和规范业务操作流程、提高服务技能为重点，积极发挥会计检查的职能作用，加强对各种风险环节和会计规范化的检查力度，做到“点面”结合，“检查与辅导”并重，调动全体会计人员的工作积极性和主动性，基本实现了业务操作规范、服务流程划一、风险防范到位的总体目标，全年共堵截风险事件79起，涉及金额人民币4306万元、美元400元。

深入开展创先争优活动，以“思想高度统一、目标清晰明确、过程精细扎实、责任落实到位”为活动准则，持续发挥党委班子的引领作用，使创先争优的过程真正成为促进分行科学发展、加快转变发展方式的过程，把活动推动落实到基层和全员、落实到各项经营工作中。

第一，制定并落实活动目标。分行创先争优活动注重做实事、求实效，充分发挥班子的引领力作用。通过攻克3个工作任务、4个攻关任务，有效解决制约分行发展的突出问题，推动业务发展；通过设立6个责任区，确保管理有序、运营安全，实现零案件；通过设立45个示范岗，增强党性意识，发挥党员先锋模范作用。分行党委把上述活动内容和目标条线化、清晰化，进行任务分解，明确工作进度、阶段性目标，责任到岗到人，把活动推动真正落实到基层和全员、落实到各项经营工作中。创先争优活动极大强化了机关为基层、二线为一线、全行为发展服务的意识，全行工作作风发生了积极的转变，为发展注入了新的活力。

第二，听取民声，关注民意。分行党委认识到在指导基层开展创先争优活动，就是要引领基层行员在推动科学发展上取得新进展，而引领的关键就是为基层解决实际困难，多办好事实事。近几年，市场环境复杂，经营压力大，更多强调的是发展，往往会忽略对员工的关心和关爱，为此，分行党委2012年主动进行调整，将落实班子成员联系行制度作为听取民声、关注民意的重要途径，通过调整和落实党委委员联系行制度，加大了基层走访调研和客户营销频次，关心员工生活，指导支行发展：党委委员对所联系支行每月进行走访和指导不少于1次；每周不少于两个工作日参与联系行客户营销；每半年组织一次联系行员工座谈会；党委每季度至少听取1次班子成员调研和联系行情况汇报。

第三，积极践行“诚信、规范、和谐”的价值理念。在全行大力营造“简单、务实、创新、向上”的工作氛围，将全体行员的思想统一到“团结”和“发展”上，一切以“是否利于团结、是否利于发展”为衡量标准，判断是非与对错。以“关爱员工成长”为主题，要求各条线陆续组织会计人员、大堂经理、客户经理的座谈会，分行季度工作会和培训会也一改传统模式，更加注重交流互动。分行拿出工会经费以行部为单位组织了春游活动，在“三八”妇女节组织了厨艺比赛；为外地新入行大学生解决集体宿舍；分行团委与省直机关工委会员单位组织了单身联谊活动；全行各单位以极大热情投入行庆15周年文艺汇演、演讲比赛的组织和筹备，这些活动的开展，得到广大行员的积极响应，在有效帮助员工释压的同时，进一步提升了队伍凝聚力和战斗力。

【大事记】

2012年元旦，与云南省文学艺术联合会、云南电视台在云南大剧院联合举办“华夏之夜”新年音乐会。

1月3日至4日，召开党委务虚会，总结2011年工作任务完成情况，分析全年工作得失。

1月31日，召开支行会计主管行长、营业室经理及新行员2012年新春座谈会。

2月4日，召开2012年工作会议暨纪检监察工作会议。

2月7日至8日，总行行长樊大志、行长助理孙先亮一行到昆明分行调研指导工作。

2月12日，昆明分行与云南省晋商商会召开银企座谈会，云南省晋商商会会长常胜利及18家企业负责人出席。

2月21日，召开营销工作会暨一季度存款动员会。

2月28日，召开2012年度会计专业工作会议。

3月16日，召开深入开展创先争优活动动员大会。

3月22日，与晋商商会正式签订战略合作协议。

4月1日，召开“两防”工作动员大会。

4月18日，分行向云南省旱灾严重的昭通市鲁甸县江底中学、龙头山镇光明小学等35所乡村学校赠送了价值15万元、总重56吨的优质饮用水。

4月18日，举行昭通抗旱捐水活动

4月20日，召开2012年职工代表大会。

4月26日，人民银行昆明中心支行行长周振海率班子成员及部分处室负责人一行15人到昆明分行进行调研，与分行班子及相关部室负责人进行座谈。

5月14日，召开2012年服务工作会。

5月14日，分行召开服务工作会

5月14日，昆明市人民政府与分行及其他18家金融机构签订了《支持中小微企业融资壮大实体经济合作协议》。

5月31日，举办供应链金融产品首场推介会。

6月2日，分行在滇池高尔夫球会隆重举办2012年“华夏银行杯”高尔夫球邀请赛。

6月中旬，昆明分行对两家异地支行开展飞行检查。

7月8日，举办庆祝“七一”暨行庆十五周年文艺汇演活动。

7月8日，举办“七一暨行庆十五周年文艺汇演”

8月1日，召开专题会议对如何防控民间借贷风险问题和杜绝行员参与民间借贷行为进行工作布置。

8月2日，云南银监局巡视组针对防范和打击非法集资宣传教育活动对昆明分行进行检查指导。

8月3日，召开理财经理座谈会。

8月21日，召开产品创新研讨会。

8月至12月，分行与昆明市劳动就业局的小额担保贷款业务面向昆明分行18家经营单位开放。

9月13日，工会主席李国鹏带队，监事李连刚、监事田英、监事郭建荣、监事戚聿东、监事李琦、监事张国伟等一行来到昆明就昆明分行会计专业合规运行建设情况进行专题调研。

9月30日至10月7日，分行对各支行网点金融秩序、自助银行运行情况及网点服务管理进行了为期8天的安全、服务检查。

10月11日，召开标杆网点建设导入培训及回访总结会。

10月15日，分行短息业务平台正式开通运行。

10月15日，组织召开“十八大”期间维稳督导工作专题会议。

10月22日，召开三季度经营分析会。

10月27日，中国银行业协会副秘书长周永发一行五人莅临昆明高新支行，对支行创千家活动进行检查指导。

10月30日，召开主题为“感谢您的关爱，助力我们成长”客户座谈会。

10月30日，召开2012年客户座谈会

10月31日，分行针对小企业条线维稳工作进行了6项工作提示。

11月2日至3日，受中共昆明市委、昆明市人民政府邀请，副行长任永光赴昆明出席由昆明市委、市政府举办的“2012收获金秋投资昆明年会”，并就设立华夏金融租赁公司项目与昆明产业开发投资有限责任公司现场签订合作协议。

11月2日，举办风险管理和小企业信贷系统优化培训。

11月6日，召开货物及货权质押融资业务讨论会。

11月8日，与广发证券联合举办业务讲座。

11月11日，举办2012年优质服务竞赛。

11月15日，组织召开关于落实“三重一大”决策制度建立及执行情况自查工作动员会和2012年案件防控工作效能监察启动会。

11月19日至12月28日，昆明分行对全行电子银行业务进行了2012年度业务检查。

11月22日至23日，总行公司业务营销工作交流会在昆明举办。

11月23日，总行金融市场业务研讨会在昆明举办。

12月1日，昆明分行举办以“感恩华夏”为主题的行庆演讲比赛。

12月1日，昆明分行15周年行庆演讲比赛

12月4日，昆明分行举办测绘、抽检等方面的专业化培训。

12月5日，昆明分行召开供应链金融存货类项目专业风险评估会议。

12月6日，分行积极响应云南省委省政府的号召，履行社会责任，捐资50万元支持山区“爱心水窖”建设。

（胡苏、董茜供稿）

平安银行昆明分行

代行长：陈 冲

【综述】

2003年12月1日，原深圳发展银行昆明分行成立。2012年6月，原深圳发展银行以吸收合并平安银行的方式完成“两行整合”，并于7月正式更名为平安银行股份有限公司；2012年8月20日，原深圳发展银行昆明分行更名为平安银行昆明分行。截至年末，平安银行昆明分行共有管理部门14个、经营网点10个、市场团队13个，员工总计462人。

2012年，在复杂多变的经济金融形势下，平安银行昆明分行迎难而上、开拓进取，坚持以合规经营为基石、以业务拓展为核心、以优化流程为助推、以提升服务为目标、以强化管理为支撑，在发展中调整结构，在整合中增强实力，各项业务实现了稳健快速发展，为助推云南经济社会发展做出了积极贡献。截至年末，昆明分行资产总额201.68亿元，比年初增长64.20亿元，增长46.7%；负债总额199.46亿元，比年初增长64.36亿元，增长47.64%；贷款总额110.74亿元，较年初增加11.41亿元，增幅11.49%；各项存款余额140.93亿元，较年初增加23.78亿元，增长20.3%。

2012年，昆明分行通过综合金融平台以及专业化营销，先后实现了云南水利水电投资有限公司9.9亿元企业债券项目落地；首笔信托集合理财资金托管业务华宝信托6.8亿元成功营销；平安信托直投昆玉高速4.9亿元资金成功落户。此外，昆明分行信用卡有效发卡量突破13.7万张，同业排名第一位；全年零售小微贷款余额新增10.35亿元，预算达成率全行排名第一位。

“两行整合”后，站在新的发展平台上，平安银行昆明分行将秉承“对外以客户为中心、对内以人为本”的理念，将发展方式全面转型作为工作主线，以改革创新为驱动，以提升客户体验为重点，外延式扩张和内涵式增长并举，努力为客户提供综合金融解决方案，持续增强核心竞争力、风险控制力和价值创造力，为实现“最佳银行”战略目标而不懈努力。

【大事记】

1月6日，分行成功举办“2011年贸易融资业务合作方年会”。

3月15日，平安银行总行行长助理陈蓉莅临昆明分行检查指导工作。

3月15日，总行行长助理陈蓉莅临分行调研指导

4月13日，广福支行隆重开业。

5月3日，北京路支行迁址并更名为翡翠湾支行。

5月16日，平安集团副董事长、副首席执行官孙建一，集团党委副书记、总行党委书记王骥莅临昆明分行调研指导工作。

5月16日，平安集团副董事长、副首席执行官孙建一，集团党委副书记、总行党委书记王驥莅临昆明分行指导工作

6月14日，昆明分行牵头召开云南地区首次对公综拓业务联席会，云南产险及养老险相关单位参加会议。

7月18日，高新支行迁址并更名为南亚支行。

8月20日，分行更名为平安银行昆明分行。

9月14日，由昆明分行主办，平安产险、平安寿险、平安养老险、平安信保、平安数科承办的“平安一家亲”足球联赛隆重举行。

12月23日，在云南省财贸工会大力支持下，分行成功举办“新银行、心服务”业务技能大比武。

昆明分行营业部荣获2012年度“云南省银行业文明规范服务省级示范单位”称号。

分行为楚雄牟定县新桥中心小学捐赠20台教学电脑

4月13日，第九家支行广福支行顺利开业

（董远勇供稿）

富滇银行

董事长：夏 蜀

【综述】

2012年，在省委、省政府的正确领导下，在中国人民银行昆明中心支行、云南银监局的指导帮助下，富滇银行上下按照行党委以及董事会的部署，积极应对形势发展变化，紧紧围绕支持服务实体经济发展的目标，不断改进和提高服务水平、创新金融产品、提高风控能力，开创了资产破千亿、机构破百家的可喜局面，取得了优异的发展成绩，实现了历史性的重大突破，为云南经济持续较快发展作出了贡献。

【业务发展情况】

一、资产规模突破千亿元

面对复杂严峻的国际经济金融形势和国内经济下行压力，富滇银行坚定不移地保稳定、促发展、抓创新，加大科学发展和谐发展跨越发展的步伐。截至年末，富滇银行本外币资产总额达到1047.87亿元，同比增长222.32亿元，增幅为26.93%；资产规模是五年前的3倍，增长率高于全国城商行总资产平均增长率3.3个百分点，高于全国银行业金融机构总资产平均增长率9.1个百分点，在全国城商行的排名由五年前的第88位提升到30位以内，进入中等或中等偏上城商行序列；机构数量成功突破百家，达到103个，正在筹建和申报的还有10个，覆盖了全省大部分州市；资本充足率为13.26%，核心资本充足率为11.13%，均达到监管要求。

二、全面完成董事会下达的各项经营指标

一是圆满完成存贷款指标，支付能力及经营水平持续提高。截至年末，全行本外币全口径存款余额为861.28亿元，同比增长170.15亿元，增幅为24.62%，其中，一般性存款余额为750亿元，同比增长111亿元，增幅为17%；本外币各项贷款余额为498.22亿元，同比增长76.67亿元，增幅为18.19%，超额完成董事会下达的新增75亿元目标任务；存贷比为66.44%，同比提高0.47个百分点。

二是经营效益大幅提升，盈利能力显著增强。实现营业收入28.07亿元，同比增长5.48亿元，增幅为24.24%；实现利润总额12.60亿元，同比增长3.13亿元，增幅为33.01%；实现净利润9.60亿元，同比增长2.28亿元，增幅为31.17%；资产收益率为1.02%，同比提高0.07个百分点；资本收益率为16.46%，同比提高0.24个百分点；收入成本比为41.13%，同比下降2.89个百分点。

三是资产质量持续改善，抗风险能力显著增强。不良贷款率为0.96%，同比下降0.12个百分点；拨备覆盖率为332.84%，同比提高25.9个百分点；拨贷率为3.19%，同比提高0.07个百分点；流动比为32.04%。

四是市场指标完成较好，品牌影响力得到提升。新增富滇卡22万张，新增企业网银客户3728户、个人网银客户15861户，新增手机银行客户11118户，电子银行交易替代率达到25.28%。在第七届中国中小企业家年会上，被

评为“全国支持中小企业发展十佳商业银行”，在第五届中国最受尊敬银行及最佳零售银行评选活动中，被评为“中国最具区域竞争力城商行金融品牌”。

三、积极支持“稳增长、冲万亿、促跨越”工作，切实履行地方银行职责

一是认真执行国家货币信贷政策，促进云南经济跨越发展。坚持“有扶有控”政策，支持实体经济和全省产业升级，紧盯“稳增长、冲万亿、促跨越”目标，支持“滇中引水”工程、滇池污染治理项目等2012年全省重点督查的20个重大建设项目，全年累计投放贷款707.09亿元。二是围绕“园区经济、县域经济、民营经济”，强化金融服务支持。新设楚雄开发区支行，搬迁昆明经开区支行，强化对园区经济的支持；新设普洱人民路、大理宾川、西双版纳勐渤、红河个旧支行，加大对县域经济的支持力度；设立7个小企业专营行，发挥矿业、科创中心行业金融专家作用，为民营企业提供专业化金融服务。三是加大小微企业支持力度。紧密联系省市工信委、金融办、劳动就业局及工会等部门，参与政府主导的促进小微企业发展的活动。截至年末，全行小企业贷款余额（不含贴现）为67.47亿元，同比增长26.31亿元，增幅达63.92%，增幅高于全行贷款增幅45.78个百分点，增量高于2011年同期10.29亿元。四是加大“三农”金融服务。充分利用州县网点和已发起设立的四家村镇银行，不断加大“三农”支持力度，推出“联保授信”、“橡胶产业链融资”、“林存融”等创新产品，涉农贷款余额突破100亿元。

四、支持“两强一堡”建设，为区域性金融中心建设发挥积极作用

一是积极把握昆明市建设区域性金融中心的政策契机，努力推进以国际结算、贸易融资、人民币贸易结算为重点的国际业务发展，推动以东南亚国家为重点的境外合作。二是加大对瑞丽支行的支持力度，加快其升格为分行的速度，提升服务瑞丽开发开放试验区的能力。三是积极推进跨境人民币结算和小币种金融服务。完成跨境人民币结算量19.01亿元，同比增长44.56%；参与人民币对泰铢银行间区域市场的交易，成为全国首个东南亚小币种金融服务商、首批参与泰铢银行间区域交易市场的做市商，累计完成泰铢银行间交易2.59亿泰铢，基普交易82.05亿基普。四是强化重庆分行融通滇渝、服务西南的作用，新设重庆渝北支行、重庆南岸支行。五是创新林权抵押贷款融资模式。加大对保山、西双版纳、普洱等地咖啡、林业产业支持力度，办理林权抵押贷款21笔，金额1.58亿元。

五、强化负债业务基础作用，不断提升发展实力

一是强化负债业务基础作用，优化绩效考核，深化绩效检视。优化负债业务考核激励办法，强化定期检视，结合“百年富滇”庆典活动开展劳动竞赛，加大宣传营销，全口径存款突破800亿元大关。二是强化交叉联动机制。建立客户分层营销体制，通过整体推进、上下联动、联合营销等方式，加强对大机构、大企业的营销与服务和“总部经济直营模式”下的中小企业链、产业链的营销与服务，构建总分互动、区域协调、多级支撑、多元发展的格局。三是建立营销与授信业务联动机制，提高资产业务与负债业务的联动。四是加强个人业务的专项营销，推动个人存款增长。推出“富滇之乐”、“天添盈”等系列营销活动，提升个人存款。改善用卡环境，推出“富滇卡·乐购季”、“刷富滇卡，尽享温泉之美”等活动。五是加大同业合作，为流动性提供支持。加强同业合作与授信工作，同业存款余额达149.9亿元，日均达93.3亿元；合理配置国债，参与国库存款投标，吸收存款66.4亿元。

【金融服务和创新情况】

一是加强业务创新，创新工作恢复性开展。制定《产品创新与推广专项考核办法》，将创新纳入年度刚性考核范围。开发非标准型债务工具、票据型产品、债券型产品、同业存款型产品、混合投资型产品，与其他金融机构共同开发理财和结构性产品。二是强化产品创新，提升市场竞争力。发行“富滇稳健”、“富聚财富”、同业存款理财计划、券商合作票据类定向资产管理计划、银信租合作应收租金债权转让信托理财计划、“富业成长”中小企业集合等产品累计35期，金额48亿元。其中，“富聚财富”系列理财产品荣获“2012年中国十大最佳银行理财产品”称号。三是加速小企业业务改革创新。制定全行小企业发展战略规划、商业模式和品牌建设方案；制定营销整体推进和集群客户营销方案、风险定价体系；推进“信贷工厂”的建设工作；整合“成长360°”专属品牌，推出“医保融”、“助保融”等产品，其中，“助保融”被评为“2012全国中小企业最受欢迎金融特色产品”，“成长360°”金融产品营销案例荣获“十佳金融产品营销奖”。四是加强电子渠道建设和银行卡业务。强化电子银行产品营销、风险防控和新业务推广能力，提高电子银行业务有效客户、交易量及业务替代率。

【风险管理和内控制度建设情况】

一、强化风险控制，提升抵御风险的能力

一是积极推进全面风险管理体系建设。探索建立信用风险、市场风险、操作风险、案件风险、信息科技风险评估管理体系和运行机制；加强对风险政策落实情况的督导和评估，及时纠正风险管理政策执行的偏离度；推进《商业银行资本管理办法（试行）》的实施准备工作。二是严控信用风险。落实“有扶有控”信贷政策和董事会风险政策，制订《富滇银行2012年信贷政策指引》，强化授信业务全流程管理，降低行业和单一客户集中度；严控新增不良贷款。三是强化操作风险管控。制订《富滇银行操作风险管理政策》及识别评估管理办法，明确操作风险的识别、评估、报告流程和工作方法；层层落实案防责任制，在全行范围内开展操作风险、案件风险排查工作。四是健全合规风险管理制度，制定《富滇银行员工行为合规指引（试行)》，完善合规风险管理构架和管理体系。五是加强信息科技风险管理。编制信息科技风险管理年度报告，完成IT风险评估，开展信息科技风险排查工作。六是高度关注流动性风险管理。优化流动性管理流程和手段，提升精细化管理程度，提高银行账户利率风险管理水平。七是做好声誉风险管理。对舆情进行常态化、动态化跟踪，提高舆情的反馈和处置效率。八是强化授信执行部职能，加强授信执行、押品、融资性担保公司、外部评估机构、第三方仓储监管公司的管理。九是加强分支机构授信授权考评管理，根据机构风险控制水平、授信授权的体系设置新授权标准。十是加强风险管理队伍建设，修订和新建风险总监、风险经理管理办法及考核、资格认定办法，提升风险管理队伍的业务素质。十一是认真抓好安全保卫工作措施的落实，确保了全行经营安全。

二、强化内部管理，夯实发展基础

一是强化制度建设。对2009年6月以来的管理制度全面梳理，编印《富滇银行股份有限公司管理制度汇编(2008－2012.4)》，提高了制度建设与业务发展、金融创新的适应性。二是强化执行力建设。建立总行部门工作督促检查机制，改进总行部门作风，提升总行执行力和工作效率，加快重点工作、基层热点难点问题推进力度。三是深化绩效考核与薪酬改革。引入目标薪酬管理模式，建立以岗位价值为基础，业绩考核为主导的目标薪酬体系；建立与经营计划全面挂钩的绩效考核办法，改变业绩考核指标设置重叠和中后台部门考核钝化的状况。四是加强财务管理和运营管理。制订《财务管理基本制度》，加强对财务风险、资金筹集、资产营运、成本控制、收益分配及信息的管理，完善全成本收入分摊的方法及规则，完善经济资本的计量，构建科学化的业绩评价体系，被评为“2012年度云南省金融统计标准化落实工作先进单位”；坚持按“稳健发展，集中高效，安全运营”的原则整合业务流程，提升运营管理水平。五是加强实物资产和采购管理。在全行范围内开展清产核资工作；组建集中采购委员会，规范全行大宗采购。六是促进服务质量提升。加强对网点和一线服务的管理，多家分支行和员工分别荣获“中国银行业文明规范服务百佳示范单位创建鼓励奖”和“明星大堂经理”等荣誉。七是强化IT建设。累计完成业务系统改造建设27项、管理系统开发建设10项、网络与基础设施建设12项，启动及延续实施项目25项，为全行业务发展提供了有力支撑。八是强化监督检查。连续第5年在全行范围内组织经营管理大检查活动，根据上级的要求和本行需要分条线开展各类业务检查，组织开展从业人员违反职业操守问题、非法集资行为风险专项排查，开展整治不规范经营活动；实施审计项目42个，推进监管检查及内外部审计检查发现问题的整改落实。九是加强宣传工作。精心组织“百年富滇”系列宣传活动，切实提升富滇银行的品牌影响力。十是履行社会责任。投入各类扶贫资金及捐赠资金660万元，完成多个定点挂钩扶贫县和定点帮扶县的扶贫项目，被省委、省政府授予“十一五扶贫开发工作先进集体”称号。

【大事记】

2月，富滇银行荣获“云南省十一五扶贫开发工作先进集体”称号。

2月，富滇银行昆明中山支行荣获“云南省三八红旗集体”荣誉称号。

3月29日，富滇银行举办首届零售产品创意设计大赛。

4月，云南省总工会授予富滇银行总行营业部谢瑞珏云南省“五一劳动奖章”荣誉称号，授予大理分行云南省“工人先锋号”荣誉称号，授予总行营业部营业室云南省“五一巾帼标兵岗”荣誉称号。

4月，中国银监会举办“2012银行业金融机构小微企业金融服务工作考评活动”，富滇银行小企业业务部孔凡伟同志荣获“银行业金融机构小微企业金融服务先进个人奖”，成为云南省唯一获此殊荣的个人。

4月，富滇银行荣获中国人民银行昆明中心支行颁发的“2011年云南省银行卡产业发展进步单位奖”。

5月7日至8日，富滇银行召开2012年工作会议。

5月，由《银行家》杂志携手中国社会科学院金融研究所金融产品中心联合主办的“2012中国金融创新奖”颁奖典礼在北京举行。富滇银行“成长360°”金融产品营销案例荣获“十佳金融产品营销奖”，“成长360°——用心构筑小企业融资服务体系，助您事业迈向新里程”营销活动案例荣获“十佳金融品牌营销活动奖”。

6月，富滇银行昆明联发支行党支部被省委省直机关工委评为“创先争优先进基层党组织”，昆明广场支行窦宇君、总行派驻丽江玉龙县新农村建设工作队指导员王朝被评为“优秀共产党员”，总行段中砥同志被评为“优秀常务工作者”。

8月22日，省委组织部宣布李春晖同志担任富滇银行党委副书记、行长。

10月，富滇银行工会被云南省总工会授予“云南省工会党工共建创先争优活动先进集体”称号。

11月1日，富滇银行召开第一届职工代表大会第九次会议，会议选举产生富滇银行第三届监事会职工监事。

11月26日，富滇银行召开2012年第一次临时股东大会。会议选举产生富滇银行第三届董事会成员、第三届监事会外部监事和股东监事。

11月，富滇银行荣获“2012年度全国支持中小企业发展十佳商业银行”。

富滇银行
2012年度全国支持中小企业发展
十佳商业银行
中国中小商业企业协会 中国中小企业家年会组委会

11月，富滇银行荣获“2012年度全国支持中小企业发展十佳商业银行”奖牌

11月，富滇银行荣获“2012年中国最具区域竞争力城商行金融品牌”、“富聚财富”系列理财产品荣获“2012年中国十大最佳银行理财产品”称号。

12月20日，富滇银行召开第三届监事会第一次会议，选举任建洋同志担任富滇银行第三届监事会监事长。

2012年，富滇银行品牌创建100周年，富滇银行举办“百年富滇”系列活动。8月13日，富滇银行总冠名的“富滇银行·百年品牌”——亚洲先锋摄影师成长计划暨法国·才华摄影基金项目在2012第四届大理国际影会揭晓。8月至11月，组织开展百日劳动竞赛。9月26日，举行“跨越100·我与富滇共成长”演讲比赛。12月5、6日，举行第三届综合业务技术比赛。12月21日，纪念富滇银行品牌创建100周年庆祝大会在昆明举行。

在机构发展方面，7月17日大理宾川支行、9月6日普洱人民路支行、9月10日丽江古城富滇村镇银行康仲支行、10月18日重庆渝北支行、12月3日西双版纳勐泐支行、12月5日红河个旧支行等6个支行开业。

截至年末，富滇银行本外币资产总额突破1000亿元。

董事长夏蜀走访挂钩农户

12月21日，省政协主席罗正富、副省长丁绍祥、省人大常委会原常务副主任牛绍尧和富滇银行董事长夏蜀揭牌

（李京供稿）

恒丰银行昆明分行

行长：高振胜

【综述】

2012年，恒丰银行昆明分行在总行党委的正确领导下，在监管部门的帮助和指导下，紧紧围绕总行“防案件、控风险、多创利、育人才”十二字方针，不断提升案件防控与风险管理能力，牢牢把握合规经营主线，不断增强持续发展能力，经营和资产规模稳步提升，全年安全运营无案件，为下一步业务的快速、稳健发展夯实了基础。

截至年末，昆明分行资产（本外币）总额160.09亿元，较年初增加73.72亿元，增幅为85.35%；各项存款（本外币）余额158.98亿元，较年初增加75.04亿元，增幅为89.39%；各项贷款余额达47.87亿元，较年初增加13.75亿元，增幅为40.31%；不良贷款为0；实现营业收入10.03亿元，比2011年同期增长2.28亿元，增幅29.43%。

【业务发展情况】

信贷业务方面，积极支持实体经济、绿色经济、低碳经济、循环经济类企业和中小微企业。在信贷资源紧缺的条件下，昆明分行通过产品运用、结构调整，不断挖掘客户潜力，整合客户资源，强化产品营销；根据企业贸易方式和资金回笼特点，合理安排授信产品，并在严格管控信贷风险的前提下，加大对绿色信贷和中小企业的信贷支持力度，努力提高贷款定价能力。

零售业务多方式、多渠道展开。2012年，昆明分行加大零售业务的营销推广力度，通过“刷卡有礼”、“半价购金”、“特惠商户”、“贵宾影院”、“生日祝福”以及“专家讲座”等方式，大力推动银行品牌及零售产品宣传。

国际业务有所发展。在深入研究市场需求以及同业优质金融产品业务的基础上，昆明分行积极与总行相关部门沟通，推出符合客户需求、具有恒丰银行特色的贸易金融产品。同时，以信保融资业务品种为切入点，大力拓展国有大中型进出口企业，加大出口结算业务拓展力度。

【金融服务和创新情况】

一、切实加强服务管理，提升服务水平

加速机构建设，增强服务辐射力。2012年，昆明分行共设立了2家同城支行和1家离行式自助银行，同时，曲靖二级分行的筹建工作也在有条不紊地展开。

狠抓星级服务网点建设，着力改善服务环境。昆明分行严格按照总行及监管部门要求，高标准、严要求地对网点进行改造，从硬件到服务，逐一对照标准进行改善，并组建服务礼仪内训师队伍，努力提升服务的专业化、品质化和标准化，切实提升服务质量，达到总行及监管部门的服务统一要求。

做好宣传工作，努力提升恒丰银行整体形象和知名度。积极与当地权威新闻媒体衔接，通过报纸、电台、网络、户外广告等媒介对恒丰银行企业形象及产品进行宣传，并通过与新闻媒体的接触，确保在发生舆情突发事件时能有效应对。2012年，昆明分行各类新闻信息稿件被总行采纳

播报28篇，被政府及监管部门媒体采纳14篇，被重点媒体采纳4篇。

二、深刻把握“人才兴行”战略，努力提高队伍整体实力

持续加强人才引进工作。在加强内部人才的培养工作的同时，通过加强宣传、广告投放、推荐等方式不断吸引同业优秀人才加盟，充实昆明分行人才队伍。

加大新员工培养力度。通过系统培训、实习员工“传、帮、带”等措施，使新员工能尽快成长，适应岗位要求，并充实到新开立的支行和各部门去。

大力开展系统培训，提升全员综合素质。2012年全年共开展各类培训7784人次，内容涉及合规案防、业务技能、营销技巧、党风廉政等多个方面；并通过技能测试、业务竞赛及检查等方式，做好培训反馈工作，不断提高培训效能，努力提升全员综合素质。

加强干部队伍建设工作。强化干部作为团队发展的核心主导作用，不断充实昆明分行管理干部队伍，并不断优化干部队伍结构。

丰富企业文化，增强昆明分行队伍的凝聚力和战斗力。积极组织开展各类文体活动，不断丰富企业文化内涵，通过组织春游活动、演讲比赛、摄影比赛、体育比赛、文艺汇演、刊发内刊、宣传栏等方式，不断丰富员工的业余文化生活，使员工在工作之余能充分感受到集体的关怀，进一步增强昆明分行队伍的凝聚力和战斗力。

三、深入学习贯彻党的十八大会议精神，以实际行动推动各项工作取得新成就

认真组织学习贯彻党的十八大会议精神。严格按照总行党委提出的“认真学习增实效”、“开阔视野增见识”、“解放思想增胆略”的三点贯彻落实意见，认真领会“学习、务实、科学、创新、服务、高效、廉洁、勤奋”十六字精髓，统一思想，提高认识。

认真贯彻落实中央“八项规定”要求。积极改进作风，自觉统一思想和行动，进一步加强党风廉政建设，坚决杜绝奢侈腐化、铺张浪费，对办文、办会、接待、车辆管理等方面从严要求，努力打造勤俭、高效的干部队伍，推动各项工作规范、高效、有序运转。

【风险管理和内控制度建设情况】

继续完善内控制度，搭建全面风险防控架构。根据总行的安排认真开展内控制度梳理和整改活动，各部门按条线开展制度梳理修订工作，并更新了其他内部管理制度；按业务条线搭建风险防控架构，建立一线自控、二线互控、三线监控循环制约的“三道防线”，切实建立了长效内控、风险防范机制。

强化合规管理。加强整治银行业金融机构不规范经营，打击防范非法集资，开展道德领域突出问题专项教育和治理等相关宣传教育活动；制定昆明分行业务“红线”和行为“铁律”；对入行新员工进行合规教育培训；邀请法律顾问对全行员工进行银行职务犯罪及预防培训，着实做好合规防线工作，确保各项业务稳健、快速发展。

加大内部审计和非现场监测力度，严控操作风险。昆明分行全年分别对反洗钱、银企对账、网银等工作进行了专项审计；对公司经营部门及部分业务管理部门进行了突击检查；组织各业务条线对总行下发的审计库问题进行整改；通过审计工作平台的风险预警功能，实时对各项业务中可能出现的各种操作风险进行监控；严格执行“三项制度”，对重要岗位轮换人员及强制休假人员进行离岗业务检查或离岗稽核，确保重要岗位的工作安全。

严把信贷准入关，从源头上防控信贷风险。不断强化贷前调查和授信审查程序管理，严格按照“区别对待，有扶有控”和“发展一批、培育一批、减持一批、退出一批”的原则，不断优化信贷结构，加大抵质押贷款营销力度，提升资产质量。不断加强信贷队伍在授信政策解读、授信内控制度、授信文化等方面的专业培训，提升授信人员的业务素质和专业技能。

加大贷后现场检查力度，做好贷款“三查”工作。成立了贷后检查小组，定期、不定期地由行领导带队对贷款企业进行贷后回访及检查，尤其是对监管部门及总行提示的重点关注业务，确保完成100%的存量客户现场检查，并积极开展异地授信业务检查和抵押物核查，有效防控业务风险。

加强受托支付管理，有效防范信用风险。全面落实“三个办法一个指引”，加强了对贷款的全流程管理，严格把关贷款资金的支付审核，认真执行“流动资金贷款需求测算”、“受托支付”、“实贷实付”等新规要义，做到了贷款受托支付和资金用途的有效监控，受托支付资金达到了100%。

强化重点领域风险防范，严控市场及流动性风险。高度关注政府融资平台、房地产、民间借贷等重点领域潜在风险，合理控制贷款行业集中度，严格控制“两高一剩”、房地产行业的投放，严禁向政府融资平台项目贷款；实时做好市场利率的监测和资产负债期限的匹配，有效防范市场及流动性风险。

加强舆情监测，做好投诉处理及整治不规范经营活动，防控声誉风险。认真做好不规范经营自查自纠及员工涉及民间融资借贷活动排查；安排专人做好舆情监测、客户投诉及回访工作，严防声誉风险。

全面做好安全保卫工作。进一步增强人防、物防、技防措施，加大案件防范能力；节假日加大安保、值班力度，确保昆明分行及支行的安全运营；加强信息系统日常巡检和预防维护管理，确保各系统安全运行，严防信息科技风险。

【大事记】

1 月 14 日，昆明分行召开 2011 年度工作总结暨经济分析会。

3 月 2 日，昆明分行组织开展“三八”妇女节春游活动。

3 月 29 日，昆明分行第一家同城支行东风路支行正式开业。

3 月 29 日，东风路支行开业

4 月 14 日，昆明分行召开 2012 年一季度工作总结暨经济分析会。

5 月 5 日，昆明分行组织开展“爱岗敬业，爱我恒丰——向王燕同志学习”暨“五四”演讲比赛。

6 月 9 日，昆明分行组织开展 2012 年打字及点钞技能竞赛。

6 月 15 日，昆明分行联合云南信息港推出了“黄金五折秒杀，金爆全城”促销活动。

6 月 20 日，昆明分行组织开展“信用记录关爱日”活动。

7 月 14 日，昆明分行召开 2012 年年中工作总结暨经济分析会。

7 月 28 日，昆明分行组织开展支付系统应急演练。

10 月 13 日，昆明分行召开第三季度工作总结暨经济分析会。

11 月 1 日，昆明分行营业部荣获“云南省文明规范服务示范单位”称号。

11 月 10 日，昆明分行举办庆祝十八大召开暨昆明分行成立两周年庆典。

11 月 10 日，昆明分行举行两周年行庆

11 月 13 日，昆明分行举办“行庆两周年”摄影展。

11 月 13 日，昆明分行组队参加云南省银行业第四届运动会。

11 月 26 日，昆明分行党支部组织全体党员干部及入党积极分子参加“学习贯彻党的十八大精神”专题培训。

12 月 4 日，昆明分行在“2012 春城金融博览会”中荣获“2012 年云南省银行业支持中小企业融资特别贡献奖”。

12 月 18 日，昆明分行第一家离行式自助银行上东城自助行开业。

12 月 19 日，昆明分行第二家同城支行滇池度假区支行开业。

12 月 19 日，滇池度假区支行开业

12 月 31 日，昆明分行圆满完成年终决算工作。

（孔思予供稿）

汇丰银行昆明分行

行长：鄢庆芳

【综述】

汇丰银行（中国）有限公司（以下简称“汇丰中国”）于2007年4月2日正式开业，总行设于上海，是香港上海汇丰银行有限公司全资拥有的外商独资银行（外资银行）。香港上海汇丰银行有限公司于1865年在香港和上海成立，是汇丰集团的创始成员和集团在亚太区的旗舰，也是香港特别行政区最大的本地注册银行及三家发钞银行之一。汇丰集团总部位于伦敦，在全球80多个国家和地区设有约6600个分支机构，是世界上最庞大的银行和金融服务机构之一。截至年末，汇丰中国共有141个网点，其中包括27家分行及114家支行，遍及40多个主要城市，是中国内地网点最多、地域覆盖最广的外资银行。

汇丰银行（中国）有限公司昆明分行（以下简称“汇丰昆明分行”）于2011年8月16日正式开业，提供全面的本外币对公银行服务、中国境内公民的外币个人银行账户服务以及境外个人的本外币个人银行账户服务。开业初期，汇丰昆明分行侧重为中外资企业提供广泛的本外币服务。2012年末，汇丰昆明分行共有员工20人，其中80%为本地招聘。分行位于昆明市北京路987号俊发中心11楼，尚未设立支行等分支机构。

【经营管理】

2012年，汇丰昆明分行以审慎的经营理念，严格遵守内部控制制度和操作规程，强调合规经营，各项业务运营良好，业务范围逐步扩大，资产规模稳步增长。分行始终坚持自身特色和职能定位，努力为本地企业“走出去”和外资企业“走进来”提供国际银行服务，在发展壮大自身的同时，为支持本地经济的发展做出应有的贡献。

现阶段，与本地中资银行相比，汇丰昆明分行在业务规模、网点设置等方面尚有较大差距。汇丰昆明分行仍将努力为云南经济发展做出更大的贡献，一方面突出自身国际化银行服务的特色，借助汇丰环球网络和海外专长的优势，服务于本地企业的国际化发展；另一方面，也希望通过有特色的内部管理和风险控制，为云南金融业的健康、稳健发展提供有益的参考。

2012年全年，汇丰昆明分行内部控制状况良好，未出现大的风险迹象，主要表现为无不良信贷资产发生、无重大运营差错发生、无安全事故发生等。

【存、贷款业务】

2012年，汇丰昆明分行的信贷业务取得了稳步增长，贷款质量稳定，授信业务基本良好。截至年末，汇丰昆明分行各项贷款均为正常，无不良贷款。

存款和信贷业务产品方面，汇丰昆明分行向云南企业客户提供广泛的人民币和外币服务。除账户管理、企业融资、贸易服务、资金管理、财资服务等一整套企业银行服务以外，汇丰还为昆明的企业提供具有集汇丰多种账户服务于一身的“商业运筹理财账户”、按企业的多样化需求而量身定制的融资方案、内地覆盖范围最广的信用证通知服务“中国快线”以及便于客户在线查询贸易文件的“贸易文件追踪器”等。

贷款审核方面，汇丰昆明分行秉承汇丰一贯严谨但不失灵活、高效的审批政策。依托集团专有的内部信贷审批系统，汇丰昆明分行得以达成与汇丰集团全球各地分支机构一致的信贷审批效率与质量，并可就客户具体业务的实际需求，为客户提供临时额度增加或额度转换。另外，汇丰昆明分行保持与总行信贷审批部门的密切沟通，从而在确保信贷审批质量的同时，提高审批效率及灵活度。

汇丰昆明分行的发展得益于昆明及整个云南省经济的健康发展。结合开业以来的业务拓展情况，2013 年汇丰昆明分行预期仍将保持稳健的发展速度。

【国际业务】

在服务本地优秀企业“走出去”方面，汇丰昆明分行充分利用汇丰的全球网络和海外专长优势，与汇丰海外机构一起，协助本地企业拓展海外业务等。同时，分行也积极帮助外商在中国进行投资、开展业务。分行在总部发展战略的指导下，为云南当地引进外资和促进人民币国际化方面做出了积极的努力。

作为一家拥有较为完善国际渠道的国际化金融机构，国际化银行服务是汇丰的一大特色。分行希望能够借助汇丰的国际网络和海外服务专长，为本地企业更好地融入国际市场提供便利。

【电子银行业务】

汇丰有效运用科技，更多地通过互联网平台为企业客户提供世界级的电子银行解决方案。汇丰的企业网上银行服务也已成为满足电子化时代客户需求的有效途径之一。

汇丰中国的企业网上银行服务（B2G），使企业客户可以更便捷地进行在线账户管理。通过权限分级和授权组合等控制方式，企业客户可以有效、安全地在线操作包括转账、汇款、查询等在内的一系列功能。

2012 年，汇丰昆明分行积极稳妥地向部分企业、个人客户推介电子银行业务，有效配合了业务拓展。

【内控案防工作】

汇丰昆明分行始终坚持集团和总行一贯的高标准，致力于培养审慎、稳健和合规的信贷文化，执行银行运营方面的高标准要求，在诸如客户准入、业务拓展、反洗钱、人员招聘、组织机构、信息系统、现金和重要空白凭证管理、办公场所安防等多方面严格执行了统一标准。

2012 年，汇丰昆明分行还按照银行业监督管理部门的要求和汇丰中国的具体部署，组织多次全员学习，并从账户开立及管理、联行往来及银行内部账对账、印章、密钥及重要凭证管理、贸易融资、操作系统及门禁系统等多个方面组织了自查，进一步强化了内控和案件防控工作。

截至年末，汇丰昆明分行实现了无案件、支付清算窗口零开启等优异记录。

【信息技术】

汇丰中国所有分行的内部网络信息系统均由总行统一部署、开发和管理。在网络信息系统的使用层面上，2012 年，汇丰昆明分行严格执行了集团和总行的相关规定，积极配合监管机关及总行各项系统升级、上线和技术改造，保持了各个业务系统的良好运行记录。

（刘恩成供稿）

东亚银行昆明分行

【综述】

东亚银行于1918年在香港成立，一直致力为香港、中国内地及世界其他主要市场的客户，提供全面的零售及商业银行服务。2007年，凭借优良的经营成果和对中国内地市场的长远承诺，东亚银行（中国）有限公司成为首批在内地注册的外商独资法人银行。东亚银行（中国）有限公司昆明分行系按照《中华人民共和国外资银行管理条例》及其《实施细则》的规定，由东亚银行（中国）有限公司（以下简称“东亚中国”）直接投资设立的分行。经银监会审核批准，东亚银行（中国）有限公司昆明分行于2012年6月28日对外营业，并于2012年12月3日举行盛大开业仪式，标志着东亚中国在云南省的第一个网点正式落地。东亚银行（中国）有限公司昆明分行致力于为境内外居民和企业提供全面的人民币和外汇业务，包括账户及存款服务、贷款、票据承兑与贴现、信用证和担保、汇款及国内外结算、外币兑换、衍生投资产品、借记卡及信用卡等，积极支持和服务于云南省地方经济建设。

【业务发展情况】

东亚银行（中国）有限公司昆明分行始终认真贯彻落实监管机构及东亚银行（中国）有限公司的各项要求，合规经营，不断提升市场开拓和服务能力，持续优化资源配置，加强员工队伍建设，强化专业管理，狠抓工作质量和效率，有效地发挥了金融机构对地方经济的服务和支持作用。自2012年6月末试营业以来，昆明分行各项业务运行良好，截至年末，各项存贷款业务稳步增长，中间业务增势良好，取得了开业当年即实现拨备前盈利的良好开局。

【金融服务和创新情况】

秉承“来自香港、服务全国”的理念，昆明分行为客户提供全面的个人银行和企业银行服务。个人银行方面，昆明分行做好理财业务、账户服务等业务，逐步提高中间业务收入的比例。利用网点为全国客户提供贴心服务的同时，也利用先进的电子银行平台提供服务弥补网点不足的劣势。作为一家刚起步的外资银行，服务对于分行来说是极为重要的，昆明分行致力于为客户提供高品质服务，一方面不断完善大堂的相关服务设施，加强柜员、大堂经理和客户经理服务礼仪培训和服务规范演练固化，另一方面加强员工金融英语口语培训，满足外籍客户的沟通需要，力争让本地及外籍客户均能体验到分行宾至如归的优质服务。企业银行方面，昆明分行在当地外管局、跨境办的支持下把握跨境人民币结算业务范围扩大的机会，利用与境内外分行联动的优势，为境内外企业提供专业的配套金融服务，借助东南亚金融圈，将国际资本“引进来”。同时，昆明分行积极扶持小微企业发展，开发针对小微企业的新产品，总结经验，逐步推广，将针对区域或行业内特定小微企业客户群的共性需求，创新设计整体服务模式，为具有共同特征的小微企业提供有别于其他客户群的更具个性化的服务。

【风险管理和内控制度建设情况】

东亚银行作为一家经营多年的港资银行，经历了历次金融危机的洗礼，已形成了行之有效的、完善的风险管理和内控制度体系。通过建立并不断完善内部制度和业务规程，支持东亚银行各项业务合规、持续发展，相关制度涵盖了政策、业务管理、业务操作等各个层面，全面覆盖了信用风险、操作风险和市场风险的防控。

昆明分行领导班子从建行伊始就高度重视风险管理和内控管理工作，努力规范经营，提高全行管理水平，提升员工综合素质。及时传达学习银监会、人民银行、上级行新政策、新制度、新办法，使全行员工熟练掌握国家金融政策、制度、办法，培养员工合规经营意识。信贷业务方面，坚持国家信贷政策导向，认真落实“三个办法一个指引”，严防信贷业务风险；结合本地市场情况，对信贷风险环境进行了充分评估，针对诸如企业增值税发票核查困难等当地面临的实际贷款操作问题，设计了本行的应对手段和操作细则。内控管理方面，在总行制度框架下，结合分行实际适时制定或细化各类业务规程，使业务有据可依，有章可循，新到岗员工也可在规程指引下准确完成业务操作；有完善的定期检查制度，对制度的执行效果有全面的评价体系和纠正机制；通过强制的培训和定期考试，不断强化员工对制度的熟悉，减少因制度掌握不到位形成的操作失误。每月开展内控自查，发现问题及时纠正，重视各类检查发现的问题，明确落实整改责任，扎实抓好整改，稳步提升风险和内控管理水平。

【大事记】

6 月 28 日，东亚银行（中国）有限公司昆明分行对外运营。

东亚银行（中国）有限公司昆明分行

12 月 3 日，东亚银行（中国）有限公司昆明分行举行开业庆典。

12 月 3 日，举行开业庆典新闻发布会

12 月 3 日，举行开业庆典剪彩仪式

（周凤供稿）

云南省农村信用社联合社

党委书记：蒋兆岗

【综述】

2012年，云南省农村信用社联合社（以下简称省联社）在省委、省政府的正确领导和各级各部门的大力支持下，带领全省农信社广大干部职工认真贯彻落实党的十八大精神，紧紧围绕省委、省政府“稳增长、冲万亿、促跨越”的工作部署，以“八个坚持”治社方略为指导，全面深化体制机制改革，科学判断、果断决策，攻坚克难、开拓创新，狠抓党建走活干部这盘棋，狠抓存贷款利润“三冲刺”和全员营销，狠抓产品和服务创新，着力支持“三农”、中小微企业和重点项目建设，着力提升经营管理的精细化、规范化水平，促进市场竞争能力明显提高，各项业务实现跨越式发展。截至年末，全省农村信用社各项存款余额达3958.29亿元，各项贷款余额为2315.13亿元，存贷款规模均居全省金融机构首位，各项监管指标在全国农信社系统居十位之前，排列西部第二位，为全省“三农”和经济社会发展作出了积极贡献。

【业务发展情况】

存款大幅增长。2012年，全省农村信用社积极应对激烈的市场竞争，有效开展全员营销，千方百计组织存款。截至年末，各项存款余额达3958亿元，比年初净增791亿元，增长25%，增幅高于全省平均水平8个百分点；存量、增量市场份额分别为22%和30.3%，均稳居全省首位，在全国农信系统中存量排名第9位。

信贷资金投入力度加大。在国家宏观调控和人行调整信贷规模管理方式的情况下，省联社充分发挥全省农信社的整体优势，不断创新思路，通过加大信贷投放力度和增加省内企业债券购买额度，全年净投入资金424亿元，有力支持了全省社会经济发展。其中，各项贷款净增369亿元，余额达到2315亿元，增长19%，同比增加34亿元，增幅高于全省4.7个百分点，存量、增量市场份额分别为16.7%和21.4%，均稳居全省首位，在全国农信系统中存量排名第10位。同时，农信社还通过购买20家云南企业（云南铜业、昆钢、云天化、澜沧江啤酒等）发行的债券56亿元，有力支持了省内企业拓宽直接融资渠道，为云南省企业发展作出了贡献。

经营效益和社会贡献度大幅提高。2012年，全省农村信用社各项收入达到278亿元，实现净利润54亿元，上缴税收超过29亿元，成为云南省纳税大户，净利润指标在全国农信系统排名第7位；不良贷款余额和占比实现“双降”，不良贷款比年初下降近9亿元，占比2.2%，在全国农信系统中排名第7位；拨备覆盖率为202%，比2011年末提高51个百分点，在全国农信系统中排名第8位；资本充足率为14%，比2011年末提高1.4个百分点，在全国农信系统中排名第5位；资产利润率为1.3%，比2011年末提高0.19个百分点，在全国农信系统中排名第9位。

银行卡和电子银行取得突破性进展。截至年末，全省农村信用社金碧卡发卡总量达1398万张，其中借记卡1393万张、贷记卡5万张，跃居全省金融机构首位；年内新增发卡349万张，其中借记卡348万张、贷记卡1万张，增幅34%，新增发卡规模连续两年保持全省第一；全年刷卡消费总额442亿元，同比增长24%；惠农POS遍及全省16个州市125个县，市场份额达70%；电子银行交易额突破

2000亿元。

【金融服务和创新情况】

一、金融服务再上新台阶

2012年，全省农村信用社进一步优化信贷投向，加大产品和服务创新力度，加快科技建设，为全省“三农”发展、产业培育和民生改善提供了强有力的资金支持和优质的金融服务。

发挥支农主力军作用，不断提升“三农”金融服务水平。截至年末，全省农村信用社涉农贷款余额1654亿元，净增266亿元，增长19%，增量占比72%；小微型企业贷款余额682亿元，净增152亿元，增幅29%，涉农贷款、小微企业贷款实现“两个不低于”增长目标，支农主力军作用进一步加强。一是深入落实“兴水强滇”战略部署，积极支持水利建设。全省农村信用社在信贷规模有限的情况下，持续加大水利建设信贷投入，累计发放各类农田水利贷款47亿元，支持了173个水源建设及734条干支渠防渗工程建设；积极响应省委、省政府号召，主动捐赠250万元资金支持全省“爱心水窖”建设；积极探索支持城乡一体化供水工程、污水处理及中小型病险水库除险加固等项目的途径和方式。二是积极做好抗旱救灾金融服务工作，累计发放抗旱及春耕备耕信贷资金166亿元，有效解决了150万亩农田灌溉、86万人饮水及61万头牲畜的饮水问题。三是积极做好林权抵押贷款发放工作，累计向7万多户客户发放林业贷款66亿元，余额达88亿元，稳居全国第一位，促进了云南省林农增收致富、林企健康发展，有力支持了“森林云南”建设。四是积极办理以“贷免扶补”为代表的创业贷款业务，全力支持云南省创业促就业工作。累计发放创业小额贷款12万笔、金额55亿元，扶持18万名创业者实现创业，带动近54万人实现就业；累计发放下岗失业人员小额贷款近6万笔、金额33亿元，余额为50亿元；累计发放劳动密集型小企业贷款574笔、金额10亿元，余额为15亿元。省联社业务发展部还被国务院评为“全国就业创业工作先进集体”。五是做好烟草产业金融服务工作，为全省烟农提供及时、高效的小额信贷服务和代付烟叶收购款支付业务，在8个州市代理烟草配送结算业务。六是创新做好移民安置金融服务，与各级移民局加强移民账户开立和移民资金归集等业务合作，规范移民资金管理，移民安置金融服务工作取得了良好成效。

发挥政策优势，不断提升产业金融服务水平。2012年，全省农村信用社围绕园区经济、县域经济和民营经济发展信贷需求，出台政策措施、优化审批流程，全力支持全省产业大发展。一是积极支持工业园区建设。省联社及时开展专项调研，研究制定了全省农信社支持工业园区发展的政策措施。同时，以滇中产业园区为重点，创新机制、简化流程、强化措施，落实信贷规模指标，积极支持园区发展。二是积极支持高原特色农业和农业产业化龙头企业发展。充分运用特色农业贷款、流动资金循环贷款、小企业信用贷款、联保贷款等产品，大力支持烟草、花卉、橡胶、畜牧、茶叶、咖啡等12类特色优势产业和一批具有发展潜力的龙头企业发展，累计向3万户农户发放特色农业贷款16亿元；向766家农业产业化农头企业发放贷款73亿元，贷款余额105亿元。三是积极支持中小微企业发展。通过加大授信评级力度，优化业务流程，创新担保抵押方式，努力解决小微企业融资难题。2012年，全省农村信用社中小微企业贷款余额933亿元，净增163亿元，余额占比达40%；小微企业贷款余额682亿元，净增152亿元，农村信用社支持的小微企业客户数占全省的80%以上。四是积极支持全省重大建设项目，不断创新金融服务，建立审贷“绿色通道”，累计投入81亿元支持水利、交通、能源、文化、旅游、生物制药、水电等重点建设项目，以实实在在的信贷资金支持了昆明新机场、海埂洲际酒店、昆明玉器城、云南煤化工集团清洁能源试验示范项目和金沙江龙开口水电站等项目建设，为云南省“两强一堡”战略的顺利实施提供了强有力的资金支持。

发挥资源优势，不断提升民生金融服务水平。一是积极推进“一创两建”和“三大工程”建设。按照人行昆明中支和云南银监局的安排部署，省联社成立专门领导小组，印发实施方案，扎实推进农村金融产品和服务创新、农村信用体系和支付环境建设（简称“一创两建”），深入开展富民惠农金融创新工程、阳光信贷工程和金融服务进村入社区工程（简称“三大工程”），从更高层次、更大范围提升了支持“三农”发展的能力和水平。二是积极做好抗震救灾金融服务工作。在宁蒗6·24和彝良9·7地震发生后，采取开辟“绿色通道”、简化贷款手续、缓收利息、免收罚息等一系列金融服务措施，支持地震灾区恢复重建工作，并第一时间在灾区搭建起“帐篷银行”，成为唯一一家在灾区提供各项金融服务的银行，受到灾区党委、政府和广大人民群众的一致好评。三是积极改善农村金融服务环境。继续开展信用乡镇建设，共评定信用乡（镇）85个、信用村2979个、信用小组14059个，信用户454万户。

发挥整体合力，不断增强业务发展能力。全省农村信用社按照“人人是经理、个个会营销”的全员营销思路，围绕各项工作任务目标，加大业务拓展力度，创新业务营销模式，扎实推动各项业务取得新的发展。一是深化银政合作。省联社与昆明市、临沧市、保山市、大理州、普洱市等地方人民政府签订了战略合作协议或框架协议，用“真金白银”实实在在地支持地方经济发展。二是落实烟草、移民合作协议。省联社与省移民局、省财政厅、省政府金融办共同研究制定了《云南省大中型水库移民安置及产业扶持贷款管理办法》，为移民提供全方位的金融服务；与省烟草公司沟通协调，进一步明确了银企直联业务合作内容。三是加强同业合作，省联社与交通银行、农业发展银行、国家开发银行等银行签署了合作协议，在同业存放、债券申购等方面开展深入合作，提升了资金使用效益，支持了全省公路、水利、市政和优势产业发展。四是加快发展中间业务。继续扩大保险产品代理范围，正式开办代理销售贵金属业务、本元卡充值业务和跨境人民币结算业务，代理理财产品、代理发放省计划生育奖励扶助资金、代理第三方存管业务等取得实质性进展。

二、金融创新取得新成果

创新驱动，全面提升综合金融服务的能力。一是加快体制机制创新。进一步理顺内部管理体制，在更高层面提高服务基层的能力和水平。在组织架构、审批机制、风控模式等方面加大体制机制的创新力度，以进一步适应发展的需要。尤其是信贷管理系统和经营决策支持系统的开发取得新成果，在中国人民银行“2012 年度银行科技发展奖”评选中，省联社经营决策系统、信贷管理系统分别获得二等奖、三等奖，科技研发能力走在了全国农信系统的前列。二是加快服务创新。继续深入推进服务创优工程，着力构建“以客户为中心”的全员营销体系。深耕传统市场，破解抵押、质押等单一的信贷风险管控模式，积极探索建立“六位一体”的信贷支农新模式，加快批量化业务向电子银行渠道迁徙，提升金融服务效率，把对“三农”和中小企业的业务做精、做优、做强。配合财政、社保、民政、教育等部门，积极做好新农保、新城保、扶贫开发、“惠农一折通”财政直补资金代发等民生金融服务，加大对边疆、民族、贫困地区的信贷投入力度，有力支持“兴边富民”工程取得实效。三是加快产品创新。加强对外合作，努力创新信贷、电子银行、中间业务、卡业务、担保业务、理财业务、外汇业务和人民币边境贸易结算业务，积极主动适应市场需求的变化，切实提升服务能力。2012 年，全省农信社为满足不同客户的多元化金融服务需求，积极创新金融服务产品，充分发挥小额信贷的优势，推出了抗旱应急水利建设贷款、“红色信贷”贷款、装修消费贷款等新业务新产品。

【风险管理和内控制度建设情况】

一、内控管理取得新进展

2012 年，全省农村信用社积极转变观念，深入推行全面风险管理、流程管理和效益管理，加快转变发展方式，科学转换经营机制，精细化管理成效显著，为各项业务快速发展奠定了良好基础。

加强信贷管理，资金风险得到有效控制。一是适应人行信贷规模管控方式调整的新变化，按月收集和监测各县联社信贷规模分配及使用情况，确保信贷规模得到有效使用，保障了省级重点项目信贷资金的顺利投放。二是强化贷款全流程管理，加强客户评级审查，试点法人客户统一授信，认真执行信贷咨询制度，适时调整贷款咨询限额，全面加强贷后管理。三是加强信贷投向管理，积极推进绿色信贷，不断优化贷款结构，大力支持“三农”、中小微企业、“民生”工程和实体经济发展。四是完善信贷管理制度，制定了《云南省农村信用社中长期项目贷款评估管理办法（试行）》，并根据中国银监会下发的《农户贷款管理办法》，制定和修订了 13 个贷款制度、办法及相关合同文本，将“自主支付与受托支付”、“审贷分离”、“实贷实付”、“动态调整”、“收入偿债比例”等刚性要求融入农户贷款管理中，有效防范农户贷款风险。

规范财务会计管理，进一步夯实发展基础。一是适时开展增资扩股工作，年末资本充足率达到 14%。二是稳步推进利率市场化改革，及时搭建可选择存款利率浮动平台，帮助指导基层联社有效控制资金成本。三是按照银监会“七不准”规定和“四公开”原则，修订下发新的服务收费项目及标准，达到了“合规收费、以质定价、公开透明、减费让利”的目的，规范了经营行为。四是做好支付结算工作，对核心业务系统进行改造升级，简化身份证核查流程，实现了对账户核实业务与系统相匹配，提升了柜员工作效率和服务质量；二代支付结算系统升级改造工作取得阶段性进展。五是加强网点和柜面管理，制定下发了《云南省农村信用社营业网点柜面管理暂行办法》，从网点布局、设备及岗位配备、业务操作和核算管理等方面对营业网点进行了规范化管理。

加强稽核审计工作力度，有效发挥稽核审计监督作用。一是创新稽核审计新模式，开发上线操作风险稽核监督预警系统，大幅提升监督工作效率，实现了风险防控向风险管理的转变。二是在全省范围组织开展了信贷管理专项检查和薪酬分配制度执行情况与车辆购置管理专项检查，取得较好成效。三是充分利用专项检查成果，及时组织开展了各项“回头看”后续稽核审计工作，确保稽核审计决定的严肃性。四是按照干部人事制度要求，采取本级审计和授权审计的方式，完成全省 119 人次离任审计工作。

二、风险管理取得新成效

信贷风险和流动性风险得到有效防控。一是地方政府投融资平台贷款风险逐步化解，扣除抗旱应急水源工程专项贷款单列考核因素，平台贷款余额 26.5 亿元，较年初的 31.2 亿元下降 4.7 亿元，压降比例为 15%，平台贷款呈现出总量小、风险低、质量好的特点，整体风险得到有效控制，达到监管要求。二是继续加强对房地产贷款的风险管控，严格执行差别化住房信贷政策，对部分房地产企业的房地产开发贷款进行总量控制、把控风险，并加强贷后管理，按期、按房屋销售进度收回贷款，确保了房地产信贷健康、平稳运行。三是加强大额贷款集中度风险防控，指导县级联社采取增资扩股、清收、资产转让等有效措施，加大超比例存量贷款压降力度；指导主办社增加社团贷款的参与机构数，进一步分散大额贷款风险。

深入持续开展案件防控工作。一是始终保持案防高压态势，着力强化惩戒措施，切实加大对风险集中业务环节的检查力度。二是不断提升内审监督促进案防工作的能力，通过履行内部稽核审计的日常监督和专项监督职能，最大限度地发挥内部稽核审计在完善内控环境、提高操作风险及案件风险评估能力、改善操作风险及案件风险控制措施和手段的作用，拓宽案防治理工作途径。三是提高制度执行力，严格执行案防三项制度。四是组建成立巡视督查办公室，负责督办、检查和落实省委省政府重要决策部署、省联社重大工作安排、“三重一大”制度落实情况、党风廉政建设责任制、党建目标责任制落实情况等，切实发挥督促检查作用。

安全防范意识增强，实现安全经营无事故。一是实行安全保卫目标管理，落实工作责任。省联社与各联社签订了“安全目标责任书”，认真贯彻“一把手负责制”和重大安全责任事故“一票否决制”，全面落实“一岗双责制”，配齐机构和人员，并加强培训，提高安全防范意识。二是认真落实“三增、三减、三防一确保”的工作目标任务，对设置不合理、不达标的库房进行及时调整、收缩撤并，采取“集中管库、集中守护、统一接送”方式管理，有效保障了信用社财产和人员的安全。三是强化安全检查，及时排查安全隐患。重点针对库房、枪支管理、安防设施等部位进行安全检查，消除隐患。全省农村信用社连续五年实现安全经营。

【大事记】

2月16日，省联社科技结算中心喜获ISO20000 IT服务管理认证。

4月24日，云南省农村信用社召开第一次工会会员代表大会，按规定程序选举产生了第一届工会委员会、工会经费审查委员会和工会女职工委员会及工会常务副主席、常委和经审委主任。

6月13日，省联社召开了首次明星大堂经理（柜员）培训暨表彰大会，授予周爱丽等16人“明星大堂经理”和周威等34人“明星柜员”荣誉称号。

8月，省联社科技结算中心软件研发过程通过美国卡内基梅隆大学软件研究所（简称SEI）资深主任评估师Jay Pickerill评估，取得CMMI3级（软件能力成熟度模型集成）国际标准认证，成为全国第一家获得该项认证的农信社。

9月3日，云南省农村信用社操作风险稽核监督预警系统在昆明试点上线。

9月10日，在彝良震后的第三天，彝良联社毛坪信用社就在洛泽河镇建起了灾区首家临时金融服务点——“帐篷银行”。

9月10日，设立彝良“帐篷银行”

11月5日~6日，省联社开展了处级干部竞争上岗笔试、竞职陈述和民主推荐工作。

11月6日，云南省银行业协会表彰2012年度“云南省银行业文明规范服务省级示范单位”，全省农信社12家营业网点榜上有名。

11月28日，省联社召开了云南省农村信用社党建工作会，深入贯彻落实党的十八大精神。

11月1日，农信社新一代手机银行系统正式上线试运行。

12月11日，省联社举行提高县级联社监管评级帮扶方案签字仪式。

12月，省联社开发的“经营决策支持系统”、“信贷管理系统”分别荣获中国人民银行2012年度银行科技发展奖二等奖和三等奖。

惠农服务进乡村

农信社反假币宣传

（马红供稿）

中国银联云南分公司

总经理：张新武

【综述】

2012年是中国银联云南分公司成立的第10年，十年来，在中国银联总公司、省政府及相关部门的正确领导下，公司与产业各方共同推动云南银行卡产业及银联品牌实现了超常规、跨越式发展。2012年，公司认真贯彻落实科学发展观及十八大精神，围绕推动发卡、促进用卡、支付创新、维护产业环境开展工作，推动云南银行卡产业在全国经济总体增速放缓的背景下实现稳步发展，积极发挥了银行卡促进经济发展的作用。一是全省发卡量突破6500万张，达到6564万张，其中信用卡483万张。2011年开始发行的金融IC卡，2012年末达到220万张。二是全省受理商户达19.1万户、POS终端25.5万台、ATM9343台，市场规模不断扩大的同时，推动受理网络在二级地市及县乡快速延伸。三是全年实现银行卡跨行交易笔数1.5亿笔，金额3538亿元，同比分别增长29.6%和30.6%。银行卡交易金额占社会消费品零售总额的占比超过30%，充分发挥了银行卡持续刺激消费，促进经济增长的作用。四是手机支付、互联网支付、金融IC卡应用等创新支付稳步发展。五是银联卡在所有银行卡品牌的占比达到87.6%，银联卡继续保持云南银行卡第一品牌的地位。六是受理市场规范发展，银行卡应用环境和谐健康。七是银联网络延伸至境外141个国家和地区，银联成为全球最大的借记卡受理网络和全球主要ATM受理网络，境外用卡服务体系不断完善，为云南的银联卡持卡人提供便利的境外用卡环境。

【银联标准卡持续保持云南银行卡第一品牌的地位】

2012年，中国银联云南分公司继续从发卡、用卡两个层面促进银联标准卡的推广应用。与商业银行共同推动银联标准卡的发行，重点推广金融IC卡、公务卡、旅游卡、白金卡、福农卡等卡产品，成功开发并推广本地特色的银联标准家有宝贝联名信用卡。帮助云南农信社获得了发行信用卡的资格，帮助曲靖商业银行获得了发行金融IC卡的资格。丰富了银联标准卡品种，壮大了云南地区发卡队伍，满足了不同用卡人群的需求。云南省2012年新增银联标准卡的发卡占比达97.3%。同时建立了超过600户的银联卡特惠商圈建设，为银联标准卡持卡人提供长期的特惠服务，建成福农商圈、旅游商圈，为其持卡人提供专享优惠，为高端卡持卡人提供专属尊享服务。发卡与受理两方面工作的联动，促进了银联标准借记卡交易占比提升4.8个百分点，活卡占比提升3.2个百分点；银联标准信用卡交易占比提升5.2个百分点，活卡占比提升7.2个百分点。使银联标准卡作为云南银行卡第一品牌的地位得到进一步的巩固。

【银行卡应用从省会城市延伸到乡村】

银行卡的受理实现全省行政村100%全覆盖。普及工作以省会向州市、县乡延伸，村镇向县乡、州市延伸相结合，在10个州市新建18条县级刷卡无障碍示范街，全省示范街达到57条，充分发挥了窗口效应，带动银行卡用卡环境的改善。在重点行业昆明火车站售票窗口及昆明辖内所有铁路客票代售点安装POS机，实现铁路售票点银行卡受理商户覆盖面达100%。在全省2A及以上景区新装POS机具，银行卡受理覆盖率超过30%。推动财税库银项目建设，实现了银行卡在税收领域的应用。以“惠农支付服务”业务为平台，福农卡、惠农卡为载体，在自然村、乡镇、县推广银行卡的应用，将银行卡支付服务快速延伸到乡村。

【惠农支付服务全面服务三农】

为了解决云南偏远农村缺乏金融机构，农民支取惠农补贴困难的问题，在人民银行昆明中心支行的领导组织下，银联云南分公司与辖内主要银行共同开发“惠农支付服务”业务特色产品，即在农村便民商户安装POS机，农民可通过刷卡在便民商户领取惠农补贴，进行银行卡取款、消费、查询、转账、汇款、缴费等，将银行营业网点、金融服务延伸至乡镇，让农民享受到了金融创新的便捷服务。惠农支付服务业务的推广也得到各地政府部门的支持，2012年，惠农支付服务业务在全省快速推广，全年新增业务点9000多个。截至年末，云南省“惠农支付服务”业务覆盖全省16个州市的129个县，入网商户从2011年的800户增加到10407户，惠农支付服务业务州市覆盖率达100%，县域覆盖率达100%。

【推行公务卡结算制度成为全国典范】

积极支持云南省政府建设效能政府工作，配合落实全省县级以上预算单位全面实行公务卡结算制度的要求，从发卡、受理及应用两个方面推动公务卡的应用。公务卡发行方面，根据省政府、省财政厅的相关要求，与具有公务卡发卡资格的银行共同推动公务卡的发行工作，目前云南省县级以上公务人员人手一张公务卡，公务卡发行量达到85万张。在公务卡受理和应用方面，联合相关部门确定政府公务采购商户名录，并推动收单机构安装POS，拓宽公务卡的应用范围，目前可受理公务卡的商户基本能满足县级以上预算单位的用卡需求。建立了公务卡特惠商圈，方便用卡。编制《公务卡用卡手册》，引导公务员使用公务卡。2012年，云南省公务卡全年实现交易金额104亿元，较2011年增长40.3%，交易量排名全国第一，云南省成为全国成功实行公务卡结算制度的典范。

【创新银行卡支付，金融IC卡、互联网、手机支付快速发展】

随着互联网技术和电子商务的快速发展，银行卡支付创新快速发展。云南银行卡支付创新工作紧跟全国步伐，互联网支付业务在客运、保险、铁路售票、电话缴费、公用事业缴费、高校学费收缴等行业和领域得到应用。手机支付实现了缴话费、信用卡还款、缴纳公用事业费等功能。金融IC卡推广战略，促进了金融IC卡快速推广，云南辖内60%的银行发行金融IC卡，2012年发卡量是2011年的110倍，25万多台POS终端可以受理金融IC卡，金融IC卡应用快速渗透到各行业。同时，非接支付在影院、西点、超市、出租车等行业重点快速推广，为人们带来安全、便利和快捷的支付体验，快速推进银行卡实现“一卡多用”和“一卡通用”的目标。

【银行卡产业环境健康和谐】

在人民银行昆明中心支行的领导下，开展反洗钱及安全用卡宣传，普及安全用卡知识。通过巡检、侦测、整改、处罚等一系列措施，推动受理市场的规范发展。持续巩固警银协作、风险信息共享、风险案件及时处置等风险防范长效机制，推广银联风险管理系统。成立了云南省银行卡安全委员会。持续宣传银行卡业务规则，组织辖内银行员工参加银联差错师考试，提升银行卡产业链相关人员的业务素质，组织云南收银员参加全国第五届收银员大赛。从风险防范、业务宣传、指导、培训、建立防控机制等多方工作，营造了和谐健康的产业环境。

（马学琼供稿）

中国人民健康保险股份有限公司云南分公司

总经理：李晓峰

【综述】

2012年是分公司发展史上具有里程碑意义的一年，分公司实现了业务规模和经营效益的双丰收。在这一年里，分公司认真贯彻落实集团公司、总公司各项部署和要求，牢牢把握“转方式促发展、强合规增效益”工作主基调，紧紧围绕“效益、特色、能力”，凝心聚力，攻坚克难，取得了令人欣喜的发展成效，分公司发展跃上了崭新的平台。

【业务发展情况】

一、保费收入突破10亿元大关

2012年，分公司实现规模保费105215.25万元，突破10亿元大关，实现了历史性跨越。保费同比增长18.89%，系统排名第3位；保费计划达成率122.76%，系统排名第一位。实现新口径保费收入95768.85万元，列云南人身险市场第六位，同比增长50.2%，占云南人身险市场份额6.77%，同比增长1.73个百分点；占全省健康保险市场份额43.88%，继续位居行业第1位，在健康险领域处于绝对领先地位。同时，个、团、银三条销售渠道计划达成率均超过115%，多年来首次全部实现了完成全年保费预算的目标，全系统仅有三家分公司完成这一目标。其中团险业务实现保费收入80115.35万元，计划任务达成率121.6%，系统排名第一，规模保费系统排名第一；银保业务实现保费收入20935.15万元，提前5个月完成了总公司任务目标，计划任务达成率128.75%，系统排名第一，规模保费系统排名第六位；个险业务实现保费收入4164.75万元，计划任务达成率115.69%，同比增长71%，保费规模位居系统第六位，计划达成率位居系统第四位。

二、经营效益再创新高

2012年，分公司综合赔付率为87.44%，综合成本率为98.77%，实现考核利润1114.44万元，超额完成了全年利润预算目标。这是分公司连续两年实现经营利润，达到了历史同期最高水平。

三、分支机构发展能力显著增强

2012年以来，各三级机构结合当地实际，主动应对政策和市场变化，积极推进业务开拓，共实现保费收入46185万元，占分公司保费收入的43.9%。而且全部机构均提前了3个月完成全年保费计划任务，其中，曲靖中心支公司实现保费收入1.59亿元，红河中心支公司实现保费收入1.23亿元，楚雄中心支公司实现保费收入1.01亿元，临沧营销服务部的保费收入翻了一番多。三级机构业务稳健发展为分公司提供了重要支撑。

四、公司社会影响进一步扩大

2012年初，中国保监会以《保险工作简报》的形式向中央办公厅、国务院办公厅等中央和国家机关呈报了“保险业服务医药卫生体制改革的主要工作、困难和下一步工作思路”的专题材料。其中，分公司配合政府有关部门，在全省建立城镇居民大病补充医疗保险制度的做法，作为典型事例在《简报》中得到反映，时任国务院副总理李克强作了重要批示。7月，中国保监会《保险工作简报》第17期对楚雄中心支公司“三位一体”的大病补充医疗保险体系进行了全方位的介绍，保监会副主席陈文辉做出了重要批示。中国保险报资深记者、云南经济日报记者分别深入到楚雄对大病补充医疗保险业务项目开展了实地采访。《中国保险报》、《云南经济日报》、《都市时报》等媒体共刊发宣传公司发展成效的文章12篇。

【服务和创新情况】

一、服务保障民生

2012年，分公司共承办受政府委托的大病补充医疗保险业务项目42个，覆盖云南省13个州市的113个县（市、区），服务人数达1400余万人，市场份额近90%，累计承担风险保额约3万亿元，为10余万人次支付了15亿余元的医疗费用补偿，一是新农合大病保险业务推广至楚雄全州、临沧全市，以及红河州六县市、昆明市宜良县等地区，服务人数323万人。二是城镇职工大病保险业务覆盖了云南省直、昆明市、丽江市等12个州市，服务人数360万人。三是城镇居民大病保险业务涵盖昆明市、丽江市等13个州市，服务人数192万人。四是公务员补充医疗保险拓展到昆明市、红河州和临沧市，服务人数30万人。五是对昭通市城镇低保、农付低保和农村五保三类特殊困难人群补充医疗保险实行“市级统筹”，服务人数65万人。

二、加强特色能力建设

2012年，分公司进一步加强健康管理和客户服务工作，努力提升服务水平。一是积极开展健康体验活动。全年举办12期“肝胆排毒”养生之旅活动，累计参加人数237人；举办25场“一滴血亚健康评测专场体验活动”，服务人数608人。二是为各销售渠道提供各类健管培训38场，培训人数1173人；开展健康讲座、健康沙龙活动91场，累计客户2048人。三是拓展医疗服务平台，保障业务服务需求。公司先后与昆明市福海医院、盘龙区人民医院签订医师合作协议，为旅游险业务提供随队医生，共为6个大型“夕阳红”旅游团队，4000余名游客提供了随队医疗服务。同时还与昆明市中医院签署战略合作协议，为公司今后开展中医健康管理服务奠定了基础。四是积极开展“健康永驻，关爱永恒”为主题的客户节活动。

【风险管理和内控制度建设情况】

一、加强内控合规基础建设

一是分公司抽调一些业务能力素质高、责任心强的人员，组建了兼职内控合规队伍。开展党风廉政知识测试、举办“监管红线”、内控合规教育培训等活动。对数据真实性、中介业务、退保金及保单质押贷款等重要业务领域开展了自查自纠工作。同时还开展了保险机构及高管人员清理整顿工作。二是加大现场检查工作力度。分公司对全部三级机构开展了数据真实性、中介业务暨效能监察现场检查工作，对曲靖、红河和楚雄中心支公司等3个机构开展了“回头看”现场检查。认真开展反洗钱、综合治理销售误导和各类风险排查工作。配合集团公司做好内控鉴证和缺陷整改、尽职调查等金象项目相关工作。系统梳理了检查中发现的问题，强化整改落实，及时化解和防范经营风险。

二、加强盈利能力建设

一是分公司根据各险种、各渠道的盈亏情况，“以收定支、量入为出”，进一步优化资源配置，进一步提高投入产出效益。同时根据业务质量和业务进度对销售费用进行合理控制和优化使用；对费用严重超支、经营亏损的考核单位严格实施费用审核管理，根据费用审核额度进行资金拨付，同时加强对日常行政经费开支的管理，严格按照年度预算进度安排支出日常行政经费开支。二是强化理赔管理。分公司加强对社保补充业务的风险管控，认真做好医疗费用审核和不合理医疗行为的识别、查处和防范，对赔付率较高的业务项目进行跟踪分析，积极沟通反馈，严格控制不合理和超额赔付。同时加大案件调查力度，全年共调查理赔案件260件，其中拒付案件71件，拒付金额200万余元。三是强化预算执行力度。分公司要求各考核单位根据前期经营效益情况以及目前业务发展变化趋势，结合滚动预算执行情况，对经营状况进行深入研究，认真分析预算与执行情况偏差较大的原因，及时调整和完善各项工作安排，充分发挥预算政策导向作用，确保完成或超额完成全年利润预算目标。

三、加强队伍建设，构建和谐企业

一是积极开展教育培训工作。举办了部门业务知识、核保核赔知识、财务知识等各类业务知识培训活动，选派多名讲师和组训参加云南保险业首期人身保险组训讲师培训班，派出10余名大病审核人员参加省医保中心组织的全省医疗保险稽核业务培训班。二是组织开展各种文体活动。试行员工疗养计划、开展职工兴趣小组活动、举行2012年员工冬季健身联谊活动。进一步丰富了员工业余文化生活，提升了工作热情，提振了队伍士气。三是关心爱护员工。为全省系统5名困难职工发放慰问金，定期组织员工进行健康体检，为本部员工提供优惠的自助午餐，进一步提高了员工医疗门诊补助标准和薪酬福利待遇。四是积极参与社会公益活动。2012年，分公司向昭通彝良地震灾区捐款10万元、向“爱心水窖”捐款10万元，向景谷县“7.31”特大洪涝灾害捐款1万元，曲靖中心支公司向旱灾地区人民捐款1万元，红河中心支公司还开展抗旱送水献爱心活动。五是加强党建工作。在广大党员干部中开展“读红书”活动，组织全体干部员工观看电教影片《信仰》和十八大献礼影片《雨中的树》，在一些机构开展“科学发展我争先 红河发展我奉献”建言献策活动；认真落实党的十八大代表选举工作；召开党员领导干部民主生活会，加强领导班子建设；认真开展党的十八大精神学习贯彻活动。

四、全面开展精神文明建设

2012年，分公司精神文明建设取得丰硕的成果。荣获“2012年开门红省级分公司业务发展突出贡献奖”、“2012年上半年省级分公司业务发展突出贡献奖”、昆明市人民政府金融创新产品奖；曲靖、红河和楚雄中心支公司荣获“2012年开门红地市级机构业务发展突出贡献奖”、“2012年上半年地市级机构业务发展突出贡献奖”等奖项。运营管理部/客户服务部荣获“中国人保为民服务先进窗口单位”、社保补充部昆明医保合署办荣获云南保险业“优质服务窗口”、红河中心支公司荣获“全国金融系统思想政治工作先进单位”和云南保险业“优质服务窗口”、楚雄中心支公司荣获人保集团2011年农村保险“业务开拓先进单位”。

【大事记】

1月12日，分公司召开2012年度工作会议。

1月12日，分公司工会开展向全省系统困难职工“送温暖”活动。

2月1日，分公司与云南海外国际旅行社有限公司签署旅游人身意外伤害保险合作协议。

2月1日，分公司总经理李晓峰（右一）与云南海外国际旅行社有限公司领导签署旅游人身意外伤害保险合作协议

2月6日，红河中心支公司启动以“科学发展我争先，红河发展我奉献”为主题的建言献策活动。

2月13日至15日，中国人民健康保险股份有限公司副总裁陈志刚到分公司进行干部考核和考察。

2月16日，分公司与昆明市盘龙区公共资源交易中心签署盘龙区机关事业单位医疗补助保险业务合作协议。

2月21日，云南省住房和城乡建设厅召开云南省建筑施工人员人身意外伤害保险2011年度总结表彰大会，分公司总经理李晓峰应邀参加会议，同时还列席了2012年全省建筑安全生产和建筑行业“质量兴省”工作会议。

3月9日，国务院医改办副主任徐善长带领医改调研组到云南调研。分公司应邀参加了调研工作汇报会，并作为唯一的保险公司在会上发言。

3月13日至3月16日，在分公司总经理李晓峰等的陪同下，云南保监局局长华日新、人身险处副处长邱东岚，云南省医改办主任贺金喜以及云南省人力资源和社会保障厅、卫生厅和省新农合办等处室领导一行12人赴广东湛江进行考察调研。

3月22日，经昆明市工商行政管理局考核公示，分公司被授予昆明市2010至2011年度“守合同重信用企业”称号。

3月23日，分公司与大理州劳动和社会保障局签署大病补充医疗保险协议。

3月23日，分公司总经理李晓峰（左二）与大理州劳动和社会保障局领导签署大病补充医疗保险协议

3月底，分公司与文山壮族苗族自治州医疗保险基金管理中心签署大病补充医疗保险协议。

4月12日，红河中心支公司广大员工自发组织开展向旱灾灾区人民“抗旱送水自愿行动”。

红河中心支公司爱心送水到蒙自西北勒乡中心学校

4月17日至20日，人保健康总裁李玉泉到分公司调研。

4月23日，分公司与西双版纳州医疗保险中心签署大病补充医疗保险协议。

5月11日，分公司在全司系统范围内正式启动“爱岗敬业”知识培训活动。

5月中旬，分公司与德宏傣族景颇族自治州人力资源和社会保障局签署大病补充医疗保险协议。

5月24日至5月29日，分公司组成2个检查工作小组，对下设的5个三级机构全面开展2012年数据真实性、销售误导、中介业务检查暨审计效能监察现场检查活动。

6月上旬，分公司与曲靖市人力资源和社会保障局签署曲靖市城镇居民大病补充医疗保险协议。

6月8日至14日，总公司检查组莅临分公司组织检查工作。

7月18日，分公司与丽江市人社局签署大病补充医疗保险协议。

7月25日，云南保监局副局长任玉华带领人身险处副处长及相关工作人员到分公司调研。

8月1日，分公司召开2012年半年工作会议。

8月，普洱中心支公司全体干部职工心系普洱灾区群众，向灾区人民捐款1万元。

8月6日至8日，中国人民银行曲靖中心支行副行长速拥军一行8人到曲靖中心支公司，对公司的反洗钱工作情况进行现场检查。

8月10日至31日，云南保监局统计研究处到分公司本部和楚雄中心支公司开展健康保险统计数据质量现场清查工作。

8月21日至31日，云南保监局人身险处开展对红河中心支公司开展销售误导现场工作检查。

9月7日，云南省昭通市彝良县发生5.7级地震，分公司得知灾情后，立即启动了应急预案，采取了相应的紧急应对措施，并向灾区人民捐款10万元。

9月8日，中国保监会政策研究室处长蔡宇在云南保监局人身险处相关人员的陪同下，莅临楚雄中心支公司调研指导社保补充业务工作。

10月26日，在“第五届中国保险文化与品牌创新论坛”会上，分公司总经理李晓峰荣获2012年度中国保险“杰出领导力奖”。

11月22日，云南省总工会向云南分公司工会颁发了《工会法人资格证书》。

12月3日，分公司积极响应云南省委、省政府的号召，参加了“爱心水窖”工程捐款活动，向“爱心水窖”捐款10万元。

12月7日，中国人民保险集团股份有限公司在香港成功上市之日，分公司业务保费规模突破了10亿元大关，实现了历史性跨越。

12月15日，人保健康副总裁冯祥英赴分公司参加2012年度民主生活会和2012年领导班子综合考评述职大会。

12月27日，分公司与临沧市卫生局签署2013年度临沧市新农合大病医疗补充保险协议。

（袁明曦供稿）

中国人寿保险股份有限公司云南省分公司

总经理：阮建设

【综述】

2012 年，中国人寿保险股份有限公司云南省分公司（以下简称为“中国人寿云南省分公司”）在云南省省委、省政府和上级公司的正确领导下，积极践行中国人寿特色寿险发展道路，牢牢把握科学发展主题，以加快转变发展方式为主线，用“攻坚克难，稳中求进，奋力拓展”的总基调统一全省系统全体员工的思想认识，确立“以人为本，均衡发展，有效管理，强化效益，加快实现云南国寿既定目标”为发展指导思想。公司上下通过艰苦努力，克服了前进道路上一个又一个艰难险阻，推动了业务发展和公司全面建设。

【业务发展情况】

中国人寿云南省分公司实现保费收入 55.61 亿元，同比增长 15.21%；期交首年新单保费 7.98 亿元；其中十年期及以上期交首年新单保费 3.57 亿元；续期保费收入 27.46 亿元，同比增长 22.42%，占比首次超过 50%，达到 50.92%；短期险保费收入 5.26 亿元，同比增长 9.8%，其中意外险保费 2.28 亿元，同比增长 14.12%；计划生育家庭系列保险保费规模位居全国系统第一位；小额信贷业务保费收入取得较大突破。

【服务和创新情况】

中国人寿云南省分公司始终坚持“用专业和真诚赢得感动”的服务理念，围绕“优质云南、效益云南、形象云南”的目标，不断提升服务品质及“1 + N”服务品牌价值，以国寿鹤卡为依托，以 95519 服务电话为窗口，提升精细化管理水平，不断拓展增值服务，竭诚为全省各族人民提供优质高效的保险保障服务，包括个人及团体人寿保险、意外伤害保险和健康保险产品，涵盖生存、养老、疾病、医疗、身故、残疾等多种保障范围，全面满足客户在人身保险领域的保险保障和投资理财需求。2012 年 7 月，中央电视台、人民日报、经济日报、金融时报、中国保险报、和讯网、国寿客户报等七家中央主流媒体组成的记者采访团在开展“云南走基层”专题采访活动中，通过 70 多篇稿件实地报道云南省分公司服务“三农”、服务边疆、服务少数民族相关工作情况，宣传了中国人寿，宣传了云南。

公司积极履行国有企业社会责任，全方位支持地方经济社会发展。“十一五”期间，先后出资 1000 多万元用于援建 24 所希望小学、1 所希望中学、3 个乡村卫生室等“兴边富民”工程，以及地震、特大旱灾捐款等重大民生项目，有力地支持了云南“保发展、保民生、保稳定”。2012 年“9·7”彝良地震发生后，中国人寿云南省分公司立即启动应急预案，迅速募集 20 吨大米、5 吨食用油、7500 件饮用瓶装水，送往灾区用于抗震救灾。分公司总经理阮建设于灾后第二天就赶到灾区，实地勘察灾情，慰问灾区群众。所属昭通分公司、彝良县支公司于当天深入受损严重的震中地区，设立中国人寿理赔服务点，开通了保险理赔绿色通道，排查客户伤亡情况，到各医院看望慰问伤员，给10名受伤的投保学生现场送上保险赔款，并为灾区人民群众运送急需的饮用水和生活必需品，中国人寿迅速行动、奋起抗灾，受到当地党委、政府和人民群众的高度赞誉。

【风险管理和内控制度建设情况】

中国人寿云南省分公司始终高度重视依法合规、防范经营风险工作，始终将风险防范贯穿于业务发展、管理的全过程，坚持管理出效益不动摇，坚持风险控得住不松懈，强化“全员、全方位、全过程防范风险”的管控思想，提升公司核心竞争力，提高员工风险管控意识，制定了一系列规章制度，完善了工作流程，措施较为得力，人员配置较为优化。每年安排依法合规经营自查自纠工作，并在各类会议上反复强调风险防范工作，通过各种检查狠抓依法合规，取得了较好成绩。

【大事记】

2月5日，中国人寿云南省分公司全省系统2012年度工作会议在昆明召开。

2月9日至14日，中国人民政治协商会议云南省第十届委员会第五次全会在昆明隆重举行，中国人寿云南省分公司党委书记、总经理阮建设作为省政协委员参加会议。

2月17日，中国人寿云南省分公司总经理阮建设与中国人寿集团公司、中国人寿寿险公司品牌宣传部及北京大学联合组成的企业文化建设情况调研小组进行座谈。

3月23日，中国人寿云南省分公司总经理阮建设受邀参加云南省第二届民营企业家论坛。

4月11日，中国人寿云南省分公司先后分别与云南信息报、都市时报、云南经济日报社举行战略合作签字仪式。

4月27日，中国人寿希望小学捐赠揭牌仪式在迪庆独克宗举行。

5月29日，中国人寿云南省分公司被中共云南省委、云南省人民政府评选为2011年度全省扶贫先进集体。

6月26日至28日，中国人寿云南省分公司党委书记、总经理阮建设参加中国共产党云南省第九届委员会第三次会议。

7月16日至18日，中国人寿云南省分公司2011～2012年度个险渠道精英高峰会在河南省郑州市隆重举行，荣获全省系统2011～2012年度新单件数奖、新星奖、首年期交奖的营销精英伙伴，荣获杰出主管奖的主管、优秀个险管理干部及获得“保险精英百万圆桌大会”企划奖励的优秀伙伴共计300余人出席本次精英高峰会。

8月16日至17日，中国人寿云南省分公司总经理阮建设作为云南省政协委员参加省政协组织的“实施西部大开发和桥头堡战略中加快推进滇中经济区建设视察组”到楚雄州开展视察工作。

8月30日，中国人寿全国系统2012年度电销渠道销售精英表彰会在昆明召开。

9月7日，中国人寿云南省分公司深入昭通市彝良县“9·7”地震受损严重的震中地区，设立中国人寿理赔服务点、开通抗震救灾服务“绿色通道”。

9月7日，阮建设总经理亲临中国人寿抗震救灾理赔“绿色通道”，慰问公司员工，询问客户伤亡情况和理赔服务措施

9月21日至23日，中国人寿董事长杨明生、总裁万峰、副总裁苏恒轩在云南分公司总经理阮建设的陪同下拜会云南省人大常委会主任、省委书记秦光荣，中共云南省委副书记、省长李纪恒，副省长丁绍祥，省政府秘书长卯稳国，双方就进一步加强合作进行了深入交流。

9月22日，中国人寿董事长杨明生、总裁万峰、副总裁苏恒轩深入到云南省分公司调研。

10月23日，云南省人力资源和社会保障厅与全省七家大型企业集团的年金管理人员赴中国人寿养老保险公司总部进行业务考察。

10月26日，第五届中国保险文化与品牌创新论坛暨第七届中国保险创新大奖颁奖盛典在丽江隆重举行。中国人寿保险股份有限公司荣获“2012年度最具影响力保险品牌”，中国人寿云南省分公司总经理阮建设荣获“2012年度中国保险杰出领导力奖”，是中国人寿系统中唯一获此殊荣的人。

10月29日至30日，中国人寿公司系统青年文明号创建暨共青团会议在云南省西双版纳傣族自治州召开。

11月12日，中国人寿云南省分公司总经理阮建设赴京参加云南省人民政府省长李纪恒、副省长丁绍祥会见中国人寿集团公司领导相关活动。

12月4日，2012年泛亚经济高端论坛暨第二届春城金融博览会颁奖典礼在昆隆重举行。

12月16日至17日，中国人寿云南省分公司全省系统第二届职工代表大会第三次会议在昆明胜利召开。

总经理阮建设接受中央电视台采访

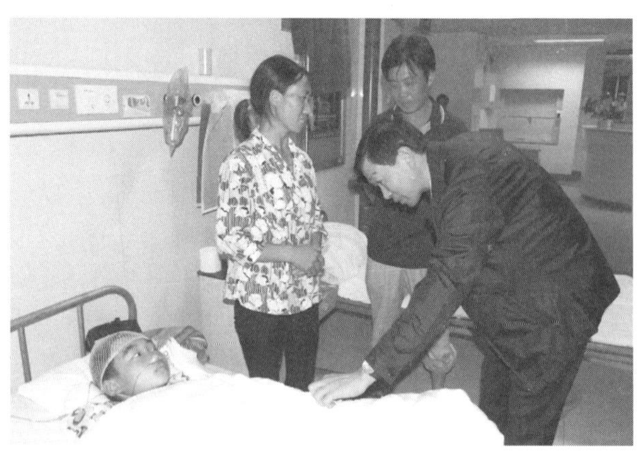

总经理阮建设看望地震受伤客户

（张震来供稿）

中国人寿财产保险股份有限公司云南省分公司

总经理：李永平

【综述】

2012年中国人寿财产保险股份有限公司云南省分公司根据总公司提升年的发展要求，深入贯彻“加快发展、效益经营、提升能力、依法合规、文化建设”的工作方针，立足云南“规模适中、效益领先”发展定位，坚持“双优”发展导向，以车险降赔增效、非车险提速达标、互动争先进位（“三项工程”）为抓手，以提高员工收入和福利待遇为根本，以发展提速、效益提高、能力提升、信心提振、执行提效（“五提”）为目标，围绕“加快发展、快中求好、后发赶超”工作思路，实施积极的业务、财务政策，开展业务销售企划活动，完善考核激励措施，加强机构、渠道、队伍建设，夯实基础，聚集正能量，推动公司业务持续快速健康发展，取得显著成效。截至年末，全面超额完成总公司下达的各项计划指标，实现保费收入49714.77万元，完成全年任务计划的105.78%，同比增长56.02%，保费收入总量在全省20家财险市场主体中排名第6位，市场占有率为3.83%；累计支付赔款21153.62万元，综合赔付率为50.8%；实现承保利润1274.28万元，连续三年保持承保盈利。

【机构建设】

2012年云南省分公司加快三、四级机构的铺设。年内，完成了保山、昭通和西双版纳3个州市中心支公司建设，实现了三级机构覆盖全省16个州市的建设目标；建成昆明呈贡、安宁，楚雄南华、禄丰，玉溪元江、新平，怒江兰坪和曲靖沾益8家县区支公司。此外，昆明官渡、五华，普洱宁洱、景东，大理弥渡、鹤庆，文山马关、丽江宁蒗、德宏瑞丽、曲靖马龙、保山腾冲、玉溪易门和临沧永德13个四级机构获准筹建。截至年末，四级机构覆盖率达48.84%（含中支营业部和在筹机构）。

【队伍建设】

2012年末，全省系统共有正式员工650人，其中：劳动合同制员工285人，劳务派遣制员工365人；40岁以下的员工536人，占员工总数的82.5%；大学本科以上学历的员工224人，大专学历的员工300人，中专学历的员工126人。销售队伍建设方面，共有195个自有销售团队，其中：直销团队35个，中介/车商团队53个，个人代理团队107个。直销渠道人员54人，中介/车商渠道人员110人，互动渠道产险专兼职人员113人，代理制营销员773人。

【渠道建设】

2012年云南省分公司加大力度开源修渠，着力提高各渠道产能贡献。一是调整优化自主渠道，积极搭建车商、中介、个代、银保和重客等界限清晰的专业化子渠道，实施差异化费用政策，人力资源倾斜政策支持渠道专业化建设，组建专属销售团队，提升销售能力。自主渠道全年累计实现保费收入34124.7万元，占比64.74%。二是互动渠道坚持“战略为指引、利益为向导、机制为保证”的工作原则，巩固发展产险专员派驻寿险职场的运作模式，以体制机制建设为抓手，不断完善专业化经营体系，突破基本法考核、组织利益分配、系统对接等发展瓶颈，持续推进互动网点、专员队伍建设，筑牢互动渠道发展根基。互动渠道全年实现保费收入 11157.4 万元，首次突破 1 亿元大关，占比 22.44%。三是电子渠道坚持发展与建设并行、体制机制建设与业务平台建设并重，完善组织架构，加强队伍建设，不断扩大电话车险区域覆盖率，开展渠道宣传、增值服务和销售推动，有力推动电子渠道产能快速提升。电子渠道全年实现保费收入 6374.78 万元，占比 12.82%。

【车险业务】

2012 年云南省分公司制定出台贴近市场、贴近客户的车险承保政策，对车险目标市场进行细分，大力发展效益型车险业务，优化车险业务结构；调整车险核保核赔操作流程，提高车险承保理赔工作效率，加快案件处理，提高结案率，履行车险服务承诺；推进车险理赔管控能力优化和技术平台建设，强化车险经营关键指标管控，加大车险理赔专项稽核力度，提高车险业务盈利能力。2012 年云南省分公司车险实现保费收入 42592.77 万元，完成全年计划 101.41%，同比增长 64.63%，车险保费收入占公司整体业务的 85.67%；车险综合赔付率 50.95%，车险实现承保利润 459.07 万元；车险件数结案率为 91.60%，超过公司任务挑战目标（82%）近 10 个百分点；车险理赔周期为 26.66 天，较 2011 年同期缩短了 18.87 天。

【非车险业务】

2012 年云南省公司制定非车险提速达标工程考核办法，引导全省系统各分支机构加快发展非车险；加强非车险理赔管控，重大案件处理质量和效率显著提高，客户满意度不断提升，关键业绩指标全面达成，非车险业务实现快速增长，并保持承保盈利。2012 年云南省分公司非车险实现保费收入 7122 万元，完成非车险保费任务目标的 118.7%，同比增长 66.90%，非车险保费收入占公司整体业务的 14.33%，其中：农业保险实现保费收入 2972.1 万元，企财险实现保费收入 1462.1 万元，意外险实现保费收入 1412.9 万元，责任险实现保费收入 939 万元。非车险综合赔付率 49.93%，实现承保利润 815.21 万元。

【重客业务】

2012 年云南省分公司在全省标志性重点项目拓展上连续实现突破。成功入围云南省旅游组合保险，份额为 11%，保费收入 400 余万元；以总分第三的成绩进入云南省政策性农业（种、养两业）保险共保体，份额为 6%，保费收入 4000 余万元，是全国系统第一个综合农业保险项目；再度中标云南省森林火灾保险，份额增至 10%，保费收入 1460 万元；中标昆明地铁 3 号线工程一切险，份额为 20%，保费收入 1320 万元。重点项目保费累计达 7000 余万元，与 2011 年末（1618.8 万元）相比增长 332.4%，是公司开业运营以来成效最为显著的一年，对优化业务结构和规模效益的提升奠定了坚实的基础。标志着云南省分公司重点项目拓展进入发力、上升期。

【客户服务】

2012 年云南省分公司多措并举改进服务质量。推出“五个一”客户服务承诺，实施车险诚信服务绿洲工程，推行“一袋式理赔”服务，深入推进服务窗口、服务人员双星管理工作，开展服务流程穿越、“国寿客户节”、“3.15”主题活动及“践行承诺 提升服务”等各类主题活动，改进和提升客户服务品质。委托第三方机构对服务规范进行暗访检查，加强服务品质监督，从考核机制、检查体制上对服务进行规范；修订完善了《电话中心绩效考核管理办法》等制度。2012 年云南省分公司客户服务考核指标均达到总公司要求。其中：客户满意度 96.02%；人工总回访率 99.86%；服务品质 85.28 分；三星级网点达成率 100%；服务承诺达成率 92.64%，电话中心运营能力列全国系统第 7 位。在 2012 年总公司组织的“提升 2012”客户服务能力竞赛中，云南省分公司位列第 6 位。在云南保监局组织的 2012 年全行业理赔服务质量测评中，公司报案电话接通率、第一现场查勘率、平均结案周期、报案结案率、平均付款时效、信访投诉率等指标得分改善明显，其中：2012 年第三季度机动车辆保险理赔服务质量评分（非现场部分）位列云南省 19 家财产保险公司第 2 位。

【风险管理】

2012 年云南省分公司单独设立内控合规部/审计监察部，负责内控合规、法律事务、风险管理、反洗钱、内部审计、纪检监察等工作。建立了全省系统内控合规、反洗钱专兼职协同队伍。对近两年公司制定的各项管理制度进行梳理、评估，形成了《2010 年－2011 年云南省分公司内控制度汇编》。各管理条线部门、辖内各级分支机构全年开展数据真实性、中介业务、电销产品经营合规和反洗钱工作等各类自查、现场或非现场检查 42 次。印发《合规简报》5 期，印发《合规风险提示函》18 期。年内先后组织举办多次合规培训或派员参加总公司专题培训，并邀请人行昆明中心支行进行反洗钱培训，累计参训人数超过 500 余人次。通过加强培训，干部员工的合规意识进一步增强。

【企业文化】

2012 年，在第二届春城金融博览会上，公司荣获“2012 年度云南省最具竞争力财险公司”奖。在第五届云南金融百姓口碑榜评选活动中，公司被评为“云南百姓最喜爱的财险品牌”，省分公司李永平总经理当选“云南金融领军人物”。公司负责的云南保险学会立项重点课题《云南省政策性森林保险发展机制研究》入选云南省第六届社科学术年会论文集，并获得优秀论文三等奖。公司赞助 2012 环球小姐中国“魅力红河”云南区域赛暨红河旅游文化展演季，举办全省系统新春年会和首届职工羽毛球赛，推广第九套广播体操，舒缓压力，陶冶情趣，营造积极向上的文化氛围。

【大事记】

1 月 10 日，产寿险云南省分公司联合召开 2012 年互动业务启动大会。

2 月 6 日至 7 日，云南省分公司召开 2012 年工作会议。

3 月 11 日至 12 日，云南省分公司召开车险业管、非车险业管、客户服务、信息技术、纪检监察审计工作会议。

3 月 16 日，昆明中支公司成功签署昆明轨道交通工程施工人员综合保障保险项目共保协议，承保份额列第 2 位。

3 月 22 日，云南省分公司正式启用车险询价系统与电销中心对接功能，有效缩短客户的等待时间。

4 月 1 日，云南省分公司成功中标 2012 年云南旅游组合保险。

4 月 25 日，云南省分公司召开加强和改进理赔服务质量工作研讨暨服务流程穿越会议。

5 月 14 日，云南省分公司召开会议专题研究全省政策性农业保险和煤责险项目。

5 月 29 日，云南保监局稽查处唐跃萍处长等一行到云南省分公司就第三次数据真实性自查整改情况进行督导调研。

6 月 9 日，云南省分公司以第 3 名成绩成功入围云南省 2012 - 2015 年政策性农业（种植业、养殖业）保险项目共保体。

6 月 28 日，云南省分公司与云南大学经济学院联建大学生社会实践与实习基地签字揭牌仪式隆重举行。

6 月 29 日，云南省分公司组织召开加强互动渠道基础建设加快互动业务发展专题视频会议。

8 月 3 日，产、寿险云南省分公司联合召开“全员营销”产代寿专销活动视频会议。

9 月 7 日，云南省分公司快速反应，多措施开展“9 · 7”彝良地震保险理赔工作。

10 月 26 日，中国人寿财险总公司精算部彭代明副总经理到云南省分公司指导精算工作并现场授课。

7 月 6 日，云南省 2012 - 2015 年度暨 2012 年农业（种植业、养殖业）保险项目启动仪式在昆明举行，中国人寿财险云南省分公司总经理李永平（第一排左三）与云南省财政厅、省农业厅签署合作协议

7 月 26 日 - 31 日，中国人寿财险云南省分公司举办第一期县支公司经理培训班

12 月 28 日，中国人寿财险云南省分公司召开 2013 年业务启动会暨首届销售精英峰会

11 月 6 日，云南省分公司成功入围 2012 年云南省森林火灾保险项目，份额为 10%，保费收入 1400 余万元。

11 月 8 日，云南省分公司与中国联通云南省分公司洽谈合作事宜。

11 月 20 日，云南省分公司召开党委（扩大）会学习传达十八大精神。

12 月 4 日，在 2012 年第二届春城金融博览会上，云南省金融办授予云南省分公司“2012 年度云南省最具竞争力财险公司”奖。

（刘明彦供稿）

中国人民财产保险股份有限公司云南省分公司

副总经理：徐 平

【综述】

2012年，全省系统团结一心，深入贯彻落实总公司“围绕一个总纲、强化两大支撑、抓好三个关键”的工作思路，把握关键，狠抓落实，克服了宏观经济下行、市场需求萎缩、行业竞争加剧和自然灾害频发等不利因素的影响，全面落实“速度、效益、服务”领先市场三大战略，扎实推进“使命2015”计划，深化改革转型，推动了公司持续健康发展。

【业务发展情况】

一、保费规模持续壮大，市场地位相对稳固

全省系统实现保费收入56.52亿元，同比增长6.18%，其中：车险产品线42.31亿元、同比增长11.48%，财产险产品线4.11亿元、同比负增长11.94%，农险产品线4.03亿元，同比负增长20.07%，意健险产品线3.24亿元，同比增长10.81%，责信险产品线1.52亿元，同比增长13.86%，船货险产品线1.3亿元、同比负增长0.48%。保费增速超过全省平均增速的有10个单位，其中普洱、西双版纳、国际部、文山、临沧、德宏等6个单位同比增速超过10%。实现交叉互动业务收入3.73亿元，同比增长121.99%，完成年度计划目标的150.99%。

二、保持了云南保险业的排头兵地位

全省系统市场份额43.54%，同比下降2.96个百分点，高于全国系统平均份额8.64个百分点，保费收入位居云南保险业各市场主体之首，保持了云南保险业的排头兵地位。

【服务和创新情况】

一、服务水平明显提升

全省车险、非车险万元以下赔案理赔周期排名全国系统第3位，保山分公司车险万元以下赔案理赔周期排名全国地市分公司第6位，玉溪分公司非车险万元以下赔案理赔周期排名全国地市分公司第11位；全省系统在云南省保险业深入开展的综合治理理赔难、车险诚信服务绿洲工程等社会普遍关注的重点服务工作评价中名列前茅，服务水平领先同业，受到广大保险消费者和监管部门的充分肯定，全省客户服务工作总体评价在全国系统排名前移，玉溪分公司在近期全国城市分公司神秘人调查评价中排名全国第11位。

二、保持了良好的企业形象

省分公司被省政府金融办公室和主流媒体授予全省唯一的“2012年云南省最佳财产保险公司”荣誉称号和“2012年云南省保险业最佳诚信服务奖”。在全省多次发生的干旱、冰雹、洪涝、地震、泥石流等自然灾害中，系统各级公司领导组织有力、靠前指挥、身先士卒、反应迅速快捷、保险服务优质高效、积极履行社会责任，受到省、州市、县区政府及社会各界的高度认可，支持地方经济建设能力显著增强，树立了良好的企业形象。

三、业务发展质量在科学管控中取得新提高

一是执行差异化销售费用投入政策，坚持有保有压，积极引导费用投入向优质业务、优质客户倾斜，较好地提高了投入产出比。加强销售费用管控，密切关注销售费用变动状况，适时进行干预。二是推广费用报销系统运用，严格预算管控，控制和压缩固定费用、间接理赔费用支出，有效降低公司运营成本。三是执行差异化的承保政策，对业务发展进行科学管控，充分利用业务监控分析平台，结合各区域市场实际，分别制定贴近市场、贴近基层的承保

政策和资源配置方案，适时进行动态调整，增强公司定价能力和市场响应速度，增强市场竞争力。四是强化理赔成本管控，提升理赔队伍专业能力，提高查勘定损准确度，重点关注查勘、定损、报价、人伤案件医疗跟踪等关键环节，加大案件复审和稽查力度，构建人伤案件理赔管理新模式，防止利润漏损。

四、服务品质在统筹发展上得到新提升

全面落实“严格要求、严格纪律、严格考核、严格问责”十六字工作要求，着力抓好服务这个“关键”。一是以95518人力资源改革为契机，狠抓团队化和专业化建设，有效推动了以95518客户服务为发起端的一体化服务平台建设，2012年，全国系统95518服务质量综合考核名列第9位。二是以构建刚性有效的服务质量管理体系为重点，以“满意在人保”活动为载体，持续开展金牌服务竞赛活动，通过开展内部神秘人调查，全面落实客户服务基本标准，标准化服务水平得到不断提高。在总公司组织的神秘人调查中，云南省成绩不断改善，从上半年的第28位上升到下半年的第18位。三是持续开展客户满意度调查，按月反馈、按季通报，并将调查结果作为分公司客户服务效能考核指标，督促整改，客户满意度逐步提升。四是进一步完善客户投诉处理机制，理顺流程，明确投诉渠道和方式，定期通报，实现了客户投诉100%回访。2012年，云南省有效投诉量低于全国平均水平，投诉客户满意率排名全系统第8位。五是客户实名制管理有序推进，“人保之友”客户俱乐部建设继续深化，公司开展差异化经营、服务的条件更趋成熟，制定出台了VIP客户服务方案和VIP客户评级标准，并评出了348个VIP客户，在开展客户分类分级，提供差异服务方面迈出了实质性的步伐。六是理赔服务体系进一步健全完善。认真落实保监局《车险诚信服务绿洲工程方案》，深入开展理赔服务“四度”领先专项活动，确保了在速度方面处于行业领先水平，在态度方面积极主动，在准确度方面体现公司专业水平，切实提高客户对理赔工作的满意度。在保监局综合治理理赔难工作专项检查中，分公司各季度现场测评和各项考评指标的优良率均处于全省保险行业领先水平。

【风险管理和内控制度建设情况】

一是狠抓“三道防线”的落实，着力提升合规执行力，强化了合规文化宣导和内控缺陷改进；二是狠抓《权责规范手册》的落实，严格各项合规性事项审核，防范法律风险；三是狠抓监督检查及整改，开展了年度综合大检查、执法监察、效能监察、审计检查、治理商业贿赂等工作和主题教育、案件警示教育活动，堵塞管理漏洞；四是严格问责，对8名各类违规违纪行为责任人进行了责任追究，确保各项制度深入落实到经营管理各环节。

【大事记】

1月30日，云南省分公司召开司务会，专题贯彻学习集团公司、总公司2012年度工作会议和云南省保险协会座谈会精神。

2月9日，云南省分公司被评为“保山市第五批新农村建设工作队及指导员工作先进派出单位”。

2月10日，云南省分公司召开2012年工作会议，云南省分公司张明臣总经理强调，要坚持效益前提，把握发展底线，紧扣服务生命线，严守合规红线“四办法、五策略”推动2012年工作。

公司领奖代表

3月17日，云南省分公司顺利完成信息系统全国大集中工作。

3月31日，云南省分公司召开全省系统纪检监察审计合规视频工作会议。

4月1日，总公司下发《关于云南分公司责任保险事业部改革有关问题的批复》（人保财险人电函【2012】453号）文件，同意云南省分公司本部成立责任保险事业部与信用保证保险事业部合署办公。

第二届 春城 金融博览会

中国人民财产保险股份有限公司云南省分公司
在“2012第二届春城金融博览会”评选中，荣获
2012年度云南省最佳财产保险公司。

云南省人民政府金融办公室 云南日报报业集团
二〇一二年十二月四日

中国人民财产保险股份有限公司云南省分公司在“2012第二届春城博览会”评选中，荣获2012年度云南省最佳财产保险公司

5 月 24 日，云南省公司与省邮政联合召开“2012 年度车险统保业务交流会”，省公司文满成副总经理、省邮政保险代理公司陈惠总经理参加了会议。

6 月 1 日，总公司责任保险事业部承保管理处潘峰副处长、产品开发处薛菲菲副处长到云南省分公司调研 2012 年云南旅游组合保险项目。

7 月 27 日，云南省分公司召开全省系统视频会议，传达贯彻总公司 2012 年上半年经营形势分析会精神。

8 月 1 日，云南省分公司机关本部召开庆“八一”复转军人座谈会。

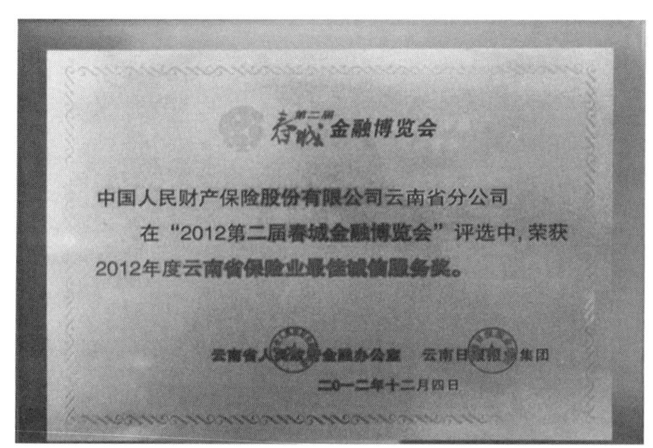

中国人民财产保险股份有限公司云南省分公司在“2012 年第二届春城金融博览会”评选中，荣获 2012 年度云南省保险业最佳诚信服务奖

9 月 3 日，云南省分公司召开全辖城乡居民大病保险专项业务推进工作视频会议，云南省分公司张明臣总经理提出，要抢抓机遇，把此项工作作公司为“二号行动计划”，快速部署城乡居民大病保险专项业务工作。

10 月 9 日，云南保监局华日新局长到昭通开展保险市场调研。

11 月 7 日，召开云南省分公司月度经营经营形势分析会议，就年底收口工作的安排部署。

11 月 21 日，云南省分公司召开全省系统学习贯彻十八大精神视频会议，对全省系统学习贯彻十八大精神作出全面安排部署。

12 月 12 日，云南省分公司荣获年度市民最信赖保险品牌奖和年度市民最喜爱保险品牌奖。

12 月 27 日，云南省电子商务（电销、网销）实收保费（起保口径）首次突破亿元大关，同比增长 45.12%，电销完成全年任务，网销当月实收保费突破千万，达 1214.71 万元。

（姚定柱供稿）

中国太平洋人寿保险股份有限公司云南分公司

总经理：尹建宏

【综述】

2012年，太平洋寿险云南分公司认真贯彻落实云南保监局、太保集团公司、总公司工作要求，扎实推进以客户需求为导向的战略转型各项举措，在行业总体步入调整期的形势下，变被动为主动，全力在优势业务上实现新突破，在短板业务上谋划新举措，在提高服务质量和服务水平上取得新成效，积极推动和实现公司价值的持续增长。2012年，云南分公司累计完成标准保费收入16.68亿元，同比增长3.01%，市场份额10.84%，继续保持行业前三。在云南省第二届金博会评选中，公司获得2012年度云南省最佳寿险公司、云南省保险业最佳诚信服务奖、云南省最具社会责任金融机构三项大奖。

【业务实现规模效益双增】

2012年，分公司顶住来自于市场、来自于系统内的层层压力，坚持、坚守、坚信，成功实现业务规模与内含价值双增长，圆满达成年初工作既定的稳中求进这一总体目标。

2012年，公司团险继续保持了良好发展态势，系统排名第5名，连续三年标保同比保持正增长，连续三年实现意外险市场占有率第一；个人营销坚持人力健康发展与产能有效提升双轮驱动，全年长险件均保费较2011年提高13%，持续8个月同比正增长；银保条线实现以期缴为核心的标保增长，期缴业务占比显著提高，业务结构持续优化，新型期缴保费占比达到了34%；营销续期取得各项关键指标的全面达成，同时队伍结构明显优化。13个月继续率指标系统排名提升5位、市场排名提升1位；新保达成率系统排名第13位。

【强化风险保障功能发挥】

2012年，太平洋寿险云南分公司在取得业务结构进一步优化、业务规模不断发展的良好经营业绩时，以保险产品为依托，主动参与安全生产管理，将服务地方经济建设，保险保障民生、服务“三农”落到实处。依托商业保险公司风险管理的专业优势，协助主管厅局制定安全生产的重要政策、措施，加强制度建设，构建治本长效机制。分公司主承保的安保互动高危行业意外伤害保险，在前期工作的基础上，深入企业一线，积极进行安全生产排查，开展各项促进安全生产的工作，进一步提高了安保互动的保险覆盖率，保障了从业人员利益。同时，对于投保企业，通过给予安全企业一定程度的投保优惠，最大程度保障了企业利益。

同时，一系列客户增值服务活动以保险产品为依托，专注客户需求，提供差异化和针对性的专业产品服务，有效拓展了保险服务内涵与外延，广受客户好评。2012年12月16日，分公司在昆明举办大型客户服务活动“健康在你身边”健康讲座，专门邀请了来自云南省肿瘤医院沈丽达主任带来针对癌症防治的相关知识讲座。在各州、市、县，公司广泛开展了广大客户关心的养老、健康、理财、少儿教育等问题的专题讲座，邀请当地知名医学专家、知名教育家等专业人士提供专业的资讯，邀请新老客户参加，为客户解决很多实际的疑问。

【落实转型创新项目】

2012年，分公司营运支持体系顺利实现柜面作业GPS系统上线，平稳完成昆明制单中心的切换。由太平洋寿险与联想集团合作开发的“神行太保”智能移动保险平台是目前保险行业智能化程度最高的实时投保移动解决方案，“神行太保”是太平洋寿险利用3G移动技术推出的一种移动展业平台，可为客户随时随地提供承保、划卡收费、出单等服务。目前，通过“神行太保”完成一笔投保大概只要半小时，而且客户可以看到每一个操作步骤，确认好自己的权益。同样的操作，以往靠人工传递需要5个工作日。“神行太保”在提升承保时效的同时，也从技术上避免销售误导，而且方便随时随地投保，被称为“不打烊的营业厅”。同时，交通银行、快钱支付清算信息有限公司为平台整合了先进的支付手段，不仅资金安全得到了保障，更使即时收费成为可能。“神行太保”已在云南分公司实现全辖覆盖，出单占比超过90%。

同时，作为太平洋保险“以客户需求为导向”战略转型落地项目之一，太平洋寿险客户体验中心以创新性的思维颠覆了传统的柜面服务模式，在保险乃至整个金融行业内开创性地打造了“智能移动柜面、坐享服务体验”的保险服务门店，实现了“以柜员为中心”到“以客户为中心”的服务模式的转变。从10分钟到2分钟，这是客户体验中心单笔业务办理时效提升的速度；从13步到3步，这是客户体验中心受理业务流程简化的步伐。昆明坐享门店正式营业，成为继福州、长春之后的第三家坐享门店。

【便捷服务在你身边】

2012年3.15期间，太平洋寿险公布了诚信服务的4项承诺——这些承诺并不是只落在纸面上，而是对社会的郑重承诺和对员工的自律要求。太平洋寿险云南分公司的业务人员以服务承诺为基准，开展签名、宣誓等活动，让提高服务质量的理念深入人心。与时同时，太平洋寿险推出“便捷在你身边”全国通赔通付服务，个人和团体客户持完整资料可在保单签发地或其以外的国内（除西藏）任意服务网点就近办理理赔、保全业务申请。由受理机构接洽并提供及时服务。凭借扎实的日常工作，云南分公司及时响应，快速理赔“9·7”云南彝良地震，向灾区红十字会捐款10万元，成为第一家省级分公司班子成员和中心支公司总经理到现场的公司，第一家送出客户理赔的保险公司，第一家媒体报道，第一家慰问合作渠道和出险单位，第一家进行保险系统捐款的基层保险公司。在此次突发事件的应急处置中，分公司获总公司和云南保监局表扬，同时也得投保单位的充分认可和社会各界的广泛赞誉。分公司获得总公司2012年度团体“金海燕”奖，在中国质量万里行明察暗访中获得优（A）评价。

【风险与合规管理】

分公司合规与风险管理工作通过持续深化全面风险管理，强化内控优化、合规执行、法律服务、监察监督的体系及机制建设，深化运用2011年度内控评估、“依法合规经营，自觉维护市场秩序”合规主题活动、“风险排查、隐患排除、矛盾排解”自查自纠等工作的成果，重点加强销售误导治理，加大内控缺陷整改力度和违法违规惩治力度，不断创新合规与风险管理的预警、监测技术与工具，提高风险预测和风险防范化解水平。2011年度分类监管评价等级达到A类，较之2010年评级B类，评级得到显著提升。

【综合治理销售误导】

根据云南保监局及上级公司的统一安排部署，分公司扎实开展了综合治理销售误导工作，取得成效主要体现在：一是思想认识得到提高。综合治理销售误导工作，需要建立健全售前、售中、售后全过程、全方位的管控措施，在销售管理上形成思想文化上不愿做、制度机制上无法做、行为结果上不敢做的大环境。二是内部控制得到进一步加强。通过综合治理销售误导，分公司从机制上入手，如制定推广新的电话回访话术、开发并推广销售人员诚信档案管理应用子系统、规范新型产品的信息披露、细化销售品质违规行为的处罚和加强违规问责等，形成了内部管理层级之间相互联动、互为补充的工作机制。三是推动建立治理的长效机制。治理销售误导是一项长期的系统性工程，分公司将销售误导监控指标纳入对机构的分类管控指标体系中，考核权重达到45%。

【抓实党风廉政建设】

2012年云南分公司党委在上级公司党委的正确领导下，认真贯彻中国共产党第十七届六中全会、十八大精神，紧紧围绕保监会“抓服务、严监管、防风险、促发展”的监管形势和总公司“价值持续增长、投入产出比持续改善”的经营策略以及“两个聚焦”和“两个不放松”的发展思路，始终坚持以科学的发展观为统领，以“扎实推进、服务转型、突出实效、提升效能”为工作目标，以加强党建工作和科学发展为重点，以落实党风廉政建设责任制和党政领导干部问责制为纽带，进一步完善惩治与预防腐败体系，发挥纪检监察的监督效能，凝聚改革力量，注重创新实践，为加快“以客户需求为导向”的战略转型和达成总公司各项经营目标提供强有力的政治保障。

【大事记】

2月17日，太平洋寿险云南分公司召开2012年工作会议，分公司总经理尹建宏作题为《稳中求进、奋发有为、落实目标、推动转型》的工作报告。

3 月 15 日前夕，太平洋寿险云南分公司确定 4 项总公司服务承诺以及 11 项分公司对外服务承诺，在新闻媒体和公司营业场所广泛发布，杜绝虚假服务宣传，获得了社会和客户的普遍认同。

太平洋寿险赔付被保险人意外身故保险金 100 万元

4 月 18 日，太平洋寿险云南分公司召开二季度工作会议。

太平洋寿险云南分公司 2012 年“五四”登高活动

8 月 10 日，分公司召开全辖治理销售误导专题会议。分公司副总经理郭漫江传达了中国保监会上半年治理销售误导会议和云南保监局监管政策通报会的主要会议精神。合规部总经理陆其杭作销售误导工作安排。

8 月 29 日，太平洋产险董事长、总经理吴宗敏在产、寿险云南分公司开展战略转型宣导和调研工作，寿险公司副总经理钱仲华、转型项目工作办人员陪同。

11 月 16 日，作为“2012 年云南社科学术活动月”的重要活动，云南保监局、云南财经大学、云南省社科联、云南保险学会、云南保险行业协会共同举办的“诚信、责任、服务”保险分论坛活动在昆明举行。

11 月 20 日，云南保监局、云南省保险行业协会对 2012 年度保险业“优秀服务标兵”、“优秀服务窗口”进行了表彰。

12 月 4 日，太平洋寿险云南分公司荣获 2012 年度云南省最佳寿险公司、云南省保险业最佳诚信服务奖、云南省最具社会责任金融机构三项大奖。

12 月 12 日，中国质量万里行调查组来到分公司昆明中心支公司营业大厅，通过明察暗访，调查组对分公司的服务质量表示满意，总体评价结果为优（A）。

12 月 26 日，太平洋寿险“坐享服务”门店昆明客户体验中心进行试营业

（彭怡供稿）

平安养老保险股份有限公司云南分公司

总经理：杨峻松

【综述】

平安养老保险股份有限公司云南分公司主营业务企业年金、团体保险、补充医疗保险。作为云南省唯一的属地化养老保险经营机构，公司一方面深耕企业年金市场，通过规范、稳健、高效的年金运作方式，推动云南省企业补充养老资金市场化运作管理机制建设，丰富多层次社会保障体系；另一方面积极开展企业员工综合福利保障、企业补充养老保险、行业意外伤害保险、大病补充医疗保险、医疗健康管理与服务等传统保险业务，发挥保险保障和社会管理功能，服务国家养老、医疗保障体系改革。2012年，公司累计管理企业年金资产规模37亿元，传统保险业务规模43964万元。

依托中国平安全牌照综合金融平台，平安养老保险股份有限公司云南分公司可为客户提供集保险、银行、投资于一体的综合金融服务。根据平安集团与云南省政府签署的《服务云南桥头堡建设专项合作协议》，公司积极协助平安信托、平安证券、平安资产管理、平安不动产等集团投资系列子公司联系、推进在滇各类股权、债权、不动产等投融资项目，在引入保险资金，服务地方经济发展方面开展了大量工作。截至年末，平安集团已累计为云南省项目及企业融资124.8亿元，占云南保险机构融资总额的80.6%。

【业务发展情况】

一、深耕企业年金、大型综合福利保障项目等团体寿险市场，公司主营业务取得良好业绩

大力开拓企业年金业务，丰富多层次社会保障体系：该公司自成立以来，一直凭借丰富的企业年金运作管理经验及专业的年金人才队伍，积极推动云南省企业年金市场发展。公司主动与省内企业开展年金交流，组织年金培训，推动企业补充养老资金市场化运作管理机制建设，通过专业、细致的年金服务与规范、稳健、高效的运作方式，获得了广大客户的认可。截至年末，公司累计受托管理企业年金资金规模14亿元、客户数141个；投资管理规模23亿元、客户数155个，受托/投资份额、管理客户数、业务规模继续保持市场领先。为云南省大、中型企业提高员工退休福利水平，凝聚队伍作出了一定贡献。

凭借丰富团体寿险项目管理运作经验，该公司积极开展企业补充养老保险、员工综合福利保障、行业意外伤害保险、城镇职工大病补充保险、医疗健康管理与服务等传统保险业务，为促进云南省企业员工福利保障体系建设，创新社会管理机制提供有效支持。同时，顺应国家社会保障体制改革方向，加强与政府部门的沟通，深入推进大病补充医疗保险等政府合作项目，扩大经办范围，助力国家养老、医疗保障管理服务体系健全完善工作。截至年末，该公司实现保费收入19079万元，其中意外险收入7248万元，健康险11831万元。

二、发挥平安集团综合金融优势，落实相关合作协议，推动保险资金支持地方经济建设

2012年，在云南保监局的关心指导下，该公司进一步深入落实云南省政府与平安集团签署的《服务云南桥头堡建设专项合作协议》，加大工作力度，继续协助平安资产管理公司、平安信托、平安证券、平安不动产等集团专业子公司在滇联系、推进各类综合金融项目，取得了良好的工作成果。其中，由该公司推荐并协助推动的平安资产管理公司以债权计划方式投资华能澜沧江水电有限公司项目，资金规模50亿元，于2012年一季度末全部到位；2012年5月，由公司推荐并协助推动，平安证券担任财务顾问，在国内城投类企业普遍融资困难的情况下，成功为云南城投融资6亿元人民币，全部资金于当月到位；2012年8月，由该公司开拓并协助推动的，平安证券担任主承销商的云南省水利水电有限公司企业债券项目成功发行。债券规模10亿元，利率6.8%，发行成本低于银行贷款水平，切实降低了该公司的融资成本。截至年末，平安集团已累计为云南省项目及企业融资124.8亿元，占云南保险机构融资总额的80.6%。

【服务和创新情况】

为认真贯彻落实保监会、云南保监局关于做好保险消费者投诉维权及信访工作相关文件精神，切实将保险消费者权益保护工作内化到公司管理制度和日常经营活动中来，推动公司各项服务项目稳健发展，该公司于年初成立了客户信访事务工作小组，加强领导、整合内部资源、完善工作手段，指定专人处理咨询、投诉事宜，明晰争议处理程序和反馈方式、时限，以保证客户的投诉得到及时有效的回应。同时为畅通投诉渠道，细化保险消费信息透明化工作，维护保险消费者的诉求表达权利，印刷了《投诉须知》并张贴在所有柜面的醒目处，方便客户了解投诉流程，及时化解矛盾。

在此基础上，还结合公司保险业务“金保典”与年金业务“赢管家”两大服务品牌建设工作，将客户服务水平作为公司经营管理平台提升的重要指标，在持续深入落实监管部门关于保险消费者权益保护各项举措基础上，完善自身运营服务作业时效和品质追踪监督机制，加强公司客户服务人员的专业技能培训和客户满意度考核，发动客户参与体验网上E化服务，并注重客户意见收集，及时调整服务战略、模式及内容，以提供业内较高标准的专业服务，为客户实现更大价值。

【风险管理和内控制度建设情况】

根据云南保监局的统一部署，公司于3月启动了人身险销售误导综合治理工作，对内严格文件协议审批、专项风险培训、工作简报等形式对销售人员进行保险法律合规知识与业务品质管理、诚信教育培训，结合销售误导综合治理工作要求新了公司《保险业务销售人员品质管理办法》和《员工违规行为处理执行标准》，强化制度执行力，严肃查处销售误导违法违规行为。对外认真规范销售行为，通过对客户进行投保提示和风险测评、投保单附有保险条款等方式对客户进行业务风险提示，并借助平安养老险全国统一电话回访管理系统保持对客户回访过程过程及结果的跟踪，双管齐下，将综合治理销售误导、防范退保风险当作一项长期系统性工作来抓，不断深入落实。

为深入贯彻监管部门关于风险防范工作的指示精神，该公司根据云南保监局《关于开展2012年云南省人身保险公司全面风险管理工作的通知》文件要求，认真组织开展公司内部的风险排查，逐步推进全面风险管理体系建设，初步建立了与自身业务性质、规模和复杂程度相适应的全面风险管理体系，通过识别、评估、计量、应对和监控风险，明晰各部门风险管理职责与权限，推动已下发的全面风险管理制度的落实与实施。同时密切配合平安集团风险管理工作实施，完善公司全面风险管理政策，扩大可以识别与评估的风险类型与范围，尝试搭建公司全面风险管理信息系统的模式和方法，建立健全内部风险报告及沟通机制，并持续加强全面风险管理文化的宣导和培训，着力增强作为风险防护中第一道防火墙—业务单位的风险意识，提升业务单位在开展业务活动的过程中逐步提升风险识别、风险评估、风险防范和风险沟通的能力。

【大事记】

3月13日，云南保监局局长华日新，省医改办主任贺金喜及省卫生厅、人社厅相关领导一行到访平安集团总部考察交流。

3月30日，由平安养老保险云南分公司推荐并协助推动的平安资产管理公司以债权计划方式投资华能澜沧江水电有限公司项目全部50亿资金到位。

4月24日，云南保监局人身保险业销售识导综合治理工作领导小组一行领导到平安养老保险云南分公司检查指导工作。

5月9日，为落实保监会关于开展第三次保险机构数据真实性检查相关要求，平安养老保险云南分公司启动自查工作。

6月8日，平安养老保险云南分公司收到云南保监局关于2011年保险公司分支机构分类监管评价结果通报，公司获评2011年保险公司分支机构A类监管评级。

7月3日，由平安养老保险云南分公司推荐并协助推动的，平安证券担任云南城市建设投资有限公司财务顾问，在国内城投类企业普遍融资困难的情况下，凭借专业咨询策划，成功为其融资6亿元。

7月8日至14日，平安养老保险云南分公司作为唯一一家受邀的驻滇保险机构，参加由省长李纪恒带队的全省经贸代表团，赴港、澳、粤参加经济合作交流合作活动。

8月22日，云南保监局副局长任玉华、人身险处处长邱东岚一行莅临平安养老保险云南分公司检查指导工作。

8 月 27 日，由平安养老保险云南分公司推荐并协助推动，平安证券担任主承销商的云南省水利水电有限公司 10 亿元企业债券项目成功发行。

9 月 5 日，平安希望小学支教行动云南站活动启动。

（杨政轩供稿）

爱心捐赠

太平人寿保险有限公司云南分公司

总经理：陈 暄

【综述】

2012年对于太平人寿是极不平凡的一年。中国太平升格为央企，集团新领导班子顺势而为，提出“三年再造一个新太平”的中长期战略目标。太平人寿作为集团的排头兵，紧密围绕“三年再造一个新太平”的战略目标，积极践行“一个客户、一个太平”的品牌战略，改革创新，提升专业服务。太平人寿保险有限公司云南分公司在此战略指引下，一方面坚持内涵式发展策略不动摇，另一方面不断优化创新、开拓进取，各项经营指标稳步向上。经营思路仍然坚持以个人保险业务为基础、以银行保险为突破，实施“三高”队伍的发展战略，分公司总规模连续五年实现同比正增长，年均增长率53.5%，市场占有率逐年增加；个险坚持专业化体系运作，在“绩优人员”与“绩优组织”协同发展的指导思想下，新契约保费及规模总保费连续五年稳健成长；银保渠道不断加强团队建设和管理，夯实渠道基础，持续深化专业经营体系建设，队伍建设和业务发展双双实现突破成长；继续率指标保持90%以上，续期保费成为公司长期经营及利润贡献的重要来源。各渠道均衡发展，业务结构持续优化，分公司迎来了蓬勃发展的春天。

【发展情况】

一、业务发展

分公司紧紧围绕2012年年初保监会制定的“抓服务、严监管、防风险、促发展”十二字方针，业务保持稳健发展。截至年末，太平人寿云南分公司实现原保费收入3.4亿元，同比增长41.8%。其中个人代理保费收入2.4亿元，占总保费的70.3%，保费同比增长45.0%；银邮代理保费收入6239.8万元，占比18.6%，同比增长13.5%。按险种划分：寿险3.1亿元，占比91.2%，同比增长41.3%；健康险保费2614.9万元，占比7.8%，同比增长48.7%；意外险保费收入342.8万元，占比1.0%，同比增长37.9%。

2012年新增承保人次4.7万，新增保单2.1万件，保额41.3亿元；期末累计有效承保人次14.3万，期末有效保单6.3万，期末有效保额104.7亿元；全年赔付总金额2197.4万元，在一定程度上发挥了“社会调节器”和“社会稳定器”的作用。此外，随着经济社会转型步伐的加快，特别是城镇化和社会老龄化的加剧，分公司在养老、医疗等领域也取得了一定的发展，如医疗、疾病保险实现保费收入2614.9万元，同比增长了48.7%；养老金保费570.4万元，同比增长248.2%。

二、机构发展

机构建设进入精根细做、全面提升的发展阶段。

2012年分公司立足已开设的机构，加强机构达标管理。昆明本部在过去近六年的经营中已形成了一套适合市场发展需求的固定的专业化运作体系，始终强调基础管理工作的重要性和必要性，坚持打造“高素质、高品质、高绩效”的“三高团队”，在人均绩效、业务品质等方面均大幅领先系统均值，保费平台跨越式增长，2012年末个险首年标准保费跻身太平人寿全国系统内第3大本部。

分公司下辖的两家中心支公司和两家支公司在此运作模式的基础上，融合了当地市场发展需求，开拓了一条适合自身发展的差异化经营道路，呈现了健康发展的良好势头，2012年度曲靖中心支公司和玉溪中心支公司原保费收入同比分别增长了37.0%和11.1%。

【服务和创新情况】

2012 年太平人寿总公司以亲近客户需求为核心，建立了创新体验式的服务支援体系，从客户满意度及成本控制方面建立了的长期竞争优势。

一、95589 全国服务电话

提供 7 * 24 小时不间断服务，以高素质的客服团队、完善的培训体系、广泛的信息收集作支撑。专业、快速地解决客户需求。

二、“立保通”电子投保系统

率先推出电子投保系统，客户可在代理人指引下，通过网络即时投保、即时交费、即时承保。10 分钟即可完成耗时数日的传统投保工作。

三、自动化理赔系统

突破传统理赔人工作业模式，通过“理赔规则引擎”，使常规理赔案件平均结案时效缩短了 75%，为客户提供了一条理赔“快车道”。

四、智讯通——智能电子信息平台

通过手机短信、彩信和电子邮件的方式将电子账单、节日问候等信息及时传递给代理人和客户。

五、“工行—太平”联名卡——自助终端

太平人寿在国内首推保险与银行借记卡联名发行。通过联名卡可在工商银行自助终端系统查询寿险、财险等太平集团旗下的保单信息，还可通过联名卡进行预约、“保贷通”保单即时贷款还款等服务体验。

六、移动终端

依托功能全面的网上营业厅、iPad、iPhone 等移动终端客户，移动终端 APP 可进行保单购买、查询、保全、报案、预约等系列服务，随时随地了解保单详情，保单服务触手可及。

【风险管理和内控制度建设情况】

2012 年，太平人寿云南分公司积极倡导“合规优先，主动合规，全员合规的”合规经营原则，主要体现在五个方面。

一是分公司高度重视合规及风险预警防范工作，由合规及风险管理小组负责紧盯风险源头，关注销售环节、财务环节及理赔环节等的风险预警工作，做到及时发现，及时追踪风险变化，为制定或调整应对措施争取时间条件。

二是进一步完善内部管理制度和业务流程建设。2012 年分公司出台了《太平人寿保险有限公司云南分公司客户风险等级划分制度操作流程》、《太平人寿保险有限公司云南分公司可疑交易管理办法》、《太平人寿保险有限公司云南分公司治理销售误导责任追究机制》、《太平人寿保险有限公司云南分公司反洗钱管理办法》、《太平人寿保险有限公司云南分公司客户身份识别和客户身份资料及交易记录保存管理办法》及《太平人寿保险有限公司云南分公司报告涉嫌恐怖融资可疑交易管理办法》等一系列规定，为实现合规管理的制度化和标准化提供了保证。

三是不断提升风险管控能力，建立并不断完善全面风险管理体系。分公司目前的风险点管控主要包括个险、银保、保费、财务、运营、行政、企划、反洗钱等共计 195 个风险点需要管控。企划部（合规及风险管理部）定期对各风险点进行修改或调整，不断完善风险点管控体系。同时还不断加强对司法案件、商业贿赂等方面进行重点管控，并做好司法案件、商业贿赂的上报工作。

四是大力推进销售误导治理工作，初步建立了长效的销售误导应急机制。分公司成立了治理销售误导工作领导小组，强化责任追究机制，细化相关人员的职责和责任范围。分公司与所有个险外勤营业部经理和银保渠道经理签订了杜绝误导、诚信经营《承诺书》，并就杜绝销售误导进行分条线的专项宣导，对违反规定的人员进行责任追究。

五是持续推进稽核整改工作，实现了稽核问责和稽核整改的常态化。

【大事记】

2 月 17 日，太平人寿保险有限公司云南分公司召开了 2012 工作会议暨 2011 表彰大会。确立 2012 年云南分公司将在立足昆明市场的基础上，以本部为重点，明确发展目标，坚持专业化、体系化建设的发展目标。

7 月 20 日，太平人寿云南分公司举行五周年司庆

8 月 20 日至 24 日，中国人民银行昆明中心支行反洗钱检查组对太平人寿云南分公司进行反洗钱法执行情况的专项工作检查。

10 月 17 日，太平人寿副总经理程永红到云南分公司进行现场业务督导

10 月 29 日，太平人寿云南分公司玉溪中心支公司受理了开业以来第一起重疾客户理赔案，仅用 3 天时间，把 60585.34 元重疾保险金赔付到客户手中，得到了客户的高度赞誉。

太平人寿云南分公司向正遭受严重干旱，面临饮水困难的陆良偏远小学校捐赠饮用水

11 月，在云南保险业双十佳“优秀服务标兵”、“优质服务窗口”评选活动中，太平人寿云南分公司喜获“优质服务窗口”称号。

11 月 28 日，太平人寿总公司举办十八大代表文菊田同志专场报告视频会，云南分公司全体员工参会。

12 月 18 日，太平人寿云南分公司内外勤员工及客户群体共同募集科普类、文学类、工具类图书共计 5000 余册，捐赠到昆明市寻甸县第一中学、寻甸县七星镇中学。

（杜林吉供稿）

华安财产保险股份有限公司云南分公司

总经理：钟子剑

【综述】

2012年，华安保险云南分公司紧密结合实际、积极应对市场变化，把握工作主动，对内部各项管理工作进行了大规模的调整和改善，牢固树立风险意识和忧患意识，正确判断保险工作所面临的形势，仍是取得了一定的成绩。在风险管理方面，公司调整核保政策，完善风险评估；在优化中介业务渠道方面，重点与经营规范的渠道建立长期合作关系，严格执行“五跟”管理要求；在客户服务方面，客服的水平和能力逐步提升，小额赔案周期逐步缩短，客户满意度逐步提高，进一步提升了服务的速度和能力；在反洗钱工作方面，公司积极履行保险金融机构反洗钱职能；在内部管理方面，内控制度逐步完善，经营行为逐步规范。

【业务发展情况】

2012年是公司“大转变、大发展、大成就”三年计划的开局之年，非车险业务在困境中努力寻求方向的时期，市场情况更为严峻、竞争更为激烈。2012年全年累计非车险实收保费为267万元（其中财产险155.23万元，人身险111.77万元），较2011年同期的174.21万元增长了92.79万元，增长率为53.26%。从赔付率上来看，财产险承保年度制满期赔付率为21.09%，控制较好；人身险由于2012年保费基数较小，赔付率受个案影响，承保年度制满期赔付率为67.69%。

在竞争日趋激烈的市场情况下，公司把握工作主动，对内部各项管理工作进行了大规模的调整和改善，牢固树立风险意识和忧患意识，正确判断保险工作所面临的形势，努力开拓非车险业务领域，取得了一定的成绩。在风险管理方面，公司调整核保政策，完善风险评估；在优化中介业务渠道方面，重点与政府渠道、行业渠道建立长期合作关系；在客户服务方面，客服的水平和能力逐步提升，小额赔案周期逐步缩短，客户满意度逐步提高，进一步提升了服务的速度和能力；在内部管理方面，内控制度逐步完善，经营行为逐步规范。

公司响应保监会号召，积极参加服务“三农”相关项目，成功承保文山州富宁县农房保险统保项目，积极与当地民政局配合，为全县6万多户农民提供房屋财产保险保障服务，为稳定当地农民生活贡献了一份助力。

华安保险股份有限公司是一家全国性金融机构，公司总部设于深圳，注册资本21亿元人民币。云南分公司于2005年5月25日成立以来，积极发展、稳健经营，凭借优秀的经营管理理念、优质专业的客户服务在云南得到了长足的发展。截至年末，已在全省5个地级市行政区设立网点机构16个，在编干部职工100余名。经营范围涵盖车险、各种财产险、责任险、信用保证险、意外伤害险和短期健康险业务。

华安保险云南分公司始终以社会责任和客户利益为重，

坚持“责任、专业、奋进”的经营理念，坚持规范经营，在规范中求发展，在取得良好经营业绩同时，受到了社会各界的一致好评。截至年末，公司累计上缴税金1945.43万元，累计赔款达到1.57亿元，在全面参与云南省经济社会建设，积极承担企业公民责任方面，充分发挥保险业功能作用，为我省的经济稳定发展贡献了力量。

【服务和创新情况】

为客户提供更专业的服务，是全体华安人的共同愿望。在服务标准化建设的前行道路上，留下了华安人孜孜以求的坚定步伐。华安人在不断地探索中，不断完善华安的客户服务体系，以全心的投入认真诠释华安“责任、专业、奋进”之经营理念。华安人坚信，客户的持续信任是华安成功的保证，客户的信任是华安的宝贵无形资产，只有通过对客户、对社会的诚信服务，把“诚信”二字深入到自己的一言一行中，从售前的建立营销信息库，完善实行续保服务制度，到售后的及时进行客户回访及险后信息反馈等形成一整套细致的服务体系。

在售前、售中、售后全方位服务不断完善的同时，根据各地市场需求，在各地建立起多种增值及特色服务，让华安的客服更加出众。随着网络的普及，客户服务逐渐呈现网络化趋势，根据客户要求，将网上咨询、网上投保、网上支付以及电子保单迅速列入重点试验攻关的项目，使客户通过网络就可获得华安保险的更多便利服务。

为使华安客服不断向人性化方向发展，华安保险客服短号码——95556，为各类保险产品拓展及华安服务提供了更广阔的发展平台，为广大客户提供了更便捷、更贴心的关怀。

李光荣董事长提出的“比出险客户的亲人早到三分钟”服务理念在众多华安人心中激起强烈共鸣，用实际行动去实现对客户的真正贴心关怀，成为华安人的共同服务目标。“比出险客户的亲人早到三分钟”，朴素的话语，道出了华安客户服务的真谛——对待客户，华安人不仅要比出险客户的亲人更早到达出险现场，更要对客户有着亲人般的温暖关怀。

华安保险充分发挥企业价值，不断推出创新险种，探索创新经营模式。推出国家助学贷款信用保险和就学贷款保证保险，以保险形式转嫁贷款风险，圆千万学子的大学梦；为响应“保险进社区”号召，公司在各大社区建设起华安连锁式营销服务部，为社区居民提供面对面的保险直销与增值服务；华安积极响应保险“服务三农”号召，推出“华安小额农贷信用保险”，帮助中小农户解决贷款难问题。在创新理论的指引下，全体华安人正以高度的社会责任感、精湛的专业技能、坚定的奋进精神，逐渐走出一条富有华安特色的创新发展道路。

【风险管理和内控制度建设情况】

一是公司内部控制制度评审机制健全、科学。稽核调查部每年进行各类经营绩效稽核、专项稽核、离任稽核和任期内经济责任审计。从经营结果评价、内控执行评价等方面对公司管理的各个方面、各个环节的效率和效果进行评估，评估完成后由稽核调查部向总公司提交内部审计报告。对内部审计中发现的问题，稽核调查部提出合理、有效的稽核整改建议，并督促机构整改，提交书面的整改报告。

二是加强干部选拔的科学化、透明化，完善干部素质测评机制，更加强化考核和激励。

三是为提升公司专业化的经营能力，公司建立了核保、核赔、财务、电脑专业技术人员管理机制，规范了技术人员的资格考试、评聘、考核和授权等。并以网络学院为基础、重点项目为突破口加大了培训力度，有效提升了骨干员工的综合素质。

四是加强内部管控，落实职责和权限的划分，建立员工业绩、公司效益与薪酬相适应的激励政策。在有效执行人力预算的基础上，进一步完善薪酬体系，提高了薪酬激励的力度。

五是为提高管理效率，强化责任，逐步完善各部门、各系列的量化工作绩效考核指标，完善公司绩效考核评价体系，正确评价各级干部和员工的贡献。

六是为加强人力资源管理，公司建立了一系列的劳动人事管理制度，进一步明确了人力资源管理的工作标准。

七是公司建立了详细的固定资产台账和固定资产卡片，明确了使用人和保管责任人及保管责任和损坏赔偿责任，同时建立了固定资产的领用、报废登记制度，加强安全保卫制度和对固定资产出入的登记管理。对重要固定资产如房屋、车辆、贵重设备办理了财产保险手续，提高了公司资产的风险承受能力。

八是公司财务部2013年已制定财务预算管控方案、经营绩效考核方案、营业费用核算办法、间接理赔费用管理办法、营业费用核算管理办法等文件。对公司各条线费用严格管控，使各条线费用严格管控在可用额度内；严格按营业费用管理办法核算各项费用，确保考核及报表的准确性；对机构各项经营指标的考核熟练掌握。

九是公司下发了《反洗钱管理办法》、《审计管理办法》、《反洗钱培训管理办法》、《反洗钱宣传管理办法》、《信息保密工作管理办法》、《客户洗钱风险分类管理办法》、《反洗钱工作评估管理办法》以及《华安财产保险股份有限公司云南分公司客户风险等级划分实施细则》、《华安财产保险股份有限公司云南分公司反洗钱培训及宣传管理办法实施细则》、《华安财产保险股份有限公司云南分公司反洗钱信息保密工作管理办法实施细则》，制定了客户身份识别、客户身份资料和交易记录保存、大额和可疑交易报告等方面的反洗钱内部操作规程和控制措施，并视实际需要和监管要求而不断完善；在总公司指定合规部履行反洗钱工作职能，在分公司和支公司成立了反洗钱领导小组，反洗钱工作队伍基本形成；根据人民银行的要求定期进行反洗钱非现场监管报表的报送，开展多种形式的反洗钱培训和反洗钱宣传；定期对反洗钱工作的开展情况进行评估和自查自纠，定期对反洗钱工作进行独立审计，并接受监管机关的检查；加强云南分公司信访投诉管理力度，改进服务作风，积极促进客户服务体系建设。

【大事记】

1 月 13 日，承保富宁县农村住房统保项目，共承保全县农村住户 63392 户，保险金额累计 28526.4 万元。

5 月 25 日，云南分公司七周年司庆

7 月 17 日，公司赔付文山永固混凝土有限公司保险事故，赔付金额人民币 130800 元。

8 月 3 日，公司赔付云南威旗运输有限公司保险事故，赔付金额人民币 198866 元。

9 月 27 日，承保保山市某货运公司烟叶运输保险，累计保额为 5 亿元。

6 月 27 日，云南分公司富宁营销服务部顺利开业

11 月 24 日，云南分公司春之城客户服务中心成立

12 月 13 日，为昆明市官渡区方旺片区保障性住房二期项目提供建筑工程团体意外伤害保险保障。

（马成云供稿）

华泰财产保险股份有限公司云南省分公司

总经理：赖秀栋

【综述】

2012 年是“十二五”规划的第二年，也是中国保险业“十二五”规划承上启下的一年。在全球经济形势非常严峻的情况下华泰财产保险有限公司云南省分公司经历了较为艰辛及开拓创新的一年。受云南产险竞争的冲击及建工险项目影响，公司保费收入一度出现了负增长。在 2012 年下半年里，公司整体经营重心从“促发展”调整为“保利润”，下决心清理亏损业务和亏损渠道。通过一系列清亏措施，亏损得到有效遏制，在 2012 年底赢得了一个漂亮的翻身仗。

【业务发展情况】

截至年末，公司各项经营均取得一定成效，但经营成果不理想，未完成全年预算，保费增速较去年有所降低，综合赔付率、综合费用率及综合成本率较去年都有所提高。

总体经营情况表

单位：千元

项目	2012 年累计	2011 年同期累计	增增长/（降低）	2012 年预算	预算完成率/差异
原保险保费收入	265593	227344	16.8%	292175	90.9%
已赚保费	228102	180476	26.4%	225555	101.1%
承保利润	3438	10437	-67.1%	13277	25.9%
综合赔付率	48.92%	44.58%	4.34	48.32%	0.60
综合费用率	49.58%	49.64%	-0.06	45.84%	3.74
综合成本率	98.49%	94.22%	4.28	94.16%	4.33

险种结构表

占比险种	2012 年累计	2011 年同期	同期差异	2012 年预算	预算差异
车险	78.01%	74.65%	97.94%	69.77%	8.24%
火险（不含工程险）	8.57%	6.84%	18.82%	10.47%	-1.90%
工程险	0.44%	4.87%	-25.89%	3.76%	-3.33%
水险	3.48%	3.08%	5.87%	3.42%	0.06%
责任及保证保险	2.61%	3.46%	-2.44%	4.20%	-1.58%
商险	15.11%	18.25%	-3.56%	21.85%	-6.74%
个险	6.88%	7.10%	5.62%	8.38%	-1.49%
非车险小计	21.99%	25.35%	2.06%	30.23%	-8.24%
合计	100.00%	100.00%	100.00%	100.00%	0.00%

分机构经营情况表 单位：千元

机构	保费收入	去年同期保费	增长/（降低）	2012年保费收入预算	预算完成率/差异	实际综合成本率（%）	承保利润
玉溪中支	16944.4	12854.21	31.82%	18057.0	93.84%	86.26%	2015.6
曲靖中支	14396.8	11782.5	22.19%	18057.0	79.73%	105.07%	-588.8
红河中支	9370.4	1435.2	552.88%	10834.0	86.49%	126.61%	-1533.2
大理中支	4523.1	0.0	#	9030.0	50.09%	189.09%	-1531.4
昆明本部	220358.5	201272.4	9.48%	236197.0	93.29%	97.39%	5076.0
合计	265593.1	227344.4	16.82%	292175.0	90.90%	98.49%	3438.3

从上表可以看出，截至年末，公司全年实现保费收入（财务数）人民币2.656亿元，总体业务同比增长16.8%，业务预算完成率为90.9%；全年业务累计实现承保利润343.8万元；综合成本率为98.49%；保费规模在云南20家产险公司中排第7位，高于行业2.31个百分点；在全国华泰保险系统27家分公司中排位第7；车险与非车险占比78.01%和21.99%，险种结构较为合理；分公司逐步实现了省内机构的合理布局，在原有玉溪中支、曲靖中支和红河中支的基础上，新建大理中心支公司机构；EA模式得到大力发展，在全省范围内EA门店增至67家，为今后开拓市场、合规经营、服务客户奠定了坚实基础。

【服务和创新情况】

一、大理中心支公司开业经营

经中国保险监督管理委员会云南监管局核准，华泰财产保险有限公司大理中心支公司于3月22日在大理市隆重开业。成立大理中支进一步完善了华泰保险在云南的服务网络，提升了服务滇中、滇西的服务能力，为推动大理市经济发展，繁荣保险市场起到了积极的作用。

二、EA专属代理人模式在云南蓬勃发展

2012年是EA专属代理人模式在云南发展的第二个年头。随着华泰保险（上海销售）有限公司云南省分公司于2012年4月通过云南保监局核准，正式成立，迎来了EA的高速发展。在红河州的13个县市，远至边境的河口、金平都已开设了EA门店；在大理州和玉溪、曲靖地区EA模式都得到了蓬勃发展。截至年末，在全省范围内已开设EA门店67家。像华泰保险EA门店这样采用连锁店的形式，把销售从无店铺转化为有店铺的销售模式，是国内首创。此举，对服务云南保险客户，在一定程度上打破营业时间和遥远路程的限制，许多保险需求服务在客户的家门口便可以实现。EA为客户提供了更加灵活、便捷的保险服务，让购买保险就像购买日常用品一样，以更直观的方式呈现，在一定程度上也消除了客户的疑虑。EA模式必将让广大民众领略到华泰保险优质、差异化的贴心保险服务，必定会为云南保险市场的繁荣发展作出贡献。

三、公司参与《2012～2015年度暨2012年农业（种植业、养殖业）保险项目》

为了贯彻落实中央相关文件提出的积极扩大农业保险保费补贴的品种和区域覆盖范围，加大中央财政对中西部地区保费补贴力度，鼓励各地对特色农业、农户等保险进行保费补贴，健全农业再保险体系，建立财政支持的巨灾风险分散机制的精神，云南省财政厅、省农业厅于2012年7月，对《2012年～2015年云南省政策性农业（种植业、养殖业）保险项目》实施了公开招标。华泰保险云南省分公司能顺利中标并积极参与到此项目中，不仅对保障云南省农业生产、解民忧、促进民生和谐起到积极作用，而起也对华泰保险参与云南大型保险项目、探索新的保险领域、扩大社会影响力具有重要意义。

四、公司参与《云南省2012年度森林火灾保险统保项目》

《云南省2012年度森林火灾保险统保项目》由云南省林业厅主导组织，全省共有16个州（市）129个县（区）参与投保，高达3.66亿亩森林纳入承保范围，占全省林地面积的88%，投保户占林农总户数的95%，总保额高达1465亿元。该项目是云南分公司继承保野生动物责任险、农业保险等政府大型政策性保险项目后又一保费规模达千万元级别的业务。此举不但能够为灾后森林恢复提供必要的资金支持，保证受损的森林资源尽快得到修复，保证森林覆盖率、蓄积量相对稳定，促进林木资源健康发展和森区经济繁荣，保证森林生态效益发；而且展现了华泰保险高度的社会责任感，对积极探索和开展农业保险做了有效的尝试，充分发挥了保险参与社会管理的职能作用。

【风险管理和内控制度建设情况】

华泰财险云南省分公司在成立的十年里，一直遵循着总公司合规经营、质量效益型发展道路，在内部各项管理及业务上都遵循总公司及监管部门的各项管理规定，精细化、严格管理，严控风险，形成了具有华泰特色的内控及管理体系。2012 年，分公司继续修炼内功，严抓理赔服务，在各项风险管控和制度建设上又上了一个新台阶。

一、营销管理方面

2012 年，为更透彻了解掌握各业务部门（细分到本部各部门）实际经营情况、业务发展的长短板，有针对性的管控发展，详细制定了各销售部门月度 KPI 考核办法，根据每个部门每月 KPI 考核得分进行实时调整与管控，使分公司的业务在可控的基础上稳健发展。

二、承保方面

分公司车险承保部门建立了核保复核机制，每季度进行一次全省车险保、批单的复核工作，对于车辆费率系数、使用性质等有误的情况给予及时更改，以保证车险条款费率执行的准确性。保障了执行《2012 年新版车险自律公约》的严肃性。

三、理赔方面

分公司在 2012 年狠抓理赔、客户满意度工作。实行 2000 元以下不涉及人伤的车险案件采取了速赔模式。并且严格执行《反洗钱》相关规定及可疑交易相关管理办法，被保险人本人必须持有效身份证方可办理理赔，且赔款只能支付到被保险人银行账户。还在理赔管理的各个环节上加强了权限管理，通过技术手段及设备更新，严格执行查勘定损实物操作流程。并为提高理赔服务优化了各项理赔流程，在 2012 年云南保监局组织的客户满意度理赔质量调查中，取得了第一名的佳绩。

【大事记】

3 月 5 日，华泰保险集团公司张博江副总经理及华泰资产管理公司白秋晨副总经理等一行莅临云南省分公司，对如何坚持华泰保险集团公司“集约化管理、专业化经营、质量效益型发展”方针，坚持质量效益的基础上，整合华泰资产与产险子公司社会资源，提升华泰资产与产险子公司的综合实力和核心竞争力，实现有效互动，更好地服务于保险客户和社会发展等诸多问题进行了座谈。

4 月 11 日，华泰保险云南省分公司举办反洗钱工作专题培训。

4 月 27 日，分公司召开了所属各机构、部门经理助理以上人员参加的“分公司 2012 年一季度经营分析会”。

大理州保险行业协会杨根元秘书长、华泰财险云南省分公司赖秀栋总经理及大理中心支公司陈萍经理为公司开业剪彩

7 月 6 日，《2012－2015 年度暨 2012 年农业（种植业、养殖业）保险项目》签约启动仪式

8 月 3 日，华泰财险云南省分公司在望湖宾馆举办了“庆十周年”庆典仪式。

11 月 17 日，华泰财险云南分公司中标云南省 2012 年森林火灾统保业务，中标份额为 10%，中标保费为 1465 万元。

11 月 16 日至 18 日，华泰保险云南省分公司召开第二届全省 EA 工作会议

（邹洁供稿）

中国银河证券股份有限公司昆明白塔路证券营业部

总经理：陈 鹏

【综述】

2012年是中国银河证券股份有限公司昆明白塔路证券营业部（以下简称营业部）在变革中谋发展，在创新中闯出路的一年。

2012年云南地区共有营业部77家（3家筹备中），其中昆明地区44家。昆明白塔路营业部2012年度统计成交量266.25亿元，位居全省第3位，全年完成经营收入2734万元，实现税前利润1733万元，收入市占率达千万分之4.984。

面对省内证券经营网点急剧增加，交易佣金直线下滑，经营收入持续减少的局面，营业部勇于开拓，一方面积极调整内部结构，挖掘潜力，转变思维适应市场的变化；另一方面顺应中国证监会创新大会的要求，努力开发新的经营项目，拓宽视野，寻找利润增长点，为实现经营业务模式的转型打下坚实的基础。

2012年，营业部先后经历内部机构调整、拓展新业务、柜台操作系统更新等事关今后发展的大事，在时间紧，任务重的情况下，营业部圆满地完成了各项工作。

【业务发展情况】

当前行业面临转型发展的重要时期，特别是近期网点放开、佣金放开、开户放开三项政策即将推出，行业的竞争模式和格局必然会发生巨大变化，行业间竞争也将加剧，对于营业部经纪业务来说，既是冲击也是发展机遇。创新环境为经纪业务的发展打开空间，极大拓展了经纪业务的服务领域和客户群体范围，经纪业务逐步向全面财富管理转型，行业内外对存量客户争夺将加剧，需要不断提高产品和服务质量。

在2012年为实现从单纯的通道服务向多样化的增值服务转型，促进客户资产增值的财富管理体系建立，打造有影响力的品牌、完善丰富的产品线、建立强大的服务团队，营业部按照公司统一部署，实时调整内部架构，强化了以市场营销、理财服务、运营管理为首的三大职能部门，全面调动每一员工的积极性。

通过重点营销公司总部的现金理财产品，努力做到客户的资产保值增值。投融资项目的开展为客户开辟了新的融资渠道。

通过上述举措，截至年末，营业部资产为24948万元，客户代买卖证券款23934万元，客户托管证券市值65.64亿元，实现经营收入2734万元，全年各证券品种交易量266亿元。

【服务和创新情况】

当证券公司的竞争日趋同质化，单纯依赖证券交易通道已无法满足客户需求时，营业部及时迈出开拓新业务的步伐。现金管理业务、投融资业务的开展为营业部的发展带来了新的挑战与契机。

【风险管理和内控制度建设情况】

对于证券营业部而言，良好的声誉和规范的运作是千金难换的。白塔路营业部植根于昆明近20年，在客户中树立了优秀的口碑。为保持这份荣耀，营业部在风险控制和内控管理上投入了大量的人力、物力，遵循《证券法》、《证券公司监督管理条例》等法律规章，严格按照公司制度操作，把依法合规经营视为营业部的存亡线，每一名新入职的员工都要经过规范地岗前培训，其中合规内容不少于20小时。在岗的员工也每年必须通过在职培训和证券从业人员后续教育。为保障经营风险可防、可控，营业部提高了内部合规人员地位，设置独立地合规经理岗位，由从业经历丰富，认真细致，勇于承担的员工担任，全面负责风控管理工作，全年未出现风险事故。由于营业部扎实的基础工作，被昆明市盘龙区政府评为“盘龙区平安建设先进单位”。

【大事记】

3月，中国证监会巡检，现场检查工作。

9月，银河总公司任命陈鹏为营业部总经理。

（王佳供稿）

营业部投资者教育活动

营业部工会活动

红塔证券股份有限公司

董事长：李光林

【综述】

2012 年，在云南省委、省政府的正确领导下，在云南证监局的悉心指导下，红塔证券股份有限公司按照公司董事会要求，积极应对市场竞争，全力推动各项业务和工作，保持了连续盈利的经营格局。

2012 年，世界经济增速放缓，中国经济也不例外，全年 GDP 实际增速为 7.8%，创下了 10 年来的低点。受此影响，中国资本市场延续了低位震荡的弱市运行格局，虽在年末有所反弹，但由于行业竞争日趋白热化，券商盈利水平继续下滑，亏损面扩大，整个行业实现的净利润总数同比下降了 16.61%。在这种局面下，公司全力以赴，努力克服各种不利因素，积极探索新的发展模式，完成了董事会下达的净利润目标，并在完善业务体系、推动业务发展、深化内部管理等方面取得了积极成效。

2012 年，公司各项收入累计 41943.39 万元，利润总额为 10762.31 万元，净利润 10039.11 万元。截至年末，公司资产规模 82.70 亿元（不含表外资产管理业务受托资金），负债 45.28 亿元，股东权益 37.42 亿元，净资本 28.14 亿元。

【业务发展情况】

一、完善业务体系

1. 布局多元发展。2012 年，公司历时 5 年的基金管理公司筹备工作取得重大突破：5 月 10 日，经中国证监会核准，同意公司与其他两家发起人共同发起设立红塔红土基金管理有限公司；6 月 12 日，基金公司在深圳市注册设立。

2012 年，公司直投业务子公司筹建工作顺利完成：3 月 7 日，公司成立筹备小组负责子公司设立事宜；5 月 31 日，红证利德资本管理有限公司在北京市注册成立。

2012 年，在红塔期货公司管理中，公司进一步加强了监督与指导，要求红塔期货以强基础、建团队、促营销、增效益为主要工作目标，着力改善盈利能力和收入结构，取得了积极效果。

2. 健全业务门类。公司经过精心准备，于 2012 年 1 月 9 日正式向中国证监会提交融资融券业务方案；3 月 14 日，经中国证券业协会公告，公司顺利通过了评审；5 月 28 日，经中国证监会核准，公司获得融资融券业务资格。

在中国证券业协会推出中小企业私募债券承销业务试点后，公司于 7 月 9 日向中国证券业协会正式提交了专业评价申请；8 月 27 日，公司通过了中国证券业协会专业评审，获得中小企业私募债券承销业务资格。

3. 深化网点建设。2012 年，公司继续深化经纪业务营业网点建设工作：网点设立方面，昭通青年路、个旧金湖西路、玉溪凤凰路、香格里拉坛城广场等 4 家新设营业部成功开业，营业部数量增至 25 家；网点优化方面，公司实施了昆明环城南路、深圳益田路 2 家营业部的同城搬迁；网点资质方面，公司获批开展融资融券业务的营业部已有 21 家，获批实施证券经纪人制度的营业部已增至 22 家，获批办理 IB 业务的营业部已增至 8 家。

二、推动业务发展

1. 自营业务。2012 年，公司自营业务坚持审慎稳健的投资理念，不以单纯追求高风险投资收益为目的，合理防范了业务风险。业务管理方面，公司对自营业务部门的定位进行调整，着力打造执行力强、反应高效的交易部门。

2. 经纪业务。2012 年，公司经纪业务与省内 11 家商业银行建立了合作关系，并在 240 个银行网点驻点营销。公司历时 1 年，建成了呼叫中心，改善了服务手段，提高了服务水平。全年，经纪业务实现总交易量 2148 亿元。

3. 投资银行业务。2012 年，公司先后完成了福建金森股票中小板 IPO、硕贝德股票创业板 IPO 的主承销并保荐项目，以及交通银行股票非公开发行联席主承销项目，创历史最高水平。年内，公司根据行业对投行业务管理的新动向，对业务管理机制进行了调整和完善。

4. 资产管理业务。2012 年，公司资产管理业务面对恶劣的发行环境，通过艰苦努力，完成了股票型集合资产管理计划“登峰 2 号”的发行，募集规模 1.8 亿份。资产管理业务监管新规出台以后，公司深化银证合作，加快了定向资产管理业务拓展步伐。截至年末，公司资产管理业务规模达 35.98 亿元。

5. 创新业务。2012 年，公司开展了 ETF 创设、股指期货套保交易、LOF 基金套利交易等业务，获得了较为理想的低风险收益。金融工程方面，公司实施了统计套利策略交易测试并上线试运行，整合了人工股票市场系统，研发了衍生品交易系统，完善了程序化交易平台，优化了算法交易模型，并开展了量化选股模型、衍生品定价和对冲等金融工程研究。

6. 研发业务。2012 年，公司研发业务在做好基础性研究的同时，加速构建大研发体系：一方面，着力提高研发工作的实战性和可操作性，完成了研发平台中两个核心模块建设，组织了上线操作培训；另一方面，围绕创新主题，开展了对新业务、新产品的研究，为公司业务创新工作提供研发支持。

7. 融资融券业务。2012 年，公司融资融券业务取得资格后，经过一段时间的运行，形成了经纪、清算、融资融券等部门之间职责明确、衔接有序的业务运作机制，夯实了业务基础。截至年末，公司共开立信用账户 134 户，总授信额度 2.83 亿元。

8. 场外市场业务。2012 年，公司场外市场业务围绕新三板和中小企业私募债券 2 个业务门类，主要开展了项目开发和承揽工作，广泛接触各类企业，与 4 家企业签署了项目协议，并与 10 家企业达成了初步的项目意向。

三、深化内部管理

1. 财务管理。公司坚持自有资金灵活调配机制，及时调度资金，支持业务发展。为了提高财务管理的集约化程度，公司在昆明地区、华东地区已实现财务区域集中基础上，实施了财务全面集中共享项目，完成了全辖 25 家营业部的财务集中，达到了集中的资金支付、账户管理、会计核算等既定目标。

2. 成本管理。公司在经营管理过程中，按照厉行节约的原则，千方百计控制成本费用，对于达到规定使用年限的电脑设备，尽量挖掘潜力，延长服役时间，推迟购买；对于已老化的办公设备，公司从严审批更新需求，延迟设备的使用周期。新营业部筹建中，公司对装修规格、硬件设备、场地面积进行全面限制，减少了建设成本。

3. 人力资源管理。公司按照与经营规模相适应，与业务发展状况相符合的原则，从严控制部门人员配置，力求精简高效，节约人力成本。公司根据行业和市场的变化，对各业务条线的考核激励机制进行了及时调整。公司全年共组织各类内外部培训 63 次，提高了广大员工的执业素质。

4. 清算管理。公司按照前后台相分离的原则，开展了基于流程重构的集约化中台运营体系建设项目。日常营运、清算业务、客户资金管理中，公司强化管理与服务，充分发挥营运职能，保证了证券交收、资金交付和客户资金安全。公司及时适应新业务的开展，强化了清算的运维支持职能，满足了业务需求。

5. 信息管理。公司对新中心机房运行情况进行了持续跟踪，加强了应急演练，保证了信息系统安全运行。公司开展了 IT 运维管理系统建设，集中了系统监控、运维管理、项目管理等功能。公司实施了应用平台和数据库整合工作，构建了虚拟应用平台，大幅度节约了公司的 IT 采购投入。

6. 风险管理。公司以开展合规管理系统建设为契机，理顺了各项合规管理流程，加强了合规监督、审查、咨询和培训，细化了合规管理职能。公司在设计改造监控系统，做好净资本动态监控的同时，完善了压力测试机制。公司实施了合规管理有效性评估工作，完成了年度稽核审计计划。

7. 行政管理。公司通过形成管理制度，保证了新版 OA 系统的推广应用，改善了电子化办公环境，提高了行政办公效率，节约了行政管理成本。同时，公司加强了督办力度，及时跟踪各项工作进展情况，督促承办部门按照工作任务内容和时间进度要求尽快加以落实，促进了工作效率的提升。

四、抓好其他工作

经过精心筹备，公司于 2012 年 3 月 23 日在昆明世博园中国馆举办了主题为“一路走来”的十周年庆典。公司以庆典活动为契机，广泛宣传了公司形象和企业文化理念，推动了企业文化建设。

公司组织开展档案清理专项工作，经过三个阶段，历时半年完成了从公司重组设立时起，到 2012 年末公司档案的清理、立卷、编目、录机、归档工作，实现了梳理公司发展历史，改善档案管理状况，优化档案管理手段等目标。

【大事记】

1月15日，公司表彰了2011年度先进党支部、优秀党务工作者、优秀共产党员、优秀中层管理人员、优秀员工及工会积极分子。

2月27日，公司以通讯方式召开了第三届监事会第九次会议，审议通过了《公司董事长李光林先生任期内经济责任审计报告》和《公司总裁况雨林先生任期内经济责任审计报告》。

3月14日，中国证券业协会发布2012年融资融券业务实施方案专业评价结果的公告（第1号），公司融资融券业务实施方案通过专业评审。

3月22日，公司在昆明分别召开了第三届监事会第十次会议、第三届董事会第二十五次会议和2011年度股东大会。

3月23日，公司在昆明世博园中国馆举办了主题为“一路走来”的十周年庆典，受邀领导、嘉宾和公司员工770余人参加了庆典。

4月23日，公司新设的昭通青年路证券营业部和个旧金湖西路证券营业部正式成立。

5月7日至5月8日，公司参加了由中国证监会牵头、中国证券业协会举办的证券公司创新发展研讨会。

5月10日，经中国证监会核准，同意公司与其他两家股东共同发起设立红塔红土基金管理有限公司。

6月8日，公司以通讯方式召开了2012年股东大会第一次临时会议，审议通过了《关于修订董事会议事规则的议案》和《关于修订监事会议事规则的议案》。

6月11日，公司换领《企业法人营业执照》，业务范围中增加了融资融券业务。

7月6日，公司以通讯方式召开了第四届董事会第二次会议，审议通过了《关于开展中小企业私募债券承销业务的议案》。

7月27日，公司通过了中国证券业协会组织的中小企业私募债券承销业务资格专项评审。

8月4日，公司在昆明召开了2012年股东大会第二次临时会议、第四届董事会第三次会议和第四届监事会第三次会议。

9月15日，公司援建的大理州漾濞县苍山西镇沙河村红证润福渠工程正式开工。

10月31日，公司向云南“爱心水窖”工程捐款30万元。

11月1日，公司以通讯方式召开了第四届董事会第四次会议，审议通过了《关于审议公司增资扩股方案的议案》。

12月4日，公司双因素认证系统正式上线运行。

12月11日，公司新设的玉溪凤凰路证券营业部和香格里拉坛城广场证券营业部正式成立。

（唐雪谊供稿）

国泰君安证券股份有限公司云南分公司

总经理：陈 扬

【综述】

2012是中国资本市场有史以来，证券行业创新思路最多，理念转变最大，思想动员最广的一年。自五月券商创新大会召开后，各项新政已渐次触及资本市场各个领域的方方面面。未来五年，这些措施落实的成效，将直接影响到券商是否会真正被边缘化。从A股本身的运行来看，尽管12月强势反弹，导致2012年全年收出小阳线，避免了连续三年股指收阴的尴尬局面，但从全年走势来看，仍然难免低迷态势，沪综指和深成指年度涨幅分列全球主要市场倒数第二和第一。日均交易量也较上一年度有大幅萎缩，仅为上一年度的74.12%，大大低于预期。虽然创新的空间已然打开，但转型的成果远非一蹴而就，公司对经纪业务的依赖仍然较大。在这种背景下，云南分公司全体同仁团结一心，全面推动业务转型，着力优化收入结构，取得了不俗业绩，逐步摆脱对传统业务的依赖。

一是2012年分公司实现业务收入8724万元。其中，佣金及利息收入7501万元，占比85.98%；多元化收入1223万元，占比14.02%，创历史新高，较去年同期上升8.29个百分点。

二是2012年昆明营业部股票基金交易量、客户总数、总资产、净利润等指标持续保持全省第一。

三是理财产品日均保有量2.5亿份，较去年同期增长4.17%。在市场下滑时逆势增长。

【业务发展情况】

一、财富管理有新思路

云南分公司全面、认真、及时地落实公司“大财富管理”策略，搭建财富管理组织体系，如期成立分公司财富管理部，推进财富管理业务落地各营业部，通过资产配置推动客户认知，建立并不断丰富产品，多方面推动财富管理业务发展。在建立分公司产品库，完善产品线，为客户资产配置提供必要的基础的同时，策划设计新的组合产品，让客户体验公司全方位的服务，大幅提升了客户对公司的满意度。

二、投行业务屡获突破

2012年云南分公司把投行业务立足在云南，辐射到国内重点省份，并加强对政府相关部门拜访，积极参加省市形式多样的预上市企业交流会，在政府、商业协会、企业等层面争取了大量支持。大投行全年实际收入182.6万元，预计明后年该批合同可为云南分公司创收1480万元。其中，债券融资项目已在年度内完成一个，另有两个签约后正在执行，IPO项目签约3个，新三板签约3个。

三、大力推进融资融券业务，高度重视期货IB业务

云南分公司把两融业务作为2012年度多元化业务中最重要的工作之一，制订了相关的营销策略及员工激励政策，开展了两融业务专题月，大力推进两融业务，达成了既定目标。两融业务的签约率、激活率创历史新高，收入贡献

比也达历史最高水平。

云南分公司高度重视期货IB业务，成立专门的期货IB业务工作小组，在行政办公会多次强调IB业务工作的重要性，要求各部位大力推动IB业务，特别是商品期货方面要作为重点推荐，并将此业务纳入考核、奖励重点。通过大家共同的努力，昆明营业部喜获公司“2011年度优秀IB营业部”称号。

四、网络营销基础扎实，初显成效

云南分公司统一管理网络营销平台，优化改版了新老网站。力争打造一个集销售、服务、传播于一体的营销型网站。改版工作以营销和理财服务为切入点，综合营销策略、专业深度、客户在线交流体验、网络技术、SEO规划等手段进行总体规划。同时，云南分公司根据客户受众网络信息获取通道的分析，采取针对性网络传播推广。经过一年的运作，网络营销工作初现成效，九月份以来，网络营销开户量已有超越传统开户量之势。

【服务和创新情况】

一、制定了切实可行的未来五年分公司发展战略

为贯彻公司“二次创业”、“转型创新”的相关工作精神，落实相关工作部署，确保今后工作不偏移方向，云南分公司通过年度会议，季度会议和行政办公会等多次会议，全面分析当前形势，客观认识现有资源，明确了云南分公司未来五年的发展战略，找到了现实的推进路径，开始稳步实施，迎来了可喜的开端。

（一）愿景

打造云南省内最具价值的综合理财服务机构。

（二）使命

为客户配置资产、增加客户财富；为伙伴提供支持、实现多方共赢；为员工提供平台、提升员工价值；为公司赚取利润、增值公司资产。

随后，我们进一步明确了转型目标，选择了符合自身资源的战略决策与执行路径，厘清了现有优势业务与新业务的关系。为2013年各项工作的正确推进奠定了基础。

二、完善投资顾问体系建设，投顾签约突破年内既定目标

积极落实公司投资顾问发展规划，作为公司投顾签约三家试点单位之一，分公司推进投资顾问业务，发展壮大投资顾问队伍，加强投资顾问培训，推动投顾增值服务。新增投顾4名，增幅为36.37%。鼓励全体员工报考AFP资格，截至年末，已有9名员工获得AFP资格。同时，通过数度动员，精心策划，持续督导，广泛宣传，不断优化，在公司咨询部的大力支持下，全年投顾签约478户。远远超越既定的300户目标值。据统计，签约资产达3.23亿元，无一客户转走，全年签约客户收入贡献达280.97万元。客户满意度高，收效良好。

三、君弘服务做出特色，会员数量日益增加

云南分公司在君弘会员丰富多彩的会员活动外，还增加了富有君弘特色的服务，全年在全省范围内共举办百余场次会员讲座与夜沙龙交流活动。讲座均由分公司投顾或有专长的员工对会员免费授课，授课内容含金量高，颇有深度与广度，授课频率高、持续时间长，在云南地区形成较大的影响力，已成为云南地区客户对君弘认知度最高与最认可的服务，也是我们推进最好的服务。迄今为止，云南分公司（含五个营业部）共有君弘会员7282人，其中金卡会员3931人，银卡会员3351人。客户经理名下符合条件的客户平均入会率高达93%，远高于西南地区其他分支机构。

【风险管理和内控制度建设情况】

一、严抓风险控制，强化合规管理

随着创新业务发展和要求，对合规管理工作提出了新的挑战，如何完成各项任务指标，在创新中求发展，又不会受到监管部门的问责，这是我们无法回避的问题。

分公司本着合规才有未来的思想，跨部门跨区域协调、合作，完成了多项经纪业务、期货IB业务等自查工作，为今后有效快速开展相关业务提供了保障。

根据云南证监局要求，分公司统一安排制定了合规管理人制度三年实施方案，按时提交了各营业部的合规管理工作总结，现在各营业部合规管理人已经开展工作，每月完成所在营业部的合规管理报告、员工电脑使用情况、员工人员信息变更情况等，同时合规专员对营业部合规管理人定期进行交流、培训和总结，了解工作情况，培训工作技能，提高业务水平。合规基础工作到位，业务发展就有了保障。

云南分公司全体干部、员工持续进行合规理念的学习，认识到合规经营的重要性，进行合规咨询的领导和员工越来越多，合规意识得到了有效提高，形成了良好的规范经营氛围。

二、建立并完善了建章建制体系

完成了《云南分公司规章制度汇编》工作，为分公司全体员工开展各项工作提供了系统的规范和依据。

在梳理过程中，对分公司每个部门、每个营业部业务和管理等可能涉及的制度、管理办法和工作流程进行了收集和整理，对不适应的进行修订，对新业务所涉及的制度进行增补，尽可能完善、涵盖业务及管理的环节。因业务发展、机构改制的需要，制度汇编做到了实时更新，对业务和管理客观上起到了更积极有效的指导作用。

（刘静波供稿）

中国信达资产管理股份有限公司云南省分公司

总经理：陈卫红

【综述】

2012年是中国信达云南分公司的跨越式发展年，是云南分公司市场化转型的第二年。面对变化了不良资产主业和九个平台业务的发展机会，在公司党委的正确领导下，在总部各部门和平台公司大力支持下，分公司党委抓住不良资产主业这个主要矛盾和重点，提出“既稳、好、快，又集特色化、差异化、综合化为一体的”跨越式发展的要求和思路。分公司在做强做大新增不良资产规模方面，在与租赁、信托、保险等平台公司的合作方面，强化落实、制定措施，在强化风险研究和防范措施完善、员工队伍建设等方面做了大量工作，着力在“强主业、调结构、育客户、创利润”上下功夫，经过全体员工的共同努力，出色地完成了各项工作任务，不仅确保今年各项经营任务的提前圆满完成，也实现了分公司跨越式发展的基本目标，取得了公司综合考评全国A类第六的良好业绩。2013年云南分公司成为信达系统全国7家市场化运营试点的分公司之一，金融服务功能更加强大、灵活，围绕“大不良资产、大资产管理、大综合服务”三个重点的、以客户为中心的、定制化综合金融服务平台逐步构建，向“不良资产经营的领先者、全能资产管理的实践者、综合金融服务的提供者、企业生命周期守护者”目标更加迈进。

【业务发展情况】

分公司党委紧紧围绕总部工作会议精神，结合云南实际，在2012年2月、7月分别召开了两次分公司工作会议。在年初工作会议上陈卫红总经理代表分公司党委作了《抢抓机遇，趁势而上，力促跨越式发展的实现》的工作报告，报告提出了“紧抓计划不放松、紧抓发展不懈怠、紧抓创新不动摇、紧抓风险不忽视”四个紧抓，制定了抓紧机遇，趁势而上的具体措施，要求全体员工团结协作、攻坚克难，全力保障分公司2012年跨越式发展的实现。总部下达的各项经营指标分公司提前超额完成。

一、项目进展顺利，现金回收计划圆满完成

截至年末，分公司实现现金回收共计114003.74万元，较2011年回收增幅达4817.45%。其中：存量资产回收55053.68万元，完成总部下达计划600万元的9175.61%；既有增量资产22348.37万元，完成总部下达计划11800万元的189.39%；新增增量资产36601.69万元。各项目均按计划顺利回收。

二、税前利润超额完成，三项费用有效控制

截至年末，分公司共实现税前利润19593.34万元，其中存量资产2968.27万元；增量资产16625.07万元，是年初总部下达增量资产利润计划900万的1847.23%。分公司累计支出三项费用1575.96万元，同上年同期相比增长了44.41%，增量资产成本收入比为2.35%，各项指标均控制在总部下达的计划数内，在合理节约的前提下，与业务发展规模相适应。

三、商业化收购稳定增长，非金收购同业优势充分发挥

作为唯一一家可以开展非金融机构不良资产收购的资产管理公司，信达云南分公司在商业化转型中，致力于支持实体经济，积极主动与金融机构和实体企业开展合作，2012年全年新增商业化收购12笔、收购成本共计273720万元，收购规模298381.46万元。收购金融机构不良资产298381万元，较2011年6000万元增长4873.02%，交易对手从商业银行拓展到信托公司；收购非金融机构债权55780万元，收购成本45000万元，

实现突破式增长。

四、平台业务持续推进，金融牌照优势切实发挥

结合客户的需求和个性化差异，2012 年云南分公司“以客户为中心”，依托集团化金融资源运作优势，加强业务探索和创新力度，积极为客户提供定制化综合金融服务，协同集团及各平台子公司全面推荐和开展业务，协同交易金额 133438.3 万元，实现税前收入 5973.77 万元（不含财务顾问等中间业务）。

1. 租赁业务。用短短一个月时间完成租赁金额几亿元售后回租项目的尽职调查、方案制作及资金到位工作，以高效、专业赢得了客户的信任及认可，与信达租赁公司协作租赁业务交易金额 88500 万元，实现收入 4743.48 万元，利润 3794.78 万元，包括与昆明滇池投资有限责任公司签署 3.4 亿元的租赁合同（二期），与昆明滇池国家旅游度假区国有资产投资经营管理有限公司 3 亿元租赁合同，与云南解化清洁能源开发有限公司 2.45 亿元的租赁业务，与云南城投集团一乘驾校项目 1.2 亿元售后回租项目等。

2. 信托业务。与云南农业大学、昆明市官渡区国有资产投资经营有限公司合作，协同金谷信托开展业务交易金额 44897 万元，实现收入 1224.08 万元，利润 979.26 万元；

3. 财产保险业务。与信达财险为重要客户债转股省属企业购买保险协议交易金额 41.27 万元，实际交易 6.21 万元，实现协同收入 4.97 万元。

4. 中间业务（财务顾问业务等）。与安宁永昌钢铁有限公司及玉溪鑫峰矿业有限公司、与云南燃二化工有限公司签订了财务顾问服务协议等中间业务，预计取得财务顾问收入 210.83 万元。

五、客户开发卓有成效，综合金融服务品牌效应逐步显现

分公司以其高效、专业、灵活、创新的品牌形象，赢得合作客户的信赖。商业化合作客户由 2011 年 19 户增长至 2012 年 56 户，包括集团核心客户 8 户，重要客户 16 户。全年与五家省市级优质政府融资平台公司建立合作，交易金额超过 25 亿元；与恒大等国内一流房地产国企建立项目合作；与保山市、临沧市 2 家地市级政府、2 家省市级政府融资平台公司、中信银行、招行银行等 2 家商业银行在省内一级机构签署战略合作协议，为后续合作顺利开展奠定基础，市场潜力与后劲逐步显现。2012 年 7 月 26 日，中国信达资产管理股份有限公司与云南城市建设投资集团有限公司签署《战略合作协议》，《时代金融》、《云南日报》、《春城晚报》、人民网等主流媒体在重要位置做了报道，将信达公司定位为“国务院批准设立的以不良资产为核心、以资产管理和金融服务为发展重点的金融企业，拥有信托、证券、期货、基金、租赁、保险、投资等全功能金融牌照”的企业，评价“双方将在融资租赁、信托、债券发行、企业培育上市等领域展开全方位服务，携手助力桥头堡建设。”

【风险管理和内控制度建设情况】

2012 年，在分公司党委领导下，注意研究和总结目前开展市场化业务特点和规律，强调规模、质量、效益三统一，稳中求进、进中求好、好中求快、快中求好的工作思路深入人心，取得了较好的业绩。2012 年分公司新增规模达到 27 亿元，居全国第六位、人均利润 740 万元，居全国第二位、增量业务成本收入比 8.16%，居全国第二、所有新收购资产没有一笔存在风险隐患。这些成绩的取得离不开分公司党委的战略眼光和英明决策，离不开分公司领导在“抓班子、带队伍、强内控、化风险”方面所做的努力。

一、完善制度，规范管理

修订 ISO 规程，倡导规范管理。作为信达集团首批通过 ISO9000 及 ISO27000 检验的分公司之一，云南分公司从 2004 年起认真推行 ISO 质量管理，不断提高风险意识，增强防范和控制能力。2012 年修订了分公司《工作手册》、《岗位角色分布表》，顺利通过 6 月总部 ISO 质量体系运行情况内审，8 月份 BSI、CQC、ISCCC 三家国际认证机构联合对分公司 ISO9000 及 ISO27000 进行的现场外审，审计结果显示分公司 2011 年至 2012 年两年内审无观察项，分公司各项业务规范运行。

二、优化资源，健全激励

根据分公司业务发展需要，于 2012 年 3 月增设一个业务部门，进一步调整机构。修订完善了分公司绩效考核管理办法，加大了对收购资产、实现利润及风险防范的考核力度，首次创新尝试前、后台抽签结对的方式，打构建前后台共同利益驱动机制，增强跨部门协同开发的合力。2012 年职工收入、福利待遇水平明显提高，仅人均费用率就提高了 36.79%，切实体现了发展依靠员工，发展成果由员工共享。

三、加强监管，防控风险

一是强化机构风险管理职能。分设了业务审核部，增设了风险管理岗，增强了分公司对业务审核、中介机构管理、风险管控的力量；二是强化项目后续管理。积极探索项目后期风险监管，积极引入中介机构监管和专人派驻监管模式试点，引入行政公章、财务印鉴、账户、保证金监管等模式；三是强化交易环节风险控制。在交易结构和交易类型模式方面做了较多创新和探索，抵押物、担保物、增信措施等都有了更多的探索和突破，增加了项目操作灵活性和风险可控性，切实为客户提供了便利，实现了分公司与客户的双赢。

四、倡导廉洁，筑牢底线

2012年是基层组织建设年，以“围绕经营抓党建，抓好党建促经营”活动为契机，分公司6月对3名预备党员按期转正召开了支部审议会议，为党组织及时输送新鲜血液。8月，分公司邀请昆明市五华区党委组织部老师做了党建专题知识讲座，加强各级党员对党建知识的学习。将党风廉政和反腐败建设作为长效机制来抓，领导班子做表率，分公司党委书记、陈卫红结合自身学习十八大精神的心得给全体党员领导干部讲党课，纪委书记堵云结合自己对刑法的研读就金融从业人员如何加强廉政自律守住底线为分公司全体干部职工做了廉政培训。在平时工作中要求广大党员更充分发挥党组织的战斗堡垒作用，做到“关键时刻能站出来，困难面前能挺得住”，充分发挥模范带头作用。开展合规文化建设，举办法律知识培训班、刑法品读等反腐倡廉相关培训活动，定期组织分公司党支部相关活动，开展警示教育，将廉政建设与金融工作的实践相互联系，坚决遵守各项法律法规和公司的规章制度，特别是在开展市场化业务的过程中时刻保持警惕，抵御了来自各方面的诱惑，全年分公司无违规案件事故发生。

【大事记】

1月18日，组织召开云南省分公司2012年计划工作会议。

2月17日，云南省分公司召开专题会议，研究讨论2012年分公司综合考评及绩效考核奖励办法并征求意见。

3月1日，云南分公司举行租赁业务座谈（培训）活动。信达租赁公司董事会秘书王生举介绍了租赁业务有关知识、今后一段时期租赁业务拓展的方向以及租赁业务方案审核的重（要）点等内容，并与分公司业务人员进行了座谈交流。

3月9日，云南省分公司代表参加昆明市2012年第一季金融机构座谈暨融资对接会。

3月14日，召开分公司2012年工作会议，图为分公司会议现场分公司主要领导班子

3月21日，云南省分公司以10亿元本金收购兴业银行对云南城投不良贷款，开启2012年度商业化收购项目。

4月17日，云南省分公司组织中介机构座谈会，邀请评估、法律等方面的13家中介机构负责人交流座谈，为业务合作奠定基础。

5月12日，云南省分公司参加银政合作“新蓝图”—2012年政府及金融合作发展沙龙。

6月15日，云南省分公司以6000万元收购富滇银行对昆明正大地产有限公司的不良债权项目，分公司2011年第一单收储联动项目顺利结项。

7月4日，云南省分公司研究成立分公司2013－2015年战略规划编制领导小组。并召开分公司战略规划编制领导小组第一次专题会议。

7月25日，震庄宾馆会议厅，云南省城市建设投资有限公司与中国信达资产管理股份有限公司签署《战略合作协议》

7月31日，召开2012年年中工作会议暨劳动竞赛动员大会，陈卫红作了题为《抢抓机遇、趁势而上，力促跨越式发展的实现》的工作报告，认真分析总结上半年经营情况，部署下半年工作任务，对劳动竞赛活动进行统一部署。

8月22至23日，BSI、CQC和ISCCC组成的外审组对云南省分公司开展ISO质量管理体系外部审核，分公司组织首、末次会议，陈卫红总经理向外审组汇报云南分公司质量管理体系运行情况。

10月30日，参加中国信达《2012年度案例工作会》，信达公司董事长侯建杭对案例交流材料进行点评，高度评价云南分公司在以客户为中心的金融综合服务方面进行的探索和贡献。

11月21日，分公司召开党委中心组（扩大）会议，学习十八大精神，总经理陈卫红做了学习十八大精神体会的党课报告。

11月22日，分公司召开业务发展规划研讨会及2013年综合经营计划和财务预算编制会。之后召开云南省分公司党委会议，审议通过了《云南省分公司 2012 - 2015 年规划纲要》。

11 月 29 日，臧景范总裁出席云南分公司 2012 年党员领导干部民主生活会作重要讲话

（李楠供稿）

云南国际信托有限公司

【业务发展情况】

一、自营业务

2012 年，公司自营业务实现营业收入 22971 万元，净利润 12024 万元，收入及利润指标完成年度预算的 145.54% 和 171.82%。年内，向国家上交各项税收 6900 万元。截至年末，公司资产总额 127585 万元，负债 11467 万元，净资产 116118 万元。

2012 年，公司实现营业收入 30856 万元，营业支出 10028 万元，净利润 15568 万元，分别完成了董事会制定年度预算的 115.92%、110.19%，124.54%。营业收入及净利润较去年同期分别增长了 34.33% 和 29.47%。

二、信托业务

截至年末，公司管理各类信托资产 7801875 万元，较年初增加 6354241 万元，增幅 438.94%；实收信托金额 7685331 万元，较年初增加 6282585 万元，增幅 447.88%。信托业务收入 24675 万元，较上年同期增加 3775 万元，增幅 18.06%。

公司在审慎控制风险的前提下，积极开展符合公司风险偏好的信托业务，在维护原有合作渠道关系的基础上，进一步广泛拓展与其他银行、券商、资产管理公司等金融机构的合作，积极探索金融产品创新。面对激励的市场竞争，业务部门克服人手不足、资源不够的困难，想办法、拓思路、抢市场，以真诚、务实、专业的精神，得到了诸多商业银行和券商等业务合作方的认可。

【服务和创新情况】

中国龙阳光私募业务是公司核心业务之一，在证券市场不景气的状况下，中国龙团队严控产品管理风险，取得了较好的相对业绩，产品净值稳步提高，赢得了客户的信赖和认可。

公司凭借长期的优秀稳定的业绩，荣获了“私募管理人长期优胜奖”。作为管理人，深知在控制风险的基础上为客户创造更大的收益，是我们始终如一的使命，我们定将兢兢业业，保持一贯的努力，不负客户所托。

2012 年，信托行业再续规模增长盛宴，全行业信托资产规模再创历史新高。与此同时，公司紧跟行业步伐、抓住市场机遇、努力拓展信托业务空间、不断丰富信托产品线、广泛开拓合作渠道，实现了信托业务管理规模及业务收入的双增长。

合作方面，公司在维护原有资源的基础上，进一步拓展与国有商业银行、股份制商业银行、城市商业银行以及券商等几十家金融机构的合作关系。

公司逐步打破了过去以证券投资类业务为主的单一经营模式，目前所开展的信托业务类型涵盖证券投资类、上市公司股权质押类、银信合作信贷类、银信合作融资类、信用证、代理收付类等，这些业务类型的开拓和和业务管理模式已初具体系；同时公司在阳光私募信托、债券投资信托、大宗交易信托、票据信托、资金池信托以及 TOT 信托等业务方面尝试创新，并与各合作机构积极探索合作模式，为进一步发展业务奠定了基础。

【社会责任履行情况】

一、参与地方经济建设

经过多年的理论创新和业务实践，信托已经成为国内金融业投融资最为灵活多样的制度，过去几年，公司曾参与云南省和昆明市的基础设施建设、环境保护、企业融资等领域的金融服务，为云南的地方经济发展作出应有的贡献。

二、爱心·稳健收益型集合资金信托计划

云南信托是全国第一家发行公益性质的集合资金信托计划的信托公司，公司一直坚持以理财专长积极的回馈社会。“爱心·稳健收益型集合资金信托计划”将稳定的收益和公益事业相结合，按年度将超额收益部分捐献给云南省青少年发展事业，很大程度上提高了社会公众关心和参与公益事业的广泛性和积极性，为广大热心于社会公益事业的投资者提供一个绝好的投资选择。云南信托捐建的公益信托小学已达五所，并且每年进行专项资金捐献，用于基础设施建设等事宜，以一个金融企业应有的社会责任感

继续在公益之路上传递爱心。

【2013年发展规划】

一、内部管理方面

一是充实一线业务人员，公司将积极创造有利于体现员工个人价值的绩效考评和培训体制，体现员工在公司的价值。

二是继续加强合规、审计工作，优化合规工作流程。根据公司总体安排和内控制度完善的要求，针对公司不同业务的发展要求，灵活地开展合规工作，进一步发挥合规工作在公司业务事前和事中风险评估监控方面的作用，保证公司业务的顺利开展。

三是不断修订和完善公司的后勤管理制度及人力资源管理工作，保障公司后勤及人力资源管理的规范性运作，进一步推动公司管理工作的规范化、制度化，使得各项工作有条不紊，秩序井然，保证公司健康有序的发展。

二、团队建设方面

一是充分发挥党委、公会对公司发展的重要保证作用，利用内刊、网站、宣传栏、电子邮箱等渠道，加强企业文化建设及员工队伍建设，体现党组织在凝聚人心、促进和谐、舆论引导等方面的积极作用，打造云南信托的高素质团队。

二是开展主题实践活动。公司党委将根据上级党委的布置，结合公司自身的实际情况，发挥党委在企业中的思想建设和保障作用，积极探索党组织在公司业务经营中发挥作用的有效途径，不断增强企业党建工作的活力。

三是继续加强业务学习和专题研究，加大业务培训力度，有的放矢，做好有效的培训规划，提高员工队伍整体业务水平和创新能力，为未来业务发展奠定坚实的基础。

三、业务发展方面

一是发挥公司在资本市场的专业优势，在稳固现有客户与管理的基础上，加大市场研究力度，认真分析、及时捕捉市场发展中的机遇，准确把握时机，积极开拓市场，争取实现业务的稳定发展，从而实现市场份额的增长。

二是根据市场变化，以不断创新的产品设计理念为高端客户定制业务合作方案，全方位拓展业务资源，积极推动符合公司特点的信托业务，在现有业务的基础上，努力开拓其他信托产品，及时关注信托监管政策及行业动态，适时开发相关产品。

三是按照风险可控、一事一议的原则，谨慎开展低风险中间业务。加强与公司业务合作伙伴的沟通、联系与维护，构建公司业务的外部支持系统，合规合法的维护公司和客户的稳定。

（马睿供稿）

西南证券股份有限公司昆明营业部

总经理：陈 鹏

【综述】

2012年是证券行业创新发展的元年，随着证券行业创新大会的召开，证券行业创新业务产品不断推出，监管政策制度进一步放松，传统证券经营模式已发生翻天覆地的变化，证券营业部都在积极探索经纪业务转型模式，大力开展创新业务。西南证券股份有限公司昆明北京路证券营业部2012年在转型、创新的大背景下，营业部为了突破传统证券经营模式，在营业部客户财富管理、创新业务上进行了大胆尝试，并取得了一定成效。主要有对内部机构进行了调整，设立了理财中心，并积极招聘了一批高素质人才。营业部从客户需求出发，通过融资融券、约定式购回证券交易、信托等业务顺利完成全年目标。

【业务发展情况】

一、2012年年度工作情况

（一）2012年经营情况

2012年营业部累计实现营业收入1390.5万元，净利润437.71万元。

（二）融资融券业务情况

2012年年初营业部已充分认识到融资融券业务是今年新增利润重要来源，营业部除加大了融资融券奖惩力度外，还充分与客户进行交流沟通，昆明营业部融资融券业务各项指标均名列公司前列。

（三）营业部2012年主要开展的工作

2012年在转型、创新的大背景下，营业部为了突破传统证券经营模式，在营业部客户财富管理、创新业务上进行了大胆尝试，并取得了一定成效。

1. 加强银证合作，以票据等业务为突破，建立良好合作基础。营业部深刻认识到由于银行具有丰富的客户资源和产品，与银行建立良好的合作关系将对营业部业务发展起到较大的促进作用。

2. 积极拓展与政府战略合作关系。云南省昭通市盐津县将进行县城整体搬迁，我部对该县城搬迁项目进行了实地调研，并与当地县委、县政府积极联系沟通，为其提供相关的金融服务，目前该县已与公司签订了相关战略合作协议，为在该地区设点，提供金融服务打下了良好的基础。

3. 做好客户财富管理工作，营业部在2012年对内部机构进行了调整，设立了财富管理中心，并积极招聘了一批高素质人才。营业部从客户需求出发，通过融资融券、约定式购回证券交易、信托等业务开发了一批优质客户，顺利超额完成年初制定的目标。

二、2013年工作目标、思路及计划

（一）加大融资融券业务开展力度

2013年昆明营业部将继续加大融资融券业务开展力度，通过专题培训、上门拜访等多种形式面对面地与客户进行交流，提高融资融券账户转化率和参与率。

（二）加大营业部创新业务开展力度

营业部将通过了解客户投融资需求，充分利用公司资管、投行、场外交易等平台资源加大创新业务开展力度。

（三）转换营业部员工工作模式，打造财富管理之路

随着营业部的转型，收入将是多元化的，仅仅依靠经纪业务收入在日趋白热化竞争中最终难逃淘汰的命运，营业部要打造成综合经营销售平台，必须转换营业部员工

现有工作模式和思路，真正做到以客户需求为中心，从客户需求出发，打造营业部财富管理之路。

【服务和创新情况】

一、金点子财富管理

金点子财富管理在总结吸取领先券商成功经验的同时，抓住监管层“松绑”的契机，在形成了自身完整的产品与服务体系的同时，打破其他券商单一的市场占有率推销模式（即4P：产品、价格、渠道、促销），建立全新的“品牌服务战略”、“财富管理服务团队”、“系统平台”和“产品体系”，汇聚我们的智慧，为客户提供跨行业（股票、资管、债券、银行、基金、信托、期货、保险等）的理财服务，帮助客户实现资产的增值保值，与客户共同成长，引领财富管理新潮流。

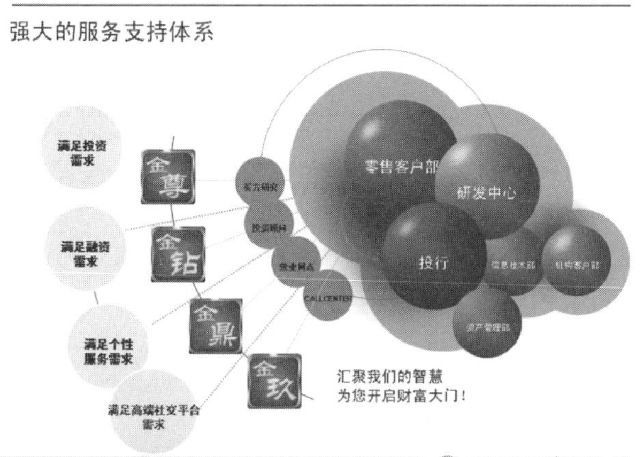

二、融资融券业务

（一）对投资者的影响

（1）有利于为投资者提供多样化的投资机会和风险回避手段。

（2）有利于提高投资者的资金利用率。

（3）有利于增加反映证券价格的信息。

（二）对证券公司的影响

（1）有利于提高证券公司融资渠道的有效性。

（2）有利于促进证券公司建立新的盈利模式。

（3）有利于推动证券公司的产品创新。

（三）对证券市场的影响

融资融券可以放大证券供求，增加交易量，放大资金的使用效果，对于增加股市流通和交易活跃性有着明显的作用，从而有效地降低了流动性风险。

2013年昆明营业部将继续加大融资融券业务开展力度，通过专题培训、上门拜访等多种形式面对面地与客户进行交流，让客户了解融资融券的相关知识，进而开立融资融券账户。

三、约定购回式证券交易业务

业务背景：近年来，宏观调控，银根收紧，融资难、融资成本高等问题一直困扰着诸多企业和个人。而约定购回式证券交易业务让投资者可将持有的证券作为担保，按证券市值的一定折算比例获得所需资金，为企业和个人拓宽了融资渠道。

与市场同类产品相比，约定购回式证券交易业务机制灵活，可以满足不同投资者的各类融资需求。该业务的参与主体范围广泛且准入门槛低，受众面广，资产规模达到50万元以上的个人投资者或企业，均可参与该项业务；融资规模可大可小，融资期限可长可短，投资者可以实现多样化的融资需求；所融资金用途相对自由灵活，既可以用于中短期资金周转，也可以满足用于投资、建设和生产经营需求等。

业务需求：持有股权的投资者希望在不放弃股票所有权的前提下，获得短期资金融通，提高股权利用效率。

现行做法：质押股票，通过信托、银行、典当行等渠道获得资金，但面临融资效率低、融资成本高、操作不够灵活等问题。

约定购回式证券交易：通过回购交易方式，直接为客户提供短期资金融通，可提高融资效率，降低客户融资成本。

业务优势：一是手续简单。客户只需与证券公司签署一次协议，协议期间可灵活交易。

二是交易效率高。客户与证券公司协商一致后，在正常交易时间下达指令，经交易所配对成交后，客户于T+2日即可获得资金；而质押融资等至少需1星期时间。

三是融资效率高。通过约定购回式证券交易，流通股权可融资金比率平均为50%，而质押融资等约在30%的水平。

四是融资成本较低。融资利息以一年期贷款利率为基准，上浮2%－3%，比典当（月息达到4%）、信托融资（年息在10%以上）更低。

五是资金使用灵活。资金可提取，用于生产经营和补充短期流动资金，限制较少；而银行、信托等通常有资金用途限制。

六是多种履约措施。证券公司进行盯市管理，在股价下跌后，客户可灵活选择多种履约措施，保证交易的稳定性。

四、上海证券交易所债券质押式报价回购业务

债券质押式报价回购是指证券公司提供债券作为质物，并以根据标准券折算率计算出的标准券总额为融资额度，向在该证券公司指定交易的客户以证券公司报价客户接受报价的方式融入资金，客户于回购到期时收回融出资金并

获得相应收益的债券质押式回购。

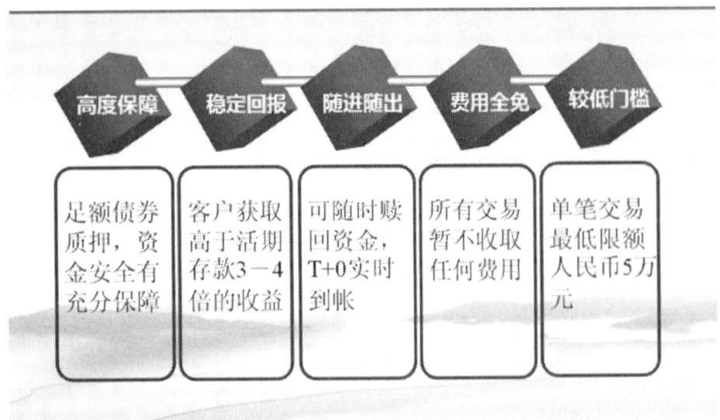

西南证券现有交易品种为：

交易品种

产品种类	交易代码	投资期限
双喜.添利01	205001	1天
双喜.添利07	205007	7天
双喜.添利14	205008	14天
双喜.添利28	205010	28天
双喜.添利91	205030	91天

交易时间为每个交易日的9:30-11:30以及13:00-15:10

【风险管理和内控制度建设情况】

西南证券昆明北京路证券营业部在2012年度业务开展过程中认真执行云南监管局以及公司的相关要求，严格按照公司业务流程办理业务，并且加强了员工的职业道德教育，提高了员工的守法及合规意识，有效防范了各种业务风险的发生。

一、营业部组织开展了对各项经营活动的检查

2012年营业部开展了一次对各项经营活动的全面自查，对自查中发现的问题进行了及时的、认真的整改，并且在此基础上加强了经营业务、员工行为规范、客户异常交易行为等的日常检查和监控，完善了相关内部管理制度，做到了切实防范营业部的各类风险的发生。

二、对营业部从业人员和客户交易行为的合规监控和核查情况

营业部每日通过公司内控平台对柜员的操作情况、账户情况、客户异常交易等情况进行实时监控；通过营销管理系统对营销人员、经纪人和客户情况进行监控，若发现有客户异常交易的行为，及时通过电话进行提醒和核查。另外对驻点的营销人员通过网点回访、现场抽查等方式对其日常行为规范情况进行了管理，有效的防范了员工在业务开展过程中可能出现的风险。

三、对营业部重大事项和业务决策、内部制度、合同、对外报送资料等文件进行合规审查

营业部对于重大事项和业务决策、合同、对外报送资料等文件均由营业部合规经理进行初审后，报营业部总经理审核，再按照相关流程报公司相应管理部门进行审查及审批。经公司审查、审批通过后再进行报送和执行。

营业部严格按照公司的相关规定流程执行重大事项和业务决策、内部制度、合同、对外报送资料等文件的合规审查，切实做到合法、合规、诚信、真实。

四、营业部开展了合规培训

营业部在日常工作中注重提高员工的合规意识，注意加强员工的业务、合规知识等的培训。不仅对新员工和经纪人入职前进行了不少于60小时的执业培训，营业部还每月积极组织全体员工参加业务或合规培训，强化员工业务知识技能，提高员工合规意识。

2012年营业部共组织集中合规培训6次，主要的培训内容有：集中学习了《公司法》、《证券法》、《证券公司监督管理条例》、《从业人员行为准则》、《反洗钱法》、打击证券期货违法犯罪两个司法文件、市场监管案例介绍、基金销售过程中的禁止行为、内幕交易案例分析介绍以及云南局下发的相关文件、沪深交易所制度、公司相关制度等，还组织全体员工参观了云南证监局组织的内幕交易展览。营业部深刻地认识到只有通过合规培训能够做到警钟长鸣，不断提高员工的合规意识，才能达到在日常工作中自觉做到合规的目的，有效的防范了业务风险的发生。

五、积极主动配合监管部门、行业自律组织等单位对营业部的检查

营业部积极主动配合监管部门、行业自律组织等单位对营业部进行的检查，在检查中能按时、保质的提供翔实的相关材料。

六、营业部合规管理工作的留痕

营业部在合规管理工作中注意留痕，主要留痕的资料有《西南证券昆明营业部日稽核日志》、《西南证券昆明营业部风险监控日志》、《西南证券昆明营业部月度合规报告》、《西南证券昆明营业部合规管理日志》等，营业部按照相关要求根据实际情况每日或每月进行了翔实的填写，并按期进行了装订保管。营业部将此作为日常经营活动中合规管理、业务监控、业务稽核的重要依据。营业部每月、每季度按照云南监管局及公司的要求对营业部的合规情况填写了合规月报和季度报表，并进行了及时上报。

七、营业部反洗钱工作

营业部按照公司相关要求认真执行营业部反洗钱工作。在2012年中除通过向投资者现场发放反洗钱宣传资料外，还利用横幅标语、海报、投资者园地、短信等多种方式向投资者进行了反洗钱宣传教育。在2012年11月集中开展了反洗钱宣传活动，向投资者发送宣传资料500份，并组织开展了两场投资者反洗钱教育。营业部通过内控平台对客户洗钱情况进行了及时监控，并对客户大额交易、可疑交易等情况向公司总部进行了及时报送。营业部每年、每季度按时向人民银行、公司总部报送了反洗钱报告。

八、营业部根据监管部门要求履行的报告、报备等工作

营业部严格按照云南证监局的要求履行相关报告、报备工作，做好合规管理日志工作，并按要求保质保量的报送相关合规管理报表和监管报表。

在2012年中营业部对开展经纪人业务向云南证监局递交申请，接受了相关检查并取得此项业务的开展资格；营业部每月做到及时无差错完成CISP监管月度报表，对证监局要求报送的相关报告都能够及时的保质保量完成。

九、营业部其他合规管理情况

营业部在账户管理、客户服务、客户咨询、投资顾问、信访投诉处理、反洗钱等方面严格按照公司相关业务制度流程办理。在佣金管理方面营业部严格执行云南证券业协会制定的《诚信经营承诺书》中的相关规定，对营业部佣金进行了严格管理，避免了同业恶性竞争的发生。

营业部在2012年经营管理过程中不存在以下行为：

1. 超行政许可经营范围经营。
2. 非现场开户。
3. 违规代客理财、代客操作。
4. 为客户融资提供便利。
5. 从业人员变相买卖股票。
6. 不正当营销、赠送高价值礼品或现金返佣。

西南证券昆明北京路营业部将在以后的经营管理中持续加强合规管理，提高员工合规意识，切实防范各类业务风险的发生。

【大事记】

2012年，获得约定购回式证券交易资格。

（倪宗铭供稿）

第　三　部　分

各州市金融运行篇

昆明市

【综述】

2012年1至12月，昆明市金融机构信贷运行较为平稳，表现为存贷款增势虽有所波动，但总体保持正常增长态势。存款方面：单位存款和个人存款增势均表现为前低后高，前期因经济下行压力较大，增势疲弱，后期在存款利率上浮效应以及经济逐步企稳回暖的作用下，增幅逐步提高。贷款方面：短期贷款增势良好，票据融资增长迅速，中长期贷款增势乏力，金融机构存贷款期限错配问题有所改善。

一、各项存款稳步增长，增幅与全省水平基本持平

12月末，昆明市金融机构人民币各项存款余额达8839.46亿元，同比增长17%，增幅比全省略高0.01个百分点，余额比上月增加101.26亿元，增长1.16%，比年初增加1284.81亿元，增长17.01%，同比多增466.24亿元。12月末，昆明市人民币各项存款余额占全省的比重为49.2%，同比持平。各项存款同比增幅比上半年显著提高，但与此同时，各项贷款同比增速却仍在低位徘徊，比存款低4.96个百分点，说明当前存款的增长一定程度上摆脱了对贷款派生存款的依赖，而是更多来自于居民收入的增加和企业货款的回笼。

（一）单位存款增势前低后高

12月末，单位存款余额5358.42亿元，同比增长20.3%，比年初增加904.62亿元，增长20.31%。年初，单位存款在经济下行压力较大的情况下，增长较为缓慢。6月8日，央行出台允许存款利率上浮1.1倍的政策后，各家金融机构纷纷上浮存款利率，造成存款实际利率在物价涨幅较低的形势下，不降反升，对客户产生较大吸引力，导致6月份以后单位存款增幅逐步回升。9月份，由于地方财政从追逐利息的目的出发，约230亿财政存款转为商业银行单位通知存款，带动单位存款当月猛增388.79亿元，后期在经济逐步企稳回暖的带动下，单位存款稳步增长，12月份，单位存款当月净增加155.37亿元，增长2.99%。

（二）个人存款正常增长

12月末，个人存款余额3044.9亿元，同比增长15.43%，比年初增加406.98亿元，增长15.43%，其中：12月当月个人存款增加129.60亿元，增长4.45%。

二、各项贷款增势趋缓，期限结构有所改善

12月末，昆明市金融机构人民币各项贷款余额为8165.49亿元，同比增长12.04%，增幅低于全省2.27个百分点，比上月增加46.97亿元，增长0.58%，比年初增加877.44亿元，增长12.04%，同比多增86.06亿元。12月末，昆明市各项贷款余额占全省的比重为58.96%，同比下降1.2个百分点。各项贷款中短期贷款、票据融资等短期资金运用的增长超过了中长期贷款等长期资金运用的增长，金融机构存贷款期限结构有所改善。从近几年来看，各项贷款同比增幅今年以来一直处于相对低谷，显示今年以来贷款有效需求一直不足。

（一）短期贷款增长较快

短期贷款余额为2093.98亿元，同比增长27.35%，增幅同比提高13.34个百分点，比年初增加449.75亿元，增长27.35%，同比多增247.71亿元。短期贷款增长较快，一是由于金融机构根据自身需要调整贷款结构，增加经济资本占用较少的短期贷款；二是由于整顿地方政府融资平台贷款的原因，地方政府融资平台中长期贷款需求下降，金融机构可以腾出资金用于短期贷款。

（二）中长期贷款增速大幅回落

中长期贷款余额5835.01亿元，同比增长5.97%，增幅同比下降5.71个百分点，比年初增加329.05亿元，增长5.98%。中长期贷款增速大幅回落，一是由于受整顿政府融资平台贷款的影响，政府融资平台中长期贷款需求大幅下降；二是由于金融机构从自身调整贷款结构的需要，减少了中长期贷款的投放。三是效益好的企业均通过较便宜的其他融资渠道解决中长期贷款融资需求，银行中长期贷款有效需求不足。

（三）票据融资增势迅猛

票据融资余额为169.36亿元，同比增长58.14%，比年初增加 62.26 亿元，增长 58.14%。票据融资增势迅猛，是因为前期金融机构在存款增长乏力的情况下，流动性紧张，因而大量持有票据等短期资产，以保持一定流动性，后期金融机构存款增势回升，票据融资逐渐下降。

三、外汇存贷款保持快速增长

12 月末，外汇各项存款余额 11.09 亿美元，同比增长 39.88%，比年初增加 3.16 亿美元，增长 39.88%。外汇存款的增长主要集中在单位活期存款和单位保证金存款，单位存款余额 6.99 亿美元，比年初增加 2.79 亿美元，增长 66.36%；其中活期存款增加 0.21 亿美元，保证金存款增加 3.41 亿美元。个人存款略有增长，个人存款余额 3.89 亿美元，比年初增加 0.31 亿美元，增长 8.82%。外汇各项贷款余额 47.28 亿美元，同比增长 37.14%，比年初增加 12.8 亿美元，增长 37.14%。其中：境内贷款 32.03 亿美元，比年初增长 35.53%；境外贷款 15.25 亿美元，比年初增长 40.66%。

四、贷款投向继续得到优化

12 月末，昆明市金融机构人民币贷款主要投向个人贷款及透支（余额 1410.51 亿元、占比 17.64%）、交通运输、仓储和邮政业（余额 1282.65 亿元、占比 16.04%）、电力、热力、燃气及水生产和供应业（余额 974.51 亿元、占比 12.19%）、水利、环境和公共设施管理业（余额达 858.03 亿元、占比 10.73%）、制造业（余额达 794.07 亿元、占比 9.93%）、批发和零售业（余额 638.72 亿元、占比 7.99%）、房地产业（余额 486.1 亿元、占比 6.08%）以及租赁和商务服务业（余额 332.61 亿元、占比 4.16%）。总体来看，贷款主要投向个人消费、基础设施建设和实体经济，贷款投向继续得到优化。

（调查统计处供稿）

2012 年昆明市主要经济、金融指标

单位：亿元人民币

项 目	金 额	比上年增减额	比上年增减幅度（%）
地区生产总值			
工业增加值			
地方财政收入	378.4	60.7	19.1
地方财政支出	525.54	83.94	19.0
社会消费品零售总额	1493.8	222.07	17.5
金融机构各项存款	8921.02	1308.72	17.19
财政存款	192.19	-41.27	-17.68
单位存款	5411.14	924.34	20.60
储蓄存款	2992.97	355.14	13.46
金融机构各项贷款	8484.3	963.75	12.81
短期贷款	2260.22	492.02	27.83
中长期贷款	5891.59	346.14	6.24
现金投放（+）回笼（-）			
证券业：			
市场总成交金额			
累计开户数（户）			
保险业：			
保费总收入			
保险赔付总支出			

注：1. 经济数据为初步数。
　　2. 存款及贷款各项指标数据为金融机构（含外资）本外币口径。

楚雄州

【综述】

2012年，面临复杂的国际国内形势，在全州各族人民的共同努力下，实现了国民经济的持续快速发展。据统计，2012年全州生产总值（GDP）实现570.0亿元，继昆明、曲靖、玉溪、红河、大理之后，居全省第6位。按可比价计算，比上年增长12.8%。其中：第一产业增加值实现134.0亿元，比上年增长7.3%，拉动经济增长1.6个百分点；第二产业增加值实现239.5亿元，比上年增长16.5%，拉动经济增长7.2个百分点；第三产业增加值实现196.5亿元，比上年增长11.4%，拉动经济增长4.0个百分点。第一、第二、第三产业对生产总值增长的贡献率分别为12.3%、56.6%和31.1%；第一、二、三产业增加值占生产总值的比重为23.5：42.0：34.5。全社会劳动生产率（即按从业人员计算的人均GDP）为33016元/人。按常住人口计算的人均GDP为21021元，按公安户籍人口计算的人均GDP为21748元。据海关统计，2012年全州实现外贸进出口总额20076万美元，同比增长33%，超额完成省政府下达的责任目标（增长15%）18个百分点。其中：出口18034万美元，增长31%；进口2042万美元，增长53%。

【金融运行情况】

2012年楚雄州金融运行平稳，有力地支持了全州经济社会的全面发展。

一、存款

截至2012年末，楚雄州金融机构人民币各项存款余额达587.18亿元，较年初增加82.39亿元，增长16.32%。其中：

单位存款余额248.17亿元，比年初增加30.05亿元，增长13.78%；个人存款余额326.55亿元，比年初增加50.86亿元，增长18.45%；财政性存款余额9.72亿元，比年初增加1.15亿元，增长13.39%；临时性存款余额1.96亿元，比年初增加1.18亿元，增长152.34%；委托存款余额0.44亿元，比年初减少0.87亿元，降低66.3%；其他存款余额0.33亿元，比年初增加0.02亿元，增长5.04%。

二、贷款

截至2012年末，全州金融机构人民币各项贷款余额351.05亿元，比年初增加49.57亿元，增长16.44%。其中：短期贷款余额107.75亿元，比年初增加26.45亿元，增长32.53%；中长期贷款余额240.69亿元，比年初增加21.33亿元，增长9.72%；票据贴现2.61亿元，比年初增加1.79亿元，增长219.28%。

从期限结构上看，中长期贷款增长逐步回落，短期贷款增幅提升，贷款流动性增强。短期贷款余额107.75亿元，占全部新增贷款的53.36%，比各项贷款增速高16.09个百分点。短期贷款增幅较中长期贷款增幅高22.81个百分点，有效支持短期流动资金需求，贷款期限结构明显改善。

从贷款投向行业分布上看，截至年末，全州农林牧渔业、采矿及制造业、电力燃气及水生产供应业、交通仓储邮政业、批发零售业、水利环保及公共设施、个人贷款七类贷款余额达318.06亿元，占各项贷款余额的91.28%。从增量来看，农林牧渔业、采矿及制造业、电力燃气及水生产供应业和批发零售业贷款增长较快，信贷投向与全州产业结构一致性较高。

三、外汇收支

2012年，全州共发生跨境收支6275万美元，同比减少4286万美元，下降40.58%，其中：涉外收入5599万美元，同比下降42.05%；涉外支出676万美元，同比下降24.89%。银行结售汇总额6920万美元，同比下降33.81%，其中：结汇6044万美元，同比下降37.32%；售汇876万美元，同比增长8.01%；结售汇顺差达5168万美元，同比下降41.49%。全州跨境人民币结算试点工作稳步推进，全年结算业务量达5338万元人民币，较去年同期增长42.92%。其中：贸易人民币结算完成4837万元，非贸易人民币结算完成501万元。

四、财政收支

全年全州共完成财政总收入124.37亿元，同比增长

20.6%。其中：州级完成69.13亿元，同比增长22%；县市级完成55.25亿元，同比增长18.8%。“两烟”税收实现76.11亿元，占地方财政总收入的比重为61.2%，拉动全州地方财政总收入增长15.6个百分点，贡献率达到75.9%，成为财政收入的主要增收因素。

地方财政预算支出完成158.02亿元，同比增长24.7%，其中：州级完成18.18亿元，同比下降7.7%；县市级完成139.83亿元，同比增长30.6%。全州完成民生支出121.87亿元，占地方公共财政预算支出的77.1%。

五、票据融资

截至年末，全州票据融资余额2.61亿元，比年初增加1.79亿元，同比增长219.28%。

六、理财产品交易

2012年，全州金融机构累计发生基金代销业务1.07亿元，累计赎回1.54亿元；销售个人理财产品36.32亿元，兑付17.25亿元；销售保险理财产品1.29亿元；

七、黄金业务

2012年，全州金融机构累计成交账户金204.0公斤，成交金额6951.25万元；成交实物金30.01公斤，成交金额1020.1万元。

【金融监管】

2012年，中国人民银行楚雄州中心支行、中国银行业监督管理委员会楚雄监管分局分别依照相应职责，不断健全制度机制，深入开展现场检查和非现场检查，促进各金融机构认真执行各项金融规章、制度，提升金融服务水平和依法合规经营能力。

中国人民银行楚雄州中心支行依托“两管理、两综合”工作，加强对金融机构的管理。认真执行楚雄州银行业开业管理、重大事项报告、综合执法、综合评价四项工作制度，健全组织机制、明确分工职责、细化程序要求，初步构建全州金融服务与管理制度体系，有效规范行业管理，提升区域性风险防范能力。一是不断加强金融监测与评估。做好房地产、民间借贷、政府融资平台风险等经济金融重点指标和专项监测；加强微观金融主体监测，密切关注地方法人金融机构的运营风险，对地方中小金融机构开展稳健性评估，认真开展全辖信贷政策导向效果评估及金融机构利率风险定价评估。二是对各银行业金融机构2012年执行人民银行各项规定、制度及业务开展情况开展综合评价，及时反馈评定等级和存在问题，要求其在规定时日内提出整改措施，加强整改，对被评定为C级的机构适时开展风险提示和约见谈话；三是派出检查组对农行永仁支行、农行元谋支行、武定县农村信用社、元谋县农村信用社的货币信贷、金融统计、支付结算、国库等九类业务开展综合执法检查，促进银行业金融机构依法合规经营。针对被查机构在支付结算、国库管理等方面存在问题给予了责令整改、警告并处罚款的行政处罚，罚款金额合计5.6万元。

中国银行业监督管理委员会楚雄监管分局严把市场准入关，不断提高监管科学水平。一是进一步规范行政许可行为，强化市场准入工作的质效，做好机构设立、变更和终止审核，业务核准、备案，高管人员任职资格审核等工作。二是强化非现场监管和现场检查，加强监管处罚与问责。建立完善各类重点工作台账，盯住重点机构、重点项目风险变化，及时进行风险提示。全年检查项目10项，累计派出检查组22次，检查人员145人，检查机构57个，检查业务涉及金额97.77亿元，查出违规问题涉及金额18.3亿元，提出整改意见98条。检查内容涉及理财产品、贷款分类准确性及贷款新规执行情况、融资平台大户贷款、监管指标真实性、金融机构落实轮岗、对账、内审及柜台操作制度和监管统计现场检查暨科技风险快速巡查等方面。三是加强政府融资平台贷款风险管理，严控新增平台贷款，严把新增平台贷款的投向和流向关口，落实足值抵押物，实现“降旧控新”的总体目标。截至2012年末，辖内各银行业金融机构对楚雄州政府20家融资平台公司贷款余额39.70亿元，较年初减少0.81亿元，降幅为2.1%；四是加强客户风险预警管理，信贷资产质量总体趋势向好，推动实现全州金融机构不良贷款双降目标，2012年末全州银行业金融机构不良贷款余额为7.16亿元，比年初减少近0.65亿元，不良贷款率为2.04%，较年初下降0.55个百分点。

【货币信贷政策传导】

2012年，人民银行楚雄州中心支行按照总量适度、审慎灵活的要求，指导商业银行把握信贷投放，调整优化信贷结构，保持金融对楚雄州经济社会发展的支持力度，促进楚雄州经济平衡较快发展。

一是准确把握稳健货币政策的涵义和取向，加强宣传，强化政策引导。充分利用各种平台和载体，主动向地方党政部门汇报宏观政策走向和政策意图，争取理解和支持，并促成多方共识，为辖内经济金融发展营造良好的政策执行环境。为打开楚雄州在银行间市场进行债务融资的通道，楚雄中支积极参与，认真作为，按时完成了楚雄州参与签署《区域集优债务融资合作框架协议》可行性分析报告并上报人民银行昆明中心支行审批。二是加强窗口指导，提升金融政策执行效果。坚持“分类指导、有扶有控”原则，制定了《2012年楚雄州信贷指导意见》，积极引导金融机构加大对传统优势产业、特色产业、工业园区重点骨干企业、中小企业以及社会薄弱环节的金融支持；加强对在建、续建项目和符合产业政策、有市场需求企业、战略性新兴产业、节能环保、文化产业、现代服务业、自主创新以及农田水利建设的金融支持；针对云南连续三年旱灾情况，大力创新信贷产品和贷款模式，加大对农田水利建设的信贷投入；引导银行业金融机构改善首套住房贷款信贷服务，在防范金融风险的前提下，积极支持保障性安居工程建设。三是综合运用地方法人金融机构信贷调控、差别存款准备金动态调整、支农再贷款、优惠存款准备金率、涉农贷款奖励、县域增量奖励等多项政策工具和优惠政策，督促引导地方法人金融机构加大对“三农”的有效信贷投入。1－12 月全辖累计发放支农再贷款 6000 万元，进一步增强了地方法人金融机构的支农实力。四是优化信贷结构，促进地区产业结构调整。积极做好工业园区金融服务工作，督促引导银行业金融机构紧密围绕云南桥头堡、滇中经济圈建设，认真贯彻落实国家节能减排和淘汰落后产能信贷政策，支持产业调整振兴和我州战略性新兴产业发展，加大对实体经济的有效信贷投入，支持辖区优势产业优化升级。

【支持地方经济发展】

2012 年，楚雄州各金融机构认真执行信贷政策，在确保重点项目建设资金需求的同时，积极优化信贷结构，对经济重点领域和薄弱环节增强了支持力度。截至 2012 年末，全州金融机构人民币各项贷款余额 351.05 亿元，比年初增加 49.57 亿元，增长 16.44%，比全省（14.31%）多 2.31 个百分点，增幅在全省 16 个地、州、市中居第 10 位。

一是金融支农力度进一步加强。年末，全州金融机构涉农贷款余额 234.95 亿元，比年初增加 36.20 亿元，增长 18.22%，新增涉农贷款占全部新增贷款的 73.04%。其中：农户涉农贷款余额 78.38 亿元，比年初增加 8.81 亿元，12.67%；农村企业涉农贷款余额 131.48 亿元，比年初增加 21.33 亿元，增长 19.37%。二是全辖三个重点支农创新项目取得明显成效，有 9 县市均全面开办林权抵押贷款业务，林权抵押贷款余额 4.72 亿元，同比增长 154%，比年初增加 2.86 亿元，受益农户 540 户，受益企业 29 家；有 5 个县（市）开办第三方担保贷款业务，贷款余额 6.18 亿元，同比增长 56%；有 5 个县（市）开办农户联保贷款业务，贷款余额 1.63 亿元。三是继续推动民贸贴息优惠政策在辖内的贯彻落实，截至 12 月末，全州可享受民贸民品优惠利率政策的企业由 2010 年的 6 家增加至 40 家，全州 7 个民族贸易县均有企业享受优惠政策。1－4 季度，全州民贸贴息贷款余额 1.42 亿元，较上年增加 0.49 亿元，增长 45.16%，累计贴息 335 万元。四是有力支持中小微企业发展。年末，全州中小微企业贷款余额 136.07 亿元，比年初增加 25.60 亿元，增长 23.7%，占全部新增贷款的 51.64%。五是房贷政策落实到位，有效支持了当地房地产开发投资和居民的购房需求。年末，全州房地产开发贷款余额 57.45 亿元，比年初增加 7.22 亿元，增长 14.38%。其中：个人购房贷款余额 51.15 亿元，比年初增加 4.29 亿元，增长 9.16%。六是民生领域贷款稳步增长。截至 12 月末，全州累计发放下岗失业人员小额贷款 2724 笔，累计贷款金额 1.51 亿元，比年初增加 0.37 亿元，增长 32.21%。全州下岗失业人员小额贷款余额 1.76 亿元，比年初 0.87 亿元，增长 101.76%。七是为有效解决楚雄州偏远地区农村金融服务缺失问题，在人民银行楚雄中心支行的积极推动和各银行业金融机构的大力支持下，全州共建成惠农支付服务点 760 个，利用 POS 机帮助农户办理小额取现、消费、缴费、查询等业务，服务范围覆盖了全州所有乡镇和 70% 以上的村委会，全州惠农支付业务累计发生业务 12.39 万笔，金额 4456.42 万元，每个惠农点平均发生业务 163 笔，金额 5.86 万元。

【各金融机构的经营管理】

2012 年，楚雄州金融组织和服务体系不断健全，银行业金融机构达十一家，共 327 个经营网点，从业人员 3919 人。楚雄州各银行业金融机构经营管理能力不断提升，全年实现利息收入 10.91 亿元，利息支出 5.02 亿元，中间业务收入 1.83 亿元，手续费净收入 0.45 亿元，营业费用 9.88 亿元，实现净利润 9.07 亿元，其中：

农业发展银行：在巩固粮油信贷业务的基础上，大力支持水利、农村流通体系建设和新农村建设，择优支持涉农优势特色产业，加大支农力度促增长，严控风险保稳健，不良贷款继续保持为零。

国有商业银行（含工商银行楚雄分行、农业银行楚雄分行、中国银行楚雄分行、建设银行楚雄分行、交通银行楚雄分行五家）：充分发挥国有大型银行业金融机构综合服务和传统业务优势，不断改善金融服务，创新金融产品，在拓展传统业务的同时，全面发展人民币对公结算、现金管理、电子银行、自助银行、信用卡、人个自主理财、收单商户、养老金托管、人民币跨境结算、个人贵宾客户、特惠商户等中间业务，为全州经济建设和人民生活提供全方位的金融支持。

农村信用社及邮政储蓄银行：有效利用县域及乡镇营业网点多的优势，开办代理发放农村养老金、计划生育扶助奖励金、退耕还林款等资金业务，扩大地方特色农业融资渠道，有力支持了地方种植、养殖和生态农业产业的发展，加大服务“三农”力度。

中小型银行（含富滇楚雄分行银行及2家村镇银行）：利用同大型银行相比贷款规模控制宽松、业务审批半径短、贷款审批快等优势，突出中小型银行的特点，作出特色，积极拓展业务份额，为地方经济建设作出应有的贡献。

【证券业务】

红塔证券股份有限公司楚雄营业部是楚雄州唯一的一家证券经营机构，主要从事证券代理买卖、代理还本付息、代理分红派息、代理登记开户及股指期货、融资融券等业务，营业部设有柜台委托、电话委托、电脑自助委托、热自助委托及远程自助委托、网上委托等委托方式，客户可方便地完成股票买卖、撤单、资金转账、查询等业务，有效满足人民群众的投资需求。

2012年红塔证券楚雄营业部共实现A股、B股、基金、权证等交易量79.61亿元，较去年同期减少了42.08亿元，下降34.57%；市场占有率近0.1‰；客户资产总值8.66亿元（其中客户保证金1.07亿元，证券托管市值7.59亿元），同比增加了0.29亿元，增长3.46%。新开立资金账户1134户，与去年同期相比减少了753户，下降了39.9%。

【保险业务】

2012年全州农业保险发展较快，在已开办烤烟保险、公益林和商品林保险的基础上，将水稻、玉米、油菜种植业正式纳入保险；全州高危行业人身意外保险、校园方责任险、医疗事故责任险、环境污染责任险及城镇职工、城镇居民、新型农村合作医疗大病补充保险、车险等进一步实施完善，发挥了商业保险作为社会保障体系的重要补充和完善作用。

截至2012年末，全州共有保险市场主体18家，其中：产险公司10家，寿险公司8家。2012年全州累计实现保险业务收入12.30亿元，比上年同期增长12.95%。其中：寿险业务保费收入7.16亿元，同比增长12.31%；财产险业务保费收入5.14亿元，同比增长13.86%；累计赔款4.64亿元；

【大事记】

2012年12月18日，上海浦东发展银行楚雄分行完成开业前期筹备，开始试运营。

楚雄州惠农支付推广工作会

（刘云辉供稿）

附表：

2012年楚雄州主要经济、金融指标

单位：万元人民币

项 目	金 额	比上年增减额	比上年增减幅度（%）
国内生产总值	5700243	——	12.8
工业增加值	1569280	——	16.0
地方财政收入	1243733	212243	20.6
地方财政支出	1580162	312552	24.7
社会消费品零售总额	1846996	263782	17.1
金融机构各项存款	5871775	823852	16.32
财政存款	97212	11476	13.39
单位存款	2481733	300474	13.78
储蓄存款	3256574	499718	18.13
金融机构各项贷款	3510505	495679	16.44
短期贷款	1077510	264490	32.53
中长期贷款	2406920	213281	9.72
现金投放（+）回笼（-）	——	——	——
证券业：			
市场总成交金额	796144	-420790	-34.57
累计开户数（户）	28889	1134	4.09
保险业：			
保费总收入	122968	14101	12.95
保险赔付总支出	46401	10806	30.36

注：1 按照2011年金融统计制度相关规定，取消现金收支统计月报，故表中现金投放回笼栏无法填列。

曲靖市

【综述】

2012年，曲靖市金融机构认真贯彻中央经济工作会议和全国金融工作会议精神，按照稳中求进的工作总基调，把稳增长放在突出位置，认真执行稳健的货币政策，持续加大对实体经济、三农、重大项目、支柱产业、特色产业和扩大内需的信贷投入，继续提高金融服务水平，促进了全市经济社会的平稳较快发展。

【金融运行】

全年金融运行平稳。至12月末，全市本外币各项存款、贷款余额分别为1405.50亿元和860.90亿元，分别新增223.53亿元和127.05亿元，增长18.91%和17.31%。存、贷款总量、增量仅次于昆明居全省16个地州第二位，贷款增速快于云南省平均增速2.98个百分点。

一、存款增长持续加快，对信贷投放支撑作用增强

截至12月末，全市本外币存款余额1405.50亿元，比年初增加223.53亿元，同比多增59.32亿元，增长18.91%。其中：个人存款、单位存款分别新增96.62亿元、127.08亿元，占比分别为43.22%、56.85%，单位存款为存款增长的主力。

（一）个人存款平稳增长

1－4季度，个人存款新增额分别为22.70亿元、16.68亿元、29.77亿元和27.47亿元，占各项存款增量之比分别为36.95%、82.47%、39%和41.92%。12月末，个人存款余额697.05亿元，同比增长16.09%，增速同比下降1.83个百分点；新增96.62亿元，增量同比扩大5.36亿元。个人存款增长的主要原因：一是城乡居民收入持续增长。前三季度，城镇居民人均可支配收入达到16086万元，增长20.5%，农民人均现金收入达到4638元，增长28%。二是股市持续低迷，居民储蓄意愿增强。三是在收入分配体制、消费体制、教育体制及金融体制深化改革的背景下，居民更多的面对未来收入和支出的不确定性，居民储蓄倾向增加。

（二）单位存款波动增长，增速、增量同比上升

主要受外围市场波动较大，企业经营资金变动明显影响，1－4季度，单位存款增量分别为24.07亿元、－4.24亿元、35.88亿元和71.37亿元，波动明显。12月末，单位存款余额682.91亿元，同比增长22.86%，增速同比加快6.73个百分点；新增127.08亿元，增量同比扩大37.98亿元。其中：定期存款新增38.57亿元，是上年同期的6.49倍；活期存款新增58.20亿元，为上年同期的90.53%；保证金存款新增27.03亿元，是上年同期的2倍。保证金存款的成倍增长，表明借款人通过银行承兑、信用证、保函等工具进行结算和资金融通的行为活跃明显。

二、贷款持续增长，投放节奏更趋均衡，结构更加优化，重点更加突出，“有扶有控”的信贷政策成效明显

年初以来，人行曲靖市中心支行继续强化“窗口指导”，结合地方发展实际，科学制定《曲靖市二〇一二年信贷指导意见》，明确“三农”、“中小企业”、“工业园区”等七大支持重点和信贷投放领域，有效引导信贷资金合理投放。同时，4次召开辖区银行业信贷工作专题分析会议和贷款通报会议，督促银行机构加大信贷投放力度。在全市银行机构的努力下，信贷对经济、社会发展的支持力度显著加大。

就总量和增量看，12月末各项贷款余额860.90亿元，同比增长17.31%，增速同比加快0.81个百分点；新增127.05亿元，增量同比扩大23.13亿元；就投放节奏看，1－4季度各项贷款增量分别为33.81亿元、40.38亿元、25.37亿元和27.49亿元，投放较为均衡；就主要贷款类别看，短期贷款、中长期贷款分别新增100.88亿元和25.52亿元，短期贷款增量占全部贷款增量的79.40%，是拉动贷款总量增长的主力，中长期贷款增量占全部贷款增量20.09%，占比较年初大幅降低42.90个百分点，贷款中长期化趋势明显减弱，信贷结构逐步优化，资金周转速度明显提高。

（一）短期贷款高速增长，有效缓解流动资金紧张局面

针对实体经济流动资金普遍紧张的状况，银行机构着

力加大了对企业和个体经营户短期流动资金的支持力度。12月末，短期贷款余额353.95亿元，同比增长39.86%，增速同比加快25.73个百分点，快于各项贷款平均增速达22.55个百分点；新增100.88亿元，增量是上年同期的3.22倍。其中：个人、单位短期贷款及透支分别新增34.34亿元和55.65亿元。

（二）中长期贷款平稳增长，增速、增量同比下降

12月末，中长期贷款余额479.97亿元，同比增长5.62%，增速同比下降11.2个百分点；新增25.52亿元，增量同比萎缩39.93亿元。其中，个人、单位中长期贷款分别新增34.29亿元和－9.29亿元。主要原因：一是国内外经济下行压力加大，内外需双下降，实体经济经营状况普遍不佳，个人及企业中长期投资信心及能力下降。二是煤电油运水等生产要素紧张，以及部分项目前期准备不足，新建、续建项目推进较慢。三是受工业建设项目环评限批的影响，项目实施难，信贷资金难以跟进。

（三）表外融资业务快速发展

12月末，全市金融机构表外融资余额212.93亿元，其中：银行承兑汇票余额80.94亿元，委托贷款余额23.7亿元，融资租赁余额4.81亿元。信托贷款余额21.49亿元，辖外机构对曲靖贷款81.99亿元。

（四）新型金融机构业务发展迅速

曲靖惠民村镇银行存、贷款余额分别为3.36亿元和2.34亿元，分别比年初增加0.06亿元、0.59亿元，增长2%和34%；富源富滇村镇银行存、贷款余额分别为3.03亿元和1.02亿元，分别比年初增加2.31亿元和0.72亿元。年末，全市已开业运营的40家小额贷款公司注册资本达27.97亿元，各项贷款余额27.77亿元，比年初增加7.77亿元，增长34.42%，两类新成立的机构各项业务发展迅速，有效改善了县域、农村和中小微企业的金融服务。

【金融监管】

一是扎实开展综合执法检查工作。4月10日至4月29日，人行曲靖市中心支行组织对辖内中国银行、农发行、民生银行等3家市级金融机构和4家分支机构2011年办理货币信贷、金融统计、支付结算、货币金银、国库、征信管理、反洗钱、外汇和金融信息安全等9项业务进行了综合执法检查。共出具法律意见书2份，下达《行政处罚意见告知书》、《行政处罚决定书》9份，罚款2家银行机构，给予警告4家次，提出整改建议81条；约见谈话7次；通报1次。通过开展综合执法检查，商业银行加深了对人民银行相关规章制度的理解，提高了政策执行的自觉性。二是深入推进银行业机构稳健性评估工作。结合金融机构实际和风险状况，适时组织现场评估，提高了评估质量。年内人行曲靖市中心支行根据13个评价大类和1个附加考核项目，对所辖18家银行业金融机构执行人民政策情况开展了综合评价，18家参评机构均为A类。三是加强重大事项报告和新设银行管理服务工作。督促金融机构认真执行重大事项报告制度，做好新设银行业金融机构加入人民银行金融管理服务体系工作。2012年先后受理中国银行、广发行、中信银行、重庆农商行等9个新设银行业金融机构网点申请加入人民银行业务系统的申请，接收重大事项报告51条。四是扎实推进金融消费者权益保护试点工作。作为云南省首批启动金融消费者权益保护工作的试点中心支行，人行曲靖市中心支行围绕“机制＋制度＋平台”的工作思路，积极探索推进金融消费者权益保护工作，建立了组织领导机制和工作机制。全年全市银行业金融机构共受理投诉203件，办结203件，满意率达100%。

【货币信贷政策传导】

一是加强对稳健货币政策的宣传解读工作，营造良好的政策执行环境。二是继续贯彻稳健的货币政策，认真落实金融支持“三农”和加快中小微型企业发展的一系列政策措施，改进和完善对“三农”、中小企业特别是小微企业的金融服务工作。三是引导金融机构加强信贷政策与产业政策的协调配合，做好金融支持工业园区建设，大力发展绿色信贷，积极支持产业结构调整和新兴产业发展。四是督促全市金融机构认真贯彻金融支持城镇保障性安居工程建设有关文件精神，加强与有关部门配合，建立保障性安居工程建设信息交流平台，引导金融机构加大信贷投入，确保全市保障性安居工程项目建设的合理资金需求。五是围绕市委市政府新10年扶贫开发工作总体部署，积极引导金融机构加大扶贫开发的信贷投入，鼓励金融机构开展地方财政资金贴息扶贫贷款，充分发挥金融在扶贫中的重要作用。在连续干旱的3年里，全市涉农金融机构累计投入抗旱救灾资金63.69亿元，人民银行通过国库绿色通道划拨抗旱资金近1.5亿元，为社会的和谐稳定发展承担了金融业应尽的社会责任。

【支持地方经济发展】

一是按照稳健货币政策的要求及曲靖市产业发展实际，人民银行曲靖市中心支行制定下发了《曲靖市二〇一二年信贷指导意见》，明确全年信贷投放领域和支持重点，引导商业银行加大信贷支持。12月末，全市金融机构人民币各项存款余额1405.5亿元，比年初增加223.53亿元，增长18.91%；各项贷款余额860.9亿元，比年初增加127.05亿元，增长17.31%，增量较上年多23.1亿元，增速高出全省高3个百分点。全年全市制造业、建筑业、批发零售业

和采矿业四大行业新增贷款达80.74亿元，比2011年多增17.93亿元，增量占全部新增贷款的63.95%；累计对驰宏翻番工程、云维煤化工等10个重大项目投放贷款18.05亿元，促进了全市支柱产业和重点企业发展；中小微企业贷款快速增长，年末中小微企业贷款余额达328.85亿元，是大型企业贷款余额的2倍，同比增长21.03%。二是综合运用再贷款、再贴现等政策工具，加大对“三农”、就业、助学等薄弱环节的支持，大力推进小额担保贷款、大学生村官创业贷款、林权抵押贷款等信贷政策，促进和谐社会发展。全年人民银行累计发放支农再贷款14.26亿元，金融机构新增涉农贷款69.55亿元，新增涉农贷款占全市全部新增贷款的55.01%；下岗失业人员小额担保贷款余额17.46亿元，同比增加8.05亿元，增长85.48%，信贷对经济重点领域和薄弱环节的支持不断加大。三是加大“一创两建”工作力度，提高农村金融服务水平。结合新形势下农民金融需求特点，扩大农村小额担保贷款范围，重点推进林权抵押贷款，年末林权抵押贷款余额达1.31亿元，同比增长1.8倍；积极推进惠农支付点建设，改善农村支付服务环境，全年全市共建成惠农支付服务点1262个，平均每个乡镇的惠农支付点达到11个；推动农村信用体系建设，全市共建设验收信用乡（镇）27个，建成信用村244个，建立农户经济档案109万户，评定信用农户58.28万户，贷款农户98.03万户，农户贷款面达70.13%。四是继续推进财税库银横向联网，实现了横联在辖内一市二区八县税务机关、商业银行和国库的全覆盖，全市95%的税款可通过纳税人在家中上网申报、银行签约扣税，方便了众多纳税人，财税库银横向联网的社会效应进一步显现。五是金融IC卡试点工作推进顺利，成功发行了曲靖市首张金融IC卡，到年末全市共发卡157855张，与公共服务行业的应用整合工作逐步推开。

【证券】

曲靖保险业稳步增长，保障救助功能进一步增强。年末，全市26家保险机构累计实现保费收入27.09亿元，同比增长11.6%，增速加快4.97个百分点，发展较快，其中，产险保费收入11.48亿元，同比增长13.07%，寿险收入11.96亿元，同比增长7.9%。全市保险机构累计支付赔款7.86亿元，同比增长48.16%，其中，财产险赔付6.21亿元，同比增长35.29%，寿险赔付支出0.21亿元，同比增长2.17%，健康险赔付支出1.09亿元，同比增长405.58%。全市保险行业赔付率29.02%，同比增长32.77%，反映保险诚信意识不断提升，社会稳定器作用进一步发挥。

【保险】

年内，股市总体呈持续下行，交易大幅萎缩，融资功能明显下降。全年累计新开股票账户4090户，同比减少2901户，降幅高达41.5%，总成交203.75亿元，同比减少84.31亿元，降幅达29.37%。

【大事记】

2月24日，人行曲靖市中心支行召开2012年工作会议，安排布置2012年全市人民银行工作。

2月20日，人行曲靖市中心支行主持启动“曲靖市惠农支付服务业务开通及推广工作会议及麒麟区授牌仪式”，全市首批266个惠农支付点正式开通运行。

3月16日，人行曲靖市中心支行举行“全国文明单位授牌仪式”，市人民政府副市长饶卫、市委宣传部副部长许泰权代国家文明委向人行曲靖市中心支行颁发了奖牌。

5月4日，人行曲靖市中心支行消费者权益保护试点工作正式启动。

11月26日，人行曲靖市中心支行邀请曲靖市委党校副校长滕黎南到曲靖中支进行十八大精神专题讲座。

（杨本枝供稿）

2012 年曲靖市主要经济、金融指标

单位：万元人民币

项 目	金 额	比上年增减额	比上年增减幅度（%）
国内生产总值	14001700	1902700	13
工业增加值	6573200	101200	15.2
地方财政收入	1038300	155300	17.6
地方财政支出	2819300	597300	26.9
社会消费品零售总额	3316900	507900	18.1
金融机构各项存款	14054976	2235123	18.91
财政存款	172904	239	0.14
单位存款	6829072	1270654	22.86
储蓄存款	6887414	887759	14.8
金融机构各项贷款	8608994	1270501	17.31
短期贷款	3539518	1008765	39.86
中长期贷款	4799675	255210	5.62
现金投放（+）回笼（-）	32670	-112991	-25.7
证券业：			
市场总成交金额	2037500	-843100	-29.37
累计开户数（户）	4090	-2901	-41.5
保险业：			
保费总收入	270900	26600	11.6
保险赔付总支出	78600	31100	48.16

红河州

【综述】

2012年，红河州全辖金融机构以科学发展观为指导，坚持以科学发展为主题，以推动地方经济发展方式转变为主线，认真贯彻落实中央经济工作会议精神，人民银行稳健的货币政策和金融宏观调控措施。全年。全州金融稳健运行，金融改革有序推进，金融监管不断规范，金融服务有效拓展，为促进红河社会经济的新发展提供了良好的金融支撑。

【金融运行情况】

2012年，红河州金融部门认真贯彻稳健的货币政策，在信贷总量趋紧、信贷资金头寸偏紧的情况下，围绕金融支持服务实体经济发展目标，把握信贷投放的重点、力度和节奏，大力优化信贷结构，保持了全州信贷总量的合理稳定增长，证券市场功能不断完善，保险保障能力不断提升，全年红河州金融运行总体平稳。

一、各项存款稳步增长

截至年末，红河州金融机构各项存款余额1159.4亿元，比年初增加150.47亿元，增长14.91%，较全省低2.19个百分点，完成年初新增120亿元计划的125.39%，存款增量除昆明外居全省第3位。

（一）单位存款年末增势回升。截至年末，红河州单位存款余额486.76亿元，比年初增加53.24亿元，增长12.28%，同比少增11.3亿元。前三季度受银行贷款采取受托支付方式执行等因素影响单位存款大幅少增，四季度储备重点项目的集中放款使企业派生存款明显增加，年末增势显著回升。

（二）储蓄存款稳定增长。截至年末，红河州储蓄存款余额624.41亿元，比年初增加88.45亿元，增长14.79%，同比多增13.2亿元。证券市场长期低迷、理财产品集中到期是储蓄存款增速稳定的主要原因。

二、信贷投放趋于合理

截至年末，红河州人民币各项贷款余额759.17亿元，比年初增加129.91亿元，同比增长17.59%，较全省高3.29个百分点，贷款增量除昆明外居全省第3位。2012年四个季度人民币信贷投放分别占全年新增总量的31%、34%、18%、17%，投放进度基本符合3:3:2:2的投放规律，季度间投放的均衡性显著增强。

（一）贷款期限结构趋于优化。截至年末，红河州新增中长期贷款和短期贷款占全部新增贷款的比重由2011年同期的82%、18%调整为49%、51%，贷款期限结构有所改善。

（二）信贷行业投向重点突出。信贷对产业结构的调整改善发挥了积极作用，分行业来看，2012年制造业、建筑业和水利公共设施管理业新增贷款26.66亿元，占全部新增贷款的31%；2012年末，个人消费贷款余额为117.46亿元，比年初新增17.3亿元，同比增长18.59%。

（三）票据融资业务加快发展。截至年末，红河州银行业办理承兑汇票贴现余额达6.4亿元，同比多增4.08亿元，增长175.5%。

（四）信贷对工业园区经济支持力度不断加大。截至年末，红河州金融机构支持园区经济的信贷投放达37.88亿元，比年初新增8.14亿元，其中：工业园区建设贷款3.8亿元，年内新增2.42亿元；支持园区企业信贷投放达34.08亿元，年内新增5.72亿元，对园区中小微企业信贷支持14亿元，年内新增5.11亿元。

三、外汇管理改革实现新突破，跨境人民币结算快速增长

全年，加快推进重点领域改革和创新，积极做好货物贸易外汇管理制度改革在红河州的推进工作，加快发展个人本外币兑换特许业务，批准了河口县对外经济贸易公司为红河州首家非酒店类银行代兑点，并于年底获批准进入经营个人本外币特许业务筹备期，全年共办理外币兑换业务1314笔；金额25.44万美元。截至年末，完成国际收支间接申报业务4992笔，总金额72645.69万美元，同比增长10.24%。国际收支顺差18641.25万美元，同比增长36.75%。银行结售汇总额55355万美元，同比增长32.47%。其中结汇额17963万美元，同比降低20.13%，

售汇额37392万美元，同比增长93.79%。完成国际收支申报数据非现场核查4466笔，总金额65920.15万美元；完成大额交易和重要交易项目重点核实100笔，金额17841.9万美元。办理新设外商投资企业外汇登记2笔，投资总额104.8万美元，注册资本73.32万美元；办理外商投资企业外汇变更登记1笔，外商投资企业资本金结汇136.91万美元。审批外国股东借款结汇3笔，共计106.9万美元。办理境外投资变更登记2笔，新增中方投资额201万美元；实际汇出资本金3592.98万美元。完成了外商投资企业2012年度的年检及境外投资企业年检，参检的21户外商投资企业及18户境外投资企业全部通过年检，参检率和合格率都达到100%。

跨境人民币业务不断向广度深度发展，鼓励外汇指定银行、进出口企业开展跨境贸易人民币结算。推动河口县农村信用合作联社成为全省首家获批开办跨境贸易人民币业务的农村信用合作联社。积极鼓励进出口企业开展跨境贸易人民币结算，截至年末，红河州跨境人民币结算量为61.56亿元，比2011年同期的36.03亿元，同比增长70.85%。其中跨境人民币收入35.56亿元，同比增长86.76%；跨境人民币支出13.89亿元，同比降低18.24%；跨境人民币买入12.1亿元，同比增长200.3%。

四、现代化金融服务体系建设稳步开展

现代化支付体系建设稳步推进。截至年末，红河州金融机构总计处理跨行往来支付业务59.81万笔，清算资金6453.2亿元，分别增长30%和24%；年内共开立各类账户6038户，撤销各类账户3143户。建成蒙自、建水等7条"刷卡无障碍示范街"，实现POS消费交易279.3万笔，清算金额83.5亿，同比分别增长25.6%、26.3%；ATM跨行取款交易346.3万笔，清算金额31.2亿，同比分别增长26.3%、30.4%。

国库信息化建设有力推进。经办国库业务109.5万笔，累计完成一般预算收入274.3亿元，增加37.6亿元，增长15.9%；一般预算支出223.1亿元，增加33.4亿元，增长17.6%；完成预算收入退库7.4亿元。实现全州财税库银横向联网的推广工作，完成全州国税、地税上线运行，全年签订三方协议18225份，办理业务18.53万笔、金额41.3亿元。

流通中人民币券别结构不断改善。累计投放人民币现金137亿元，累计回笼现金81亿元，实现净投放56亿元，完成小面额人民币投放6.8亿元，有力改善了红河州流通中人民币券别结构。

征信履职不断拓展。截至年末，办理贷款卡行政许可1361笔，其中：贷款卡发放（含换发）1223笔、贷款卡信息变更126笔、贷款卡注销业务12笔；为1503户企业办理了2011年度贷款卡年审，为239名提供担保的自然人配发了贷款卡。受理企业信用报告查询230笔，个人信用报告查询1900笔。配发机构信用代码证23686户，其中存量账户20245户，新增账户3441户，红河州机构代码发放率达98.93%。

【金融监管】

2012年，人民银行红河中支着力提升维护辖区金融稳定能力，积极推进红河州金融稳定协调机制建设，深入推进"两管理、两综合、一保护"工作，不断完善工作流程，切实加强开业管理、营业管理，积极开展综合评价，认真开展综合执法检查。有力维护了红河州金融稳定，提升了全辖金融机构合规经营的理念。

一、金融稳定协调维护能力有效提升

2012年，人民银行红河中支不断改进辖区金融稳定监测评估体系，强化对各领域风险的监测分析，开展了对2家地方法人金融机构的现场评估工作，通过评估促使地方法人金融机构不断提高了运营的合规性。金融机构重大事项报告制度不断完善，进一步开展与地方政府、司法部门的工作交流和协调配合，全州金融稳定协调维护能力得到较好提升。全年13家法人农村信用合作联社改革不断深入，各项存款增速高于全州平均增速7.8个百分点；各项贷款增速高于全州平均增速6.6个百分点，资产质量呈现总体良好态势。

二、完善"两管理、两综合"工作

做好新设机构开业管理。按照《云南省新设银行业金融机构开业管理与服务指引》的要求，按照"核准制"和"备案制"对金融机构进行分类管理，进一步梳理和完善新设金融机构开业管理实施细则和流程，在金融机构高管人员管理方面强化事前报告和审核制度，强化现场辅导、现场验收和高管从业考试等制度，截至年末，受理金融机构新设开业项目14件，办结11件。

拓展重大事项报告制度外延。按照银行业金融机构重大事项报告制度的有关要求，进一步落实银行业金融机构重大事项报告的相关工作。以开远市为试点，将辖内的证券及保险机构统一纳入重大事项报备范畴。截至年末，人民银行红河中支先后受理各金融机构和各县市支行的电话、来人咨询约700余次；收到重大事项报告400余件，涉及银行业、保险业、证券业，银行业比重占97%以上。

综合评价有序推进，综合执法检查效果显现。通过整合人民银行内部各部门资源，形成信息良性互动共享；完善综合评价工作，细化操作流程，对10家金融机构进行了2011年度综合评价。组织开展了对4家金融机构的现场综合执法检查，检查中新增了货币信贷、"两管理、两综合、一保护”等内容。根据检查情况，责令金融机构整改涉及项目83个，安排约见谈话4次，对被检查机构罚款总计5万元。通过开展对综合评价成果的有效运用，以及开展综合执法检查，金融机构合规经营理念进一步规范。

三、辖内金融消费权益稳步推进

2012年，红河州人民银行率先在全国人民银行系统开发、运行一套切合实际的金融消费权益保护信息管理系统。启动了红河州州级和蒙自市、个旧市证券业、保险业金融消费权益保护试点工作，初步构建了完整的金融消费权益保护框架。大力加强对各金融机构、各支行金融消费者权益保护工作的现场检查与指导，努力提高辖区金融消费者权益保护工作水平。年末，红河州发生金融消费投诉488件，办结476件，满意率达90%。

【货币信贷政策传导】

一、出台《2012年红河州信贷指导意见》

人民银行红河中支通过制定《2012年红河州信贷指导意见》，指导各金融机构认真分析把握国际国内经济金融形势，准确把握最新的信贷政策导向。指导各金融机构把握好信贷政策的实施力度，既要满足经济增长对货币信贷的合理需求，又要切实防止货币信贷快速增长助推通货膨胀；把握好信贷投放的节奏，根据实体经济的信贷需求，合理安排贷款投放的节奏，避免月度间、季度间贷款投放的过度波动；把握好信贷投放的重点，新增贷款要重点保在建、续建项目，加大对“三农”、中小企业、“民生金融”的信贷支持力度。

二、加强窗口指导和信贷政策引导

加强对金融机构的窗口指导和信贷政策引导，促使金融机构合理把握信贷投放总量，优化信贷结构，平滑投放节奏。按照“有扶有控”的政策要求，引导金融机构把握好信贷投放的重点，切实满足春季农业生产和抗旱救灾的信贷需求，加大对辖内传统优势产业、重点骨干企业、特色产业以及“三农”、中小企业、节能环保、民生领域和薄弱环节的信贷支持，重点保证工业园区企业、符合产业政策的企业特别是小型微型企业的信贷资金需求，更好地服务实体经济，支持地方经济平稳健康发展。

三、大力疏通货币政策传导机制

通过红河州金融工作会议等平台宣传稳健货币政策的背景、意图、内涵和要求，定期召开金融机构窗口指导会，采取多种形式开展稳健货币政策的宣传，提高货币政策传导的有效性。截至年末，，红河州中小企业贷款余额为350.95亿元，同比增长23.9%。创业促就业小额担保贷款达16620笔、余额9.82亿元，同比增长47%；“贷免扶补”创业贷款达9627笔、余额4.55亿元，同比增长47%；累计发放农户扶贫贴息贷款11502笔、金额4.3亿元，同比增长34.37%。

四、充分发挥货币政策工具效用

严格贯彻执行《云南省地方法人金融机构新增贷款调控管理办法》和《关于建立云南省地方法人金融机构经营情况监测制度》等规定要求，将调控工作与货币信贷政策的贯彻执行相结合，加强动态监测，确保新增贷款调控管理工作取得实效。截至年末，下达地方法人金融机构新增贷款控制数33.98亿元，其中：农村信用社31.23亿元，村镇银行2.75亿元。认真落实存款准备金率调整政策，及时上报存款准备金率调整后的情况反映。进一步完善金融机构流动性监测制度，关注金融机构流动性状况变化情况，特别是个别存贷比高、流动性水平较低农村信用社的支付状况，认真贯彻落实《关于鼓励县域法人金融机构将新增存款一定比例用于当地贷款的考核办法》，对达标的农村信用社，存款准备金率按低于同类金融机构正常标准1个百分点执行。

【支持地方经济发展】

2012年，红河州金融机构以科学发展观为指导，认真贯彻落实红河州委、州政府工作要求，紧紧围绕加快红河新发展的目标任务，不断加强金融支持力度，有效支撑了红河社会经济的平稳发展。

一、金融支持地方经济的针对性和有效性不断加强

2012年，各金融机构认真把握信贷政策的实施力度、信贷投放的节奏、重点，新增贷款重点保在建、续建项目。全州传统优势产业、特色产业以及“三农”、中小企业、节能环保、民生领域的信贷支持不断加强。年末，红河州涉农贷款余额达445.1亿元，新增48.4亿元，新增额占全部新增贷款的55.7%；中小微企业贷款余额为221.5亿元，增长18.1%。累计发放创业促就业小额担保贷款达16620笔、余额9.8亿元，增长47%；累计发放“贷免扶补”创业贷款达9627笔、余额4.5亿元，增长47%；累计发放农户扶贫贴息贷款4.3亿元。全州11个县市开办了林权抵押贷款业务，地区覆盖面达85%；贷款余额5.05亿元，同比增长14.7%。

二、金融服务“三农”工作水平不断提高

一是农村金融产品不断丰富。红河州共有农村土地承包经营权抵押贷款、农村农户房屋抵押贷款、林权抵押贷款、农业商标权质押贷款、公交车线路经营权质押贷款、农户小额建房贷款等多类担保类贷款品种，贷款余额合计15.54亿元；开办了扶贫贴息、农户小额信用、“贷免扶补”、失地农民创业、涉农劳动密集型小企业、小额担保等多类特定对象类贷款品种，贷款余额合计47.27亿元。12

月末，红河州金融机构涉农贷款余额达387.85亿元，新增45.21亿元，新增额占全部新增贷款的52.05%。农村金融产品开办机构进一步拓展。保险机构开办商品林森林火灾保险，“保险先进村”创建工作。全州共有11个县市开办了林权抵押贷款，覆盖面达85%，余额5.05亿元。金融支持“三农”经济发展力度不断增强。

二是农村信用环境不断改善。完成对53个乡镇、568个村委会、5186个自然村、46.14万户农户的农村信用体系建设宣传工作。农户信息采集76.63万户，占全辖农户数89.23%。评定信用户39.3万户、信用村390个、信用乡（镇）29个，农村信用环境进一步改善。

三是农村支付体系建设取得良好成效。全年红河州共有114家乡镇地区金融机构网点接入行内大、小额支付系统；建成551个惠农支付服务点，实现全州乡镇全覆盖。12月末，服务点累计发生业务11.07万笔，金额3188万元。服务点“惠农金融站”建设不断推进，全辖共有171个惠农服务点配备了验钞机，551个惠农服务点布放了支付结算、征信管理业务宣传资料，极大地提升了惠农服务点的综合效益，有效促进了农村地区金融服务的转型和升级。完成农村烟叶收购电子支付结算20.1亿元，实现100%的电子结算支付，惠及87935户农户。

三、信贷行业投向重点突出

截至年末，红河州制造业、建筑业和水利公共设施管理业新增贷款26.66亿元，占全部新增贷款的31%。个人消费贷款余额为117.46亿元，比年初新增17.3亿元，同比增长18.59%。

四、直接融资有所突破

截至年末，全州除自营贷款外，委托贷款、未贴现银行承兑汇票快速增长，年末余额分别为46.29亿元、9.24亿元，分别比年初增加7.22亿元、7.37亿元。辖内民营企业红河恒昊矿业股份有限公司成功发行1.5亿元短期融资券，打破了云南省银行间债券市场直接融资全部为国有企业的单一格局，实现了红河银行间债券市场直接融资新的突破。

【各金融机构的经营管理】

一、推进辖区金融体系不断完善

2012年，红河州弥勒、蒙自、个旧、开远、建水五家沪农商村镇银行陆续开业，全州金融服务体系和支农金融主体得到进一步完善和丰富，现已形成国有商业银行、地方金融机构和新型支农金融组织竞争互补的金融格局。截至年末，五家村镇银行各项存款余额7.04亿元，各项贷款余额2.75亿元。

二、小额贷款公司业务稳步发展

截至年末，红河州共有19家小额贷款公司挂牌营业，其中：4家完成了增资扩股。累计发放贷款1246笔、余额5.47亿元，占注册资本总额5.61亿元的97.5%。小额贷款公司在整体资本实力不断增强的情况下实现业务的稳健拓展。

【证券业务】

2012年，红河州证券业在受到证券市场行情整体下行的影响下，开户数有所萎缩，但交易行为更趋活跃。全年，全州A股开户数达5.1万户，交易金额达236亿元，同比增加40亿元。

【保险业务】

2012年全州保险业累计实现保费收入21.86亿元，同比增长10.93%，其中：财产险收入10.4亿元，增长10.48%，人身险收入11.46亿元，增长17.44%。保险业累计赔款、给付支出8.54亿元，同比增长31.18%，有力地支持、保障了全州社会经济的发展。

【大事记】

2月16日，红河中支成功开发金融消费者权益保护信息管理系统。

3月22日，红河州成功设立首家非酒店类外币代兑机构。

4月1日，红河州成功上线财税库银横向联网系统。

4月25日，红河中支启动红河州级和蒙自市级证券、保险业金融消费者权益保护试点工作。

6月25日，红河州全面推广“惠农支付服务”业务工作。

7月25日，云南省首家沪农商村镇银行——弥勒县沪农商村镇银行在红河州弥勒县举行挂牌成立。

10月26日，红河州首家信用乡（镇）正式授牌。

人行昆明中支周振海行长到红河惠农支付服务点调研

人民银行昆明中支于华副行长深入红河开展农户信用信息采集调研

人民银行昆明中支段会全副行长出席红河州惠农支付服务业务开通仪式

（孙松供稿）

2012 年红河州主要经济、金融指标

单位：万元人民币

项 目	金 额	比上年增减额	比上年增减幅度（%）
国内生产总值	9054333	1247933	15.99
工业增加值	4005876.61	790193	24.57
地方财政收入	844828	116888	16.06
地方财政支出	2480909	348961	16.37
社会消费品零售总额	2173074.9	330932	17.96
金融机构各项存款	11593994	1504690	14.91
财政存款	134521	1504690	11.27
单位存款	4867583	13625	12.28
储蓄存款	6244099	532386	16.50
金融机构各项贷款	6604191	884522	15.14
短期贷款	2133570	868576	26.05
中长期贷款	4406006	440979	9.61
现金投放（+）回笼（-）	1376300	816500	+559800
证券业：			
市场总成交金额	2360000	400000	20.41
累计开户数（户）	51000	-2000	-3.77
保险业：			
保费总收入	218575	26875	10.93
保险赔付总支出	85357	20341	31.18

丽江市

【综述】

2012年，面对国内外复杂严峻的经济金融环境，丽江市以科学发展为主题，以经济结构调整为主线，紧紧把握“稳中求进，好中求快”的工作总基调，认真贯彻落实国家重大决策和部署，战胜各种自然灾害，努力克服经济下行压力，突出重点，狠抓落实，攻坚克难，全年保持了经济平稳较快发展势头。丽江市各金融机构认真贯彻落实稳健的货币政策，紧紧围绕地方经济发展的总体要求、目标和任务，把握信贷投放力度和节奏，调整优化信贷结构，扎实推进金融改革创新，努力提升金融服务和管理水平，积极推动金融生态环境建设，实现了金融与经济的良性互动，金融对经济发展的支撑作用进一步增强，为丽江加快科学发展提供了有力保障。2012年，丽江市全年完成生产总值212.24亿元，同比增长15.8%，增速分别比全国和全省平均增幅分别高出8和2.8个百分点。

【金融运行情况】

2012年，丽江全市金融运行总体平稳，各项存贷款持续增长，期限结构明显改善，信贷投放重点突出，信贷结构进一步优化，现金投放合理，国际收支平稳增长。

一、各项存款稳步增长，增幅回升明显

截至年末，丽江市金融机构各项存款余额417.81亿元，比年初增加69亿元，同比增长19.78%，同比增速较上年提高2.58个百分点，增幅位居全省第五位。各项存款中，储蓄存款余额216.69亿元，比年初增加34.58亿元，增长18.99%。单位存款余额195.04亿元，比年初增加31.36亿元，增长19.16%。

二、各项贷款适度增长，期限结构明显改善

截至年末，全市金融机构人民币贷款余额302.97亿元，比年初增加52.68亿元，增长21.05%，位居全省第三位。中长期贷款比重下降，期限结构明显改善。各项贷款中，短期贷款余额64.57亿元，比年初增加20.16亿元，增长45.41%。中长期贷款余额231.82亿元，比年初增加32.02亿元，增长16.03%。

三、信贷投向重点突出，支持实体经济和民生改善力度增强

一是小微企业信贷投放力度加大。在监管政策导向及日趋激烈的信贷市场竞争下，许多金融机构把中小企业作为业务突破口。截至年末，中小企业（含微型企业）贷款余额139.87亿元，比年初增加23.6亿元，增长20.29%。二是涉农贷款稳定增长。涉农贷款余额96.30亿元，比年初增加19.84亿元，增长25.94%，比三季度末高5.99个百分点。三是认真贯彻房地产市场调控政策。受房地产新政、融资平台清理规范等调控政策实施等影响，房地产贷款余额42.78亿元，比年初增加2.6亿元，增长6.47%，增速同比下降2.92个百分点。四是创业促就业小额担保贷款保持快速增长，有力促进下岗人员创业致富。截至12月末，全市小额担保贷款余额达18801万元，同比增长67.36%，同比多增1760万元，其中劳动密集型小企业贷款余额4053万元。累计带动就业人数超过5645人，增强了信贷对改善民生的有效投入。

四、现金投放合理，现金呈现净回笼

截至年末，丽江全市金融机构共投放现金517849万元，比上年同期增长8.94%；回笼现金561579万元，比上年同期增长16.95%；净回笼现金43730万元，比上年增加回笼现金38884万元，同比多回笼802.39%。

五、直接融资有所突破，金融市场总体平稳

2012年，丽江市直接融资实现突破，融资结构逐步优化，金融市场运行总体平稳。一是直接融资实现突破。丽江市上市公司——丽江玉龙旅游股份有限公司，截至2012年三季度末的公报显示，流通股本12652万股，流通市值27.1亿元，总股本16380万股，总市值35.09亿元。企业债券方面，2012年9月19日，中国银行间市场交易商协会接受丽江玉龙旅游股份有限公司中期票据注册，公司中期票据注册金额3.4亿元，2012年9月27日，公司完成了2012年度第一期中期票据发行，发行总额2.5亿元。二是票据融资增速平缓。截至年末，丽江市银行承兑汇票余额为41196万元，比上年末减少329万元，年累计发生额为

69827万元，比上年末减少35598万元。全市贴现余额为65831万元，比上年末增加5002万元，年累计发生额为248204万元，比上年末增加76956万元。

六、对外贸易的较快发展，国际收支稳步增长

2012年，丽江市对外贸易的较快发展，出口额达8699万美元，比上年同期增长53%。跨境贸易人民币结算业务在2011年实现零的突破后，2012年得到较好发展，全市共发生业务金额1136万元，同比增长78%，在业务量逐步扩大的同时，交易项目也不断增加，从最初的货物贸易到现今的服务贸易取得突破性进展，不仅增加了境内人民币“走出去”的有效通道，也部分解决了境外人民币资金回流投资和运用的问题。国际收支平稳增长，顺差减少。全年国际收支总额为4210万美元，同比减少9%。其中：涉外收入为870笔，金额3215万美元，同比减少7%；涉外支出为703笔，金额995万美元，同比减少13%。全年全市国际收支顺差为2220万美元，同比下降4%。在经常项目方面，2012年结售汇发生额有所下降，顺差下降。全年银行结售汇累计发生额为5051万美元，同比下降10%。其中：结汇收入4100万美元，同比下降8%；售汇支出951万美元，同比下降18%；全年全市结售汇顺差为3149万美元，同比下降4%。

【金融监管】

2012年，人民银行丽江市中心支行依法行政、强化管理，严格开展银行业金融机构综合执法检查。按照上级行“两综合、两管理”及对全省银行业金融机构开展综合执法检查方案和工作部署，4月至5月丽江中支对丽江古城富滇村镇银行、永胜县农村信用合作联社和华坪县农村信用合作联社开展了综合执法检查，检查内容包括：货币信贷业务、金融统计业务、支付结算业务、货币金银业务、国库业务、征信管理业务、反洗钱业务、金融信息安全业务八项业务。并于9月，经过立案调查，依法对违规金融机构进行了处罚，完成了综合执法检查后续处理工作，对29项违规违法行为处以责令整改，并对两家机构分别处以2万元和1.5万元罚款。在专项检查方面，2012年人行丽江中支各行政执法部门针对辖内金融机构开展的现场检查15项，内容涉及金融统计执法检查、农村信用社改革票据兑付后续监督及支农再贷款检查，人民币收付业务及反假货币检查、存款准备金缴存合规性检查等。通过严格的监督检查，确保了各项金融方针政策得以贯彻落实，切实维护了国家金融法律法规的权威，规范了丽江市银行业金融机构各项业务，促进了各银行业金融机构依法合规稳健经营和金融风险防范，维护了辖区的金融稳定和安全，取得了较好的执法效果。

丽江银监分局“强措施、明责任”，提高监管工作质效，进一步增强监管方式的科学性。一是制定印发分局重点工作任务分解表、责任路线图。二是推动监管人员列席被监管机构董事会、理事会、社员代表大会及相关专业会议15次，约见高管谈话17人次。三是在全省首创实施中小法人机构“重点监管工作目标承诺书”。四是调整充实了行政许可委员会、行政处罚委员会，完善了工作制度。五是制定了非现场监管统计考核办法，提升了信息数据质量。六是组织14个检查组对10个项目进行现场检查，发现问题金额151256万元，提出整改意见57条，并督促了整改落实。七是对非现场报表报送错误和行政许可事项操作不够规范的机构，进行了通报批评、诫勉谈话，责成对相关责任人进行了处理。

【货币信贷政策传导】

一是切实加大“窗口”指导力度，丰富政策传导手段，改善政策执行环境。及时制定并由市人民政府下发了《丽江市2012年信贷工作指导意见》，指导辖内各金融机构准确领会货币政策意图，将更多的信贷资金投向在建项目、重点行业、支柱产业、农村经济、民生领域以及全市薄弱环节的信贷需求，以信贷结构调整力促产业结构调整，积极推动地方经济发展方式转变和经济结构调整。

二是加强与地方政府部门、经济部门和重点企业的信息沟通，妥善处理好中央宏观调控政策与地方经济发展的关系。结合丽江实际情况，及时制定并由市人民政府下发了《丽江金融支持工业园区发展指导意见》，《金融支持文化产业发展指导意见》等指导意见，和银监部门一起研究出台了《丽江金融支持小微企业发展意见》，促进信贷政策与地方政府相关产业政策措施的协调与互补，为金融支持实体经济发展提供有力支持。

三是优化金融服务，全力支持抗旱、抗震救灾。2012年以来，丽江市遭遇持续干旱，6月24日丽江市宁蒗县发生5.7级地震，面对严峻的旱情和灾情，丽江中支积极应对，加强窗口指导，及时引导辖内金融机构优化金融服务，发放抗旱救灾、春耕备耕、农田水利基础设施和抗震救灾、灾后恢复重建贷款，对支农信贷资金不足的地方法人金融机构，人民银行及时发放了6000万元再贷款予以支持。为支持宁蒗抗震救灾及灾后重建工作，人行丽江中支先后调增宁蒗县农村信用社贷款规模4000万元。

四是加大对重点行业信贷支持力度，为稳增长提供了资金保障。12月末，全市固定资产贷款余额127.41亿元，较年初增加18.52亿元，增长17.1%。为支持云南省水利水电投资有限公司2012年省级抗旱应急水源工程专项贷款和丽江市水利水电投资有限公司病险水库加固工程和“五小”水利工程，全辖农村信用社积极组织多方融资，人行丽江中支以“总体稳健、调节有度、结构优化”的货币政策为指导，支持辖内信用社加大对中小水库水利加固维修改造的资金投入。全年累计发放支农再贷款6000万元对辖区抗旱、抗震救灾给予积极的资金支持。

【支持地方经济发展】

一是为金融支持地方经济发展提供了良好的政策环境。多方协调，细化金融支持辖区小微企业发展、文化产业发展、工业园区经济发展的信贷政策和措施。进一步加大信贷品种和服务创新力度，在全市探索推广收费权质押贷款，在县域探索推广煤炭采矿权抵押贷款、应收账款质押贷款业务、林权抵押贷款业务，有序开展“贷免扶补”贷款计划，逐步引进担保中介服务，发展担保贷款业务，积极鼓励成立小额贷款公司，为小微企业和个人提供多元化资金支持。筹措资金、建立绿色通道全力支持地方抗旱救灾。累计发放抗旱救灾、春耕备耕贷款22874万元，农田水利基础设施建设贷款10015万元，有效满足了受灾群众购买抗旱救灾物资和生产物资的资金需求。金融产品和服务方式的创新，使丽江市金融服务水平不断提高，金融支农惠农力度不断加大，进一步改善了中小企业特别是小微企业的融资状况，解决了部分农民“贷款难”问题，有效支持了农民增收。

二是切实推进全市社会信用体系建设。切实做好个人信和企业征信管理系统基础业务，加强中小企业信用信息的采集和更新管理，建立和完善了信用体系建设联席会议制度，细化和明确了联席会议成员单位职责。深入开展农村信用体系建设试点工作并取得阶段性成效。截至12月末共采集农户信用信息19126户，占试点县农户总数的54.44%；评定信用农户12115户，占采集农户数的63.34%；评定信用村20个，占试点县村委会总数的33.33%；评定信用乡镇3个，占试点县乡镇总数的37.5%，全面完成了试点工作目标任务。

三是加快支付体系建设步伐。扎实做好支付密码业务推广使用工作，继续加强支付结算宣传培训工作。认真开展支付结算业务检查，强化人民银行业务系统接入审批，大力发展银行卡产业，在永胜县、华坪县开展了刷卡无障碍示范街活动，使辖区支付结算环境得到不断改善，银行卡交易量实现稳定增长。年内顺利完成对市、区级预算单位银行结算账户的年检工作。全面推广惠农支付服务业务，全年新开通359个惠农支付服务点，累计建成384个，惠农支付服务基本覆盖全市金融服务缺失的58个乡镇。自2010年6月开展试点以来，全市惠农支付网点累计办理消费交易531万元；取款3195万元；缴费70.27万元；查询77811次。

四是进一步夯实国库业务基础。全年共办理预算收入152775笔，金额59.15亿元，增幅连续三年保持全省第一；办理支出30144笔，金额91.1亿元。建立“绿色通道”，准确、及时、安全拨付各类救灾资金金额22581万元。财税库银横向联网上线和推广顺利，全市国库集中收付业务改革加快推进，“财政一体化”系统成功上线。

五是提供安全高效的资金支付清算服务。全年办理ABS业务38059笔，处理支付往来业务4179笔，清算资金500亿元，组织同城票据交换389场次，办理同城清算业务46722笔，清算资金190亿元。

六是认真做好人民币发行服务工作。加强人民币收付监测，加强专用账户、临时账户提现审批，多渠道深入基层和社区开展金融知识宣传，开展了清缴儿童人民币专项行动以及反假人民币宣传活动，进一步巩固了反假货币工作实效。全年发行基金调运安全无事故，辖区现金保持了正常供应。

七是优化审核与服务流程，支持地方涉外经济发展，继续推动跨境贸易人民币结算试点工作，引导银行积极主动地服务于企业人民币跨境结算的需要，促进了丽江市对外贸易的发展。截至年末，丽江市实现对外货物贸易总额8714万美元，其中出口实现8699万美元，比上年同期增长53%，全市累计结汇4100万美元，售汇951万美元。

【各金融机构的经营管理】

2012年全市银行业金融机构进一步加快改革，优化创新信贷产品和服务方式，在支持地方经济建设，促进社会发展的同时也实现了银行自身发展，形成了良好的共赢发展局面。2012年全市四大国有商业银行共实现利润7.15亿元（拔备前），农村信用社赢利能力一步提升，全年实现净利润16054万元。银行业金融机构在经营和服务过程中，充分发挥了自身的优势，突出了工作亮点。工商银行丽江市分行积极拓展小企业信贷业务，探索发展贸易融资，全年累计办理贸易融资5.4亿元，比上年增长31.7%，为企业提供了多渠道资金支持。农业银行丽江市分行不断深化“三农事业部”改革，提升金融服务“三农”的深度与广度，全年新增惠农支付点117个，累计发放惠农卡5790张，三农贷款余额达17亿元，比年初增加13.8%。中国银行丽江市分行在存款增长乏力的情况下，通过多渠道筹措资金大力支持辖区重点建设项目，贷款业务实现历史性突破，全年各项贷款新增10.42亿元（含年末转让给中国银行北京分行的投放阿海电站的10.3亿元贷款）。建设银行丽江市分行充分依托公司业务营销优势，持续加大对辖区固定资产建设项目的信贷投放力度，全年新增固定资产贷款9.9亿元，比上年同期增长41.62%。农业发展银行、邮政储蓄银行丽江市分行逐步加快业务转型，完善信贷机制，稳步拓展信贷业务，为支持辖区农田水利、公路建设提供了一定资金支持。全市农村信用社不断健全和完善法人治理结构，继续发挥服务“三农”主力军作用，在涉农贷款及小微企业贷款投放方面实现了“两个不低于”目标，其中：涉农贷款当年新增10.7亿元，比年初增长26.49%，比各项贷款多增3.38个百分点；小微企业贷款新增72328万元，比年初增长41.79%，比各项贷款多增18.68个百分点。招商银行丽江分行积极探索代理业务，积极参与辖区债券代理发行。古城富滇村镇银行大力推进网点建设，自成立不到两年的时间里迅速形成了“三网一站”的网点布局，为各项业务长足发展奠定了坚实基础。

2012年丽江市小额贷款公司和担保公司队伍不断壮大、业务迅速发展，年内新设三家小贷公司。截至2012年末，全市12家小贷公司累计发放各项贷款11640笔，贷款金额13.2亿元。2012年全市6家担保公司年累计办理贷款担保5.92亿元，较上年增长51%，有效缓解了小微企业“贷款难、担保难”问题。

【保险业务】

2012年，丽江市保险业保持平稳较快发展，各项业务稳步增长，保险覆盖面不断扩大，支持云南“桥头堡”建设和服务“三农”作用突出。截至年末，全市共有保险公司11家，其中产险7家，寿险4家。全年实现保费收入6.89亿元，同比增长7.1%。其中产险公司实现保费3.18亿元，同比增长12.91%；寿险公司实现保费3.71亿元，同比增长2.54%。保险业累计支付（给付）赔款1.89亿元，同比增长27.88%；其中财产险赔款支付1.46亿元，同比增长35.15%；人身险给付0.43亿元，同比增长8.25%。

【大事记】

3月7日，玉龙县信用社嘉和分社开业。

5月6日，古城区金诚小额贷款公司开业。

5月29日，玉龙县银丰小额贷款公司开业。

9月5日，永胜县井源街—镇门口—景天步行街“刷卡无障碍示范街”揭牌。

9月10日，丽江古城富滇银行康仲支行开业。

11月9日，丽江古城富滇银行尚义支行开业。

11月19日，天津渤海通汇货币兑换有限公司丽江分公司开业，成为丽江首家个人本外币特许兑换机构。

11月28日，古城区瑞宇小额贷款公司开业。

（万超供稿）

2012年丽江市主要经济、金融指标

单位：万元人民币

项 目	金 额	比上年增减额	比上年增减幅度（%）
国内生产总值	2122382	337367	15.8
工业增加值	566810	100453	24.0
地方财政收入	555379	153150	38.1
地方财政支出	1067383	252508	31.0
社会消费品零售总额	656908	100253	18.0
金融机构各项存款	4178063	690030	19.78
财政存款	39029	19160	96.44
单位存款	1950431	313607	19.16
储蓄存款	2179244	358092	19.66
金融机构各项贷款	3029671	526826	21.05
短期贷款	645677	201637	45.41
中长期贷款	2318158	320202	16.03
现金投放（+）回笼（-）	-43730	-38884	-802.39
证券业：			
市场总成交金额	-	-	-
累计开户数（户）	-	-	-
保险业：			
保费总收入	68887	5190	8.15
保险赔付总支出	18890	4247	29.01

文山州

【综述】

2012年，人行文山中支按照稳中求进的总基调，认真贯彻落实稳健货币政策，以服务县域经济、实体经济发展为中心，以促进经济发展方式转变为主线，牢牢把握新一轮西部大开发和桥头堡建设战略机遇，切实增强贯彻落实稳健货币政策的针对性、灵活性和有效性，着力维护辖区金融稳定，提升金融服务和管理水平。截至年末，全州金融机构人民币存款余额570.7亿元，增加99.8亿元，增长21.2%。人民币各项贷款余额354.1亿元，增加51.3亿元，增长17.0%，有力支持地方经济平稳较快发展。

【货币政策传导】

2012年，文山中支全方位传导货币政策，实现信贷总量合理增长。充分发挥窗口指导作用，制定下发《文山州2012年信贷指导意见》，引导金融机构认真贯彻落实货币信贷政策，保持货币信贷合理适度增长。汇编《金融服务实体经济政策指南》，正确引导社会各界加强对金融方针政策的熟悉与把握，加强对金融工作的重视和支持。做好地方法人金融机构信贷额度监测控制，鼓励县域法人金融机构执行新增存款一定比例用于当地贷款投放的政策，引导更多信贷资金投向“三农”和县域重点项目。通过银政企座谈会、产品推介会等形式，搭建银政企交流合作平台，引导金融机构改进和完善对中小企业，特别是小微企业的金融服务工作。全力做好小额担保贷款的推进工作，重点推进劳动密集型小企业贷款业务，有效发挥小额担保贷款支持创业和再就业的作用。截至年末，全州金融机构中小企业贷款新增174.5亿元，增长15.6%。全州小额担保贷款余额4.8亿元，增加1.3亿元，增长37.1%。

【一创两建工作】

结合“四群教育”工作要求，文山中支制定《金融服务“三农” “一个创新 两个建设”工作规划（2011－2015）》，为“三农”发展注入了强大活力。农村地区信贷资金有效需求得到不断满足。主要涉农金融机构不断推出适合农村需求的创新信贷产品，联保贷款、林权抵押贷款、农户小额信贷等涉农贷款明显增加。截至年末，全州涉农贷款余额231.4亿元，增加32.3亿元，增长16.2%，新增涉农贷款占全部新增贷款的63.1%。其中林权抵押贷款余额3.2亿元，比年初新增2.37亿元，同比增长283.5%。小区域经济金融资源配置工作取得新成效，通过加强银政配合、多层次信用合作、农村支付服务示范乡镇建设等工作，优化试点金融资源配置，有效满足“三农”经济发展的需要。截至年末，文山州小区域经济金融资源配置试点16个，各试点乡镇各项存款余额30.1亿元，增加6.8亿元，增长29.0%；各项贷款余额9.9亿元，增加1.1亿元，增长11.8%。农村支付服务环境有效改善。加大农村地区银行卡的发行和ATM、POS机具的布放，全面推进惠农支付服务业务建设，加大“折转卡”工作力度，着力改善农村地区支付服务环境。截至年末，全州布放313台ATM自助设备，新增91台，发展POS商户4976户，布放POS机5661台。开通436个惠农支付服务点，共办理业务158324笔，其中，取款业务53175笔、消费类业务1838笔、缴费类业务20478笔、转账业务5711笔、查询类业务77122笔，总金额3919.06万元。同时，推进惠农支付服务与金融知识宣传“站点合一”建设，金融知识在农村得到广泛普及；在广南县白坛路建成了我州第二条县级刷卡无障碍示范街，县域支付环境不断改善。农村信用环境建设扎实推进。推进信用乡镇、信用村、信用户等农村信用体系建设，实现农户贷款由“零散型个体化”管理过渡到“批发型集团化”管理，农户信息采集完成89%，授信农户占采集农户数的99.8%，授信金额超过4000万元。全州14个试点乡（镇）辖区农户14.1万户，已经采集信息9.3万户，占所辖农户的66.0%。全州已有44万户农户获得贷款，占全部农户的78.6%，贷款余额49.8亿元。

【金融稳定工作】

“两管理两综合一保护”工作稳步推进，履职公信力得到提升。修改完善了对金融机构的综合评价指标体系，提高综合评价的科学性、可操作性，客观公正地完成对文山9家商业银行2011年度的综合评价。依法对麻栗坡县、马关县辖农业银行、建设银行、农村信用社等6家银行业金融机构开展综合执法检查，促其严格金融法规执行，规范业务经营。采取“筑平台、搭渠道、重落实”举措，扎实推进文山金融消费权益保护工作实践。建立健全投诉渠道公开、投诉案例定期报告、满意度回访及督办、机构人员文件报备、监督检查、定期座谈、满意度公开测评、风险提示等8项金融消费权益保护工作制度。全州283个银行业金融机构营业网点在营业窗口公开了金融消费权益保护指南、人民银行和金融机构的投诉受理部门、受理电话，搭建了24小时多渠道、多形式的投诉受理平台。对文山城区49个营业网点开展拉网式检查，组织8县（市）金融消费者座谈与满意度测评。设计运行金融消费满意度测评信息系统，对测评结果和金融消费权益保护工作意见进行动态管理和资源共享。截至年末，全辖银行业金融机构共受理投诉176起，妥善处理176起，无待处理投诉。

【支持地方经济发展】

支付结算服务水平有效提升。2012年，办理资金划转和清算业务43022笔，金额2300亿元，办理同城票据交换业务88650笔，金额276亿元，实现全年会计核算零差错。开展支付系统健康性检查，严格账户管理和支付结算纪律，支付密码和支付结算综合业务系统推广运行，大力推广现代化支付工具运用，提高支付安全性。截至年末，全辖ATM清算笔数227.3万笔，增长35.9%，清算金额20.3亿元，增长45.4%。POS清算笔数110万笔，增长38.9%，清算金额36.4亿元，增长38.8%。发放银行卡191.2万张，人均持卡量0.6张，开通企业网银5803户、个人网银275138户、手机银行149981户、电话银行143535户。货币发行管理得到切实加强。按照“保证供应，以新逐旧”的原则，科学合理调度发行基金，保证全州现金的供应和券别科学合理搭配。2012年全辖共办理发行基金出入库业务1283笔，金额85.1亿元，实现零差错事故。在全州范围内开展金融机构网点柜员反假货币业务及残损人民币兑换业务培训工作，全州共举办培训班18期，培训人员1700余人。鉴定接收公安机关堵截的假人民币135.4万元，假美元4万元。国库经理职能不断深化。畅通绿色资金汇划通道，防范国库资金风险，发挥国库服务预算执行保障作用。2012年办理国库业务394901笔，兑付国债收款单6笔，堵住不合规业务163笔。推动TIPS系统在我州的全面推广和扩面优化，通过召开文山州财税库银横向联网推广碰头会、金融机构协调会、三方协议签订推进会，率先在全省13个同步推广地州中成功上线并稳健运行，实现税收直达入库。维护金边国债的信誉，成功兑付沉淀近20年的个人国债收款单2笔，金额4600元。金融统计和征信工作水平得到提升。实施了社会融资规模统计，开展金融统计执法检查。发布金融统计数据中新增了分别针对党政部门及其领导决策、金融部门公平竞争参考需要的四项新的统计项目，有效满足了党委政府、经济决策部门对统计数据的使用。采取有力措施推动机构信用代码证推广工作在全省处于领先。征信工作影响力逐步扩大，受理个人主动查询1338次，受理企业自主查询99户（次），为地方政府部门查询54户（次）。外汇管理方式不断完善。认真落实“五个转变”要求推动企业开展国际收支网上申报，改进外商投资企业联合年检方式，服务实体经济发展。实施货物贸易外汇管理改革，整合货物贸易外汇业务，开展对全辖所有进出口企业改革前培训。截至年末，全州出口总额5426.73万美元，同比增长13.97%；进口总额891.05万美元，同比下降30.32%。银行结售汇总额4952万美元。人民币跨境收支总额为9922万元。

【内控制度建设】

2012年，文山中支出台了《合同管理办法》、《公文质量监督办法》、《公务卡管理实施细则》等10余项制度和办法，紧扣“权、钱、人”三个重要环节，加强重要环节、关键部门和重点部门的制度建立和完善，全方位建立健全各种内控制度，强化工作规范，防范内控风险。对屡次检查发现问题以签订目标责任书形式进行整改落实，依托内控风险管理信息系统管理整改工作。推进内审转型，强化审计成果运用。围绕全行中心工作，定期或不定期开展督促检查和效能监察，确保年度各项任务圆满完成。加强党的建设，坚持党要管党、从严治党，坚持五好五带头目标考核，干部队伍结构得到优化，素质得到提升。2012年，文山中支组织举办青年干部培训班、反洗钱培训、全员培训等12期488人（次）；“以考促学”综合测试2次，16个科室业务制度考试64次526人（次），银政互派干部挂职交流6人。落实党风廉政建设责任制为重点，深化廉政文化建设，开展反腐倡廉教育，深化同人民群众的血肉联系，保持党的先进性和纯洁性。

【央行文化建设】

人行文山中支以“五个核心五个一”作为央行文化建设的原则和标准，在全辖着力丰富和凝练一种“勤政为民 团结干事 严格规范 优质高效 服务发展 共创和谐”的工作态度和作风，大力培育具有文山特色的央行精神。以抗旱救灾爱心捐赠活动、“激情岁月的点滴记忆”征文活动、

“科学发展 成就辉煌”主题教育活动、评选“我身边的好人”等活动为载体，树立央行职工品德端正、爱岗敬业、无私奉献的模范标兵。举办“纪念共青团建团90周年‘青年论坛’活动”、“传承雷锋精神，争做当代雷锋”活动、送金融知识下乡、歌咏比赛、贯彻党的十八大精神学习活动等，丰富职工文化生活，营造积极向上的人文环境。广泛开展文明单位创建和央行文化建设、“创建学习型组织、争当知识型职工”等一系列活动，把物质文明、政治文明和精神文明建设有机结合落到实处，进一步增强干部职工荣誉感、使命感和责任感，共同构筑积极向上、团结共事、甘于奉献、互助友爱的央行文化。

【各金融机构的经营管理】

2012年，文山州金融部门认真贯彻落实稳健货币政策，转变发展思路，坚持市场定位，大力支持地方基础设施建设、重大项目建设及特色优势产业发展，进一步加大对“三农”、中小微企业支持力度，改进经营策略，完善金融服务，严控经营风险，狠抓基础管理，为文山州经济金融发展提供有力支持。

中国农业发展银行文山州分行：各项存款余额60932万元，比年初增加2800万元增长6.20%；各项贷款余额165000万元，比年初增加21000万元增长14.63%；实现净利润4575万元，比2011年增加1498万元增长48.68%。

中国工商银行文山分行：各项存款余额427285万元，比年初增加67784万元增长18.86%；各项贷款余额492300万元，比年初增加54885万元增长12.55%；实现净利润10442万元，比2011年增加2465万元增长30.90%。

中国农业银行文山分行：各项存款余额1459615万元，比年初增加172689万元增长13.42%；各项贷款余额975930万元，比年初增加90678万元增长10.24%；实现净利润47138万元，比2011年增加20921万元增长79.80%。

中国银行文山州分行：各项存款余额286580万元，比年初增加61875万元增长27.54%；各项贷款余额311598万元，比年初增加57925万元增长22.83%；实现净利润7667万元，比2011年增加1885万元增长32.60%。

中国建设银行文山州分行：各项存款余额1008017万元，比年初增加122058万元增长13.78%；各项贷款余额495975万元，比年初增加63386万元增长14.65%；实现净利润20927万元，比2011年增加4892万元增长30.51%。

中国邮政储蓄银行文山州分行：各项存款余额382106万元，比年初增加67934万元增长21.62%；各项贷款余额49689万元，比年初增加5454万元增长12.33%；实现净利润571万元，净利润比2011年增加717万元增长90.76%。

文山民丰村镇银行：各项存款余额76821万元，比年初增加23938万元增长45.26%；各项贷款余额45089万元，比年初增加14948万元增长49.59%；实现净利润1401万元，比2011年增加592万元增长73.17%。

富滇银行文山分行：各项存款余额50596万元，比年初增加8532万元增长20.28%；各项贷款余额52880万元，比年初增加36142万元增长215.92%；实现净利润797万元，比2011年增加1149万元增长326.98%。

全州农村信用社：各项存款余额1896761万元，比年初增加460307万元增长32.04%；各项贷款余额957800万元，比年初增加153562万元增长19.09%；实现净利润19139万元，比2011年增加10160万元增长113.15%。

【证券业务】

2012年，国泰君安证券公司文山营业部市场总成交额41.46亿元，比2011年减少15.73亿元下降27.50%。全年累计开户455户，比2011年减少338户下降42.62%。

【保险业务】

2012年，文山州保险业稳健发展。全州保费收入8.59亿元，比2011年增长21.84%，其中财险收入4.84亿元，比2011年增长18.09%；寿险收入3.75亿元，比2011年增长27.06%。各项保险赔款与给付支出共2.87亿元，其中财产险理赔达2.72亿元。截至年末，文山州级保险公司达到16家，较好地发挥了经济补偿、资金融通和管理社会的功能。

【大事记】

1月，文山州公安部门破获首例假美元外币案。

2月，文山中支切实推动金融服务实体经济，汇编出版《金融服务实体经济政策指南》。

3月，文山国库横向联网系统正式上线运行。

4月，文山中支开展综合执法检查，对麻栗坡县、马关县境内农业银行、建设银行、农村信用社6家金融机构9项业务开展综合执法检查，促进辖区银行业金融机构依法合规稳健经营，防范金融风险，维护金融稳定和安全。

5月，顺利完成2012年丘北支行“两重”系统应急演练。

6月，文山州人民政府组织召开2012年全州金融工作会议，传达学习中央经济工作会议、全国和全省金融工作会议精神，分析研究当前金融形势，安排部署今后一个时期全州金融工作。

昆明中支党委书记、行长周振海到文山中支调研，深入砚山县稼依镇新寨、维摩乡惠农支付服务点了解金融服务“三农”情况

人民银行文山州中心支行召开金融消费者权益保护工作座谈会，对开展金融消费者权益保护试点工作进行了安排布置

8月，文山中支制定下发《文书质量监督试行办法》，对公文质量实行匿名监督。

9月，文山中支对文山城区银行业金融机构的49个营业网点、200个营业窗口、银行自助设备123台开展了拉网式检查，力推金融消费者权益保护工作开展。

10月，文山中支开展“我推荐、我评议身边好人”活动。通过综合管理网站、宣传思想通讯等平台宣传“身边好人”的先进事迹，举办“身边好人”颁奖晚会，对评选出的10名文山中支“身边好人”进行表彰。

2012年文山州金融工作会议，八县（市）金融工作分管领导、政府相关职能部门、银行业金融机构、保险公司、小额贷款公司负责人、银政互派干部共180余人参加了会议

11月，成都分行党委委员、副行长边志良同志到文山中支指导2012年度党员领导干部民主生活会，就增强基层央行履职能力、提升履职效果提出了工作要求。

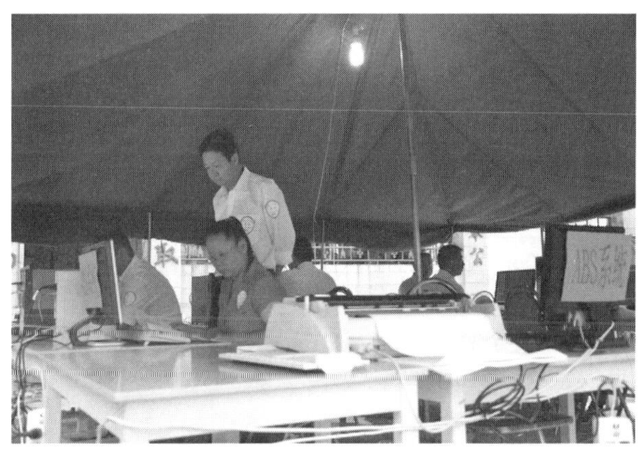

“双重”应急演练现场，应急小组正对ABS、TBS、办公自动化、货币金银管理信息系统等主要业务系统进行校验

12月，文山中支掀起了学习十八大精神学习热潮。十八大召开以后，文山中支通过党委中心组学习、全行职工大会学习，青年论坛交流、撰写心得体会等不同形式学习贯彻十八大精神。

（穆念供稿）

2012 年文山州主要经济、金融指标

单位：万元人民币

项 目	金 额	比上年增减额	比上年增减幅度（%）
国内生产总值	4780241	766280	14.2
工业增加值	1337889	207594	20.9
地方财政收入	361277	86827	31.6
地方财政支出	1677986	240006	16.7
社会消费品零售总额	2048121	316787	18.3
金融机构各项存款	5707348	998454	21.2
财政存款	59056	-659	-1.1
单位存款	2538948	417771	19.7
储蓄存款	3092147	572941	22.7
金融机构各项贷款	3540862	513236	17.0
短期贷款	785303	234470	42.6
中长期贷款	2733703	268524	10.9
现金投放（+）回笼（-）	+246831	118127	91.8
证券业：			
市场总成交金额	414600	-157300	-27.5
累计开户数（户）	455	-338	-42.6
保险业：			
保费总收入	85871	15391	21.84
保险赔付总支出	28676	8056	39.07

普洱市

【综述】

2012 年，面对国内外经济复杂形势和干旱、洪涝等灾害给普洱经济发展带来的巨大压力，普洱市加快转变发展方式，着力抓好各项措施的贯彻落实，经济实现较快增长，发展步伐明显加快。截至年末，全市实现生产总值 366.85 亿元，比 2011 年增长 15.6%，增速加快 1.4 个百分点。其中，第一产业实现增加值 112.88 亿元，比 2011 年增长 7.3%。第二产业实现增加值 133.56 亿元，比 2011 年增长 23.3%。第三产业实现增加值 120.41 亿元，比 2011 年增长 14.0%。完成地方财政预算总收入 74.89 亿元，比 2011 年增长 17.5%。城镇居民人均可支配收入 17267 元，比 2011 年增长 16.1%，农民人均收入 6014 元，比 2011 年增长 38.6%；全市银行业金融机构积极应对形势发展变化，按照稳健货币政策要求，认真贯彻落实各项信贷政策，围绕市委市政府确定的普洱经济社会发展目标，不断改进和提高金融服务水平，有效增加对实体经济的信贷投入。全市存、贷款总量保持平稳增长，截至年末，全市各项存款余额 492.9 亿元，比 2011 年增长 16.3%，低于全省 0.7 个百分点，居各地州第 9 位，新增存款 69.1 亿元，同比多增 9.3 亿元，增量居历史同期高位。各项贷款余额 326.4 亿元，比 2011 年增长 18.4%，高于全省 4.2 个百分点，居全省第五位，新增贷款 50.7 亿元，同比多增 7 亿元。全年累计发放贷款 259.2 亿元，同比多发放 78.8 亿元，增量和累放额创历史同期新高。

【金融运行情况】

截至年末，全市单位存款余额 219.9 亿元，比 2011 年增长 14.4%。个人存款余额 259.7 亿元，比 2011 年增长 18%，其中，储蓄存款余额 258.8 亿元，新增 38.7 亿元，增长 17.6%。财政性存款余额 11.8 亿元，比 2011 年增加 1.7 亿元；全市各项贷款新增额季度间分布总体合理，与经济发展相适应。1、2、3 和 4 季度，分别新增贷款 18.4 亿元、16.1 亿元、4.3 亿元和 11.9 亿元，总体上满足了各季度贷款需求，促进了地方经济平稳较快增长。全市中长期贷款余额 220.1 亿元，比 2011 年增长 14.9%。固定资产贷款余额 116 亿元，比 2011 年增长 28.6%。全市贷款余额在第三产业投资中的分布占比分别为 4.73%、37.6% 和 57.67%，与全市第三产业投资分布占比的 3.35%、47.57% 和 49.08% 基本一致。信贷资金确保了对普洱市绿色产业的支持，绿色产业贷款余额 131.9 亿元，占各项贷款的 40.4%。全年累计发放绿色产业贷款 89.4 亿元，占各项贷款累放额的 34.5%，有力促进了普洱市绿色经济的发展；全市票据融资余额 3.1 亿元，同比增长 7.7 倍，较年初增加 2.7 亿元，同比多增 2.4 亿元；全年跨境收支总额为 1.06 亿美元，同比增加 0.34 亿美元，增长 48.11%。银行结售汇累计发生额 0.9 亿美元，比 2011 年增加 0.08 亿美元，增长 10.23%。进出口总额 2.64 亿美元，比 2011 年增加 0.61 亿美元，增长 29.87%；全市银行业金融机构不良贷款余额 6.8 亿元，不良率 2.09%，分别比 2011 年下降 1.9 亿元、1.07 个百分点，除邮储银行普洱市分行外，其余各行（社）不良率均比 2011 年下降，资产质量明显改善。全市银行业金融机构实现利润 8.96 亿元。

【货币信贷政策传导】

人民银行普洱市中心支行制定出台了《2012 年普洱市信贷指导意见》、《普洱市金融支持城镇保障性安居工程建设的指导意见》，并通过召开金融联席会、座谈会、季度分析会、开展政策宣传、约见金融机构谈话、开展调研，以及开展信贷政策导向效果评估，建立完善银行业金融机构执行人民银行政策综合评价工作及涉农信贷和中小企业信贷政策导向效果评估工作机制，建立完善地方法人金融机构监测制度、农村金融产品和服务方式创新监测制度、民生金融业务监测制度、金融支持桥头堡建设报告制度、房地产信贷监测制度等形式，开展货币信贷政策传导工作，积极引导和督促银行业金融机构认真执行货币信贷政策，进一步优化信贷结构，提高贷款使用效率，加大对辖内符合产业政策的中小微企业、“三农”、民生等薄弱环节以及重点在建、续建项目的资金供给，促进地方经济发展方式转变和经济结构调整；采取多项措施做好地方法人金融机构新增贷款调控管理工作，引导地方法人金融机构把握好信贷投放的总量、力度和节奏，优化信贷结构，增强风险防范能力。加强了存款准备金日常管理和再贷款管理。加强利率管理，进一步增强对地方法人金融机构利率定价能力的指导力度。

【支持地方经济发展】

全市银行业金融机构围绕普洱市“生态立市、绿色发展”战略和“13111”工程，支持地方经济建设。

一、支持支柱产业和特色产业发展

支持茶、林、电、矿四大支柱产业，全年累计发放茶业企业贷款5.9亿元，比2011年增长1.6倍。累计发放林业及林产品加工贷款19.3亿元，比2011年增长43.4%。累计发放电力企业贷款27.2亿元，比2011年增长81.2%。累计发放采矿企业贷款5.7亿元，比2011年增长36.8%；支持特色产业，累计发放糖业企业贷款5.2亿元、比2011年增长83.5%，发放咖啡企业贷款2亿元，比2011年增长75.3%。

二、支持县域经济发展

全市10县（区）贷款均比2011年同期增加，除景谷、镇沅、澜沧和西盟外，其余县（区）增速高于2011年同期，县域信贷投放保持良好态势。普洱中支与思茅区委、区政府共同主办了思茅区县域经济发展银政企合作座谈会，促成意向合作贷款31.63亿元涉及137个项目，截至年末，发放签约贷款31.02亿元，履约率达98.06%。“市级牵线搭桥、县级对接搭台、银行企业唱戏、跟踪督促落实”的银政企合作模式有力地促进了县域经济和中小微企业的发展，形成全市上下银政企诚信合作、共谋发展、互利共赢的良好局面。普洱中支配合普洱市政府联合省政府金融办成功举办了“金融支持普洱行”系列活动，省市两级银行业金融机构与普洱市政府签署了战略合作协议。

三、积极推动全市创业促就业小额担保贷款工作

普洱中支主动加强与劳动就业、财政等部门的沟通协调，联合研究制定和出台普洱市创业促就业小额担保贷款新政策。积极向市政府汇报小额担保贷款推进工作中存在的困难和问题，促使市政府分管领导多次主持召开专题会议，研究并协调解决小额担保贷款工作中存在的问题和困难，并主持召开全市小额担保贷款推进会，促进了全市小额担保贷款工作加快推进。积极协调解决邮储银行开办小额担保贷款的财政担保资金问题，使邮储银行得以顺利开办小额担保贷款业务。截至年末，累计发放小额担保贷款13.9亿元，余额23.3亿元，全省排名第二。

四、继续推动林权抵押贷款工作向纵深发展

普洱中支引导全市银行业金融机构积极开办林权抵押贷款业务，加大林业信贷投入。明确思茅区、景东县、孟连县3个县为全省林权抵押贷款工作重点推进县，以发挥示范带动作用。召开林权抵押贷款工作座谈会，与中澳专家学者探讨普洱市林权抵押贷款工作中存在的问题和困难，分析研究发展对策。截至年末，全市林权抵押贷款余额19.32亿元，同比8.9%，惠及2281户农户和企业，全年累计发放10.6亿元，同比多发放6.51亿元，余额保持全省第一。其中三个重点县（区）余额9.01亿元，占全市的46.64%，累计发放6.37亿元，占全市的60.04%。

五、有效推动农村金融产品和服务方式创新工作

普洱中支建立农村金融产品和服务方式创新工作重点联系行制度，积极争取将人民银行景东县支行列为全省农村金融产品和服务方式创新工作重点联系行，并给予信贷规模等政策倾斜，重点推动小额担保贷款业务发展，为全市乃至全省金融支持创业促就业探索经验和做法。景东县全年累计发放小额担保贷款2.64亿元，年末余额4.83亿元，均占全市的五分之一。重点推动大学生村官创业富民贷款业务发展。全年累计向46人发放大学生村官创业富民贷款140万元，余额53万元，余额占全省的12.38%，有效扶持了大学生村官创业就业。

六、大力推进农村支付服务环境建设

普洱中支牵头成立普洱市农村支付服务环境建设工作领导小组，推动惠农支付服务业务快速开展。2011年普洱市首批20个惠农支付服务点开通，2012年全面推开该项业务，第二批290个惠农点已开通，惠及全市10县区、88个乡镇、529个行政村、5399个自然村。各惠农服务点办理取现类业务84805笔，交易金额0.3亿元。转账类业务5157笔，交易金额600万元。查询类业务80664笔，缴费类业务10368笔，交易金额29万元。消费类业务546笔，交易金额100万元。此项业务解决了财政直补款项领取不方便等困难，为金融机构缺失或金融服务不健全的乡村群众提供了低成本、方便、快捷、安全的金融支付服务，使农民足不出村即可享受便捷的金融服务。

七、有效推进农村信用体系建设试点工作

普洱中支党委高度重视，在普洱市选择信用基础良好，体系建设接受程度较高的镇沅县作为试点县，在恩乐镇、勐大镇、者东镇和古城乡4个乡（镇）开展试点工作，在全省范围内率先完成了试点工作任务。截至年末，镇沅县辖内的109个行政村全部完成农户信息采集工作，信息采集覆盖面达到了100%。镇沅县农村信用体系建设领导小组组织采集农户信息达42313户，占全县农户的93%，其中省定试点乡（镇）采集面达到100%。共评定信用农户

21228户，信用村57个，信用乡镇4个，同时涉农金融机构对信用户的贷款授信面达到100%，贷款面达66%。

八、银行外汇业务实现三个零的突破

普洱市跨境贸易人民币融资业务零的突破，获得2笔跨境贸易人民币协议融资贷款，金额0.22亿元。普洱市一般贸易人民币结算业务零的突破，成功办理了一笔一般贸易出口的人民币结算业务，金额77.9万元。普洱市与缅甸银行结算业务零的突破，共办理结算业务43笔，金额4130万元。

【金融监管】

普洱银监分局坚持“守底线、强服务、严内控、促转型”，科学监管。

一、稳步推进融资平台贷款风险化解

该局要求各银行业金融机构按银监会《指导意见》，切实抓好存量风险隐患的化解工作，督促各银行业金融机构对近三年到期贷款情况进行认真梳理，按照到期日进行排队，制订2012年贷款还款方案。对辖内政府融资平台贷款偿债风险开展了专项排查。

二、积极防控房地产贷款风险

该局积极贯彻落实国家房地产市场调控政策，支持首套、中低价位、中小户型、自住购房和保障性安居工程建设的贷款需求，抑制房地产投机投资需求。深入开展风险监测和专题调研，建立了普洱市房地产贷款风险监测统计制度，开展了房地产开发企业资金状况和保障房信贷支持有关情况调研，截至年末，全市房地产不良贷款余额103万元，比年初减少1856万元，不良率仅为0.026%，房地产贷款质量控制良好。

三、深入推进案件风险防控

该局制定下发了《2012年普洱市银行业案件防控工作指导意见》，以农村中小金融机构和邮储代理网点为重点，督促其关注案件易发业务、易发岗位、易发环节和重点人员。指导银行业金融机构继续做好对员工涉及民间借贷、集资等社会融资行为的风险排查，强化员工职业操守。全年银行业金融机构无案件发生。

四、提高流动性风险管理水平

该局按照“一行一策”的原则，通过监管会谈等方式，督促辖内法人机构制定流动性风险应急预案，保持存款的稳定性，防止“冲时点”等问题发生。指导银行业金融机构密切关注宏观调控政策变化，不断完善流动性风险管理。

五、强化表外业务信息科技和不良贷款风险监管

该局对银行业金融机构表外业务进行了全面的摸底调查。对9个机构开展了科技风险快速巡查和风险评估，对总体情况进行了评价，指出其科技风险防范中的薄弱环节和存在问题。通过建立“上下”、“左右”、“内外”三个方面的全方位联动机制，通过专网、邮件系统、内网、外网平台加强监管信息资源共享，促进信息科技监管、信息科技管理和信息科技服务水平的提升。多方合力化解大额不良贷款。为化解上市公司景谷林业大额不良贷款，建立了政府主导，银监指导、银行和企业承办的化解大额不良贷款的多方联动机制。积极为银企牵线搭桥，搭建沟通平台，通过林权抵押担保等方式盘活企业资产，成功收回不良贷款本息9270万元，使全市银行业不良贷款率下降0.31个百分点。

六、全面开展整治银行业不规范经营专项活动

该局及时督促辖内各银行业金融机构按照“七不准”和“四公开”要求，全面开展自查自纠工作，对收费项目逐条逐项清理，对贷款附加条款逐一梳理。对部分网点进行现场检查，治理活动有效规范了辖内银行业经营行为，强化了各银行机构合规经营意识。

七、及时妥善处理客户投诉及负面舆情

为切实做好辖内银行业金融机构维稳工作，该局进一步完善重大舆情监测处置和正面引导机制，提出了银行业维护社会稳定工作相关要求，把信访维稳和舆情工作落在实处，全年共受理消费者信访件12件，已全部办结。

八、继续推动银行业金融机构提高内控管理水平

该局督促银行业金融机构建立合规文化意识，强化监管行政许可意识，强化责任追究，确保基本制度执行到位。督促银行业金融机构提高内审稽核的独立性，强化与监管部门的联动。不断提高科学监管能力。实行“服务式”监管，将做好监管服务作为有效监管的重要组成部分，贯穿到监管工作中的每一个环节。实行“差异化”监管。建立完善各类重点贷款台账，关注重点客户与重点项目风险状况变化，及时进行风险提示。实行“贴近式”监管。要求监管人员列席被监管机构董（理）事会会议，定期或不定期与高管人员进行监管约谈，深入基层一线，掌握第一手资料。对于风险苗头或异动情况，主动核查，督促整改。完善动态监管和持续监管机制，加强后续检查力度，提高督促整改工作的针对性。改进现场检查组织方式，积极推广EAST系统运用，全面提升现场检查效能。

【各金融机构的经营管理】

一、农业发展银行普洱市分行

该行积极推进农业发展银行总行“两轮驱动”业务发展战略，加大支农力度促增长，以“加快发展、严防风险、夯实基础、提高素质、构建和谐”为主线。坚持农发行的办行方向，牢固树立粮油购销储业务是基础业务和传统业

务的意识，认真贯彻执行国家粮油收购和调控政策，及时足额供应粮油收储信贷资金，有力地支持了粮油购销及政策性调控职能的有效发挥。加大对农业科技的信贷支持力度，扩大农村流通体系建设贷款，择优支持涉农优势特色的林业、咖啡、蔗糖、蚕桑等产业。加强资金计划管理工作，做好存款组织，积极发展国际业务和中间业务。做好评级授信和管理工作，为客户准入和动态管理提供依据。认真做好信贷审查审议。加强和规范地方政府融资平台贷款管理。加强信贷监测分析与检查工作，有效防控信贷风险。树立风险防控和经营核算意识，加强内部核算管理，努力增收节支，促进经营效益和管理水平不断提高。积极办理银行承兑票据及贴现业务。做好个人联名卡和单位商务卡的推广运用工作。切实加强内部管理，制定了干部队伍建设意见，整合人力资源，加大员工学习培训力度。截至年末，各项存款余额10.9亿元，比2011年增长53.83%。各项贷款余额20.2亿元，比2011年增长15.82%。实现中间业务收入137.4万元，比2011年增长110%。首次开办票据贴现业务7笔，1.25亿元。实现利润3996万元，比2011年增长8.2%。

二、工商银行普洱市分行

该行深入开展“满意在工行”主题活动，强化执行“行长坐班制”、弹性工作制和落实内部服务承诺制，形成对服务工作持续抓、自觉抓、反复抓和分层抓的良好工作氛围。多渠道、多品种、多方式加大信贷投放，倾力支持地方经济发展。研究制定了网点布局战略目标和2012年渠道建设方案，确定离行式自助银行布局目标区域，全面推进“增窗工程”，加快渠道优化建设进程。开展内部评级验证，以风险量化工作成果助推业务发展。落实案件防控第一责任人制度。结合市情、行情，确立了“践行强行战略，实施倍增计划，为普洱分行跨越发展努力奋斗”的分阶段发展目标和工作措施，警示全体员工充分认识到“不发展是最大的风险，慢发展是最大的退步”，鼓舞全行上下主动进取、奋勇争先，克服“等、靠、要”思想，做大做强各项业务。以提升核心竞争力为重点，主动加快经营转型，加快发展方式转变。深入分析信贷结构、收入结构、产品结构、渠道结构、客户结构方面存在的突出问题，加大结构调整力度。大力开拓金融资产服务，积极构建“商行+投行”、“债权+股权”服务模式，满足企业全方位金融需求，提高可持续发展能力。突出为中小企业、优质个人客户提供全方位金融服务。全力突破品牌类投行业务，力争在信托和股权融资方面实现收入，推动中间业务在规范基础上向更高层次发展。通过为客户提供增值服务来增加收入，从而吸引更多的客户群体。从运营机制、操作流程、产品设计、管理制度等各个方面系统地改进服务工作，形成提升服务层次的合力。截至年末，各项存款余额28.7亿元，比2011年增长2.32%。各项贷款余额46.1亿元，比2011年增长21.28%。实现中间业务收入2551万元，比2011年增长5.94%。实现净利润8488万元，比2011年增长55.7%。

三、农业银行普洱市分行

该行以“稳中求进”为基调，围绕“横向提升、纵向进位”的总体目标，以“稳发展、促转型、活机制、控风险、强基础”为重点，完善法人治理结构和经营战略转型为主线，坚持城乡业务“双轮驱动”，服务实体经济，坚定不移的加强服务“三农”，推动“三农”和县域经济的稳步持续发展。按月开展法人不良贷款DCF减值测试，真实反映信贷风险状况。严格按信贷规章制度要求对新增客户和新开办业务的准入进行审查，从源头上控制信贷风险。切实加强贷后管理，根据不同客户实际生产经营情况划分管理层次，一户一策，有针对性地提出贷后管理方案。全行28个对外营业网点配备了专、兼职大堂经理，进一步提升了网点服务水平。坚持“抓合规、控风险、强基础、促发展”的内控理念，充分发挥内控管理效能。建立由行领导牵头，公司部、机构部、三农部等人员组成的公司机构类存款营销团队，落实具体营销责任，细化目标任务，将任务分解到客户经理。从数量增长、等级提升、价值增长等方面抓好客户维护工作，构建“客户、账户、存款”三位一体的存款经营模式。围绕普洱市委市政府“科学发展、和谐发展、跨越发展”目标，结合普洱市实施桥头堡战略，加快推进国家绿色经济试验示范区建设和支持“13111”工程，认真落实普洱市银政企合作协议的签约项目，加快信贷投放。全力支持咖啡、烟草、蚕桑、橡胶、生物药业、渔牧特色产业。创新中小企业贷款零售化经营模式，大力推广小企业简式快速贷款等成熟产品，稳步推进自助可循环贷款业务，不断加大对农业、林业等产业化龙头企业的贷款支持力度。围绕“大市场、大商圈、大楼盘、大中介、大系统”开展个贷批发营销，大力发展个人消费贷款。多策并举，拓宽中间业务市场。以“村村通”工程为抓手，扎实推进惠农卡业务和支付服务点建设。截至年末，各项存款余额119.2亿元，比2011年增长4%。各项贷款余额69.9亿元，比2011年增长率10.5%。实现中间业务收入5058万元，比2011年增长1.1%。实现拨备后利润2.5亿元，比2011年增加3313万元。

四、中国银行普洱市分行

该行以“调结构、扩规模、防风险、上水平”为工作方针，重点围绕“提升网点效能、提升市场份额、提升资本回报，加大创新发展力度、加大结构调整力度、加大队伍建设力度，确保绩效进步，员工满意”的工作目标，开展各项工作。将各项任务指标进行分解，把目标责任落实到各业务岗位、各管理层次，建立科学有效的激励约束机制，形成了人人身上有压力、个个肩上挑重担、任务明确、职责分明的责任管理机制。按照业绩参与分配，真正体现“谁贡献、谁受益”的费用分配原则，充分激发员工的工作热情，挖掘资源，努力创造人人发展业务、人人争作贡献的良好氛围。细分市场，准确定位，抓住重点，积极拓展公司业务，始终把发改委、财政、烟草、部队、社保等客户作为重点对象进行维护，最大限度确保资金体内循环。成功办理了首笔人民币协议融资业务，开创了普洱市跨境人民币结算的新路径。首次开办了出口押汇、对外开立信用证、国内综合保理、敞口人民币银行承兑汇票等贸易融资新业务。从网点硬件转型、营销队伍建设、重点项目拓展、强化风险管理等方面主动拓展业务。截至年末，人民币各项存款余额23.1亿元，比2011年增长15.24%，外币各项存款余额684万美元，比2011年减少15.14%。各项贷款余额17.3亿元，比2011年增长13.98%。实现中间业务净收入1047万元，比2011年增长35.08%，实现考核净利润4.2亿元，比2011年增加517.6万元。

五、建设银行普洱市分行

该行以落实建设银行总分行发展战略为核心，坚持转变发展方式为主线，抓好结构调整和执行力两个着力点，构建可持续发展竞争力、执行力以及联动等三项机制，促进全行不断提高价值创造力和市场竞争力。围绕“三大一高”重点定位，发挥大行业、大系统关联性强的特点，通过信息链、业务链、产品链和资金链，不断完善“链式营销”服务模式，带动全行对公大中小客户存款的增长。采取细分市场、精准营销、加强联动、激励到位等措施，推进二代网点转型，坚持一流的服务质量，优化渠道建设和布局，促使个人存款稳步增长。做好项目的储备和实施，通过省分行和普洱市人民政府签订战略合作协议，建立紧密、稳定的战略合作关系，进一步加大对普洱重点项目建设及企业融资的支持力度。推进小企业客户向零售模式转型，搭建批量营销和快速响应平台推进小企业业务发展。通过更加规范的行为和质价相当的服务拓展中间业务。持续打造“主渠道”目标，做好电子银行渠道应用推广。立足长远发展，加强风险防范和内控管理。截至年末，各项存款余额57.1亿元，比2011年增长9.5%，各项贷款余额39.2亿元，比2011年增长27.4%。实现中间业务收入2477万元，比2011年增加236万元。实现拨备前利润1.1亿元，比2011年增长20%。

六、邮储银行普洱市分行

该行以“错位经营、特色发展、均衡发展、精细化管理”为经营发展思路，着力提升和强化经营管理能力、风险管理能力和队伍综合能力，企业盈利和人均创利能力。搭建了一级支行经营平台、风险平台和管理平台。成立信贷审批中心，在内部纳入二级分行职能部门管理。积极探索和创新金融服务产品，在全省率先开了办林权抵押贷款和再就业小额担保贷款业务。以信贷风险事件为契机，以全行风险整治活动和风险意识教育为基础，统一全行对经营与风险防控均衡发展的认识，建立健全制度建设、强化风险防控专业队伍建设、配套考核激励机制。“内控优先、合规经营、稳健发展”的理念逐步得到强化。截至年末，各项存款余额20.3亿元，比2011年增长15.5%。各项贷款余额3.2亿元，比2011年增长33.4%。实现自营收入2759万元，实现利润负数。

七、农村信用社

普洱市农村信用社按照“把握节奏，夯实基础，精细管理，严控风险”的工作思路和“质量求生存、创新谋发展、科技为支持、效益为目标、管理作保障、风控为前提”的经营理念开展工作。结合网点存款结构、地区差别等情况，按网点、按岗位制定不同的存款考核目标，调动员工组织存款的积极性。要求员工“人人当经理、个个会营销”。按照“有进有退，进而有为，退而有序”的原则，加大信贷结构的调整力度，支持农业产业化、规模化经营，贷款支持咖啡、橡胶、甘蔗、茶叶、烤烟、蚕桑等特色产业，促进农业产业结构和农村经济结构调整。重点支持城镇基础设施建设、交通运输、糖、矿、林、茶、电等信誉好、有市场、有优势的中小微企业。围绕市委、市政府民生工程建设，发放农户建房贷款、创业促就业小额贷款、林权抵押贷款。充分利用信用社点多面广、电子化网络联通、结算渠道畅通等资源优势，扩大金碧惠农卡的发放和授信范围。深入开展行业文明服务，落实“服务承诺”，推行“上门服务”、“预约服务”。加强不良贷款监测和控制，从源头上严控信贷风险。加强财务目标管理和预算控制，强化财务收支管理，提高财务精细化管理水平。多策并举落实内控制度，防范和控制风险。截至年末，各项存款余额219.1亿元，比2011年增长27.7%。各项贷款余额125.3亿元，比2011年增长18.6 %。实现净利润3.6亿元，比2011年增长55.6%。

八、富滇银行普洱市分行

该行以加快有效发展为主线，外拓市场、内强管理，完善机制、严控风险。制定了“营销拉动、机制促动、服务推动”存款应对策略，强化营销推进委员会职能，通过银企座谈会、银政座谈会等方式争取优质客户。以普洱四大支柱产业及特色产业为重点支持方向，选择了云南天士力帝泊洱生物茶集团有限公司、普洱大为垦业有限公司等11户信誉好、经营好、效益好、前景好的优质企业予以信贷支持。探索绿色信贷模式，实现了用茶园、橡胶林林权抵押贷款的突破。以普洱工业园区的收购整治缓坡荒地项目为突破口，为工业园区提供融资额度和贷款。狠抓标准化服务，适时进行检查督导，每月评选一名“服务明星”，调动员工积极性，提升服务质量。努力减少低盈利和无盈利资金的占用，对营业网点库存现金实行限额控制。通过制度落实、时间落实、内容落实、费用落实，增强员工培训的系统性和针对性，坚持按需培训、分类培训，着力拓展员工的视野及综合能力。加强会计基础工作，严厉查处违章操作行为。制定风险防控措施和营销指引，加大审核力度，严控信贷风险。认真组织开展案件防控。截至年末，各项存款余额8.99亿元，比2011年增长69.2%。各项贷款余额7.8亿元，比2011年增长29.6%。实现账面利润2009万元。

【证券业务】

截至年末，普洱市有证券营业部2家，2012年累计开户587户。证券交易总额35.6亿元，比2011年减少22.1%，其中，股票交易总额34.1亿元，比2011年减少24.9%。基金交易总额0.22亿元，比2011年减少2.1%。债券交易总额1.3亿元，比2011年增加6695.7%。

【保险业务】

截至年末，普洱市有人寿保险公司8家，财产保险公司9家。人寿保险保费收入5.4亿元，比2011年增长27.8%，支付赔款0.89亿元，比2011年增长38%。财产保险保费收入4.3亿元，比2011年增长14.6%，支付赔款1.99亿元，比2011年增长45.1%。

【大事记】

5月，人民银行普洱市中心支行与思茅区政府联合举办县域经济发展银政企座谈会，促成意向合作贷款32亿元，涉及137个项目。

7月，人民银行普洱市中心支行被国务院授予全国就业先进工作单位荣誉称号。

7月，普洱民生村镇银行挂牌开业，为普洱市银行业注入了新的活力。

8月，云南省政府金融办与普洱市政府联合举办云南省金融支持普洱系列活动，市政府与省政府金融办和16家银行签订了战略合作框架协议，与15家驻昆银行签订融资意向项目625个，金额822亿元。

2012年5月，人民银行普洱市中心支行与思茅区政府联合举办县域经济发展银政企座谈会，促成意向合作贷款32亿元，涉及137个项目

2012年7月，人民银行普洱市中心支行被国务院授予全国就业先进工作单位荣誉称号

2012年8月，云南省政府金融办与普洱市政府联合举办云南省金融支持普洱系列活动，市政府与省政府金融办和16家银行签订了战略合作框架协议，与15家驻昆银行签订融资意向项目625个，金额822亿元

（杨中法供稿）

2012 年普洱市主要经济、金融指标

单位：万元人民币

项 目	金 额	比上年增减额	比上年增减幅度（%）
国内生产总值	3668500	656600	15.6
工业增加值	1128800	76797	7.3
地方财政收入	748900	111539	17.5
地方财政支出	1701100	247000	16.7
社会消费品零售总额	1021700	159500	18.5
金融机构各项存款	4928556	691218	16.3
财政存款	117765	16898	16.8
单位存款	2199417	277564	14.4
储蓄存款	2588464	386835	17.6
金融机构各项贷款	3264059	506952	18.4
短期贷款	1032480	194082	23.2
中长期贷款	2201076	285867	14.9
现金投放（+）回笼（-）	-698709	2011 年净投放	
证券业：			
市场总成交金额	355565	-101110	-22.1
累计开户数（户）	587	-322	-35.4
保险业：			
保费总收入	96687	17153	21.6
保险赔付总支出	28878	10391	56.2

西双版纳州

【综述】

2012年，全州银行业金融机构按照稳健货币政策的总体要求，认真贯彻落实各项信贷政策，围绕金融支持服务实体经济发展目标，不断改进和提高金融服务水平，创新金融服务方式，保持了金融对全州经济社会发展的支持力度，全州银行业金融机构新增人民币贷款25.37亿元、新增其他融资5.96亿元，为全州经济持续较快发展发挥了积极作用。

【金融运行情况】

一、各项存款平稳增长，地方金融机构存款增加较多

截至2012年12月末，全州金融机构本外币存款余额362.4亿元，比年初增加41.72亿元。其中，人民币存款余额361.4亿元，同比增长12.8%，增幅比上年回落5.8个百分点；1－12月累计新增人民币存款41.06亿元，比上年少增20.6亿元。

从机构看，地方金融机构存款增加较多，全州农村信用社存款余额92.67亿元，比年初增加16.45亿元，占全州存款增量的40%。国有商业银行存款增势回落，工行、农行、中行、建行四家国有大型商业银行各项存款余额219.47亿元，同比增长7.66%，全年新增存款15.6亿元，占全州存款增量的38%，存款增量比上年少增14.65亿元，增幅比上年回落9.8个百分点。

从结构看，财政性存款增长强劲，财政性存款余额10.14亿元，比年初增加6.5亿元，增长177.72%。企业存款增长乏力，全州单位存款余额138.28亿元，比年初增加10.2亿元，比上年少增15.5亿元。个人储蓄存款稳定增长，全州个人储蓄存款余额212.4亿元，比年初增加24.7亿元，占全州存款增量的60.2%；全州居民人均储蓄存款18600元，高于全省平均水平1900元。

从地区看，景洪市各项存款余额236.62亿元，比年初增加31.66亿元，景洪市存款余额占全州的65.5%、存款增量占全州存款增量的77%；勐海县各项存款余额53.33亿元，比年初增加4.8亿元；勐腊县各项存款余额71.45亿元，比年初增加4.6亿元。

二、各项贷款稳定增长，对实体经济发展支持力度加大

截至2012年12月末，全州金融机构本外币贷款余额193.09亿元，比年初增加25.4亿元。其中人民币贷款余额193.07亿元，同比增长15.13%，贷款增幅高于全省平均水平0.8个百分点；2012年全州银行业金融机构累计发放贷款达95亿元，比上年多投放6亿元，月均信贷资金投放量近8亿元，1－12月累计新增人民币贷款25.37亿元，比上年多增2.97亿元，新增委托贷款、银团贷款、信托融资等其他融资5.96亿元；2012年全州金融机构新增贷款及各项融资折合人民币共计31.36亿元，新增银行融资创历史新高，圆满完成了州人大确定的全年新增贷款25亿元、州政府确定的全年新增贷款（融资）30亿元目标任务，对实体经济发展支持力度加大，为全州经济保持快速增长发挥了重要支撑作用。

从贷款主体看，单个机构贷款增量最多的是农业银行，2012年农业银行新增贷款7.42亿元，占全州贷款增量的29.2%，其次是富滇银行新增贷款4.32亿元，第三是建设银行新增贷款3.57亿元；单个机构贷款增幅最大的是富滇银行，2012年末富滇银行贷款余额9.2亿元，同比增长88.67%，比全州各项贷款平均增长高73.5个百分点，其次是邮储银行，增长57.92%，第三是勐腊县农村信用社，增长20.03%。

从借款主体看，企业贷款增加较多，2012年末全州企业贷款余额95.7亿元，比年初增加11亿元，比上年多增8亿元，其中：大型企业贷款余额40.8亿元，比年初增加2.7亿元；中型企业贷款余额23.77亿元，比年初增加6.9亿元；小微企业贷款余额28.03亿元，比年初增加1.2亿元。个人贷款增长有所回落，2012年末全州个人贷款余额95.21亿元，比年初增加14.71亿元，比上年少增1.75亿元；全州居民人均个人贷款余额8300元，比全省平均水平高700元。

从贷款期限看，短期贷款余额35.1亿元，比年初增加

4.7亿元，增长15.4%，增量比上年多增1.3亿元，增幅比上年提高2.7个百分点。中长期贷款余额157.8亿元，比年初增加20.9亿元，增长15.3%，增量比上年多增2.3亿元，增幅比上年回落0.4个百分点。

【金融监管】

一、加强地方法人金融机构风险监测，完善风险预警机制

建立健全地方法人金融机构的风险预警和风险提示机制，制定下发了《西双版纳州地方法人银行业金融机构风险隐患提示办法（试行）》，进一步完善对法人金融机构的风险监测指标体系，密切关注其经营状况及资本充足水平，增强风险敏感度，扎实做好日常性风险监测及预警工作。二是密切关注银行关联领域风险，做好风险提示工作。紧密跟踪经济金融形势变化，密切关注辖内小额贷款公司、保险业、证券业、融资担保机构、地方政府融资平台、银行理财产品、民间借贷等领域风险；密切关注和分析旱灾、洪灾等重大、特大自然灾害，以及周边国家地区局势动荡对辖区金融运行可能产生的风险，切实做好金融风险提示和防范以及信息反馈工作。三是加强协调机制建设，努力形成维护区域金融稳定工作合力。坚持把防范化解金融风险作为金融工作的生命线，主动加强沟通，增强与地方党政相关部门的协调配合，做好非法集资案件调查工作、协调解决改制企业偿还银行到期贷款、配合州政府金融办对全州小额贷款公司检查。加大与金融监管部门的合作力度，形成维护区域金融稳定的工作合力。

二、扎实推进“两管理、两综合”

一是认真做好新设银行业金融机构开业管理与服务工作。坚持管理与服务并重，注意既对金融机构严格管理、严格要求，确保其申请开业时达到接入人民银行各项业务系统的条件和要求，也要提高工作效率，优化工作流程，为金融机构提供优质高效服务，切实做好开业前的政策传导、业务指导、风险提示等工作。2012年受理了景洪市农村信用社曼弄枫分社、建设银行勐腊县支行、富滇银行勐海支行和景洪民生村镇银行四家新设机构开业管理与服务工作。二是认真组织开展好综合评价工作。制定了银行业金融机构执行人民银行政策综合评价标准和《中国人民银行西双版纳州中心支行综合评价工作规程》，组织开展好地方法人金融机构执行人民银行政策情况的综合评价工作，并及时提出政策建议。三是做好银行业金融机构重大事项报告管理。按季通报各金融机构重大事项报告制度执行情况。四是认真组织开展2012年综合执法检查，取得“以查促管”的作用。按昆明中支统一部署，对辖内10个银行业金融机构网点机构开展了8个方面业务的综合执法检查，检查机构量在全省州市中最多。检查共发现问题129个，提出处理意见和建议81条，对其中28个违规问题依法进行了行政处罚，处罚金额达14.9万元。通过检查，进一步规范了金融机构的经营行为，强化了金融机构对人民银行政策法规的执行力。

三、外汇管理

一是防风险，加强跨境资金双向流动监管。重点围绕资本金收结汇、进出口核销、服务贸易收付汇、个人频繁收结汇等项目设置预警监测指标，强化非现场检查和核查力度，按季开展集中分析，及时发现异常、差错情况，并对异常违规线索进行延伸检查，有效防范资金跨境流动风险。该项工作在“全省外汇管理工作暨外汇指定银行联系会”上作了经验交流，得到省局的充分肯定和认可。二是强监管，严厉打击外汇违法违规活动。始终把“防热钱”作为工作重心，强化外汇监管职能，加大外汇执法检查力度，及时查处外汇违法行为，提高外汇指定银行合规经营水平，有效维护外汇管理政策法规的严肃性。

四、提高反洗钱监管水平

认真贯彻以风险为本的监管理念，落实“一法四规定”，积极构建现场检查与非现场监管相结合的长效监管体系，推动风险提示、窗口指导、业务培训、执法检查等监管工具的运用，切实加强对金融机构的监督管理，提高可疑交易线索的分析判断能力。不断深化反洗钱协调机制建设，全面配合公安部门开展对涉毒洗钱犯罪活动的调查、取证等工作，提高打击洗钱和相关犯罪的有效性。截至年末，共向全州银行业金融机构发出案件协查函16份，协助公安部门查询105人次，涉及账户201户。

【货币信贷政策传导】

一是加强政策传导，着力优化政策实施环境。认真领会和准确把握稳健的货币政策，加强政策宣传解释与舆论引导，在《西双版纳报》等地方主流媒体刊登了题为《把握好稳中求进的总基调，全面贯彻落实稳健的货币政策》的行长署名文章，引导社会公众合理预期。主动加强向地方党委政府的汇报和有关方面的沟通联系，积极争取地方党政的理解和支持。积极参与地方有关经济金融发展政策、规划的制定，得到地方党政的肯定和支持，为有效落实货币信贷政策营造了良好环境。加强与有关经济综合部门和金融监管机构的工作协调机制，促进信贷政策与财政政策、产业政策、监管政策的协调配合。二是完善窗口指导机制，加强政策引导。正确把握贯彻执行稳健的货币政策和支持地方经济发展的关系，制定下发年度信贷指导意见，明确信贷工作要求，增长目标、支持重点并细化工作措施，大力引导金融机构紧紧围绕州委州政府“稳增长、冲千亿、

促跨越”的经济发展目标和金融工作目标任务，切实加大对重大项目、重点企业、“三农”、中小微企业、民生领域的信贷支持力度，落实好稳增长和调结构的要求。三是提升货币政策工具的应用水平，发挥好货币政策工具作用。进一步加强支农再贷款管理，用好用足支农再贷款政策，强化支农再贷款资金使用管理情况监督检查，确保支农再贷款资金确实流向“三农”。12 月末全州支农再贷款余额 1.62 亿元，有效支持农村信用社加大涉农信贷投放。加强存款准备金管理，加大日常监督检查力度，对景洪民生村镇银行漏缴行为依法进行查处，有效维护政策严肃性。加强利率管理工作，做好民间借贷利率监测工作，指导金融机构利率定价机制建设工作。有效组织实施对地方法人金融机构新增贷款调控管理工作，严格落实昆明中支下达的总量控制和投放进度要求，把新增贷款调控管理与金融服务“三农”“一创两建”工作和促进农村信用社依法合规经营、挖掘自身潜力、优化信贷结构，增强风险防范能力结合起来，充分发挥调控效能。四是围绕贯彻落实稳健货币政策，加强经济金融监测分析和金融研究。进一步完善监测分析体系，建立了地方法人金融机构经营情况监测体系、银行业其他融资等监测制度，密切监测货币信贷政策对辖区经济金融运行的实质影响及其政策效应，及时发现苗头性和趋势性变化，及时反馈辖区执行货币信贷政策的新情况、新问题，提出政策性意见建议，进一步增强对宏观经济金融形势预研、预判、预测能力。制定下发了《西双版纳中支重点研究课题管理办法（试行）》，加强重点调研课题管理，强化调研成果激励机制，认真完成全省人民银行重点研究课题，努力提高调查研究质量和成果利用率。

【支持地方经济发展】

一、信贷投放重点突出，支持地方经济发展

一是继续支持重大项目建设。2012 年末全州中长期固定资产贷款余额 64.2 亿元，比年初增加 6.7 亿元，比上年多增 4.4 亿元；各银行业金融机构认真履行对全州重大项目的授信和融资承诺，有力支持了全州城建、水利、电力、交通等基础设施建设。二是个人消费信贷增长较快。2012 年末全州个人消费贷款余额 34 亿元，同比增长 18.7%，增幅高于全州各项贷款增长 3.6 个百分点，全年新增个人消费贷款 5.4 亿元，三是金融支持民生改善效果显著。2012 年全州累计发放小额担保贷款 2084 笔、金额 1.8 亿元，完成州政府下达全年任务的 138%，创业带动就业人数 8000 人；截至 2012 年末全州小额担保贷款余额 3.02 亿元，比上年末增长 31.48%。推动大学生“村官”创业贷款工作取得新突破，2012 年发放首批大学生“村官”创业贷款 8 笔、金额 43 万元，支持大学生“村官”开展种植、养殖、商贸流通等创业项目。2012 年全州累计发放保障性住房开发贷款 2700 万元，农垦职工危房改造贷款 260 万元，受益职工家庭 803 户，截至年末农垦职工危房改造贷款余额达 2137 万元，促进农垦改革发展和垦区社会稳定。

二、信贷支农力度增强，农村金融服务显著改善

全州人民银行着力推进“一创两建”（即农村金融产品和服务方式创新、农村支付服务环境建设、农村信用体系建设）工作，切实改善农村金融服务；加强货币政策工具运用和管理，认真落实地方法人金融机构信贷调控管理职责，引导地方金融机构切实改善“三农”信贷服务，全州农村金融服务显著改善。

一是信贷支农力度显著增强。2012 年全州人民银行累计投放支农再贷款资金 1.62 亿元，支持农村信用社增加“三农”信贷投放；针对 2012 年我州旱灾、洪灾、农垦改革等特殊领域的信贷需求，州人民银行上报 7 份专题请示、报告，积极向上级行反映西双版纳特殊的州情和困难，并争取到地方法人金融机构新增贷款规模近 3 亿元，支持金融机构增强信贷投放能力。2012 年全州地方法人金融机构累计发放贷款 36 亿元，信贷资金月均投放量达 3 亿元；截至 2012 年 12 月末，全州地方法人金融机构各项贷款余额 55.18 亿元，同比增长 20.2%，比全州各项贷款平均增长高 5 个百分点；全年累计新增贷款 9.29 亿元，比上年多增 2 亿元。在人民银行的政策引导和窗口指导下，全州金融机构涉农贷款增长加快，截至 2012 年 12 月末，全州金融机构涉农贷款余额 114.9 亿元，同比增长 19.6%，比全州各项贷款增长高 4.5 个百分点；全年新增涉农贷款 18.8 亿元，增量比上年多增 9 亿元；涉农贷款占比达 59.5%，比上年末高 2.2 个百分点，比全省涉农贷款占比平均水平高 24 个百分点，涉农贷款实现“三个高于”目标。

二是农村金融产品和服务方式创新成效明显。目前全州金融机构推出了 20 多种信贷创新品种，涉及贷款余额逾 58 亿元；2012 年末全州金融机构林权抵押贷款余额达 18.2 亿元，继续保持全省第 2 位，全年新增林权抵押贷款 6.5 亿元，全省增加最多，在全省率先实现林权抵押贷款业务所有银行业机构全覆盖和全州所有乡镇全覆盖。同时，积极支持农垦改革发展，2012 年勐腊县农村信用社积极推出农垦橡胶林地经营权质押贷款，全年办理橡胶林地经营权质押小额贷款 151 笔、金额 1200 万元，支持勐腊农场 151 户承包户一次性支付橡胶资源经营权转让费，购得 17 年国营农场橡胶林承包经营权。

三是农村支付环境明显改善。大力推广惠农支付服务，2012 年全州新设惠农支付服务点 214 个，完成州政府确定的全年新设惠农支付服务点 100 个目标任务的 212%；目前全州已建立惠农支付服务点 216 个，实现惠农支付服务点

乡镇全覆盖，已覆盖全州97%的行政村，有效解决了农村地区特别是偏远山村农民小额取现、转账难问题，使更多农户“足不出乡、足不出村”就能领取政府各种财政补贴资金。

四是农村信用体系建设成效明显。人民银行加强组织推动和督促指导工作，着力推进农村信用体系建设，全州农村信用体系建设各级组织机构已全部建立，2012年累计采集、建立农户信用信息档案8.1万户，完成全年目标任务的111%，居全省试点地州第一位。农村地区信用环境明显改善，农户信用意识明显增强，截至2012年12月末，全州金融机构农户贷款余额达50亿元，比年初增加6.2亿元，占全州个人贷款增量的42%。其中农村信用社农户贷款余额38.4亿元，占全州农户贷款余额的76.8%；全年新增农户贷款4.8亿元，占全州农户贷款增量的77.4%；2012年末全州农村信用社不良贷款率2.06，低于全州金融机构不良贷款率0.1个百分点。

三、表外融资业务发展较快，金融创新力度明显加大

2012年，为满足全州实体经济发展的多元化资金需求，全州银行业金融机构通过银行体系表外业务等方式不断加大金融创新力度。2012年金融机构积极创新融资方式，支持帮助辖内企业从州外引入其他融资资金5.96亿元，比上年增加1.13亿元，其中：委托贷款19390万元、信托融资3000万元、社团贷款700万元、其他融资36500万元，有力支持了辖内企业拓展融资渠道，优化融资结构。

四、跨境贸易人民币结算快速增长，推进贸易便利化

结合辖区实际研究，州人民银行制定下发了《西双版纳州人民银行系统支持服务桥头堡建设的指导意见》，支持和引导金融机构充分发挥金融在支持服务西双版纳州桥头堡主阵地建设中的重要作用。推进跨境贸易人民币结算业务快速发展，2012年全州跨境贸易人民币结算量为20.76亿元，同比增长70.72%，完成州政府确定跨境贸易人民币结算11亿元目标任务的154%，加快推进人民币“走出去”。

【各金融机构的经营管理】

中国农业发展银行西双版纳州分行　2012年积极推动“两轮驱动”发展战略，稳中求进，继续强化信贷支农，着力加强“两基”建设，重视防控信贷风险，全面加强队伍建设，为全州新农村建设做出积极贡献。截至年末，各项存款余额达39930万元，比年初减少24769万元，下降38.28%；各项贷款余额95890万元，比年初减少12215万元，下降11.3%；中间业务收入43.43万元，比年初减少14.12万元，下降24.14%。

中国工商银行西双版纳州分行　2012年以实现同业领先为目标，紧盯市场，紧盯客户，紧盯任务，有针对性、灵活性地适时调整经营策略，巩固和发展取得的各项经营成果，努力实现各项业务持续健康发展。截至年末，人民币存款余额449737万元，比年初增加54766万元，增长13.87%；人民币各项贷款余额235001万元，比年初减少10058万元，下降4.1%；中间业务完成2967万元，比年初增加245万元，增长9%。

中国农业银行西双版纳分行　2012年，紧紧围绕“横向提升、纵向进位”的总体目标，强管控险，稳中求进，努力推进各项业务的发展。全行工作总体有喜有忧，主要表现在基础管理得到加强，实现了安全稳健经营，但业务经营面临着前所未有的困难。截至年末，各项存款余额达999481万元，比年初减少3655万元，下降0.36%；各项贷款余额530316万元，较年初增加74173万元，增长16.26%；中间业务收入4546万元，下降10.51%。

中国银行西双版纳州分行　2012年着力强化业务创新和营销服务，努力提升可持续发展能力，客户基础不断扩大，核心存款不断增长，网点基础建设不断推进，内控管理有效开展，队伍建设持续加强，各项业务实现了持续健康发展。截至年末，人民币各项存款249661万元，较年初增加33943万元，增长15.74%；人民币各项贷款123184万元，较年初增加13164万元，增长11.96%。

中国建设银行西双版纳州分行　2012年坚持“以市场为导向，以客户为中心，心产品为主线”的经营理念，按照“一个道理、两个标准、三个重点、四个提升、五个狠抓”的工作要求，以“六看”作为检验各项工作成效的标准，实现了各项业务又好又快发展。截至年末，各项存款余额495813万元，比年初增长71034万元，增幅16.72%；各项贷款余额256629万元，比年初增加35704万元，增长16.16%；中间业务收入3001万元，同比增加1016万元，增长51.12%。

中国邮政储蓄银行西双版纳州分行　全行牢固树立“以人均利润为中心”的经营理念，围绕效益最大化目标，加大业务结构调整力度，加快发展方式转变步伐，实现了传统业务和新业务齐头并进、协调发展的良好局面，各项业务继续保持了快速增长势头，直接拉动效益水平 显著提高，盈利能力大幅提升。截至年末，各项存款余额250762万元，比年初增加15252万元，增长6.48%；各项贷款45840万元，比年初增加16813万元，增长57.92%。

富滇银行西双版纳分行　2012年以提高经营效益为目标，以控制全行风险为前提，以发展为主线，以提高经营质量为重点，着力转变经营思想、创新营销手段，把加快发展的各项措施落到实处，结合地方经济特点和经济产业政策，加大对地方体育、文化、旅游产业的支持力度。树立以内抓管理、外抢市场、主动出击、求得生存的市场竞争理念，做大做强各项业务，各项工作全面推进。截至年末，人民币各项存款余额 89105 万元，比年初增加 23276 万元，增长 35.36%；各项贷款余额 92022.6 万元，比年初增加 43247.6 万元，增长 88.67%；中间业务收入 171.22 万元，完成总行下达任务数 136 万元的 125.89%。

农村信用社 2012 年全州农村信用社坚持服务“三农”的宗旨不动摇，各项贷款中涉农贷款余额达 51.4 亿元，占各项贷款 94.45%，占全州金融机构涉农贷款余额的 46%，位居第一位。累计发放 8.26 亿元林权抵押贷款，在确保传统农贷广覆盖的基础上，积极拓展信贷服务新领域和创新支农服务新方式，满足了不同层次的客户需求。截至年末，各项存款余额达 926689 万元，比年初增加 164452 万元，增长 21.57%；各项贷款余额达 544825 万元，比年初增加 85897 万元，增长 18.72%；中间业务收入 1387 万元，同比多增 437 万元，增长 46%，呈现逐年增长的趋势。

【证券业务】

2012 年西双版纳州证券业完成总成交金额 454981 万元，同比减少 310919 万元，减少 40.6%。

【保险业务】

2012 年西双版纳州保险机构保险费收入 86303 万元，同比增加 13866 万元，增长 19.14%；保险赔款支出 17642 万元，同比增加 1874 万元，增长 11.88%。

【大事记】

1 月，人民银行勐海县支行被人总行评选表彰为“标杆职工之家”。

3 月 31 日，在结束的西双版纳州十二届人民代表大会上，人民银行西双版纳州中心支行党委书记、行长马咏洪再次当选为州人大常委

3 月 20 日～4 月 1 日，人民银行西双版纳州中心支行，联合辖内工商局共同开展了清剿“儿童币”专项整治行动，对中、小学及幼儿园周边店铺进行了全面清查，共查处非法销售“儿童币”店铺 42 家，查获“儿童币”953 套，13342 张，有力打击了辖内销售“儿童币”的违法活动。

人民银行勐腊县支行被勐腊县委授予“2011 年度社会治安综合治理维护稳定工作先进单位”荣誉称号。

4 月 1 日，西双版纳州财税库银横向联网正式上线运行。

5 月 28 日，西双版纳州召开全州金融工作会。

7 月 2 日，云南省支付结算综合业务系统在西双版纳州成功上线运行。

7 月 10 日，西双版纳州取消同城票据交换业务，改变了支付结算方式，完善了支付结算环境。

7 月 12 日，西双版纳州首家村镇银行——景洪民生村镇银行正式成立。

7 月 12 日，西双版纳支付密码推广启动仪式在西双版纳中支隆重举行，标志着西双版纳州为防范票据诈骗、保障资金安全、促进企业发展全面推广使用支付密码的行动已经正式启动。

2012 年 11 月 23 日西双版纳州举行惠农支付服务开通及推广工作会议暨景洪市授牌仪式，这次会议的召开标志着西双版纳州“惠农支付服务业务”的起航

8 月 13 日，西双版纳州人民政府与中国工商银行云南省分行在昆明正式签署了《金融战略合作协议》。根据协议，“十二五”期间中国工商银行云南省分行将把西双版纳州作为重要战略合作伙伴和业务发展的重点区域，依托工商银行系统自身强大的资金、品牌、渠道等优势，提供优质综合金融服务，服务地方经济发展。

2012 年 11 月 7 日，跨境人民币结算中老座谈会在西双版纳州磨憨经济开发区管委会举行

11 月末，西双版纳州林权抵押贷款余额 4 年翻三番。

11 月 7 日，跨境人民币结算中老座谈会在西双版纳州举行。

11 月 23 日，西双版纳州举行惠农支付服务启动仪式。

2012 年西双版纳州农村信用体系建设快速有效推进。在全州选取 18 个试点乡镇、139 个试点村委会、95561 户农户开展农村信用体系建设试点工作，截至 2012 年 11 月末，已采集农户经济档案 78266 户，完成 2012 年试点目标任务的 107.85%，试点信息采集率和目标任务完成率位居全省第一。

2012 年西双版纳州农村支付体系建设大步迈进，现代化支付服务方式覆盖全州各乡镇。

11 月人民银行西双版纳州中心支行全辖 3 个单位被省委、省政府命名为第十三批省级文明单位荣誉称号。

（张霞供稿）

2012 年西双版纳州主要经济、金融指标

单位：万元人民币

项 目	金 额	比上年增减额	比上年增减幅度（%）
国内生产总值	2326369	350489	13.7
工业增加值	377869	78187	14.1
地方财政收入	222644	46646	26.5
地方财政支出	806273	135033	20.1
社会消费品零售总额	712066	105036	17.3
金融机构各项存款	3624217	417205	13.01
财政存款	101379	64875	177.72
单位存款	1390474	110113	8.6
储蓄存款	2126533	246817	13.13
金融机构各项贷款	1930939	253955	15.14
短期贷款	351174	47088	15.48
中长期贷款	1578060	209060	15.27
现金投放（+）回笼（-）	333080	-113382	-25
证券业：			
市场总成交金额	454981	-310919	-40.6
累计开户数（户）	2058	-392	-16
保险业：			
保费总收入	86303	13866	19.14
保险赔付总支出	17642	1874	11.88

大理州

【综述】

2012年，中国人民银行大理州中心支行结合大理州实际，落实稳健货币政策，推动信贷结构调整，督促引导金融机构围绕经济结构调整，加大对战略性新兴产业、文化产业、节能环保、现代服务业、自主创新、“三农”以及在建、续建项目的信贷支持，有力促进了全州经济平稳健康发展。

【货币信贷政策传导】

结合大理州实际，制定信贷指导意见，按照“总量适度、审慎灵活、定向支持”的要求，做好全年信贷规模控制管理，推动信贷结构优化，切实提高货币信贷政策的导向力。截至年末，大理州金融机构各项存款余额869.79亿元，比年初增加168.44亿元，增长24.02%；各项贷款余额553.44亿元，比年初增加83.77亿元，增长17.84%。

【支持地方经济发展】

一、信贷资金向优势行业和基础薄弱行业倾斜

截至年末，全州批发和零售业，电力、燃气及水的生产和供应业，交通运输仓储和邮政业，建筑业，制造业贷款新增44.69亿元，占新增贷款的53.45%，贷款余额255.25亿元，占各项贷款余额的46.31%。

二、金融支农力增强

全州涉农贷款余额354.51亿元，较去年同期增长13.95%，占各项贷款余额的64.43%，涉农贷款重点投向农户贷款、农村企业贷款、农村基础设施建设贷款等，对促进全州“三农”经济发展提供积极支持。

三、改进和完善中小企业的金融服务

在信贷规模限制情况下，加大对中小企业支持力度，年末全州中小企业贷款余额166.67亿元。

四、金融支持民生成效显著

全州就业小额担保贷款余额7.78亿元，同比增长59.9%；鼓励商业银行、农村信用社加强生源地助学贷款服务，全州金融机构助学贷款余额2940万元；强化对民贸民品生产企业的金融扶持，全州民贸民品贷款余额10805万元，累计贴息76.49万元，惠及州内6个县16家企业。

【金融监管】

组织召开季度经济金融运行分析会，密切监测辖区经济金融形势发展变化，强化监测分析和预测，组织实施中小企业融资状况、地区经济金融发展情况、民间借贷、房地产“分期首付”、县域保险市场秩序、农村金融机构债券业务管理、银行理财产品等40余个调查调研项目，及时发现苗头性问题和趋势性变化，建立健全与地方党政和金融监管部门高效畅通的监管信息共享机制，形成维护区域金融稳定工作合力。

【各金融机构的经营管理】

一、各项存款快速增长

大型银行存款总量占比较大，中小型银行增速相对较快。12月末，中资全国性大型银行各项存款比年初增加53.14亿元，增长13.10%，比去年同期多增9.7亿元，中资全国性大型银行新增存款占各项存款新增额的32.14%，其中农业银行与工商银行新增存款分别为19.20亿元，8.93亿元，两家银行新增存款占各项存款新增额的16.70%，交通银行存款增速较快，较年初增加7.59亿元，增长2.81倍；中资全国性中小型银行各项存款比年初增加39.65亿元，增长95.42%，新增存款占各项存款新增额的23.54%，其中兴业银行、富滇银行分别新增存款16.44亿元、11.08亿元，两家银行新增存款占各项存款新增额的16.34%；中资区域性中小型银行各项存款比年初增加20.73亿元，增长31.70%，新增存款占各项存款新增额的12.31%；大理州农村信用社各项存款比年初增加49.44亿元，增长29.80%，新增存款占各项存款新增额29.35%。

二、各项贷款稳步增长

中资全国性大型银行增长乏力，中资全国性中小银行成为信贷投放主体。2012年大理州中资全国性大型银行各项贷款余额299.79亿元，比年初增加26.6亿元，增长9.74%，占全年金融机构人民币新增贷款的31.75%；中资全国性中小银行各项贷款余额85.05亿元，比年初增加32.21亿元，增长60.94%，占全年全州金融机构新增贷款的38.47%，成为全年新增贷款主力军，其中兴业银行全年新增贷款15.79亿元，新增贷款占全金融机构新增额的

18.85%，成为中资全国性中小银行信贷投放重要力量。大理州农村合作机构各项贷款余额165.26亿元，比年初增加23.41亿元，增长16.50%，占全年新增各项贷款额的27.95%。

【证券业务】

2012年末，全州证券业完成交易量134.31亿元，资金账户总户数43440户，客户托管资产2.31亿元。

【保险业务】

2012年末，全州保险业实现保费收入15.16亿元，同比增加0.89亿元，增长6.24%；其中产险保费收入7.6亿元，同比增加0.61亿元，增长8.79%，寿险保费收入7.55，同比增加0.28亿元，增长3.85%；全年保险理赔支出4.29亿元，同比增加0.81亿元，增长23%，综合赔付率28.29%，其中产险理赔3.95亿元，赔付率52%，人寿险理赔0.34亿元，赔付率4.5%。全州保险深度为6.60%，保险密度为426元。

【大事记】

截至12月31日，全州农信社的股金达到98301万元，资本充足率提高到14.81%，核心资本充足率提高到12.22%。

截至11月20日，大理渝农商村镇银行完成增资扩股工作，注资资本金增加到2亿元。

12月15日，祥云渝农商村镇银行正式开业，标志着大理州首家县域村镇银行成立。

永平县政府为农户颁发经济林木（果）权证和核发授信额大会现场

人行大理中支牵头开展2012年“金融消费权益3.15”宣传活动

2012年08月27日，大理州惠农支付服务业务开通及推广工作会议暨大理市授牌仪式在大理国际海湾酒店召开

2012年8月26日，大理州县域刷卡无障碍示范建设暨银行卡联合宣传活动启动仪式

2012 年 8 月 26 日，大理州县域刷卡无障碍示范建设暨银行卡联合宣传活动启动仪式

2012 年 08 月 27 日，大理州惠农支付服务业务开通及推广工作会议暨大理市授牌仪式在大理国际海湾酒店召开

（李娟供稿）

2012 年 8 月 26 日，大理州县域刷卡无障碍示范建设暨银行卡联合宣传活动启动仪式

2012 年大理州主要经济、金融指标

单位：万元人民币

项 目	金 额	比上年增减额	比上年增减幅度（%）
国内生产总值	6721000	1040000	15.6
工业增加值	2352000	376400	21.6
地方财政收入	1248300	245649	24.5
地方财政支出	2005000	409000	25.6
社会消费品零售总额额	2046000	341000	20.0
金融机构各项存款	8697943	1684381	24.02
财政存款	188581	27761	17.26
单位存款	3779582	836271	28.41
储蓄存款	4593010	797298	21.01
金融机构各项贷款	5534358	837677	17.84
短期贷款	2030586	263349	14.90
中长期贷款	3455812	574252	19.93
现金投放（+）回笼（-）	-379629	-178681	88.92
证券业：			
市场总成交金额	1343100	-528900	-28.25
累计开户数（户）	43440	41500	4.67
保险业：			
保费总收入	151600	8900	6.24
保险赔付总支出	42900	8100	23

玉溪市

【综述】

2012 年，玉溪市金融机构认真贯彻落实稳健的货币政策，积极推进“两管理、两综合、一保护”及“一创两建”工作，提高金融管理与服务水平，深入推进跨境人民币结算业务，加强和改进外汇管理管理，有效促进了全市经济持续健康发展。截至年末，全市金融机构人民币各项存款平稳增长，总量居全省第 4 位，增量居全省第 7 位；各项贷款增长较快，高于全省 2 个百分点（连续四年高于全省增幅），存贷比创近 13 年来的新高。全年银行业机构新增融资规模达 123.1 亿元，有力助推全市经济稳步增长。

【金融运行情况】

一、各项存款稳步增长

截至年末，全市金融机构人民币各项存款余额为 1001.7 亿元，比年初增加 85.2 亿元，增长 9.3%，总量水平居全省第 4 位，增量水平居全省第 7 位。

二、各项贷款显著增长

截至年末，各项贷款余额 631.9 亿元，比年初增加 88.3 亿元，增幅达 16.2%，高于全省 2 个百分点（连续四年高于全省增幅），存贷比达 63.1%，创近 13 年来的最高点，完成年初玉溪市人代会确定的全年新增贷款 80 亿元以上，增幅高于全省平均水平的信贷增长目标。其中，短期贷款余额 291.6 亿元，比年初增加 72.4 亿元，增长 33.0%；中长期贷款余额 334.1 亿元，比年初增加 13.4 亿元，增长 4.2%。

全市银行业金融机构融资余额 749.1 亿元，比年初增加 123.1 亿元，增长 19.6%。

三、稳健货币政策得到有效落实，信贷投放重点突出

玉溪市金融机构着力调整优化信贷结构，信贷投放重点向支农、支小、扶弱倾斜，加大对“三农”、小微企业、园区经济、县域经济和民生领域的信贷投放。截至年，全市涉农贷款稳步增长，加大对第二产业的贷款投放，协调产业间均衡发展，保持对第三产业贷款的稳定投放，有效支持县域经济发展，进一步增强对民生领域的信贷投放。年末，全市涉农贷款余额 294.8 亿元，比年初增加 37.9 亿元，增长 14.8%；全市中小微型企业贷款余额 281.4 亿元，比年初增加 38.1 亿元，增长 15.6%，同比多增 18.7 亿元，增量占全市贷款增量的 43.2%，同比上升 18.4 个百分点；全市第二产业贷款余额 236.6 亿元，比年初增加 34.3 亿元，增长 16.9%。全市 10 个工业园区金融支持园区企业贷款余额 109.03 亿元，表外融资余额 19.48 亿元；第三产业贷款余额 179.0 亿元，比年初增加 20.9 亿元，增长 13.2%。县域贷款余额 273.6 亿元，比年初增加 37.9 亿元，增长 16.0%，县域金融机构存贷比为 61.7%，比上年同期提高 1.2 个百分点。保障性安居工程贷款余额 4.8 亿元，比年初增加 4.6 亿元，增量占全市房地产开发贷款增量的 68.6%。个人消费贷款余额 98 亿元，比年初增加 15.5 亿元，增长 18.7%。创业促就业小额担保贷款余额 20.2 亿元，同比增长 39.8%。

四、辖区跨境人民币结算迅猛发展

自云南省跨境人民币结算试点工作启动以来，中国人民银行玉溪市中心支行（以下简称：玉溪中支）采取“三重”（ 重宣传、重引导、重服务）措施，有效助推玉溪跨境人民币结算迅猛发展。截至年末，全市跨境收支总额 5.68 亿美元，同比增加 1.76 亿美元，增长 45%；银行结售汇总额 4.04 亿美元，同比增加 0.06 亿美元，增长 1%；跨境人民币结算呈现爆发式增长，总量突破 10 亿元，达 12.09 亿元，居全省内陆州市前列，同比增长 3.3 倍。人民币结算参与主体增加、品种更加丰富、比重明显提高、地域范围不断扩大。

【金融监管】

一、积极推进“两管理、两综合、一保护”工作，提升金融管理和服务成效

（一）完善管理制度和工作机制，提升综合管理工作成效。2012 年，玉溪中支将综合管理工作重心放在进一步完善工作制度、管理模式、责任落实上，加强对金融机构开业和经营过程中，执行国家金融法规和人民银行政策业

务规定情况的管理和评价，积极整合内部资源，将日常监测情况与信贷政策导向效果评估、金融消费者权益保护工作、重大事项报告、金融执法检查等工作情况结合起来，增强工作成效。截至年末，辖区银行业金融机构累计报送重大事项60余次；组织完成了对6家银行机构（包括2家分支机构）2011年度执行中国人民银行政策情况的综合评价工作；认真做好玉商行澄江支行的开业管理与服务工作。

（二）综合执法检查工作延伸至县域。在认真总结2011年综合执法检查工作经验和成果的基础上，组织对辖内2家银行业金融机构的6个县级分支机构9方面业务开展了综合执法检查工作，将检查对象延伸至县级机构，有效拓展基层人行对外履职空间。综合执法检查累计共查出各类问题70个，列入其他需要反馈的问题有32个。按规定对违反账户、征信、统计、国库等相关法规制度且情节性质较重的7件违规行为给予行政处罚6.5万元。

（三）创新开展金融消费者权益保护试点工作。2012年，玉溪中支被列为云南省金融消费者权益保护试点单位，选择在红塔区、江川县、澄江县先行试点。通过完善制度，理清流程，明确职责，积极创新，建立起了金融维权的工作架构，有效规范办理程序和要求，确保投诉办理的快捷高效，推动工作显现积极成效，促进金融管理和服务水平的提升。截至年末，玉溪金融消费者权益保护中心共接听社会各界业务咨询二十余次，认真受理处置了四起金融消费者对金融机构的投诉，消费者对处理结果较为满意，有效维护金融消费者权益。

二、中国银行业监督管理委员会玉溪监管分局（以下简称玉溪银监分局）着力提高依法监管水平，提高监管整体效能

2012年，玉溪市各银行业金融机构监管指标继续稳步提升，各类金融风险得到有效管控，金融改革创新持续深入，法人机构综合实力明显增强，银行业整体抗风险能力和市场竞争力不断提高，助推了玉溪市实体经济发展。

（一）科学监管

1. 强化准入监管的引领作用。创新市场准入审验模式，首次实施新设分支机构开业审验；加强市场准入与现场检查、非现场监管的联动机制建设，在增设机构网点、拓展业务经营等方面，优先支持经营稳健、管理规范的银行。截至年末，核准49名高管人员任职资格，否决1人；审批新设21个自助银行，对72项机构变更事项进行审批，初审支行筹建4家，开业3家。

2. 强化非现场监管功能，非现场数据质量持续提高。对辖内一家机构大客户系统报数质量问题发出“监管提示书”。对一家机构屡次错报监管统计数据的行为给予10万元罚款的行政处罚，并在全辖进行通报。

3. 关注现场检查质量。加强违规整纠，在原有《现场检查问题台账》的基础上建立完善了《现场检查问题整改台账》，跟踪监测机构整改情况，督促其切实改善经营、改进管理，避免“只罚不管”，切实提高检查的针对性、威慑力和警戒性。2012年，玉溪银监分局累计派出检查组21个，投入1613个工作日，检查金额75.83亿元，涉及问题金额6.75亿元，提出整改和监管意见85条。

（二）政府融资平台风险化解

玉溪银监分局督促辖内银行业金融机构健全平台贷款动态监测机制，持续完善抵质押担保工作。2012年，全市累计增加有效抵质押品66.24亿元。同时，严把新增平台贷款的投向和流向关口，防止平台贷款假借“保续建”之名违规增长。截至年末，累计收回平台贷款本金50.22亿元，结清18户贷款。在土地储备贷款和保障房贷款增加6.83亿元的情况下，平台贷款比上年减少4.11亿元，较2010年6月末减少31.63亿元。

（三）重点风险防控

1. 在房地产领域密切关注信贷风险。强化对房地产开发企业，特别是关联关系复杂、跨业投资、快速扩张的开发企业的动态风险排查，年内与市住建局联合开展了对玉溪市从事商品房预售的房地产开发企业和“监控银行”的走访调查。

2. 全面布控表外业务风险。对玉商行15000万元的银信合作理财业务，督促其纳入表内核算，并进行了跟踪检查。

3. 严禁违规揽储，维护良好市场秩序。对邮储银行代理网点工作人员到信用社及公共场所进行揽储不正当宣传的行为，及时发出监管提示书，责成对相关责任人进行严肃处理。

4. 严防案件风险。继续保持案防高压态势，督促银行业金融机构密切关注并深入排查涉及贷款诈骗、票据业务违规、内部人员行为不当、银行卡、ATM机和信息科技等领域的案件隐患，年内案件专项治理小组进行实地督查10次。

5. 发挥玉溪市非法集资部门联席会议办公室职能，配合公安部门等打非领导小组成员单位开展了玉溪市整治非法集资专项行动，在专项行动开展期间，2起案件成功移送起诉，新立非法吸收公众存款案件2起，涉及金额494万元；破案2起，抓获犯罪嫌疑人3人，挽回经济损失6万元。

（四）银行业不规范经营专项治理

1. 对专项行动中发现的违规行为，果断采取限期整改、约见谈话、责令退回违法所得、高管问责等措施从严处理违规问题，发现的5类违规问题全部整改完毕，责令退还违规收费39.29万元，责令银行内部处罚5人，通报批评3人。

2. 积极利用主流媒体广泛宣传主题活动的主要内容、进展情况和阶段性成效，主动发出正面、积极的声音。在公开网页上公开披露举报投诉电话，开门接受群众投诉和社会监督，以自我革命、公开承诺和阳光行动的决心和信心，确保专项整治工作取得成效。专项治理期间，辖内银行业金融机构实现“零投诉”，在依法经营、惠企减负、保护金融消费者权益、履行社会责任上展示了良好的社会形象。

【货币信贷政策传导】

一、增强“窗口”指导的有效性

利用地方主流媒体和政府信息公开网站平台加大货币政策的对外宣传力度。在《玉溪日报》发表主要负责人专题署名文章解读稳健货币政策，营造良好的政策舆论环境。利用金融工作会议、金融运行分析会及金融工作座谈会平台，加强向政府的情况反馈、政策解读、分析金融运行，引导各金融机构充分认识和理解稳健货币政策的实质和内涵。结合玉溪发展实际制定印发《货币信贷指导意见》，安排部署贯彻货币信贷政策重点工作，引导金融机构保持信贷合理增长，优化信贷结构，加大对“三农”、中小微企业、民生等领域的支持力度。完善信贷政策导向效果评估制度，加强信贷政策导向效果评估，强化政策实施效应。

二、运用多项手段和工具，做好货币信贷调控工作

（一）充分运用再贷款、差别存款准备金率等货币政策工具，拓展地方法人金融机构信贷空间，引导法人金融机构更好地服务经济发展。年内，发放支农再贷款4000万元，对考核达标的两家县级农村信用社下调1个百分点存款准备金率的政策优惠。

（二）加强宏观审慎管理，落实地方法人机构新增贷款调控管理。结合辖区实际，积极争取调增、调整提前使用信贷控制数，不断强化信贷调控管理，全年地方法人机构新增贷款32.77亿元。

（三）落实县域法人金融机构新增存款一定比例用于当地贷款激励政策及农村信用社专项中央银行票据兑付后续监测考核激励约束政策，引导信贷资金积极支持县域经济发展。另外，围绕推进“区域集优债务”融资工作，积极拓展融资方式和融资渠道。

【支持地方经济发展】

一、金融支持服务民生及社会薄弱环节取得明显成效

（一）创业促就业信贷扶持上新台阶。玉溪中支与市劳动和社会保障局、市财政局积极协作，从加强失业人员小额贷款经办机构建设、完善和补充担保基金及调整担保范围等方面多举措推进创业促就业小额担保贷款工作。截至年末，玉溪市创业促就业小额担保贷款余额20.23亿元，同比增长39.79%。其中：微利贴息贷款余额8.75亿元，增长20.79%；贷免扶补贴息贷款余额8.41亿元，增长36.29%；劳动密集型企业贴息贷款余额3.06亿元，增长1.9倍。

（二）涉农信贷支持力度稳步加大。2012年，玉溪中支积极引导全市涉农金融机构将农户、农业企业、农业产业作为信贷支持重点。截至年末，玉溪市全市涉农贷款余额294.78亿元，比年初增加37.91亿元，增长14.76%。玉溪中支通过召开银企座谈对接会等措施有效推动辖区金融机构发放专项贷款，加大金融支持农业产业化龙头企业的力度。截至年末，玉溪市农业产业化龙头企业申请贷款金额16.95亿元，获得专项贷款16.15亿元，获贷率95.3%。

（三）中小企业金融服务水平纵深发展。2012年，玉溪中支将金融机构支持中小企业的情况纳入信贷政策导向效果评估范围，督促和引导金融机构有效贯彻落实信贷政策。为促进银行和企业的密切合作，玉溪中支联合政府相关职能相关部门向辖区银行业金融机构推介符合产业政策的中小企业搭建平台，截至2012年末，75户推介中小企业向银行提出42.11元贷款申请，实际获批40.86亿元，获贷率高达97.03%。

（四）金融支持大学生“村官”创业富民突破性发展。截至2012年末，金融支持大学生“村官”创业富民信贷余额61.1万元，同比增加48.74万元，增长3.94倍，金融信贷扶持覆盖面从1个县扩大到3个县。

（五）民贸民品贴息贷款、助学贷款平稳发展。2012年，玉溪市民贸民品优惠利率贷款累计发放7690万元，贴息额285万元，受惠企业数25户。为落实国家重视教育，加速人才培养的扶持政策，玉溪辖区商业性助学贷款及生源地助学贷款健康平稳运行。截至2012年末，玉溪市金融机构商业性助学贷款本年累计发放135.1万元。

二、积极推进“一创两建”工作取得新成效

（一）大力推进农村金融产品和服务方式创新，全市金融机构围绕创新担保抵押机制、贴息及组合循环机制，推出了数十种服务“三农”的信贷创新产品，完善农村金融服务方式，简化信贷审批程序，提高信贷发放效率，切实给“三农”带来方便和实惠。

（二）大力推进农村支付环境建设。2012年末，玉溪市银行类金融机构网点接入现代化支付系统达184个，占全市金融机构网点总数49.3%，其中农村地区网点接入现代化支付系统82个，占农村地区金融机构网点总数

32.5%。推广烤烟收购电子支付结算工作取得历史性突破，2012年烤烟收购电子支付实现了玉溪市所有102个烟站的全覆盖，电子结算金额达22.6亿元，比上年增加19.5亿元，增长6.4倍，电子支付金额占全市烤烟兑付总额的比例达97.9%。

（三）大力推进农村信用体系建设试点工作。截至年末，易门县共采集农户信息28391户，占所辖农户数的73.1%，评定信用户15049户，占已采集农户数的53.0%；评定信用村18个，评定信用乡镇2个，涉农金融机构共发放惠农卡39550张，授信金额达3.11亿元，实际用信2.15亿元，试点工作取得预期目标，得到了市政府的充分肯定，为全面推进农村信用体系建设积累了经验。

【各金融机构的经营管理】

中国农业发展银行玉溪市分行认真遵循“稳中求进”的工作基调，继续加大信贷支农力度，严控信贷风险，继续推进队伍建设，各项工作总体稳中有进。截至年末，各项存款余额为4.74亿元，比年初增加0.58亿元，增幅14.07%；各项贷款余额为22亿元，比年初增加0.42亿元，增幅1.92%。

中国工商银行股份有限公司玉溪分行积极应对宏观经济政策和信贷政策的调整变化，以信贷结构调整为动力，全力发展贸易融资、小企业贷款和个人消费贷款、经营性贷款，积极拓展优质信贷市场，推动各项贷款持续稳定增长。截至年末，人民币各项贷款余额61.39亿元，比年初增加5.9亿元，增长10.6%。创新融资手段，多渠道支持地方经济发展，2012年票据贴现余额0.91亿元，比年初增加0.62亿元，增幅达213.8%。

中国农业银行股份有限公司玉溪分行积极实施“发展、转型、强管、创新、控险、增效”业务经营方针，坚持稳健经营，抓好有效发展，夯实基础管理，深化“三农服务”，强化城乡联动，积极推进改革，努力推动各项工作再上新台阶。截至年末，各项贷款余额为103.99亿元，比年初增10.13亿元，信贷结构调整逐步优化；各项存款余额146.4亿元，比年初增12.8亿元；全年实现拨备后利润3.83亿。

中国银行股份有限公司玉溪市分行按照“增收入、保利润”的总体要求，紧紧围绕“以收入为中心”经营战略，以“抢市场、强基础、扩规模”为第一核心要务，各项业务取得显著成效。截至年末，人民币各项存款余额为51.81亿元，较上年增加4.75亿元，增10.08%；各项贷款余额34.76亿元，较上年增加3.93亿元，增12.75%。全年实现净利润0.87亿元，同比增加0.15亿元，增21.03%，经济资本占用（EC）为3.59亿元，经济价值增加值（EVA）为0.44亿元，风险调整资本回报率（RAROC）为24.38%。

中国建设股份有限公司银行玉溪市分行进一步调整业务结构，转变发展方式，改善经营环境，提高服务质量，持续增强对区域经济的综合服务能力，全面提升品牌服务形象和市场竞争能力，打造综合性、多功能、集约化银行。全年一般性存款余额达126.68亿元，比年初增加9.45亿元，增长8.06%。各项贷款余额74.61亿元，比年初增加10.31亿元，增长16.03%；实现中间业务收入0.77亿元，同比增加0.05万元，增长7.6%；实现账面利润2.45亿元，同比增加0.46亿元，增长22.8%。

交通银行股份有限公司玉溪分行认真落实中央宏观调控政策，推进机制改革和转型发展，提升服务创新水平，各项业务呈现质效并举、稳健发展的势头。截至年末，人民币存款规模达37.69亿元、贷款规模达36.47亿元、账面利润0.94亿元，利润规模创历史新高，不良资产已连续4年为零。截至年末，各项贷款余额36.47亿元，比年初增加12.31亿元，增幅52.87%；日平均贷款余额为30.67亿元，较年初增加9.07亿元；存贷比为97%，较年初增加了36个百分点。

【证券业务】

2012年，股市在低位徘徊，市场压力剧增，亏损增加、休眠户增加、开户数创新低、活动户越来越少。截至年末，全市股票交易量达204.1亿元，比上年减少67.4亿元；累计新开账户2548户，比上年减少3242户；代理基金销售13.8亿元，比上年减少7.8亿元；基金赎回13.2亿元，比上年增加3.6亿元。

【保险业务】

2012年，全市保险业机构累计实现保费收入21.5亿元，比上年增长5.76%。其中，财产保险收入9.5亿元，比上年增长4.72%；人寿保险收入12.0亿元，比上年增长6.63%；累计赔（付）款5.2亿元，赔付率达到24.2%。

【大事记】

1月15日，元江县第二家小额贷款公司—华茂小额贷款股份有限公司在元江县广场举行了隆重的揭牌开业仪式。

3月14日，玉溪市政府召开全市金融工作会议。

3月17日，天津黄金之星贵金属经营有限公司澄江分公司在玉溪澄江县正式挂牌营业，这是云南省成立的第二家贵金属交易机构，也是全省首家县级贵金属交易机构。

4月1日，“财税库银横向联网系统”在市人行、市财政、市国税、市各商业银行等部门成功上线运行，标志着玉溪财、税、库、银实现了横向联网。

3 月 14 日，玉溪市政府召开全市金融工作会议

5 月 7 日，玉溪市财税库银联网工作推进会

5 月 15 日，玉溪中支联合玉溪市公安局、玉溪银监分局以及红塔区国税局、地税局一道开展以“打防经济犯罪，共建美好生活”为主题的打击和防范经济犯罪宣传日活动。

12 月 4 日，玉溪市在易门县召开全市农村信用体系建设暨易门县试点工作总结表彰会，表彰易门县 2 个信用镇、18 个信用村、10 户信用户代表及 30 名先进工作者

5 月 31 日，华宁县农村信用合作联社在华宁县华溪镇举行“信用镇”授牌仪式，标志着玉溪市农村信用社系统积极推动创建的首个“信用镇”在华溪镇创建成功。

6 月 13 日，在昆明中支的统一部署下，玉溪中支在峨山县人行成功组织了重要网络及重要应用系统切换实战应急演练。

8 月 23 日，玉溪市商业银行澄江支行正式开业。

12 月 4 日，玉溪市在易门县召开全市农村信用体系建设暨易门县试点工作总结表彰会，表彰易门县 2 个信用镇、18 个信用村、10 户信用户代表及 30 名先进工作者。

（蒋艳萍供稿）

2012 年玉溪市主要经济、金融指标

单位：万元人民币

项 目	金 额	比上年增减额	比上年增减幅度（%）
国内生产总值	10001749	1220213	12.2
工业增加值	5983317	676205	12.7
地方财政收入	1124500	159900	16.6
地方财政支出	1853500	248400	15.5
社会消费品零售总额	1986356	303004	18.0
金融机构各项存款	10017143	851944	9.3
财政存款	27587	-5550	-16.8
单位存款	4808141	109246	2.3
储蓄存款	4996244	661971	15.3
金融机构各项贷款	6319136	882789	16.2
短期贷款	2916161	724206	33.0
中长期贷款	3340759	134360	4.1
现金投放（+）回笼（-）			
证券业：			
市场总成交金额	2040958	-673599	-24.8
累计开户数（户）	55457	2548	4.8
保险业：			
保险总收入	215322	11757	5.8
保险赔付总支出	52119	11638	28.8

保山市

2012年，保山市以转变经济发展方式为主线，以与全国全省同步建成小康社会为目标，以桥头堡建设为抓手，以保障和改善民生为根本，以深化改革开放为动力，坚持稳中求进总基调，深入实施“六大战略”，全面落实“四化五加强”举措，强化内需促动、投资拉动、产业带动、区域联动、创新驱动、绿色推动，建好产业园区，壮大实体经济，加快培育文化品牌，着力打造旅游名片，努力推动保山经济社会发展实现新的跨越。

2012年，全市共实现生产总值389.96亿元，同比增长15.1%（按可比价计算，下同），其中：第一产业实现增加值112.92亿元，增长6.5%；第二产业实现增加值133.93亿元，增长21.7%。第三产业实现增加值143.11亿元，增长15.8%。固定资产投资总额累计完成222.63亿元，同比增长36.9%。实现社会消费品零售总额119.69亿元，同比增长18%。全市城镇居民人均可支配收入18875元，同比增长16.3%，农民人均现金收入5693元，比上年同期增长28.3%。全市实现财政总收入57.44亿元，同比增长21.1%，财政总支出162.45亿元，同比增长35.8%。全市居民消费价格总指数102.6%，上涨2.6%。

【金融运行情况】

2012年，保山市金融机构贯彻落实稳健的货币政策效果明显，金融运行保持平稳较快增长，信贷投入适度增加，结构不断优化，支持实体经济效果突出，金融服务保山市经济社会健康发展成效明显。

一、存贷款稳定增长，贷款投放均衡性增强

2012年，保山全市金融机构人民币各项存款余额483.19亿元，同比增长16.2%，比年初增加67.37亿元，增长16.2%。其中，人民币储蓄存款余额285.48亿元，比年初增加46.94亿元，增长19.68%；单位存款余额185.53亿元，比年初增加20.84亿元，增长12.65%。金融机构人民币各项贷款余额312.24亿元，同比增长15.98%，比年初增加42.77亿元，增长15.87%，同比多增2亿元，增幅同比下降1.96个百分点。从贷款结构看，境内短期贷款余额91.17亿元，比年初增加28.89亿元，增长46.38%，同比多增22.12亿元，增幅同比上升34.21个百分点。中长期贷款余额220.82亿元，比年初增加13.66亿元，增长6.59%，同比少增20.53亿元，增幅同比下降13.17个百分点。在金融宏观政策的主动调控和桥头堡战略等因素作用下，全市各项贷款新增额季度间分布总体均衡有所增强。从新增贷款情况看，一、二、三和四季度，分别新增贷款15.26、15.11、3.52和8.88亿元，分别占全年新增贷款的36%、35%、8%和21%，各项贷款在季度间分布均衡增强，促进了地方经济的平稳较快增长。

二、银行资产质量持续改善

2012年保山市加大对地方政府融资平台贷款的清理，扎实推进“降旧控新”工程，政府平台公司贷款实现了风险定性全覆盖。辖区各金融机构普加强贷款管理，加大授权授信管理和贷款检查力度，防止不良贷款产生。运用经济、法律手段加大不良贷款收回力度，集中力量处置各种不良贷款，切实加强核销呆坏账工作。截至年末，全市金融机构不良贷款余额为6.62亿元，不良率为2.12%，余额同比减少0.15亿元，占比下降0.28个百分点。

三、外汇管理和人民币跨境工作取得新进展

2012年，保山市对外经济贸易继续保持增长，外商直接投资活跃，全市跨境收支总规模、银行结售汇总额略有增长，国际收支顺差。截至年末，全市共发生跨境资金收支总额15024.35万美元，同比增加5019.04万美元、增长50.16%，国际收支顺差9804.77万美元。全市银行结售汇总额为12149万美元，较去年同期增加7585万美元，增长113.96%。人民币跨境结算工作取得明显成效。保山市货物贸易以人民币结算规模稳步增长。截至年末，全市货物贸易项下人民币结算金额2477.22万美元人民币，其中边境贸易以人民币结算2345.16万美元人民币，占货物贸易项下人民币结算量的94.67%。保山市首家外币代兑机构——腾冲县通城经贸有限公司外币代兑点的设立，为保山市下一步申请办理外币兑换特许业务，特别是申请办理人民币与缅币兑换特许业务奠定了基础。

四、金融改革不断推进，地方性金融机构发展迅速

截至年末，全市已注册开业的小额贷款公司达15家，比上年同期增加7家，各贷款公司立足支农和小企业贷款，有力地扶持了全市种植、养殖业和小企业的发展壮大，服务经济发展的作用逐步显现。2012年全市小额贷款公司累计发放贷款5.64亿元、905笔，贷款余额为4.58亿元，比年初增加2.22亿元，增长93.86%。其中：支农贷款累计发放5.08亿元，823笔，12月末余额为4.18亿元，占比为91.29%；小企业贷款累计发放0.3亿元，31笔，12月末余额为0.14亿元，占比为3.11%。自开业以来，小额贷款公司已累计发放贷款12.8亿元，笔数2434笔。

【金融监管】

一、健全机制，稳步开展“两管理、两综合”工作

年初，保山中支召开专题会议研究部署“两管理、两综合”工作。成立了工作领导小组、在分工协作的基础上由货币信贷科集中受理开业管理与服务工作事项，形成了一个窗口对外、一个途径反馈的工作机制。在执行月报制度，加强日常管理的基础上，对评价标准进一步细化，明确了具体的扣分和加分项目。要求县支行按照属地原则，参照中支细化后的评价办法对辖区金融机构开展评价。2012年，保山市有两家金融机构正在筹建设立，保山中支在提供相应服务的同时，严格按照相关要求和程序加强管理。根据全省统一安排安排，保山中支于4月11日至5月15日对保山辖区4家银行业金融机构进行了综合执法检查，查出问题43个，形成《检查意见书》4份，行政处罚合计8.5万元。

二、加强风险监测，切实履行维护金融稳定的职能

关注经济下行对保山市经济金融的影响。加强地方法人金融机构流动性、资本充足情况、资产质量状况和盈利等情况的风险监测，适时掌握和做好风险提示。关注当地保险市场发展情况，了解保险机构、人员、业务结构、主要风险等情况，对县域保险市场发展状况进行调研。切实加强对地方小额贷款公司、民间借贷、担保公司、政府融资平台的监测。配合地方政府和相关部门打击非法集资、非法黄金期货交易等，维护当地的金融稳定。按照上级行通知要求，依法合规做好金融稳定再贷款损失认定、上报核销工作。

三、积极做好辖区金融机构信息安全管理工作

制定了保山市金融机构的科技管理工作按月考核制度，定期公布考核结果，准确评价金融机构工作成效提供了依据。组织开展了2012年保山市银行卡联网通检查，检查POS数超过规定数的35%。做好新增金融机构的入网管理工作。对辖区282个金融机构开展了机构信息验证核查工作，审核率达到100%，实地抽查率达到37%，为下一步金融机构代码证的发放打下了良好的基础。

四、创新银行业监管机制，加大案件查处力度

保山银监分局建立“年初签订重点监管工作承诺书、年中走访、年末督促考核”的“三位一体”持续监管机制，不断提升监管实效。“三位一体”的持续监管机制，在时间上覆盖了整个监管周期，在内容上涵盖了全部监管工作，强化了监管工作的完整性和连续性。建立了现场检查问题库、监管人员库、案例库、查处库、信息库和整改跟踪联动单的“五库一单”制度，开展了现场检查总结会和主查人上讲坛的“一会一坛”活动、实施了“农村信用社监事长履职报告制度”和建立了现场检查信息快报等多项措施，有效提高现场检查的质效。2012年共派出现场检查组14个，检查机构11个，检查工作量2921个工作日，发现问题53个、金额3.21亿元，提出整改意见53条。2012年，案件查处力度加大。针对保山邮储银行代理网点发生的重大案件，迅速成立专案督导小组，果断采取措施，对32人给予了12.2万元的经济处罚和2人的行政处分，为保山银行业历年之最。

【货币信贷政策传导】

一、加强“窗口指导”，推动信贷合理增长

结合辖区实际，保山中支制定并印发了《2012年保山市信贷指导意见》，明确了贷款款增长18%以上的工作目标。督促驻保金融机构抓好货币信贷政策的贯彻落实，保持合理的信贷增长。引导各金融机构按照“有扶有控”的原则，更好地服务实体经济。围绕保山市委政府桥头堡建设的战略目标，引导金融机构加大对重点项目和重点企业的信贷支持力度，支持桥头堡建设。增强差别准备金动态调整的针对性和有效性，对施甸县、昌宁县、龙陵县、隆阳区农村信用社执行低于同类金融机构正常标准1个百分点的存款准备金率政策。今年，保山中支进一步改善货币信贷政策传导方式，9月14日，与龙陵县政府联合召开保山市银行业支持龙陵县经济社会发展座谈会，8家市级银行业机构分别与龙陵县政府签署了战略合作协议，并与15家企业达成贷款意向，金额14.02亿元。

二、抓好金融支持工业园区和中小微企业发展政策的落实，支持实体经济发展

根据保山工业园区建设情况，以水长、保山和腾冲等三个省级工业园区为重点，引导商业银行对落地企业加大信贷支持力度，保山中支在企业征信、人民币跨境结算、外汇管理、支付结算等方面对入园企业提供良好的金融服务，使工业园区真正发挥带动、示范效应，支撑全市经济快速发展。分行业搭建银企对接平台，在传统项目推介会等方式的基础上，组织农业、工业、林业、文化旅游等企业，分别与金融机构进行条块对接，银企双方合作的针对性和实效性增强。保山中支牵头组织了辖区银行业金融机构参与保山市中小微企业融资便利化行动，融资超市开市当天，融资超市开市当天，签订贷款意向书104份，贷款金额30.79亿元。推动云南省金融办与保山市政府共同举办"金融支持保山行"系列活动及金融战略合作协议的签署。8月23日，来自省级20多家金融机构的代表出席签约仪式，有7家省级金融机构与保山市政府及保山部分企业签订金融战略合作协议和重大项目及重点企业融资意向协议，合作项目290个，意向融资金额496亿元。

三、关注民生，提高信贷政策的针对性和有效性

引导金融机构继续贯彻落实下岗失业人员小额担保贷款、国家助学贷款、民族贸易及民族用品生产企业贷款等优惠信贷政策，加大对保障性住房和民生工程的信贷投入，提高信贷政策的针对性和有效性。截至年末，全市创业促就业小额担保贷款余额7.16亿元，助学贷款余额370万元，大学生村官贷款余额4.5万元，民族贸易县及民族用品生产企业贷款余额511万元，人民银行优惠贴息8万元。

【支持地方经济发展】

一、攻坚克难，积极推动"一创两建"工作的开展

实事求是探索和推动农村金融产品和服务方式的创新。以林权抵押贷款、"贷免扶补+农民专业合作社"贷款产品为主的农村金融产品和服务方式创新取得成效。截至年末，林权抵押贷款余额11.65亿元，在全省排名第四。"贷免扶补"贷款余额39，291万元，比年初增加2972万元，增长8.2%。强化管理，提升质量，稳步推动农村支付体系建设。采取有效措施，完善农村地区支付服务布局，提升农村地区支付服务水平。截至年末，全市72个乡镇，金融机构网点数78个，覆盖面100%；累计建立惠农支付服务点551个，累计发生业务24.78万笔，金额7913.26万元。全省首家实现了烟用物资及烟叶收购款的非现金结算。突出重点、因地制宜，积极推动农村信用体系建设。截至年末，全市参加试点工作的乡镇有21个，涉及215个行政村、农户138434户。同时，保山中支对昆明中支下发的"无贷农户信息填报模板"（扬州版本）进行了优化改造，经多次修改完善，现已被全省推广使用。

二、加强货币流通管理，确保合理现金供应

强化发行基金调度与摆布管理，确保辖区正常现金供应。截至年末，共投放发行基金73.72亿元，回笼90.5亿元。共组织调拨发行基金51笔，39车，94.94亿元。保证了在不同时期、不同季节对不同券别的现金供应工作，有力地支持了地方经济发展。

三、加强国库管理，防范资金风险

夯实国库会计基础，加强柜面监督，严把国库拨款、退库审核关，确保每一笔资金准确、及时、安全，预算收支顺利执行。截至年末，全辖共办理国库业务23.39万笔，金额246.88亿元，共办理电子税票入库业务61295笔，金额14.07亿元。实现了国库资金运行管理"低风险，零案件"的总体目标。4月1日横向联网系统实时扣税税票扣款成功，保山市财税库银横向联网系统正式上线运行。

四、加强现场指导，确保支付结算高效有序

积极推广支付密码和支付结算综合业务系统。组织辖区银行业金融机构开展全国存量个人人民币银行存款账户相关身份信息真实性核实工作。以大学校园和惠农点为重点，加强支付清算系统宣传工作。8月1日正式取消了同城票据交换业务。截至年末，全市人民银行对6248个银行结算账户实施了行政许可。支付系统共处理往来账业务659410笔，清算资金2686.14亿元。

五、加强系统建设，推动征信管理上水平

全市代码证发放工作进展快速，截至年末，全市已对11410户与银行业金融机构发生有业务往来的机构发放了机构信用代码证，发放比例达到100%。加强征信知识宣传培训，共组织培训13次，参训人员1574人次。2012年新核准发放贷款卡388张，完成贷款卡年审910户，年审合格率100%。受理企业信用报告查询250笔，受理个人信用报告查询1688笔，处理个人异议事项3笔。全市已有4106个企事业单位纳入"企业信用信息基础数据库"，全市银行业个人借款517043人均纳入"个人信用信息基础数据库"，建立了个人信用档案，占全市人口的20.34%。

【各金融机构的经营管理】

一、经营管理和产品创新稳步推进

工行保山分行践行"四硬"的经营理念，加快金融产品和服务创新，首次发放旅游项目贷款1.6亿元，营销法人理财产品5亿元，全省工行单笔最好成绩。中国银行保山分行以新产品为依托，拓展中间业务，与地方八家知名汽车经销商签订了信用卡专项分期付款协议，大力发展车贷通、建材商户等分期业务。邮储银行保山分行探索支持"三高六新"小企业客户，大力发展综合消费信贷。推出绿卡通"福农卡"，受到广大客户的欢迎。富滇银行保山分行围绕地方优势产业，创新开发了"林权+联保"贷款产品并在咖啡产业中成功投放，有效推动了地方林业产业的发展。同时，在对经营指标细化的基础上，层层签订《责任书》，保证经营指标分解到位。

二、资产负债业务快速发展

农村信用社坚持"立足三农、服务城乡"，支持中小企业发展的市场定位，不断调整和优化信贷结构，支农工作取得显著成效。全市信用社年末各项存、贷款余额均居全市第一位。农发行保山分行坚持政策性银行办行方向不动摇，认真履行政策性金融职能，切实把支持粮油收购、储备、调销工作抓细抓实，在保障粮食安全，保护农民利益方面发挥积极作用。中国银行保山分行紧盯和帮扶弱势网点提升规模和效能，结合本地经济结构状况明确自身的定位和战略措施，从工作思路、绩效考核、充分调动全行员工积极性、主动营销等诸方面推动、促业务发展。富滇银行保山分行积极支持保山桥头堡建设以及“十二五”规划重大项目建设，积极拓展资产业务。邮储银行保山分行倡导稳健、合规、阳光的信贷文化，确保信贷业务量质并重发展。按照“错位经营、特色发展”的战略转型思路，提高个人金融业务盈利能力。

三、服务与安全并重，风险防控水平逐步提高

邮储银行保山分行围绕操作、信用及合规风险，从制度完善、执行力度等方面加强管理工作。中国银行加大对重点风险环节的监控和排查，达到以点盖面的检查效果。农村信用社加大稽核审计和内部管理工作，加强业务规范发展。工行保山分行按季开展内控案防分析会，落实风险管理责任，做到“家底清楚、风险可控”。农发行保山分行加强员工合规意识教育，完善应急预案和演练，提高应对和处置各类突发事件的能力。

四、积极履行社会责任，企业文化建设不断加强

富滇银行保山分行引导员工承担社会责任，积极参与挂钩帮扶、救灾赈灾、绿化环保等社会公益活动。工行保山分行组织开展“讲文明、树新风”活动，获得“省级文明单位”称号。农发行保山分行组织开展青年礼仪比赛，成立了自行车俱乐部，组织职工开展骑行活动。农村信用社开展“金融知识万里行”宣传活动，向社会公众普及金融知识。组织职工捐款支持彝良抗震救灾，积极开展各种创建活动，企业文化建设取得丰硕成果。

【证券业务】

截至年末，保山市股民户数达24355户，比年初新增1755户，股民保证金余额0.78亿元，同比上升11.35%，年度总交易量66.54亿元，同比下降25.06%，证券业实现利润1034万元，同比下降33.2%。

【保险业务】

通过对16家保险机构的统计，2012年，全市保险业实现保费收入9.08亿元，同比增长13.55%；赔款给付总计2.88亿元，同比增长40.9%。

【大事记】

2月2日，由保山市政府牵头、人行保山中支主办的全市金融工作座谈会召开，保山市政府领导、市级金融机构负责人、市直各经济主管部门领导参加了会议，保山市市长吴松对做好2012年全市金融工作提出明确要求。

2012年2月27日，保山市隆阳区农村惠农支付点商户授牌签约会在保山中支举行。截至年末，保山市已设立551个惠农支付点。图为部分商户接受惠农点牌匾

2月7日，金融时报、云南电视台、云南日报等新闻媒体记者深入保山边远山区，集中宣传报道保山市惠农支付建设情况。

2012年4月13日至17日，总行条法工作座谈会在保山腾冲召开，条法司刘向民副司长、昆明中支王建东副行长出席会议。此次研讨会重新审议修订了中国人民银行行政处罚程序规定。

3月29日，保山市中小微企业融资超市活动正式启动，其中：签订借款合同的企业有86家，融资金额共计8.49亿元，签订贷款意向书的企业有104家，贷款意向总金额22.3亿元。

6 月 2 日至 3 日，总行党校调研组一行 11 人对保山市跨境贸易人民币结算情况进行调研。

4 月 1 日，保山市财税库银横向联网系统正式成功上线运行。

4 月 13 日至 17 日，人总行条法工作座谈会在腾冲召开，总行、各分行、部分省会中支负责条法工作的同志近三十人出席了会议。

（赵健超供稿）

2012 年保山市主要经济、金融指标

单位：万元人民币

项 目	金 额	比上年增减额	比上年增减幅度（%）
国内生产总值	3899564	511585	15.1
工业增加值	830378	180427	27.76
地方财政收入	574421	100085	21.1
地方财政支出	1624496	428255	35.8
社会消费品零售总额	1196907	182580	18
金融机构各项存款	4831983	673712	16.2
财政存款	107429	-12305	-10.28
单位存款	1855346	208403	12.65
储蓄存款	2854775	469446	19.68
金融机构各项贷款	3122363	427711	15.87
短期贷款	911689	288852	46.38
中长期贷款	2208185	136565	6.59
现金投放（+）回笼（-）	-167728.2	-69599.7	70.93
证券业：			
市场总成交金额	665400	-222510	-25.06
累计开户数（户）	24355	1755	7.76
保险业：			
保费总收入	90800	10835	13.55
保险赔付总支出	28800	8360	40.9

昭通市

【综述】

2012年，昭通市克服了复杂多变的经济运行环境和“9·07”地震带来不利因素的影响，克服各种困难，使经济保持较快发展，经济总量突破五百亿元大关，全市居民消费价格总水平为102.7%，总体走势呈现先攀升后回落的态势，涨幅比上年回落2.6个百分点。经济继续保持平稳快速增长，总量再上新台阶。经历特大自然旱灾、国内外经济金融形势急剧变化、宏观金融政策的重大调整下，全市金融体系运行整体稳定。面临复杂的形势，全市银行业的总体实力、抗风险能力和服务水平持续增强，在促进区域经济金融协调发展方面发挥着越来越重要的作用。2012年全市金融机构资产总额812亿元，比年初增长23.75%；实现税后净利润11.19亿元，同比增长20.81%。昭通市银行业金融机构积极落实宏观调控政策，坚持有保有压、区别对待的信贷政策，围绕调整经济结构和加快转变经济发展方式的主线，认真贯彻执行稳健的货币政策，综合运用政策工具引导信贷合理投放，改进信贷政策实施方式，着力优化信贷结构，推动农村金融产品和服务方式创新，加强金融市场监测分析和政策宣传，开展利率机制有关问题研究，不断增强政策执行的针对性、灵活性和有效性，切实促进昭通经济平稳较快发展。

【金融运行情况】

一、存款

截至年末，昭通市金融机构本外币各项存款余额达到768.58亿元，比年初增加148.61亿元，增长23.97%，同比多增49.27亿元，增幅提高4.89个百分点，其中：人民币各项存款余额768.42亿元，比年初增加148.72亿元，增长24.00%，同比多增49.46亿元，增幅提高4.93个百分点；外币存款余额263万美元，比年初减少173万美元，下降39.70%。

二、贷款

截至年末，昭通市金融机构本外币各项贷款余额达到420.66亿元，比年初增加65.10亿元，增长18.31%，同比少增4.11亿元，增幅下降5.86个百分点，其中：人民币各项贷款余额420.66亿元，比年初增加65.10亿元，增长18.31%，同比少增4.11亿元，增幅下降5.86个百分点；外币贷款余额为零。

【金融监管】

一、认真做好“两管理、两综合”工作，努力提高金融管理与服务水平

一是整合领导机制，提高“两管理、两综合”工作统筹协调能力。将“两管理、两综合”4个方面的工作整合在一个领导小组的统一领导下开展，达到了化繁为简、相互配合、提高效率的目的。二是认真开展综合评价，通过“点、线、面”结合的方式，圆满完成首次综合评价。三是做好银行业金融机构开业管理和重大事项报告工作。通过金融工作会、金融联席会和金融执法检查加大对金融机构开业管理和重大事项报告制度的宣传和监督，工作中严格管理、严格要求、优化工作流程，确保新开业金融机构达到人民银行准入条件，并及时掌握可能会影响辖内银行业金融机构稳定的各类重大事项。四是认真开展综合执法检查。5月份，对辖内两家银行业金融机构开展综合执法检查，对检查发现的46个问题作出责令整改决定，并通过送达《执法检查意见书》、约见谈话等方式提出整改、完善的具体意见，对违规行为处以罚款。该项工作的开展较好地树立了人民银行在当地金融机构中的形象和权威，锻炼了执法检查队伍，促进了被检查银行业金融机构依法合规经营。

二、严守风险底线，确保银行机构稳健运行

平台贷款风险得到缓释。按照“政策不变、深化整改、审慎退出、重在增信”的总体思路，以缓释风险为目标，以降旧控新为重点，以现金流覆盖率为抓手，继续推进地方政府融资平台贷款风险缓释工作。一是平台贷款增量得到有效控制。截至年末，全市银行机构地方政府融资平台贷款余额共计27.75亿元（含已整改为一般公司类贷款6700万元），比年初减少1.76亿元，下降5.85%，贷款总

量得到有效控制，实现了降旧控新的目标。二是存量风险得到妥善化解。2012年各银行机构共收回不良平台贷款1000万元，平台不良贷款余额减少到0，不良贷款率从年初的0.34%下降为0，平台存量风险得到妥善化解，质量得到提高。全市银行机构近三年到期平台贷款共计17.09亿元，其中：2012年内到期的平台贷款共计5.93亿元，占34.7%；2013年内到期的平台贷款共计5.47亿元，占32%；2014年内到期的平台贷款共计5.7亿元，占33.3%。还款计划安排较为合理。三是紧盯房地产贷款，风险得到有效化解。按照重点风险管控要求，昭通银监分局严密盯防房地产贷款风险，督促各银行积极贯彻落实国家房地产市场调控政策。强化房地产开发企业"名单制"管理，逐户进行风险排查和流动性、清偿力测算，并相应制定应对预案。排查中发现工行水富县支行对水富城建房地产开发经营有限公司的3400万元房地产开发贷款存在风险，对此，昭通银监分局积极与工行联系，多次座谈共同分析研究，督促采取有效措施，并要求工行每10天报告一次工作进展情况，千方百计化解风险。在昭通银监分局的大力督促下，工行昭通分行通过与水富县政府和开发商沟通协调，通过招商引资，由昭通昊龙集团对水富城建房地产开发经营有限公司进行收购，归还其所欠工行1212万元的逾期贷款。工行房地产贷款风险得到化解。四是抓好不良贷款"双降"工作。加强对银行业机构不良资产的月度、季度分析，把"双降"纳入高管人员日常考核范畴，继续采取"一把手约见谈话"、签订责任书等有效措施，督促银行机构利用行政、法律等多种手段实行全面清收，取得一些效果。截至年末全市银行业金融机构不良贷款余额6.45亿元，比年初减少0.94亿元，不良率为1.54%，下降0.54个百分点。

三、监管有效性得到加强

强化行政许可执法行为，切实做好市场准入监管工作。一是对农行昭通分行未经批准擅自变更盐津汇达支行营业场所的违法问题进行了查处。二是首次启用行政处罚简易程序，在检查现场对未按法规要求使用、保管金融许可证的邮储银行处以罚款1000元。三是推行高管任职资格考试制度，提高行政许可实效性。全年共组织高管考试78人。四是严格按照行政许可制度规定的程序、在规定时间内，按审核标准办理机构审批、高管核准事项。全年昭通银监分局共受理审核行政许可事项138项，其中：机构事项41项；核准高管人员任职资格67人；业务报备30项。

发挥非现场监管作用，全面完成现场检查任务。一是充分发挥非现场监管的分析、预判作用，加强对大额贷款发放和集中度指标的监测，制定了大额贷款监测台账，实行重点监控。截至年末，全市共计压降集中度超比例贷款40户，涉及金额3.8亿元，比年初下降39%。二是严审社团贷款资金投向。采用事前报备制度，对资金投向进行政策把关，改变以往事后报备不可逆转的被动情况，从而有效控制信用社资金使用流向，确保信贷资金投向当地的三农和小微企业。三是全面、准确、及时完成了辖内银行业金融机构年度非现场监管报表数据审核上报工作。2012年昭通银监分局共完成"整治银行业金融机构不规范经营检查"、"理财产品检查"等现场检查项目18个，检查银行机构网点120个，提出监管意见和建议172条，圆满完成了检查任务。

【货币信贷政策传导】

一、对稳健货币政策的宣传和"窗口指导"，促进信贷资金合理适度增长

积极利用全市金融工作会议、金融联席会议、地方政府召集的会议之机，积极宣传和解释稳健货币政策内涵、实施意图，合理引导社会各方预期，为有效贯彻执行稳健货币政策营造良好氛围。同时，制定出台了《2012年昭通市信贷指导意见》，引导金融机构创新产品和服务，运用好再贷款、再贴现、差别准备金动态调整等工具，加大对战略性新兴产业、小微企业和"三农"、现代服务业、市委市政府重大项目等的金融支持力度，有效解决信贷资金供求结构性矛盾，促进经济结构调整。坚持原则性与灵活性相统一，切实做好对昭通市12家地方性法人金融机构新增贷款的调控管理工作。截至年末，昭通市金融机构本外币各项存款余额768.58亿元，比年初增加148.61亿元，增长23.97%。全市金融机构本外币各项贷款余额420.66亿元，比年初增加65.10亿元，增长18.31%。

二、突出工作重点，引导金融机构加强对实体经济和民生等领域的信贷投入

一是不断加大涉农贷款投放力度。要求涉农金融机构确保"三个不低于"，即：涉农贷款新增额不低于去年、涉农贷款在全部贷款中的比重不低于去年、涉农贷款增速不低于全部贷款增速。同时，引导金融机构支持全市做好春季农业生产和抗旱救灾工作，按照"农事特办"的原则，实施资金和信贷规模的倾斜，简化农户小额贷款手续，缩短审批流程，实施利率优惠政策，延长受灾农户贷款期限，适当放宽贷款额度，有力支持了全市春耕生产和抗旱救灾的资金需求。截至年末，全市金融机构涉农贷款255.14亿元，比年初增加54.51亿元，增长27.17%。二是积极引导金融机构大力支持农田水利建设，提升农业抵御自然风险的能力，促进农业可持续发展。三是创新工作方法，通过"三个对接"拓展"窗口指导"，引导金融机构不断强化小微企业融资服务。即：开展需求对接，从小微企业融资需求出发，通过多形式搭建银政企合作平台；开展服务对接，从融资产品和服务方式出发，对金融机构进行窗口指导；开展信用对接，通过中央银行征信为小微企业信用与商业银行信贷进行有效链接。截至年末，全市中小微企业贷款余额达到154.88亿元，比年初增加26.35亿元，增长20.5%。四是大力开展“民生金融”，促进社会和谐。督促农村信用社继续大力支持下岗失业人员、妇女及其他青年人员的创业以及劳动密集型小企业发展，积极发挥创业促就业的倍增效应。截至年末，全市金融机构下岗失业人员小额担保贷款余额8.52亿元，比年初增加5.67亿元，增长198.95%。五是提高保障性安居工程金融服务水平。要求各银行业金融机构，创新适合于保障性安居工程建设的信贷产品和服务方式，切实提高保障性安居工程金融服务水平。截至年末，全市保障性住房贷款余额达4.57亿元。

【支持地方经济发展】

一、大力推进“一创两建”，金融服务三农工作成效显著

一是引导金融机构创新金融产品，有力支持新农村建设。人民银行结合地方政府推出的“补1奖2贷3”政策，积极引导农村信用社创建新农村民居改造贷款，大力支持新农村建设。该做法成功地将“农户、金融、财政”三方资金聚集起来，调动了各方参与新农村建设的积极性，达到了“农户受益、政府满意、银行乐意”三方共赢的效果。截至年末，已发放新小额农户购建房贷款5.84亿元，支持21844户农户改善居住环境。二是担保类金融产品创新成效显著。昭通市金融机构不断推出担保类金融产品，主要应收账款质押贷款、担保公司担保保证贷款、农户联保贷款等。截至年末，贷款余额分别为9亿元、2500万元、3.92亿元。三是成功推出农村农户小额信用贷款。该项金融产品与农村经济发展具有强适应性，在农村得到广泛推广。截至年末，该项贷款余额为26.56亿元，比年初增长57866万元，涉及农户157503户。四是组合类金融产品创新取得新突破。昭通市农村金融机构推出“公司+农户”的贷款模式。截至年末，贷款余额为14161万元，比年初增加1788万元，累计发生贷款6396万元，涉及企业15户，涉及农户12885户。五是大力指导农村信用社和农行创新大额农贷金融产品。针对农业专业化、规模化和生产实际资金需求特点，通过门面和房产抵押，在抵押足值的情况下，办理生产经营贷款，贷款限额放宽，单户最高可以突破100万元，贷款人在核定的授信额度内循环使用。六是创新保理业务和融资租赁业务。2012年3月和6月，农业银行鲁甸县支行分别成功开办云南省农行系统第一笔保理业务和融资租赁业务。这两项业务的成功开展，对促进应收账款融资和融资租赁业务的健康发展，优化融资渠道，具有十分重要的意义。七是创新小额信贷服务方式。农村信用社和农行根据农户小额贷款需求，分别推出了“金碧惠农卡”和“金穗惠农卡”，这两种卡除了具有传统银行卡的服务功能外，还提供了农户小额贷款载体、财政补贴代理等特色服务功能。八是有序开展林权抵押贷款业务，市、县两级人民银行把林权抵押贷款业务作为2012年“一创两建”工作的着力点，深入实际，调查研究，及早发现、解决制约林权抵押贷款业务开展过程中的困难和问题，为进一步推动林权抵押贷款工作积累经验。截至年末，累计发放林权抵押贷款3880万元。

二、农村支付环境建设亮点纷呈

一是金融服务网点建设得到加强。5月31日，在云南省农村支付试点镇雄县，农村信用合作联社花朗分社正式恢复营业，至此，镇雄县全部乡镇实现了金融营业网点覆盖，消除了乡镇一级金融服务缺失的状况。试点地区实现政府补贴资金基本上通过卡折发放。二是进一步拓展小额支付系统的应用范围。积极扩大银行机构网点对公用事业费收缴服务覆盖面。辖区鲁甸县“五险一金”在全省率先实现刷卡缴费，9至11月共办理刷卡缴费业务336笔，金额258万元。三是惠农支付服务业务成绩显著。服务点开通以来，昭通中支在“管”和“用”上狠下功夫，并将服务点用作集金融知识学习室、反假宣传站、诚信守法示范窗等多位一体的金融知识宣传窗口，发展为普及群众金融知识与推广特色金融业务的前沿阵地。全辖惠农支付服务点累计达到1172户，覆盖了全市143个乡镇、933个行政村，截至年末，惠农服务点共办理消费业务1.36万笔，金额3417.41万元；取款业务13.70万笔，金额3833.35万元；缴费业务1.15万笔，金额41.38万元；转账业务8.49万笔，金额6460.72万元；查询业务16.5万笔。昭通市以占云南省11.20%的网点数，实现了云南省近五分之一的交易金额，极大满足了群众的金融服务需求，得到上级行、地方党政和群众的肯定。四是组织辖内涉农金融机构向在《昭通日报》上向社会公众发出《昭通市涉农金融机构改善农村支付结算环境服务承诺书》，以实行“三项承诺”改善辖内农村支付结算环境。

三、引导农村地区金融机构建立健全农户电子信用档案，并将农户信用档案与信用评价引入贷款审核过程

通过建立农户信用档案，开展农户信用评价，极大地促进了农村小额信用贷款业务的发展。引导农村金融机构对信用良好的农户和农村企业给予信贷优惠，形成“公司+农户+征信+信贷”的业务模式。昭通市共有农户110多万户，截至年末，已为80多万户农户建立了信用档案，

向50多万户农户颁发了信用证（贷款证），评定信用农户近32万户，建立了454个信用组和60个信用村镇。

四、积极应对“9·7”地震，有效维护金融稳定，为抗震救灾提供强有力的信贷支持

为帮助灾区恢复重建，力争强有力的信贷支持。一方面要求金融机构加强调研，深入灾区认真研究，简化信贷审批手续，加大灾后重建信贷投入；要积极向其上级行反映，力争取得最大限度支持，为灾区提供更多的信贷支持。着重加强恢复生产项目建设和被毁道路、电网、通信、供水等基础设施重建的信贷支持。另一方面强化以“贷免扶补”小额创业贷款、小额扶贫贴息贷款、小额信用贷款、最高余额循环贷款、农户联保等方式支持灾区群众进行生产自救工作。同时要求金融机构对灾后重建的贷款利率实行在同类贷款执行利率基础上给予一定的优惠，减轻灾后重建负担。截至年末，全市地方法人金融机构新增贷款22.19亿元；同时，向上级行争取对灾区地方法人金融机构存款准备金率给予下调，增强其支持灾后重建信贷投入实力。

【各金融机构的经营管理】

农业发展银行昭通市分行按照“一巩固、三突出、一择优”的工作思路，结合市情、行情，认真分析面临形势，冷静面对困难和问题，明确了行2012年工作目标，在业务发展上提出“两个确保”“三项推进”“三牌齐发”的应对措施。突出水利建设、农业科技、农村流通体系和新农村建设贷款，巩固粮油信贷业务的传统地位和基础地位，择优支持涉农优势特色产业。各项存款余额144440万（含同业存款），比年初减少2554万元，减幅1.74%。人均日均存款980万元，比年初增加88万元，增幅9.86%。各项贷款余额456574万元，比年初增加72540万元，增幅18.89%。全年累放贷款164180万元，累收贷款91640万元。年末中间业务收入103万元，同比减少118万元，减幅53.39%。账面盈利持续增加。年末实现各项财务收入28872万元，各项财务支出16241万元，收支轧差账面盈余12631万元，同比多盈2477万元，增幅24.39%，超省分行下达利润计划1067万元。信贷资产质量保持良好水平，不良贷款结零。按贷款五级分类，年末正常贷款余额416214万元，占贷款总额的91.16%；关注贷款20000万元，占贷款总额的4.38%；次级贷款为20264万元，占比4.44%；可疑贷款96万元，占比0.02%。

中国工商银行昭通分行紧紧围绕“强行”战略目标，切实践行“四硬”经营理念，强化发展基础，转变经营发展方式，抓好内控案防，加强和改进金融服务，着力加强信贷结构调整，努力拓展中间业务，截至年末，各项存款余额负增长的情况下机构存款比年初增加4.96亿元，完成省分行下达任务的165.33%。各项贷款余额70.91亿元，比年初增加6.86亿元，增长10.71%，完成省分行下达年度计划6.845亿元的100.22%。其中：公司贷款余额60.3亿元，较年初增加4.88亿元，个人贷款余额10.65亿元，较年初增加1.98亿元。小企业贷款余额6.23亿元，较年初增加2.75亿元。实现中间业务收入4345万元，同比增加1033万元，增幅31.18%，完成省行下达年度计划4,326万元的100.44%。全年共清收处置不良贷款2451万元，完成省行下达180万元任务的1357.8%。

农业银行昭通分行面对自身必须加快发展的要求，在众多的新情况、新问题、新矛盾、新压力面前，坚持科学发展，稳健经营，围绕“以经济资本约束为先导，优化资产、负债、中间业务结构和效益；以全面风险管控为先导，提升基础管理质量和水平；以职业化教育为先导，进一步提高员工能力和素质；以规范化网点建设为先导，进一步提升服务质量和效率”的发展思路，不断加强业务营销，着力加强内部基础管理强化风险管控，加强队伍建设，全年各项业务工作取得较好的成绩。

建设银行昭通分行以总分行的战略为核心，以乌蒙山片区扶贫攻坚开发建设为抓手，坚持企业文化引领，坚持转型不懈怠，抓好结构调整，做好联动营销，加强管理，拼市场，抢份额，提位次，全面提升价值创造力和市场竞争力，各项业务得到持续快速发展，截至年末，一般性存款余额93.2亿元，比年初新增12.1亿元，增幅15%，省分行计划完成率为123%。各项贷款余额52亿元，比年初新增7.25亿元，增幅16%，省分行计划完成率为164%。中间业务收入5006万元，增幅27%，省分行计划完成率为120%。中间业务收入当地四大行排名第二。不良贷款额779万元，比年初下降84.66万元；不良率0.15%，比年初下降0.04%，严格控制在省分行计划内。公司和个人类新发放贷款不良率均保持“零”记录。实现账面利润2.05亿元，增幅29%，省分行计划完成率为113%。

邮储银行昭通市分行以科学发展观为指导，认真贯彻落实集团公司、总行的决策部署和省分行坚持均衡发展、精细化管理的战略不动摇，科学应对、主动作为，紧紧把握机遇，进一步增强责任感和紧迫感，坚定不移地推动各项业务的快速发展和结构调整，较好地完成了全年各项目标任务，截至年末，存款余额为24474.85万元，较年初净增7695.95万元，增幅为45.86%。全年累计发放贷款1901笔，金额3.35亿元。各项贷款结余2398笔，金额3.86亿元，比上年增长87.83%，增长绝对值18085.4万元。个人业务实现收入622.88万元，完成预算109.28%，超额完成52.88万元，同比增加156.09万元，增幅为33.44%；信贷业务实现收入 1681.66 万元，完成预算 109.91%，超额完成 151.66 万元，同比增加 800.46 万元，增幅为 90.84%。实现非利差性收入 225.10 万元，同比增幅 26.37%，完成计划进度 102.32%。公司业务实现收入 802.45 万元，完成预算 133.74%，超预算 202.45 万元，同比增加 390.02 万元，增长 94.57%。

富滇银行昭通分行紧紧围绕稳健、和谐和可持续发展主题，积极应对主要业务指标冲高回落的被动局势，着力解决经营管理中存在的遗留问题。全行上下统一思想，真抓实干，较好地落实了"逆势而上、稳中求进、转变方式、着眼长远"的既定工作方针。把握货币政策导向，调整信贷投放工作思路，着力支持地方小微企业发展。不断健全和完善全面风险管理体系，努力提升整体风险防控能力。截至年末，人民币存款余额 171581 万元，比上年末余额 140755 万元增长 30826 万元，增幅 21.9%，比年末存款力争计划 151987 万元增加 19594 万元，完成率为 112.89%；人民币各项贷款余额 190366 万元，比上年末余额 186249 万元增长 4117 万元，增幅 2.21 %，；利润总额 6267 万元，比上年末 4238 万元增长 2029 万元，增幅 47.88%。不良贷款余额为零。

昭通市农村信用社紧紧围绕省联社制定的业务发展目标和地方经济发展规划，努力克服信贷规模不足、连续多年干旱和"9·07"地震灾害等困难，在上年"双突破"的基础上，不懈怠，不松劲，自加压力，敢于争先，团结干事，奋力进取，积极转变发展方式，切实提高金融服务水平，有力推动农村信用社改革发展工作，截至年末，各项存款余额 2920362 万元，较上年增加 799507 万元，增长 37.7%，同比多增 272353 万元，完成省联社年初下达净增计划 35.6 亿元的 224.58%。各项贷款余额 1288939 万元，比上年增加 215328 万元，增长 20.05%，同比多增 49581 万元，完成省联社下达净增计划 18 亿元的 119.63%。实现净利润 25317 万元，同比增加 8487 万元，增长 50.43%，完成计划 2.05 亿元的 123.5%，完成"三冲刺"目标 2.28 亿元的 111.04%。股金总额 52782 万元，贷款损失准备金 67667 万元，较上年增加 10610 万元；拨备覆盖率 202.67%，较上年增加 61.81%；贷款损失准备充足率 385.44%，较上年增加 119.35%，资本充足率 14.17%，较上年增加 2.15 个百分点。不良贷款余额 33387 万元，较上年减少 7118 万元，降幅 27.1%，完成省联社下达下降计划 3900 万元的 182.51%；不良贷款占比 2.59%，较上年下降 1.18 个百分点，比省联社下达控制计划 2.92% 低 0.33 个百分点，资产质量显著提高。

【保险业务】

截至年末，在昭通的保险分公司共有 10 家。其中：财产保险公司 7 家，人寿保险公司 3 家，全部属于中资保险。

保险业平稳发展，发挥维护社会经济稳定的作用。2012 年，昭通市保险业平稳发展，全年保费收入累计 74114 万元，同比增加 5362 万元，增幅为 7.80%，产、寿险分别增长 11.39% 和 3.28%。产险寿险发展均衡，产寿险公司保费收入比例为 56：44。中国人民财产保险股份有限公司昭通市分公司、泰康人寿保险公司昭通中心支公司、中国人寿保险股份有限公司昭通分公司三家保险公司全年累计实现保费收入 58926 万元，占总保费收入的 79.51%，剩余的 7 家保险公司只占 20.49%。

截至年末，昭通市保险业全年赔付支出累计 27411 万元，同比增加 6444 万元，增幅为 30.73%。其中：产、寿险分别增长 33.53% 和 14.38%。

【大事记】

1 月 5 日，昭通市财政局通过财政一体化（YNFMIS）系统将 1 笔金额为 158 万元的财政授权支付额度传至人行昭通市中心支库，该系统于 2012 年 1 月 1 日起正式在全辖国库部门统一上线运行。

2012 年 2 月 28 日，昭通市惠农支付服务业务开通及推广工作会议暨昭阳区授牌仪式。昭通市常务副市长何刚、人民银行昆明中心支行段会全副行长、省公安厅、省农业银行、省联社、昭阳区政府、昭通市各银行业金融机构、昭阳区各乡（镇）政府、市公安局等单位的领导参加了启动仪式。

2 月 9 - 10 日昭通中支召开了全市人民银行工作会议，中支党委在明确 2012 年具体工作任务的同时，结合辖区工作实际，以"一主线、重突破、保底线、找抓手、强保障"抓好贯彻落实。

2012年9月9日人行昆明中支于华副行长到彝良地震灾区慰问并指导县辖金融系统支持抗震救灾工作

截至2月20日，全市金融系统累计发放5.82亿元抗旱救灾贷款，其中农村信用社累计发放抗旱救灾贷款5.36亿元。

3月20日昭通中支圆满完成县支行网络升级改造换代工程。实现了大容量业务的实时传输，能承载现有的和未来几年所有业务；全网部署QOS实现了实时业务的保障传输等功能。

2012年9月27日，昭通中支举办全辖“学先进、讲奉献、促履职”主题演讲比赛。昭通市总工会、市妇联、团市委、市文明办及中支领导观看比赛，并为获奖选手颁奖

5月8－30日人行昭通中支行开展了辖内2家银行业金融机构的综合执法检查，对检查发现的46个问题作出责令整改，对违规行为予以处罚。

6月5日，昭通中支喜获云南省公安厅企事业单位治安保卫工作先进集体表彰，在云南省人行系统中成为唯一一家获得此殊荣的单位。

8月27日，昭通中支“四力”激活民生金融服务．截至2012年7月末，小额担保贷款余额达6.95亿元，比年初增加1.93亿元，增长38.45%；比去年同期增加3.13亿元，同比增长88%。直接扶持了9512名下岗失业人员实现自主创业和再就业，

9月7日昭通中支及时组织抗震救灾。

9月9日，昆明中支于华副行长一行在昭通中支黄志强副行长和苏映屏工会主任的陪同下深入彝良县地震灾区，向地方党政捐赠了救灾物资，慰问了支行干部职工。

9月10日宜宾中支代表成都分行赴昭通中支慰问。

10月30日，为加快推进机构信用代码发放，昭通中支采取五项措施确保机构信用代码发放工作顺利完成。截至10月29日，全市共发放机构信用代码证10010份。

昭通市203个惠农支付服务点成功开通运行后，11月末，又开通了969户，覆盖了昭通市143个乡镇、933个行政村，这批惠农点的开通设立，进一步改善了农村地区的支付结算环境，满足群众金融服务需求，提前一年实现昆明中支下达的所有乡镇全覆盖目标。

人行昭通中支引导各金融机构积极支持灾区恢复重建工作。截止12月14日灾区地方法人金融机构贷款余额16.7亿元，新增信贷规模4.8亿元。彝良县信用社累计办理贷款展期269笔，金额5370万元。对灾区农村信用社继续执行比一般信用社正常标准低1个百分点的存款准备金率。累计向灾区拨付国库资金59167.20万元，其中彝良县拨付46031.20万元。

（张泽汇供稿）

2012 年昭通市主要经济、金融指标

单位：万元人民币

项 目	金 额	比上年增减额	比上年增减幅度（%）
国内生产总值	5555967	905539	16.1
工业增加值	2061063	352510	23.2
地方财政收入	394679	68744	21.1
地方财政支出	2480858	698033	39.2
社会消费品零售总额	1521955	253667	20.0
金融机构各项存款	7685844	1486058	23.97
财政存款	409212	136355	49.97
单位存款	3536744	572036	19.29
储蓄存款	3677971	741013	25.23
金融机构各项贷款	4206574	651036	18.31
短期贷款	1133877	255550	29.10
中长期贷款	3025755	372425	14.04
现金投放（+）回笼（-）	1159400	338600	29.20
证券业：			
市场总成交金额			
累计开户数（户）			
保险业：			
保费总收入	74114	5362	7.80
保险赔付总支出	27411	6444	30.73

德宏州

【综述】

2012年，德宏州实现生产总值201亿元，同比增长11.1%。全州实现工业总产值157.27亿元，同比增长18.2%，完成规模以上工业增加值46.69亿元，同比增长14.2%，工业生产稳步增长。全州实现规模以上固定资产投资157.93亿元，同比增长35.2%。财政预算总收入达39.7亿元，同比增长28.5%，公共财政预算支出102.16亿元，同比增长10.7%。实现社会消费品零售总额78.34亿元，同比增长20%。全州城镇居民人均可支配收入17662元，同比增长12.5%；农村居民人均纯收入5238元，同比增长27.9%。

【金融运行情况】

2012年，德宏州各银行业金融机构落实稳健的货币政策效果明显，金融运行保持了平稳、较快、合理增长，信贷结构明显改善，供求矛盾有所缓解，支持实体经济效果突出，信贷增长合理适度。年末，全州人民币各项存款余额382.83亿元，新增30.32亿元，增长8.6%，同比减少31.7亿元，增速同比下降了12.8个百分点。人民币各项贷款余额238.23亿元，新增43.1亿元，增长22.09%，高于全省4.09个百分点，同比多增10.23亿元，增速同比上升1.8个百分点。

一、存款

2012年末，全州金融机构各项存款余额382.83亿元，同比增长8.6%，增速同比下滑12.75个百分点。一是单位存款余额、增速同比大幅下降。2012年末，全州金融机构单位存款余额为124.83亿元，同比减少1.39亿元，增速同比下降39.35%。二是个人存款同比增量、增速持续增长。2012年末，全州金融机构人民币个人存款余额为243.95亿元，同比增加37.15亿元，增长17.97%。其中：储蓄存款余额241.44亿元，同比增长16.75%；三是财政性存款增量、增幅同比大幅下降。2012年末，全州财政存款余额为2.68亿元，同比少增6.38亿元，同比下降了70.4%，主要是德宏州各项税收增长减缓，财政收入增速较去年同期下降8.3个百分点，而支出大幅增加导致地方财政性存款增量、增幅同比大幅下降。

二、贷款

2012年末，全州金融机构人民币贷款余额238.23亿元，同比增长22.09%。一是对公路、电力、保障房、电力基础设施等重大项目、经营性实体经济和民生领域的信贷支持力度加大。2012年末，全州金融机构中长期固定资产贷款余额77.3亿元，同比增长2.52%，比年初增加1.9亿元；经营性贷款余额为50.29亿元，同比增长50.47%，同比增加16.87亿元，增速同比提高27.12个百分点；创业促就业小额担保贷款余额3.31亿元，同比增长98.39%，同比多增1.64亿元，其中“贷免扶补”贷款余额2.32亿元，同比增长148.22%；涉农贷款余额164.37亿元，同比增长17.35%，同比增加24.3亿元，占全部新增贷款的56.38%；二是政策性银行和其他金融机构贷款增量同比上升较快，农村合作金融机构同比增量放缓，股份制银行贷款增量同比则呈下降趋势。2012年，政策性银行和其他金融机构（富滇银行、邮储银行和村镇银行）新增贷款分别为4.24亿元、13.15亿元，增量同比分别增加2.38亿元和6.66亿元；农村合作金融机构累计新增贷款12.02亿元、增量同比增加1.97亿元；股份制银行（四大国有银行）新增贷款13.7亿元，但增量同比则下降了0.78亿元。

【金融监管】

一、“两管理，两综合”深入推进

2012年，德宏中支扎实开展“两管理，两综合”工作，基层央行权威形象进一步巩固。一是顺利完成县域法人金融机构考核，辖区3家信用联社开始享受存款准备金率下浮1个百分点优惠政策，县域金融机构涉农贷款增量奖励政策得以落实，各金融机构涉农贷款投放积极性明显增强；二是充分发挥地方法人金融机构新增贷款调控职能，及时下达新增贷款指标并适时调整月度新增贷款总量，及时反映调控管理中面临的新情况和问题，累计向昆明中支争取到新增贷款指标12亿元，有效缓解“三农”信贷指标压力，积极推动信贷资源向“三农”和县域经济倾斜，切实增强金融支持经济发展的可持续性。三是按照《德宏州新设银行业金融机构开业管理与服务实施细则》，审核同意了瑞丽沪农商村镇银行加入现代化金融服务体系。四是对12家州级银行业金融机构和地方法人金融机构进行综合评价，经评价，有2家达到A级，其余10家为B级；五是对辖内6家县级银行业金融机构开展综合执法检查，并依法对违规问题进行了行政处罚。

二、金融业信息安全管理平台初步形成

2012年，德宏中支会同公安、工信委、银监、安全等单位联合印发《德宏州金融业信息安全协调工作制度》和《德宏州金融业信息安全协调工作预案》，全州金融业信息安全协调管理工作平台初步形成。

三、保险领域反洗钱检查得到有效拓展

2012年，德宏中支充分发挥反洗钱管理职能，积极拓展保险领域反洗钱检查工作。对泰康人寿保险股份有限公司德宏中心支公司开展了反洗钱专项检查，检查涵盖了内部控制制度、客户身份识别及尽职调查、大额可疑及可疑交易报告、反洗钱宣传培训等内容，有力地拓展了保险领域的反洗钱工作力度和强度。

四、机构信用代码全面推广

2012年3月27日，机构信用代码推广应用工作在我州全面启动。机构信用代码在推动落实金融账户实名制、提升金融服务水平、助推惩治和预防腐败、强化社会管理职能、构建和谐社会中起到重要作用。截至10月末，共审核发放机构信用代码证8521份，我州机构信用代码工作圆满完成。

五、金融消费权益保护试点成效显著

2012年3月，德宏中支被确定为云南省首批金融消费者权益保护工作试点单位。一年来，围绕“当好组织者，做好协调者，成为推动者”工作思路，全力推进试点工作，取得明显成效。一是聚合力，搭建组织架构。对内成立领导小组，对外成立联络小组，全面统筹试点工作；二是出制度，完善工作机制。制订工作方案，绘制流程图，建立联席会议制度，签署保护公约，设立投诉电话和邮箱，确保工作落到实处；三是拓形式，丰富宣教内容。积极利用电子显示屏、柜面、客户营销等形式，引导金融消费者理性消费、依法维权；四是重调处，畅通渠道建设。建立“受理－处理－反馈”的投诉机制，对消费者投诉事项实行首问责任制。

六、金融改革持续稳步推进

全州农村信用社核心监管指标持续改善，整体抗风险能力显著增强。推动全州邮储银行5个二类支行完成管理体制改革。稳妥推进金融机构组织体系建设，瑞丽沪农商村镇银行顺利开业，富滇银行瑞丽支行升格为二级分行，并积极筹建芒市、姐告支行。

七、重点领域风险得到管控

妥善处置了后谷咖啡舆情事件，有效规避区域性风险。有序推进平台贷款规范化管理，通过银监、各相关部门和各银行业金融机构的共同努力，平台贷款规范化管理取得阶段性成效，既缓释了风险又支持了经济发展。去年末，全州最大5户平台公司贷款实现了现金流全覆盖；平台贷款余额达14.35亿元，比年初增加0.46亿元，增长3.31%。

【货币信贷政策传导】

一、注重“窗口指导”，畅通货币政策传导渠道

一是召开金融形势分析会、金融系统联席会等，分析经济金融形势，及时向金融机构传导货币政策意图；二是准确把握和执行稳健的货币政策，调整优化信贷结构，不断增强政策执行的针对性、灵活性和有效性，确保信贷投放合理增长，重点突出，在区域经济实现跨越式发展的进程中，有效发挥了支撑服务作用；三是立足稳定物价保持经济平稳较快增长的要求，积极落实金融支持地方经济发展的各项措施和金融工作重点任务，督促落实全州信贷增长建议目标和金融工作重点任务，有效发挥宏观货币政策对经济发展的支撑服务作用；四是充分发挥引领和示范作用，引导辖内金融机构加大对“三农”、中小企业和灾区等的信贷支持力度，有效改善中小企业融资难、涉农信贷投入不够和灾区恢复重建所需资金不到位等问题，促进边疆经济和谐快速发展。

二、注重“生态建设”，助推金融改革与稳定协调发展

面对德宏地处边疆、毗邻缅甸民地武地区、少数民族众多、自然灾害频发等复杂的履职形势，德宏中支始终紧扣“维护稳定”工作职责，努力增强工作前瞻性和主动性。一是认真落实风险监测月报、舆情监测和重大事项报告制度，充分发挥风险预警、监测和提示作用。截至年末，编发《德宏州金融机构重大事项报告》20期、《德宏州金融稳定信息专报》21期、《德宏舆情专报》3期；二是适时对中缅边境局势变化、当地龙头企业股权纠纷事件及金融风险问题开展调研，形成《德宏后谷咖啡股权纠纷、信贷融资及风险状况调查报告》、《德宏州风险排查情况报告》等，为上级行及地方党委政府决策提供科学依据；三是认真履行反洗钱工作职责，积极参与地方重大非法集资案件侦查工作，采取有效措施切实做好金融消费者权益保护试点工作，积极防范和化解辖区金融风险；四是依法对芒市农村信用社存款准备金缴存余额不足的问题处以

9854.85 元罚款。完成全州 19 家银行、保险及企业综合执法检查和专项检查，对违规行为处以 55000 元罚款；五是顺利完成原瑞丽边城城市信用社挂账利息的账务处理，机构信用代码成功推广应用，全州银行业金融机构合规经营水平不断提高，不良贷款持续双降，盈利能力持续增强，全州金融系统运行更加稳健。

【支持地方经济发展】

一、突出“督导”实效，金融支持经济发展作用更加突出

一是加强“引导”。通过金融运行分析会，定期通报全辖各行社存贷比执行情况，督促各行社积极争取信贷指标，不断扩大全州信贷规模；二是搭好“平台”。州县两级人行因地制宜搭建“政、银、企”合作平台，通过开展“小微企业融资超市”、“金融支持德宏暨瑞丽重点开发开放试验区战略合作”等系列活动，帮助企业与金融机构现场签订融资协议 7650 万元，达成意向性融资 12.6 亿元，着力支持实体经济发展；三是管好“规模”。扎实履行地方法人金融机构信贷规模控制职责，通过高管约见谈话等措施，确保用足用活用好规模管理政策；四是严格“考核”。按照《关于鼓励县域法人金融机构将新增存款一定比例用于当地贷款的考核办法》，对地方法人金融机构严格进行存贷比考核，给予可贷资金比例大于 70% 的瑞丽、陇川、盈江 3 县市机构，存款准备金率下浮 1 个百分点的利率优惠，进一步释放可贷资金，多管齐下“开源引流”。

二、突出“创新”实效，外管支持边贸发展作用更加显著

边贸是德宏经济发展的重要支柱，同时也是德宏州桥头堡黄金口岸和瑞丽重点开发开放试验区建设的主要内容。作为全州外汇管理职能部门，德宏中支始终坚持以服务地方经济发展为己任，开拓创新，职责履行实现“两个”全省第一，有效促进了中缅贸易的持续健康发展。一是跨境人民币结算业务量全省第一。自 2010 年获得试点资格以来，坚持“立足政策，不断延伸；吃透政策，不断创新”，先行先试国家政策。经过不懈地努力，2012 年跨境人民币结算量突破 80 亿元大关，达 86.69 亿元，业务量占全省 1/3，位列云南地市之首；二是中缅金融合作成果全省第一。在没有政策、没有参照的情况下，大胆“摸着石头过河”，按照“自下而上”的推动模式，组织全州银行机构谋思路、要政策、抓落实，成功走出中缅金融合作德宏模式。继近几年连续取得重大突破的基础上，2012 年又促成工行与缅甸经济银行签订了代理清算协议，并正式开办业务；同意瑞丽大通、台丽两公司正式挂牌交易缅币汇率，填补了我国缅币挂牌的空白；创新推出中缅边贸结算网上银行业务，中缅银行逐渐形成“海、陆、空”全覆盖结算模式，并得到中石油等国字号企业的认可。目前，我州中缅银行结算年业务交易量突破 20 亿元大关，为德宏州桥头堡黄金口岸和瑞丽重点开发开放试验区建设提供了新的支点。

三、突出“通道”实效，支付清算服务桥头堡建设更加高效

人民银行现代化清算体系是全社会所有资金往来的必经之路，也是德宏州桥头堡黄金口岸和瑞丽重点开发开放试验区建设的重要保障。作为全州现代化清算体系的建设者和管理者，在做好系统性金融风险防范工作的前提下，紧跟全州大开发、大开放、大发展步伐，一手抓管理，一手抓建设，双管齐下铺就全州资金清算“高速通道”。一抓业务准入。批准瑞丽沪农商村镇银行等新设机构和网点加入人民银行现代化清算体系，保障所有新设机构都能够正常营业；二抓服务点建设。全年批准建立惠农支付点 449 个，使全州 49 个乡镇、265 个行政村、579 个自然村、近百万农民，可以“足不出村”享受现代化银行服务；三抓系统建设。成功推广运用德宏州财税库银横向联网系统和云南省支付结算综合业务系统，税收征缴实现网络化。全年准确办理国库业务 32 万笔，收纳各级次预算收入 36.80 亿元，一般预算支出 96.75 亿元，办理资金汇划 639.46 亿元，有效满足了全州经济社会发展的需要，为德宏州桥头堡黄金口岸和瑞丽重点开发开放试验区建设提供了新的支撑。

【各金融机构的经营管理】

一、农发行德宏州分行抓好粮油信贷主体业务，扎实履行政策性职能

一是切实履行农业政策性银行职能作用，围绕保障全州粮食安全和主要农产品市场稳定、支持农业农村基础设施建设两大重点任务，加大信贷支农力度，确保粮油购销储信贷资金供应；二是大力支持蔗糖支柱产业发展，择优支持优势特色农业，积极营销农村基础设施建设项目，有效发挥了金融在支持“三农”中的支柱和骨干作用。全年累计发放各类贷款 192334 万元，同比增加 56488 万元，增幅 41.58%；截至年末，各项贷款余额 254446 万元，净增 42429 万元，增幅 20.01%；在全州金融机构中的占比为 10.68%。

二、工行德宏州分行抢抓“两强一堡”历史机遇，加快经营转型和业务创新步伐

一是坚持以提高经营效益为中心，各项业务保持良好发展势头。截至年末，人民币存款余额 334515 万元，比年初增加 27714 万元，增长 9.03%；各项贷款余额 280773 万元，比年初增加52382万元，增长22.93%；二是积极推进信贷优质项目，大力发展小企业、贸易融资、个人信贷业务和创新型融资。截至年末，小微企业贷款余额64429万元，较年初增加34263万元，增幅113.58%；涉农贷款余额126900万元，较年初增加40000万元，增幅46.03%；各项贷款增量52382万元，增幅22.94%，实现了“小微企业贷款和涉农贷款增速都不低于全部贷款平均增速，增量不低于上年同期增量水平”的目标。充分发挥区位优势和资源优势，大力发展贸易融资及结算业务，推动了贸易融资业务、信用证业务、跨境人民币、国际结算业务的同业占比和市场竞争力。

三、农行德宏分行更新经营理念，价值创造力和风险控制力快速提升

一是各项业务健康平稳发展，价值创造能力显著增强。截至年末，各项存款余额120.27亿元，比年初增加6.14亿元；各项贷款余额48.54亿元，比年初增加5.87亿元，累计投放各项贷款295242万元；不良贷款余额5234万元，较年初下降5901万元，不良贷款占比1.08%，比年初下降1.53个百分点，连续三年实现了余额、占比“双下降”；二是信贷投放力度加大，支持地方经济发展成效显著。一年来，全州农行紧紧抓住德宏桥头堡和瑞丽国家重点开发开放试验区建设的有利时机，贷款投向重点向瑞丽试验区及辐射区倾斜，累计投放瑞丽贷款159169万元，占全行投放贷款总额的53.91%，占全行投放总量的一半以上，贷款增幅均高于全行平均增幅13.75%，有力支持了桥头堡建设。

四、中行德宏州分行创新服务方式，积极支持地方经济建设

一是各项业务稳步推进。截至年末，各项存款余额329599万元，各项贷款余额223979万元，较上年增加11965万元；二是借“百年中行”之机，持续推进企业文化建设，不断提高金融产品和业务的宣传力度，提高中国银行在当地的知名度和美誉度；三是积极应对后谷咖啡公司的“股权风波”，切实加大对芒市彩云琵琶食品公司和奥环水泥等德宏特色企业的授信支持，通过国内信用证的开立、承兑汇票的开票、海外代付等业务为德宏企业提供更多的融资和结算服务。

五、建行德宏州分行夯实管理基础，持续推进结构调整

一是坚持发展方式转变为主线，扎实服务实体经济。实施信贷结构调整和战略业务发展，努力提高零售资产业务贡献度；在保证现有项目到期续贷的基础上，加强贷款项目特别是小微企业贷款项目的储备和投放工作，重点支持了边贸、珠宝、红木家具、特色农业等行业优质客户，不断扩大中小企业客户覆盖面；二是加强产品创新，切实服务客户。依托物理渠道、电子渠道优势，做好“工商验资通”与“民本通达”；持续做好德宏州边贸、外贸企业外汇结算及跨境人民币结算业务；大力拓展信用卡分期、POS商户分期，成功发放德宏师专“校园一卡通”。截至年末，各项存款余额512430万元，各项贷款余额268969万元，实现账面拨备前利润11288万元。

六、邮政储蓄银行德宏州分行促发展提能力，认真履行社会责任

一是确立了以“小企业贷款”为核心的信贷发展策略。紧扣瑞丽国家重点开发开放试验区建设主题，进一步加大中小企业信贷投放力度，优先支持中小企业发展；同时，针对小企业资金需求“短、频、急”特点，优化产品组合，为小企业提供“一站式”金融服务；二是扩大和延伸贷款服务“三农”的广度和深度。通过与各种养殖专业协会的合作，建立以各专业协会为中心的联保组织，方便种、养殖农户授信用款；三是全力开展再就业小额担保贷款业务。通过发放再就业小额担保贷款业务，大力支持下岗失业人员、返乡农民工、妇女、残疾人、高校毕业生等群体创业就业。截至年末，累计投放贷款4.1亿元，其中涉农贷款6000万元，商户和商务贷款1.4亿元，小企业贷款2.08亿元、再就业创业贷款1100万元。

七、德宏州农村信用社立足“三农”，认真做好金融服务

截至年末，各项存款余额111.7亿元，比上年末净增25.2亿元，存款占全州金融系统存款的29.18%；各项贷款余额59亿元，比上年末净增12亿元，贷款余额居全州金融系统第一位，占比24.79%；不良贷款占比1.98%，比上年末下降1.23个百分点；各项收入6.6亿元，实现利润1.16亿元，上缴税金7291.98万元；拨备覆盖率234.93%，贷款损失准备充足率100%，资本充足率13.65%，各项经营指标良好。同时，立足“三农”，认真做好金融服务，切实满足“三农”合理贷款需求。全年累计发放“三农”贷款33.7亿元，收回25.9亿元，净增7.8亿元，其中农户贷款户数107051户，贷款余额39.66亿元，占各项贷款的67.23%。认真做好财政直补、新农合、新农保、城乡低保等资金代付工作，累计代付507万笔，共29亿元，所有资金全部安全兑付到农户手中。

八、富滇银行瑞丽分行抓住机遇谋求创新，各项业务稳步推进

牢牢抓住桥头堡黄金口岸和瑞丽国家重点开发开放试验区建设这一历史机遇，紧紧围绕地方党委政府工作目标，不遗余力地支持当地经济社会发展，在瑞丽市九家银行机构中实现了贷款余额全市第一；各项管理工作扎实稳步向前推进，确保了各项业务的安全运行；正式升格为分行，实现了未来战略目标的良好开局。截至年末，各项存款余额163971万元，完成总行下达任务数的110.77%；各项贷款余额232141万元，较年初增加103923万元，增长率为82%，完成总行下达任务数166.13%，占瑞丽市贷款余额的26.29%。

【证券业务】

国泰君安证券股份有限公司芒市阔时路营业部是德宏州内唯一获证监会批准的合法证券分支机构，多年来致力于德宏证券行业的发展，以财富综合管理的模式拓宽了全州居民投资理财渠道，宣传普及证券金融知识，其前身是成立于2002年的服务部，2010年规范升级为营业部，三年来累计上缴地税121万元，上缴国税31万元，营业部人均贡献利税超过15万元。截至年末，德宏州股民户数达8846户，比年初新增1101户，市场成交额达24.93亿元。

【保险业务】

保险机构不断发展壮大，全州12家保险机构积极转变思想观念，在市场日趋激烈的环境下努力拓展业务；正确处理规模与效益、当前与长远、做大和做强的关系，注意业务承保质量；强化管理防范和化解风险，服务更加人性化。截至年末，全州保险公司保费收入69980.05万元，其中：财险保费收入31183.23万元，寿险保费收入38796.82万元；完成理赔19935.4万元，其中：财险完成理赔15511.78万元，寿险完成理赔和给付4423.62万元，充分发挥了保险业对社会“稳定器”的作用，积极有效地满足了德宏社会经济发展的需要。

【大事记】

1月20日，德宏州政府召开2012年全州金融工作座谈会。

3月24日，德宏州政府与亚洲发展投资银行签署项目投资合作协议。

4月7日，工行德宏州分行与缅甸经济银行木姐分行签订跨境人民币代理清算协议。

5月18日－19日，金融支持德宏行暨瑞丽重点开发开放试验区战略合作系列活动在芒市启动。

6月26日，德宏州缅币汇兑业务在瑞丽大通实业和瑞丽台丽公司两家本外币特许兑换服务机构正式挂牌交易。

7月27日，德宏州政府与中国出口信用保险公司云南分公司签订《全面战略合作协议》。

8月1日，财税库银横向联网系统实现德宏州内全覆盖。

8月23日，德宏州首家村镇银行——瑞丽沪农商村镇银行股份有限公司正式开业。

工行德宏州分行与缅甸经济银行木姐分行签订跨境人民币代理清算协议

金融支持德宏行暨与瑞丽重点开发开放试验区战略合作系列活动在芒市举行

10月24日，人行昆明中支刘莹副行长率队到德宏开展跨境贸易人民币结算工作专题调研。

人行昆明中支刘莹副行长率队到德宏开展跨境贸易人民币结算工作专题调研

11月1日，德宏中支罗本祥行长会见新加坡华侨银行国际业务部总裁陈初生一行。

11月15日，建设银行瑞丽市支行的中缅边贸结算网上银行业务试营业。

12月28日，德宏州第一家私人银行——建行德宏财富管理中心在瑞丽市成立。（金玲供稿）

2012 年德宏州主要经济、金融指标

单位：万元人民币

项 目	金 额	比上年增减额	比上年增减幅度（%）
国内生产总值	2010007	286845（现价）	11.1
工业增加值	466869	76983（现价）	14.2
地方财政收入	241873	52802	27.9
地方财政支出	1021598	98518	10.7
社会消费品零售总额	783362	130548	20.0
金融机构各项存款	3828313	303219	8.6
财政存款	26778	-63816	-70.44
单位存款	1248305	-13879	-1.09
储蓄存款	2414393	346478	16.75
金融机构各项贷款	2382340	431055	22.09
短期贷款	766959	277732	56.77
中长期贷款	1613285	151313	10.35
现金投放（+）回笼（-）	200793	-26569	-11.69
证券业：			
市场总成交金额	249300	-26000	-9.44
累计开户数（户）	8846	1101	14.22
保险业：			
保费总收入	69，980	721	16.13
保险赔付总支出	19，935	2780	16.21

临沧市

【综述】

2012年，中国人民银行临沧市中心支行（以下简称“临沧中支”）坚持科学发展观，认真贯彻总分行和昆明中心支行工作要求，紧密结合临沧市经济金融发展实际，围绕“强基础、重服务，提能力、勇创新，严管理、保安全”的工作主线，不断增强货币信贷管理有效性，切实提高金融管理和服务水平，有效维护金融稳定，着力增强工作统筹性、针对性和实效性，全面加强对外履职，积极支持地方经济发展，为临沧市加快科学发展、和谐发展、跨越发展作出了显著的贡献。

【金融运行情况】

一、基本情况

（一）各项存款情况。截至年末，全市金融机构人民币各项存款余额347.06亿元，同比增加46.64亿元，增长15.53%。

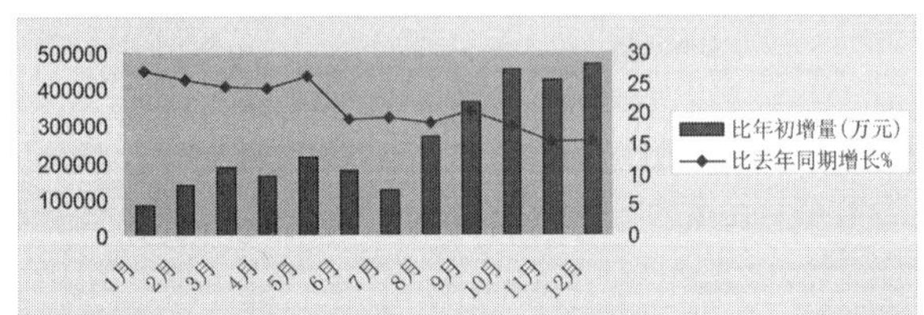

（二）各项贷款情况。截至年末，按可比口径统计，全市金融机构各项贷款余额269亿元，同比增加51.26亿元，增长23.54%，高于全省平均水平9.23个百分点，增幅居全省首位。全市金融机构累计发放贷款167.3亿元，同比增长24.91%，累计收回贷款116亿元，同比增长45.18%。全年各项贷款增速保持高位，实现平稳较快增长。

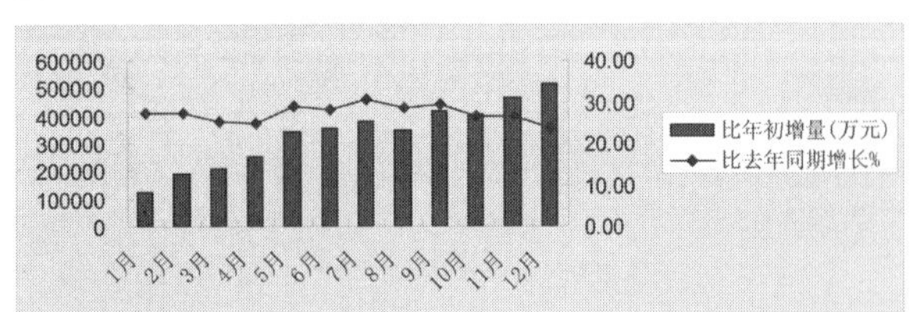

二、主要特征

（一）储蓄存款平稳较快增长，单位存款增速放缓。截至年末，全市储蓄存款余额183.34亿元，同比增加34.69亿元，增长23.33%，储蓄存款增势平稳。按期限看，活期余额143.17亿元，同比增加7.55亿元，增长5.57%；定期余额9.88亿元，同比增加2.56亿元，增长34.92%。

全市企业存款余额156.12亿元，同比增加9.25亿元，增长6.30%，增速放缓。其中通知存款余额0.97亿元，同比减少49.30%，保证金存款余额1.10亿元，同比减少35.10%，成为导致企业存款增速放缓的两大主因。

（二）各项贷款平稳较快增长。——从贷款存量看，全市涉农贷款余额147.29亿元，同比增长31.96%，增速高于各项贷款平均水平8.41个百分点，占全部贷款余额的54.75%，高于去年同期3.48个百分点。其中，投向农村领域18.23亿元，同比多投2.84亿元，余额达96.27亿元，占全部涉农贷款的65.36%。金融信贷业务与“三农”资金需求实现有效对接。

——从信贷市场份额看，农村信用社贷款增量居全市之冠，新增贷款15.40亿元，占全市新增贷款的30.04%，依次是工行、农行、农业发展银行、中行和建行，分别为新增9.39亿元、7.57亿元、6.53亿元、6.00亿元和减少5.81亿元。

——从贷款种类看，全市涉农贷款余额147.29亿元，较年初增加35.67亿元，占全部新增贷款的69.59％。其中林权抵押贷款余额13.3亿元，比年初增加5.89亿元、同比多增2.16亿元、增长79.49%，增幅稳居全省第一。

——从贷款期限机构看，短期贷款继续保持较快增长，中长期贷款继续回落。截至年末，累计发放短期贷款21.13亿元，同比增长47.87%；累计发放中长期贷款30.17亿元，同比下降14.46%。期限结构继续优化，信贷结构有所改善，金融机构因短存长贷引起的期限错配风险得到一定程度的缓解。

【金融监管与金融服务】

——加强风险监测、评估与预警工作。对46家金融机构及小额贷款公司经营情况进行重点风险排查及监测。建立地方法人金融机构风险监测月报告和存贷款监测旬报告制度，及时报告“惠农卡”集中用信风险。持续关注中缅边境局势变化，增强对形势的预判能力和应对能力，维护边境金融稳定和安全。

——推动金融机构改革。关注农业银行巩固和推广“三农事业部”改革成果，继续推动深化农村信用社改革，进一步增强服务县域经济发展能力。新型金融组织进一步完善，成功引进1家村镇银行，8家小额贷款公司相继成立并开业。

——加强“一创两建”工作。农村金融产品和服务方式创新态势良好。引导金融机构结合实际推广金融产品17种，工行在全市首推“信托+理财”经济林（木）抵押贷款方式，实现了信贷产品与抵押物的有效对接。农村支付环境建设取得新进展。截至年末，农村地区银行类金融机构网点接入行内系统151个，接入现代化支付系统111个，覆盖面分别达到92.64%和68.10%；建成惠农支付服务点377个，覆盖全市8县（区）68个乡镇，惠及农村32万人；在乡镇及以下农村地区布放65台，比去年增加9台，布放POS机482台，比去年增加175台；惠农支付清算交易累计26.48万笔、金额9988.92万元。农村信用体系建设工作快速推进。试点县（凤庆县）完成了6个乡镇、96个村、5.5万户农户信用信息纸质档案的采集和农户信用电子档案的系统录入工作。评定信用农户4.5万户，信用村59个、信用乡镇3个。

——推进“两综合、两管理”工作。创新履职方法、规范履职方式、增强履职效果，“两综合、两管理”工作不断推进。坚持监管关口前移，修订完善《新设银行业金融机构加入人民银行业务系统管理实施细则》，受理1家新设村镇银行加入人民银行业务系统。完善重大事项报告制度，全年共收到银行业金融机构重大事项和重要信息报告62项。制定综合执法检查方案，对5家银行业金融机构开展综合执法检查，其中对3家实施了9.5万元行政处罚。对13家银行业金融机构开展综合评价工作，其中约见谈话3家。妥善处置金融消费者维权投诉3起。

——支付体系稳健高效运行。组织推广支付密码和支付结算综合业务系统，建立按季对支付系统、对账系统的运行情况进行通报制度，组织全市金融机构开展支付系统宣传。全年新建成2条县域“刷卡无障碍示范街”，发放银行卡、惠农卡136.99万张，办理个人银行结算账户299.75万户。

——征信体系建设进一步完善。构建征信与支付结算、反洗钱领域的信息共享平台，加快中小企业信用信息征集进程。全年累计发放机构信用代码证8234户，全市新办中小企业贷款卡224户，信用代码在反洗钱领域运用查询9786笔。

——货币金银管理水平不断提高。全年投放现金59亿元，回笼34.8亿元，净投放现金24.3亿元，有效满足全市对现金的合理需求。建立券别调剂联席会议制度，保障市场券别合理搭配。积极推进发行基金物流管理系统建设。依托惠农支付服务点，进一步加强边境、农村反假货币工作，共建立反假义务宣传站130个，收缴假币50.28万元。

——科技保障工作进一步加强。完成对各类应用系统及县支行网络升级、应急演练及办公网“瘦身”工作。建立全市金融业信息安全协调机制。加大金融IC卡推广力度，全市各金融机构共计发放金融IC卡2.15万张。

——推动国库业务不断创新。财税库银横向联网系统在全市国税、地税系统实现全面推广，地税系统自收汇缴税款实现了电子缴税，受到省国库和地方政府好评。全年累计办理预算收支分别为68.80亿元和172.16亿元，较上年增长48.79%和29.93%。

——外汇管理与服务不断改进。紧扣全市构建面向西南开放重要桥头堡前沿窗口目标，进一步深化资本项目简政放权、货物贸易改革，积极实施贸易投资便利化，全面提升全市沿边开放水平和层次。截至年末，全市跨境收支7726.87万美元，同比增长16.84%；办理进出口核销业务299笔，金额1581.95万美元；办理资本项目业务42笔，金额2451.4万美元；完成跨境人民币结算业务674笔，金额4.29亿元人民币，同比增长49.63%。

【货币信贷政策传导】

2012年，临沧中支积极加强稳健货币政策传导，在正确把握和深刻领会稳健货币政策意图的基础上，加强政策宣传和舆论引导，有效传导货币政策趋势变化。

一、疏通货币政策传导渠道

（一）结合临沧市委、市政府“三个一百、三项考核”工作目标，制定出台《2012年临沧市金融工作要点》、《2012年临沧市信贷指导意见》等指导性文件，督促金融机构服务地方经济科学、和谐、跨越发展。

（二）加强向地方党政汇报。针对2012年的金融宏观调控形势，在深入调查研究的基础上，多次向临沧市委、市政府汇报金融工作中的新情况和新问题，相关政策建议得到采纳，地方党政对货币政策的理解进一步深化。

（三）以金融工作座谈会、金融运行分析会、金融联席暨监管通报会等为平台，从稳健货币政策涵义、总体取向、信贷工作重点以及执行稳健货币政策对地方经济社会的影响等角度，积极主动向地方政府、金融机构和社会各界广泛宣传稳健货币政策，有效提高货币政策的社会影响力和认知度，合理引导社会预期，营造了良好的货币政策执行环境。

（四）加强货币政策实施效应的评估和反馈。进一步完善信贷政策导向效果评估指标体系，组织涉农贷款、中小企业贷款、绿色信贷等信贷政策导向效果评估工作，强化对评估成果的运用，督促和引导金融机构贯彻落实各项货币政策。

二、灵活运用货币政策工具

（一）加强地方法人金融机构新增贷款调控管理。按照《云南省地方法人金融机构新增贷款调控管理办法》要求，临沧市中心支行每月根据地方法人金融机构创新金融产品、涉农贷款、存贷比等情况，制定分配新增贷款控制数方案，切实有效管理，确保临沧市地方法人金融机构信贷总量基本合理适度，月度间、季度间贷款平稳投放，实现年度控制目标。截至年末，临沧市地方法人金融机构新增贷款15.95亿元，其中农村信用社15.4亿元，村镇银行5500万元。新增贷款调控数较去年同期多增3.16亿元。

（二）进一步加强存款准备金的管理和日常监督。认真执行存款准备金各项政策和规定，加强对地方金融机构存款准备金日常缴存情况实时监测，顺利完成新设村镇银行缴存范围的核定工作，对金融机构执行存款准备金相关规章制度的不规范行为督促整改。对沧源县农村信用联社漏缴法定存款准备金情况实施了行政处罚。对凤庆、镇康县2家农村信用联社缴存款准备金情况开展现场检查。根据年内2次上调存款准备金率，对地方法人金融机构流动性充裕情况进行及时监测。按照《云南省地方法人金融机构实施差别准备金动态调整工作方案》要求，组织好辖内的定期测算工作。用好差别准备金动态调整工具，加强对地方法人金融机构实施差别准备金的成效评估。

（三）有效推进利率市场化工作。监测辖区市场化利率执行情况，引导地方法人金融机构提高自主定价能力，健全地方金融机构、民间借贷及网下同业拆借利率监测制度。严格金融机构贯彻执行人民币存贷款基准利率和有关房地产利率、优惠利率政策，发挥好利率杠杆的调控作用。对2012年2次调整存贷款基准利率及浮动区间情况，对辖内和互联网上各方面的反映进行了连续跟踪监测，确保调整政策的平稳实施。

【各金融机构的经营管理】

中国农业发展银行临沧市分行通过大力信贷支农，充分发挥农业政策性金融的支农和惠农作用，全行各项工作实现了持续发展。全年累计投放贷款23.8亿元，同比多投放8.1亿元，实现账面利润9212万元，同比增加3414万元，增幅58.88%。

中国工商银行临沧市分行坚持大力继续推进经营转型，强化内部管理，加强培育和提升各项业务的核心竞争力，创利能力大幅提升。截至年末，各项存款余额35.5亿元，比年初增加0.6亿元，增长0.17%；各项贷款余额60.3亿元，比年初增加9.4亿元，增长18.45%；不良贷款占比控制在0.02%；实现中间业务收入4154万元，同比增加995万元，增长31.5%；实现拨备前利润19亿元，同比增加0.53亿元，增长38.96%。

中国农业银行临沧市分行优化绩效考核机制，努力提升市场份额，全力清收和化解不良资产风险，加强金融产品创新，各项业务经营成效明显。截至年末，各项存款余额109亿元，比年初增加8.9亿元，增长8.87%；各项贷款余额48亿元，比年初净增7.6亿元，增长18.6%。

中国银行临沧市分行不断建立和完善各项业务发展的运营管理机制，构建内控环境文化，加快网点转型，改善服务环境，提高核心竞争力。截至年末，各项存款余额11.5亿元，比年初增加5.7亿元，增长97.07%；各项贷款余额16.6亿元，比年初增加6亿元，增长56.46%。

中国建设银行临沧市分行面对极其复杂的经营环境，坚持积极稳健发展的方针，加大资金筹措，不断增强软实力，提升金融服务质量。截至年末，各项存款余额30.7亿元，比年初减少1.6亿元，减少4.88%；各项贷款余额40亿元，比年初增加5.8亿元，增加17.15%。

临沧市辖农村信用社积极改善支农服务，加强业务发展，不断提高信贷资产质量。截至年末，全市农村信用社各项存款余额135亿元，比年初增加31亿元，增长29.58%；各项贷款余额72.3亿元，比年初增加15.4亿元，增长27.07%。

临沧市邮政储蓄银行以发展为思路，以改革为目标，以创新为动力，通过加强内部管理，优化资产结构，完善服务条件，拓展客户资源，各项工作取得了显著成效。截至年末，各项存款余额11.1亿元，比年初增加1.5亿元，增长15.89%；各项贷款余额508万元，比年初增加154万元，增长44.34%。

临沧临翔沪农商村镇银行认真贯彻落实各项金融政策方针和监管法律法规，加大营销力度，提高服务质量。截至年末，各项存款余额0.89亿元，各项贷款余额0.55亿元。

【证券业务】

截至年末，在临沧市设立分支机构的证券业务机构共1家，主要办理证券经纪业务和渠道业务，各项工作进展顺利。截至年末，临沧市太平洋证券公司实现营业收入94.11万元，同比增长169.89%，全年交易总量达79403万元，是2011年交易总量的3.98倍，新增开户数964户，至12月末开户总数达1834户，托管市值2159万元，同比增长94.5%。

【保险业务】

2012年，临沧市保险业运行基本平稳。截至年末，在临沧市设立分支机构的保险公司共有13家，其中财险公司9家，寿险公司3家，专业健康险公司1家，设有各类分支机构101个，从业人员共1901人。其中兼业（营销人员）1301人。2012年度实现保费总收入60827.31万元，同比增长21.21%，增幅在全省排名第一，是全省平均增幅的两倍。其中财产险保费收入31620.45万元，占总保费的51.98%，人寿险保费收入29206.86万元，占总保费的48.02%。财产险保费增幅为21.00%，人身保险保费增幅为21.43%。

【大事记】

1月6日，临沧市召开金融工作座谈会，会议充分肯定了2011年全市金融工作取得的成绩，对2012年金融工作提出“求进、保增、优调、多走”的要求。

2012年5月15日，临沧中支联合政府有关部门在临沧市临翔区影剧院广场开展反假货币宣传活动，结合边疆实际重点对爱护人民币的重要性、如何识别人民币真伪等内容进行宣传。图为临沧中支工作人员向过往群众积极宣传

2月22日－23日，临沧中支召开2012年工作暨纪检监察工作会议，总结2011年工作，安排2012年工作。

4月24日至5月31日，临沧中支对辖内5个银行业金融机构开展综合执法检查。

2012年6月16日，临沧市召开惠农支付服务业务开通推广工作会议。人民银行昆明中心支行副行长段会全，临沧市委常委、常务副市长郭惠云，省、市、区、有关部门和金融机构领导参会。图为参会领导向特约商户代表授牌

6月16日，临沧中支会同中国银联云南省分公司、地方政府及有关金融机构举行临沧市惠农支付服务业务开通推广工作会议暨临翔区授牌仪式。

9月3日至5日，云南省人民银行县支行新建发行库及营业办公用房建设项目现场培训会在临沧中支召开。

9月11日至12日，昆明中支刘莹副行长一行到临沧就境外替代种植人民币结算开展调研。

2012年9月13日，昆明中支刘莹副行长一行3人到临沧就境外替代种植人民币结算开展调研。图为刘副行长与临沧中支、市级商务部门、涉及境外替代种植的企业代表南华糖业以及相关市级金融机构负责人座谈

12月14日，临沧中支召开职工大会宣布主要负责人调整决定。

（办公室供稿）

2012年临沧市主要经济、金融指标

单位：万元人民币

项 目	金 额	比上年增减额	比上年增减幅度（%）
国内生产总值	3529771	831153	16.8
工业增加值	1125333	560270	27
地方财政收入	510758	129245	33.9
地方财政支出	1606231	318297	24.7
社会消费品零售总额	1019743	148743	17.1
金融机构各项存款	3473083	456459	15.13
财政存款	68329	13681	25.04
单位存款	1561178	92490	6.30
储蓄存款	1833421	346855	23.33
金融机构各项贷款	2689994	512622	23.54
短期贷款	765509	211301	38.13
中长期贷款	1924416	301698	18.59
现金投放（+）回笼（-）	24344.8	-1363.8	-5.6
证券业：（营业收入）	94.11	59.24	169.89
市场总成交金额	79403	63458	398
累计开户数（户）	1834	964	110.8
保险业：			
保费总收入	60827.31	10643.90	21.21
保险赔付总支出	22662	76622.56	50.68

迪庆州

【综述】

2012年是实施“十二五”规划的重要一年，面对复杂严峻的国内外经济形势，迪庆州金融部门坚持以科学发展观为指导，深入贯彻落实中央经济工作会议精神，围绕调整经济结构和加快转变经济发展方式，认真执行稳健的货币政策，着力优化信贷结构，积极推动金融改革，切实维护金融稳定，着力提升金融管理和服务水平，积极支持地方经济社会平稳较快发展。2012年，全州经济总量再跃新台阶，工业经济稳中有增，农业经济保持平稳增长，固定资产投资低开高走，旅游业保持繁荣发展，对外贸易较快增长，财政收支放缓，金融运行总体稳健，城乡消费较快增长，城乡居民收入平稳增长，物价总水平基本稳定。据测算，全州实现地区生产总值1136281万元，按可比价计算，同比增长16%，完成全年目标任务的101.4%。地区生产总值增速在全省16个州市和全国十个藏族自治州中位居第3位。

【金融运行情况】

2012年，迪庆州各级金融部门认真贯彻落实国家宏观调控政策，继续实施稳健的货币政策下，全州金融机构各项存贷款实现平稳较快增长，金融市场保持稳健运行态势。

一、各项存款平稳增长

截至年末，全州金融机构人民币存款余额1721595.33万元，同比增长21.72%，增速保持自5月以来持续增长态势，超过全省平均增速4.73个百分点，全年新增存款307172.37万元，同比多增78313.01万元。从存款结构来看，单位存款和个人存款实现双增长；从存款期限看，存款呈现活期化趋势；分机构看，中资全国性大型银行、农村合作金融机构以及地方性城市商业银行存款增量较大。

二、各项贷款增速保持较高水平

截至12月末，迪庆州辖内金融机构人民币贷款余额1270826.15万元，同比增长16.04%，增速高出全省平均水平1.73个百分点。全年新增各项贷款175691.22万元，同比少增45847.8万元。从期限看，短期贷款增速高于中长期贷款，中长期贷款增幅继续回落，银行流动性状况明显改善。从投向看，水利、环境和公共设施管理业、电力、燃气及水的生产和供应业、个人贷款及透支、租赁和商务服务业和房地产业是信贷投放重点。分金融机构看，中资全国性大型银行以及农村合作机构是信贷投放的主力。

三、现金投放合理适度

2012年，计划调入发行基金249440万元，实际调入245086万元，完成计划数的98.25%，预测分析水平切实提高；累计回笼现金127697.1万元，同比增长21.06%；累计投放现金296231.5万元，同比增长1.97%；净投放168534.4万元，比同比减少8.92%。不断探索和完善跨省现金存取款业务，中心支库区域现金服务辐射能力不断增强，毗邻四川省甘孜州得荣、乡城、稻城三县累计在我库办理存取款业务69笔，投放现金48450万元，回笼现金5529万元。

四、财政收支情况

2012年，全州财政总收入累计完成171706万元，同比增长2.28%，完成一般预算收入累计入库17.85亿元，比上年同期增加2805万元，增幅为1.5%，完成一般预算支出47.99亿元，比上年同期增加5.36亿元，增幅为12.58%。

五、外汇收支情况

2012年，全州进出口总额为1437万美元，比上年增长18.8%。其中，出口额完成990万美元，同比下降3.2%；进口额完成447万美元，同比增长139%。辖区跨境收支4110万美元，同比增长31%，银行结售汇3653万美元，同比增长28%，外汇存款余额2489万美元，同比增长51%。

【金融监管】

2012年，中国人民银行迪庆州中心支行（以下简称人行迪庆中支）、中国银行业监督管理委员会迪庆监管分局（以下简称迪庆银监局）等金融监管部门依法履行监管职责，强化风险管理，防范和化解金融风险，维护金融稳定，有效促进了辖区金融业稳健运行。

一、加强金融风险监测，推进金融改革，辖区金融业稳健运行

一是做好地方法人金融机构风险监测，将保险业金融机构纳入日常监测的范围，做好数据的采集工作，提高月度监测分析质量。二是开展地方法人金融机构稳健性现场评估工作，对农信社进行稳健性现场评估，及时反馈评估报告，促进其稳健经营。三是完成辖区银行业、保险业、小额贷款公司和融资性担保公司风险排查工作，认真评估地方政府融资平台潜在风险和对金融体系的影响，强化对各类民间借贷活动的跟踪分析。四是持续跟踪农业银行“三农金融事业部”、农业发展银行、邮政储蓄银行等金融机构的改革动向。五是关注地方政府融资平台的潜在风险及其对银行业稳定的影响，做好风险提示工作。六是稳妥推进金融体制改革，加强协调引导工作，加强与银监局和州委州政府的汇报、沟通，正确引导银行业金融机构深化改革，改进服务，通过多方努力，云南香格里拉渝农商村镇银行已完成筹建工作，即将开业，有效拓展迪庆藏区融资渠道。

二、以“两管理、两综合”为手段，加强对金融机构的管理，维护辖区金融稳定

结合实际制定下发了“两综合、两管理”工作方案。一是严格执行银行业金融机构重大事项报告制度，拓展重大事项报告管理的深度，实行对银行业机构动态管理。二是加强新设银行业金融机构开业管理。重点加强对云南香格里拉渝农商村镇银行有限责任公司开业管理与服务。三是完成辖区金融机构综合评价工作，对银行业金融机构执行人民银行政策的情况进行综合评价并通报，督促各机构更好的配合人民银行工作。四是完成综合执法检查工作，对辖内中国银行迪庆州分行、富滇银行香格里拉分行和农行德钦县支行三家金融机构进行了综合执法检查，根据检查依法完成对中国银行迪庆州分行、农行德钦县支行支付结算业务违规行政处罚。五是探索和试点金融消费者权益保护工作，推动完成金融消费者权益保护调研工作，在人民币流通领域试点金融消费者权益保护工作，为推广该项工作奠定基础。

三、稳步推进金融信息化管理

以金融业机构信息管理系统为平台，全力做好金融业机构信息管理，按照《金融业机构信息管理规定》，开展对辖区银行业金融机构信息安全稳定状况的调查，掌握金融机构信息化管理工作的情况，完成金融业机构信息验证及检查工作，做好金融机构信息的编制、备案、维护和发布工作，夯实金融标准化建设。推动金融IC卡受理环境建设，开展迪庆州银行卡联网通用金融IC卡销售点终端（POS）改选专项检查。

四、不断夯实账户管理和反洗钱工作

严格人民币存款账户的审批管理，落实银行账户实名制，提高非现场监管能力。全年审批开立各项存款账户1094户，撤销1591户，变更193户。组织开展账户办理人员资格证考试，发放资格证38本。发挥现场监管、非现场监管动态监测和风险预警作用，提升反洗钱工作有效性，开展业务知识宣传，有效预防洗钱犯罪。

五、有效缓释融资平台贷款风险

迪庆银监局全年共召开5次地方政府融资平台贷款监管工作会议，分析、通报平台贷款中存在的困难和问题，按照“保在建、压重建、控新建”的要求，在保持政策连续性和稳定性的基础上，加强风险监测，切实化解到期贷款风险，确保了迪庆州融资平台在建项目的合理资金需求，同时，科学把握监管尺度，促成迪庆州保障性住房开发建设管理有限公司纳入地方政府融资平台管理，使该公司及时获得银行信贷支持，努力推进保障性住房建设任务的顺利完成。

六、切实提高监管质效

组织对辖内银行业金融机构62名核准制高级管理人员进行了上年度履职情况考核，对5名考试成绩不合格的人员进行了补考；对19名拟任高级管理人员进行了任职资格审查和考试，审查不合格退回2人；建立并落实《高级管理人员外出报备制度》，全面加强对高管人员的动态管理，从源头上防范风险；批准机构开业2个、网点搬迁7个、机构换证12个。通过严把市场准入关，增进了社会公众对银行的信心。全年共开展现场检查14个项目，投入现场检查1284个工作日，被查机构数21个，发现问题金额71050万元，提出整改意见建议78条，对违法事实进行了行政处罚，加强非现场监管，定期评比数据报送质量，适时监测分析数据变化动向，及时提示风险。

【货币信贷政策传导】

一、加强货币信贷窗口指导和政策传导，促进全州信贷投入合理增长

根据国家产业政策和迪庆州经济发展思路，结合迪庆经济结构的特点，制定并下发了《2012年迪庆州信贷指导意见》，通过召开迪庆州经济金融季度运行分析会，参加全州金融工作座谈会，银政企信贷产品现场推介会等重要会议，加强汇报、协调和引导，对照《关于金融支持服务云南藏区发展的实施意见》，继续加大有效信贷投放力度，将贯彻落实国家宏观政策措施与支持服务桥头堡建设，助推迪庆跨越发展、长治久安示范区建设有机结合起来，合理利用货币政策工具，进一步做大信贷总量、优化信贷结构，积极发展民生金融，促进民生改善和社会和谐，有效地促进全州经济金融平稳较快发展。

二、加强货币信贷运行监测和评估，加强利率水平监测分析，不断完善货币信贷政策效应的调查反馈机制

一是坚持货币信贷执行情况定期分析制度，经济金融运行定期分析会议制度，金融机构联席会议制度，加强对政府及其综合经济管理部门层面的政策传导工作，增强辖区金融工作与宏观经济运行的有效对接，结合辖区货币信贷运行实际专题研究和提出金融促进经济发展的具体贯彻意见，进一步增强货币政策在辖区的实际执行效应。二是按照昆明中支要求，开展涉农信贷政策导向效果评估和中小企业信贷政策导向效果评估工作，对评估结果进行通报，并按季监测实施效果。对全州金融机构实际利率执行水平和定价机制进行监测，按季上报地方性金融机构利率政策执行情况监测报告。三是针对年内两次下调存贷款利率和两次下调存款准备金率，及时对政府部门、金融机构、企业和居民开展政策实施效应的情况调查。将社会各界对央行调整存款准备金、利率的反映情况进行总结分析并形成报告。

三、加强经济金融运行分析

加强对货币政策的日常监测管理工作，建立与政府、金融机构和企业间的信息沟通平台，增强区域货币政策传导的实效性。坚持经济金融运行定期分析会议制度。借助会议平台，加强对政府及其综合经济管理部门层面的政策传导工作，进一步增强辖区金融工作与宏观经济运行的有效对接。坚持金融机构联席会议制度。适时组织召开全州金融机构联席会议，结合辖区货币信贷运行实际专题研究和提出金融促进经济发展的具体贯彻意见，进一步增强货币政策在辖区的实际执行效应。深入辖区地方法人金融机构，围绕政策要求和运行实际有针对性地进行指导，进一步增强地方法人机构执行信贷政策的实效性。强化信息调研工作。继续开展区域特色调查研究，积极参与地方发展战略及重大区域规划制定与实施工作，增强人民银行在地方发展中的话语权和影响力。

【支持地方经济发展】

一、认真贯彻落实稳健货币政策

认真贯彻落实稳健的货币政策，金融运行总体稳健，存款平稳增长，信贷投放合理适度增长，为支持地方经济健康快速发展发挥了重要的支撑作用。截至年末，全州金融机构人民币存款余额 1721595.33 万元，同比增长 21.72%，人民币贷款余额 1270826.15 万元，同比增长 16.04%。

二、引导涉农银行提升服务“三农”水平

进一步加大“三农”支持力度，农村信用社开展“三大工程”、支农服务“双百竞赛”活动，积极探索支持“三农”、促进经济发展方式转变的路子，向 6 个村民小组 140 户农户发放移民搬迁农户贷款 423.8 万元，支持 429 个移民提升劳动技能、发展优势特色农业，全力助推地方政府实施“深度贫困群众实现稳定脱贫”规划。2012 年末，迪庆州涉农贷款余额 921602 万元，比年初增加 149676 万元，增长 19.39%，实现了涉农贷款“两个不低于”目标。

三、民生金融服务切实改善

一是对经济薄弱环节信贷支持持续加强。全州涉农贷款余额 922342 万元，占各项贷款余额的 72.58%，较年初增加 140924 万元，增长 18.03%；中小微型企业贷款余额 609537 万元，占各项贷款余额的 47.96%，较年初增加 34240 万元，同比多增 12495 万元；二是对四大支柱产业的信贷支持力度不断加大。旅游、生物、矿产、水电四大支柱产业贷款余额为 544100 万元，占各项贷款余额的 42.82%，较年初增加 150901 万元，是全部新增贷款的 85.89%；三是对民生领域的信贷支持有所突破。林权抵押贷款余额达 23190 万元，较年初增加 23133 万元；小额担保贷款余额为 16041 万元，较年初增加 9536 万元，“贷免扶补”贷款余额 12939 万元，较年初增加 6210 万元；累计发放小额担保贷款 1494 笔，金额 12171 万元，累计发放“贷免扶补”贷款 1448 笔，金额 12697 万元，共支持创业及带动就业达 1625 人。发放了首笔保障性住房建设贷款 5000 万元，进一步加快了迪庆州保障性住房建设的步伐。

四、“一创两建”工作深入推进

一是加快推进林权抵押贷款，推出农户小额信用贷款、农业科技贷款等 8 种信贷产品，开发了青稞、牦牛、藏系羊等具有地方特色的农业保险，农村金融产品创新工作取得阶段性成果。截至年末，信贷创新品种贷款余额为 7.92 亿元，受益农户数为 4321 户，发放林权抵押贷款 71 户，比年初增加 46 户，余额为 2.32 亿元，较年初增加 2.31 亿元。二是扎实推进惠农支付服务点建设，建立惠农支付服务点 108 个，共清算交易各类业务 17210 笔，金额 408.12 万元。三是辖内德钦县农村信用体系建设试点工作取得阶段性成效。截至年末，建立了农户纸质信用档案 7157 份，完成了 5594 户电子信用档案及信用评级工作，评定 4 个信用乡镇、15 个信用村，对信用农户的贷款授信 4225 户，授信金额 1.34 亿元。

五、稳步推进支付服务环境建设

建立了辖区金融机构支付结算联席会议制度，制定了《迪庆州农村地区支付服务环境建设工作实施方案》，推进现代支付系统向农村地区延伸。2012 年末，全州行政乡镇金融机构覆盖率为100%，支付系统共发生会计业务14817笔，发生支付系统往账851笔，金额100.72亿元。全州单位银行结算账户达5907户，银行卡数量34.12万张，ATM布放数量为96台，特约商户累计数量为1127户，惠农支付服务点108个，刷卡无障碍示范街2条，迪庆藏区支付服务环境得到了极大的改善。

六、完善国库服务与管理

坚持“强基础、保安全、推系统、抓调研”的国库工作思路，进一步完善财税库工作机制，推动国库集中支付改革，提高财政资金运转效率，规范税款收缴管理工作，防范国库资金风险，扎实推进财税库银横向联网工作。全州各级国库共办理业务96296笔，完成一般预算收入累计入库17.85亿元，比上年同期增加2805万元，增幅为1.5%，完成一般预算支出47.99亿元，比上年同期增加5.36亿元，增幅为12.58%。全州财税库银横向联网进入全面推广阶段，截至年末，共签订“三方协议”1700户，通过横向联网系统扣税成功3322笔，金额1.91亿元。

【各金融机构的经营管理】

2012年，迪庆州各金融部门认真分析研究全州经济社会发展形势变化，结合经济金融运行情况，有效促进金融政策和产业政策有机结合，增强金融对经济建设的支撑作用。全州金融机构资本充足率、经营效益得到提升，不良资产逐步下降，经营风险防控得到加强，可持续发展能力进一步增强。

中国农业发展银行迪庆州分行：2012年，积极推进“两轮驱动”发展战略，按照“一巩固、三突出、一择优”的发展思路，以“早、好、快”和“四并重”为抓手，加大支农力度，严控信贷风险，加强“两基”建设，圆满完成全年的工作目标任务。截至年末，各项存款余额达40447万元，比年初增加11857万元，增幅达41.47%，各项贷款余额达111297万元，比年初增加29551万元，增幅达36.15%。全年实现各项业务收入7219万元，同比增加711万元，增长10.93%，实现账面利润2267万元。

中国工商银行迪庆州分行：2012年，以“四硬”经营理念和“强行”战略目标为指引，坚定“三个没有”发展理念，深化“三个主动”工作方法。截至年末，各项存款余额305915万元，比年初增加39559万元，增长14.85%，各项贷款余额251614万元，比年初增加44036万元，增长21.21%。经济效益显著提升，实现拨备利润9037万元，比同期增加2006万元，实现中间业务收入1699万元，不良贷款占比不断下降，不良率为0.2%。

中国农业银行迪庆州分行：2012年，紧紧围绕“横向提升、纵向进位”的总体目标，以提升市场竞争力和可持续发展的能力为核心，继续实施“发展、转型、创新、控险、强管、增效”的业务经营方针，确保稳定，加快有效发展，各项存款余额1602404万元，比年初增加250664万元，增长幅度为18.54%，人民币各项贷款余额1158918万元，比年初净增176110万元，增幅为17.92%，实现拨备前利润14118万元，较上年同期增加2380万元，完成省分行任务的104.58%，实现中间业务收入1886万元，清收（自营）不良贷款16742万元，绝对额较年初减少13689万元。不良贷款年末占比为4.81%。

中国银行迪庆州分行：2012年，紧紧围绕“打基础、调结构、做特色、上水平”十二字工作方针和“增收入、控风险、强基础、稳进步”的工作要求，扎实推进各项业务发展。各项人民币存款余额为37454万元，同比增加14824万元，人民币各项贷款52864万元，同比新增33635万元，实现净收入2325万元，同比增加628万元，增幅为37%。

中国建设银行迪庆州分行：2012年，建行以“上位次、提份额、增效益、强内控”，不断提高价值创造力和市场竞争力，圆满完成了省分行下达的各项工作目标，截至年末，各项余额为290726万元，较年初增加39517万元，增幅15.37%，各项贷款余额189166万元，比年初下降33986万元，市场占比6%。完成税前利润6841万元，中间收入完成777万元。不良贷款余额44.78万元，不良率为0.023%。

邮储银行香格里拉县坛城支行：2012年，邮储银行按照“均衡发展，精细化管理的要求”，有序推进各项改革发展工作，按进度完成本年经营目标。全年完成营业收入779.29万元，实现利润469.8万元，主要完成了二类支行迁址改革工作，风险管理工作得以加强，加强基础业务管理，合理搭建管理体系框架，财务核算质量进一步提升，推进企业文化建设工作。

富滇银行：2012年，实现了开业以来的良好开局，可持续发展能力和整体运营情况表现良好，基本完成了各项目标任务。截至年末，各项存款余额93656.73万元，增幅为72%，各项贷款余额57249.45万元，增幅为89%，营业累计收入2393.38万元，实现表内盈余1371.01万元。

迪庆州农村信用联社：全州农村信用社以构建符合现代化商业银行发展要求的管理体制和运行机制为目标，全面提升金融服务水平和能力，取得了存款、贷款、业务收入、利润快速增长、不良贷款余额和占比稳步下降和确保了经营“四增、二降、一确保”的工作目标。截至年末，全州农村信用社完成各项贷款424292万元，同比增长34.89%，各项贷款余额229898万元，同比增长31.51%，不良贷款余额2942万元，同比下降36.02%，年末不良占比1.28%，实现利润3914万元，增幅131.13%。

【保险业务】

2012年，迪庆州保险业机构组织体系不断健全，保险服务水平和能力进一步提升，保险支持辖区经济社会发展的保障作用不断增强。截至年末，全州共有保险机构8家，其中产险公司5家，寿险公司2家，代理公司1家。全州共有中心支公司（含市级分公司）3家，支公司4家，营销服务部15家。保险从业人员591人。迪庆州实现保费收入16986.90万元，同比增长5.62%。赔款支出5804.18万元，同比增长13.34%。产险公司实现保费收入12198.82万元，同比增长8.26%，赔款支出5338.85万元，同比增长15.12%。寿险公司实现保费收入4788.08万元，同比增长5.75%，赔款支出465.33万元，同比增长-3.72%。

【大事记】

2月17日，中国人民银行迪庆州中心支行召开2012年工作会，会议总结回顾了2011年工作，安排部署了2013年工作任务。

2月17日，迪庆州人民政府办公室于下发了《贯彻落实〈云南省人民政府办公厅关于加快推进农村信用体系建设试点工作的实施意见〉的通知》，加强对农村信用体系建设的组织领导。

5月25日，中国人民银行迪庆州中心支行组成综合执法现场检查组，开始对中国银行迪庆州分行、富滇银行香格里拉分行、农行德钦县支行开展综合执法检查。

6月11日，迪庆州惠农支付服务业务暨香格里拉惠农支付服务点授牌仪式在迪庆中支举行，标志着迪庆州惠农支付业务正式开通。

6月13日，迪庆州金融工作座谈会召开。

11月14日，迪庆藏区跨境人民币结算业务实现零的突破，也标志着跨境人民币业务在云南省州（市）范围内实现全覆盖。

11月20日，迪庆中支及德钦县支行工作人员到德钦县霞若乡举行信用乡镇、信用村现场授牌。

（苏清供稿）

2012年迪庆州市主要经济、金融指标

单位：万元人民币

项 目	金 额	比上年增减额	比上年增减幅度（%）
国内生产总值	1136281	156729	16%
工业增加值	163411	21807	15.4%
地方财政收入	171706	3861	2.28%
地方财政支出	731447	70103	10.63%
社会消费品零售总额	300239.6	46869.6	18.5%
金融机构各项存款	1721595.33	307172.37	21.72
财政存款	24444.95	-10556.53	-30.16
单位存款	1145914.03	233137.65	25.54
储蓄存款	546060.64	81621.16	17.57
金融机构各项贷款	1270826.15	175691.22	16.04
短期贷款	184644.48	.39534.06	27.24
中长期贷款	1086181.67	136226.62	14.34
现金投放（+）回笼（-）	168534.4	-16499.6	-8.92
证券业：			
市场总成交金额			
累计开户数（户）			
保险业：			
保费总收入	16986.90	923.9	5.62%
保险赔付总支出	5804.18	500	13.34%

怒江州

【综述】

2012年，怒江州以转变经济发展方式为主线，按照“稳中求进、好中求快、变中求新”的总体要求，抓住国家新一轮西部大开发、省委第九次党代会提出的“四个翻番、两个倍增”目标和“两强一堡”战略发展机遇，围绕“保增长、保民生、保稳定”的发展目标，采取积极有效措施，扎实推进各项工作，全州经济实现平稳较快发展。完成生产总值74.94亿元，增长16%，其中：第一产业增加值11.44亿元，增长18.9%；第二产业增加值26.16亿元，增长9.7%；第三产业增加值37.34亿元，增长15.3%。规模以上固定资产投资63.63亿元，增长35%。全社会消费品零售总额20.64亿元，增长17%。地方公共财政预算收入7.51亿元，增长12.8%。城镇居民人均可支配收入14217元，增长17.3%。农民人均纯收入2800元，增长18.5%。居民消费价格总水平上涨2.4%。

【金融运行情况】

2012年，怒江州金融部门认真贯彻落实稳健的货币政策，着力做好现金供应、窗口指导和信贷规模调控，实现全州信贷投放重点突出、增长均衡、规模增大，确保全州金融业平稳运行，金融支持经济发展的力度不断增强。

一、各项存款余额同比平稳增长

截至年末，怒江州金融机构人民币各项存款余额108.14亿元，同比增加12.84亿元，增长13.47%。其中：单位存款余额54.91亿元，同比增加2.56亿元，同比增长4.89%；储蓄存款余额48.13亿元，同比增加8.38亿元，增长21.09%；财政存款余额4.66亿元，同比增加1.68亿元，增长56.59%。

二、各项贷款快速增长，信贷结构进一步优化

截至年末，怒江州金融机构各项贷款余额70.16亿元，同比增加11.44亿元，增长19.48%，高于各项存款增速6.06个百分点，高于全省平均水平4.68个百分点，高于全国平均水平3.78个百分点。其中：短期贷款余额27.53亿元，同比增加5.6亿元，增长25.6%；中长期贷款余额41.57亿元，同比增加5.5亿元，增长15.22%；个人消费贷款余额5.9亿元，同比增加0.25亿元，增长4.34%。票据融资余额1.06亿元，同比增加0.34亿元，增长46.73%。

三、现金投放适度

2012年，怒江州共投放货币25.33亿元，同比增加2.89亿元，增长12.88%；回笼9.41亿元，同比增加3.82亿元，增长68.47%；净投放15.92亿元，同比减少0.94亿元，下降5.54%，保证了合理的现金供应。

四、外汇收支情况

截至年末，全州结售汇193万美元，同比增加56万美元，增长44%，其中，经常项目50万美元，资本与金融项目143万美元。全州进出口总额778万美元，同比增加522.83万美元，增长205%，其中，进口710万美元，同比增加498.5万美元，增长235.7%，出口68万美元，同比增加24.33万美元，同比增长55.7%。年内发生跨境贸易人民币结算业务7笔，金额77万美元。

【金融监管】

一、人行怒江中支做好“两管理、两综合”工作，提高对金融机构监督管理和服务水平

一是认真开展综合执法检查。4月9日至27日，对中国建设银行怒江州分行、中国建设银行兰坪支行、泸水县农村信用合作联社、兰坪县农村信用合作联社4个金融机构实施现场检查，发现违规事实86个，提出整改建议44条，作出警告6个、行政处罚16.5万元。二是扎实开展综合评价工作。制定了《中国人民银行怒江州中心支行综合评价工作规程》，适时召开综合评价专题会议研究部署具体工作，按时完成怒江州农村信用社综合评价工作，同时向评估对象通报评价结果，增强了人民银行的政策影响力。三是加强新设银行业金融机构开业管理工作。按季报告新设银行业金融机构开业管理和服务指引工作进展情况，进一步强化金融服务与管理效率，不断规范和完善新设银行业金融机构加入人民银行系统的相关工作。四是严格执行银行业金融机构重大事项报告制度。建立联系人备案制度，统一报告流程，按季上报金融机构重大事项报告制度开展情况。

二、人行怒江中支积极做好金融稳定各项工作

2012年，怒江中支抓住“强基础、保安全、抓创新、上水平”这一主线，切实加强对金融稳定工作的督促指导与落实。一是进一步加强对地方法人金融机构风险监测，重点监测地方中小法人金融机构流动性、资本充足率和资产质量，按月报告《金融稳定风险监测月报和报告》，密切关注小额贷款公司的经营状况和风险管理情况。二是推动金融生态环境建设，完善货币信贷暨金融稳定运行分析报告制度，按季向相关部门通报监测结果、调查报告、风险报告，分析辖区金融稳定和金融生态环境状况，积极向昆明中支报告金融稳定信息。三是加强对怒江州保险行业的风险管理。在深入调查研究的基础上，组织辖内银行业、保险业共计14家机构召开了首次银保合作座谈会，积极推进怒江州银保合作业务。

三、人行怒江中支加强反洗钱工作力度，有效防范和遏制洗钱犯罪活动

以“一法四规定”为主要内容，于11月1日至30日，开展了以警惕网络洗钱陷阱为主题的反洗钱宣传月活动。督促指导金融机构建立健全反洗钱内控制度，加强大额和可疑交易数据报告质量管理。积极做好机构信用代码在反洗钱领域的推广与应用，建立了与政府部门之间的反洗钱工作联系会议制度、协作机制和可疑交易情报会商协查制度。3月16日，召开了怒江州2012年反洗钱行长联席会议。4月，对辖内4家银行业金融机构和平安保险公司怒江中心支公司进行了现场检查。

四、怒江银监分局以风险监管为主线，做好各项重点监管工作，风险管控取得新成效

一是把好市场准入关。采取考评和考试相结合的方式，首次对26名信用社高管开展履职行为考核工作，建立和完善了高管人员持续监管体系。二是发挥好非现场监管的预警指导作用。建立非现场监管数据管理通报制度、约见谈话制度和书面检查制度。截至年末，约见高管谈话5人次，发出6份非现场监管事项提示单，10份风险预警提示单，有效发挥非现场监管预警作用。三是不断提升现场检查质效。灵活运用EAST现场检查系统，完成了12个现场检查项目，检查机构51个，提出监管意见和整改要求78条。四是加强不良贷款管理。督促银行业金融机构着力提高信贷管理的精细化水平，做实贷款五级分类，加强不良贷款清收力度，积极化解信贷风险。截至年末，全州不良贷款余额2.14亿元，同比减少1.4亿元，下降39.55%；不良贷款比率3.05%，比年初下降2.98个百分点。五是加强平台贷款风险监控。督导银行业金融机构完善和落实风险管理措施，加大清收力度，严控新增贷款及贷款投向，科学化解平台贷款风险。截至年末，全州平台贷款余额11 116.8万元，较清理初期累计收回平台贷款23 878.2万元，收回率达68.23%，较年初下降29.81%。六是加强房地产信贷风险管控。督促银行业金融机构严格落实各项房贷政策，加强对房地产行业贷款情况的监测，按季进行分析及风险提示，对房地产贷款情况进行专项调查和检查。截至年末，全州房地产贷款余额72 508万元，同比增加18 816万元，增长35.04%；其中不良贷款余额353万元，不良率0.49%，低于全州各项贷款不良率2.56个百分点。七是加强属地法人监管，执行差别化监管措施，组织开展两次审慎监管会谈，首创增资扩股新模式，允许外地州联社入股我州各县信用社。

【货币信贷政策传导】

一、加强舆论宣传，营造良好的政策执行环境

以全州金融工作会议的召开为主导，按期组织召开货币信贷运行分析例会和金融协调领导小组会议以及印发人民银行工作会议精神、通报经济金融形势分析报告等方式做好金融宏观调控政策的学习宣传和舆论引导。密切关注货币政策的执行效果，人行怒江中支先后对民贸优惠贷款利率政策执行情况、边疆民族贫困地区支农再贷款政策效应等情况进行调查研究，为上级行和地方政府决策提高有益参考。

二、加强“窗口”指导，认真落实稳健货币政策

按照金融宏观调控政策和全省货币政策的总体导向，结合实际制定了2012年怒江州信贷指导意见，引导金融机构加强对三农、水利、林业、民生及小微企业的信贷支持，进一步推动金融支持集体林权制度改革试点工作。跟踪和监测各金融机构贯彻落实信贷政策的效果，引导金融机构贯彻落实国家经济金融政策，充分发挥金融支持促进地方经济结构调整优化的积极作用。严格执行《云南省地方法人金融机构新增贷款调控管理办法》，建立怒江州地方法人金融机构经营情况监测制度，按周监测贷款投向并根据昆明中支下达的全州地方法人金融机构新增贷款控制数进行8次联社间新增贷款控制数调整，对各县农村信用社进行约见谈话5次，下发工作要求两份，电话提示两次，通过切实加强监测、及时引导和适时调整，全州未发生超规模投放的情况。

三、加强货币政策工具的运用

一是加强支农再贷款管理。2012年，先后按期收回支农再贷款2笔金额合计5800万元，没有新发放支农再贷款。二是严格执行存款准备金管理规定。依法调整及考核地方法人金融机构存款准备金，密切监测地方法人金融机构存款准备金的缴存情况，维护存款准备金制度的有效性。三是监测法人利率水平，做好利率管理工作。及时转发利率调整文件并反馈社会各界的反映，密切监测金融机构的利率执行情况，组织开展全州农村信用社利率定价机制建设评估工作，认真做好对社会各界的利率宣传解释工作，为司法办案提供各时期的利率档次咨询。四是全面落实地方法人金融机构新增贷款调控工作要求，适时进行信贷投放工作引导和新增贷款控制数调整，对支持“三农”、小微企业的信贷项目给予重点保障，达到了全州地方法人金融机构信贷增长适度、进度可控、投向合规的调控目标。

四、认真组织落实好各专项信贷政策

一是继续推动创业促就业小额担保贷款政策的落实，与怒江州人力资源和社会保障局达成小额担保贷款工作合作协议，为下岗失业人员、劳动密集型企业和合伙企业等提供信贷支持。截至年末，全州创业促就业小额担保贷款余额3887.4万元。二是继续推动民族贸易和民族用品生产贷款优惠利差补贴工作。协同政府、金融机构、企业建立联动机制，引导金融机构加大对民贸企业贷款力度。截至年末，民贸民品优惠贷款余额为1950万元，受惠企业12个，共计获得人民银行利差补贴资金61.2388万元。三是继续推进林权抵押贷款业务，提高林权抵押贷款覆盖面。大力宣传、推广林权抵押贷款，全州林权抵押贷款业务继2011年末实现零突破后，2012年新增3229万元，增长190倍。四是继续做好生源地国家助学贷款。截至年末，生源地助学贷款余额为8万元，共计帮助20人顺利在校受教育。

【金融支持地方经济发展】

一、工业贷款强劲增加，有力促进了怒江州主导产业水电开发业、采矿业可持续发展

坚持“区别对待、有扶有控”的原则，积极响应怒江州委、州政府所提出的“生态立州、科教兴州、电矿强州、文旅活州”发展思路，加大地方矿电支柱产业重点扶持力度。截至年末，全州电力、热力、燃气及水生产和供应业贷款余额19.96亿元，同比增长16.55%。全州采矿业贷款余额13.36亿元，同比增长9.52%。怒江州金融机构对重点行业、重点企业的信贷投入不断加大，贷款投向与实体经济活动结合度进一步提高，信贷对经济发展的支持作用进一步彰显。

二、以扩展支农渠道为重点，支持“三农”经济的发展

农业发展银行、农业银行以及农村信用社充分发挥农村金融部门的优势，落实国家各项强农惠农富农政策，多渠道增加对“三农”经济发展的信贷投入，构建多样化农村金融服务，为农村经济发展提供良好金融支持。截至年末，全州涉农贷款余额56.39亿元，同比增加7.35亿元，增长14.99%，同比多增6706万元。一是农村金融产品创新力度不断加大。在怒江中支的积极引导下，全州各涉农金融机构开发出“贷免扶补”创业小额贷款、小额扶贫贴息贷款、小额信用贷款、最高余额循环贷款、林权抵押贷款、惠农卡、农户联保和保证小额贷款、“农家乐”贷款、农村青年和失地农民创业贷款等十余种金融产品。截至年末，全州各项农村金融创新产品贷款余额73946.02万元，同比增长226.77%；受益农户18321户，受益企业15户。二是为乡村惠农金融服务开辟了新通道。在全州自然村建成264个惠农支付点，19个新农保服务点，发行惠农卡达178541张。三是创新扶持方式。采用“可循环贷款”或“银行+公司+专业合作社+农户”的联动扶持方式，加强对养殖、种植农户、农业产业化龙头企业的信贷支持，促成以龙头企业为主的农村经济发展新格局。四是扎实农村信用体系建设扎实。顺利完成了农户信用信息采集、信用等级评价与建档面达到全县农户数50%的目标任务。截至年末，共为17058户农户建立了纸质信用信息与信用评价档案，为14568户农户建立了电子信用信息与信用评价档案；共评定2个信用乡、10个信用村、6932户信用用户；共为3095户信用农户开展了授信贷款业务，贷款余额达15306.95万元。

三、以创新金融服务为切入点，支持小微企业发展

一是开展小微企业金融服务宣传月活动。充分利用新闻媒介、电子显示屏、业务营销手册等多形式、多渠道扎实开展宣传工作，着力提高服务小微企业主动性。二是建立小微企业信贷月报制度，强化信贷投放监测；全州7家银行业金融机构已有6家设立小企业专营机构，比上年末增加3家。三是多途径多渠道支持小微企业发展。创新“银、保、企”合作模式，成功开办全省首例代理小水电行业保险业务；创新担保模式，积极引入外地担保公司，实现小企业担保贷款在怒江的“零突破”；开展县域小企业动产质押贷款，突破了以往单一采用房地产抵押、存单质押的瓶颈。截至年末，小微企业贷款余额17.37亿元，同比增加3.81亿元，增长28.13%，高于同期各项贷款平均增速8.65个百分点，同比多增2.95亿元。

四、拓宽融资渠道，促进地方经济的发展

2012年，泸水民通小额贷款有限公司开业，进一步为怒江州民间资本投向信贷资金、支持小微企业发展拓宽了渠道。截至年末，怒江州小额贷款公司机构数量3家，贷款余额0.71亿元，同比增加0.19亿元，同比增长35.77%。

【各金融机构的经营管理】

一、中国农业发展银行怒江傈僳族自治州分行

以支持“三农”为重点，坚持“一择优、一择重、抓大不放小”的经营策略，认真落实“两轮驱动”业务发展战略，扎实抓好信贷支农、防控风险、基础管理、队伍建设及和谐银行建设等工作，全年各项工作有序健康发展。截至年末，全行各项存款余额5255万元，同比增加2816万元，增长115.46%；各项贷款余额41557万元，同比减少3485万元，下降7.74%；信贷资产质量良好，不良贷款保持“双零”；全年实现中间业务收入27万元，同比减少14万元，下降34.15%；全年实现各项收入2860万元，同比减少294万元，下降9.32%；各项支出2396万元，同比减少12万元，下降0.5%；实现账面利润464万元，同比减少282万元，下降37.8%。

二、中国工商银行股份有限公司怒江分行

坚持“四硬”经营理念和“强行”战略目标，抢抓云南“桥头堡”建设和怒江“二次跨越”战略机遇，全面增强业务发展后劲与风险防控管理水平，积极推动各项业务全面协调可持续发展，实现核心指标同业“保二争一”经营目标。截至年末，资产总额为266612万元，同比增加19198万元，增长7.76%；负债总额为262887万元，同比增加18719万元，增长7.67%。各项存款余额258560万元，同比增加17356万元，增长7.2%；各项贷款余额155795万元，同比增加24524万元，增长18.68%；不良贷款余额为8万元，同比减少7万元。全年实现中间业务收入1257万元，同比增加320万元，增长34.15%；各项总收入12432万元，同比增加2681万元，增长27.5%；各项支出7035万元，同比增加1095万元，增长31.73%；实现拨备前利润5397万元，增加979万元，实现净利润3725万元，同比增加478万元。

三、中国农业银行怒江傈僳族自治州分行

围绕“横向提升、纵向翻身”的总体发展目标，以水电开发为契机，以新兴中间业务为突破，以惠农支付体系为平台，加强关注中小企业发展，稳中求进，夯实基础管理水平，全面提升“三农”服务水平，全力支持怒江经济建设。截至年末，全行人民币各项存款余额349982万元，同比增加36814万元，增长11.76%；各项贷款余额225920万元，同比增加40917万元，增长22.12%；不良贷款余额为5248万元，同比下降12448万元，不良率为2.32%，下降7.35%。全年实现中间业务收入2034万元，同比增加509万元；各项收入30067万元，各项支出23605万元；实现拨备前利润7714万元，同比增加2202万元；拨备后利润6462万元，同比减少1231万元。

四、中国银行怒江州分行

2012年，面对新建机构“压力大、工作多、业务发展竞争激烈”等困难和挑战，中国银行怒江州分行围绕“增收入、保利润”总体目标，重点抓好“增收入、控风险、强基础、稳进步”工作，力求找准分行存在问题、理清未来发展思路，突破发展瓶颈，切实增收创绩。截至年末，全行各项存款余额4676万元，同比增加4484万元，增长2325.67%；各项贷款余额3838万元，全部为2012年发放贷款，无不良贷款。全年净收入176.31万元，实现中间业务收入22.45万元，实现拨备前利润－323.71万元，净利润－249.98万元；全年营业费用487.63万元。

五、中国建设银行股份有限公司怒江傈僳族自治州分行

紧紧围绕发展、管理和改革三条主线，突出市场表现和经营效益，立足于强化基础管理，不断加大对外营销拓展力度，积极推进网点转型，基础管理明显增强，客户服务质量不断提高，资产业务稳步增长，资产质量持续向好，合规和风险管理水平得到提升，创利能力稳步增强。截至年末，全行各项存款余额146787万元，同比减少1236万元，下降0.83%；各项贷款余额137573万元，同比增加13455万元，增长10.84%。不良贷款余额为34.9万元，比年初减少512.93万元，不良率为0.03%，下降0.42%，不良贷款持续“双降”，资产质量持续向好。全年实现中间业务收入827.5万元，同比减少376.5万元，下降31.27%，实现税前利润3436万元，同比增加387万元，增幅为12.43%。人均创利43.49万元，利润总额和人均利润再创历史最高水平。

六、怒江州农村信用社

全州农村信用社以支持“三农”发展为己任，按照“把握节奏，夯实基础，精细管理，严控风险”的工作思路，以加快业务发展、防范经营风险、提高经营效益为中心，以转变发展观念，提升服务水平，打造品牌优势为重点，深入开展全员营销，全面实施“三冲刺”，抢抓机遇、自加压力、团结一致、全力攻坚，各项业务取得稳健发展、经营效益得到稳步提升、各项经营指标呈良性发展态势。截至年末，全州农村信用社各项存款余额235799万元，同比增加45458万元，增长23.88%；各项贷款余额136398万元，同比增加35072万元，增长34.61%；股本金余额10736万元，资本充足率达8%；不良贷款余额9321万元，同比减少1049万元，下降10.12%；不良贷款比例为6.83%，同比下降3.4%，“双降”工作卓有成效。全年实现中间业务收入316万元，同比增加33万元，增长11.66%；各项收入12 448万元，同比增加2839万元，增长29.55%；各项支出11248万元，同比增加2292万元，

增长 25.59%；实现净利润 1200 万元。

七、中国邮政储蓄银行泸水县新城区支行

正确处理风险与效益、发展的关系，融合条块结合的经营思路，积极拓展业务，业务收入、利润等均达到了预期目标，实现了邮政金融业务良性发展。截至年末，全行各项存款余额 35580 万元，同比增加 5998 万元，增长 20.28%；全年累计发放贷款 92 笔，金额 759 万元，各项贷款余额 554 万元，同比增加 89 万元，增长 19.18%。2012 年支行业务收入 70.82 万元，其中公司业务收入 14.65 万元，信贷业务收入 48.78 万元，个金业务收入 7.39 万元；实现利润 -133.19 万元，负利润原因为支行迁址后各项成本增加，而支行的业务收入较小，造成支差。

【保险业务】

截至年末，怒江州保险市场主体 8 家，其中财险公司 5 家，寿险公司 3 家。有分公司 1 家，中心支公司 2 家，支公司 9 家（其中县级支公司 5 家），营销服务部 13 家，共 25 个机构。全年累计保费收入 13897 万元，同比增长 13.67%。赔款支出 5637.82 万元，同比增长 46.14%。其中产险保费收入 9455.88 万元，同比增长 9.14%。赔款支出 4880.17 万元，同比增长 44.42%。寿险保费收入 4287.84 万元，同比增长 19.04%。赔款支出 681.26 万元，同比增长 38.82%。全州保险发展速度减缓，但保险市场结构不断改善，保险发展处于稳步增长态势。

【大事记】

1 月 13 日，云南省政法工作会议在昆明举行，人行怒江中支驾驶员王智虎因荣获 2011 年度云南省见义勇为先进个人称号而被表彰。

2 月 1 日，怒江州财税库银横向联网成功上线运行。

2 月 7 日，怒江中支与泸水县政府联合召开了泸水县农村信用体系建设试点工作启动会议。

2 月 8 日至 10 日，金融时报驻云南记者站与云南日报、云南省电视台记者一行 4 人，到怒江就惠农支付服务业务推广情况进行实地采访。

5 月 16 日，怒江州人民政府州长李四明与工行云南省分行副行长合杰分别代表政银双方在昆明签订《金融战略发展合作协议》。

5 月 10 日，怒江州委组织召开了全州金融工作座谈会，州委书记段跃庆同志出席会议并作重要讲话。

6 月 28 日，泸水县民通小额贷款有限公司开业。

7 月 5 日，怒江州金融工作会议在州府六库召开，州委副书记、州长李四明同志出席会议并作重要讲话。

2012 年全州金融工作会议

7 月 5 日，怒江州金融工作会议在州府六库召开，州委副书记、州长李四明同志出席会议并作重要讲话。

8 月 30 日，怒江州首条“县域刷卡无障碍示范街”正式建成，并在兰坪县隆重举行启动仪式。

县域刷卡无障碍示范街启动仪式

8 月 30 日，怒江州首条县域刷卡无障碍示范街正式建成，并在兰坪县隆重举行启动仪式。

12 月 31 日晚，州委副书记、州长李四明一行亲切慰问金融机构年终决算一线工作人员。

李四明州长年终慰问金融机构工作人员

12 月 31 日晚，州委副书记、州长李四明一行亲切慰问金融机构年终决算一线工作人员。

（陈丽花供稿）

2012年怒江州主要经济、金融指标

单位：万元人民币

项 目	金 额	比上年增减额	比上年增减幅度（%）
国内生产总值	749 409	103 150	15.96
工业增加值	170 447	5 285	3.2
地方财政收入	75 079	8 513	12.8
地方财政支出	503 841	76 966	18.03
社会消费品零售总额	206 443	29 947	17
金融机构各项存款	1 081 406	127 954	13.42
财政存款	46 566	16 829	56.59
单位存款	549 144	25 491	4.87
储蓄存款	481 301	83 521	21
金融机构各项贷款	701 635	114 411	19.48
短期贷款	275 345	56 128	25.6
中长期贷款	415 689	54 900	15.22
现金投放（+）回笼（-）	159 213	-9 356	-5.54
证券业：			
市场总成交金额			
累计开户数			
保险业：			
保费收入	13 897	1 671	13.67
保险赔付总支出	5 638	1 780	46.14

第 四 部 分

附 录

（一）

云南省金融统计报表

2012年云南省金融统计报表编制说明

一、报表编制

取消了《金融机构现金月报表》。

二、机构分组方式

1. 金融机构（不含外资）数据包括人民银行、中资全国性大型银行、中资全国性中小型银行、中资区域性中小金融机构数据、云冶财务公司、信托投资公司。

2. 中资全国性四家大型银行数据包括工商银行、农业银行、中国银行、建设银行数据；

3. 中资全国性大型银行数据包括工商银行、农业银行、中国银行、建设银行、国家开发银行、交通银行、邮政储蓄银行数据；

4. 中资全国性中小型银行数据包括进出口银行、农业发展银行、中信银行、光大银行、华夏银行、广东发展银行、平安银行、招商银行、浦东发展银行、兴业银行、民生银行、恒丰银行、富滇银行数据；

5. 中资区域性中小金融机构数据包括城市商业银行、村镇银行、农村信用社、农村合作银行、云冶财务公司、信托投资公司数据，南方电网财务公司；

6. 城市商业银行数据包括曲靖市商业银行、玉溪市商业银行数据；

7. 农村合作机构数据包括农村信用社、农村合作银行数据；

8. 农村合作银行数据包括昆明官渡农村合作银行、大理农村合作银行、玉溪农村合作银行、昭通农村合作银行数据；

9. 村镇银行数据包括全省21家村镇银行数据；

10. 外资银行数据包括恒生银行、汇丰银行、东亚银行、泰京银行数据；

11. 所有统计表均反映2012年12月末信贷收支月报表数据，单位为万元人民币，其中外汇信贷收支月报表单位为万美元。含外资本外币信贷收支表折算汇率为1美元兑人民币6.2855元。

云南省金融机构（不含外资、证券）本外币信贷收支12月月报表

项目 栏目	本期余额	比上月		比年初		比年初同比多增	同比增幅%
		增减	增减%	增减	增减%		
一、各项存款	180494891	1660250	0.93	26289776	17.05	6809586	17.04
1. 单位存款	94811807	2874323	3.13	14500579	18.06	5553079	18.04
其中：活期存款	59789977	3786073	6.76	6459786	12.11	3413684	11.49
定期存款	17723536	514839	2.99	4194112	31.00	203359	31.00
通知存款	2578170	-436037	-14.47	1069531	70.89	1677810	70.89
保证金存款	7437466	399704	5.68	1821359	32.43	290678	32.43
2. 个人存款	78808325	2678479	3.52	11708233	17.45	2058467	17.45
储蓄存款	77720685	2440179	3.24	10883955	16.28	1313696	16.28
保证金存款1	139415	-1828	-1.29	56624	68.39	-8130	68.39
结构性存款	948225	240128	33.91	767653	425.12	752902	425.12
3. 财政性存款	3547807	-3854195	-52.07	-199850	-5.33	-454204	-5.33
4. 临时性存款	429736	-7397	-1.69	102797	31.44	131688	31.44
5. 委托存款	216993	-160050	-42.45	-151974	-41.19	-193515	-41.21
6. 其他存款	2680222	129091	5.06	329991	14.04	-285930	14.04
二、金融债券	12083			12000	14470.57	12000	14470.57
三、中长期借款	84066	64130	321.67	64966	340.13	58556	340.13
四、应付及暂收款	3903265	185286	4.98	1200763	44.43	503399	44.44
其中：应付利息	1797192	-92675	-4.90	537723	42.69	169054	42.69
五、同业往来（来源方）	967391	459130	90.33	106934	12.43	250727	16.00
六、系统内资金							
往来（来源方）							
七、外汇买卖（来源方）	1905910	182194	10.57	1357512	247.54	-232358	-56.03
其中：结售汇	1877457	182206	10.75	1345559	252.97	-301908	-56.51
八、各项准备	3271008	194513	6.32	462534	16.47	-424562	16.47
其中：贷款损失准备金	3241690	194641	6.39	479045	17.34	-440358	17.34
九、所有者权益	6212663	58975	0.96	1592320	34.46	508150	31.67
其中：实收资本	1739428	36659	2.15	495374	39.82	296448	39.82
十、其他	-24171727	-734114	3.13	-7514841	45.12	-5533399	41.45
资金来源总计	172679550	2070364	1.21	23571964	15.81	1952100	13.20

云南省金融机构（不含外资、证券）本外币信贷收支12月月报表

栏目 \ 项目	本期余额	比上月		比年初		比年初同比多增	同比增幅%
		增减	增减%	增减	增减%		
一、各项贷款	141443751	1193812	0.85	18091741	14.67	1805924	14.73
（一）境内贷款	139960462	1334996	0.96	17563476	14.35	1962458	14.41
1. 短期贷款	41092192	1236996	3.10	9444511	29.84	5422057	30.09
（1）个人贷款及透支	10030225	179613	1.82	2651190	35.93	1661920	35.93
其中：个人消费贷款	1790022	30786	1.75	509245	39.76	327725	39.76
（2）单位普通贷款及透支	27183409	823330	3.12	5347393	24.49	2951409	24.81
其中：经营贷款	26991846	838495	3.21	5617403	26.28	2962936	26.62
固定资产贷款	184850	-9437	-4.86	-274892	-59.79	-16339	-59.79
（3）普通并购贷款	12012						
（4）银团贷款						36650	
（5）贸易融资	3866545	234054	6.44	1445927	59.73	772078	59.93
（6）境外筹资转贷款							
2. 中长期贷款	96372310	115457	0.12	7239786	8.12	-4389843	8.13
（1）个人贷款	25617088	190024	0.75	3729190	17.04	-110439	17.03
其中：个人消费贷款	16773501	123046	0.74	2176096	14.91	-201796	14.90
（2）单位普通贷款	66978150	-108706	-0.16	2284000	3.53	-4436563	3.54
其中：经营贷款	11503352	-152203	-1.31	-1524569	-11.70	-461708	-13.58
固定资产贷款	55474798	43497	0.08	3808569	7.37	-3974855	7.97
（3）普通并购贷款	212898	-34500	-13.95	37400	21.31	4900	21.31
（4）银团贷款	3182437	66880	2.15	1248449	64.55	234451	64.55
（5）贸易融资	298905	-585	-0.20	-59690	-16.65	-36236	-16.65
（6）境外筹资转贷款	82831	2344	2.91	435	0.53	-45955	0.53
3. 融资租赁							
4. 票据融资	2326720	-42482	-1.79	764607	48.95	815497	48.95
其中：贴现	2326718	-42484	-1.79	764606	48.95	815495	48.95
5. 各项垫款	169240	25025	17.35	114572	209.58	114747	209.58
（二）境外贷款	1483290	-141184	-8.69	528266	55.31	-156534	55.55
二、有价证券	1535877	-32896	-2.10	483176	45.90	263169	45.90
三、股权及其他投资	592643	225165	61.27	533905	908.96	581068	908.96
四、应收及预付款	1296052	-920277	-41.52	481823	59.18	39314	59.20
其中：应收利息	507539	-791923	-60.94	109335	27.46	-58953	27.46
五、同业往来（运用方）	643939	-332028	-34.02	37213	6.13	-50768	183.27
六、系统内资金							
往来（运用方）"	21448778	1368867	6.82	1914685	9.80	-641404	9.26
七、金银占款							
八、外汇买卖（运用方）	1903582	182175	10.58	1355966	247.61	-233372	-56.08
其中：结售汇1	1875177	182202	10.76	1344167	253.13	-302850	-56.56
九、固定资产	2212721	158634	7.72	361272	19.51	72491	19.51
十、库存现金	1598679	226999	16.55	312439	24.29	113047	24.29
十一、投资性房地产	3528	-86	-2.38	-255	-6.74	2631	-6.74
资金运用总计	172679550	2070364	1.21	23571964	15.81	1952100	13.20

云南省金融机构（含外资）本外币信贷收支 12 月月报表

项目 栏目	本期余额	比上月		比年初		比年初同比多增	同比增幅%
		增减	增减%	增减	增减%		
一、各项存款	180614788	1645895	0.92	26333115	17.07	6802714	17.06
1. 单位存款	94900199	2841330	3.09	14524646	18.07	5534520	18.05
其中：活期存款	59849192	3759753	6.70	6483994	12.15	3406107	11.53
定期存款	17752713	508167	2.95	4193970	30.93	192377	30.93
通知存款	2578170	-436037	-14.47	1069531	70.89	1677810	70.89
保证金存款	7437466	399704	5.68	1821359	32.43	290678	32.43
2. 个人存款	78839831	2697116	3.54	11727505	17.47	2070155	17.47
储蓄存款	77752191	2458817	3.27	10903227	16.31	1325383	16.31
保证金存款 1	139415	-1828	-1.29	56624	68.39	-8130	68.39
结构性存款	948225	240128	33.91	767653	425.12	752902	425.12
3. 财政性存款	3547807	-3854195	-52.07	-199850	-5.33	-454204	-5.33
4. 临时性存款	429736	-7397	-1.69	102797	31.44	131688	31.44
5. 委托存款	216993	-160050	-42.45	-151974	-41.19	-193515	-41.21
6. 其他存款	2680222	129091	5.06	329991	14.04	-285930	14.04
二、金融债券	12083			12000	14470.57	12000	14470.57
三、中长期借款	84066	64130	321.67	64966	340.13	58556	340.13
四、应付及暂收款	3906009	185393	4.98	1200638	44.38	500707	44.39
其中：应付利息	1798308	-92757	-4.91	537538	42.64	167749	42.64
五、同业往来（来源方）	970404	459128	89.80	92879	10.58	219603	14.03
六、系统内资金							
往来（来源方）"							
七、外汇买卖（来源方）	1905910	182194	10.57	1357512	247.54	-232358	-56.03
其中：结售汇	1877457	182206	10.75	1345559	252.97	-301908	-56.51
八、各项准备	3271232	194639	6.33	462721	16.48	-424411	16.48
其中：贷款损失准备金	3241914	194767	6.39	479232	17.35	-440207	17.35
九、所有者权益	6256018	59150	0.95	1606168	34.54	511412	31.76
其中：实收资本	1777285	36654	2.11	505355	39.73	296831	39.73
十、其他	-24172271	-728936	3.11	-7493510	44.93	-5504616	41.27
资金来源总计	172848240	2061595	1.21	23636489	15.84	1943608	13.23

云南省金融机构（含外资）本外币信贷收支12月月报表

栏目 \ 项目	本期余额	比上月		比年初		比年初同比多增	同比增幅%
		增减	增减%	增减	增减%		
一、各项贷款	141689881	1192425	0.85	18148696	14.69	1714144	14.75
（一）境内贷款	140206591	1333609	0.96	17620433	14.37	1870683	14.43
1. 短期贷款	41265234	1243221	3.11	9481369	29.83	5327906	30.08
（1）个人贷款及透支	10030237	179613	1.82	2651141	35.93	1661813	35.93
其中：个人消费贷款	1790035	30786	1.75	509195	39.75	327619	39.75
（2）单位普通贷款及透支	27353426	829912	3.13	5383064	24.50	2857906	24.82
其中：经营贷款	27161863	845078	3.21	5653074	26.28	2869433	26.62
固定资产贷款	184850	-9437	-4.86	-274892	-59.79	-16339	-59.79
（3）普通并购贷款	12012						
（4）银团贷款						36650	
（5）贸易融资	3869559	233696	6.43	1447164	59.74	771536	59.94
（6）境外筹资转贷款							
2. 中长期贷款	96443892	109062	0.11	7267120	8.15	-4371491	8.15
（1）个人贷款	25617088	190024	0.75	3729190	17.04	-110439	17.03
其中：个人消费贷款	16773501	123046	0.74	2176096	14.91	-201796	14.90
（2）单位普通贷款	67049732	-115100	-0.17	2311335	3.57	-4418212	3.58
其中：经营贷款	11503352	-152203	-1.31	-1524569	-11.70	-461708	-13.58
固定资产贷款	55546380	37103	0.07	3835903	7.42	-3956503	8.02
（3）普通并购贷款	212898	-34500	-13.95	37400	21.31	4900	21.31
（4）银团贷款	3182437	66880	2.15	1248449	64.55	234451	64.55
（5）贸易融资	298905	-585	-0.20	-59690	-16.65	-36236	-16.65
（6）境外筹资转贷款	82831	2344	2.91	435	0.53	-45955	0.53
3. 融资租赁							
4. 票据融资	2328225	-43700	-1.84	757372	48.21	799522	48.21
其中：贴现	2328223	-43702	-1.84	757371	48.21	799520	48.21
5. 各项垫款	169240	25025	17.35	114572	209.58	114747	209.58
（二）境外贷款	1483290	-141184	-8.69	528263	55.31	-156540	55.55
二、有价证券	1535877	-32896	-2.10	483176	45.90	263169	45.90
三、股权及其他投资	592643	225165	61.27	533905	908.96	581068	908.96
四、应收及预付款	1300744	-919507	-41.41	484027	59.26	39498	59.29
其中：应收利息	511884	-791295	-60.72	111302	27.79	-58974	27.79
五、同业往来（运用方）	644064	-332018	-34.02	37199	6.13	-50753	183.15
六、系统内资金							
往来（运用方）"	21364914	1360411	6.80	1919634	9.87	-558191	9.33
七、金银占款							
八、外汇买卖（运用方）	1903582	182175	10.58	1355966	247.61	-233372	-56.08
其中：结售汇1	1875177	182202	10.76	1344167	253.13	-302850	-56.56
九、固定资产	2213572	158657	7.72	361438	19.51	72213	19.51
十、库存现金	1599435	227270	16.56	312703	24.30	113201	24.30
十一、投资性房地产	3528	-86	-2.38	-255	-6.74	2631	-6.74
资金运用总计	172848240	2061595	1.21	23636489	15.84	1943608	13.23

云南省中资全国性大型银行人民币信贷收支 12 月月报表

栏目 / 项目	本期余额	比上月		比年初	
		增减	增减%	增减	增减%
一、各项存款	97299664	2096842	2.20	10676153	12.32
1. 单位存款	49994478	1170107	2.40	5219997	11.66
其中：活期存款	32759707	1944380	6.31	1615522	5.19
定期存款	9479152	55922	0.59	2212564	30.45
通知存款	1047075	-275547	-20.83	581264	124.79
保证金存款	1997828	151528	8.21	545187	37.53
2. 个人存款	44972527	1080862	2.46	5042020	12.63
储蓄存款	44328820	920498	2.12	4460844	11.19
保证金存款.	2526	-1071	-29.77	1357	116.10
结构性存款	641181	161435	33.65	579819	944.92
3. 临时性存款	163003	-26017	-13.76	-11595	-6.64
4. 其他存款	2169656	-128112	-5.58	425730	24.41
二、代理财政性存款	172017	28916	20.21	14845	9.45
三、金融债券	83				
其中：境外发行				0	-100.00
四、中长期借款					
其中：境外借款					
五、应付及暂收款	1765104	1591	0.09	501745	39.72
其中：应付利息	860629	-51957	-5.69	272768	46.40
六、卖出回购资产		-105673	-100.00	-93493	-100.00
七、向中央银行借款					
八、同业往来（来源方）	2377955	-949892	-28.54	-470037	-16.50
1. 同业存放	2306194	-1021653	-30.70	-541798	-19.02
其中：境外同业存放	19023	-1757	-8.46	-13168	-40.91
2. 同业拆借	71761	71761		71761	
其中：境外同业拆借	10860	10860		10860	
九、境外联行往来（来源方）					
十、外汇买卖（来源方）	920599	89470	10.76	919113	61859.34
其中：结售汇	918326	89462	10.79	918079	372760.11
十一、委托存款及委托投资基金（净）	9179	-9865	-51.80	-159139	-94.55
1. 委托存款及委托投资基金	2094198	87074	4.34	128831	6.56
2. 减：委托贷款及委托投资	2085019	96939	4.88	287970	16.02
十二、代理金融机构委托贷款基金	947907	-28025	-2.87	335917	54.89
其中：中央银行委托贷款基金	10				
十三、各项准备	1562426	104239	7.15	165951	11.88
其中：贷款损失准备	1557089	104225	7.17	181569	13.20
十四、所有者权益	1713753	31145	1.85	393277	29.78
其中：实收资本					
十五、其他	-21611341	-515621	2.44	-1020087	4.95
资金来源总计	85157346	743126	0.88	11264246	15.24

云南省中资全国性大型银行人民币信贷收支 12 月月报表

项　目＼栏　目	本期余额	比上月		比年初	
		增减	增减%	增减	增减%
一、各项贷款	79333768	644930	0.82	8336296	11.74
（一）境内贷款	78866546	603712	0.77	8080652	11.42
1. 短期贷款	16808995	481974	2.95	3674014	27.97
（1）个人贷款及透支	1800247	53283	3.05	411496	29.63
其中：个人消费贷款	650531	39501	6.46	210428	47.81
（2）单位普通贷款及透支	12691595	363498	2.95	2566252	25.34
其中：经营贷款	12621072	369752	3.02	2690014	27.09
固定资产贷款	70523	75	0.11	-122442	-63.45
（3）普通并购贷款					
（4）银团贷款					
（5）贸易融资	2317153	65194	2.90	696266	42.96
（6）境外筹资转贷款					
2. 中长期贷款	61433965	86868	0.14	4275741	7.48
（1）个人贷款	14134650	151559	1.08	2112913	17.58
其中：个人消费贷款	12051092	99082	0.83	1541413	14.67
（2）单位普通贷款	44944684	-103566	-0.23	1232394	2.82
其中：经营贷款	3249968	-143991	-4.24	-1485895	-31.38
固定资产贷款	41694716	40424	0.10	2718288	6.97
（3）普通并购贷款	133350	-33500	-20.08	23400	21.28
（4）银团贷款	2221095	72375	3.37	907035	69.03
（5）贸易融资	187				
（6）境外筹资转贷款					
3. 融资租赁					
4. 票据融资	588668	34870	6.30	132160	28.95
其中：贴现	588668	34870	6.30	132160	28.95
5. 各项垫款	34918			-1263	-3.49
（二）境外贷款	467222	41218	9.68	255644	120.83
二、有价证券	73360	-11148	-13.19	-74297	-50.32
三、股权及其他投资	470490	254376	117.70	434281	1199.37
四、应收及预付款	569947	-563819	-49.73	212392	59.40
其中：应收利息	244498	-475737	-66.05	29372	13.65
五、买入返售资产	1218544	-6214	-0.51	739176	154.20
六、存放中央银行准备金存款	416014	-10332	-2.42	-85254	-17.01
七、存放中央银行特种存款					
八、缴存中央银行财政性存款	178510	19502	12.26	-24029	-11.86
九、同业往来	338003	220729	188.22	325323	2565.57
1. 存放同业	338003	220729	188.22	325323	2565.57
其中：存放境外同业	0	0	-0.77	0	-0.77
2. 拆放同业					
其中：拆放境外同业					
十、境外联行往来（运用方）					
十一、代理金融机构贷款	947907	-28025	-2.87	335917	54.89
其中：代理人行专项贷款	10				
十二、库存现金	688758	133653	24.08	143827	26.39
十三、外汇买卖（运用方）	922044	89474	10.75	920614	64371.18
其中：结售汇	917286	89467	10.81	917145	653753.12
十四、投资性房地产					
资金运用总计	85157346	743126	0.88	11264246	15.24

云南省中资全国性中小型银行人民币信贷收支 12 月月报表

项目 \ 栏目	本期余额	比上月		比年初	
		增减	增减%	增减	增减%
一、各项存款	36911643	1699913	4.83	7658582	26.18
1. 单位存款	28193095	890495	3.26	5856807	26.22
其中：活期存款	13084410	1062064	8.83	2023519	18.29
定期存款	6478156	417931	6.90	1626742	33.53
通知存款	1334002	-200149	-13.05	488504	57.78
保证金存款	5013388	223947	4.68	1011248	25.27
2. 个人存款	6798544	706716	11.60	1492363	28.12
储蓄存款	6371749	628347	10.94	1249426	24.39
保证金存款.	135767	-742	-0.54	55721	69.61
结构性存款	291027	79111	37.33	187216	180.34
3. 临时性存款	96886	11727	13.77	25529	35.78
4. 其他存款	1823118	90975	5.25	283884	18.44
二、代理财政性存款	151829	-8492	-5.30	-8854	-5.51
三、金融债券					
其中：境外发行					
四、中长期借款					
其中：境外借款					
五、应付及暂收款	751992	2517	0.34	205354	37.57
其中：应付利息	229621	-45731	-16.61	72283	45.94
六、卖出回购资产	1006508	44481	4.62	-609074	-37.70
七、向中央银行借款	244909	-57209	-18.94	103289	72.93
八、同业往来（来源方）	9546524	434389	4.77	5028217	111.29
1. 同业存放	9253866	314732	3.52	4735560	104.81
其中：境外同业存放	173	-7	-3.89	171	8550.00
2. 同业拆借	292657	119657	69.17	292657	
其中：境外同业拆借					
九、境外联行往来（来源方）					
十、外汇买卖（来源方）	23480	-2375	-9.19	-256008	-91.60
其中：结售汇	20657	-2520	-10.87	-257282	-92.57
十一、委托存款及委托投资基金（净）	166964	-171304	-50.64	11963	7.72
1. 委托存款及委托投资基金	2714121	-171899	-5.96	1159108	74.54
2. 减：委托贷款及委托投资	2547157	-594	-0.02	1147144	81.94
十二、代理金融机构委托贷款基金	5353	-57	-1.04	-151	-2.75
其中：中央银行委托贷款基金					
十三、各项准备	518722	35098	7.26	100728	24.10
其中：贷款损失准备	506065	35576	7.56	99392	24.44
十四、所有者权益	1386986	61421	4.63	244175	21.37
其中：实收资本	307694				
十五、其他	-2208794	-261907	13.45	-1334187	152.55
资金来源总计	48506116	1776476	3.80	11144034	29.83

云南省中资全国性中小型银行人民币信贷收支 12 月月报表

项目 \ 栏目	本期余额	比上月		比年初	
		增减	增减%	增减	增减%
一、各项贷款	33998903	483477	1.44	4916985	16.91
(一) 境内贷款	33941292	483581	1.45	4919757	16.95
1. 短期贷款	13497372	526039	4.06	3548586	35.67
(1) 个人贷款及透支	3013753	135253	4.70	1329237	78.91
其中：个人消费贷款	626185	-1322	-0.21	76973	14.02
(2) 单位普通贷款及透支	9932125	275801	2.86	1949093	24.42
其中：经营贷款	9888211	285200	2.97	2081642	26.67
固定资产贷款	37200	-10000	-21.19	-138751	-78.86
(3) 普通并购贷款	12012				
(4) 银团贷款					
(5) 贸易融资	539482	114986	27.09	270255	100.38
(6) 境外筹资转贷款					
2. 中长期贷款	18831707	-21482	-0.11	706982	3.90
(1) 个人贷款	3288772	52304	1.62	296806	9.92
其中：个人消费贷款	2324855	30173	1.31	110431	4.99
(2) 单位普通贷款	14238884	-67398	-0.47	76877	0.54
其中：经营贷款	3355182	-51104	-1.50	-200856	-5.65
固定资产贷款	10883703	-16293	-0.15	277732	2.62
(3) 普通并购贷款	79548	-1000	-1.24	14000	21.36
(4) 银团贷款	958842	-5495	-0.57	373414	63.78
(5) 贸易融资	265661	107	0.04	-54114	-16.92
(6) 境外筹资转贷款					
3. 融资租赁					
4. 票据融资	1482738	-46002	-3.01	553202	59.51
其中：贴现	1482738	-46002	-3.01	553202	59.51
5. 各项垫款	129475	25025	23.96	110988	600.36
(二) 境外贷款	57611	-104	-0.18	-2772	-4.59
二、有价证券	2370733	205529	9.49	738363	45.23
三、股权及其他投资	93430	-1567	-1.65	86851	1320.12
四、应收及预付款	237964	-172455	-42.02	-21141	-8.16
其中：应收利息	116202	-131673	-53.12	33723	40.89
五、买入返售资产	6562842	487470	8.02	3413980	108.42
六、存放中央银行准备金存款	2281904	322354	16.45	314098	15.96
七、存放中央银行特种存款					
八、缴存中央银行财政性存款	17897	-1331	-6.92	4028	29.04
九、同业往来	2744578	406088	17.37	1930494	237.14
1. 存放同业	1911335	492946	34.75	1513203	380.08
其中：存放境外同业					
2. 拆放同业	833244	-86858	-9.44	417291	100.32
其中：拆放境外同业					
十、境外联行往来（运用方）					
十一、代理金融机构贷款	2353	-57	-2.35	-151	-6.05
其中：代理人行专项贷款					
十二、库存现金	169227	42378	33.41	19537	13.05
十三、外汇买卖（运用方）	22758	4675	25.85	-258756	-91.92
其中：结售汇	22635	4744	26.52	-258581	-91.95
十四、投资性房地产	3528	-86	-2.38	-255	-6.74
资金运用总计	48506116	1776476	3.80	11144034	29.83

云南省国家开发银行人民币信贷收支12月月报表

栏目 项目	本期余额	比上月		比年初	
		增减	增减%	增减	增减%
一、各项存款	1137806	-549964	-32.59	-45694	-3.86
1. 单位存款	837806	-546964	-39.50	-45694	-5.17
其中：活期存款	623410	-465774	-42.76	-196265	-23.94
定期存款	81104	-30167	-27.11	70663	676.75
通知存款	96605	-36195	-27.26	70605	271.56
保证金存款	27807	501	1.83	12878	86.26
2. 个人存款					
储蓄存款					
保证金存款.					
结构性存款					
3. 临时性存款		-3000	-100.00		
4. 其他存款	300000				
二、代理财政性存款	26626	13661	105.37	-2354	-8.12
三、金融债券					
其中：境外发行					
四、中长期借款					
其中：境外借款					
五、应付及暂收款	33274	2908	9.58	-4645	-12.25
其中：应付利息	2275	-2550	-52.85	768	50.95
六、卖出回购资产					
七、向中央银行借款					
八、同业往来（来源方）	4564	561	14.02	4437	3492.06
1. 同业存放	4564	561	14.02	4437	3492.06
其中：境外同业存放	4554	561	14.05	4434	3692.19
2. 同业拆借					
其中：境外同业拆借					
九、境外联行往来（来源方）					
十、外汇买卖（来源方）	1510	6	0.42	270	21.81
其中：结售汇					
十一、委托存款及委托投资基金（净）					
1. 委托存款及委托投资基金					
2. 减：委托贷款及委托投资					
十二、代理金融机构委托贷款基金					
其中：中央银行委托贷款基金					
十三、各项准备	409766	79909	24.23	101807	33.06
其中：贷款损失准备	409766	79909	24.23	101807	33.06
十四、所有者权益	195674	-54094	-21.66	21130	12.11
其中：实收资本					
十五、其他	12929722	380769	3.03	1778932	15.95
资金来源总计	14738942	-126243	-0.85	1853883	14.39

云南省国家开发银行人民币信贷收支 12 月月报表

栏目 项目	本期余额	比上月		比年初	
		增减	增减%	增减	增减%
一、各项贷款	14629483	83265	0.57	1820009	14.21
（一）境内贷款	14166051	42204	0.30	1564127	12.41
1. 短期贷款	479260	-20550	-4.11	47340	10.96
（1）个人贷款及透支					
其中：个人消费贷款					
（2）单位普通贷款及透支	470960	-20550	-4.18	39040	9.04
其中：经营贷款	470960	-20550	-4.18	105040	28.71
固定资产贷款				-66000	-100.00
（3）普通并购贷款					
（4）银团贷款					
（5）贸易融资	8300			8300	
（6）境外筹资转贷款					
2. 中长期贷款	13674343	62695	0.46	1506303	12.38
（1）个人贷款	157884			54636	52.92
其中：个人消费贷款	157884			54636	52.92
（2）单位普通贷款	11781759	-5805	-0.05	667067	6.00
其中：经营贷款	99400	2000	2.05	-21200	-17.58
固定资产贷款	11682359	-7805	-0.07	688267	6.26
（3）普通并购贷款					
（4）银团贷款	1734700	68500	4.11	784600	82.58
（5）贸易融资					
（6）境外筹资转贷款					
3. 融资租赁					
4. 票据融资	12447	59	0.48	10485	534.17
其中：贴现	12447	59	0.48	10485	534.17
5. 各项垫款					
（二）境外贷款	463433	41060	9.72	255882	123.29
二、有价证券					
三、股权及其他投资					
四、应收及预付款	73450	-153461	-67.63	15480	26.70
其中：应收利息	33324	-158210	-82.60	6000	21.96
五、买入返售资产					
六、存放中央银行准备金存款	33798	-56355	-62.51	17683	109.73
七、存放中央银行特种存款					
八、缴存中央银行财政性存款					
九、同业往来	400	301	307.23	186	86.82
1. 存放同业	400	301	307.23	186	86.82
其中：存放境外同业					
2. 拆放同业					
其中：拆放境外同业					
十、境外联行往来（运用方）					
十一、代理金融机构贷款					
其中：代理人行专项贷款					
十二、库存现金					
十三、外汇买卖（运用方）	1811	7	0.39	526	40.88
其中：结售汇					
十四、投资性房地产					
资金运用总计	14738942	-126243	-0.85	1853883	14.39

云南省进出口银行人民币信贷收支 12 月月报表

栏目 项目	本期 余额	比上月		比年初	
		增减	增减%	增减	增减%
一、各项存款	41673	-13978	-25.12	-2881	-6.47
1. 单位存款	41673	-13978	-25.12	-2881	-6.47
其中：活期存款	24007	4601	23.71	-18594	-43.65
定期存款	16101	-18580	-53.57	16101	
通知存款					
保证金存款	1565	1	0.08	-388	-19.85
2. 个人存款					
储蓄存款					
保证金存款.					
结构性存款					
3. 临时性存款					
4. 其他存款					
二、代理财政性存款					
三、金融债券					
其中：境外发行					
四、中长期借款					
其中：境外借款					
五、应付及暂收款	3366	-5989	-64.02	-377	-10.06
其中：应付利息	1389	-6179	-81.64	442	46.58
六、卖出回购资产					
七、向中央银行借款					
八、同业往来（来源方）					
1. 同业存放					
其中：境外同业存放					
2. 同业拆借					
其中：境外同业拆借					
九、境外联行往来（来源方）					
十、外汇买卖（来源方）					
其中：结售汇					
十一、委托存款及委托投资基金（净）					
1. 委托存款及委托投资基金					
2. 减：委托贷款及委托投资					
十二、代理金融机构委托贷款基金					
其中：中央银行委托贷款基金					
十三、各项准备	10603	1005	10.48	3548	50.29
其中：贷款损失准备	10580	1005	10.50	3548	50.45
十四、所有者权益	16762	1054	6.71	16762	
其中：实收资本					
十五、其他	1157560	-1127	-0.10	324699	38.99
资金来源总计	1229965	-19035	-1.52	341751	38.48

云南省进出口银行人民币信贷收支 12 月月报表

项目 \ 栏目	本期余额	比上月		比年初	
		增减	增减%	增减	增减%
一、各项贷款	1205415	825	0.07	328367	37.44
（一）境内贷款	1155615	825	0.07	332012	40.31
1. 短期贷款	165500	6500	4.09	71450	75.97
（1）个人贷款及透支					
其中：个人消费贷款					
（2）单位普通贷款及透支	36500	6500	21.67	-53550	-59.47
其中：经营贷款	36500	6500	21.67	-53550	-59.47
固定资产贷款					
（3）普通并购贷款					
（4）银团贷款					
（5）贸易融资	129000			125000	3125.00
（6）境外筹资转贷款					
2. 中长期贷款	990115	-1675	-0.17	260562	35.72
（1）个人贷款					
其中：个人消费贷款					
（2）单位普通贷款	724455	-1782	-0.25	194677	36.75
其中：经营贷款	724455	-1782	-0.25	194677	36.75
固定资产贷款					
（3）普通并购贷款					
（4）银团贷款					
（5）贸易融资	265661	107	0.04	65886	32.98
（6）境外筹资转贷款					
3. 融资租赁					
4. 票据融资		-4000	-100.00		
其中：贴现		-4000	-100.00		
5. 各项垫款					
（二）境外贷款	49800			-3645	-6.82
二、有价证券					
三、股权及其他投资					
四、应收及预付款	1955	-9003	-82.16	233	13.54
其中：应收利息	1925	-9008	-82.40	230	13.55
五、买入返售资产					
六、存放中央银行准备金存款	22591	-10835	-32.41	13167	139.71
七、存放中央银行特种存款					
八、缴存中央银行财政性存款					
九、同业往来					
1. 存放同业					
其中：存放境外同业					
2. 拆放同业					
其中：拆放境外同业					
十、境外联行往来（运用方）					
十一、代理金融机构贷款					
其中：代理人行专项贷款					
十二、库存现金	3	-22	-87.99	-16	-84.34
十三、外汇买卖（运用方）					
其中：结售汇					
十四、投资性房地产					
资金运用总计	1229965	-19035	-1.52	341751	38.48

云南省农业发展银行人民币信贷收支12月月报表

项目 \ 栏目	本期余额	比上月		比年初	
		增减	增减%	增减	增减%
一、各项存款	1228987	107258	9.56	38232	3.21
1. 单位存款	1227487	105788	9.43	36742	3.09
其中：活期存款	1158965	106443	10.11	35878	3.19
定期存款	23448	-2180	-8.51	-691	-2.86
通知存款	12400	800	6.90	3500	39.33
保证金存款	32674	725	2.27	-1944	-5.62
2. 个人存款					
储蓄存款					
保证金存款					
结构性存款					
3. 临时性存款	1500	1470	4950.51	1490	14900.00
4. 其他存款					
二、代理财政性存款	137994	-10450	-7.04	-11050	-7.41
三、金融债券					
其中：境外发行					
四、中长期借款					
其中：境外借款					
五、应付及暂收款	14798	1752	13.43	-4958	-25.09
其中：应付利息	863	634	276.75	620	254.83
六、卖出回购资产					
七、向中央银行借款					
八、同业往来（来源方）	414504	286500	223.82	163000	64.81
1. 同业存放	414504	286500	223.82	163000	64.81
其中：境外同业存放					
2. 同业拆借					
其中：境外同业拆借					
九、境外联行往来（来源方）					
十、外汇买卖（来源方）	-52	-11	25.64	-49	1509.84
其中：结售汇	-52	-11	25.64	-49	1509.84
十一、委托存款及委托投资基金（净）					
1. 委托存款及委托投资基金					
2. 减：委托贷款及委托投资					
十二、代理金融机构委托贷款基金	53	-57	-51.83	-251	-82.72
其中：中央银行委托贷款基金					
十三、各项准备					
其中：贷款损失准备					
十四、所有者权益	138355	15552	12.66	22760	19.69
其中：实收资本					
十五、其他	4383094	-153537	-3.38	614936	16.32
资金来源总计	6317732	247008	4.07	822621	14.97

云南省农业发展银行人民币信贷收支12月月报表

项目＼栏目	本期余额	比上月		比年初	
		增减	增减%	增减	增减%
一、各项贷款	6109769	117720	1.96	712311	13.20
(一) 境内贷款	6109769	117720	1.96	712311	13.20
1. 短期贷款	1773417	131308	8.00	341233	23.83
(1) 个人贷款及透支					
其中：个人消费贷款					
(2) 单位普通贷款及透支	1773271	131308	8.00	341087	23.82
其中：经营贷款	1773271	131308	8.00	341087	23.82
固定资产贷款					
(3) 普通并购贷款					
(4) 银团贷款					
(5) 贸易融资	145			145	
(6) 境外筹资转贷款					
2. 中长期贷款	4161569	18423	0.44	281132	7.24
(1) 个人贷款					
其中：个人消费贷款					
(2) 单位普通贷款	4161569	18423	0.44	281132	7.24
其中：经营贷款	57950	-1100	-1.86	18550	47.08
固定资产贷款	4103619	19523	0.48	262582	6.84
(3) 普通并购贷款					
(4) 银团贷款					
(5) 贸易融资					
(6) 境外筹资转贷款					
3. 融资租赁					
4. 票据融资	170732	-32011	-15.79	85895	101.25
其中：贴现	170732	-32011	-15.79	85895	101.25
5. 各项垫款	4051			4051	
(二) 境外贷款					
二、有价证券					
三、股权及其他投资					
四、应收及预付款	301	-4209	-93.32	-26	-8.01
其中：应收利息	97	-1178	-92.38	-71	-42.31
五、买入返售资产					
六、存放中央银行准备金存款	193843	128829	198.16	107666	124.94
七、存放中央银行特种存款					
八、缴存中央银行财政性存款					
九、同业往来	10664	4708	79.04	3278	44.38
1. 存放同业	10664	4708	79.04	3278	44.38
其中：存放境外同业					
2. 拆放同业					
其中：拆放境外同业					
十、境外联行往来（运用方）					
十一、代理金融机构贷款	53	-57	-51.83	-251	-82.72
其中：代理人行专项贷款					
十二、库存现金	3102	16	0.51	-357	-10.32
十三、外汇买卖（运用方）					
其中：结售汇					
十四、投资性房地产					
资金运用总计	6317732	247008	4.07	822621	14.97

云南省中资全国性四家行人民币信贷收支 12 月月报表

栏目 项目	本期余额	比上月		比年初	
		增减	增减%	增减	增减%
一、各项存款	84915437	2208644	2.67	9179992	12.12
1. 单位存款	45209044	1442733	3.30	4860885	12.05
其中：活期存款	30359919	2086462	7.38	1859065	6.52
定期存款	8774192	101388	1.17	2102308	31.51
通知存款	888614	-257219	-22.45	516192	138.60
保证金存款	1005592	54532	5.73	55863	5.88
2. 个人存款	38365110	756513	2.01	4184277	12.24
储蓄存款	37921914	595517	1.60	3748241	10.97
保证金存款.	2114	-1054	-33.26	1164	122.49
结构性存款	441081	162049	58.08	434872	7003.90
3. 临时性存款	162878	-21933	-11.87	-10835	-6.24
4. 其他存款	1178405	31332	2.73	145665	14.10
二、代理财政性存款	145362	16515	12.82	17290	13.50
三、金融债券	83				
其中：境外发行				0	-100.00
四、中长期借款					
其中：境外借款					
五、应付及暂收款	1331887	21072	1.61	312606	30.67
其中：应付利息	743786	-61180	-7.60	240073	47.66
六、卖出回购资产					
七、向中央银行借款					
八、同业往来（来源方）	2177277	-749374	-25.61	-511052	-19.01
1. 同业存放	2134882	-791769	-27.05	-553447	-20.59
其中：境外同业存放	14469	-2319	-13.81	-17602	54.89
2. 同业拆借	42395	42395		42395	
其中：境外同业拆借	10860	10860		10860	
九、境外联行往来（来源方）					
十、外汇买卖（来源方）	919087	89461	10.78	918845	379937.30
其中：结售汇	918326	89462	10.79	918084	379741.22
十一、委托存款及委托投资基金（净）	3473	-1220	-25.99	2122	157.19
1. 委托存款及委托投资基金	1751113	88195	5.30	239748	15.86
2. 减：委托贷款及委托投资	1747641	89414	5.39	237626	15.74
十二、代理金融机构委托贷款基金	947897	-28025	-2.87	335917	54.89
其中：中央银行委托贷款基金					
十三、各项准备	1079296	21942	2.08	40906	3.94
其中：贷款损失准备	1073959	21928	2.08	56524	5.56
十四、所有者权益	1356096	60222	4.65	333176	32.57
其中：实收资本					
十五、其他	-29120396	-728389	2.57	-2648944	10.01
资金来源总计	63755499	910849	1.45	7980860	14.31

云南省中资全国性四家行人民币信贷收支12月月报表

栏目 项目	本期余额	比上月		比年初	
		增减	增减%	增减	增减%
一、各项贷款	59271070	468418	0.80	5669401	10.58
(一)境内贷款	59267548	468247	0.80	5669718	10.58
1. 短期贷款	14045510	356517	2.60	2704063	23.84
(1)个人贷款及透支	1538914	38551	2.57	317714	26.02
其中:个人消费贷款	523318	22847	4.56	127725	32.29
(2)单位普通贷款及透支	10232599	278084	2.79	1733238	20.39
其中:经营贷款	10162076	282987	2.86	1789681	21.38
固定资产贷款	70523	75	0.11	-56442	-44.45
(3)普通并购贷款					
(4)银团贷款					
(5)贸易融资	2273997	39882	1.79	653110	40.29
(6)境外筹资转贷款					
2. 中长期贷款	44673240	4138	0.01	2651267	6.31
(1)个人贷款	13153055	140993	1.08	1930482	17.20
其中:个人消费贷款	11453231	99586	0.88	1515927	15.25
(2)单位普通贷款	31028873	-107930	-0.35	557509	1.83
其中:经营贷款	2901170	-157421	-5.15	-1266805	-30.39
固定资产贷款	28127703	49490	0.18	1824314	6.94
(3)普通并购贷款	133350	-33500	-20.08	23400	21.28
(4)银团贷款	357775	4575	1.30	139875	64.19
(5)贸易融资	187				
(6)境外筹资转贷款					
3. 融资租赁					
4. 票据融资	519479	107592	26.12	315651	154.86
其中:贴现	519479	107592	26.12	315651	154.86
5. 各项垫款	29319			-1263	-4.13
(二)境外贷款	3522	171	5.09	-317	-8.26
二、有价证券	73360	-11148	-13.19	-74297	-50.32
三、股权及其他投资	470490	254376	117.70	434281	1199.37
四、应收及预付款	224147	-409271	-64.61	15575	7.47
其中:应收利息	182037	-316768	-63.51	18984	11.64
五、买入返售资产	408419	138064	51.07	359356	732.45
六、存放中央银行准备金存款	331431	32440	10.85	-110303	-24.97
七、存放中央银行特种存款					
八、缴存中央银行财政性存款	178475	19500	12.27	-24061	-11.88
九、同业往来	325597	223147	217.81	319900	5614.48
1. 存放同业	325597	223147	217.81	319900	5614.48
其中:存放境外同业	0	0	-0.77	0	-0.77
2. 拆放同业					
其中:拆放境外同业					
十、境外联行往来(运用方)					
十一、代理金融机构贷款	947897	-28025	-2.87	335917	54.89
其中:代理人行专项贷款					
十二、库存现金	604402	133882	28.45	135024	28.77
十三、外汇买卖(运用方)	920211	89466	10.77	920067	637125.65
其中:结售汇	917264	89466	10.81	917124	653737.91
十四、投资性房地产					
资金运用总计	63755499	910849	1.45	7980860	14.31

云南省工商银行人民币信贷收支 12 月月报表

项目 \ 栏目	本期余额	比上月		比年初	
		增减	增减%	增减	增减%
一、各项存款	21038544	400879	1.94	1749814	9.07
1. 单位存款	11584154	124854	1.09	891533	8.34
其中：活期存款	7077897	265840	3.90	67264	0.96
定期存款	3439971	87580	2.61	800897	30.35
通知存款	56409	-113375	-66.78	2136	3.94
保证金存款	170235	34081	25.03	54991	47.72
2. 个人存款	9423384	285577	3.13	885815	10.38
储蓄存款	9402174	316277	3.48	865402	10.14
保证金存款.	1390	-1065	-43.39	594	74.60
结构性存款	19820	-29635	-59.92	19820	
3. 临时性存款	1045	342	48.71	456	77.29
4. 其他存款	29961	-9895	-24.83	-27990	-48.30
二、代理财政性存款	34501	-4923	-12.49	5177	17.66
三、金融债券					
其中：境外发行					
四、中长期借款					
其中：境外借款					
五、应付及暂收款	464170	37735	8.85	80613	21.02
其中：应付利息	219016	-21788	-9.05	68969	45.96
六、卖出回购资产					
七、向中央银行借款					
八、同业往来（来源方）	352648	-190224	-35.04	-149618	-29.79
1. 同业存放	341788	-201084	-37.04	-160478	-31.95
其中：境外同业存放	1624	252	18.37	749	85.58
2. 同业拆借	10860	10860		10860	
其中：境外同业拆借	10860	10860		10860	
九、境外联行往来（来源方）					
十、外汇买卖（来源方）	738702	74545	11.22	738692	7209582.12
其中：结售汇	737941	74547	11.24	737931	7255686.09
十一、委托存款及委托投资基金（净）	727	28	3.98	525	260.45
1. 委托存款及委托投资基金	147401	3188	2.21	63615	75.93
2. 减：委托贷款及委托投资	146674	3160	2.20	63090	75.48
十二、代理金融机构委托贷款基金					
其中：中央银行委托贷款基金					
十三、各项准备	303780	-249	-0.08	18614	6.53
其中：贷款损失准备	301814	-184	-0.06	18780	6.64
十四、所有者权益	377871	7965	2.15	57787	18.05
其中：实收资本					
十五、其他	-5856522	-121494	2.12	228745	-3.76
资金来源总计	17454421	204262	1.18	2730349	18.54

云南省工商银行人民币信贷收支12月月报表

项 目 \ 栏 目	本期余额	比上月		比年初	
		增减	增减%	增减	增减%
一、各项贷款	16347764	177308	1.10	1968827	13.69
（一）境内贷款	16346171	177317	1.10	1969129	13.70
1. 短期贷款	3436632	132968	4.02	835810	32.14
（1）个人贷款及透支	31194	625	2.05	-5187	-14.26
其中：个人消费贷款	11045	-134	-1.20	-4255	-27.81
（2）单位普通贷款及透支	2005331	170629	9.30	497118	32.96
其中：经营贷款	1952618	175355	9.87	553619	39.57
固定资产贷款	52713	-4725	-8.23	-56501	-51.73
（3）普通并购贷款					
（4）银团贷款					
（5）贸易融资	1400107	-38286	-2.66	343879	32.56
（6）境外筹资转贷款					
2. 中长期贷款	12661613	-20833	-0.16	992727	8.51
（1）个人贷款	4004508	29277	0.74	437162	12.25
其中：个人消费贷款	3376783	22794	0.68	306735	9.99
（2）单位普通贷款	8474130	-44185	-0.52	563490	7.12
其中：经营贷款	350186	-14125	-3.88	-2687	-0.76
固定资产贷款	8123944	-30060	-0.37	566176	7.49
（3）普通并购贷款	4000	-500	-11.11	4000	
（4）银团贷款	178975	-5425	-2.94	-11925	-6.25
（5）贸易融资					
（6）境外筹资转贷款					
3. 融资租赁					
4. 票据融资	247926	65181	35.67	141972	133.99
其中：贴现	247926	65181	35.67	141972	133.99
5. 各项垫款				-1379	-100.00
（二）境外贷款	1593	-9	-0.57	-302	-15.95
二、有价证券	32371	-1562	-4.60	-21345	-39.74
三、股权及其他投资					
四、应收及预付款	64791	-109256	-62.77	-3205	-4.71
其中：应收利息	40499	-60954	-60.08	1899	4.92
五、买入返售资产					
六、存放中央银行准备金存款	73855	-9168	-11.04	-14923	-16.81
七、存放中央银行特种存款					
八、缴存中央银行财政性存款	49711	6662	15.48	-5911	-10.63
九、同业往来	50008	50000	647219.46	48743	3854.72
1. 存放同业	50008	50000	647219.46	48743	3854.72
其中：存放境外同业					
2 拆放同业					
其中：拆放境外同业					
十、境外联行往来（运用方）					
十一、代理金融机构贷款					
其中：代理人行专项贷款					
十二、库存现金	95045	15731	19.83	17290	22.24
十三、外汇买卖（运用方）	740876	74547	11.19	740874	37191273.69
其中：结售汇	737932	74547	11.24	737931	91696224.72
十四、投资性房地产					
资金运用总计	17454421	204262	1.18	2730349	18.54

云南省农业银行人民币信贷收支 12 月月报表

项目 \ 栏目	本期余额	比上月		比年初	
		增减	增减%	增减	增减%
一、各项存款	28307089	983664	3.60	3167088	12.60
1. 单位存款	12769228	741824	6.17	1295800	11.29
其中：活期存款	9521163	833469	9.59	682856	7.73
定期存款	1540451	-8103	-0.52	271608	21.41
通知存款	277170	-63749	-18.70	197341	247.21
保证金存款	304495	15820	5.48	-4206	-1.36
2. 个人存款	15260595	212282	1.41	1633807	11.99
储蓄存款	15260595	212282	1.41	1633807	11.99
保证金存款.					
结构性存款					
3. 临时性存款	4496	-3749	-45.47	-1952	-30.28
4. 其他存款	272769	33307	13.91	239433	718.25
二、代理财政性存款	49757	30300	155.72	26957	118.23
三、金融债券					
其中：境外发行					
四、中长期借款					
其中：境外借款					
五、应付及暂收款	434755	17639	4.23	113500	35.33
其中：应付利息	221151	-10216	-4.42	66098	42.63
六、卖出回购资产					
七、向中央银行借款					
八、同业往来（来源方）	194508	123487	173.88	98497	102.59
1. 同业存放	162973	91952	129.47	66962	69.74
其中：境外同业存放	11344	176	1.58	5782	103.97
2. 同业拆借	31535	31535		31535	
其中：境外同业拆借					
九、境外联行往来（来源方）					
十、外汇买卖（来源方）	180385	14916	9.01	180153	77787.87
其中：结售汇	180385	14916	9.01	180153	77787.87
十一、委托存款及委托投资基金（净）	2746	2135	349.71	1783	185.21
1. 委托存款及委托投资基金	621112	47714	8.32	178978	40.48
2. 减：委托贷款及委托投资	618366	45579	7.96	177195	40.16
十二、代理金融机构委托贷款基金	947897	-28025	-2.87	335917	54.89
其中：中央银行委托贷款基金					
十三、各项准备	496865	10886	2.24	21616	4.55
其中：贷款损失准备	496281	10832	2.23	21552	4.54
十四、所有者权益	729933	40083	5.81	106835	17.15
其中：实收资本					
十五、其他	-11055452	-1109530	11.16	-1724418	18.48
资金来源总计	20288481	85554	0.42	2327928	12.96

云南省农业银行人民币信贷收支12月月报表

项目 \ 栏目	本期余额	比上月		比年初	
		增减	增减%	增减	增减%
一、各项贷款	18685598	219133	1.19	1819404	10.79
（一）境内贷款	18685281	219134	1.19	1819521	10.79
1. 短期贷款	6731546	174304	2.66	1280764	23.50
（1）个人贷款及透支	1088249	36998	3.52	157277	16.89
其中：个人消费贷款	230465	25071	12.21	51839	29.02
（2）单位普通贷款及透支	5561751	117705	2.16	1049442	23.26
其中：经营贷款	5543941	112805	2.08	1044793	23.22
固定资产贷款	17810	4900	37.96	4649	35.32
（3）普通并购贷款					
（4）银团贷款					
（5）贸易融资	81545	19600	31.64	74045	987.27
（6）境外筹资转贷款					
2. 中长期贷款	11820151	40586	0.34	459556	4.05
（1）个人贷款	3403611	26351	0.78	586180	20.81
其中：个人消费贷款	2995966	17015	0.57	501666	20.11
（2）单位普通贷款	8364740	4234	0.05	-178425	-2.09
其中：经营贷款	1473742	-171406	-10.42	-949601	-39.19
固定资产贷款	6890998	175640	2.62	771176	12.60
（3）普通并购贷款					
（4）银团贷款	51800	10000	23.92	51800	
（5）贸易融资					
（6）境外筹资转贷款					
3. 融资租赁					
4. 票据融资	106639	4244	4.14	79461	292.37
其中：贴现	106639	4244	4.14	79461	292.37
5. 各项垫款	26945			-260	-0.96
（二）境外贷款	317	-1	-0.32	-117	-26.97
二、有价证券		-8535	-100.00	-21389	-100.00
三、股权及其他投资					
四、应收及预付款	69311	-133322	-65.79	6445	10.25
其中：应收利息	66478	-90442	-57.64	8420	14.50
五、买入返售资产					
六、存放中央银行准备金存款	71754	-10874	-13.16	-99661	-58.14
七、存放中央银行特种存款					
八、缴存中央银行财政性存款	32195	6016	22.98	4882	17.87
九、同业往来	70699	0		70536	43247.35
1. 存放同业	70699	0		70536	43247.35
其中：存放境外同业					
2. 拆放同业					
其中：拆放境外同业					
十、境外联行往来（运用方）					
十一、代理金融机构贷款	947897	-28025	-2.87	335917	54.89
其中：代理人行专项贷款					
十二、库存现金	231693	26242	12.77	32601	16.37
十三、外汇买卖（运用方）	179335	14920	9.07	179193	125822.82
其中：结售汇	179333	14920	9.07	179193	128468.09
十四、投资性房地产					
资金运用总计	20288481	85554	0.42	2327928	12.96

云南省中国银行人民币信贷收支12月月报表

栏目 项目	本期 余额	比上月		比年初	
		增减	增减%	增减	增减%
一、各项存款	12170477	199508	1.67	1421528	13.22
1. 单位存款	6866640	187291	2.80	835755	13.86
其中：活期存款	4113159	245794	6.36	542430	15.19
定期存款	1311521	-53724	-3.94	157330	13.63
通知存款	288918	5105	1.80	168808	140.54
保证金存款	243996	-16356	-6.28	-43616	-15.16
2. 个人存款	4296294	31919	0.75	593796	16.04
储蓄存款	4295617	31906	0.75	593209	16.02
保证金存款.	677	13	1.94	587	650.47
结构性存款					
3. 临时性存款	156778	-18285	-10.44	-8339	-5.05
4. 其他存款	850765	-1418	-0.17	317	0.04
二、代理财政性存款	29691	-23837	-44.53	10793	57.11
三、金融债券	9				
其中：境外发行				0	-100.00
四、中长期借款					
其中：境外借款					
五、应付及暂收款	179257	-22611	-11.20	45032	33.55
其中：应付利息	118644	-21431	-15.30	29479	33.06
六、卖出回购资产					
七、向中央银行借款					
八、同业往来（来源方）	1481667	-654662	-30.64	156089	11.78
1. 同业存放	1481667	-654662	-30.64	156089	11.78
其中：境外同业存放	318	-2452	-88.53	-24511	-98.72
2. 同业拆借					
其中：境外同业拆借					
九、境外联行往来（来源方）					
十、外汇买卖（来源方）					
其中：结售汇					
十一、委托存款及委托投资基金（净）					
1. 委托存款及委托投资基金	601560	22509	3.89	26741	4.65
2. 减：委托贷款及委托投资	601560	22509	3.89	26741	4.65
十二、代理金融机构委托贷款基金					
其中：中央银行委托贷款基金					
十三、各项准备	276566	11442	4.32	16292	6.26
其中：贷款损失准备	275865	11419	4.32	16193	6.24
十四、所有者权益	144906	-2088	-1.42	144906	
其中：实收资本					
十五、其他	-4078711	578609	-12.42	-1161122	39.80
资金来源总计	10203862	86361	0.85	633518	6.62

云南省中国银行人民币信贷收支12月月报表

栏目 项目	本期余额	比上月		比年初	
		增减	增减%	增减	增减%
一、各项贷款	9653099	-74551	-0.77	377139	4.07
(一)境内贷款	9652673	-74544	-0.77	377198	4.07
1. 短期贷款	1947599	-40467	-2.04	259223	15.35
(1)个人贷款及透支	335910	-752	-0.22	138388	70.06
其中:个人消费贷款	248818	-2009	-0.80	78229	45.86
(2)单位普通贷款及透支	1239339	-53355	-4.13	44959	3.76
其中:经营贷款	1239339	-53355	-4.13	44959	3.76
固定资产贷款					
(3)普通并购贷款					
(4)银团贷款					
(5)贸易融资	372350	13640	3.80	75876	25.59
(6)境外筹资转贷款					
2. 中长期贷款	7643499	-45303	-0.59	63501	0.84
(1)个人贷款	1475437	3546	0.24	182599	14.12
其中:个人消费贷款	1209705	-916	-0.08	119226	10.93
(2)单位普通贷款	5975062	-15850	-0.26	-186098	-3.02
其中:经营贷款	498516	40466	8.83	-161364	-24.45
固定资产贷款	5476546	-56316	-1.02	-24734	-0.45
(3)普通并购贷款	66000	-33000	-33.33	-33000	-33.33
(4)银团贷款	127000			100000	370.37
(5)贸易融资					
(6)境外筹资转贷款					
3. 融资租赁					
4. 票据融资	59202	11227	23.40	54098	1059.94
其中:贴现	59202	11227	23.40	54098	1059.94
5. 各项垫款	2374			376	18.80
(二)境外贷款	426	-8	-1.78	-59	-12.16
二、有价证券	19771	-300	-1.49	-6298	-24.16
三、股权及其他投资					
四、应收及预付款	28946	-78713	-73.11	4184	16.90
其中:应收利息	25279	-79869	-75.96	1745	7.41
五、买入返售资产					
六、存放中央银行准备金存款	157236	59775	61.33	32369	25.92
七、存放中央银行特种存款					
八、缴存中央银行财政性存款	56089	-5236	-8.54	17390	44.94
九、同业往来	202891	176015	654.90	201100	11223.24
1. 存放同业	202891	176015	654.90	201100	11223.24
其中:存放境外同业					
2. 拆放同业					
其中:拆放境外同业					
十、境外联行往来(运用方)					
十一、代理金融机构贷款					
其中:代理人行专项贷款					
十二、库存现金	85831	9372	12.26	7635	9.76
十三、外汇买卖(运用方)					
其中:结售汇					
十四、投资性房地产					
资金运用总计	10203862	86361	0.85	633518	6.62

云南省建设银行人民币信贷收支 12 月月报表

项目＼栏目	本期余额	比上月		比年初	
		增减	增减%	增减	增减%
一、各项存款	23399328	624593	2.74	2841562	13.82
1. 单位存款	13989021	388764	2.86	1837796	15.12
其中：活期存款	9647701	741358	8.32	566516	6.24
定期存款	2482250	75635	3.14	872472	54.20
通知存款	266117	-85200	-24.25	147907	125.12
保证金存款	286866	20986	7.89	48693	20.44
2. 个人存款	9384836	226734	2.48	1070859	12.88
储蓄存款	8963528	35052	0.39	655823	7.89
保证金存款.	47	-1	-2.94	-17	-26.66
结构性存款	421262	191684	83.49	415053	6684.69
3. 临时性存款	559	-242	-30.16	-999	-64.10
4. 其他存款	24911	9337	59.95	-66094	-72.63
二、代理财政性存款	31412	14975	91.11	-25636	-44.94
三、金融债券	74				
其中：境外发行					
四、中长期借款					
其中：境外借款					
五、应付及暂收款	253705	-11691	-4.40	73462	40.76
其中：应付利息	184975	-7745	-4.02	75527	69.01
六、卖出回购资产					
七、向中央银行借款					
八、同业往来（来源方）	148455	-27975	-15.86	-616020	-80.58
1. 同业存放	148455	-27975	-15.86	-616020	-80.58
其中：境外同业存放	1183	-295	-19.95	378	46.91
2. 同业拆借					
其中：境外同业拆借					
九、境外联行往来（来源方）					
十、外汇买卖（来源方）					
其中：结售汇					
十一、委托存款及委托投资基金（净）		-3383	-100.00	-186	-100.00
1. 委托存款及委托投资基金	381041	14784	4.04	-29585	-7.20
2. 减：委托贷款及委托投资	381041	18166	5.01	-29400	-7.16
十二、代理金融机构委托贷款基金					
其中：中央银行委托贷款基金					
十三、各项准备	2086	-137	-6.14	-15616	-88.22
其中：贷款损失准备		-139	-100.00		
十四、所有者权益	103387	14262	16.00	23648	29.66
其中：实收资本					
十五、其他	-8129712	-75973	0.94	7851	-0.10
资金来源总计	15808735	534672	3.50	2289064	16.93

云南省建设银行人民币信贷收支12月月报表

项目 \ 栏目	本期余额	比上月		比年初	
		增减	增减%	增减	增减%
一、各项贷款	14584608	146529	1.01	1504031	11.50
（一）境内贷款	14583423	146340	1.01	1503870	11.50
1. 短期贷款	1929734	89712	4.88	328267	20.50
（1）个人贷款及透支	83561	1679	2.05	27237	48.36
其中：个人消费贷款	32991	-82	-0.25	1912	6.15
（2）单位普通贷款及透支	1426178	43104	3.12	141720	11.03
其中：经营贷款	1426178	48182	3.50	146310	11.43
固定资产贷款		-100	-100.00	-4590	-100.00
（3）普通并购贷款					
（4）银团贷款					
（5）贸易融资	419995	44929	11.98	159311	61.11
（6）境外筹资转贷款					
2. 中长期贷款	12547977	29688	0.24	1135483	9.95
（1）个人贷款	4269499	81819	1.95	724541	20.44
其中：个人消费贷款	3870778	60695	1.59	588300	17.92
（2）单位普通贷款	8214942	-52131	-0.63	358542	4.56
其中：经营贷款	578726	-12356	-2.09	-153153	-20.93
固定资产贷款	7636215	-39775	-0.52	511695	7.18
（3）普通并购贷款	63350			52400	478.54
（4）银团贷款					
（5）贸易融资	187				
（6）境外筹资转贷款					
3. 融资租赁					
4. 票据融资	105712	26940	34.20	40120	61.17
其中：贴现	105712	26940	34.20	40120	61.17
5. 各项垫款					
（二）境外贷款	1185	189	18.92	161	15.74
二、有价证券	21218	-751	-3.42	-25265	-54.35
三、股权及其他投资	470490	254376	117.70	434281	1199.37
四、应收及预付款	61099	-87980	-59.02	8152	15.40
其中：应收利息	49781	-85504	-63.20	6920	16.15
五、买入返售资产	408419	138064	51.07	359356	732.45
六、存放中央银行准备金存款	28586	-7292	-20.32	-28088	-49.56
七、存放中央银行特种存款					
八、缴存中央银行财政性存款	40482	12059	42.43	-40422	-49.96
九、同业往来	1999	-2868	-58.92	-479	-19.32
1. 存放同业	1999	-2868	-58.92	-479	-19.32
其中：存放境外同业	0	0	-0.77	0	-0.77
2. 拆放同业					
其中：拆放境外同业					
十、境外联行往来（运用方）					
十一、代理金融机构贷款					
其中：代理人行专项贷款					
十二、库存现金	191833	82537	75.52	77498	67.78
十三、外汇买卖（运用方）					
其中：结售汇					
十四、投资性房地产					
资金运用总计	15808735	534672	3.50	2289064	16.93

云南省交通银行人民币信贷收支12月月报表

项目 \ 栏目	本期余额	比上月		比年初	
		增减	增减%	增减	增减%
一、各项存款	6075703	329175	5.73	835947	15.95
1. 单位存款	3474939	290038	9.11	331402	10.54
其中：活期存款	1450385	330529	29.52	-53481	-3.56
定期存款	501448	-16579	-3.20	-3819	-0.76
通知存款	51856	28167	118.90	-15232	-22.70
保证金存款	950140	96339	11.28	462357	94.79
2. 个人存款	1909573	198947	11.63	224747	13.34
储蓄存款	1709061	199578	13.22	79608	4.89
保证金存款.	412	-17	-3.98	193	88.34
结构性存款	200100	-614	-0.31	144947	262.81
3. 临时性存款	124	-420	-77.17	-760	-85.95
4. 其他存款	691067	-159390	-18.74	280557	68.34
二、代理财政性存款	29	-1260	-97.72	-91	-75.58
三、金融债券					
其中：境外发行					
四、中长期借款					
其中：境外借款					
五、应付及暂收款	304465	22581	8.01	171078	128.26
其中：应付利息	46468	13498	40.94	14609	45.85
六、卖出回购资产					
七、向中央银行借款					
八、同业往来（来源方）	195376	-201093	-50.72	36006	22.59
1. 同业存放	166010	-230459	-58.13	6640	4.17
其中：境外同业存放					
2. 同业拆借	29366	29366		29366	
其中：境外同业拆借					
九、境外联行往来（来源方）					
十、外汇买卖（来源方）	3	3	65355700.00	-2	-42.25
其中：结售汇				-5	-100.00
十一、委托存款及委托投资基金（净）	5706	-8645	-60.24	-161261	-96.58
1. 委托存款及委托投资基金	221046	-8645	-3.76	-151347	-40.64
2. 减：委托贷款及委托投资	215340			9914	4.83
十二、代理金融机构委托贷款基金	10				
其中：中央银行委托贷款基金	10				
十三、各项准备	56141			16289	40.87
其中：贷款损失准备	56141			16289	40.87
十四、所有者权益	164930	29953	22.19	31071	23.21
其中：实收资本					
十五、其他	-1980312	-95508	5.07	-336901	20.50
资金来源总计	4822051	75206	1.58	592135	14.00

云南省交通银行人民币信贷收支 12 月月报表

项 目 \ 栏 目	本 期 余 额	比上月		比年初	
		增减	增减%	增减	增减%
一、各项贷款	4497834	51738	1. 16	447774	11. 06
(一) 境内贷款	4497566	51751	1. 16	447695	11. 05
1. 短期贷款	1808189	119223	7. 06	673812	59. 40
(1) 个人贷款及透支	147481	19287	15. 05	94655	179. 19
其中：个人消费贷款	126868	16687	15. 15	82635	186. 82
(2) 单位普通贷款及透支	1629352	74624	4. 80	547801	50. 65
其中：经营贷款	1629352	74624	4. 80	547801	50. 65
固定资产贷款					
(3) 普通并购贷款					
(4) 银团贷款					
(5) 贸易融资	31356	25312	418. 80	31356	
(6) 境外筹资转贷款					
2. 中长期贷款	2656008	14945	0. 57	-52175	-1. 93
(1) 个人贷款	408210	781	0. 19	-34997	-7. 90
其中：个人消费贷款	339671	-2562	-0. 75	-35538	-9. 47
(2) 单位普通贷款	2119177	14864	0. 71	261	0. 01
其中：经营贷款	239398	16430	7. 37	-201890	-45. 75
固定资产贷款	1879779	-1566	-0. 08	202151	12. 05
(3) 普通并购贷款					
(4) 银团贷款	128620	-700	-0. 54	-17440	-11. 94
(5) 贸易融资					
(6) 境外筹资转贷款					
3. 融资租赁					
4. 票据融资	27770	-82417	-74. 80	-173942	-86. 23
其中：贴现	27770	-82417	-74. 80	-173942	-86. 23
5. 各项垫款	5599				
(二) 境外贷款	268	-13	-4. 69	79	41. 92
二、有价证券					
三、股权及其他投资					
四、应收及预付款	243516	1350	0. 56	177473	268. 72
其中：应收利息	2787	1227	78. 66	791	39. 60
五、买入返售资产				-40000	-100. 00
六、存放中央银行准备金存款	49092	13639	38. 47	7039	16. 74
七、存放中央银行特种存款					
八、缴存中央银行财政性存款	27	-3	-11. 04	25	1562. 50
九、同业往来	1340	740	123. 39	1340	4066757. 71
1. 存放同业	1340	740	123. 39	1340	4066757. 71
其中：存放境外同业					
2. 拆放同业					
其中：拆放境外同业					
十、境外联行往来（运用方）					
十一、代理金融机构贷款	10				
其中：代理人行专项贷款	10				
十二、库存现金	30211	7741	34. 45	-1538	-4. 85
十三、外汇买卖（运用方）	21	1	2. 58	21	125521982. 35
其中：结售汇	21	1	2. 58	21	
十四、投资性房地产					
资金运用总计	4822051	75206	1. 58	592135	14. 00

云南省中信银行人民币信贷收支12月月报表

项目 \ 栏目	本期余额	比上月		比年初	
		增减	增减%	增减	增减%
一、各项存款	3809032	226130	6.31	916004	31.66
1. 单位存款	2776516	34386	1.25	776472	38.82
其中：活期存款	868654	56558	6.96	63990	7.95
定期存款	572886	67476	13.35	177269	44.81
通知存款	167760	-39577	-19.09	115550	221.32
保证金存款	825705	54307	7.04	327032	65.58
2. 个人存款	621715	185537	42.54	146565	30.85
储蓄存款	540753	108298	25.04	88660	19.61
保证金存款.					
结构性存款	80962	77239	2074.65	57905	251.14
3. 临时性存款	10695	6175	136.63	-7060	-39.76
4. 其他存款	400106	32	0.01	28	0.01
二、代理财政性存款		-904	-100.00	-26	-100.00
三、金融债券					
其中：境外发行					
四、中长期借款					
其中：境外借款					
五、应付及暂收款	81279	-9908	-10.87	30665	60.58
其中：应付利息	27273	-7032	-20.50	9831	56.36
六、卖出回购资产					
七、向中央银行借款					
八、同业往来（来源方）	399828	-510221	-56.07	-478671	-54.49
1. 同业存放	399828	-510221	-56.07	-478671	-54.49
其中：境外同业存放					
2. 同业拆借					
其中：境外同业拆借					
九、境外联行往来（来源方）					
十、外汇买卖（来源方）	14358	-242	-1.65	985	7.37
其中：结售汇	14289	-174	-1.20	1150	8.75
十一、委托存款及委托投资基金（净）	149567	-106367	-41.56	5532	3.84
1. 委托存款及委托投资基金	587055	-124247	-17.47	291922	98.91
2. 减：委托贷款及委托投资	437488	-17880	-3.93	286390	189.54
十二、代理金融机构委托贷款基金					
其中：中央银行委托贷款基金					
十三、各项准备	26546	820	3.19	3086	13.15
其中：贷款损失准备	26401	819	3.20	3044	13.03
十四、所有者权益	67900	10123	17.52	19902	41.46
其中：实收资本					
十五、其他	-806665	-207427	34.62	184368	-18.60
资金来源总计	3741846	-597996	-13.78	681844	22.28

云南省中信银行人民币信贷收支12月月报表

项目 \ 栏目	本期余额	比上月		比年初	
		增减	增减%	增减	增减%
一、各项贷款	3047095	128315	4.40	583336	23.68
(一) 境内贷款	3045904	128432	4.40	583579	23.70
1. 短期贷款	1064448	96163	9.93	391476	58.17
(1) 个人贷款及透支	177423	29472	19.92	120946	214.15
其中：个人消费贷款	37194	1855	5.25	12749	52.15
(2) 单位普通贷款及透支	863014	61901	7.73	259298	42.95
其中：经营贷款	836300	61300	7.91	232584	38.53
固定资产贷款	20000			20000	
(3) 普通并购贷款	12012				
(4) 银团贷款					
(5) 贸易融资	12000	4790	66.45	11233	1464.54
(6) 境外筹资转贷款					
2. 中长期贷款	1793207	22388	1.26	34345	1.95
(1) 个人贷款	467173	33363	7.69	93638	25.07
其中：个人消费贷款	389709	17398	4.67	35104	9.90
(2) 单位普通贷款	1239186	-10975	-0.88	-59293	-4.57
其中：经营贷款	174604	-40500	-18.83	-122800	-41.29
固定资产贷款	1064582	29525	2.85	63507	6.34
(3) 普通并购贷款	30548				
(4) 银团贷款	56300				
(5) 贸易融资					
(6) 境外筹资转贷款					
3. 融资租赁					
4. 票据融资	182490	6914	3.94	154791	558.85
其中：贴现	182490	6914	3.94	154791	558.85
5. 各项垫款	5759	2966	106.22	2966	106.22
(二) 境外贷款	1192	-116	-8.90	-243	-16.93
二、有价证券	2945	-132	-4.29	-5764	-66.19
三、股权及其他投资					
四、应收及预付款	24135	-23811	-49.66	10454	76.41
其中：应收利息	19880	-25605	-56.29	6675	50.55
五、买入返售资产		-49950	-100.00		
六、存放中央银行准备金存款	67164	5673	9.23	-28600	-29.87
七、存放中央银行特种存款					
八、缴存中央银行财政性存款	951	-1537	-61.78	-302	-24.08
九、同业往来	570930	-668134	-53.92	117403	25.89
1. 存放同业	378543	-550458	-59.25	178498	89.23
其中：存放境外同业					
2. 拆放同业	192388	-117675	-37.95	-61094	-24.10
其中：拆放境外同业					
十、境外联行往来（运用方）					
十一、代理金融机构贷款					
其中：代理人行专项贷款					
十二、库存现金	14324	8717	155.45	4413	44.53
十三、外汇买卖（运用方）	14302	2863	25.02	904	6.74
其中：结售汇	14222	2934	25.99	1077	8.20
十四、投资性房地产					
资金运用总计	3741846	-597996	-13.78	681844	22.28

云南省光大银行人民币信贷收支 12 月月报表

项目 \ 栏目	本期余额	比上月		比年初	
		增减	增减%	增减	增减%
一、各项存款	2332957	230573	10.97	243280	11.64
1. 单位存款	1857108	189014	11.33	142995	8.34
其中：活期存款	637473	156572	32.56	-12332	-1.90
定期存款	447337	56555	14.47	28718	6.86
通知存款	294171	101291	52.52	223980	319.10
保证金存款	205377	29589	16.83	-58549	-22.18
2. 个人存款	458355	40468	9.68	89489	24.26
储蓄存款	328743	35363	12.05	-7290	-2.17
保证金存款.	2679	-977	-26.72	2613	3959.09
结构性存款	126933	6082	5.03	94166	287.38
3. 临时性存款	1536	-2599	-62.85	-5162	-77.07
4. 其他存款	15958	3690	30.08	15958	
二、代理财政性存款					
三、金融债券					
其中：境外发行					
四、中长期借款					
其中：境外借款					
五、应付及暂收款	36653	-531	-1.43	9793	36.46
其中：应付利息	9766	-1834	-15.81	1252	14.71
六、卖出回购资产					
七、向中央银行借款					
八、同业往来（来源方）	679581	637523	1515.82	327730	93.14
1. 同业存放	679581	637523	1515.82	327730	93.14
其中：境外同业存放					
2. 同业拆借					
其中：境外同业拆借					
九、境外联行往来（来源方）					
十、外汇买卖（来源方）					
其中：结售汇					
十一、委托存款及委托投资基金（净）	17244	-64817	-78.99	6630	62.46
1. 委托存款及委托投资基金	89966	-67617	-42.91	19618	27.89
2. 减：委托贷款及委托投资	72722	-2800	-3.71	12988	21.74
十二、代理金融机构委托贷款基金					
其中：中央银行委托贷款基金					
十三、各项准备	50696	1024	2.06	9729	23.75
其中：贷款损失准备	50688	1032	2.08	9737	23.78
十四、所有者权益	40872	20	0.05	2089	5.39
其中：实收资本					
十五、其他	-1010539	-763239	308.63	-382042	60.79
资金来源总计	2147464	40553	1.92	217209	11.25

云南省光大银行人民币信贷收支 12 月月报表

项 目 \ 栏 目	本 期 余 额	比上月		比年初	
		增减	增减%	增减	增减%
一、各项贷款	1859087	22237	1.21	-12961	-0.69
(一) 境内贷款	1859063	22237	1.21	-12960	-0.69
1. 短期贷款	595915	20016	3.48	66237	12.51
(1) 个人贷款及透支	30170	-935	-3.01	24676	449.14
其中：个人消费贷款	15850	-3025	-16.03	13274	515.30
(2) 单位普通贷款及透支	309142	-6075	-1.93	-2382	-0.76
其中：经营贷款	309142	-6075	-1.93	3129	1.02
固定资产贷款				-5000	-100.00
(3) 普通并购贷款					
(4) 银团贷款					
(5) 贸易融资	256603	27026	11.77	43943	20.66
(6) 境外筹资转贷款					
2. 中长期贷款	1223966	3613	0.30	-74080	-5.71
(1) 个人贷款	350916	2364	0.68	-11119	-3.07
其中：个人消费贷款	164203	2886	1.79	20093	13.94
(2) 单位普通贷款	827307	3930	0.48	36221	4.58
其中：经营贷款	66001	-269	-0.41	-48706	-42.46
固定资产贷款	761306	4199	0.55	84927	12.56
(3) 普通并购贷款					
(4) 银团贷款	45743	-2681	-5.54	20818	83.52
(5) 贸易融资				-120000	-100.00
(6) 境外筹资转贷款					
3. 融资租赁					
4. 票据融资	14180	-1022	-6.72	-23661	-62.53
其中：贴现	14180	-1022	-6.72	-23661	-62.53
5. 各项垫款	25002	-370	-1.46	18544	287.15
(二) 境外贷款	24			-1	-4.00
二、有价证券	527	5	0.96	-1087	-67.35
三、股权及其他投资					
四、应收及预付款	6019	-14803	-71.09	1019	20.38
其中：应收利息	5446	-14224	-72.31	850	18.49
五、买入返售资产	201745			201745	
六、存放中央银行准备金存款	65931	28766	77.40	25012	61.13
七、存放中央银行特种存款					
八、缴存中央银行财政性存款	166	21	14.48	16	10.67
九、同业往来	262	1	0.38	3	1.16
1. 存放同业	262	1	0.38	3	1.16
其中：存放境外同业					
2. 拆放同业					
其中：拆放境外同业					
十、境外联行往来（运用方）					
十一、代理金融机构贷款					
其中：代理人行专项贷款					
十二、库存现金	12547	4326	52.62	3462	38.11
十三、外汇买卖（运用方）					
其中：结售汇					
十四、投资性房地产	1180				
资金运用总计	2147464	40553	1.92	217209	11.25

云南省华夏银行人民币信贷收支 12 月月报表

项目 \ 栏目	本期余额	比上月		比年初	
		增减	增减%	增减	增减%
一、各项存款	4380553	140649	3. 32	1226396	38. 88
1. 单位存款	3731758	79640	2. 18	1149326	44. 51
其中：活期存款	1934487	451341	30. 43	934725	93. 49
定期存款	625596	-34170	-5. 18	-33910	-5. 14
通知存款	118253	-104094	-46. 82	48184	68. 77
保证金存款	497185	-162234	-24. 60	-64928	-11. 55
2. 个人存款	646169	62019	10. 62	77062	13. 54
储蓄存款	646169	62019	10. 62	77062	13. 54
保证金存款.					
结构性存款					
3. 临时性存款	2626	-1009	-27. 76	23	0. 90
4. 其他存款	0	0	32. 02	-15	-99. 71
二、代理财政性存款	35	-10	-22. 35	15	74. 54
三、金融债券					
其中：境外发行					
四、中长期借款					
其中：境外借款					
五、应付及暂收款	90835	7553	9. 07	14424	18. 88
其中：应付利息	17059	-3944	-18. 78	2593	17. 92
六、卖出回购资产	137200	137200		137200	
七、向中央银行借款					
八、同业往来（来源方）	989315	368140	59. 27	773356	358. 10
1. 同业存放	966215	345040	55. 55	750256	347. 41
其中：境外同业存放					
2. 同业拆借	23100	23100		23100	
其中：境外同业拆借					
九、境外联行往来（来源方）					
十、外汇买卖（来源方）				-260214	-100. 00
其中：结售汇				-260210	-100. 00
十一、委托存款及委托投资基金（净）					
1. 委托存款及委托投资基金	382168	24379	6. 81	146812	62. 38
2. 减：委托贷款及委托投资	382168	24379	6. 81	146812	62. 38
十二、代理金融机构委托贷款基金					
其中：中央银行委托贷款基金					
十三、各项准备	32437	10732	49. 44	4420	15. 78
其中：贷款损失准备	32234	10844	50. 70	4409	15. 84
十四、所有者权益	70775	-4562	-6. 06	12548	21. 55
其中：实收资本					
十五、其他	-1275424	-10645	0. 84	-575041	82. 10
资金来源总计	4425727	649057	17. 19	1333104	43. 11

云南省华夏银行人民币信贷收支12月月报表

项目 \ 栏目	本期余额	比上月		比年初	
		增减	增减%	增减	增减%
一、各项贷款	2397346	-1865	-0.08	300563	14.33
（一）境内贷款	2397346	-1865	-0.08	300563	14.33
1. 短期贷款	1228819	30649	2.56	209406	20.54
（1）个人贷款及透支	93889	1486	1.61	-12910	-12.09
其中：个人消费贷款	48224	-619	-1.27	-9919	-17.06
（2）单位普通贷款及透支	1111830	6063	0.55	202216	22.23
其中：经营贷款	1111830	6063	0.55	202216	22.23
固定资产贷款					
（3）普通并购贷款					
（4）银团贷款					
（5）贸易融资	23100	23100		20100	670.00
（6）境外筹资转贷款					
2. 中长期贷款	1148586	-35053	-2.96	81238	7.61
（1）个人贷款	273825	5259	1.96	77176	39.25
其中：个人消费贷款	200477	4693	2.40	51850	34.89
（2）单位普通贷款	713262	-40312	-5.35	-55939	-7.27
其中：经营贷款	100248	-6038	-5.68	12097	13.72
固定资产贷款	613014	-34274	-5.30	-68035	-9.99
（3）普通并购贷款					
（4）银团贷款	161500			60000	59.11
（5）贸易融资					
（6）境外筹资转贷款					
3. 融资租赁					
4. 票据融资	10040	4292	74.67	18	0.17
其中：贴现	10040	4292	74.67	18	0.17
5. 各项垫款	9901	-1753	-15.04	9901	
（二）境外贷款					
二、有价证券	10629	87	0.82	-6745	-38.82
三、股权及其他投资					
四、应收及预付款	56782	-14646	-20.50	2782	5.15
其中：应收利息	17	12	248.78	17	
五、买入返售资产	1850175	666298	56.28	1234228	200.38
六、存放中央银行准备金存款	90624	1659	1.87	55196	155.80
七、存放中央银行特种存款					
八、缴存中央银行财政性存款	547	-79	-12.64	514	1552.27
九、同业往来	5320	-7265	-57.73	4830	985.65
1. 存放同业	320	129	67.42	-170	-34.76
其中：存放境外同业					
2. 拆放同业	5000	-7394	-59.66	5000	
其中：拆放境外同业					
十、境外联行往来（运用方）					
十一、代理金融机构贷款					
其中：代理人行专项贷款					
十二、库存现金	14217	4899	52.57	1911	15.53
十三、外汇买卖（运用方）	87	-30	-25.34	-260174	-99.97
其中：结售汇	81	-30	-26.70	-260170	-99.97
十四、投资性房地产					
资金运用总计	4425727	649057	17.19	1333104	43.11

云南省广发银行人民币信贷收支12月月报表

项目 \ 栏目	本期余额	比上月		比年初	
		增减	增减%	增减	增减%
一、各项存款	2174456	296309	15.78	497025	29.63
1. 单位存款	1757837	194154	12.42	384781	28.02
其中：活期存款	893795	89961	11.19	109765	14.00
定期存款	329740	35835	12.19	18710	6.02
通知存款	40115	-1360	-3.28	4169	11.60
保证金存款	400560	34437	9.41	163970	69.31
2. 个人存款	346160	99300	40.23	111121	47.28
储蓄存款	315534	98444	45.35	83175	35.80
保证金存款.	387	27	7.50	256	195.42
结构性存款	30239	829	2.82	27690	1086.31
3. 临时性存款	20450	2846	16.17	1114	5.76
4. 其他存款	50009	9	0.02	9	0.02
二、代理财政性存款		-954	-100.00		
三、金融债券					
其中：境外发行					
四、中长期借款					
其中：境外借款					
五、应付及暂收款	28425	-1984	-6.52	6048	27.03
其中：应付利息	13477	-3668	-21.39	4879	56.75
六、卖出回购资产					
七、向中央银行借款	37753	-8513	-18.40	37753	
八、同业往来（来源方）	391998	-525983	-57.30	391830	233232.14
1. 同业存放	386998	-525983	-57.61	386830	230255.95
其中：境外同业存放					
2. 同业拆借	5000			5000	
其中：境外同业拆借					
九、境外联行往来（来源方）					
十、外汇买卖（来源方）	6	-6	-50.00	-15	-71.43
其中：结售汇	6	-6	-50.00	-15	-71.43
十一、委托存款及委托投资基金（净）					
1. 委托存款及委托投资基金	33797	-9	-0.03	9521	39.22
2. 减：委托贷款及委托投资	33797	-9	-0.03	9521	39.22
十二、代理金融机构委托贷款基金					
其中：中央银行委托贷款基金					
十三、各项准备	8408	-36	-0.43	-2599	-23.61
其中：贷款损失准备	5381	-31	-0.57	-2596	-32.54
十四、所有者权益	44108	3776	9.36	1921	4.55
其中：实收资本					
十五、其他	-921220	309635	-25.16	-886961	2588.99
资金来源总计	1763934	72244	4.27	45002	2.62

云南省广发银行人民币信贷收支12月月报表

项目 \ 栏目	本期余额	比上月		比年初	
		增减	增减%	增减	增减%
一、各项贷款	1699896	76219	4.69	212334	14.27
(一) 境内贷款	1699796	76219	4.69	212377	14.28
1. 短期贷款	553092	49828	9.90	201531	57.32
(1) 个人贷款及透支	8026	509	6.77	1520	23.36
其中：个人消费贷款	960	130	15.66	-2237	-69.97
(2) 单位普通贷款及透支	520066	36519	7.55	175011	50.72
其中：经营贷款	520066	46519	9.82	190011	57.57
固定资产贷款		-10000	-100.00	-15000	-100.00
(3) 普通并购贷款					
(4) 银团贷款					
(5) 贸易融资	25000	12800	104.92	25000	
(6) 境外筹资转贷款					
2. 中长期贷款	1097286	42207	4.00	-33921	-3.00
(1) 个人贷款	181878	2968	1.66	-7509	-3.96
其中：个人消费贷款	164551	516	0.31	-13183	-7.42
(2) 单位普通贷款	915408	39239	4.48	-26412	-2.80
其中：经营贷款	151415	-7435	-4.68	-56585	-27.20
固定资产贷款	763993	46674	6.51	30173	4.11
(3) 普通并购贷款					
(4) 银团贷款					
(5) 贸易融资					
(6) 境外筹资转贷款					
3. 融资租赁					
4. 票据融资	43741	-15816	-26.56	40441	1225.48
其中：贴现	43741	-15816	-26.56	40441	1225.48
5. 各项垫款	5677			4326	320.21
(二) 境外贷款	100			-43	-30.07
二、有价证券	2046	-74	-3.49	-1548	-43.07
三、股权及其他投资					
四、应收及预付款	6208	-9726	-61.04	1287	26.15
其中：应收利息	4215	-7955	-65.37	784	22.85
五、买入返售资产					
六、存放中央银行准备金存款	37319	5430	17.03	-35366	-48.66
七、存放中央银行特种存款					
八、缴存中央银行财政性存款	136	-6339	-97.90	-886	-86.69
九、同业往来	761	65	9.34	-130743	-99.42
1. 存放同业	761	65	9.34	-130743	-99.42
其中：存放境外同业					
2. 拆放同业					
其中：拆放境外同业					
十、境外联行往来（运用方）					
十一、代理金融机构贷款					
其中：代理人行专项贷款					
十二、库存现金	17568	6684	61.41	-76	-0.43
十三、外汇买卖（运用方）		-15	-100.00		
其中：结售汇		-15	-100.00		
十四、投资性房地产					
资金运用总计	1763934	72244	4.27	45002	2.62

云南省平安银行人民币信贷收支12月月报表

项目 \ 栏目	本期余额	比上月		比年初	
		增减	增减%	增减	增减%
一、各项存款	1397102	72116	5.44	226124	19.31
1. 单位存款	1087625	56613	5.49	231966	27.11
其中：活期存款	408047	106237	35.20	162608	66.25
定期存款	240806	899	0.37	27155	12.71
通知存款	36955	-16245	-30.54	21187	134.37
保证金存款	316208	-35539	-10.10	-6611	-2.05
2. 个人存款	157866	19362	13.98	-143	-0.09
储蓄存款	144442	18979	15.13	-12485	-7.96
保证金存款.	13424	384	2.94	12343	1141.07
结构性存款					
3. 临时性存款	1610	-3841	-70.46	-5700	-77.97
4. 其他存款	150001	-18	-0.01	1	
二、代理财政性存款	0				
三、金融债券					
其中：境外发行					
四、中长期借款					
其中：境外借款					
五、应付及暂收款	31774	-604	-1.87	-32191	-50.33
其中：应付利息	12702	-657	-4.92	790	6.63
六、卖出回购资产		-200	-100.00		
七、向中央银行借款	1499	-7193	-82.75	-1042	-40.99
八、同业往来（来源方）	475675	77467	19.45	364170	326.60
1. 同业存放	472817	74609	18.74	361313	324.03
其中：境外同业存放					
2. 同业折借	2857	2857		2857	
其中：境外同业拆借					
九、境外联行往来（来源方）					
十、外汇买卖（来源方）					
其中：结售汇					
十一、委托存款及委托投资基金（净）					
1. 委托存款及委托投资基金	9400			-1300	-12.15
2. 减：委托贷款及委托投资	9400			-1300	-12.15
十二、代理金融机构委托贷款基金					
其中：中央银行委托贷款基金					
十三、各项准备	19464	1781	10.07	3109	19.01
其中：贷款损失准备	19464	1781	10.07	3112	19.03
十四、所有者权益	22215	-449	-1.98	-1572	-6.61
其中：实收资本					
十五、其他	-601792	-376977	167.68	-367867	157.26
资金来源总计	1345938	-234060	-14.81	190731	16.51

云南省平安银行人民币信贷收支12月月报表

项目 \ 栏目	本期余额	比上月		比年初	
		增减	增减%	增减	增减%
一、各项贷款	1044828	-173591	-14.25	51402	5.17
(一) 境内贷款	1044816	-173591	-14.25	51404	5.17
1. 短期贷款	747633	-135636	-15.36	218670	41.34
(1) 个人贷款及透支	116386	8391	7.77	109836	1676.97
其中：个人消费贷款	649	73	12.67	-142	-17.91
(2) 单位普通贷款及透支	628390	-146884	-18.95	154095	32.49
其中：经营贷款	628390	-146884	-18.95	164095	35.34
固定资产贷款				-10000	-100.00
(3) 普通并购贷款					
(4) 银团贷款					
(5) 贸易融资	2857	2857		-45261	-94.06
(6) 境外筹资转贷款					
2. 中长期贷款	255859	7060	2.84	-127260	-33.22
(1) 个人贷款	133309	-940	-0.70	-9560	-6.69
其中：个人消费贷款	74465	131	0.18	-1223	-1.62
(2) 单位普通贷款	93750	8000	9.33	-119700	-56.08
其中：经营贷款	16500	-1000	-5.71	-105900	-86.52
固定资产贷款	77250	9000	13.19	-13800	-15.16
(3) 普通并购贷款					
(4) 银团贷款	28800			2000	7.46
(5) 贸易融资					
(6) 境外筹资转贷款					
3. 融资租赁					
4. 票据融资	37891	-45015	-54.30	-42447	-52.84
其中：贴现	37891	-45015	-54.30	-42447	-52.84
5. 各项垫款	3433			2441	246.01
(二) 境外贷款	12	0	-1.67	-2	-17.04
二、有价证券					
三、股权及其他投资					
四、应收及预付款	3381	-7610	-69.24	-91308	-96.43
其中：应收利息	2324	-4227	-64.52	-107	-4.41
五、买入返售资产	275420	-61124	-18.16	217301	373.89
六、存放中央银行准备金存款	17222	7311	73.77	10151	143.55
七、存放中央银行特种存款					
八、缴存中央银行财政性存款					
九、同业往来	459	-74	-13.95	439	2132.79
1. 存放同业	459	-74	-13.95	439	2132.79
其中：存放境外同业					
2. 拆放同业					
其中：拆放境外同业					
十、境外联行往来（运用方）					
十一、代理金融机构贷款					
其中：代理人行专项贷款					
十二、库存现金	4628	1028	28.57	2747	146.07
十三、外汇买卖（运用方）					
其中：结售汇					
十四、投资性房地产					
资金运用总计	1345938	-234060	-14.81	190731	16.51

云南省招商银行人民币信贷收支12月月报表

项目 \ 栏目	本期余额	比上月		比年初	
		增减	增减%	增减	增减%
一、各项存款	3800221	195512	5.42	593057	18.49
1. 单位存款	2521935	-11293	-0.45	351814	16.21
其中：活期存款	1167183	54056	4.86	42275	3.76
定期存款	379335	-19913	-4.99	68830	22.17
通知存款	202636	-25126	-11.03	78580	63.34
保证金存款	477955	73159	18.07	152354	46.79
2. 个人存款	1221981	193467	18.81	223995	22.44
储蓄存款	1221981	193467	18.81	223995	22.44
保证金存款.					
结构性存款					
3. 临时性存款	40075	15826	65.26	35273	734.55
4. 其他存款	16230	-2488	-13.29	-18025	-52.62
二、代理财政性存款					
三、金融债券					
其中：境外发行					
四、中长期借款					
其中：境外借款					
五、应付及暂收款	68578	-6127	-8.20	19212	38.92
其中：应付利息	16146	-13991	-46.42	5602	53.13
六、卖出回购资产					
七、向中央银行借款	60710			49534	443.22
八、同业往来（来源方）	1008823	-388961	-27.83	958662	1911.17
1. 同业存放	1008823	-388961	-27.83	958662	1911.17
其中．境外同业存放					
2. 同业拆借					
其中：境外同业拆借					
九、境外联行往来（来源方）					
十、外汇买卖（来源方）		-2382	-100.00		
其中：结售汇		-2382	-100.00		
十一、委托存款及委托投资基金（净）					
1. 委托存款及委托投资基金	283138	7356	2.67	-12129	-4.11
2. 减：委托贷款及委托投资	283138	7356	2.67	-12129	-4.11
十二、代理金融机构委托贷款基金					
其中：中央银行委托贷款基金					
十三、各项准备	64446	3264	5.33	14468	28.95
其中：贷款损失准备	64408	3265	5.34	14452	28.93
十四、所有者权益	86644	3707	4.47	6483	8.09
其中：实收资本					
十五、其他	-1131395	159660	-12.37	-806463	248.19
资金来源总计	3958027	-35327	-0.88	834953	26.73

云南省招商银行人民币信贷收支 12 月月报表

项目 \ 栏目	本期余额	比上月		比年初	
		增减	增减%	增减	增减%
一、各项贷款	3557109	125221	3.65	561920	18.76
(一) 境内贷款	3550767	125308	3.66	560556	18.75
1. 短期贷款	1446336	115913	8.71	461505	46.86
(1) 个人贷款及透支	673827	62526	10.23	289885	75.50
其中：个人消费贷款	287077	5379	1.91	-46238	-13.87
(2) 单位普通贷款及透支	765033	53475	7.52	164753	27.45
其中：经营贷款	765033	53475	7.52	164753	27.45
固定资产贷款					
(3) 普通并购贷款					
(4) 银团贷款					
(5) 贸易融资	7476	-88	-1.16	6867	1127.59
(6) 境外筹资转贷款					
2. 中长期贷款	1921255	-25225	-1.30	56650	3.04
(1) 个人贷款	844732	-24403	-2.81	10383	1.24
其中：个人消费贷款	565232	-26564	-4.49	-54747	-8.83
(2) 单位普通贷款	866024	1992	0.23	-10529	-1.20
其中：经营贷款	92097	-2000	-2.13	-52937	-36.50
固定资产贷款	773927	3992	0.52	42408	5.80
(3) 普通并购贷款					
(4) 银团贷款	210499	-2814	-1.32	56796	36.95
(5) 贸易融资					
(6) 境外筹资转贷款					
3. 融资租赁					
4. 票据融资	180190	34620	23.78	39415	28.00
其中：贴现	180190	34620	23.78	39415	28.00
5. 各项垫款	2986			2986	
(二) 境外贷款	6342	-87	-1.35	1364	27.40
二、有价证券					
三、股权及其他投资					
四、应收及预付款	9351	-17617	-65.33	-41	-0.44
其中：应收利息	8631	-17452	-66.91	932	12.11
五、买入返售资产		-87262	-100.00	-10000	-100.00
六、存放中央银行准备金存款	60792	15964	35.61	18566	43.97
七、存放中央银行特种存款					
八、缴存中央银行财政性存款	30	-2	-6.25	28	1400.00
九、同业往来	309018	-77076	-19.96	264414	592.80
1. 存放同业	309018	-46076	-12.98	308764	121560.63
其中：存放境外同业					
2. 拆放同业		-31000	-100.00	-44350	-100.00
其中：拆放境外同业					
十、境外联行往来（运用方）					
十一、代理金融机构贷款					
其中：代理人行专项贷款					
十二、库存现金	21693	5535	34.26	66	0.31
十三、外汇买卖（运用方）	34	-90	-72.58		
其中：结售汇		-90	-100.00		
十四、投资性房地产					
资金运用总计	3958027	-35327	-0.88	834953	26.73

云南省浦东发展银行人民币信贷收支12月月报表

项目＼栏目	本期余额	比上月		比年初	
		增减	增减%	增减	增减%
一、各项存款	3519855	164869	4.91	678448	23.88
1. 单位存款	2835979	98970	3.62	565387	24.90
其中：活期存款	1088138	-2035	-0.19	231487	27.02
定期存款	726499	179661	32.85	313683	75.99
通知存款	109575	4590	4.37	28454	35.08
保证金存款	632218	-14771	-2.28	-16424	-2.53
2. 个人存款	495702	67574	15.78	137459	38.37
储蓄存款	442678	72755	19.67	129987	41.57
保证金存款.	131	-142	-52.01	17	14.91
结构性存款	52893	-5039	-8.70	7455	16.41
3. 临时性存款	2768	-1624	-36.98	635	29.77
4. 其他存款	185406	-51	-0.03	-25033	-11.90
二、代理财政性存款		-14	-100.00		
三、金融债券					
其中：境外发行					
四、中长期借款					
其中：境外借款					
五、应付及暂收款	105528	10295	10.81	40403	62.04
其中：应付利息	24257	13056	116.56	3285	15.66
六、卖出回购资产					
七、向中央银行借款	115947	-4498	-3.73	62724	117.85
八、同业往来（来源方）	587691	-340697	-36.70	271777	86.03
1. 同业存放	587691	-340697	-36.70	271777	86.03
其中：境外同业存放					
2. 同业拆借					
其中：境外同业拆借					
九、境外联行往来（来源方）					
十．外汇买卖（来源方）		-93	-100.00	-4	-100.00
其中：结售汇		-93	-100.00	-4	-100.00
十一、委托存款及委托投资基金（净）	2990			-260	-8.00
1. 委托存款及委托投资基金	25139			19340	333.51
2. 减：委托贷款及委托投资	22149			19600	768.93
十二、代理金融机构委托贷款基金					
其中：中央银行委托贷款基金					
十三、各项准备	33054	977	3.05	6453	24.26
其中：贷款损失准备	32850	1000	3.14	6469	24.52
十四、所有者权益	88977	25702	40.62	38362	75.79
其中：实收资本					
十五、其他	-92195	270523	-74.58	848376	-90.20
资金来源总计	4361847	127064	3.00	1946279	80.57

云南省浦东发展银行人民币信贷收支 12 月月报表

项 目 \ 栏 目	本期余额	比上月		比年初	
		增减	增减%	增减	增减%
一、各项贷款	2531668	-3324	-0.13	425768	20.22
(一) 境内贷款	2531555	-3424	-0.14	425669	20.21
1. 短期贷款	1325198	74156	5.93	329166	33.05
(1) 个人贷款及透支	232029	9648	4.34	92786	66.64
其中：个人消费贷款	103372	9817	10.49	50100	94.05
(2) 单位普通贷款及透支	1057569	67708	6.84	200852	23.44
其中：经营贷款	1057569	67708	6.84	203803	23.87
固定资产贷款				-2951	-100.00
(3) 普通并购贷款					
(4) 银团贷款					
(5) 贸易融资	35600	-3200	-8.25	35528	49344.44
(6) 境外筹资转贷款					
2. 中长期贷款	1027948	-33831	-3.19	6486	0.63
(1) 个人贷款	101076	344	0.34	-660	-0.65
其中：个人消费贷款	68971	1366	2.02	-7619	-9.95
(2) 单位普通贷款	585872	-33175	-5.36	-175654	-23.07
其中：经营贷款	57550	6800	13.40	-56489	-49.53
固定资产贷款	528322	-39975	-7.03	-119165	-18.40
(3) 普通并购贷款	8000	-1000	-11.11	-1000	-11.11
(4) 银团贷款	333000			183800	123.19
(5) 贸易融资					
(6) 境外筹资转贷款					
3. 融资租赁					
4. 票据融资	176442	-45716	-20.58	88050	99.61
其中：贴现	176442	-45716	-20.58	88050	99.61
5. 各项垫款	1967	1967		1967	
(二) 境外贷款	113	100	769.23	99	707.14
二、有价证券	700000	227025	48.00	699492	137695.28
三、股权及其他投资					
四、应收及预付款	55642	2422	4.55	31949	134.85
其中：应收利息	5132	1999	63.80	2560	99.53
五、买入返售资产	948990	-122903	-11.47	759396	400.54
六、存放中央银行准备金存款	104057	48553	87.48	17882	20.75
七、存放中央银行特种存款					
八、缴存中央银行财政性存款	47	-69	-59.48	-87	-64.93
九、同业往来	14787	-24983	-62.82	11934	418.30
1. 存放同业	3833	1074	38.93	980	34.35
其中：存放境外同业					
2. 拆放同业	10954	-26057	-70.40	10954	
其中：拆放境外同业					
十、境外联行往来（运用方）					
十一、代理金融机构贷款					
其中：代理人行专项贷款					
十二、库存现金	6653	371	5.91	-24	-0.36
十三、外汇买卖（运用方）	3	-28	-90.32	-31	-91.18
其中：结售汇		-30	-100.00	-33	-100.00
十四、投资性房地产					
资金运用总计	4361847	127064	3.00	1946279	80.57

云南省兴业银行人民币信贷收支 12 月月报表

项目 \ 栏目	本期余额	比上月		比年初	
		增减	增减%	增减	增减%
一、各项存款	2528915	91789	3.77	675316	36.43
1. 单位存款	2010435	131418	6.99	623933	45.00
其中：活期存款	417961	-28507	-6.38	169939	68.52
定期存款	1173681	121583	11.56	442045	60.42
通知存款	109534	62947	135.12	-20881	-16.01
保证金存款	151510	-8004	-5.02	-19861	-11.59
2. 个人存款	417731	-38694	-8.48	150879	56.54
储蓄存款	416718	-38230	-8.40	150849	56.74
保证金存款	1013	-464	-31.43	30	3.08
结构性存款					
3. 临时性存款	748	-924	-55.28	502	204.96
4. 其他存款	100001	-11	-0.01	-99999	-50.00
二、代理财政性存款	912	-488	-34.87	912	
三、金融债券					
其中：境外发行					
四、中长期借款					
其中：境外借款					
五、应付及暂收款	51305	-1903	-3.58	16258	46.39
其中：应付利息	23959	-4150	-14.76	4239	21.50
六、卖出回购资产					
七、向中央银行借款					
八、同业往来（来源方）	1734044	313963	22.11	558890	47.56
1. 同业存放	1686344	266263	18.75	511190	43.50
其中：境外同业存放					
2. 同业拆借	47700	47700		47700	
其中：境外同业拆借					
九、境外联行往来（来源方）					
十、外汇买卖（来源方）					
其中：结售汇					
十一、委托存款及委托投资基金（净）				0	-100.00
1. 委托存款及委托投资基金	343050	-50560	-12.85	256990	298.62
2. 减：委托贷款及委托投资	343050	-50560	-12.85	256990	298.62
十二、代理金融机构委托贷款基金					
其中：中央银行委托贷款基金					
十三、各项准备	24850	-1577	-5.97	3895	18.59
其中：贷款损失准备	24850	-1577	-5.97	3895	18.59
十四、所有者权益	75304	8971	13.52	34236	83.36
其中：实收资本					
十五、其他	-511634	-153215	42.75	212388	-29.33
资金来源总计	3903696	257538	7.06	1501894	62.53

云南省兴业银行人民币信贷收支12月月报表

项目＼栏目	本期余额	比上月		比年初	
		增减	增减%	增减	增减%
一、各项贷款	2219756	37041	1.70	332201	17.60
（一）境内贷款	2219756	37041	1.70	332201	17.60
1. 短期贷款	1064881	37463	3.65	416912	64.34
（1）个人贷款及透支	150878	-13736	-8.34	70061	86.69
其中：个人消费贷款	56041	-16917	-23.19	42597	316.84
（2）单位普通贷款及透支	866304	3499	0.41	299152	52.75
其中：经营贷款	862304	3499	0.41	311452	56.54
固定资产贷款	4000			-12300	-75.46
（3）普通并购贷款					
（4）银团贷款					
（5）贸易融资	47700	47700		47700	
（6）境外筹资转贷款					
2. 中长期贷款	1149375	5689	0.50	-76261	-6.22
（1）个人贷款	179030	17730	10.99	40814	29.53
其中：个人消费贷款	168355	17862	11.87	37459	28.62
（2）单位普通贷款	950346	-12041	-1.25	-117075	-10.97
其中：经营贷款	179376	8825	5.17	106500	146.14
固定资产贷款	770970	-20866	-2.64	-223575	-22.48
（3）普通并购贷款					
（4）银团贷款	20000				
（5）贸易融资					
（6）境外筹资转贷款					
3. 融资租赁					
4. 票据融资	5500	-6111	-52.63	-8450	-60.57
其中：贴现	5500	-6111	-52.63	-8450	-60.57
5. 各项垫款					
（二）境外贷款					
二、有价证券	89	-17	-15.70	-34	-27.49
三、股权及其他投资					
四、应收及预付款	20887	-20262	-49.24	13337	176.65
其中：应收利息	20585	-19937	-49.20	13040	172.83
五、买入返售资产	936428	110892	13.43	557228	146.95
六、存放中央银行准备金存款	12598	3453	37.77	-257	-2.00
七、存放中央银行特种存款					
八、缴存中央银行财政性存款	1195	-105	-8.05	1167	4137.94
九、同业往来	704902	125269	21.61	596781	551.96
1. 存放同业	80001	30000	60.00	80000	14545456.36
其中：存放境外同业					
2. 拆放同业	624902	95269	17.99	516781	477.97
其中：拆放境外同业					
十、境外联行往来（运用方）					
十一、代理金融机构贷款					
其中：代理人行专项贷款					
十二、库存现金	7841	1266	19.25	1471	23.09
十三、外汇买卖（运用方）					
其中：结售汇					
十四、投资性房地产					
资金运用总计	3903696	257538	7.06	1501894	62.53

云南省民生银行人民币信贷收支 12 月月报表

栏目 / 项目	本期余额	比上月		比年初	
		增减	增减%	增减	增减%
一、各项存款	3806803	16494	0.44	1185710	45.24
1. 单位存款	2799773	3225	0.12	751945	36.72
其中：活期存款	1029550	-28899	-2.73	217296	26.75
定期存款	926943	62489	7.23	362492	64.22
通知存款	122501	-118198	-49.11	-41429	-25.27
保证金存款	651889	109743	20.24	144696	28.53
2. 个人存款	943302	14375	1.55	425202	82.07
储蓄存款	825184	13961	1.72	384741	87.35
保证金存款	118117	415	0.35	40461	52.10
结构性存款					
3. 临时性存款	3528	-927	-20.81	573	19.38
4. 其他存款	60200	-179	-0.30	7991	15.31
二、代理财政性存款					
三、金融债券					
其中：境外发行					
四、中长期借款					
其中：境外借款					
五、应付及暂收款	116437	7011	6.41	74644	178.61
其中：应付利息	24961	-13762	-35.54	12593	101.82
六、卖出回购资产					
七、向中央银行借款		-37005	-100.00		
八、同业往来（来源方）	928096	-46523	-4.77	584978	170.49
1. 同业存放	928096	-46523	-4.77	584978	170.49
其中：境外同业存放					
2. 同业拆借					
其中：境外同业拆借					
九、境外联行往来（来源方）					
十、外汇买卖（来源方）	6414	146	2.33	1846	40.41
其中：结售汇	6414	146	2.33	1846	40.41
十一、委托存款及委托投资基金（净）					
1. 委托存款及委托投资基金	344701	-1050	-0.30	84731	32.59
2. 减：委托贷款及委托投资	344701	-1050	-0.30	84731	32.59
十二、代理金融机构委托贷款基金					
其中：中央银行委托贷款基金					
十三、各项准备	75237	3152	4.37	32696	76.86
其中：贷款损失准备	75237	3152	4.37	32696	76.86
十四、所有者权益	98692	4210	4.46	8368	9.26
其中：实收资本					
十五、其他	-830083	461502	-35.73	-272904	48.98
资金来源总计	4201596	408986	10.78	1615340	62.46

云南省民生银行人民币信贷收支12月月报表

项 目 \ 栏 目	本期余额	比上月		比年初	
		增减	增减%	增减	增减%
一、各项贷款	3193658	49326	1.57	694264	27.78
(一)境内贷款	3193629	49326	1.57	694565	27.79
1. 短期贷款	1838059	35098	1.95	398070	27.64
(1)个人贷款及透支	1038122	32233	3.20	479499	85.84
其中:个人消费贷款	7110	466	7.01	-2818	-28.38
(2)单位普通贷款及透支	799937	2865	0.36	-81429	-9.24
其中:经营贷款	786737	2865	0.37	32071	4.25
固定资产贷款	13200			-113500	-89.58
(3)普通并购贷款					
(4)银团贷款					
(5)贸易融资					
(6)境外筹资转贷款					
2. 中长期贷款	1281236	-4477	-0.35	222462	21.01
(1)个人贷款	64783	-705	-1.08	-11861	-15.48
其中:个人消费贷款	60301	-571	-0.94	-10503	-14.83
(2)单位普通贷款	1157454	-3772	-0.32	219323	23.38
其中:经营贷款	445773	4493	1.02	-47117	-9.56
固定资产贷款	711681	-8265	-1.15	266440	59.84
(3)普通并购贷款	41000			15000	57.69
(4)银团贷款	18000				
(5)贸易融资					
(6)境外筹资转贷款					
3. 融资租赁					
4. 票据融资	17917	15	0.09	17617	5872.29
其中:贴现	17917	15	0.09	17617	5872.29
5. 各项垫款	56417	18689	49.54	56417	
(二)境外贷款	29	0	-0.32	-301	-91.34
二、有价证券					
三、股权及其他投资					
四、应收及预付款	12913	-28880	-69.10	4023	45.25
其中:应收利息	10504	-17521	-62.52	3137	42.57
五、买入返售资产	726005	170023	30.58	726005	
六、存放中央银行准备金存款	146390	112393	330.60	113030	338.82
七、存放中央银行特种存款					
八、缴存中央银行财政性存款		-1	-100.00		
九、同业往来	102761	100387	4229.84	71621	230.00
1. 存放同业	102761	100387	4229.84	81621	386.11
其中:存放境外同业					
2. 拆放同业				-10000	-100.00
其中:拆放境外同业					
十、境外联行往来(运用方)					
十一、代理金融机构贷款					
其中:代理人行专项贷款					
十二、库存现金	13454	5592	71.12	4550	51.10
十三、外汇买卖(运用方)	6414	146	2.33	1846	40.41
其中:结售汇	6414	146	2.33	1846	40.41
十四、投资性房地产					
资金运用总计	4201596	408986	10.78	1615340	62.46

云南省恒丰银行人民币信贷收支12月月报表

项目 \ 栏目	本期余额	比上月		比年初	
		增减	增减%	增减	增减%
一、各项存款	974289	-20820	-2.09	538206	123.42
1. 单位存款	778933	-18181	-2.28	459573	143.90
其中：活期存款	66859	-48799	-42.19	-33317	-33.26
定期存款	211514	-80711	-27.62	12447	6.25
通知存款	7354			-4886	-39.92
保证金存款	360817	80138	28.55	352940	4480.64
2. 个人存款	44108	512	1.17	-5569	-11.21
储蓄存款	44108	512	1.17	-5569	-11.21
保证金存款.					
结构性存款					
3. 临时性存款	9248	-3151	-25.41	4202	83.28
4. 其他存款	142000	0		80000	129.03
二、代理财政性存款					
三、金融债券					
其中：境外发行					
四、中长期借款					
其中：境外借款					
五、应付及暂收款	11141	-2507	-18.37	6348	132.43
其中：应付利息	9376	-2565	-21.48	5263	127.97
六、卖出回购资产		-100368	-100.00	-993669	-100.00
七、向中央银行借款				-16680	-100.00
八、同业往来（来源方）	615000	50000	8.85	212000	52.61
1. 同业存放	615000	50000	8.85	212000	52.61
其中：境外同业存放					
2. 同业拆借					
其中：境外同业拆借					
九、境外联行往来（来源方）					
十、外汇买卖（来源方）					
其中：结售汇					
十一、委托存款及委托投资基金（净）					
1. 委托存款及委托投资基金	10000			-18000	-64.29
2. 减：委托贷款及委托投资	10000			-18000	-64.29
十二、代理金融机构委托贷款基金					
其中：中央银行委托贷款基金					
十三、各项准备	5023	1638	48.39	1638	48.39
其中：贷款损失准备	5023	1638	48.39	1638	48.39
十四、所有者权益	29411	8575	41.15	29411	
其中：实收资本					
十五、其他	-513707	263501	-33.90	-78220	17.96
资金来源总计	1121157	200019	21.71	-300966	-21.16

云南省恒丰银行人民币信贷收支12月月报表

栏目 项目	本期余额	比上月		比年初	
		增减	增减%	增减	增减%
一、各项贷款	478700	9793	2.09	137533	40.31
(一) 境内贷款	478700	9793	2.09	137533	40.31
1. 短期贷款	331787			75297	29.36
(1) 个人贷款及透支	1720			930	117.72
其中：个人消费贷款					
(2) 单位普通贷款及透支	330067			74367	29.08
其中：经营贷款	330067			74367	29.08
固定资产贷款					
(3) 普通并购贷款					
(4) 银团贷款					
(5) 贸易融资					
(6) 境外筹资转贷款					
2. 中长期贷款	91000	-500	-0.55	42000	85.71
(1) 个人贷款					
其中：个人消费贷款					
(2) 单位普通贷款	91000	-500	-0.55	42000	85.71
其中：经营贷款	31000	-500	-1.59	12000	63.16
固定资产贷款	60000			30000	100.00
(3) 普通并购贷款					
(4) 银团贷款					
(5) 贸易融资					
(6) 境外筹资转贷款					
3. 融资租赁					
4. 票据融资	48873	6767	16.07	13196	36.99
其中：贴现	48873	6767	16.07	13196	36.99
5. 各项垫款	7040	3526	100.35	7040	
(二) 境外贷款					
二、有价证券					
三、股权及其他投资					
四、应收及预付款	1553	1386	827.57	755	94.65
其中：应收利息	1396	1304	1431.53	597	74.86
五、买入返售资产	221144	-159068	-41.84	-800912	-78.36
六、存放中央银行准备金存款	36088	-32015	-47.01	5530	18.10
七、存放中央银行特种存款					
八、缴存中央银行财政性存款					
九、同业往来	383316	379835	10913.01	356005	1303.52
1. 存放同业	383316	379835	10913.01	356005	1303.52
其中：存放境外同业					
2. 拆放同业					
其中：拆放境外同业					
十、境外联行往来（运用方）					
十一、代理金融机构贷款					
其中：代理人行专项贷款					
十二、库存现金	355	88	32.94	124	53.49
十三、外汇买卖（运用方）					
其中：结售汇					
十四、投资性房地产					
资金运用总计	1121157	200019	21.71	-300966	-21.16

云南省富滇银行人民币信贷收支 12 月月报表

栏目 项目	本期余额	比上月		比年初	
		增减	增减%	增减	增减%
一、各项存款	6916799	193012	2. 87	843664	13. 89
1. 单位存款	4766035	40740	0. 86	384753	8. 78
其中：活期存款	3389290	144534	4. 45	119801	3. 66
定期存款	804271	48987	6. 49	193893	31. 77
通知存款	112748	－65176	－36. 63	32097	39. 80
保证金存款	459726	62395	15. 70	38962	9. 26
2. 个人存款	1445455	62796	4. 54	136304	10. 41
储蓄存款	1445439	62780	4. 54	136303	10. 41
保证金存款.	16	16		1	6. 67
结构性存款					
3. 临时性存款	2102	－515	－19. 68	－362	－14. 69
4. 其他存款	703207	89991	14. 68	322969	84. 94
二、代理财政性存款	12888	4329	50. 58	1295	11. 17
三、金融债券					
其中：境外发行					
四、中长期借款					
其中：境外借款					
五、应付及暂收款	111872	5461	5. 13	25084	28. 90
其中：应付利息	48393	－1640	－3. 28	20896	75. 99
六、卖出回购资产	869308	7849	0. 91	247395	39. 78
七、向中央银行借款	29000			－29000	－50. 00
八、同业往来（来源方）	1321970	513181	63. 45	900495	213. 65
1. 同业存放	1107970	467181	72. 91	686495	162. 88
其中：境外同业存放	173	－7	－3. 89	171	8550. 00
2. 同业拆借	214000	46000	27. 38	214000	
其中：境外同业拆借					
九、境外联行往来（来源方）					
十、外汇买卖（来源方）	2754	212	8. 34	1442	109. 91
其中：结售汇					
十一、委托存款及委托投资基金（净）	－2837	－120	4. 42	61	－2. 10
1. 委托存款及委托投资基金	605707	39850	7. 04	361602	148. 13
2. 减：委托贷款及委托投资	608544	39970	7. 03	361541	146. 37
十二、代理金融机构委托贷款基金	5300			100	1. 92
其中：中央银行委托贷款基金					
十三、各项准备	167958	12319	7. 92	20285	13. 74
其中：贷款损失准备	158949	12648	8. 65	18988	13. 57
十四、所有者权益	606971	－15257	－2. 45	52905	9. 55
其中：实收资本	307694				
十五、其他	－54795	－60561	－1050. 31	－149455	－157. 89
资金来源总计	9987188	660425	7. 08	1914271	23. 71

云南省富滇银行人民币信贷收支12月月报表

项 目 \ 栏 目	本 期 余 额	比上月		比年初	
		增减	增减%	增减	增减%
一、各项贷款	4654575	95560	2.10	589947	14.51
（一）境内贷款	4654575	95560	2.10	589947	14.51
1. 短期贷款	1362287	64580	4.98	367633	36.96
（1）个人贷款及透支	491284	5658	1.17	152009	44.80
其中：个人消费贷款	69709	1519	2.23	19607	39.13
（2）单位普通贷款及透支	871003	58922	7.26	215624	32.90
其中：经营贷款	871003	58922	7.26	215624	32.90
固定资产贷款					
（3）普通并购贷款					
（4）银团贷款					
（5）贸易融资					
（6）境外筹资转贷款					
2. 中长期贷款	2690304	-20101	-0.74	33629	1.27
（1）个人贷款	692051	16323	2.42	115503	20.03
其中：个人消费贷款	468590	12456	2.73	53201	12.81
（2）单位普通贷款	1913253	-36424	-1.87	-131874	-6.45
其中：经营贷款	1258213	-10598	-0.84	-54145	-4.13
固定资产贷款	655040	-25826	-3.79	-77729	-10.61
（3）普通并购贷款					
（4）银团贷款	85000			50000	142.86
（5）贸易融资					
（6）境外筹资转贷款					
3. 融资租赁					
4. 票据融资	594743	51081	9.40	188337	46.34
其中：贴现	594743	51081	9.40	188337	46.34
5. 各项垫款	7241			348	5.05
（二）境外贷款					
二、有价证券	1654497	-21365	-1.27	54048	3.38
三、股权及其他投资	93430	-1567	-1.65	86851	1320.12
四、应收及预付款	38836	-25696	-39.82	4395	12.76
其中：应收利息	36050	-17882	-33.16	5080	16.40
五、买入返售资产	1402935	20564	1.49	528989	60.53
六、存放中央银行准备金存款	1427285	7172	0.51	12122	0.86
七、存放中央银行特种存款					
八、缴存中央银行财政性存款	14825	6779	84.25	3578	31.81
九、同业往来	641398	573356	842.65	634530	9238.93
1. 存放同业	641398	573356	842.65	634530	9238.93
其中：存放境外同业					
2. 拆放同业					
其中：拆放境外同业					
十、境外联行往来（运用方）					
十一、代理金融机构贷款	2300			100	4.55
其中：代理人行专项贷款					
十二、库存现金	52841	3879	7.92	1267	2.46
十三、外汇买卖（运用方）	1918	1829	2055.06	-1301	-40.42
其中：结售汇	1918	1829	2055.06	-1301	-40.42
十四、投资性房地产	2348	-86	-3.53	-255	-9.80
资金运用总计	9987188	660425	7.08	1914271	23.71

云南省曲靖市商业银行人民币信贷收支12月月报表

栏目 项目	本期余额	比上月		比年初	
		增减	增减%	增减	增减%
一、各项存款	1382852	182976	15.25	244761	21.51
1. 单位存款	1099199	113580	11.52	234001	27.05
其中：活期存款	893167	128589	16.82	216694	32.03
定期存款	173011	-12919	-6.95	19869	12.97
通知存款	10290	-130	-1.25	-1070	-9.42
保证金存款	22731	-1960	-7.94	-1492	-6.16
2. 个人存款	283302	69444	32.47	10468	3.84
储蓄存款	283302	69444	32.47	10468	3.84
保证金存款.					
结构性存款					
3. 临时性存款	351	-48	-12.03	292	494.92
4. 其他存款					
二、代理财政性存款	9124	-4437	-32.72	9115	101277.78
三、金融债券	12000			12000	
其中：境外发行					
四、中长期借款					
其中：境外借款					
五、应付及暂收款	33013	7179	27.79	-4185	-11.25
其中：应付利息	10105	540	5.65	-1069	-9.57
六、卖出回购资产					
七、向中央银行借款					
八、同业往来（来源方）	85195	58934	224.42	60339	242.75
1. 同业存放	85195	58934	224.42	60339	242.75
其中：境外同业存放					
2. 同业拆借					
其中：境外同业拆借					
九、境外联行往来（来源方）					
十、外汇买卖（来源方）					
其中：结售汇					
十一、委托存款及委托投资基金（净）					
1. 委托存款及委托投资基金					
2. 减：委托贷款及委托投资					
十二、代理金融机构委托贷款基金					
其中：中央银行委托贷款基金					
十三、各项准备	34384	-5090	-12.89	5281	18.15
其中：贷款损失准备	34178	-5090	-12.96	5282	18.28
十四、所有者权益	78476	8102	11.51	24715	45.97
其中：实收资本	30055			6011	25.00
十五、其他	-26163	-5391	25.95	-8955	52.04
资金来源总计	1608881	242273	17.73	343071	27.10

云南省曲靖市商业银行人民币信贷收支12月月报表

项 目 \ 栏 目	本 期 余 额	比上月		比年初	
		增减	增减%	增减	增减%
一、各项贷款	664667	7490	1.14	117078	21.38
(一) 境内贷款	664667	7490	1.14	117078	21.38
1. 短期贷款	337132	7321	2.22	24685	7.90
(1) 个人贷款及透支	183721	6023	3.39	29438	19.08
其中：个人消费贷款	4520	42	0.94	-572	-11.23
(2) 单位普通贷款及透支	153411	1298	0.85	-4753	-3.01
其中：经营贷款	132650	668	0.51	-6841	-4.90
固定资产贷款	20761	630	3.13	2088	11.18
(3) 普通并购贷款					
(4) 银团贷款					
(5) 贸易融资					
(6) 境外筹资转贷款					
2. 中长期贷款	169814	8549	5.30	28255	19.96
(1) 个人贷款	73624	1744	2.43	24787	50.75
其中：个人消费贷款	20349	220	1.09	553	2.79
(2) 单位普通贷款	96190	6805	7.61	3468	3.74
其中：经营贷款	59859	7485	14.29	11039	22.61
固定资产贷款	36331	-680	-1.84	-7571	-17.25
(3) 普通并购贷款					
(4) 银团贷款					
(5) 贸易融资					
(6) 境外筹资转贷款					
3. 融资租赁					
4. 票据融资	157721	-8380	-5.05	64138	68.54
其中：贴现	157721	-8380	-5.05	64138	68.54
5. 各项垫款					
(二) 境外贷款					
二、有价证券	64846	18589	40.19	49713	328.51
三、股权及其他投资	5795	-26837	-82.24	2891	99.55
四、应收及预付款	10463	-736	-6.57	19	0.18
其中：应收利息	5518	3315	150.48	-2304	-29.46
五、买入返售资产					
六、存放中央银行准备金存款	412598	113363	37.88	23154	5.95
七、存放中央银行特种存款					
八、缴存中央银行财政性存款					
九、同业往来	434019	122878	39.49	143575	49.43
1. 存放同业	434019	122878	39.49	143575	49.43
其中：存放境外同业					
2. 拆放同业					
其中：拆放境外同业					
十、境外联行往来（运用方）					
十一、代理金融机构贷款					
其中：代理人行专项贷款					
十二、库存现金	16493	7526	83.93	6641	67.41
十三、外汇买卖（运用方）					
其中：结售汇					
十四、投资性房地产					
资金运用总计	1608881	242273	17.73	343071	27.10

云南省玉溪市商业银行人民币信贷收支12月月报表

项目＼栏目	本期余额	比上月		比年初	
		增减	增减%	增减	增减%
一、各项存款	989338	3073	0.31	73209	7.99
1. 单位存款	770919	-21126	-2.67	11262	1.48
其中：活期存款	428906	-20511	-4.56	-19186	-4.28
定期存款	249033	4061	1.66	37024	17.46
通知存款	10128	-4400	-30.29	4118	68.52
保证金存款	42852	-276	-0.64	-10694	-19.97
2. 个人存款	111053	19537	21.35	-1162	-1.04
储蓄存款	111053	19537	21.35	-1162	-1.04
保证金存款.					
结构性存款					
3. 临时性存款	107366	4662	4.54	63109	142.60
4. 其他存款					
二、代理财政性存款	648	-1189	-64.73	-14453	-95.71
三、金融债券					
其中：境外发行					
四、中长期借款					
其中：境外借款					
五、应付及暂收款	9598	1058	12.39	2486	34.96
其中：应付利息	6077	-303	-4.75	1591	35.47
六、卖出回购资产	79690	18984	31.27	79690	
七、向中央银行借款					
八、同业往来（来源方）	36248	17077	89.08	10985	43.48
1. 同业存放	36248	17077	89.08	10985	43.48
其中：境外同业存放					
2. 同业拆借					
其中：境外同业拆借					
九、境外联行往来（来源方）					
十、外汇买卖（来源方）					
其中：结售汇					
十一、委托存款及委托投资基金（净）					
1. 委托存款及委托投资基金	18727			8427	81.82
2. 减：委托贷款及委托投资	18727			8427	81.82
十二、代理金融机构委托贷款基金					
其中：中央银行委托贷款基金					
十三、各项准备	15133	188	1.26	3761	33.07
其中：贷款损失准备	12064	-1511	-11.13	2904	31.70
十四、所有者权益	77623	3926	5.33	19365	33.24
其中：实收资本	42362	3580	9.23	10295	32.10
十五、其他	-22029	-940	4.46	-2215	11.18
资金来源总计	1186249	42177	3.69	172828	17.05

云南省玉溪市商业银行人民币信贷收支 12 月月报表

项 目 \ 栏 目	本 期 余 额	比上月		比年初	
		增减	增减%	增减	增减%
一、各项贷款	434932	7318	1.71	83605	23.80
(一) 境内贷款	434932	7318	1.71	83605	23.80
1. 短期贷款	241528	11315	4.92	47918	24.75
(1) 个人贷款及透支	29191	2424	9.06	9752	50.17
其中：个人消费贷款	2939	62	2.16	-1781	-37.73
(2) 单位普通贷款及透支	212337	8891	4.37	38166	21.91
其中：经营贷款	206614	9441	4.79	45916	28.57
固定资产贷款	5723	-550	-8.77	-7750	-57.52
(3) 普通并购贷款					
(4) 银团贷款					
(5) 贸易融资					
(6) 境外筹资转贷款					
2. 中长期贷款	187366	-3434	-1.80	38051	25.48
(1) 个人贷款	36334	-739	-1.99	9138	33.60
其中：个人消费贷款	16079	35	0.22	2855	21.59
(2) 单位普通贷款	149032	-2695	-1.78	30413	25.64
其中：经营贷款	27125	-290	-1.06	8356	44.52
固定资产贷款	121907	-2405	-1.93	22057	22.09
(3) 普通并购贷款					
(4) 银团贷款	2000			-1500	-42.86
(5) 贸易融资					
(6) 境外筹资转贷款					
3. 融资租赁					
4. 票据融资	1191	-563	-32.10	-7211	-85.82
其中：贴现	1191	-563	-32.10	-7211	-85.82
5. 各项垫款	4847			4847	
(二) 境外贷款					
二、有价证券	157405	-93317	-37.22	-47661	-23.24
三、股权及其他投资	3227	451	16.25	1146	55.07
四、应收及预付款	2831	-961	-25.34	1208	74.43
其中：应收利息	1894	-456	-19.40	315	19.95
五、买入返售资产	218967	77864	55.18	52860	31.82
六、存放中央银行准备金存款	215882	22293	11.52	22823	11.82
七、存放中央银行特种存款					
八、缴存中央银行财政性存款	3924	-9050	-69.75	-12868	-76.63
九、同业往来	144410	37582	35.18	70806	96.20
1. 存放同业	143410	37582	35.51	71006	98.07
其中：存放境外同业					
2. 拆放同业	1000			-200	-16.67
其中：拆放境外同业					
十、境外联行往来（运用方）					
十一、代理金融机构贷款					
其中：代理人行专项贷款					
十二、库存现金	4671	-3	-0.06	909	24.16
十三、外汇买卖（运用方）					
其中：结售汇					
十四、投资性房地产					
资金运用总计	1186249	42177	3.69	172828	17.05

云南省农村信用合作社人民币信贷收支12月月报表

栏目 项目	本期余额	比上月		比年初	
		增减	增减%	增减	增减%
一、各项存款	35693718	1369897	3.99	7158940	25.09
1. 单位存款	11915072	673293	5.99	2532976	27.00
其中：活期存款	10651237	605380	6.03	2175727	25.67
定期存款	967883	69604	7.75	300440	45.01
通知存款	66142	-1258	-1.87	17293	35.40
保证金存款	104059	23630	29.38	48961	88.86
2. 个人存款	23739912	705642	3.06	4613594	24.12
储蓄存款	23739912	705642	3.06	4613594	24.12
保证金存款.					
结构性存款					
3. 临时性存款	38734	-9038	-18.92	12370	46.92
4. 其他存款					
二、代理财政性存款	58100	-4261	-6.83	18848	48.02
三、金融债券					
其中：境外发行					
四、中长期借款	62422	62400	283636.36	62400	283636.36
其中：境外借款					
五、应付及暂收款	928266	131624	16.52	241688	35.20
其中：应付利息	614064	6149	1.01	168774	37.90
六、卖出回购资产	668467	668467		194322	40.98
七、向中央银行借款	315534	-18308	-5.48	-98419	-23.78
八、同业往来（来源方）	63714	-2284	-3.46	29221	84.72
1. 同业存放	5203	-2284	-30.51	-2879	-35.62
其中：境外同业存放					
2. 同业拆借	58511			32100	121.54
其中：境外同业拆借					
九、境外联行往来（来源方）					
十、外汇买卖（来源方）					
其中：结售汇					
十一、委托存款及委托投资基金（净）	37046	18812	103.17	-6267	-14.47
1. 委托存款及委托投资基金	6073906	1756283	40.68	1805381	42.30
2. 减：委托贷款及委托投资	6036860	1737471	40.41	1811648	42.88
十二、代理金融机构委托贷款基金	234			-4	-1.68
其中：中央银行委托贷款基金					
十三、各项准备	996534	49405	5.22	132870	15.38
其中：贷款损失准备	990082	50763	5.40	136000	15.92
十四、所有者权益	2367926	-53892	-2.23	749406	46.30
其中：实收资本	1008124	17372	1.75	339118	50.69
十五、其他	321433	-331673	-50.78	111666	53.23
资金来源总计	41513394	1890187	4.77	8594671	26.11

云南省农村信用合作社人民币信贷收支12月月报表

栏目 项目	本期余额	比上月		比年初	
		增减	增减%	增减	增减%
一、各项贷款	20817235	111956	0.54	3367220	19.30
(一)境内贷款	20817235	111956	0.54	3367220	19.30
1. 短期贷款	7369700	104091	1.43	1481229	25.15
(1)个人贷款及透支	4410629	-33875	-0.76	732707	19.92
其中:个人消费贷款	429250	-1811	-0.42	199425	86.77
(2)单位普通贷款及透支	2959071	137966	4.89	748522	33.86
其中:经营贷款	2925783	136558	4.90	762269	35.23
固定资产贷款	33288	1408	4.42	-13747	-29.23
(3)普通并购贷款					
(4)银团贷款					
(5)贸易融资					
(6)境外筹资转贷款					
2. 中长期贷款	13397372	24507	0.18	1884647	16.37
(1)个人贷款	7685233	-9209	-0.12	1252550	19.47
其中:个人消费贷款	2166839	-4909	-0.23	502198	30.17
(2)单位普通贷款	5712139	33716	0.59	658097	13.02
其中:经营贷款	3876591	30910	0.80	-8393	-0.22
固定资产贷款	1835548	2806	0.15	666490	57.01
(3)普通并购贷款					
(4)银团贷款				-26000	-100.00
(5)贸易融资					
(6)境外筹资转贷款					
3. 融资租赁					
4. 票据融资	50163	-16642	-24.91	1344	2.75
其中:贴现	50163	-16642	-24.91	1344	2.75
5. 各项垫款					
(二)境外贷款					
二、有价证券	646191	100831	18.49	163069	33.75
三、股权及其他投资	14815	7600	105.34	7600	105.34
四、应收及预付款	203425	-129729	-38.94	109720	117.09
其中:应收利息	112064	-154163	-57.91	39300	54.01
五、买入返售资产	191629	-133556	-41.07	47654	33.10
六、存放中央银行准备金存款	10815274	4392163	68.38	1907271	21.41
七、存放中央银行特种存款					
八、缴存中央银行财政性存款	96564	8610	9.79	37180	62.61
九、同业往来	8080299	-2506751	-23.68	2823274	53.70
1. 存放同业	8076980	-2506751	-23.68	2866174	55.00
其中:存放境外同业					
2. 拆放同业	3319			-42900	-92.82
其中:拆放境外同业					
十、境外联行往来(运用方)					
十一、代理金融机构贷款	277			-4	-1.42
其中:代理人行专项贷款					
十二、库存现金	647685	39063	6.42	131687	25.52
十三、外汇买卖(运用方)					
其中:结售汇					
十四、投资性房地产					
资金运用总计	41513394	1890187	4.77	8594671	26.11

云南省农村合作银行人民币信贷收支12月月报表

项目 \ 栏目	本期余额	比上月		比年初	
		增减	增减%	增减	增减%
一、各项存款	3889190	157344	4.22	753855	24.04
1. 单位存款	1466135	103409	7.59	281664	23.78
其中：活期存款	1091272	91930	9.20	201478	22.64
定期存款	260444	15504	6.33	79789	44.17
通知存款	18852	2842	17.75	-16648	-46.90
保证金存款	21615	-816	-3.64	6532	43.31
2. 个人存款	2412748	44441	1.88	461983	23.68
储蓄存款	2412748	44441	1.88	461983	23.68
保证金存款					
结构性存款					
3. 临时性存款	10307	9494	1167.77	10208	10311.11
4. 其他存款					
二、代理财政性存款	15441	5203	50.82	-1724	-10.04
三、金融债券					
其中：境外发行					
四、中长期借款					
其中：境外借款					
五、应付及暂收款	106294	16908	18.92	29347	38.14
其中：应付利息	71380	40	0.06	21644	43.52
六、卖出回购资产	42540	2540	6.35	42540	
七、向中央银行借款	20000			-23300	-53.81
八、同业往来（来源方）	31066	27990	909.95	-8935	-22.34
1. 同业存放	31066	27990	909.95	31065	3106500.00
其中：境外同业存放					
2. 同业拆借				-40000	-100.00
其中：境外同业拆借					
九、境外联行往来（来源方）					
十、外汇买卖（来源方）					
其中：结售汇					
十一、委托存款及委托投资基金（净）	3648	2527	225.42	2720	293.10
1. 委托存款及委托投资基金	20360	1527	8.11	4720	30.18
2. 减：委托贷款及委托投资	16712	-1000	-5.65	2000	13.59
十二、代理金融机构委托贷款基金					
其中：中央银行委托贷款基金					
十三、各项准备	78801	-1560	-1.94	9003	12.90
其中：贷款损失准备	77207	-1555	-1.97	8960	13.13
十四、所有者权益	288023	-1082	-0.37	93494	48.06
其中：实收资本	136063	6000	4.61	58743	75.97
十五、其他	-1113802	-69522	6.66	-325483	41.29
资金来源总计	3361201	140348	4.36	571517	20.49

云南省农村合作银行人民币信贷收支12月月报表

项目 \ 栏目	本期余额	比上月		比年初	
		增减	增减%	增减	增减%
一、各项贷款	2334074	30125	1.31	318922	15.83
(一) 境内贷款	2334074	30125	1.31	318922	15.83
1. 短期贷款	959296	36294	3.93	179303	22.99
(1) 个人贷款及透支	438280	3315	0.76	71573	19.52
其中：个人消费贷款	55957	1063	1.94	29113	108.45
(2) 单位普通贷款及透支	521016	32979	6.76	107730	26.07
其中：经营贷款	503911	33979	7.23	101770	25.31
固定资产贷款	17105	-1000	-5.52	5960	53.48
(3) 普通并购贷款					
(4) 银团贷款					
(5) 贸易融资					
(6) 境外筹资转贷款					
2. 中长期贷款	1373188	-6214	-0.45	145637	11.86
(1) 个人贷款	328614	-5740	-1.72	14269	4.54
其中：个人消费贷款	159453	-1853	-1.15	7435	4.89
(2) 单位普通贷款	1044574	-474	-0.05	135368	14.89
其中：经营贷款	784457	3579	0.46	73730	10.37
固定资产贷款	260117	-4053	-1.53	61638	31.06
(3) 普通并购贷款					
(4) 银团贷款				-4000	-100.00
(5) 贸易融资					
(6) 境外筹资转贷款					
3. 融资租赁					
4. 票据融资	1590	45	2.91	-6018	-79.10
其中：贴现	1590	45	2.91	-6018	-79.10
5. 各项垫款					
(二) 境外贷款					
二、有价证券	118118	-62000	-34.42	64118	118.74
三、股权及其他投资	1750	1100	169.23	1100	169.23
四、应收及预付款	23486	-20154	-46.18	9443	67.24
其中：应收利息	11994	-20933	-63.57	4725	65.00
五、买入返售资产					
六、存放中央银行准备金存款	773601	203337	35.66	150858	24.22
七、存放中央银行特种存款					
八、缴存中央银行财政性存款	22526	3420	17.90	14579	183.45
九、同业往来	41599	-20166	-32.65	6872	19.79
1. 存放同业	41059	-20166	-32.94	6872	20.10
其中：存放境外同业					
2. 拆放同业	540				
其中：拆放境外同业					
十、境外联行往来（运用方）					
十一、代理金融机构贷款					
其中：代理人行专项贷款					
十二、库存现金	46047	4686	11.33	5625	13.92
十三、外汇买卖（运用方）					
其中：结售汇					
十四、投资性房地产					
资金运用总计	3361201	140348	4.36	571517	20.49

云南省邮政储蓄银行人民币信贷收支12月月报表

栏目 / 项目	本期余额	比上月		比年初	
		增减	增减%	增减	增减%
一、各项存款	5170719	108986	2.15	705908	15.81
1. 单位存款	472689	-15700	-3.21	73404	18.38
其中：活期存款	325992	-6836	-2.05	6202	1.94
定期存款	122408	1280	1.06	43413	54.96
通知存款	10000	-10300	-50.74	9700	3233.33
保证金存款	14289	156	1.11	14089	7044.17
2. 个人存款	4697845	125402	2.74	632996	15.57
储蓄存款	4697845	125402	2.74	632996	15.57
保证金存款					
结构性存款					
3. 临时性存款		-663	-100.00		
4. 其他存款	184	-53	-22.42	-492	-72.78
二、代理财政性存款					
三、金融债券					
其中：境外发行					
四、中长期借款					
其中：境外借款					
五、应付及暂收款	95478	-44970	-32.02	22706	31.20
其中：应付利息	68100	-1725	-2.47	17319	34.10
六、卖出回购资产		-105673	-100.00	-93493	-100.00
七、向中央银行借款					
八、同业往来（来源方）	737	13	1.85	572	345.16
1. 同业存放	737	13	1.85	572	345.16
其中：境外同业存放					
2. 同业拆借					
其中：境外同业拆借					
九、境外联行往来（来源方）					
十、外汇买卖（来源方）					
其中：结售汇					
十一、委托存款及委托投资基金（净）					
1. 委托存款及委托投资基金	122038	7525	6.57	40430	49.54
2. 减：委托贷款及委托投资	122038	7525	6.57	40430	49.54
十二、代理金融机构委托贷款基金					
其中：中央银行委托贷款基金					
十三、各项准备	17222	2388	16.10	6950	67.66
其中：贷款损失准备	17222	2388	16.10	6950	67.66
十四、所有者权益	-2948	-4936	-248.31	7901	-72.83
其中：实收资本					
十五、其他	-3440356	-72493	2.15	186825	-5.15
资金来源总计	1840853	-116685	-5.96	837368	83.45

云南省邮政储蓄银行人民币信贷收支 12 月月报表

栏目 项目	本期余额	比上月		比年初	
		增减	增减%	增减	增减%
一、各项贷款	935382	41511	4.64	399112	74.42
（一）境内贷款	935382	41511	4.64	399112	74.42
1. 短期贷款	476036	26784	5.96	248798	109.49
（1）个人贷款及透支	113852	-4556	-3.85	-874	-0.76
其中：个人消费贷款	345	-32	-8.60	68	24.68
（2）单位普通贷款及透支	358684	31340	9.57	246172	218.80
其中：经营贷款	358684	32691	10.03	247493	222.58
固定资产贷款					
（3）普通并购贷款					
（4）银团贷款					
（5）贸易融资	3500			3500	
（6）境外筹资转贷款					
2. 中长期贷款	430375	5090	1.20	170348	65.51
（1）个人贷款	415500	9785	2.41	162791	64.42
其中：个人消费贷款	100305	2057	2.09	6388	6.80
（2）单位普通贷款	14874	-4695	-23.99	7556	103.25
其中：经营贷款	10000	-5000	-33.33	4000	66.67
固定资产贷款	4874	305	6.67	3556	269.79
（3）普通并购贷款					
（4）银团贷款					
（5）贸易融资					
（6）境外筹资转贷款					
3. 融资租赁					
4. 票据融资	28971	9637	49.84	-20034	-40.88
其中：贴现	28971	9637	49.84	-20034	-40.88
5. 各项垫款					
（二）境外贷款					
二、有价证券					
三、股权及其他投资					
四、应收及预付款	28834	-2437	-7.79	3863	15.47
其中：应收利息	26349	-1985	-7.01	3597	15.81
五、买入返售资产	810126	-144278	-15.12	419820	107.56
六、存放中央银行准备金存款	1693	-56	-3.21	327	23.97
七、存放中央银行特种存款					
八、缴存中央银行财政性存款	8	6	294.74	8	
九、同业往来	10665	-3460	-24.49	3897	57.57
1. 存放同业	10665	-3460	-24.49	3897	57.57
其中：存放境外同业					
2. 拆放同业					
其中：拆放境外同业					
十、境外联行往来（运用方）					
十一、代理金融机构贷款					
其中：代理人行专项贷款					
十二、库存现金	54146	-7970	-12.83	10342	23.61
十三、外汇买卖（运用方）					
其中：结售汇					
十四、投资性房地产					
资金运用总计	1840853	-116685	-5.96	837368	83.45

云南省村镇银行人民币信贷收支 12 月月报表

项目 \ 栏目	本期余额	比上月		比年初	
		增减	增减%	增减	增减%
一、各项存款	658694	60068	10.03	327092	98.64
1. 单位存款	489694	23948	5.14	256067	109.61
其中：活期存款	396562	5251	1.34	195696	97.43
定期存款	71814	14222	24.69	50216	232.51
通知存款	9030	1250	16.07	5530	158.00
保证金存款	12288	3225	35.59	7488	156.03
2. 个人存款	168864	36382	27.46	70909	72.39
储蓄存款	168309	36382	27.58	71747	74.30
保证金存款.	555			-838	-60.16
结构性存款					
3. 临时性存款	136	-262	-65.78	116	562.40
4. 其他存款					
二、代理财政性存款	4262	-7942	-65.08	3845	922.68
三、金融债券					
其中：境外发行					
四、中长期借款					
其中：境外借款					
五、应付及暂收款	5125	1909	59.35	2807	121.06
其中：应付利息	1583	-170	-9.72	841	113.30
六、卖出回购资产					
七、向中央银行借款	26000	6000	30.00	8500	48.57
八、同业往来（来源方）	16001	-8056	-33.49	-10999	-40.74
1. 同业存放	16001	-8056	-33.49	-10999	-40.74
其中：境外同业存放					
2. 同业拆借					
其中：境外同业拆借					
九、境外联行往来（来源方）					
十、外汇买卖（来源方）					
其中：结售汇					
十一、委托存款及委托投资基金（净）					
1. 委托存款及委托投资基金	4000	-5700	-58.76	-3000	-42.86
2. 减：委托贷款及委托投资	4000	-5700	-58.76	-3000	-42.86
十二、代理金融机构委托贷款基金					
其中：中央银行委托贷款基金					
十三、各项准备	6732	2308	52.17	4320	179.15
其中：贷款损失准备	6732	2308	52.17	4320	179.15
十四、所有者权益	133271	8955	7.20	82744	163.76
其中：实收资本	125130	9707	8.41	81207	184.88
十五、其他	-8597	5090	-37.19	-4598	114.97
资金来源总计	841489	68331	8.84	413711	96.71

云南省村镇银行人民币信贷收支 12 月月报表

项　目 \ 栏　目	本期余额	比上月		比年初	
		增减	增减%	增减	增减%
一、各项贷款	410587	26469	6.89	170462	70.99
（一）境内贷款	410587	26469	6.89	170462	70.99
1. 短期贷款	294006	26240	9.80	140009	90.92
（1）个人贷款及透支	154101	13150	9.33	66833	76.58
其中：个人消费贷款	20338	-6790	-25.03	-4496	-18.10
（2）单位普通贷款及透支	139905	13090	10.32	73176	109.66
其中：经营贷款	139655	13090	10.34	73426	110.87
固定资产贷款	250			-250	-50.00
（3）普通并购贷款					
（4）银团贷款					
（5）贸易融资					
（6）境外筹资转贷款					
2. 中长期贷款	113872	-259	-0.23	29544	35.03
（1）个人贷款	69861	105	0.15	18728	36.63
其中：个人消费贷款	34835	297	0.86	11211	47.46
（2）单位普通贷款	43510	-364	-0.83	11316	35.15
其中：经营贷款	30395	1276	4.38	13441	79.27
固定资产贷款	13115	-1640	-11.11	-2125	-13.94
（3）普通并购贷款					
（4）银团贷款	500			-500	-50.00
（5）贸易融资					
（6）境外筹资转贷款					
3. 融资租赁					
4. 票据融资	2709	488	21.97	909	50.50
其中：贴现	2709	488	21.97	909	50.50
5. 各项垫款					
（二）境外贷款					
二、有价证券					
三、股权及其他投资					
四、应收及预付款	4040	-1204	-22.96	27	0.67
其中：应收利息	1267	-410	-24.44	714	129.33
五、买入返售资产					
六、存放中央银行准备金存款	138402	40424	41.26	67798	96.03
七、存放中央银行特种存款					
八、缴存中央银行财政性存款	895	-320	-26.36	495	124.01
九、同业往来	281179	1817	0.65	172220	158.06
1. 存放同业	281179	1817	0.65	172220	158.06
其中：存放境外同业					
2. 拆放同业					
其中：拆放境外同业					
十、境外联行往来（运用方）					
十一、代理金融机构贷款					
其中：代理人行专项贷款					
十二、库存现金	6387	1146	21.87	2709	73.67
十三、外汇买卖（运用方）					
其中：结售汇					
十四、投资性房地产					
资金运用总计	841489	68331	8.84	413711	96.71

云南省外资银行人民币信贷收支 12 月月报表

项目 \ 栏目	本期余额	比上月		比年初	
		增减	增减%	增减	增减%
一、各项存款	118399	-14739	-11.07	44034	59.21
1. 单位存款	87651	-33372	-27.57	24941	39.77
其中：活期存款	58481	-26699	-31.34	25090	75.14
定期存款	29170	-6672	-18.62	-148	-0.51
通知存款					
保证金存款					
2. 个人存款	30748	18633	153.80	19093	163.82
储蓄存款	30748	18633	153.80	19093	163.82
保证金存款.					
结构性存款					
3. 临时性存款					
4. 其他存款					
二、代理财政性存款					
三、金融债券					
其中：境外发行					
四、中长期借款					
其中：境外借款					
五、应付及暂收款	2416	106	4.60	-39	-1.57
其中：应付利息	1046	-97	-8.47	-130	-11.08
六、卖出回购资产					
七、向中央银行借款					
八、同业往来（来源方）	23048	5000	27.71	23048	
1. 同业存放	23048	5000	27.71	23048	
其中：境外同业存放					
2. 同业拆借					
其中：境外同业拆借					
九、境外联行往来（来源方）					
十、外汇买卖（来源方）					
其中：结售汇					
十一、委托存款及委托投资基金（净）					
1. 委托存款及委托投资基金					
2. 减：委托贷款及委托投资					
十二、代理金融机构委托贷款基金					
其中：中央银行委托贷款基金					
十三、各项准备	195	99	102.64	158	427.79
其中：贷款损失准备	195	99	102.64	158	427.79
十四、所有者权益	31810	131	0.41	12972	68.86
其中：实收资本	30000			10000	50.00
十五、其他	57639	10110	21.27	-12329	-17.62
资金来源总计	233506	708	0.30	67844	40.95

云南省外资银行人民币信贷收支12月月报表

项 目 \ 栏 目	本 期 余 额	比上月		比年初	
		增减	增减%	增减	增减%
一、各项贷款	216474	-289	-0.13	63588	41.59
（一）境内贷款	216474	-289	-0.13	63591	41.59
1. 短期贷款	162285	6588	4.23	43173	36.25
（1）个人贷款及透支	12	1	8.15	-46	-79.02
其中：个人消费贷款	12	1	8.15	-46	-79.02
（2）单位普通贷款及透支	162273	6587	4.23	43219	36.30
其中：经营贷款	162273	6587	4.23	43219	36.30
固定资产贷款					
（3）普通并购贷款					
（4）银团贷款					
（5）贸易融资					
（6）境外筹资转贷款					
2. 中长期贷款	52683	-5660	-9.70	27653	110.48
（1）个人贷款					
其中：个人消费贷款					
（2）单位普通贷款	52683	-5660	-9.70	27653	110.48
其中：经营贷款					
固定资产贷款	52683	-5660	-9.70	27653	110.48
（3）普通并购贷款					
（4）银团贷款					
（5）贸易融资					
（6）境外筹资转贷款					
3. 融资租赁					
4. 票据融资	1505	-1218	-44.73	-7235	-82.78
其中：贴现	1505	-1218	-44.73	-7235	-82.78
5. 各项垫款					
（二）境外贷款	0			-2	-84.54
二、有价证券					
三、股权及其他投资					
四、应收及预付款	4298	639	17.48	2283	113.37
其中：应收利息	4175	633	17.87	2197	111.05
五、买入返售资产					
六、存放中央银行准备金存款	9580	-2124	-18.15	1366	16.63
七、存放中央银行特种存款					
八、缴存中央银行财政性存款					
九、同业往来	2614	2209	546.29	357	15.80
1. 存放同业	2614	2209	546.29	357	15.80
其中：存放境外同业					
2. 拆放同业					
其中：拆放境外同业					
十、境外联行往来（运用方）					
十一、代理金融机构贷款					
其中：代理人行专项贷款					
十二、库存现金	541	273	101.61	249	85.56
十三、外汇买卖（运用方）					
其中：结售汇					
十四、投资性房地产					
资金运用总计	233506	708	0.30	67844	40.95

云南省恒生银行人民币信贷收支12月月报表

项目 \ 栏目	本期余额	比上月		比年初	
		增减	增减%	增减	增减%
一、各项存款	31849	4980	18.53	-15697	-33.01
1. 单位存款	21775	4918	29.18	-14254	-39.56
其中：活期存款	8724	4918	129.25	2014	30.01
定期存款	13051			-16267	-55.48
通知存款					
保证金存款					
2. 个人存款	10074	62	0.61	-1443	-12.53
储蓄存款	10074	62	0.61	-1443	-12.53
保证金存款.					
结构性存款					
3. 临时性存款					
4. 其他存款					
二、代理财政性存款					
三、金融债券					
其中：境外发行					
四、中长期借款					
其中：境外借款					
五、应付及暂收款	738	-94	-11.28	-1323	-64.21
其中：应付利息	605	-169	-21.79	-566	-48.33
六、卖出回购资产					
七、向中央银行借款					
八、同业往来（来源方）					
1. 同业存放					
其中：境外同业存放					
2. 同业拆借					
其中：境外同业拆借					
九、境外联行往来（来源方）					
十、外汇买卖（来源方）					
其中：结售汇					
十一、委托存款及委托投资基金（净）					
1. 委托存款及委托投资基金					
2. 减：委托贷款及委托投资					
十二、代理金融机构委托贷款基金					
其中：中央银行委托贷款基金					
十三、各项准备					
其中：贷款损失准备					
十四、所有者权益	9490	14	0.15	524	5.85
其中：实收资本	10000				
十五、其他	6970	-14340	-67.29	-16303	-70.05
资金来源总计	49047	-9440	-16.14	-32799	-40.07

云南省恒生银行人民币信贷收支12月月报表

项目 \ 栏目	本期余额	比上月		比年初	
		增减	增减%	增减	增减%
一、各项贷款	44521	-9030	-16.86	-28870	-39.34
(一) 境内贷款	44520	-9030	-16.86	-28868	-39.34
1. 短期贷款	27971	2588	10.20	-11647	-29.40
(1) 个人贷款及透支	12	1	8.15	-46	-79.02
其中：个人消费贷款	12	1	8.15	-46	-79.02
(2) 单位普通贷款及透支	27959	2587	10.20	-11601	-29.33
其中：经营贷款	27959	2587	10.20	-11601	-29.33
固定资产贷款					
(3) 普通并购贷款					
(4) 银团贷款					
(5) 贸易融资					
(6) 境外筹资转贷款					
2. 中长期贷款	16549	-11618	-41.25	-8481	-33.88
(1) 个人贷款					
其中：个人消费贷款					
(2) 单位普通贷款	16549	-11618	-41.25	-8481	-33.88
其中：经营贷款					
固定资产贷款	16549	-11618	-41.25	-8481	-33.88
(3) 普通并购贷款					
(4) 银团贷款					
(5) 贸易融资					
(6) 境外筹资转贷款					
3. 融资租赁					
4. 票据融资				-8740	-100.00
其中：贴现				-8740	-100.00
5. 各项垫款					
(二) 境外贷款	0			-2	-84.54
二、有价证券					
三、股权及其他投资					
四、应收及预付款	801	-261	-24.55	-463	-36.63
其中：应收利息	729	-262	-26.47	-500	-40.65
五、买入返售资产					
六、存放中央银行准备金存款	3552	-190	-5.08	-3348	-48.52
七、存放中央银行特种存款					
八、缴存中央银行财政性存款					
九、同业往来					
1. 存放同业					
其中：存放境外同业					
2. 拆放同业					
其中：拆放境外同业					
十、境外联行往来（运用方）					
十一、代理金融机构贷款					
其中：代理人行专项贷款					
十二、库存现金	174	41	31.14	-118	-40.43
十三、外汇买卖（运用方）					
其中：结售汇					
十四、投资性房地产					
资金运用总计	49047	-9440	-16.14	-32799	-40.07

云南省中资财务公司人民币信贷收支12月月报表

项目＼栏目	本期余额	比上月		比年初	
		增减	增减%	增减	增减%
一、各项存款	384302	-41784	-9.81	-54258	-12.37
1. 单位存款	384302	-41784	-9.81	-54258	-12.37
其中：活期存款	246128	-869	-0.35	44815	22.26
定期存款	6300	-40600	-86.57	-75800	-92.33
通知存款	82650	41600	101.34	-8730	-9.55
保证金存款	122	-1247	-91.09	122	
2. 个人存款					
储蓄存款					
保证金存款.					
结构性存款					
3. 临时性存款					
4. 其他存款					
二、代理财政性存款					
三、金融债券					
其中：境外发行					
四、中长期借款					
其中：境外借款					
五、应付及暂收款	3033	-640	-17.43	368	13.83
其中：应付利息	130	-741	-85.09	-334	-72.02
六、卖出回购资产	35000	-16500	-32.04	-19000	-35.19
七、向中央银行借款					
八、同业往来（来源方）					
1. 同业存放					
其中：境外同业存放					
2. 同业拆借					
其中：境外同业拆借					
九、境外联行往来（来源方）					
十、外汇买卖（来源方）					
其中：结售汇					
十一、委托存款及委托投资基金（净）					
1. 委托存款及委托投资基金	38300	18300	91.50	-1700	-4.25
2. 减：委托贷款及委托投资	38300	18300	91.50	-1700	-4.25
十二、代理金融机构委托贷款基金					
其中：中央银行委托贷款基金					
十三、各项准备	2210	236	11.96	42	1.93
其中：贷款损失准备	2210	236	11.96	42	1.93
十四、所有者权益	55610	16	0.03	1256	2.31
其中：实收资本	50000				
十五、其他	138273	-36548	-20.91	-6896	-4.75
资金来源总计	618427	-95220	-13.34	-78487	-11.26

云南省中资财务公司人民币信贷收支12月月报表

项目 \ 栏目	本期余额	比上月		比年初	
		增减	增减%	增减	增减%
一、各项贷款	486880	-18200	-3.60	-41267	-7.81
(一) 境内贷款	486880	-18200	-3.60	-41267	-7.81
1. 短期贷款	78400	-11400	-12.69	-53300	-40.47
(1) 个人贷款及透支					
其中：个人消费贷款					
(2) 单位普通贷款及透支	78400	-11400	-12.69	-53300	-40.47
其中：经营贷款	78400	-11400	-12.69	-53300	-40.47
固定资产贷款					
(3) 普通并购贷款					
(4) 银团贷款					
(5) 贸易融资					
(6) 境外筹资转贷款					
2. 中长期贷款	366541	-500	-0.14	-14049	-3.69
(1) 个人贷款					
其中：个人消费贷款					
(2) 单位普通贷款	366541	-500	-0.14	-14049	-3.69
其中：经营贷款	4500			-10500	-70.00
固定资产贷款	362041	-500	-0.14	-3549	-0.97
(3) 普通并购贷款					
(4) 银团贷款					
(5) 贸易融资					
(6) 境外筹资转贷款					
3. 融资租赁					
4. 票据融资	41939	-6300	-13.06	26082	164.49
其中：贴现	41939	-6300	-13.06	26082	164.49
5. 各项垫款					
(二) 境外贷款					
二、有价证券					
三、股权及其他投资					
四、应收及预付款	1381	-4638	-77.06	749	118.56
其中：应收利息	255	-5177	-95.31	-110	-30.12
五、买入返售资产					
六、存放中央银行准备金存款	24594	-8868	-26.50	-18643	-43.12
七、存放中央银行特种存款					
八、缴存中央银行财政性存款					
九、同业往来	105572	-63514	-37.56	-19327	-15.47
1. 存放同业	105572	-63514	-37.56	-19327	-15.47
其中：存放境外同业					
2. 拆放同业					
其中：拆放境外同业					
十、境外联行往来（运用方）					
十一、代理金融机构贷款					
其中：代理人行专项贷款					
十二、库存现金					
十三、外汇买卖（运用方）					
其中：结售汇					
十四、投资性房地产					
资金运用总计	618427	-95220	-13.34	-78487	-11.26

云南省信托投资公司人民币信贷收支12月月报表

栏目 / 项目	本期余额	比上月		比年初	
		增减	增减%	增减	增减%
一、各项存款					
1. 单位存款					
其中：活期存款					
定期存款					
通知存款					
保证金存款					
2. 个人存款					
储蓄存款					
保证金存款.					
结构性存款					
3. 临时性存款					
4. 其他存款					
二、代理财政性存款					
三、金融债券					
其中：境外发行					
四、中长期借款					
其中：境外借款					
五、应付及暂收款	11688	7958	213.35	1525	15.01
其中：应付利息					
六、卖出回购资产					
七、向中央银行借款					
八、同业往来（来源方）					
1. 同业存放					
其中：境外同业存放					
2. 同业拆借					
其中：境外同业拆借					
九、境外联行往来（来源方）					
十、外汇买卖（来源方）					
其中：结售汇					
十一、委托存款及委托投资基金（净）					
1. 委托存款及委托投资基金					
2. 减：委托贷款及委托投资					
十二、代理金融机构委托贷款基金					
其中：中央银行委托贷款基金					
十三、各项准备					
其中：贷款损失准备					
十四、所有者权益	116093	6131	5.58	15389	15.28
其中：实收资本	40000				
十五、其他	-37291	-21044	129.53	-23893	178.33
资金来源总计	90490	-6955	-7.14	-6979	-7.16

云南省信托投资公司人民币信贷收支12月月报表

栏目 项目	本期余额	比上月		比年初	
		增减	增减%	增减	增减%
一、各项贷款					
（一）境内贷款					
1. 短期贷款					
（1）个人贷款及透支					
其中：个人消费贷款					
（2）单位普通贷款及透支					
其中：经营贷款					
固定资产贷款					
（3）普通并购贷款					
（4）银团贷款					
（5）贸易融资					
（6）境外筹资转贷款					
2. 中长期贷款					
（1）个人贷款					
其中：个人消费贷款					
（2）单位普通贷款					
其中：经营贷款					
固定资产贷款					
（3）普通并购贷款					
（4）银团贷款					
（5）贸易融资					
（6）境外筹资转贷款					
3. 融资租赁					
4. 票据融资					
其中：贴现					
5. 各项垫款					
（二）境外贷款					
二、有价证券	694	368	112.88	-10334	-93.71
三、股权及其他投资		-10000	-100.00		
四、应收及预付款	1012	-1179	-53.81	440	76.92
其中：应收利息					
五、买入返售资产					
六、存放中央银行准备金存款					
七、存放中央银行特种存款					
八、缴存中央银行财政性存款					
九、同业往来	88781	3854	4.54	2912	3.39
1. 存放同业	88781	3854	4.54	2912	3.39
其中：存放境外同业					
2. 拆放同业					
其中：拆放境外同业					
十、境外联行往来（运用方）					
十一、代理金融机构贷款					
其中：代理人行专项贷款					
十二、库存现金	3	2	200.00	3	
十三、外汇买卖（运用方）					
其中：结售汇					
十四、投资性房地产					
资金运用总计	90490	-6955	-7.14	-6979	-7.16

云南省合作机构人民币信贷收支 12 月月报表

栏目 项目	本期 余额	比上月		比年初	
		增减	增减%	增减	增减%
一、各项存款	39582908	1527241	4.01	7912795	24.99
1. 单位存款	13381207	776702	6.16	2814640	26.64
其中：活期存款	11742509	697310	6.31	2377205	25.38
定期存款	1228327	85108	7.44	380229	44.83
通知存款	84994	1584	1.90	645	0.76
保证金存款	125674	22814	22.18	55493	79.07
2. 个人存款	26152660	750083	2.95	5075577	24.08
储蓄存款	26152660	750083	2.95	5075577	24.08
保证金存款.					
结构性存款					
3. 临时性存款	49041	456	0.94	22578	85.32
4. 其他存款					
二、代理财政性存款	73541	942	1.30	17124	30.35
三、金融债券					
其中：境外发行					
四、中长期借款	62422	62400	283636.36	62400	283636.36
其中：境外借款					
五、应付及暂收款	1034560	148532	16.76	271035	35.50
其中：应付利息	685444	6189	0.91	190418	38.47
六、卖出回购资产	711007	671007	1677.52	236862	49.96
七、向中央银行借款	335534	-18308	-5.17	-121719	-26.62
八、同业往来（来源方）	94780	25706	37.22	20286	27.23
1. 同业存放	36269	25706	243.36	28186	348.71
其中：境外同业存放					
2. 同业拆借	58511			-7900	-11.90
其中：境外同业拆借					
九、境外联行往来（来源方）					
十、外汇买卖（来源方）					
其中：结售汇					
十一、委托存款及委托投资基金（净）	40694	21339	110.25	-3547	-8.02
1. 委托存款及委托投资基金	6094266	1757810	40.54	1810101	42.25
2. 减：委托贷款及委托投资	6053572	1736471	40.22	1813648	42.78
十二、代理金融机构委托贷款基金	234			-4	-1.68
其中：中央银行委托贷款基金					
十三、各项准备	1075335	47845	4.66	141873	15.20
其中：贷款损失准备	1067289	49208	4.83	144960	15.72
十四、所有者权益	2655949	-54974	-2.03	842900	46.49
其中：实收资本	1144187	23372	2.09	397861	53.31
十五、其他	-792369	-401195	102.56	-213817	36.96
资金来源总计	44874595	2030535	4.74	9166188	25.67

云南省合作机构人民币信贷收支12月月报表

项目 \ 栏目	本期余额	比上月		比年初	
		增减	增减%	增减	增减%
一、各项贷款	23151309	142081	0.62	3686142	18.94
(一)境内贷款	23151309	142081	0.62	3686142	18.94
1. 短期贷款	8328996	140385	1.71	1660532	24.90
(1)个人贷款及透支	4848909	-30560	-0.63	804280	19.89
其中:个人消费贷款	485207	-748	-0.15	228538	89.04
(2)单位普通贷款及透支	3480087	170945	5.17	856252	32.63
其中:经营贷款	3429694	170537	5.23	864039	33.68
固定资产贷款	50393	408	0.82	-7787	-13.38
(3)普通并购贷款					
(4)银团贷款					
(5)贸易融资					
(6)境外筹资转贷款					
2. 中长期贷款	14770560	18293	0.12	2030284	15.94
(1)个人贷款	8013847	-14949	-0.19	1266819	18.78
其中:个人消费贷款	2326292	-6762	-0.29	509633	28.05
(2)单位普通贷款	6756713	33242	0.49	793465	13.31
其中:经营贷款	4661048	34489	0.75	65337	1.42
固定资产贷款	2095665	-1247	-0.06	728128	53.24
(3)普通并购贷款					
(4)银团贷款				-30000	-100.00
(5)贸易融资					
(6)境外筹资转贷款					
3. 融资租赁					
4. 票据融资	51753	-16597	-24.28	-4674	-8.28
其中:贴现	51753	-16597	-24.28	-4674	-8.28
5. 各项垫款					
(二)境外贷款					
二、有价证券	764309	38831	5.35	227187	42.30
三、股权及其他投资	16565	8700	110.62	8700	110.62
四、应收及预付款	226911	-149883	-39.78	119163	110.59
其中:应收利息	124058	-175096	-58.53	44025	55.01
五、买入返售资产	191629	-133556	-41.07	47654	33.10
六、存放中央银行准备金存款	11588875	4595500	65.71	2058129	21.59
七、存放中央银行特种存款					
八、缴存中央银行财政性存款	119090	12030	11.24	51759	76.87
九、同业往来	8121898	-2526917	-23.73	2830146	53.48
1. 存放同业	8118039	-2526917	-23.74	2873046	54.78
其中:存放境外同业					
2. 拆放同业	3859			-42900	-91.75
其中:拆放境外同业					
十、境外联行往来(运用方)					
十一、代理金融机构贷款	277			-4	-1.42
其中:代理人行专项贷款					
十二、库存现金	693732	43749	6.73	137312	24.68
十三、外汇买卖(运用方)					
其中:结售汇					
十四、投资性房地产					
资金运用总计	44874595	2030535	4.74	9166188	25.67

云南省金融机构（含外资）人民币信贷收支12月月报表

项目 栏目	本期余额	比上月		比年初		比年初同比多增	同比增幅%
		增减	增减%	增减	增减%		
一、各项存款	179782220	1665627	0.94	26151690	17.02	6622503	17.01
1. 单位存款	94400545	2878550	3.15	14363457	17.95	5315448	17.93
其中：活期存款	59609871	3789515	6.79	6479356	12.20	3300212	11.57
定期存款	17714964	517052	3.01	4250696	31.57	318361	31.57
通知存款	2578170	-435792	-14.46	1070262	70.98	1658781	70.98
保证金存款	7214883	398031	5.84	1607352	28.66	73047	28.66
2. 个人存款	78517698	2681658	3.54	11709268	17.53	2108810	17.53
储蓄存款	77446641	2442924	3.26	10885993	16.35	1364724	16.36
保证金存款1	138849	-1812	-1.29	56240	68.08	-8580	68.08
结构性存款	932208	240547	34.78	767035	464.38	752667	464.38
3. 财政性存款	3550585	-3854231	-52.05	-199974	-5.33	-454004	-5.33
4. 临时性存款	416782	-9481	-2.22	100029	31.58	133463	31.58
5. 委托存款	216836	-159830	-42.43	-150713	-41.00	-194066	-41.02
6. 其他存款	2679773	128962	5.06	329624	14.03	-287149	14.03
二、金融债券	12083			12000	14470.57	12000	14470.57
三、中长期借款	62422	62400	283636.36	62400	283636.36	62400	283636.36
四、应付及暂收款	3616529	170211	4.94	981096	37.23	326887	37.23
其中：应付利息	1794635	-92270	-4.89	536368	42.63	167893	42.63
五、同业往来（来源方）	830285	409497	97.32	15434	1.89	161167	5.32
六、系统内资金往来（来源方）							
七、外汇买卖（来源方）	944080	87094	10.16	663105	236.00	-882373	-66.91
其中：结售汇	938983	86943	10.20	660798	237.54	-883546	-67.05
八、各项准备	3215137	184923	6.10	422115	15.11	-456878	15.11
其中：贷款损失准备金	3185822	185051	6.17	438628	15.97	-472671	15.97
九、所有者权益	6249571	64853	1.05	1636793	35.48	562381	32.74
其中：实收资本	1769428	36659	2.12	505374	39.98	296448	39.98
十、其他	-24379260	-872082	3.71	-7608683	45.37	-5622962	41.72
资金来源总计	170333066	1772523	1.05	22335949	15.09	785125	13.39

云南省金融机构（含外资）人民币信贷收支12月月报表

栏目 \ 项目	本期余额	比上月		比年初		比年初同比多增	同比增幅%
		增减	增减%	增减	增减%		
一、各项贷款	138697520	1293275	0.94	17332890	14.28	1728626	14.34
（一）境内贷款	138172686	1252161	0.91	17080021	14.1	1694430	14.17
1. 短期贷款	39748715	1188462	3.08	9085617	29.63	5198393	29.88
（1）个人贷款及透支	10029935	179573	1.82	2650990	35.93	1661736	35.93
其中：个人消费贷款	1789732	30746	1.75	509044	39.75	327541	39.75
（2）单位普通贷款及透支	26850133	828709	3.18	5468105	25.57	3213049	25.91
其中：经营贷款	26658570	843875	3.27	5738115	27.43	3235424	27.78
固定资产贷款	184850	-9437	-4.86	-274892	-59.79	-27187	-59.79
（3）普通并购贷款	12012						
（4）银团贷款						36650	
（5）贸易融资	2856635	180180	6.73	966522	51.14	286958	51.38
（6）境外筹资转贷款							
2. 中长期贷款	95926508	82375	0.09	7122461	8.02	-4418230	8.03
（1）个人贷款	25617088	190024	0.75	3729190	17.04	-110439	17.03
其中：个人消费贷款	16773501	123046	0.74	2176096	14.91	-201796	14.9
（2）单位普通贷款	66648238	-140136	-0.21	2161536	3.35	-4507977	3.36
其中：经营贷款	11388076	-152135	-1.32	-1599078	-12.31	-495451	-14.18
固定资产贷款	55260161	11999	0.02	3760614	7.3	-4012526	7.91
（3）普通并购贷款	212898	-34500	-13.95	37400	21.31	4900	21.31
（4）银团贷款	3182437	66880	2.15	1248449	64.55	234451	64.55
（5）贸易融资	265847	107	0.04	-54114	-16.91	-39164	-16.91
（6）境外筹资转贷款							
3. 融资租赁							
4. 票据融资	2328223	-43702	-1.84	757371	48.21	799520	48.21
其中：贴现	2328223	-43702	-1.84	757371	48.21	799520	48.21
5. 各项垫款	169240	25025	17.35	114572	209.58	114747	209.58
（二）境外贷款	524834	41114	8.5	252869	92.98	34196	94
二、有价证券	1535877	-32896	-2.1	483176	45.9	263169	45.9
三、股权及其他投资	589507	225123	61.78	533869	959.54	580953	959.54
四、应收及预付款	1058846	-894235	-45.79	315140	42.37	-71662	42.4
其中：应收利息	497866	-784600	-61.18	107933	27.68	-56408	27.68
五、同业往来（运用方）	636044	-336948	-34.63	32002	5.3	-54394	183.14
六、系统内资金往来（运用方）	23074070	1036785	4.7	2304538	11.1	-994103	10.59
七、金银占款							
八、外汇买卖（运用方）	944802	94149	11.07	661858	233.92	-853928	-66.9
其中：结售汇1	939920	94211	11.14	658565	234.07	-858701	-67.06
九、固定资产	2213060	158632	7.72	361543	19.53	72748	19.53
十、库存现金	1579812	228723	16.93	311188	24.53	111085	24.53
十一、投资性房地产	3528	-86	-2.38	-255	-6.74	2631	-6.74
资金运用总计	170333066	1772523	1.05	22335949	15.09	785125	13.39

云南省金融机构（不含外资、证券）人民币信贷收支12月月报表

栏目 \ 项目	本期余额	比上月		比年初		比年初同比多增	同比增幅%
		增减	增减%	增减	增减%		
一、各项存款	179663821	1680366	0.94	26107656	17.00	6627056	16.99
1. 单位存款	94312894	2911921	3.19	14338516	17.93	5331867	17.91
其中：活期存款	59551389	3816214	6.85	6454266	12.16	3305642	11.53
定期存款	17685794	523725	3.05	4250845	31.64	329349	31.64
通知存款	2578170	-435792	-14.46	1070262	70.98	1658781	70.98
保证金存款	7214883	398031	5.84	1607352	28.66	73047	28.66
2. 个人存款	78486950	2663025	3.51	11690175	17.50	2096945	17.50
储蓄存款	77415894	2424291	3.23	10866901	16.33	1352858	16.33
保证金存款1	138849	-1812	-1.29	56240	68.08	-8580	68.08
结构性存款	932208	240547	34.78	767035	464.38	752667	464.38
3. 财政性存款	3550585	-3854231	-52.05	-199974	-5.33	-454004	-5.33
4. 临时性存款	416782	-9481	-2.22	100029	31.58	133463	31.58
5. 委托存款	216836	-159830	-42.43	-150713	-41.00	-194066	-41.02
6. 其他存款	2679773	128962	5.06	329624	14.03	-287149	14.03
二、金融债券	12083			12000	14470.57	12000	14470.57
三、中长期借款	62422	62400	283636.36	62400	283636.36	62400	283636.36
四、应付及暂收款	3614113	170104	4.94	981134	37.26	329247	37.27
其中：应付利息	1793589	92173	-4.89	536498	42.68	169080	42.68
五、同业往来（来源方）	830285	409497	97.32	15434	1.89	161167	5.32
六、系统内资金往来（来源方）							
七、外汇买卖（来源方）	944080	87094	10.16	663105	236.00	-882373	-66.91
其中：结售汇	938983	86943	10.20	660798	237.54	-883546	-67.05
八、各项准备	3214942	184824	6.10	421957	15.11	-456999	15.11
其中：贷款损失准备金	3185627	184952	6.16	438470	15.96	-472792	15.96
九、所有者权益	6217761	64722	1.05	1623821	35.35	559290	32.60
其中：实收资本	1739428	36659	2.15	495374	39.82	296448	39.82
十、其他	-24390046	-877120	3.73	-7630335	45.53	-5651358	41.87
资金来源总计	170169460	1781887	1.06	22257171	15.05	760430	13.35

云南省金融机构（不含外资、证券）人民币信贷收支12月月报表

项目 栏目	本期余额	比上月		比年初		比年初同比多增	同比增幅%
		增减	增减%	增减	增减%		
一、各项贷款	138481046	1293565	0.94	17269301	14.25	1792086	14.31
（一）境内贷款	137956212	1252451	0.92	17016430	14.07	1757885	14.13
1. 短期贷款	39586430	1181874	3.08	9042444	29.6	5269158	29.86
（1）个人贷款及透支	10029923	179572	1.82	2651036	35.93	1661836	35.93
其中：个人消费贷款	1789720	30745	1.75	509090	39.75	327641	39.75
（2）单位普通贷款及透支	26687860	822122	3.18	5424886	25.51	3283714	25.85
其中：经营贷款	26496296	837288	3.26	5694896	27.38	3306088	27.73
固定资产贷款	184850	－9437	－4.86	－274892	－59.79	－27187	－59.79
（3）普通并购贷款	12012						
（4）银团贷款						36650	
（5）贸易融资	2856635	180180	6.73	966522	51.14	286958	51.38
（6）境外筹资转贷款							
2. 中长期贷款	95873824	88035	0.09	7094808	7.99	－4441515	8
（1）个人贷款	25617088	190024	0.75	3729190	17.04	－110439	17.03
其中：个人消费贷款	16773501	123046	0.74	2176096	14.91	－201796	14.9
（2）单位普通贷款	66595554	－134476	－0.2	2133883	3.31	－4531262	3.32
其中：经营贷款	11388076	－152135	－1.32	－1599078	－12.31	－495451	－14.18
固定资产贷款	55207478	17659	0.03	3732961	7.25	－4035811	7.86
（3）普通并购贷款	212898	－34500	－13.95	37400	21.31	4900	21.31
（4）银团贷款	3182437	66880	2.15	1248449	64.55	234451	64.55
（5）贸易融资	265847	107	0.04	－54114	－16.91	－39164	－16.91
（6）境外筹资转贷款							
3. 融资租赁							
4. 票据融资	2326718	－42484	－1.79	764606	48.95	815495	48.95
其中：贴现	2326718	－42484	－1.79	764606	48.95	815495	48.95
5. 各项垫款	169240	25025	17.35	114572	209.58	114747	209.58
（二）境外贷款	524834	41114	8.5	252871	92.98	34202	94
二、有价证券	1535877	－32896	－2.1	483176	45.9	263169	45.9
三、股权及其他投资	589507	225123	61.78	533869	959.54	580953	959.54
四、应收及预付款	1054549	－894874	－45.9	312857	42.18	－72073	42.2
其中：应收利息	493691	－785233	－61.4	105736	27.25	－56765	27.25
五、同业往来（运用方）	636044	－336948	－34.63	32002	5.3	－54394	183.14
六、系统内资金往来（运用方）	23132116	1046770	4.74	2292153	11	－1081506	10.5
七、金银占款							
八、外汇买卖（运用方）	944802	94149	11.07	661858	233.92	－853928	－66.9
其中：结售汇1	939920	94211	11.14	658565	234.07	－858701	－67.06
九、固定资产	2212721	158634	7.72	361272	19.51	72491	19.51
十、库存现金	1579271	228451	16.91	310939	24.52	111000	24.52
十一、投资性房地产	3528	－86	－2.38	－255	－6.74	2631	－6.74
资金运用总计	170169460	1781887	1.06	22257171	15.05	760430	13.35

云南省中资区域性中小金融机构人民币信贷收支 12 月月报表

项目 \ 栏目	本期余额	比上月		比年初	
		增减	增减%	增减	增减%
一、各项存款	42998094	1731574	4. 20	8503599	24. 65
1. 单位存款	16125321	851319	5. 57	3261712	25. 36
其中：活期存款	13707272	809770	6. 28	2815224	25. 85
定期存款	1728485	49872	2. 97	411538	31. 25
通知存款	197092	39904	25. 39	493	0. 25
保证金存款	203667	22556	12. 45	50917	33. 33
2. 个人存款	26715879	875446	3. 39	5155792	23. 91
储蓄存款	26715324	875446	3. 39	5156630	23. 92
保证金存款.	555			-838	-60. 16
结构性存款					
3. 临时性存款	156894	4808	3. 16	86095	121. 60
4. 其他存款					
二、代理财政性存款	87575	-12626	-12. 60	15631	21. 73
三、金融债券	12000			12000	
其中：境外发行					
四、中长期借款	62422	62400	283636. 36	62400	283636. 36
其中：境外借款					
五、应付及暂收款	1097016	165996	17. 83	274036	33. 30
其中：应付利息	703338	5514	0. 79	191446	37. 40
六、卖出回购资产	825697	673491	442. 49	297552	56. 34
七、向中央银行借款	361534	-12308	-3. 29	-113219	-23. 85
八、同业往来（来源方）	232224	93661	67. 59	80611	53. 17
1. 同业存放	173713	93661	117. 00	88511	103. 88
其中：境外同业存放					
2. 同业拆借	58511			-7900	-11. 90
其中：境外同业拆借					
九、境外联行往来（来源方）					
十、外汇买卖（来源方）					
其中：结售汇					
十一、委托存款及委托投资基金（净）	40694	21339	110. 25	-3547	-8. 02
1. 委托存款及委托投资基金	6155293	1770410	40. 38	1813828	41. 78
2. 减：委托贷款及委托投资	6114599	1749071	40. 07	1817375	42. 29
十二、代理金融机构委托贷款基金	234			-4	-1. 68
其中：中央银行委托贷款基金					
十三、各项准备	1133794	45487	4. 18	155277	15. 87
其中：贷款损失准备	1122473	45151	4. 19	157508	16. 32
十四、所有者权益	3117022	-27844	-0. 89	986369	46. 29
其中：实收资本	1431734	36659	2. 63	495374	52. 90
十五、其他	-748176	-460028	159. 65	-260374	53. 38
资金来源总计	49220130	2281142	4. 86	10010332	25. 53

云南省中资区域性中小金融机构人民币信贷收支12月月报表

项 目 ＼ 栏 目	本 期 余 额	比上月		比年初	
		增减	增减%	增减	增减%
一、各项贷款	25148375	165158	0.66	4016020	19.00
（一）境内贷款	25148375	165158	0.66	4016020	19.00
1. 短期贷款	9280062	173861	1.91	1819844	24.39
（1）个人贷款及透支	5215922	-8963	-0.17	910303	21.14
其中：个人消费贷款	513004	-7434	-1.43	221689	76.10
（2）单位普通贷款及透支	4064140	182824	4.71	909541	28.83
其中：经营贷款	3987013	182336	4.79	923240	30.13
固定资产贷款	77127	488	0.64	-13699	-15.08
（3）普通并购贷款					
（4）银团贷款					
（5）贸易融资					
（6）境外筹资转贷款					
2. 中长期贷款	15608153	22649	0.15	2112085	15.65
（1）个人贷款	8193666	-13839	-0.17	1319472	19.19
其中：个人消费贷款	2397555	-6210	-0.26	524252	27.99
（2）单位普通贷款	7411986	36488	0.49	824613	12.52
其中：经营贷款	4782927	42960	0.91	87673	1.87
固定资产贷款	2629059	-6472	-0.25	736940	38.95
（3）普通并购贷款					
（4）银团贷款	2500			-32000	-92.75
（5）贸易融资					
（6）境外筹资转贷款					
3. 融资租赁					
4. 票据融资	255313	-31352	-10.94	79244	45.01
其中：贴现	255313	-31352	-10.94	79244	45.01
5. 各项垫款	4847			4847	
（二）境外贷款					
二、有价证券	987254	-35529	-3.47	218905	28.49
三、股权及其他投资	25587	-27686	-51.97	12737	99.12
四、应收及预付款	246638	-158601	-39.14	121606	97.26
其中：应收利息	132992	-177824	-57.21	42641	47.19
五、买入返售资产	410596	-55692	-11.94	100514	32.42
六、存放中央银行准备金存款	12380351	4762712	62.52	2153261	21.05
七、存放中央银行特种存款					
八、缴存中央银行财政性存款	123909	2660	2.19	39386	46.60
九、同业往来	9175859	-2424300	-20.90	3200332	53.56
1. 存放同业	9171000	-2424300	-20.91	3243432	54.72
其中：存放境外同业					
2. 拆放同业	4859			-43100	-89.87
其中：拆放境外同业					
十、境外联行往来（运用方）					
十一、代理金融机构贷款	277			-4	-1.42
其中：代理人行专项贷款					
十二、库存现金	721286	52420	7.84	147574	25.72
十三、外汇买卖（运用方）					
其中：结售汇					
十四、投资性房地产					
资金运用总计	49220130	2281142	4.86	10010332	25.53

云南省城市商业银行人民币信贷收支12月月报表

项目＼栏目	本期余额	比上月		比年初	
		增减	增减%	增减	增减%
一、各项存款	2372190	186049	8.51	317970	15.48
1. 单位存款	1870118	92454	5.20	245263	15.09
其中：活期存款	1322073	108078	8.90	197508	17.56
定期存款	422044	-8858	-2.06	56893	15.58
通知存款	20418	-4530	-18.16	3048	17.55
保证金存款	65583	-2236	-3.30	-12186	-15.67
2. 个人存款	394355	88981	29.14	9306	2.42
储蓄存款	394355	88981	29.14	9306	2.42
保证金存款					
结构性存款					
3. 临时性存款	107717	4614	4.48	63401	143.07
4. 其他存款					
二、代理财政性存款	9772	-5626	-36.54	-5338	-35.33
三、金融债券	12000			12000	
其中：境外发行					
四、中长期借款					
其中：境外借款					
五、应付及暂收款	42611	8237	23.96	-1699	-3.83
其中：应付利息	16182	237	1.49	522	3.33
六、卖出回购资产	79690	18984	31.27	79690	
七、向中央银行借款					
八、同业往来（来源方）	121443	76011	167.31	71324	142.31
1. 同业存放	121443	76011	167.31	71324	142.31
其中：境外同业存放					
2. 同业拆借					
其中：境外同业拆借					
九、境外联行往来（来源方）					
十、外汇买卖（来源方）					
其中：结售汇					
十一、委托存款及委托投资基金（净）					
1. 委托存款及委托投资基金	18727			8427	81.82
2. 减：委托贷款及委托投资	18727			8427	81.82
十二、代理金融机构委托贷款基金					
其中：中央银行委托贷款基金					
十三、各项准备	49517	-4902	-9.01	9042	22.34
其中：贷款损失准备	46242	-6601	-12.49	8186	21.51
十四、所有者权益	156099	12028	8.35	44080	39.35
其中：实收资本	72417	3580	5.20	16306	29.06
十五、其他	-48192	-6331	15.12	-11170	30.17
资金来源总计	2795130	284450	11.33	515899	22.63

云南省城市商业银行人民币信贷收支12月月报表

项目 \ 栏目	本期余额	比上月		比年初	
		增减	增减%	增减	增减%
一、各项贷款	1099599	14808	1.37	200683	22.33
(一) 境内贷款	1099599	14808	1.37	200683	22.33
1. 短期贷款	578660	18636	3.33	72603	14.35
(1) 个人贷款及透支	212912	8447	4.13	39190	22.56
其中：个人消费贷款	7459	104	1.41	-2353	-23.98
(2) 单位普通贷款及透支	365748	10189	2.87	33413	10.05
其中：经营贷款	339264	10109	3.07	39075	13.02
固定资产贷款	26484	80	0.30	-5662	-17.61
(3) 普通并购贷款					
(4) 银团贷款					
(5) 贸易融资					
(6) 境外筹资转贷款					
2. 中长期贷款	357180	5115	1.45	66306	22.80
(1) 个人贷款	109958	1005	0.92	33925	44.62
其中：个人消费贷款	36428	255	0.70	3408	10.32
(2) 单位普通贷款	245222	4110	1.70	33881	16.03
其中：经营贷款	86984	7195	9.02	19395	28.70
固定资产贷款	158238	-3085	-1.91	14486	10.08
(3) 普通并购贷款					
(4) 银团贷款	2000			-1500	-42.86
(5) 贸易融资					
(6) 境外筹资转贷款					
3. 融资租赁					
4. 票据融资	158912	-8943	-5.33	56927	55.82
其中：贴现	158912	-8943	-5.33	56927	55.82
5. 各项垫款	4847			4847	
(二) 境外贷款					
二、有价证券	222251	-74728	-25.16	2052	0.93
三、股权及其他投资	9022	-26386	-74.52	4037	80.98
四、应收及预付款	13294	-1697	-11.32	1227	10.17
其中：应收利息	7412	2859	62.79	-1989	-21.16
五、买入返售资产	218967	77864	55.18	52860	31.82
六、存放中央银行准备金存款	628480	135656	27.53	45977	7.89
七、存放中央银行特种存款					
八、缴存中央银行财政性存款	3924	-9050	-69.75	-12868	-76.63
九、同业往来	578429	160460	38.39	214381	58.89
1. 存放同业	577429	160460	38.48	214581	59.14
其中：存放境外同业					
2. 拆放同业	1000			-200	-16.67
其中：拆放境外同业					
十、境外联行往来（运用方）					
十一、代理金融机构贷款					
其中：代理人行专项贷款					
十二、库存现金	21164	7523	55.15	7550	55.46
十三、外汇买卖（运用方）					
其中：结售汇					
十四、投资性房地产					
资金运用总计	2795130	284450	11.33	515899	22.63

云南省汇丰银行人民币信贷收支 12 月月报表

项目 \ 栏目	本期余额	比上月		比年初	
		增减	增减%	增减	增减%
一、各项存款	30885	7210	30.45	4066	15.16
1. 单位存款	30847	7228	30.60	4165	15.61
其中：活期存款	23160	5451	30.78	-3521	-13.20
定期存款	7687	1778	30.09	7687	
通知存款					
保证金存款					
2. 个人存款	38	-19	-32.62	-99	-72.11
储蓄存款	38	-19	-32.62	-99	-72.11
保证金存款.					
结构性存款					
3. 临时性存款					
4. 其他存款					
二、代理财政性存款					
三、金融债券					
其中：境外发行					
四、中长期借款					
其中：境外借款					
五、应付及暂收款	961	114	13.51	568	144.36
其中：应付利息	31	-17	-35.30	26	540.25
六、卖出回购资产					
七、向中央银行借款					
八、同业往来（来源方）					
1. 同业存放					
其中：境外同业存放					
2. 同业拆借					
其中：境外同业拆借					
九、境外联行往来（来源方）					
十、外汇买卖（来源方）					
其中：结售汇					
十一、委托存款及委托投资基金（净）					
1. 委托存款及委托投资基金					
2. 减：委托贷款及委托投资					
十二、代理金融机构委托贷款基金					
其中：中央银行委托贷款基金					
十三、各项准备	34	12	57.11	-3	-7.54
其中：贷款损失准备	34	12	57.11	-3	-7.54
十四、所有者权益	12486	-102	-0.81	2614	26.48
其中：实收资本	10000				
十五、其他	84095	-7661	-8.35	37401	80.10
资金来源总计	128461	-426	-0.33	44646	53.27

云南省汇丰银行人民币信贷收支12月月报表

项目 \ 栏目	本期余额	比上月		比年初	
		增减	增减%	增减	增减%
一、各项贷款	121819	2782	2.34	42325	53.24
(一) 境内贷款	121819	2782	2.34	42325	53.24
1. 短期贷款	120314	4000	3.44	40820	51.35
(1) 个人贷款及透支					
其中：个人消费贷款					
(2) 单位普通贷款及透支	120314	4000	3.44	40820	51.35
其中：经营贷款	120314	4000	3.44	40820	51.35
固定资产贷款					
(3) 普通并购贷款					
(4) 银团贷款					
(5) 贸易融资					
(6) 境外筹资转贷款					
2. 中长期贷款					
(1) 个人贷款					
其中：个人消费贷款					
(2) 单位普通贷款					
其中：经营贷款					
固定资产贷款					
(3) 普通并购贷款					
(4) 银团贷款					
(5) 贸易融资					
(6) 境外筹资转贷款					
3. 融资租赁					
4. 票据融资	1505	-1218	-44.73	1505	
其中：贴现	1505	-1218	-44.73	1505	
5. 各项垫款					
(二) 境外贷款					
二、有价证券					
三、股权及其他投资					
四、应收及预付款	3089	672	27.82	2339	312.14
其中：应收利息	3089	672	27.82	2339	312.14
五、买入返售资产					
六、存放中央银行准备金存款	3421	-3856	-52.99	2107	160.38
七、存放中央银行特种存款					
八、缴存中央银行财政性存款					
九、同业往来	132	-24	-15.61	-2125	-94.13
1. 存放同业	132	-24	-15.61	-2125	-94.13
其中：存放境外同业					
2. 拆放同业					
其中：拆放境外同业					
十、境外联行往来（运用方）					
十一、代理金融机构贷款					
其中：代理人行专项贷款					
十二、库存现金					
十三、外汇买卖（运用方）					
其中：结售汇					
十四、投资性房地产					
资金运用总计	128461	-426	-0.33	44646	53.27

云南省云冶财务公司人民币信贷收支12月月报表

项目＼栏目	本期余额	比上月		比年初	
		增减	增减%	增减	增减%
一、各项存款	155552	-31087	-16.66	-98405	-38.75
1. 单位存款	155552	-31087	-16.66	-98405	-38.75
其中：活期存款	17378	9828	130.16	668	4.00
定期存款	6300	-40600	-86.57	-75800	-92.33
通知存款	82650	41600	101.34	-8730	-9.55
保证金存款	122	-1247	-91.09	122	
2. 个人存款					
储蓄存款					
保证金存款.					
结构性存款					
3. 临时性存款					
4. 其他存款					
二、代理财政性存款					
三、金融债券					
其中：境外发行					
四、中长期借款					
其中：境外借款					
五、应付及暂收款	2478	-345	-12.22	337	15.77
其中：应付利息	130	-364	-73.72	-334	-72.02
六、卖出回购资产	35000	-16500	-32.04	-19000	-35.19
七、向中央银行借款					
八、同业往来（来源方）					
1. 同业存放					
其中：境外同业存放					
2. 同业折借					
其中：境外同业拆借					
九、境外联行往来（来源方）					
十、外汇买卖（来源方）					
其中：结售汇					
十一、委托存款及委托投资基金（净）					
1. 委托存款及委托投资基金	38300	18300	91.50	-1700	-4.25
2. 减：委托贷款及委托投资	38300	18300	91.50	-1700	-4.25
十二、代理金融机构委托贷款基金					
其中：中央银行委托贷款基金					
十三、各项准备	2210	236	11.96	42	1.93
其中：贷款损失准备	2210	236	11.96	42	1.93
十四、所有者权益	55610	16	0.03	1256	2.31
其中：实收资本	50000				
十五、其他	-593	232	-28.13	120	-16.85
资金来源总计	250256	-47448	-15.94	-115649	-31.61

云南省云冶财务公司人民币信贷收支12月月报表

栏目 项目	本期余额	比上月		比年初	
		增减	增减%	增减	增减%
一、各项贷款	170000	-18200	-9.67	-46807	-21.59
（一）境内贷款	170000	-18200	-9.67	-46807	-21.59
1. 短期贷款	76400	-11400	-12.98	-50300	-39.70
（1）个人贷款及透支					
其中：个人消费贷款					
（2）单位普通贷款及透支	76400	-11400	-12.98	-50300	-39.70
其中：经营贷款	76400	-11400	-12.98	-50300	-39.70
固定资产贷款					
（3）普通并购贷款					
（4）银团贷款					
（5）贸易融资					
（6）境外筹资转贷款					
2. 中长期贷款	51661	-500	-0.96	-22589	-30.42
（1）个人贷款					
其中：个人消费贷款					
（2）单位普通贷款	51661	-500	-0.96	-22589	-30.42
其中：经营贷款	4500			-10500	-70.00
固定资产贷款	47161	-500	-1.05	-12089	-20.40
（3）普通并购贷款					
（4）银团贷款					
（5）贸易融资					
（6）境外筹资转贷款					
3. 融资租赁					
4. 票据融资	41939	-6300	-13.06	26082	164.49
其中：贴现	41939	-6300	-13.06	26082	164.49
5. 各项垫款					
（二）境外贷款					
二、有价证券					
三、股权及其他投资					
四、应收及预付款	1381	-1293	-48.35	749	118.56
其中：应收利息	255	-1832	-87.80	-110	-30.12
五、买入返售资产					
六、存放中央银行准备金存款	24594	-8868	-26.50	-18643	-43.12
七、存放中央银行特种存款					
八、缴存中央银行财政性存款					
九、同业往来	54281	-19087	-26.02	-50949	-48.42
1. 存放同业	54281	-19087	-26.02	-50949	-48.42
其中：存放境外同业					
2. 拆放同业					
其中：拆放境外同业					
十、境外联行往来（运用方）					
十一、代理金融机构贷款					
其中：代理人行专项贷款					
十二、库存现金					
十三、外汇买卖（运用方）					
其中：结售汇					
十四、投资性房地产					
资金运用总计	250256	-47448	-15.94	-115649	-31.61

云南省南方电网财务公司人民币信贷收支 12 月月报表

项 目 \ 栏 目	本 期 余 额	比上月		比年初	
		增减	增减%	增减	增减%
一、各项存款	228750	-10697	-4.47	44147	23.91
1. 单位存款	228750	-10697	-4.47	44147	23.91
其中：活期存款	228750	-10697	-4.47	44147	23.91
定期存款					
通知存款					
保证金存款					
2. 个人存款					
储蓄存款					
保证金存款					
结构性存款					
3. 临时性存款					
4. 其他存款					
二、代理财政性存款					
三、金融债券					
其中：境外发行					
四、中长期借款					
其中：境外借款					
五、应付及暂收款	555	-295	-34.71	31	5.92
其中：应付利息		-377	-100.00		
六、卖出回购资产					
七、向中央银行借款					
八、同业往来（来源方）					
1. 同业存放					
其中：境外同业存放					
2. 同业拆借					
其中：境外同业拆借					
九、境外联行往来（来源方）					
十、外汇买卖（来源方）					
其中：结售汇					
十一、委托存款及委托投资基金（净）					
1. 委托存款及委托投资基金					
2. 减：委托贷款及委托投资					
十二、代理金融机构委托贷款基金					
其中：中央银行委托贷款基金					
十三、各项准备					
其中：贷款损失准备					
十四、所有者权益					
其中：实收资本					
十五、其他	138866	-36780	-20.94	-7016	-4.81
资金来源总计	368171	-47772	-11.49	37162	11.23

云南省南方电网财务公司人民币信贷收支12月月报表

项目 \ 栏目	本期余额	比上月		比年初	
		增减	增减%	增减	增减%
一、各项贷款	316880			5540	1.78
(一) 境内贷款	316880			5540	1.78
1. 短期贷款	2000			-3000	-60.00
(1) 个人贷款及透支					
其中：个人消费贷款					
(2) 单位普通贷款及透支	2000			-3000	-60.00
其中：经营贷款	2000			-3000	-60.00
固定资产贷款					
(3) 普通并购贷款					
(4) 银团贷款					
(5) 贸易融资					
(6) 境外筹资转贷款					
2. 中长期贷款	314880			8540	2.79
(1) 个人贷款					
其中：个人消费贷款					
(2) 单位普通贷款	314880			8540	2.79
其中：经营贷款					
固定资产贷款	314880			8540	2.79
(3) 普通并购贷款					
(4) 银团贷款					
(5) 贸易融资					
(6) 境外筹资转贷款					
3. 融资租赁					
4. 票据融资					
其中：贴现					
5. 各项垫款					
(二) 境外贷款					
二、有价证券					
三、股权及其他投资					
四、应收及预付款		-3345	-100.00		
其中：应收利息		-3345	-100.00		
五、买入返售资产					
六、存放中央银行准备金存款					
七、存放中央银行特种存款					
八、缴存中央银行财政性存款					
九、同业往来	51291	-44427	-46.41	31622	160.77
1. 存放同业	51291	-44427	-46.41	31622	160.77
其中：存放境外同业					
2. 拆放同业					
其中：拆放境外同业					
十、境外联行往来（运用方）					
十一、代理金融机构贷款					
其中：代理人行专项贷款					
十二、库存现金					
十三、外汇买卖（运用方）					
其中：结售汇					
十四、投资性房地产					
资金运用总计	368171	-47772	-11.49	37162	11.23

云南省人民银行人民币信贷收支12月月报表

项目 \ 栏目	本期余额	比上月		比年初	
		增减	增减%	增减	增减%
一、财政存款	2406165	-3696030	-60.57	-701596	-22.58
其中：中央财政存款					
地方财政存款	2406165	-3696030	-60.57	-701596	-22.58
二、金融机构存款	15016027	5102840	51.48	2383357	18.87
1. 中资大型银行存款	416014	-18102	-4.17	-85494	-17.05
2. 中资中小型银行存款	3819303	711359	22.89	577916	17.83
3. 城市信用社存款	50				
4. 农村信用社存款	10751991	4418574	69.77	1913945	21.66
5. 财务公司存款	24594	-8868	-26.50	-18643	-43.12
6. 外资金融机构存款	3851	-122	-3.07	-4363	-53.12
7. 其他金融机构存款	224	-2	-0.85	-3	-1.30
三、金融机构特种存款					
四、邮政储蓄转存款	0	0	144.08	0	26.33
五、商业银行划来财政性存款	402602	12112	3.10	28205	7.53
六、卖出回购证券					
七、中央银行债券					
八、国家资本					
九、其他	-17060159	-1500893	9.65	-1701723	11.08
资金来源总计	764634	-81971	-9.68	8243	1.09

第四部分 附录

云南省人民银行人民币信贷收支12月月报表

项目 \ 栏目	本期余额	比上月		比年初	
		增减	增减%	增减	增减%
一、金融机构贷款	764634	-81971	-9.68	8243	1.09
1. 中资大型银行贷款					
2. 中资中小型银行贷款	323615	-35309	-9.84	105193	48.16
3.城市信用社贷款	190	-916	-82.82	-2186	-92.00
4. 农村信用社贷款	315627	-18308	-5.48	-98419	-23.77
5. 财务公司贷款	35000			31000	775.00
6. 外资金融机构贷款					
7. 其他金融机构贷款	90203	-27437	-23.32	-27345	-23.26
其中：资产管理公司贷款					
二、专项贷款					
三、金银占款					
四、外汇占款					
五、有价证券及投资					
六、买入返售证券					
七、存放金融机构					
资金运用总计	764634	-81971	-9.68	8243	1.09

云南省东亚银行人民币信贷收支12月月报表

项目 \ 栏目	本期余额	比上月		比年初	
		增减	增减%	增减	增减%
一、各项存款	55665	-26929	-32.60	55665	
1. 单位存款	35029	-45519	-56.51	35029	
其中：活期存款	26598	-37068	-58.22	26598	
定期存款	8432	-8450	-50.05	8432	
通知存款					
保证金存款					
2. 个人存款	20635	18590	908.92	20635	
储蓄存款	20635	18590	908.92	20635	
保证金存款.					
结构性存款					
3. 临时性存款					
4. 其他存款					
二、代理财政性存款					
三、金融债券					
其中：境外发行					
四、中长期借款					
其中：境外借款					
五、应付及暂收款	717	86	13.56	717	
其中：应付利息	410	89	27.60	410	
六、卖出回购资产					
七、向中央银行借款					
八、同业往来（来源方）	23048	5000	27.71	23048	
1. 同业存放	23048	5000	27.71	23048	
其中：境外同业存放					
2. 同业拆借					
其中：境外同业拆借					
九、境外联行往来（来源方）					
十、外汇买卖（来源方）					
其中：结售汇					
十一、委托存款及委托投资基金（净）					
1. 委托存款及委托投资基金					
2. 减：委托贷款及委托投资					
十二、代理金融机构委托贷款基金					
其中：中央银行委托贷款基金					
十三、各项准备	161	86	115.94	161	
其中：贷款损失准备	161	86	115.94	161	
十四、所有者权益	9833	219	2.28	9833	
其中：实收资本	10000			10000	
十五、其他	-33426	32111	-49.00	-33426	
资金来源总计	55997	10574	23.28	55997	

云南省东亚银行人民币信贷收支 12 月月报表

栏目 项目	本期余额	比上月		比年初	
		增减	增减%	增减	增减%
一、各项贷款	50134	5958	13.49	50134	
（一）境内贷款	50134	5958	13.49	50134	
1. 短期贷款	14000			14000	
（1）个人贷款及透支					
其中：个人消费贷款					
（2）单位普通贷款及透支	14000			14000	
其中：经营贷款	14000			14000	
固定资产贷款					
（3）普通并购贷款					
（4）银团贷款					
（5）贸易融资					
（6）境外筹资转贷款					
2. 中长期贷款	36134	5958	19.74	36134	
（1）个人贷款					
其中：个人消费贷款					
（2）单位普通贷款	36134	5958	19.74	36134	
其中：经营贷款					
固定资产贷款	36134	5958	19.74	36134	
（3）普通并购贷款					
（4）银团贷款					
（5）贸易融资					
（6）境外筹资转贷款					
3. 融资租赁					
4. 票据融资					
其中：贴现					
5. 各项垫款					
（二）境外贷款					
二、有价证券					
三、股权及其他投资					
四、应收及预付款	407	228	126.99	407	
其中：应收利息	357	223	166.40	357	
五、买入返售资产					
六、存放中央银行准备金存款	2607	1923	280.88	2607	
七、存放中央银行特种存款					
八、缴存中央银行财政性存款					
九、同业往来	2481	2234	902.43	2481	
1. 存放同业	2481	2234	902.43	2481	
其中：存放境外同业					
2. 拆放同业					
其中：拆放境外同业					
十、境外联行往来（运用方）					
十一、代理金融机构贷款					
其中：代理人行专项贷款					
十二、库存现金	367	231	170.26	367	
十三、外汇买卖（运用方）					
其中：结售汇					
十四、投资性房地产					
资金运用总计	55997	10574	23.28	55997	

云南省中资全国性大型银行外汇信贷收支12月月报表

项目 \ 栏目	本期余额	比上月		比年初	
		增减	增减%	增减	增减%
一、各项存款	95997	344	0.36	16711	21.08
1. 单位存款	48619	-2553	-4.99	14054	40.66
其中：活期存款	25482	-808	-3.07	-4893	-16.11
定期存款	4163	-1434	-25.63	643	18.27
通知存款					
保证金存款	18973	-311	-1.61	18304	2733.46
2. 个人存款	45437	2341	5.43	2106	4.86
储蓄存款	43903	2336	5.62	2010	4.80
保证金存款.	86	-2	-2.77	58	209.47
结构性存款	1447	7	0.49	38	2.71
3. 临时性存款	1870	536	40.20	492	35.75
4. 其他存款	71	21	40.41	58	448.36
二、代理财政性存款	-443	5	-1.22	19	-4.04
三、金融债券					
其中：境外发行					
四、中长期借款	3273	275	9.18	245	8.08
其中：境外借款	3273	275	9.18	245	8.08
五、应付及暂收款	36842	-1412	-3.69	26083	242.45
其中：应付利息	258	64	33.05	106	70.35
六、卖出回购资产					
七、向中央银行借款					
八、同业往来（来源方）	27016	10115	59.85	11716	76.57
1. 同业存放	15014	-1887	-11.16	346	2.36
其中：境外同业存放	6855	132	1.97	2304	50.64
2. 同业拆借	12002	12002		11370	1798.00
其中：境外同业拆借	12002	12002		11370	1798.00
九、境外联行往来（来源方）	2588	-1002	-27.90	2588	
十、外汇买卖（来源方）	149242	14875	11.07	149017	66205.78
其中：结售汇	147666	14854	11.18	147629	392799.05
十一、委托存款及委托投资基金（净）					
1. 委托存款及委托投资基金					
2. 减：委托贷款及委托投资					
十二、代理金融机构委托贷款基金					
其中：中央银行委托贷款基金					
十三、各项准备	7293	765	11.72	5505	307.94
其中：贷款损失准备	7293	765	11.72	5505	307.92
十四、所有者权益	-899	-196	27.88	-4735	-123.43
其中：实收资本					
十五、其他	197533	-46062	-18.91	18989	10.64
资金来源总计	518442	-22291	-4.12	226139	77.36

云南省中资全国性大型银行外汇信贷收支12月月报表

项目 \ 栏目	本期余额	比上月		比年初	
		增减	增减%	增减	增减%
一、各项贷款	328415	-35667	-9.80	50558	18.20
(一) 境内贷款	175928	-6771	-3.71	6478	3.82
1. 短期贷款	120730	-11285	-8.55	-5733	-4.53
(1) 个人贷款及透支	48	7	15.75	25	104.49
其中：个人消费贷款	48	7	15.75	25	104.49
(2) 单位普通贷款及透支	43343	1650	3.96	-22116	-33.79
其中：经营贷款	43343	1650	3.96	-22116	-33.79
固定资产贷款					
(3) 普通并购贷款					
(4) 银团贷款					
(5) 贸易融资	77339	-12941	-14.33	16358	26.83
(6) 境外筹资转贷款					
2. 中长期贷款	55198	4514	8.91	12211	28.41
(1) 个人贷款					
其中：个人消费贷款					
(2) 单位普通贷款	42014	4133	10.91	12104	40.47
其中：经营贷款					
固定资产贷款	42014	4133	10.91	12104	40.47
(3) 普通并购贷款					
(4) 银团贷款					
(5) 贸易融资	6			6	
(6) 境外筹资转贷款	13178	380	2.97	101	0.77
3. 融资租赁					
4. 票据融资	0	0	256.72	0	221.05
其中：贴现					
5. 各项垫款					
(二) 境外贷款	152487	-28896	-15.93	44080	40.66
二、有价证券					
三、股权及其他投资					
四、应收及预付款	37928	-1251	-3.19	26713	238.19
其中：应收利息	1729	-810	-31.91	397	29.78
五、买入返售资产					
六、存放中央银行准备金存款					
七、存放中央银行特种存款					
八、缴存中央银行财政性存款					
九、同业往来	652	17	2.70	24	3.74
1. 存放同业	652	17	2.70	24	3.74
其中：存放境外同业					
2. 拆放同业					
其中：拆放境外同业					
十、境外联行往来（运用方）					
十一、代理金融机构贷款					
其中：代理人行专项贷款					
十二、库存现金	2614	-258	-8.98	193	7.98
十三、外汇买卖（运用方）	148834	14867	11.10	148652	81540.64
其中：结售汇	147656	14846	11.18	147654	6330217.23
十四、投资性房地产					
资金运用总计	518442	-22291	-4.12	226139	77.36

云南省中资全国性中小型银行外汇信贷收支 12 月月报表

项目 \ 栏目	本期余额	比上月		比年初	
		增减	增减%	增减	增减%
一、各项存款	36640	-3435	-8.57	12697	53.03
1. 单位存款	30757	-3378	-9.90	11861	62.77
其中：活期存款	12476	-3962	-24.10	5862	88.62
定期存款	1842	25	1.38	-9632	-83.95
通知存款		-39	-100.00	-116	-100.00
保证金存款	16439	598	3.77	15747	2277.28
2. 个人存款	5693	146	2.64	884	18.39
储蓄存款	4588	218	5.00	815	21.61
保证金存款	4			3	300.00
结构性存款	1101	-72	-6.15	66	6.39
3. 临时性存款	191	-204	-51.63	-48	-20.10
4. 其他存款					
二、代理财政性存款	1	0		0	0.01
三、金融债券					
其中：境外发行					
四、中长期借款	171	2	1.18	171	
其中：境外借款	171	2	1.18	171	
五、应付及暂收款	9161	3853	72.57	8886	3224.48
其中：应付利息	316	-143	-31.24	89	39.56
六、卖出回购资产					
七、向中央银行借款					
八、同业往来（来源方）	34472	-5668	-14.12	32807	1970.36
1. 同业存放	20022			19691	5948.94
其中：境外同业存放	20			-301	-93.77
2. 同业拆借	14450	-5668	-28.17	13116	983.18
其中：境外同业拆借	2549	-4267	-62.60	1215	91.09
九、境外联行往来（来源方）					
十、外汇买卖（来源方）	3782	336	9.75	-38435	-91.04
其中：结售汇	1641	381	30.24	-38587	-95.92
十一、委托存款及委托投资基金（净）	25	-35	-58.29	-200	-88.87
1. 委托存款及委托投资基金	25	-35	-58.29	-200	-88.87
2. 减：委托贷款及委托投资					
十二、代理金融机构委托贷款基金					
其中：中央银行委托贷款基金					
十三、各项准备	1627	781	92.33	956	142.65
其中：贷款损失准备	1627	781	92.33	956	142.65
十四、所有者权益	88	-718	-89.11	-267	-75.25
其中：实收资本					
十五、其他	70319	18214	34.96	29818	73.62
资金来源总计	156285	13329	9.32	46433	42.27

云南省中资全国性中小型银行外汇信贷收支12月月报表

项目 \ 栏目	本期余额	比上月		比年初	
		增减	增减%	增减	增减%
一、各项贷款	142941	20083	16.35	81122	131.22
（一）境内贷款	142941	20083	16.35	81122	131.22
1. 短期贷款	118831	20190	20.47	70130	144.00
（1）个人贷款及透支					
其中：个人消费贷款					
（2）单位普通贷款及透支	35497	-1412	-3.82	10010	39.28
其中：经营贷款	35497	-1412	-3.82	10010	39.28
固定资产贷款					
（3）普通并购贷款					
（4）银团贷款					
（5）贸易融资	83334	21602	34.99	60120	258.97
（6）境外筹资转贷款					
2. 中长期贷款	24109	-107	-0.44	10992	83.80
（1）个人贷款					
其中：个人消费贷款					
（2）单位普通贷款	18856			11870	169.91
其中：经营贷款	18340			11870	183.46
固定资产贷款	516				
（3）普通并购贷款					
（4）银团贷款					
（5）贸易融资	5253	-107	-2.00	-878	-14.32
（6）境外筹资转贷款					
3. 融资租赁					
4. 票据融资					
其中：贴现					
5. 各项垫款					
（二）境外贷款					
二、有价证券					
三、股权及其他投资	499	7	1.42	7	1.42
四、应收及预付款	494	-2766	-84.83	197	66.26
其中：应收利息	474	-252	-34.71	180	61.09
五、买入返售资产					
六、存放中央银行准备金存款	67	16	31.37	17	34.00
七、存放中央银行特种存款					
八、缴存中央银行财政性存款					
九、同业往来	8105	-3260	-28.68	3156	63.77
1. 存放同业	8105	-3260	-28.68	3156	63.77
其中：存放境外同业	1256	783	165.54	830	194.84
2. 拆放同业					
其中：拆放境外同业					
十、境外联行往来（运用方）					
十一、代理金融机构贷款					
其中：代理人行专项贷款					
十二、库存现金	474	29	6.49	52	12.45
十三、外汇买卖（运用方）	3704	-781	-17.42	-38119	-91.14
其中：结售汇	1140	-768	-40.26	-38480	-97.12
十四、投资性房地产					
资金运用总计	156285	13329	9.32	46433	42.27

云南省中资全国性四家行外汇信贷收支 12 月月报表

项目 \ 栏目	本期余额	比上月		比年初	
		增减	增减%	增减	增减%
一、各项存款	71664	588	0.83	-1313	-1.80
1. 单位存款	28397	-2284	-7.45	-3967	-12.26
其中：活期存款	23881	-880	-3.55	-4552	-16.01
定期存款	4147	-1434	-25.70	644	18.37
通知存款					
保证金存款	369	30	8.81	-59	-13.86
2. 个人存款	41326	2315	5.93	2102	5.36
储蓄存款	41270	2322	5.96	2069	5.28
保证金存款.	56	-3	-5.06	56	113487.67
结构性存款		-4	-100.00	-23	-100.00
3. 临时性存款	1869	537	40.30	494	35.91
4. 其他存款	71	21	40.41	58	448.36
二、代理财政性存款	-443	5	-1.22	19	-4.04
三、金融债券					
其中：境外发行					
四、中长期借款	3273	275	9.18	245	8.08
其中：境外借款	3273	275	9.18	245	8.08
五、应付及暂收款	1482	207	16.20	741	99.86
其中：应付利息	120	-4	-3.57	-7	-5.31
六、卖出回购资产					
七、向中央银行借款					
八、同业往来（来源方）	16815	10483	165.55	9388	126.39
1. 同业存放	4813	-1519	-23.99	-1982	-29.17
其中：境外同业存放	0	0	1.35	-920	-100.00
2. 同业拆借	12002	12002		11370	1798.00
其中：境外同业拆借	12002	12002		11370	1798.00
九、境外联行往来（来源方）	1797	-1002	-35.79	1797	
十、外汇买卖（来源方）	149191	14875	11.07	148973	68420.48
其中：结售汇	147663	14854	11.18	147626	392790.02
十一、委托存款及委托投资基金（净）					
1. 委托存款及委托投资基金					
2. 减：委托贷款及委托投资					
十二、代理金融机构委托贷款基金					
其中：中央银行委托贷款基金					
十三、各项准备	1293	-166	-11.35	-464	-26.39
其中：贷款损失准备	1293	-166	-11.35	-464	-26.41
十四、所有者权益	3480	153	4.60	1004	40.56
其中：实收资本					
十五、其他	-255	-14880	-101.75	-6500	-104.09
资金来源总计	248297	10539	4.43	153889	163.00

云南省中资全国性四家行外汇信贷收支 12 月月报表

项目 \ 栏目	本期余额	比上月		比年初	
		增减	增减%	增减	增减%
一、各项贷款	95568	-4806	-4.79	4207	4.60
(一) 境内贷款	95568	-4806	-4.79	4207	4.60
1. 短期贷款	79110	-9216	-10.43	2620	3.42
(1) 个人贷款及透支	48	7	15.75	25	104.49
其中：个人消费贷款	48	7	15.75	25	104.49
(2) 单位普通贷款及透支	4050	550	15.71	-12901	-76.11
其中：经营贷款	4050	550	15.71	-12901	-76.11
固定资产贷款					
(3) 普通并购贷款					
(4) 银团贷款					
(5) 贸易融资	75011	-9772	-11.53	15496	26.04
(6) 境外筹资转贷款					
2. 中长期贷款	16458	4410	36.60	1587	10.67
(1) 个人贷款					
其中：个人消费贷款					
(2) 单位普通贷款	9890	4143	72.08	1619	19.57
其中：经营贷款					
固定资产贷款	9890	4143	72.08	1619	19.57
(3) 普通并购贷款					
(4) 银团贷款					
(5) 贸易融资	6			6	
(6) 境外筹资转贷款	6562	267	4.24	-38	-0.57
3. 融资租赁					
4. 票据融资	0			0	-10.00
其中：贴现					
5. 各项垫款					
(二) 境外贷款					
二、有价证券					
三、股权及其他投资					
四、应收及预付款	1188	751	172.12	776	188.80
其中：应收利息	120	-17	-12.14	-266	-68.99
五、买入返售资产					
六、存放中央银行准备金存款					
七、存放中央银行特种存款					
八、缴存中央银行财政性存款					
九、同业往来	381	38	11.21	55	17.03
1. 存放同业	381	38	11.21	55	17.03
其中：存放境外同业					
2. 拆放同业					
其中：拆放境外同业					
十、境外联行往来（运用方）					
十一、代理金融机构贷款					
其中：代理人行专项贷款					
十二、库存现金	2327	-311	-11.81	199	9.34
十三、外汇买卖（运用方）	148834	14867	11.10	148652	81863.41
其中：结售汇	147656	14846	11.18	147655	9147698.37
十四、投资性房地产					
资金运用总计	248297	10539	4.43	153889	163.00

云南省外资银行外汇信贷收支12月月报表

项　目＼栏　目	本　期余　额	比上月		比年初	
		增减	增减%	增减	增减%
一、各项存款	238	61	34.50	-110	-31.53
1. 单位存款	118	60	104.78	-139	-54.03
其中：活期存款	117	60	106.70	-140	-54.45
定期存款	1	0	1.98	1	
通知存款					
保证金存款					
2. 个人存款	121	1	0.72	29	31.23
储蓄存款	121	1	0.72	29	31.23
保证金存款					
结构性存款					
3. 临时性存款					
4. 其他存款					
二、代理财政性存款					
三、金融债券					
其中：境外发行					
四、中长期借款					
其中：境外借款					
五、应付及暂收款	52	0	0.26	-14	-20.60
其中：应付利息	11	2	25.89	-9	-43.87
六、卖出回购资产					
七、向中央银行借款					
八、同业往来（来源方）	479			-2229	-82.30
1. 同业存放					
其中：境外同业存放					
2. 同业拆借	479			-2229	-82.30
其中：境外同业拆借	479			-2229	-82.30
九、境外联行往来（来源方）	4000	2000	100.00	-2600	-39.39
十、外汇买卖（来源方）					
其中：结售汇					
十一、委托存款及委托投资基金（净）					
1. 委托存款及委托投资基金					
2. 减：委托贷款及委托投资					
十二、代理金融机构委托贷款基金					
其中：中央银行委托贷款基金					
十三、各项准备	5	4	1589.62	5	
其中：贷款损失准备					
十四、所有者权益	1837	8	0.45	144	8.48
其中：实收资本	1250				
十五、其他	4147	-255	-5.80	1189	40.20
资金来源总计	10759	1819	20.34	-3615	-25.15

云南省外资银行外汇信贷收支12月月报表

项目 \ 栏目	本期余额	比上月		比年初	
		增减	增减%	增减	增减%
一、各项贷款	4718	-172	-3.51	-1041	-18.08
(一) 境内贷款	4718	-172	-3.51	-1041	-18.08
1. 短期贷款	1711	-57	-3.21	-998	-36.83
(1) 个人贷款及透支		0	-100.00	-1	-100.00
其中：个人消费贷款		0	-100.00	-1	-100.00
(2) 单位普通贷款及透支	1232			-1195	-49.23
其中：经营贷款	1232			-1195	-49.23
固定资产贷款					
(3) 普通并购贷款					
(4) 银团贷款					
(5) 贸易融资	479	-57	-10.56	197	69.96
(6) 境外筹资转贷款					
2. 中长期贷款	3007	-115	-3.68	-43	-1.42
(1) 个人贷款					
其中：个人消费贷款					
(2) 单位普通贷款	3007	-115	-3.68	-43	-1.42
其中：经营贷款					
固定资产贷款	3007	-115	-3.68	-43	-1.42
(3) 普通并购贷款					
(4) 银团贷款					
(5) 贸易融资					
(6) 境外筹资转贷款					
3. 融资租赁					
4. 票据融资					
其中：贴现					
5. 各项垫款					
(二) 境外贷款					
二、有价证券					
三、股权及其他投资					
四、应收及预付款	63	21	49.56	-13	-16.65
其中：应收利息	27	-1	-2.95	-36	-57.27
五、买入返售资产					
六、存放中央银行准备金存款	50	11	27.53	47	1624.70
七、存放中央银行特种存款					
八、缴存中央银行财政性存款					
九、同业往来	4974	1959	64.99	-3531	-41.52
1. 存放同业	4974	1959	64.99	-3531	-41.52
其中：存放境外同业	20	2	8.82	-2	-9.40
2. 拆放同业					
其中：拆放境外同业					
十、境外联行往来（运用方）	920			920	
十一、代理金融机构贷款					
其中：代理人行专项贷款					
十二、库存现金	34	0	-0.69	2	7.89
十三、外汇买卖（运用方）					
其中：结售汇					
十四、投资性房地产					
资金运用总计	10759	1819	20.34	-3615	-25.15

云南省汇丰银行外汇信贷收支12月月报表

项目 \ 栏目	本期余额	比上月		比年初	
		增减	增减%	增减	增减%
一、各项存款	43	21	95.17	-131	-75.18
1. 单位存款	34	24	252.09	-134	-79.76
其中：活期存款	33	24	282.74	-135	-80.40
定期存款	1	0	1.98	1	
通知存款					
保证金存款					
2. 个人存款	9	-3	-25.77	3	42.41
储蓄存款	9	-3	-25.77	3	42.41
保证金存款					
结构性存款					
3. 临时性存款					
4. 其他存款					
二、代理财政性存款					
三、金融债券					
其中：境外发行					
四、中长期借款					
其中：境外借款					
五、应付及暂收款	20	1	5.06	4	25.49
其中：应付利息	0	0	-96.42	-2	-99.43
六、卖出回购资产					
七、向中央银行借款					
八、同业往来（来源方）				-1644	-100.00
1. 同业存放					
其中：境外同业存放					
2. 同业拆借				-1644	-100.00
其中：境外同业拆借				-1644	-100.00
九、境外联行往来（来源方）					
十、外汇买卖（来源方）					
其中：结售汇					
十一、委托存款及委托投资基金（净）					
1. 委托存款及委托投资基金					
2. 减：委托贷款及委托投资					
十二、代理金融机构委托贷款基金					
其中：中央银行委托贷款基金					
十三、各项准备	5	4	1589.62	5	
其中：贷款损失准备					
十四、所有者权益	75	-1	-1.31	67	902.95
其中：实收资本					
十五、其他	-112	-81	262.75	50	-30.93
资金来源总计	31	-56	-63.97	-1649	-98.14

云南省汇丰银行外汇信贷收支12月月报表

栏目 项目	本期余额	比上月		比年初	
		增减	增减%	增减	增减%
一、各项贷款		-57	-100.00	-1644	-100.00
(一) 境内贷款		-57	-100.00	-1644	-100.00
1. 短期贷款		-57	-100.00	-1644	-100.00
(1) 个人贷款及透支					
其中：个人消费贷款					
(2) 单位普通贷款及透支				-1644	-100.00
其中：经营贷款				-1644	-100.00
固定资产贷款					
(3) 普通并购贷款					
(4) 银团贷款					
(5) 贸易融资		-57	-100.00		
(6) 境外筹资转贷款					
2. 中长期贷款					
(1) 个人贷款					
其中：个人消费贷款					
(2) 单位普通贷款					
其中：经营贷款					
固定资产贷款					
(3) 普通并购贷款					
(4) 银团贷款					
(5) 贸易融资					
(6) 境外筹资转贷款					
3. 融资租赁					
4. 票据融资					
其中：贴现					
5. 各项垫款					
(二) 境外贷款					
二、有价证券					
三、股权及其他投资					
四、应收及预付款	6	-1	-12.65	-5	-45.82
其中：应收利息		0	-100.00	-5	-100.00
五、买入返售资产					
六、存放中央银行准备金存款					
七、存放中央银行特种存款					
八、缴存中央银行财政性存款					
九、同业往来	6	0	0.52	-3	-31.72
1. 存放同业	6	0	0.52	-3	-31.72
其中：存放境外同业					
2. 拆放同业					
其中：拆放境外同业					
十、境外联行往来（运用方）					
十一、代理金融机构贷款					
其中：代理人行专项贷款					
十二、库存现金	19	2	10.92	3	16.81
十三、外汇买卖（运用方）					
其中：结售汇					
十四、投资性房地产					
资金运用总计	31	-56	-63.97	-1649	-98.14

云南省金融机构（含外资）外汇信贷收支12月月报表

项　目 栏　目	本　期 余　额	比上月		比年初		比年初同 比多增	同比 增幅%
		增减	增减%	增减	增减%		
一、各项存款	132459	-3059	-2.26	29117	28.18	23913	28.18
1. 单位存款	79493	-5871	-6.88	25776	47.99	31906	47.99
其中：活期存款	38075	-4710	-11.01	829	2.23	14309	2.23
定期存款	6006	-1409	-19.01	-8988	-59.95	-20174	-59.95
通知存款		-39	-100.00	-116	-100.00	2862	-100.00
保证金存款	35412	287	0.82	34051	2501.70	34532	2501.70
2. 个人存款	51250	2488	5.10	3020	6.26	-7915	6.26
储蓄存款	48612	2556	5.55	2854	6.24	-7912	6.24
保证金存款1	90	-2	-2.65	61	212.61	70	212.61
结构性存款	2548	-65	-2.49	104	4.27	-72	4.27
3. 财政性存款	-442	5	-1.22	19	-4.05	-8	-4.05
4. 临时性存款	2061	333	19.24	444	27.50	-320	27.50
5. 委托存款	25	-35	-58.29	-200	-88.87	63	-88.87
6. 其他存款	71	21	40.41	58	448.36	186	448.36
二、金融债券							
三、中长期借款	3444	277	8.75	416	13.73	-699	13.73
四、应付及暂收款	46055	2441	5.60	34956	314.93	27512	314.93
其中：应付利息	584	-77	-11.65	187	47.11	-31	47.11
五、同业往来（来源方）	22292	7905	54.94	12346	124.12	8992	124.12
六、系统内资金往来（来源方）	271920	-51297	-15.87	61752	29.38	-72378	29.66
七、外汇买卖（来源方）	153024	15211	11.04	110582	260.55	92449	-34.94
其中：结售汇	149308	15235	11.36	109042	270.80	82156	-35.88
八、各项准备	8925	1550	21.02	6466	263.05	5118	263.05
其中：贷款损失准备金	8924	1550	21.02	6466	263.04	5117	263.04
九、所有者权益	1026	-906	-46.91	-4858	-82.57	-8238	-83.82
其中：实收资本	1250						
十、其他	32931	22780	224.41	18359	125.99	18130	125.99
资金来源总计	672075	-5099	-0.75	269135	66.79	94799	12.82

云南省金融机构（含外资）外汇信贷收支12月月报表

项目 栏目	本期余额	比上月		比年初		比年初同比多增	同比增幅%
		增减	增减%	增减	增减%		
一、各项贷款	476074	-15755	-3.20	130638	37.82	-11517	37.82
（一）境内贷款	323587	13141	4.23	86558	36.52	20055	36.52
1. 短期贷款	241273	8849	3.81	63398	35.64	14554	35.64
（1）个人贷款及透支	48	6	15.50	24	100.04	12	100.04
其中：个人消费贷款	48	6	15.50	24	100.04	12	100.04
（2）单位普通贷款及透支	80072	238	0.30	-13301	-14.24	-58622	-14.24
其中：经营贷款	80072	238	0.30	-13301	-14.24	-60260	-14.24
固定资产贷款						1638	
（3）普通并购贷款							
（4）银团贷款							
（5）贸易融资	161152	8604	5.64	76675	90.76	73165	90.76
（6）境外筹资转贷款							
2. 中长期贷款	82314	4292	5.50	23160	39.15	5500	39.15
（1）个人贷款							
其中：个人消费贷款							
（2）单位普通贷款	63876	4018	6.71	23930	59.91	12924	59.91
其中：经营贷款	18340			11870	183.46	5400	183.46
固定资产贷款	45536	4018	9.68	12060	36.03	7524	36.03
（3）普通并购贷款							
（4）银团贷款							
（5）贸易融资	5259	-107	-1.99	-872	-14.22	114	-14.22
（6）境外筹资转贷款	13178	380	2.97	101	0.77	-7539	0.77
3. 融资租赁							
4. 票据融资	0	0	256.72	0	221.05	0	221.05
其中：贴现							
5. 各项垫款							
（二）境外贷款	152487	-28896	-15.93	44080	40.66	-31571	40.66
二、有价证券							
三、股权及其他投资	499	7	1.42	7	1.42	-5	1.42
四、应收及预付款	38485	-3996	-9.41	26898	232.13	17618	232.13
其中：应收利息	2230	-1063	-32.28	540	31.96	-438	31.96
五、同业往来（运用方）	1276	785	159.71	828	184.82	571	184.82
六、系统内资金往来（运用方）							
七、金银占款							
八、外汇买卖（运用方）	152538	14086	10.17	110533	263.14	88019	-35.03
其中：结售汇	148796	14078	10.45	109174	275.54	78299	-35.92
九、固定资产	81	4	5.16	-16	-16.79	-86	-16.79
十、库存现金	3122	-229	-6.84	248	8.63	199	8.63
十一、投资性房地产							
资金运用总计	672075	-5099	-0.75	269135	66.79	94799	12.82

云南省金融机构（不含外资、证券）外汇信贷收支12月月报表

项目 栏目	本期余额	比上月		比年初		比年初同比多增	同比增幅%
		增减	增减%	增减	增减%		
一、各项存款	132220	-3121	-2.31	29227	28.38	24284	28.38
1. 单位存款	79375	-5931	-6.95	25915	48.47	32248	48.47
其中：活期存款	37958	-4770	-11.16	969	2.62	14652	2.62
定期存款	6005	-1409	-19.01	-8989	-59.95	-20175	-59.95
通知存款		-39	-100.00	-116	-100.00	2862	-100.00
保证金存款	35412	287	0.82	34051	2501.70	34532	2501.70
2. 个人存款	51129	2487	5.11	2991	6.21	-7885	6.21
储蓄存款	48491	2555	5.56	2825	6.19	-7882	6.19
保证金存款1	90	-2	-2.65	61	212.61	70	212.61
结构性存款	2548	-65	-2.49	104	4.27	-72	4.27
3. 财政性存款	-442	5	-1.22	19	-4.05	-8	-4.05
4. 临时性存款	2061	333	19.24	444	27.50	-320	27.50
5. 委托存款	25	-35	-58.29	-200	-88.87	63	-88.87
6. 其他存款	71	21	40.41	58	448.36	186	448.36
二、金融债券							
三、中长期借款	3444	277	8.75	416	13.73	-699	13.73
四、应付及暂收款	46003	2441	5.60	34969	316.92	27566	316.92
其中：应付利息	573	-79	-12.16	196	51.90	-11	51.90
五、同业往来（来源方）	21813	7905	56.83	14575	201.38	13930	201.38
六、系统内资金往来（来源方）	267813	-51057	-16.01	60562	29.22	-72936	29.50
七、外汇买卖（来源方）	153024	15211	11.04	110582	260.55	92449	-34.94
其中：结售汇	149308	15235	11.36	109042	270.80	82156	-35.88
八、各项准备	8920	1546	20.96	6462	262.86	5113	262.86
其中：贷款损失准备金	8919	1546	20.96	6461	262.85	5113	262.85
九、所有者权益	-811	-914	-885.77	-5001	-119.36	-8192	-117.46
其中：实收资本							
十、其他	34734	22759	190.05	18415	112.84	17994	112.84
资金来源总计	667159	-4953	-0.74	270205	68.07	99509	13.13

云南省金融机构（不含外资、证券）外汇信贷收支 12 月月报表

项目 栏目	本期余额	比上月		比年初		比年初同比多增	同比增幅%
		增减	增减%	增减	增减%		
一、各项贷款	471356	-15584	-3.20	131679	38.77	-6921	38.77
（一）境内贷款	318869	13312	4.36	87600	37.88	24650	37.88
1. 短期贷款	239561	8906	3.86	64396	36.76	18262	36.76
（1）个人贷款及透支	48	7	15.75	25	104.49	13	104.49
其中：个人消费贷款	48	7	15.75	25	104.49	13	104.49
（2）单位普通贷款及透支	78840	238	0.30	-12106	-13.31	-55001	-13.31
其中：经营贷款	78840	238	0.30	-12106	-13.31	-56639	-13.31
固定资产贷款						1638	
（3）普通并购贷款							
（4）银团贷款							
（5）贸易融资	160673	8661	5.70	76478	90.83	73250	90.83
（6）境外筹资转贷款							
2. 中长期贷款	79307	4407	5.88	23203	41.36	6388	41.36
（1）个人贷款							
其中：个人消费贷款							
（2）单位普通贷款	60870	4133	7.29	23974	64.98	13813	64.98
其中：经营贷款	18340			11870	183.46	5400	183.46
固定资产贷款	42530	4133	10.76	12104	39.78	8413	39.78
（3）普通并购贷款							
（4）银团贷款							
（5）贸易融资	5259	-107	-1.99	-872	-14.22	114	-14.22
（6）境外筹资转贷款	13178	380	2.97	101	0.77	-7539	0.77
3. 融资租赁							
4. 票据融资	0	0	256.72	0	221.05	0	221.05
其中：贴现							
5. 各项垫款							
（二）境外贷款	152487	-28896	-15.93	44080	40.66	-31571	40.66
二、有价证券							
三、股权及其他投资	499	7	1.42	7	1.42	-5	1.42
四、应收及预付款	38422	-4016	-9.46	26910	233.75	17657	233.75
其中：应收利息	2203	-1062	-32.53	577	35.45	-376	35.45
五、同业往来（运用方）	1256	783	165.54	830	194.84	570	194.84
六、系统内资金往来（运用方）							
七、金银占款							
八、外汇买卖（运用方）	152538	14086	10.17	110533	263.14	88019	-35.03
其中：结售汇	148796	14078	10.45	109174	275.54	78299	-35.92
九、固定资产							
十、库存现金	3088	-229	-6.91	246	8.64	190	8.64
十一、投资性房地产							
资金运用总计	667159	-4953	-0.74	270205	68.07	99509	13.13

昆明市金融机构（含外资）本外币信贷收支12月月报表

栏目 \ 项目	本期余额	比上月 增减	比上月 增减%	比年初 增减	比年初 增减%	比年初同比多增	同比增幅%
一、各项存款	89210226	965765	1.09	13089730	17.20	4903637	17.19
1. 单位存款	54111358	1476317	2.80	9245835	20.61	5710024	20.60
其中：活期存款	28560182	2145115	8.12	3608649	14.46	4194192	13.22
定期存款	12090249	388354	3.32	2636840	27.89	-410155	27.89
通知存款	2177996	-402939	-15.61	877377	67.46	1276753	67.46
保证金存款	6231286	288938	4.86	1367521	28.12	83617	28.12
2. 个人存款	30724064	1322662	4.50	4108113	15.43	1133379	15.43
储蓄存款	29929687	1183399	4.12	3551347	13.46	634190	13.46
保证金存款1	110035	-2803	-2.48	39432	55.85	-13498	55.85
结构性存款	684342	142066	26.20	517334	309.77	512687	309.77
3. 财政性存款	1921943	-1735112	-47.45	-412646	-17.68	-1687296	-17.68
4. 临时性存款	180499	-28353	-13.58	3634	2.05	38493	2.05
5. 委托存款	150588	-162509	-51.90	-157028	-51.05	-176125	-51.05
6. 其他存款	2121774	92760	4.57	301822	16.58	-114837	16.58
二、金融债券	78					0	
三、中长期借款	17380	1675	10.67	2575	17.39	-4197	17.39
四、应付及暂收款	2256146	35364	1.59	829534	58.15	457927	58.16
其中：应付利息	804054	-70130	-8.02	247688	44.52	94471	44.52
五、同业往来（来源方）	538541	53579	11.05	-287317	-34.79	-185895	-33.49
六、系统内资金往来（来源方）							
七、外汇买卖（来源方）	1466008	146762	11.12	935280	176.23	-256633	-39.23
其中：结售汇	1447687	146842	11.29	932325	180.91	-257418	-39.61
八、各项准备	1830786	147859	8.79	312756	20.60	-312824	20.60
其中：贷款损失准备金	1813811	148834	8.94	329193	22.17	-322124	22.17
九、所有者权益	3110593	8362	0.27	704175	29.26	237462	24.50
其中：实收资本	754080	4995	0.67	147051	24.22	60148	24.22
十、其他	-4915695	-2581929	110.63	-1918745	64.02	-2096142	46.50
资金来源总计	93514063	-1222562	-1.29	13667987	17.12	2743336	14.81

昆明市金融机构（含外资）本外币信贷收支12月月报表

项目 栏目	本期余额	比上月		比年初		比年初同比多增	同比增幅%
		增减	增减%	增减	增减%		
一、各项贷款	84843001	370098	0.44	9637510	12.81	765089	12.81
（一）境内贷款	83360874	511476	0.62	9109334	12.27	921648	12.27
1. 短期贷款	22602173	636675	2.90	4920146	27.83	2518563	27.83
（1）个人贷款及透支	3855193	111061	2.97	1328317	52.57	598307	52.57
其中：个人消费贷款	946794	-2221	-0.23	151473	19.05	52582	19.05
（2）单位普通贷款及透支	15907355	340864	2.19	2483676	18.50	1174014	18.50
其中：经营贷款	15818839	361818	2.34	2736194	20.91	1226277	20.91
固定资产贷款	81803	-15225	-15.69	-257912	-75.92	-56337	-75.92
（3）普通并购贷款	12012						
（4）银团贷款						23500	
（5）贸易融资	2827612	184750	6.99	1108153	64.45	722742	64.45
（6）境外筹资转贷款							
2. 中长期贷款	58915947	-72882	-0.12	3462851	6.24	-2402527	6.24
（1）个人贷款	10250200	111488	1.10	1351037	15.18	84373	15.16
其中：个人消费贷款	8219893	62466	0.77	931426	12.78	52503	12.76
（2）单位普通贷款	45000293	-222329	-0.49	907425	2.06	-2596742	2.06
其中：经营贷款	6517240	-121676	-1.83	-1042568	-13.79	649274	-16.45
固定资产贷款	38483053	-100653	-0.26	1949993	5.34	-3246016	6.04
（3）普通并购贷款	182458	-34500	-15.90	16460	9.92	-6540	9.92
（4）银团贷款	3105712	70755	2.33	1247174	67.11	198926	67.11
（5）贸易融资	298719	-585	-0.20	-59690	-16.65	-36236	-16.65
（6）境外筹资转贷款	78567	2289	3.00	444	0.57	-46307	0.57
3. 融资租赁							
4. 票据融资	1695067	-77888	-4.39	615402	57.00	697566	57.00
其中：贴现	1695065	-77889	-4.39	615400	57.00	697564	57.00
5. 各项垫款	147687	25570	20.94	110935	301.85	108046	301.85
（二）境外贷款	1482127	-141378	-8.71	528176	55.37	-156559	55.60
二、有价证券	884981	-5792	-0.65	128416	16.97	158693	16.97
三、股权及其他投资	566883	347323	158.19	520455	1120.99	549050	1120.99
四、应收及预付款	942330	-573000	-37.81	373240	65.59	37507	65.62
其中：应收利息	279101	-504515	-64.38	55289	24.70	-26859	24.70
五、同业往来（运用方）	427543	-309669	-42.01	-67475	-13.63	-134462	269.15
六、系统内资金往来（运用方）	2980127	-1345429	-31.10	1896272	174.96	1526813	151.89
七、金银占款							
八、外汇买卖（运用方）	1464188	146775	11.14	934091	176.21	-257310	-39.29
其中：结售汇1	1445901	146876	11.31	931273	180.96	-258037	-39.66
九、固定资产	916867	78545	9.37	203088	28.45	113209	28.45
十、库存现金	484613	68671	16.51	42645	9.65	-15184	9.62
十一、投资性房地产	3528	-86	-2.38	-255	-6.74	-70	-6.74
资金运用总计	93514063	-1222562	-1.29	13667987	17.12	2743336	14.81

昆明市金融机构（不含外资、证券）本外币信贷收支12月月报表

项目 栏目	本期余额	比上月		比年初		比年初同比多增	同比增幅%
		增减	增减%	增减	增减%		
一、各项存款	89090328	980120	1.11	13046391	17.16	4910509	17.15
1. 单位存款	54022966	1509310	2.87	9221768	20.58	5728583	20.58
其中：活期存款	28500966	2171436	8.25	3584441	14.39	4201769	13.14
定期存款	12061073	395026	3.39	2636981	27.98	-399173	27.98
通知存款	2177996	-402939	-15.61	877377	67.46	1276753	67.46
保证金存款	6231286	288938	4.86	1367521	28.12	83617	28.12
2. 个人存款	30692558	1304025	4.44	4088842	15.37	1121692	15.37
储蓄存款	29898181	1164761	4.05	3532075	13.40	622502	13.40
保证金存款1	110035	-2803	-2.48	39432	55.85	-13498	55.85
结构性存款	684342	142066	26.20	517334	309.77	512687	309.77
3. 财政性存款	1921943	-1735112	-47.45	-412646	-17.68	-1687296	-17.68
4. 临时性存款	180499	-28353	-13.58	3634	2.05	38493	2.05
5. 委托存款	150588	-162509	-51.90	-157028	-51.05	-176125	-51.05
6. 其他存款	2121774	92760	4.57	301822	16.58	-114837	16.58
二、金融债券	78					0	
三、中长期借款	17380	1675	10.67	2575	17.39	-4197	17.39
四、应付及暂收款	2253403	35257	1.59	829658	58.27	460618	58.29
其中：应付利息	802937	-70047	-8.02	247874	44.66	95777	44.66
五、同业往来（来源方）	535528	53581	11.12	-273262	-33.79	-154771	-32.44
六、系统内资金往来（来源方）							
七、外汇买卖（来源方）	1466008	146762	11.12	935280	176.23	-256633	-39.23
其中：结售汇	1447687	146842	11.29	932325	180.91	-257418	-39.61
八、各项准备	1830561	147733	8.78	312568	20.59	-312975	20.59
其中：贷款损失准备金	1813587	148707	8.93	329006	22.16	-322274	22.16
九、所有者权益	3067239	8186	0.27	690327	29.04	234200	24.23
其中：实收资本	716223	5000	0.70	137070	23.67	59765	23.67
十、其他	-4915151	-2587107	111.13	-1940076	65.21	-2124925	47.45
资金来源总计	93345373	-1213793	-1.28	13603462	17.06	2751828	14.75

昆明市金融机构（不含外资、证券）本外币信贷收支 12 月月报表

项目 栏目	本期余额	比上月		比年初		比年初同比多增	同比增幅%
		增减	增减%	增减	增减%		
一、各项贷款	84596871	371485	0.44	9580555	12.77	856870	12.77
（一）境内贷款	83114745	512863	0.62	9052377	12.22	1013423	12.22
1. 短期贷款	22429130	630450	2.89	4883288	27.83	2612714	27.83
（1）个人贷款及透支	3855181	111060	2.97	1328366	52.57	598414	52.57
其中：个人消费贷款	946782	-2222	-0.23	151522	19.05	52688	19.05
（2）单位普通贷款及透支	15737338	334282	2.17	2448004	18.42	1267517	18.42
其中：经营贷款	15648822	355235	2.32	2700523	20.86	1319780	20.86
固定资产贷款	81803	-15225	-15.69	-257912	-75.92	-56337	-75.92
（3）普通并购贷款	12012						
（4）银团贷款						23500	
（5）贸易融资	2824598	185108	7.01	1106917	64.44	723283	64.44
（6）境外筹资转贷款							
2. 中长期贷款	58844366	-66488	-0.11	3435517	6.20	-2420878	6.20
（1）个人贷款	10250200	111488	1.10	1351037	15.18	84373	15.16
其中：个人消费贷款	8219893	62466	0.77	931426	12.78	52503	12.76
（2）单位普通贷款	44928711	-215935	-0.48	880091	2.00	-2615093	2.00
其中：经营贷款	6517240	-121676	-1.83	-1042568	-13.79	649274	-16.45
固定资产贷款	38411471	-94259	-0.24	1922658	5.27	-3264368	5.97
（3）普通并购贷款	182458	-34500	-15.90	16460	9.92	-6540	9.92
（4）银团贷款	3105712	70755	2.33	1247174	67.11	198926	67.11
（5）贸易融资	298719	-585	-0.20	-59690	-16.65	-36236	-16.65
（6）境外筹资转贷款	78567	2289	3.00	444	0.57	-46307	0.57
3. 融资租赁							
4. 票据融资	1693562	-76670	-4.33	622637	58.14	713541	58.14
其中：贴现	1693560	-76671	-4.33	622635	58.14	713539	58.14
5. 各项垫款	147687	25570	20.94	110935	301.85	108046	301.85
（二）境外贷款	1482126	-141378	-8.71	528178	55.37	-156554	55.60
二、有价证券	884981	-5792	-0.65	128416	16.97	158693	16.97
三、股权及其他投资	566883	347323	158.19	520455	1120.99	549050	1120.99
四、应收及预付款	937639	-573770	-37.96	371036	65.48	37323	65.52
其中：应收利息	274755	-505142	-64.77	53322	24.08	-26838	24.08
五、同业往来（运用方）	427418	-309679	-42.01	-67461	-13.63	-134477	269.49
六、系统内资金往来（运用方）	3063991	-1336972	-30.38	1891323	161.28	1443600	140.90
七、金银占款							
八、外汇买卖（运用方）	1464188	146775	11.14	934091	176.21	-257310	-39.29
其中：结售汇 1	1445901	146876	11.31	931273	180.96	-258037	-39.66
九、固定资产	916016	78522	9.38	202922	28.46	113487	28.46
十、库存现金	483858	68400	16.46	42380	9.60	-15338	9.57
十一、投资性房地产	3528	-86	-2.38	-255	-6.74	-70	-6.74
资金运用总计	93345373	-1213793	-1.28	13603462	17.06	2751828	14.75

昆明市中资全国性大型银行人民币信贷收支 12 月月报表

项目 \ 栏目	本期余额	比上月		比年初	
		增减	增减%	增减	增减%
一、各项存款	45296592	1100693	2.49	5640728	14.22
1. 单位存款	25000427	643470	2.64	3301192	15.21
其中：活期存款	13868628	1090381	8.53	995506	7.73
定期存款	6032436	3779	0.06	1350495	28.84
通知存款	745531	-268775	-26.50	389218	109.23
保证金存款	1582393	115396	7.87	436465	38.09
2. 个人存款	18459588	655806	3.68	1954660	11.84
储蓄存款	18059392	581433	3.33	1605523	9.76
保证金存款.	1145	-539	-32.01	481	72.46
结构性存款	399051	74913	23.11	348656	691.85
3. 临时性存款	74941	-40110	-34.86	-23508	-23.88
4. 其他存款	1761635	-158474	-8.25	408384	30.18
二、代理财政性存款	111715	379	0.34	8780	8.53
三、金融债券	78				
其中：境外发行				0	-100.00
四、中长期借款					
其中：境外借款					
五、应付及暂收款	944165	-41509	-4.21	322503	51.88
其中：应付利息	407365	-31990	-7.28	140886	52.87
六、卖出回购资产					
七、向中央银行借款					
八、同业往来（来源方）	1892634	-1010110	-34.80	-534775	-22.03
1. 同业存放	1822742	-1080001	-37.21	-604666	-24.91
其中：境外同业存放	4723	-1609	-25.41	-20187	-81.04
2. 同业拆借	69891	69891		69891	
其中：境外同业拆借	10000	10000		10000	
九、境外联行往来（来源方）					
十、外汇买卖（来源方）	707717	73550	11.60	706289	49461.42
其中：结售汇	706207	73544	11.62	706018	374516.58
十一、委托存款及委托投资基金（净）	4870	-4624	-48.70	-144900	-96.75
1. 委托存款及委托投资基金	1606830	52062	3.35	-2519	-0.16
2. 减：委托贷款及委托投资	1601960	56686	3.67	142381	9.75
十二、代理金融机构委托贷款基金	898592	-325	-0.04	387467	75.81
其中：中央银行委托贷款基金	10				
十三、各项准备	986942	87064	9.68	127206	14.80
其中：贷款损失准备	985686	87026	9.68	142704	16.93
十四、所有者权益	884337	-11256	-1.26	224405	34.00
其中：实收资本					
十五、其他	-230058	647526	-73.79	-196458	584.70
资金来源总计	51497583	841389	1.66	6541244	14.55

昆明市中资全国性大型银行人民币信贷收支12月月报表

项 目 \ 栏 目	本 期 余 额	比上月		比年初	
		增减	增减%	增减	增减%
一、各项贷款	47676464	330468	0.70	4227775	9.73
（一）境内贷款	47210404	289443	0.62	3972219	9.19
1. 短期贷款	7886922	228218	2.98	1440965	22.35
（1）个人贷款及透支	560020	9845	1.79	179272	47.08
其中：个人消费贷款	301082	10696	3.68	81776	37.29
（2）单位普通贷款及透支	6015708	197198	3.39	885337	17.26
其中：经营贷款	5997595	208252	3.60	1001560	20.05
固定资产贷款	18113	-4725	-20.69	-114902	-86.38
（3）普通并购贷款					
（4）银团贷款					
（5）贸易融资	1311193	21174	1.64	376356	40.26
（6）境外筹资转贷款					
2. 中长期贷款	38993869	-4049	-0.01	2467717	6.76
（1）个人贷款	6248522	68573	1.11	996470	18.97
其中：个人消费贷款	5629245	48980	0.88	822688	17.12
（2）单位普通贷款	30448066	-115371	-0.38	550028	1.84
其中：经营贷款	1588657	-51826	-3.16	-721410	-31.23
固定资产贷款	28859409	-63546	-0.22	1271438	4.61
（3）普通并购贷款	127410	-33500	-20.82	17460	15.88
（4）银团贷款	2169870	76250	3.64	903760	71.38
（5）贸易融资					
（6）境外筹资转贷款					
3. 融资租赁					
4. 票据融资	310792	65275	26.59	63536	25.70
其中：贴现	310792	65275	26.59	63536	25.70
5. 各项垫款	18822				
（二）境外贷款	466059	41024	9.65	255556	121.40
二、有价证券	71897	-2236	-3.02	-71365	-49.81
三、股权及其他投资	462817	353548	323.56	428268	1239.60
四、应收及预付款	423621	-333468	-44.05	203614	92.55
其中：应收利息	124042	-323595	-72.29	12711	11.42
五、买入返售资产	408419	138064	51.07	319356	358.58
六、存放中央银行准备金存款	232191	2800	1.22	79707	52.27
七、存放中央银行特种存款					
八、缴存中央银行财政性存款	124391	6825	5.80	-22039	-15.05
九、同业往来	252861	221294	701.04	249896	8429.56
1. 存放同业	252861	221294	701.04	249896	8429.56
其中：存放境外同业					
2. 拆放同业					
其中：拆放境外同业					
十、境外联行往来（运用方）					
十一、代理金融机构贷款	898592	-325	-0.04	387467	75.81
其中：代理人行专项贷款	10				
十二、库存现金	238921	50878	27.06	32440	15.71
十三、外汇买卖（运用方）	707411	73541	11.60	706124	54889.90
其中：结售汇	705599	73534	11.63	705599	
十四、投资性房地产					
资金运用总计	51497583	841389	1.66	6541244	14.55

昆明市中资全国性中小型银行人民币信贷收支 12 月月报表

项目 \ 栏目	本期余额	比上月		比年初	
		增减	增减%	增减	增减%
一、各项存款	31474621	1502542	5.01	6497433	26.01
1. 单位存款	23860177	802464	3.48	4994228	26.47
其中：活期存款	10632708	1030513	10.73	1908589	21.88
定期存款	5508989	388097	7.58	1269927	29.96
通知存款	1281801	-178822	-12.24	482671	60.40
保证金存款	4292681	151238	3.65	677966	18.76
2. 个人存款	5850665	598790	11.40	1195967	25.69
储蓄存款	5472078	533404	10.80	988178	22.04
保证金存款	108653	-2248	-2.03	39754	57.70
结构性存款	269934	67634	33.43	168035	164.90
3. 临时性存款	91089	10183	12.59	21166	30.27
4. 其他存款	1672689	91105	5.76	286072	20.63
二、代理财政性存款	72230	9250	14.69	-1533	-2.08
三、金融债券					
其中：境外发行					
四、中长期借款					
其中：境外借款					
五、应付及暂收款	676912	-1232	-0.18	190612	39.20
其中：应付利息	194976	-39113	-16.71	54764	39.06
六、卖出回购资产	1006508	44481	4.62	-609074	-37.70
七、向中央银行借款	244909	-57209	-18.94	103289	72.93
八、同业往来（来源方）	9211930	168881	1.87	4912071	114.24
1. 同业存放	8923673	53623	0.60	4623813	107.53
其中：境外同业存放	173	-7	-3.89	171	8550.00
2. 同业拆借	288257	115257	66.62	288257	
其中：境外同业拆借					
九、境外联行往来（来源方）					
十、外汇买卖（来源方）	23302	-2438	-9.47	-248070	-91.41
其中：结售汇	20553	-2580	-11.15	-249269	-92.38
十一、委托存款及委托投资基金（净）	141683	-158692	-52.83	-5040	-3.43
1. 委托存款及委托投资基金	2573170	-151487	-5.56	1067874	70.94
2. 减：委托贷款及委托投资	2431487	7206	0.30	1072914	78.97
十二、代理金融机构委托贷款基金	3253			-2195	-40.29
其中：中央银行委托贷款基金					
十三、各项准备	492438	33579	7.32	93082	23.31
其中：贷款损失准备	479794	33932	7.61	91734	23.64
十四、所有者权益	1214830	50190	4.31	201921	19.93
其中：实收资本	307694				
十五、其他	-3845445	-322552	9.16	-1432634	59.38
资金来源总计	40717173	1266800	3.21	9699864	31.27

昆明市中资全国性中小型银行人民币信贷收支12月月报表

项目 \ 栏目	本期余额	比上月		比年初	
		增减	增减%	增减	增减%
一、各项贷款	26529934	92786	0.35	3439098	14.89
（一）境内贷款	26472323	92890	0.35	3441871	14.94
1. 短期贷款	10420948	278740	2.75	2568611	32.71
（1）个人贷款及透支	2510454	95840	3.97	1060748	73.17
其中：个人消费贷款	574330	-5315	-0.92	58014	11.24
（2）单位普通贷款及透支	7378548	74414	1.02	1240417	20.21
其中：经营贷款	7334634	83813	1.16	1364503	22.86
固定资产贷款	37200	-10000	-21.19	-130800	-77.86
（3）普通并购贷款	12012				
（4）银团贷款					
（5）贸易融资	519934	108486	26.37	267447	105.92
（6）境外筹资转贷款					
2. 中长期贷款	14649523	-94400	-0.64	248149	1.72
（1）个人贷款	2923638	38067	1.32	193127	7.07
其中：个人消费贷款	2066409	19288	0.94	47733	2.36
（2）单位普通贷款	10469334	-126079	-1.19	-263277	-2.45
其中：经营贷款	2615505	-73216	-2.72	-367565	-12.32
固定资产贷款	7853830	-52863	-0.67	104288	1.35
（3）普通并购贷款	55048	-1000	-1.78	-1000	-1.78
（4）银团贷款	935842	-5495	-0.58	373414	66.39
（5）贸易融资	265661	107	0.04	-54114	-16.92
（6）境外筹资转贷款					
3. 融资租赁					
4. 票据融资	1277833	-117021	-8.39	519022	68.40
其中：贴现	1277833	-117021	-8.39	519022	68.40
5. 各项垫款	124018	25570	25.97	106088	591.68
（二）境外贷款	57611	-104	-0.18	-2772	-4.59
二、有价证券	2370782	205529	9.49	738308	45.23
三、股权及其他投资	93430	-1567	-1.65	86851	1320.12
四、应收及预付款	217333	-151890	-41.14	-24816	-10.25
其中：应收利息	108398	-114331	-51.33	31087	40.21
五、买入返售资产	6562842	487470	8.02	3496243	114.01
六、存放中央银行准备金存款	2037799	186527	10.08	276459	15.70
七、存放中央银行特种存款					
八、缴存中央银行财政性存款	16542	-817	-4.71	7324	79.45
九、同业往来	2727691	409933	17.69	1923366	239.13
1. 存放同业	1896447	496790	35.49	1508075	388.31
其中：存放境外同业					
2. 拆放同业	831244	-86858	-9.46	415291	99.84
其中：拆放境外同业					
十、境外联行往来（运用方）					
十一、代理金融机构贷款	253			-2195	-89.68
其中：代理人行专项贷款					
十二、库存现金	134553	34490	34.47	10392	8.37
十三、外汇买卖（运用方）	22487	4425	24.50	-250911	-91.78
其中：结售汇	22364	4494	25.15	-250735	-91.81
十四、投资性房地产	3528	-86	-2.38	-255	-6.74
资金运用总计	40717173	1266800	3.21	9699864	31.27

昆明市中资全国性四家行人民币信贷收支12月月报表

项目 \ 栏目	本期余额	比上月		比年初	
		增减	增减%	增减	增减%
一、各项存款	38096777	1338107	3.64	4827080	14.51
1. 单位存款	21422102	909303	4.43	3058121	16.65
其中：活期存款	12167013	1313802	12.11	1262476	11.58
定期存款	5535135	45200	0.82	1277690	30.01
通知存款	607721	-252336	-29.34	339934	126.94
保证金存款	715721	30058	4.38	284	0.04
2. 个人存款	15829423	464791	3.03	1663549	11.74
储蓄存款	15593918	386838	2.54	1433041	10.12
保证金存款.	735	-525	-41.65	288	64.31
结构性存款	234769	78478	50.21	230220	5060.89
3. 临时性存款	74827	-36945	-33.05	-22842	-23.39
4. 其他存款	770424	958	0.12	128251	19.97
二、代理财政性存款	85064	-12028	-12.39	11225	15.20
三、金融债券	78				
其中：境外发行				0	-100.00
四、中长期借款					
其中：境外借款					
五、应付及暂收款	605938	-56300	-8.50	151043	33.20
其中：应付利息	358164	-40360	-10.13	125171	53.72
六、卖出回购资产					
七、向中央银行借款					
八、同业往来（来源方）	1695281	-808200	-32.28	-585743	-25.68
1. 同业存放	1654756	-848725	-33.90	-626268	-27.46
其中：境外同业存放	168	-2170	-92.80	-24621	-99.32
2. 同业拆借	40525	40525		40525	
其中：境外同业拆借	10000	10000		10000	
九、境外联行往来（来源方）					
十、外汇买卖（来源方）	706207	73544	11.62	706023	383733.19
其中：结售汇	706207	73544	11.62	706023	383733.19
十一、委托存款及委托投资基金（净）	0	-17	-97.80	0	38.80
1. 委托存款及委托投资基金	1352360	54310	4.18	113361	9.15
2. 减：委托贷款及委托投资	1352360	54327	4.19	113361	9.15
十二、代理金融机构委托贷款基金	898582	-325	-0.04	387467	75.81
其中：中央银行委托贷款基金					
十三、各项准备	526521	7068	1.36	11372	2.21
其中：贷款损失准备	525265	7030	1.36	26871	5.39
十四、所有者权益	554541	18812	3.51	176997	46.88
其中：实收资本					
十五、其他	-10408010	278538	-2.61	-1516381	17.05
资金来源总计	32760979	839199	2.63	4169083	14.58

昆明市中资全国性四家行人民币信贷收支12月月报表

项目 \ 栏目	本期余额	比上月		比年初	
		增减	增减%	增减	增减%
一、各项贷款	29374022	135821	0.46	2044333	7.48
（一）境内贷款	29371664	135844	0.46	2044737	7.48
1. 短期贷款	5946005	160681	2.78	896914	17.76
（1）个人贷款及透支	425761	822	0.19	110747	35.16
其中：个人消费贷款	201511	1835	0.92	21006	11.64
（2）单位普通贷款及透支	4241341	156631	3.83	442100	11.64
其中：经营贷款	4223228	166334	4.10	491003	13.16
固定资产贷款	18113	-4725	-20.69	-48902	-72.97
（3）普通并购贷款					
（4）银团贷款					
（5）贸易融资	1278903	3228	0.25	344066	36.80
（6）境外筹资转贷款					
2. 中长期贷款	23147749	-89662	-0.39	944527	4.25
（1）个人贷款	5698252	67570	1.20	942118	19.81
其中：个人消费贷款	5189808	50358	0.98	796214	18.12
（2）单位普通贷款	17009936	-131482	-0.77	-148851	-0.87
其中：经营贷款	1317237	-68806	-4.96	-533070	-28.81
固定资产贷款	15692699	-62677	-0.40	384220	2.51
（3）普通并购贷款	127410	-33500	-20.82	17460	15.88
（4）银团贷款	312150	7750	2.55	133800	75.02
（5）贸易融资					
（6）境外筹资转贷款					
3. 融资租赁					
4. 票据融资	264687	64825	32.43	203296	331.15
其中：贴现	264687	64825	32.43	203296	331.15
5. 各项垫款	13223				
（二）境外贷款	2358	-23	-0.97	-405	-14.65
二、有价证券	71897	-2236	-3.02	-71365	-49.81
三、股权及其他投资	462817	353548	323.56	428268	1239.60
四、应收及预付款	104448	-180617	-63.36	10880	11.63
其中：应收利息	85547	-166727	-66.09	5461	6.82
五、买入返售资产	408419	138064	51.07	359356	732.45
六、存放中央银行准备金存款	154796	46557	43.01	42213	37.50
七、存放中央银行特种存款					
八、缴存中央银行财政性存款	124391	6827	5.81	-22039	-15.05
九、同业往来	251606	222373	760.69	249862	14330.23
1. 存放同业	251606	222373	760.69	249862	14330.23
其中：存放境外同业					
2. 拆放同业					
其中：拆放境外同业					
十、境外联行往来（运用方）					
十一、代理金融机构贷款	898582	-325	-0.04	387467	75.81
其中：代理人行专项贷款					
十二、库存现金	204422	45653	28.75	34529	20.32
十三、外汇买卖（运用方）	705578	73534	11.63	705577	103539043.41
其中：结售汇	705577	73534	11.63	705577	
十四、投资性房地产					
资金运用总计	32760979	839199	2.63	4169083	14.58

昆明市外资银行人民币信贷收支 12 月月报表

项目 \ 栏目	本期余额	比上月		比年初	
		增减	增减%	增减	增减%
一、各项存款	118399	-14739	-11.07	44034	59.21
1. 单位存款	87651	-33372	-27.57	24941	39.77
其中：活期存款	58481	-26699	-31.34	25090	75.14
定期存款	29170	-6672	-18.62	-148	-0.51
通知存款					
保证金存款					
2. 个人存款	30748	18633	153.80	19093	163.82
储蓄存款	30748	18633	153.80	19093	163.82
保证金存款.					
结构性存款					
3. 临时性存款					
4. 其他存款					
二、代理财政性存款					
三、金融债券					
其中：境外发行					
四、中长期借款					
其中：境外借款					
五、应付及暂收款	2416	106	4.60	-39	-1.57
其中：应付利息	1046	-97	-8.47	-130	-11.08
六、卖出回购资产					
七、向中央银行借款					
八、同业往来（来源方）	23048	5000	27.71	23048	
1. 同业存放	23048	5000	27.71	23048	
其中：境外同业存放					
2. 同业拆借					
其中：境外同业拆借					
九、境外联行往来（来源方）					
十、外汇买卖（来源方）					
其中：结售汇					
十一、委托存款及委托投资基金（净）					
1. 委托存款及委托投资基金					
2. 减：委托贷款及委托投资					
十二、代理金融机构委托贷款基金					
其中：中央银行委托贷款基金					
十三、各项准备	195	99	102.64	158	427.79
其中：贷款损失准备	195	99	102.64	158	427.79
十四、所有者权益	31810	131	0.41	12972	68.86
其中：实收资本	30000			10000	50.00
十五、其他	57639	10110	21.27	-12329	-17.62
资金来源总计	233506	708	0.30	67844	40.95

昆明市外资银行人民币信贷收支12月月报表

栏目 项目	本期余额	比上月		比年初	
		增减	增减%	增减	增减%
一、各项贷款	216474	-289	-0.13	63588	41.59
(一) 境内贷款	216474	-289	-0.13	63591	41.59
1. 短期贷款	162285	6588	4.23	43173	36.25
(1) 个人贷款及透支	12	1	8.15	-46	-79.02
其中：个人消费贷款	12	1	8.15	-46	-79.02
(2) 单位普通贷款及透支	162273	6587	4.23	43219	36.30
其中：经营贷款	162273	6587	4.23	43219	36.30
固定资产贷款					
(3) 普通并购贷款					
(4) 银团贷款					
(5) 贸易融资					
(6) 境外筹资转贷款					
2. 中长期贷款	52683	-5660	-9.70	27653	110.48
(1) 个人贷款					
其中：个人消费贷款					
(2) 单位普通贷款	52683	-5660	-9.70	27653	110.48
其中：经营贷款					
固定资产贷款	52683	-5660	-9.70	27653	110.48
(3) 普通并购贷款					
(4) 银团贷款					
(5) 贸易融资					
(6) 境外筹资转贷款					
3. 融资租赁					
4. 票据融资	1505	-1218	-44.73	-7235	-82.78
其中：贴现	1505	-1218	-44.73	-7235	-82.78
5. 各项垫款					
(二) 境外贷款	0			-2	-84.54
二、有价证券					
三、股权及其他投资					
四、应收及预付款	4298	639	17.48	2283	113.37
其中：应收利息	4175	633	17.87	2197	111.05
五、买入返售资产					
六、存放中央银行准备金存款	9580	-2124	-18.15	1366	16.63
七、存放中央银行特种存款					
八、缴存中央银行财政性存款					
九、同业往来	2614	2209	546.29	357	15.80
1. 存放同业	2614	2209	546.29	357	15.80
其中：存放境外同业					
2. 拆放同业					
其中：拆放境外同业					
十、境外联行往来（运用方）					
十一、代理金融机构贷款					
其中：代理人行专项贷款					
十二、库存现金	541	273	101.61	249	85.56
十三、外汇买卖（运用方）					
其中：结售汇					
十四、投资性房地产					
资金运用总计	233506	708	0.30	67844	40.95

昆明市中资区域性中小金融机构人民币信贷收支12月月报表

栏目 项目	本期余额	比上月		比年初	
		增减	增减%	增减	增减%
一、各项存款	10864036	146788	1.37	1671388	18.18
1. 单位存款	4723581	107718	2.33	750803	18.90
其中：活期存款	3809440	84387	2.27	666599	21.21
定期存款	492346	15392	3.23	68078	16.05
通知存款	150663	44903	42.46	6219	4.31
保证金存款	134922	20313	17.72	39043	40.72
2. 个人存款	6138766	41417	0.68	919152	17.61
储蓄存款	6138766	41417	0.68	920020	17.63
保证金存款.				-868	-100.00
结构性存款					
3. 临时性存款	1689	-2347	-58.15	1433	559.77
4. 其他存款					
二、代理财政性存款	18492	6184	50.24	-180	-0.96
三、金融债券					
其中：境外发行					
四、中长期借款					
其中：境外借款					
五、应付及暂收款	343807	62218	22.10	97283	39.46
其中：应付利息	197150	1555	0.79	50991	34.89
六、卖出回购资产	35000	-16500	-32.04	-19000	-35.19
七、向中央银行借款	136700	-6308	-4.41	14290	11.67
八、同业往来（来源方）	80407	27498	51.97	23501	41.30
1. 同业存放	30034	27498	1084.31	28501	1859.17
其中：境外同业存放					
2. 同业拆借	50373			-5000	-9.03
其中：境外同业拆借					
九、境外联行往来（来源方）					
十、外汇买卖（来源方）					
其中：结售汇					
十一、委托存款及委托投资基金（净）	3877	1027	36.04	-5828	-60.05
1. 委托存款及委托投资基金	65003	11883	22.37	-29427	-31.16
2. 减：委托贷款及委托投资	61126	10856	21.60	-23599	-27.85
十二、代理金融机构委托贷款基金					
其中：中央银行委托贷款基金					
十三、各项准备	295180	17360	6.25	51703	21.24
其中：贷款损失准备	292107	18019	6.57	53994	22.68
十四、所有者权益	983831	-24862	-2.46	293259	42.47
其中：实收资本	408529	5000	1.24	137070	50.49
十五、其他	-1053750	1433137	-57.63	-598461	131.45
资金来源总计	11707579	1646542	16.37	1527956	15.01

昆明市中资区域性中小金融机构人民币信贷收支12月月报表

栏目 项目	本期余额	比上月		比年初	
		增减	增减%	增减	增减%
一、各项贷款	7448472	46465	0.63	1107524	17.47
(一) 境内贷款	7448472	46465	0.63	1107524	17.47
1. 短期贷款	2631937	66796	2.60	487937	22.76
(1) 个人贷款及透支	784404	5334	0.68	88193	12.67
其中：个人消费贷款	71067	-7644	-9.71	11579	19.46
(2) 单位普通贷款及透支	1847533	61462	3.44	399744	27.61
其中：经营贷款	1821043	61962	3.52	411954	29.24
固定资产贷款	26490	-500	-1.85	-12210	-31.55
(3) 普通并购贷款					
(4) 银团贷款					
(5) 贸易融资					
(6) 境外筹资转贷款					
2. 中长期贷款	4706753	4594	0.10	574663	13.91
(1) 个人贷款	1078039	4848	0.45	161440	17.61
其中：个人消费贷款	524239	-5802	-1.09	61004	13.17
(2) 单位普通贷款	3628714	-254	-0.01	443223	13.91
其中：经营贷款	2197802	3434	0.16	-28101	-1.26
固定资产贷款	1430912	-3688	-0.26	471324	49.12
(3) 普通并购贷款					
(4) 银团贷款				-30000	-100.00
(5) 贸易融资					
(6) 境外筹资转贷款					
3. 融资租赁					
4. 票据融资	104935	-24925	-19.19	40077	61.79
其中：贴现	104935	-24925	-19.19	40077	61.79
5. 各项垫款	4847			4847	
(二) 境外贷款					
二、有价证券	30694	368	1.21	19666	178.33
三、股权及其他投资	7500	-4700	-38.52	5300	240.91
四、应收及预付款	55519	-63419	-53.32	23549	73.66
其中：应收利息	28506	-60518	-67.98	5940	26.32
五、买入返售资产	97305	10918	12.64	-46670	-32.42
六、存放中央银行准备金存款	2127503	637688	42.80	58767	2.84
七、存放中央银行特种存款					
八、缴存中央银行财政性存款	33257	926	2.86	15414	86.39
九、同业往来	1810952	1033380	132.90	345479	23.57
1. 存放同业	1810952	1033380	132.90	385479	27.04
其中：存放境外同业					
2. 拆放同业				-40000	-100.00
其中：拆放境外同业					
十、境外联行往来（运用方）					
十一、代理金融机构贷款					
其中：代理人行专项贷款					
十二、库存现金	96377	-15084	-13.53	-1074	-1.10
十三、外汇买卖（运用方）					
其中：结售汇					
十四、投资性房地产					
资金运用总计	11707579	1646542	16.37	1527956	15.01

昆明市金融机构（含外资）人民币信贷收支12月月报表

栏目 \ 项目	本期余额	比上月		比年初		比年初同比多增	同比增幅%
		增减	增减%	增减	增减%		
一、各项存款	88513017	997883	1.14	12892169	17.05	4657814	17.04
1. 单位存款	53671835	1520280	2.92	9071164	20.34	5465681	20.33
其中：活期存款	28369257	2178581	8.32	3595785	14.51	4076052	13.26
定期存款	12062941	400596	3.43	2688351	28.68	-299732	28.68
通知存款	2177996	-402694	-15.60	878108	67.55	1257724	67.55
保证金存款	6009996	286947	5.01	1153474	23.75	-131513	23.75
2. 个人存款	30479767	1314647	4.51	4088872	15.49	1135151	15.49
储蓄存款	29700984	1174887	4.12	3532814	13.50	636356	13.50
保证金存款1	109798	-2787	-2.48	39367	55.89	-13629	55.89
结构性存款	668985	142547	27.08	516691	339.27	512424	339.27
3. 财政性存款	1921939	-1735112	-47.45	-412646	-17.68	-1687296	-17.68
4. 临时性存款	167720	-32273	-16.14	-908	-0.54	37004	-0.54
5. 委托存款	150431	-162289	-51.90	-155768	-50.87	-176670	-50.87
6. 其他存款	2121325	92631	4.57	301455	16.56	-116055	16.56
二、金融债券	78					0	
三、中长期借款							
四、应付及暂收款	1967300	19584	1.01	610360	44.98	284736	44.99
其中：应付利息	800537	-69645	-8.00	246510	44.49	94605	44.49
五、同业往来（来源方）	398428	3948	1.00	-364772	-47.80	-243666	-46.67
六、系统内资金往来（来源方）							
七、外汇买卖（来源方）	731019	71112	10.78	458219	167.97	-192991	-40.14
其中：结售汇	726760	70964	10.82	456749	169.16	-193095	-40.36
八、各项准备	1774754	138102	8.44	272149	18.11	-345355	18.11
其中：贷款损失准备金	1757782	139076	8.59	288589	19.64	-354652	19.64
九、所有者权益	3114808	14203	0.46	732557	30.75	243303	26.04
其中：实收资本	746223	5000	0.67	147070	24.55	59765	24.55
十、其他	-5112111	-2722816	113.96	-2047110	66.79	-2216155	49.33
资金来源总计	91387293	-1477985	-1.59	12553572	15.92	2187687	14.95

昆明市金融机构（含外资）人民币信贷收支12月月报表

项目 栏目	本期余额	比上月		比年初		比年初同比多增	同比增幅%
		增减	增减%	增减	增减%		
一、各项贷款	81871343	469429	0.58	8837986	12.1	797178	12.1
（一）境内贷款	81347673	428509	0.53	8585205	11.8	763001	11.8
1. 短期贷款	21102092	580342	2.83	4540686	27.42	2406303	27.42
（1）个人贷款及透支	3854891	111020	2.97	1328166	52.56	598230	52.56
其中：个人消费贷款	946492	-2262	-0.24	151322	19.03	52505	19.03
（2）单位普通贷款及透支	15404062	339661	2.25	2568717	20.01	1529819	20.01
其中：经营贷款	15315546	360615	2.41	2821235	22.58	1592931	22.58
固定资产贷款	81803	-15225	-15.69	-257912	-75.92	-67185	-75.92
（3）普通并购贷款	12012						
（4）银团贷款						23500	
（5）贸易融资	1831127	129660	7.62	643803	54.22	254754	54.22
（6）境外筹资转贷款							
2. 中长期贷款	58402828	-99514	-0.17	3318183	6.02	-2448913	6.02
（1）个人贷款	10250200	111488	1.1	1351037	15.18	84373	15.16
其中：个人消费贷款	8219893	62466	0.77	931426	12.78	52503	12.76
（2）单位普通贷款	44598798	-247365	-0.55	757627	1.73	-2686507	1.73
其中：经营贷款	6401964	-121608	-1.86	-1117077	-14.86	615532	-17.49
固定资产贷款	38196834	-125757	-0.33	1874704	5.16	-3302039	5.86
（3）普通并购贷款	182458	-34500	-15.9	16460	9.92	-6540	9.92
（4）银团贷款	3105712	70755	2.33	1247174	67.11	198926	67.11
（5）贸易融资	265661	107	0.04	-54114	-16.92	-39164	-16.92
（6）境外筹资转贷款							
3. 融资租赁							
4. 票据融资	1695065	-77889	-4.39	615400	57	697564	57
其中：贴现	1695065	-77889	-4.39	615400	57	697564	57
5. 各项垫款	147687	25570	20.94	110935	301.85	108046	301.85
（二）境外贷款	523671	40921	8.48	252781	93.32	34177	94.34
二、有价证券	884981	-5792	-0.65	128416	16.97	158693	16.97
三、股权及其他投资	563747	347281	160.43	520419	1201.11	548935	1201.11
四、应收及预付款	700771	-548137	-43.89	204630	41.24	-73412	41.28
其中：应收利息	265120	-497811	-65.25	51935	24.36	-24274	24.36
五、同业往来（运用方）	419523	-314599	-42.85	-72672	-14.76	-138103	271.28
六、系统内资金往来（运用方）	4826755	-1653125	-25.51	2234635	86.21	961464	79.55
七、金银占款							
八、外汇买卖（运用方）	729898	77966	11.96	455213	165.72	-165516	-40.33
其中：结售汇1	727962	78029	12.01	454863	166.56	-167209	-40.41
九、固定资产	916355	78521	9.37	203193	28.49	113744	28.49
十、库存现金	470391	70557	17.65	42007	9.81	-15227	9.78
十一、投资性房地产	3528	-86	-2.38	-255	-6.74	-70	-6.74
资金运用总计	91387293	-1477985	-1.59	12553572	15.92	2187687	14.95

昆明市金融机构（不含外资、证券）人民币信贷收支12月月报表

项目 / 栏目	本期余额	比上月		比年初		比年初同比多增	同比增幅%
		增减	增减%	增减	增减%		
一、各项存款	88394618	1012622	1.16	12848135	17.01	4662367	17.00
1. 单位存款	53584184	1553651	2.99	9046223	20.31	5482099	20.30
其中：活期存款	28310776	2205280	8.45	3570695	14.43	4081482	13.18
定期存款	12033771	407268	3.50	2688499	28.77	-288743	28.77
通知存款	2177996	-402694	-15.60	878108	67.55	1257724	67.55
保证金存款	6009996	286947	5.01	1153474	23.75	-131513	23.75
2. 个人存款	30449019	1296014	4.45	4069779	15.43	1123286	15.43
储蓄存款	29670236	1156254	4.06	3513721	13.43	624490	13.43
保证金存款1	109798	-2787	-2.48	39367	55.89	-13629	55.89
结构性存款	668985	142547	27.08	516691	339.27	512424	339.27
3. 财政性存款	1921939	-1735112	-47.45	-412646	-17.68	-1687296	-17.68
4. 临时性存款	167720	-32273	-16.14	-908	-0.54	37004	-0.54
5. 委托存款	150431	-162289	-51.90	-155768	-50.87	-176670	-50.87
6. 其他存款	2121325	92631	4.57	301455	16.56	-116055	16.56
二、金融债券	78					0	
三、中长期借款							
四、应付及暂收款	1964884	19478	1.00	610398	45.06	287096	45.08
其中：应付利息	799491	-69548	-8.00	246641	44.61	95791	44.61
五、同业往来（来源方）	398428	3948	1.00	-364772	-47.80	-243666	-46.67
六、系统内资金往来（来源方）							
七、外汇买卖（来源方）	731019	71112	10.78	458219	167.97	-192991	-40.14
其中：结售汇	726760	70964	10.82	456749	169.16	-193095	-40.36
八、各项准备	1774560	138003	8.43	271991	18.10	-345476	18.10
其中：贷款损失准备金	1757587	138977	8.59	288431	19.63	-354773	19.63
九、所有者权益	3082998	14072	0.46	719586	30.45	240212	25.71
其中：实收资本	716223	5000	0.70	137070	23.67	59765	23.67
十、其他	-5122897	-2727855	113.90	-2068762	67.74	-2244551	50.12
资金来源总计	91223687	-1468621	-1.58	12474794	15.84	2162992	14.87

昆明市金融机构（不含外资、证券）人民币信贷收支12月月报表

项目 栏目	本期余额	比上月		比年初		比年初同比多增	同比增幅%
		增减	增减%	增减	增减%		
一、各项贷款	81654869	469719	0.58	8774397	12.04	860638	12.04
（一）境内贷款	81131199	428798	0.53	8521614	11.74	826456	11.73
1. 短期贷款	20939807	573753	2.82	4497513	27.35	2477068	27.35
（1）个人贷款及透支	3854879	111019	2.97	1328212	52.57	598330	52.57
其中：个人消费贷款	946480	-2263	-0.24	151368	19.04	52604	19.04
（2）单位普通贷款及透支	15241789	333074	2.23	2525498	19.86	1600484	19.86
其中：经营贷款	15153272	354028	2.39	2778017	22.45	1663595	22.45
固定资产贷款	81803	-15225	-15.69	-257912	-75.92	-67185	-75.92
（3）普通并购贷款	12012						
（4）银团贷款						23500	
（5）贸易融资	1831127	129660	7.62	643803	54.22	254754	54.22
（6）境外筹资转贷款							
2. 中长期贷款	58350145	-93855	-0.16	3290530	5.98	-2472198	5.97
（1）个人贷款	10250200	111488	1.1	1351037	15.18	84373	15.16
其中：个人消费贷款	8219893	62466	0.77	931426	12.78	52503	12.76
（2）单位普通贷款	44546115	-241705	-0.54	729973	1.67	-2709792	1.67
其中：经营贷款	6401964	-121608	-1.86	-1117077	-14.86	615532	-17.49
固定资产贷款	38144151	-120097	-0.31	1847050	5.09	-3325324	5.79
（3）普通并购贷款	182458	-34500	-15.9	16460	9.92	-6540	9.92
（4）银团贷款	3105712	70755	2.33	1247174	67.11	198926	67.11
（5）贸易融资	265661	107	0.04	-54114	-16.92	-39164	-16.92
（6）境外筹资转贷款							
3. 融资租赁							
4. 票据融资	1693560	-76671	-4.33	622635	58.14	713539	58.14
其中：贴现	1693560	-76671	-4.33	622635	58.14	713539	58.14
5. 各项垫款	147687	25570	20.94	110935	301.85	108046	301.85
（二）境外贷款	523670	40921	8.48	252784	93.32	34182	94.35
二、有价证券	884981	-5792	-0.65	128416	16.97	158693	16.97
三、股权及其他投资	563747	347281	160.43	520419	1201.11	548935	1201.11
四、应收及预付款	696474	-548776	-44.07	202346	40.95	-73822	40.98
其中：应收利息	260946	-498444	-65.64	49738	23.55	-24631	23.55
五、同业往来（运用方）	419523	-314599	-42.85	-72672	-14.76	-138103	271.28
六、系统内资金往来（运用方）	4884801	-1643140	-25.17	2222250	83.46	874061	77.07
七、金银占款							
八、外汇买卖（运用方）	729898	77966	11.96	455213	165.72	-165516	-40.33
其中：结售汇1	727962	78029	12.01	454863	166.56	-167209	-40.41
九、固定资产	916016	78522	9.38	202922	28.46	113487	28.46
十、库存现金	469851	70284	17.59	41758	9.75	-15312	9.73
十一、投资性房地产	3528	-86	-2.38	-255	-6.74	-70	-6.74
资金运用总计	91223687	-1468621	-1.58	12474794	15.84	2162992	14.87

昆明市中资全国性大型银行外汇信贷收支 12 月月报表

栏目 项目	本期余额	比上月		比年初	
		增减	增减%	增减	增减%
一、各项存款	74454	-1677	-2.20	18678	33.49
1. 单位存款	39298	-3634	-8.47	15595	65.79
其中：活期存款	18029	-1405	-7.23	-4181	-18.83
定期存款	2502	-1969	-44.04	1467	141.68
通知存款					
保证金存款	18768	-260	-1.37	18310	3998.38
2. 个人存款	33242	1161	3.62	2263	7.30
储蓄存款	31867	1167	3.80	2213	7.46
保证金存款.	34	-2	-6.80	7	28.69
结构性存款	1342	-3	-0.22	42	3.22
3. 临时性存款	1842	776	72.70	761	70.44
4. 其他存款	71	21	40.41	58	448.36
二、代理财政性存款					
三、金融债券					
其中：境外发行					
四、中长期借款	2594	266	11.43	244	10.40
其中：境外借款	2594	266	11.43	244	10.40
五、应付及暂收款	36744	-1316	-3.46	26026	242.82
其中：应付利息	236	65	38.33	109	85.32
六、卖出回购资产					
七、向中央银行借款					
八、同业往来（来源方）	26735	10107	60.79	11716	78.01
1. 同业存放	14732	-1895	-11.40	346	2.41
其中：境外同业存放	6855	132	1.97	2304	50.64
2, 同业拆借	12002	12002		11370	1798.00
其中：境外同业拆借	12002	12002		11370	1798.00
九、境外联行往来（来源方）	2588	-1002	-27.90	2588	
十、外汇买卖（来源方）	113196	11802	11.64	113189	1539983.59
其中：结售汇	113099	11792	11.64	113099	
十一、委托存款及委托投资基金（净）					
1. 委托存款及委托投资基金					
2. 减：委托贷款及委托投资					
十二、代理金融机构委托贷款基金					
其中：中央银行委托贷款基金					
十三、各项准备	7283	771	11.85	5505	309.71
其中：贷款损失准备	7283	771	11.85	5505	309.68
十四、所有者权益	-2584	-219	9.26	-4383	-243.65
其中：实收资本					
十五、其他	217149	-43868	-16.81	14254	7.03
资金来源总计	478160	-25135	-4.99	187818	64.69

昆明市中资全国性大型银行外汇信贷收支12月月报表

项目 \ 栏目	本期余额	比上月		比年初	
		增减	增减%	增减	增减%
一、各项贷款	325121	-35427	-9.83	47965	17.31
(一) 境内贷款	172634	-6531	-3.65	3886	2.30
1. 短期贷款	118114	-11036	-8.55	-8325	-6.58
(1) 个人贷款及透支	48	7	15.75	25	104.49
其中：个人消费贷款	48	7	15.75	25	104.49
(2) 单位普通贷款及透支	43343	1650	3.96	-22116	-33.79
其中：经营贷款	43343	1650	3.96	-22116	-33.79
固定资产贷款					
(3) 普通并购贷款					
(4) 银团贷款					
(5) 贸易融资	74723	-12693	-14.52	13766	22.58
(6) 境外筹资转贷款					
2. 中长期贷款	54519	4505	9.01	12211	28.86
(1) 个人贷款					
其中：个人消费贷款					
(2) 单位普通贷款	42014	4133	10.91	12104	40.47
其中：经营贷款					
固定资产贷款	42014	4133	10.91	12104	40.47
(3) 普通并购贷款					
(4) 银团贷款					
(5) 贸易融资	6			6	
(6) 境外筹资转贷款	12500	371	3.06	101	0.82
3. 融资租赁					
4. 票据融资	0	0	256.72	0	256.72
其中：贴现					
5. 各项垫款					
(二) 境外贷款	152487	-28896	-15.93	44080	40.66
二、有价证券					
三、股权及其他投资					
四、应收及预付款	37874	-1186	-3.04	26669	238.01
其中：应收利息	1723	-812	-32.02	394	29.68
五、买入返售资产					
六、存放中央银行准备金存款					
七、存放中央银行特种存款					
八、缴存中央银行财政性存款					
九、同业往来	226	4	1.70	-21	-8.58
1. 存放同业	226	4	1.70	-21	-8.58
其中：存放境外同业					
2. 拆放同业					
其中：拆放境外同业					
十、境外联行往来（运用方）					
十一、代理金融机构贷款					
其中：代理人行专项贷款					
十二、库存现金	1792	-327	-15.45	60	3.49
十三、外汇买卖（运用方）	113146	11801	11.64	113144	4850718.99
其中：结售汇	113098	11792	11.64	113095	4848622.93
十四、投资性房地产					
资金运用总计	478160	-25135	-4.99	187818	64.69

昆明市中资全国性中小型银行外汇信贷收支 12 月月报表

栏目 项目	本期余额	比上月		比年初	
		增减	增减%	增减	增减%
一、各项存款	36205	-3391	-8.56	13257	57.77
1. 单位存款	30510	-3375	-9.96	12436	68.80
其中：活期存款	12230	-3959	-24.45	6437	111.11
定期存款	1842	25	1.38	-9632	-83.95
通知存款		-39	-100.00	-116	-100.00
保证金存款	16439	598	3.77	15747	2277.28
2. 个人存款	5504	135	2.52	857	18.45
储蓄存款	4399	207	4.95	788	21.83
保证金存款.	4			3	300.00
结构性存款	1101	-72	-6.15	66	6.39
3. 临时性存款	191	-151	-44.18	-36	-15.72
4. 其他存款					
二、代理财政性存款	1	0		0	0.01
三、金融债券					
其中：境外发行					
四、中长期借款	171	2	1.18	171	
其中：境外借款	171	2	1.18	171	
五、应付及暂收款	9158	3852	72.58	8885	3248.28
其中：应付利息	313	-144	-31.60	88	39.49
六、卖出回购资产					
七、向中央银行借款					
八、同业往来（来源方）	34472	-5668	-14.12	32807	1970.36
1. 同业存放	20022			19691	5948.94
其中：境外同业存放	20			-301	-93.77
2. 同业拆借	14450	-5668	-28.17	13116	983.18
其中：境外同业拆借	2549	-4267	-62.60	1215	91.09
九、境外联行往来（来源方）					
十、外汇买卖（来源方）	3738	296	8.59	-37190	-90.87
其中：结售汇	1597	341	27.11	-37342	-95.90
十一、委托存款及委托投资基金（净）	25	-35	-58.29	-200	-88.87
1. 委托存款及委托投资基金	25	-35	-58.29	-200	-88.87
2. 减：委托贷款及委托投资					
十二、代理金融机构委托贷款基金					
其中：中央银行委托贷款基金					
十三、各项准备	1627	781	92.33	956	142.65
其中：贷款损失准备	1627	781	92.33	956	142.65
十四、所有者权益	77	-718	-90.36	-267	-77.70
其中：实收资本					
十五、其他	70700	18203	34.68	29250	70.57
资金来源总计	156173	13321	9.33	47669	43.93

昆明市中资全国性中小型银行外汇信贷收支 12 月月报表

项 目 \ 栏 目	本 期 余 额	比上月		比年初	
		增减	增减%	增减	增减%
一、各项贷款	142941	20083	16. 35	81122	131. 22
(一) 境内贷款	142941	20083	16. 35	81122	131. 22
1. 短期贷款	118831	20190	20. 47	70130	144. 00
(1) 个人贷款及透支					
其中：个人消费贷款					
(2) 单位普通贷款及透支	35497	-1412	-3. 82	10010	39. 28
其中：经营贷款	35497	-1412	-3. 82	10010	39. 28
固定资产贷款					
(3) 普通并购贷款					
(4) 银团贷款					
(5) 贸易融资	83334	21602	34. 99	60120	258. 97
(6) 境外筹资转贷款					
2. 中长期贷款	24109	-107	-0. 44	10992	83. 80
(1) 个人贷款					
其中：个人消费贷款					
(2) 单位普通贷款	18856			11870	169. 91
其中：经营贷款	18340			11870	183. 46
固定资产贷款	516				
(3) 普通并购贷款					
(4) 银团贷款					
(5) 贸易融资	5253	-107	-2. 00	-878	-14. 32
(6) 境外筹资转贷款					
3. 融资租赁					
4. 票据融资					
其中：贴现					
5. 各项垫款					
(二) 境外贷款					
二、有价证券					
三、股权及其他投资	499	7	1. 42	7	1. 42
四、应收及预付款	494	-2766	-84. 83	197	66. 26
其中：应收利息	474	-252	-34. 71	180	61. 09
五、买入返售资产					
六、存放中央银行准备金存款	67	16	31. 37	17	34. 00
七、存放中央银行特种存款					
八、缴存中央银行财政性存款					
九、同业往来	8058	-3257	-28. 78	3139	63. 81
1. 存放同业	8058	-3257	-28. 78	3139	63. 81
其中：存放境外同业	1256	783	165. 54	830	194. 84
2. 拆放同业					
其中：拆放境外同业					
十、境外联行往来（运用方）					
十一、代理金融机构贷款					
其中：代理人行专项贷款					
十二、库存现金	437	29	7. 16	44	11. 18
十三、外汇买卖（运用方）	3677	-792	-17. 72	-36857	-90. 93
其中：结售汇	1124	-778	-40. 89	-37206	-97. 07
十四、投资性房地产					
资金运用总计	156173	13321	9. 33	47669	43. 93

昆明市中资全国性四家行外汇信贷收支 12 月月报表

项目 \ 栏目	本期余额	比上月		比年初	
		增减	增减%	增减	增减%
一、各项存款	50506	-1394	-2.69	604	1.21
1. 单位存款	19195	-3334	-14.80	-2488	-11.47
其中：活期存款	16546	-1446	-8.03	-3882	-19.00
定期存款	2486	-1969	-44.20	1467	144.06
通知存款					
保证金存款	163	80	96.97	-74	-31.06
2. 个人存款	29398	1143	4.05	2271	8.37
储蓄存款	29393	1150	4.07	2271	8.37
保证金存款.	5	-3	-35.79	5	10960.51
结构性存款		-4	-100.00	-5	-100.00
3. 临时性存款	1841	776	72.88	763	70.74
4. 其他存款	71	21	40.41	58	448.36
二、代理财政性存款					
三、金融债券					
其中：境外发行					
四、中长期借款	2594	266	11.43	244	10.40
其中：境外借款	2594	266	11.43	244	10.40
五、应付及暂收款	1425	343	31.67	723	102.99
其中：应付利息	99	-3	-3.10	-5	-4.43
六、卖出回购资产					
七、向中央银行借款					
八、同业往来（来源方）	16534	10475	172.88	9388	131.37
1. 同业存放	4532	-1527	-25.21	-1982	-30.43
其中：境外同业存放				-920	-100.00
2. 同业拆借	12002	12002		11370	1798.00
其中：境外同业拆借	12002	12002		11370	1798.00
九、境外联行往来（来源方）	1797	-1002	-35.79	1797	
十、外汇买卖（来源方）	113145	11801	11.64	113145	11314480592300.00
其中：结售汇	113096	11792	11.64	113096	
十一、委托存款及委托投资基金（净）					
1. 委托存款及委托投资基金					
2. 减：委托贷款及委托投资					
十二、代理金融机构委托贷款基金					
其中：中央银行委托贷款基金					
十三、各项准备	1283	-159	-11.03	-464	-26.55
其中：贷款损失准备	1283	-159	-11.03	-464	-26.57
十四、所有者权益	1794	130	7.81	1357	309.89
其中：实收资本					
十五、其他	19073	-12754	-40.07	-11222	-37.04
资金来源总计	208150	7705	3.84	115572	124.84

昆明市中资全国性四家行外汇信贷收支12月月报表

栏目 项目	本期余额	比上月		比年初	
		增减	增减%	增减	增减%
一、各项贷款	92274	-4566	-4.72	1614	1.78
(一) 境内贷款	92274	-4566	-4.72	1614	1.78
1. 短期贷款	76494	-8967	-10.49	28	0.04
(1) 个人贷款及透支	48	7	15.75	25	104.49
其中：个人消费贷款	48	7	15.75	25	104.49
(2) 单位普通贷款及透支	4050	550	15.71	-12901	-76.11
其中：经营贷款	4050	550	15.71	-12901	-76.11
固定资产贷款					
(3) 普通并购贷款					
(4) 银团贷款					
(5) 贸易融资	72396	-9524	-11.63	12904	21.69
(6) 境外筹资转贷款					
2. 中长期贷款	15780	4401	38.68	1587	11.18
(1) 个人贷款					
其中：个人消费贷款					
(2) 单位普通贷款	9890	4143	72.08	1619	19.57
其中：经营贷款					
固定资产贷款	9890	4143	72.08	1619	19.57
(3) 普通并购贷款					
(4) 银团贷款					
(5) 贸易融资	6			6	
(6) 境外筹资转贷款	5883	258	4.58	-38	-0.64
3. 融资租赁					
4. 票据融资	0				
其中：贴现					
5. 各项垫款					
(二) 境外贷款					
二、有价证券					
三、股权及其他投资					
四、应收及预付款	1136	818	257.73	734	182.93
其中：应收利息	114	-18	-13.60	-269	-70.27
五、买入返售资产					
六、存放中央银行准备金存款					
七、存放中央银行特种存款					
八、缴存中央银行财政性存款					
九、同业往来	45	5	12.79	-7	-13.24
1. 存放同业	45	5	12.79	-7	-13.24
其中：存放境外同业					
2. 拆放同业					
其中：拆放境外同业					
十、境外联行往来（运用方）					
十一、代理金融机构贷款					
其中：代理人行专项贷款					
十二、库存现金	1549	-353	-18.56	85	5.82
十三、外汇买卖（运用方）	113146	11801	11.64	113145	7009711.57
其中：结售汇	113098	11792	11.64	113096	7006682.61
十四、投资性房地产					
资金运用总计	208150	7705	3.84	115572	124.84

昆明市外资银行外汇信贷收支 12 月月报表

栏目 项目	本期余额	比上月		比年初	
		增减	增减%	增减	增减%
一、各项存款	238	61	34.50	-110	-31.53
1. 单位存款	118	60	104.78	-139	-54.03
其中：活期存款	117	60	106.70	-140	-54.45
定期存款	1	0	1.98	1	
通知存款					
保证金存款					
2. 个人存款	121	1	0.72	29	31.23
储蓄存款	121	1	0.72	29	31.23
保证金存款.					
结构性存款					
3. 临时性存款					
4. 其他存款					
二、代理财政性存款					
三、金融债券					
其中：境外发行					
四、中长期借款					
其中：境外借款					
五、应付及暂收款	52	0	0.26	-14	-20.60
其中：应付利息	11	2	25.89	-9	-43.87
六、卖出回购资产					
七、向中央银行借款					
八、同业往来（来源方）	479			-2229	-82.30
1. 同业存放					
其中：境外同业存放					
2. 同业拆借	479			-2229	-82.30
其中：境外同业拆借	479			-2229	-82.30
九、境外联行往来（来源方）	4000	2000	100.00	-2600	-39.39
十、外汇买卖（来源方）					
其中：结售汇					
十一、委托存款及委托投资基金（净）					
1. 委托存款及委托投资基金					
2. 减：委托贷款及委托投资					
十二、代理金融机构委托贷款基金					
其中：中央银行委托贷款基金					
十三、各项准备	5	4	1589.62	5	
其中：贷款损失准备					
十四、所有者权益	1837	8	0.45	144	8.48
其中：实收资本	1250				
十五、其他	4147	-255	-5.80	1189	40.20
资金来源总计	10759	1819	20.34	-3615	-25.15

昆明市外资银行外汇信贷收支12月月报表

项目＼栏目	本期余额	比上月		比年初	
		增减	增减%	增减	增减%
一、各项贷款	4718	-172	-3.51	-1041	-18.08
(一) 境内贷款	4718	-172	-3.51	-1041	-18.08
1. 短期贷款	1711	-57	-3.21	-998	-36.83
(1) 个人贷款及透支		0	-100.00	-1	-100.00
其中：个人消费贷款		0	-100.00	-1	-100.00
(2) 单位普通贷款及透支	1232			-1195	-49.23
其中：经营贷款	1232			-1195	-49.23
固定资产贷款					
(3) 普通并购贷款					
(4) 银团贷款					
(5) 贸易融资	479	-57	-10.56	197	69.96
(6) 境外筹资转贷款					
2. 中长期贷款	3007	-115	-3.68	-43	-1.42
(1) 个人贷款					
其中：个人消费贷款					
(2) 单位普通贷款	3007	-115	-3.68	-43	-1.42
其中：经营贷款					
固定资产贷款	3007	-115	-3.68	-43	-1.42
(3) 普通并购贷款					
(4) 银团贷款					
(5) 贸易融资					
(6) 境外筹资转贷款					
3. 融资租赁					
4. 票据融资					
其中：贴现					
5. 各项垫款					
(二) 境外贷款					
二、有价证券					
三、股权及其他投资					
四、应收及预付款	63	21	49.56	-13	-16.65
其中：应收利息	27	-1	-2.95	-36	-57.27
五、买入返售资产					
六、存放中央银行准备金存款	50	11	27.53	47	1624.70
七、存放中央银行特种存款					
八、缴存中央银行财政性存款					
九、同业往来	4974	1959	64.99	-3531	-41.52
1. 存放同业	4974	1959	64.99	-3531	-41.52
其中：存放境外同业	20	2	8.82	-2	-9.40
2. 拆放同业					
其中：拆放境外同业					
十、境外联行往来（运用方）	920			920	
十一、代理金融机构贷款					
其中：代理人行专项贷款					
十二、库存现金	34	0	-0.69	2	7.89
十三、外汇买卖（运用方）					
其中：结售汇					
十四、投资性房地产					
资金运用总计	10759	1819	20.34	-3615	-25.15

昆明市国家开发银行外汇信贷收支 12 月月报表

项目 \ 栏目	本期余额	比上月		比年初	
		增减	增减%	增减	增减%
一、各项存款	111	-69	-38.51	89	402.11
1. 单位存款	111	-69	-38.51	89	402.11
其中：活期存款	111	-69	-38.51	89	402.11
定期存款					
通知存款					
保证金存款					
2. 个人存款					
储蓄存款					
保证金存款					
结构性存款					
3. 临时性存款					
4. 其他存款					
二、代理财政性存款					
三、金融债券					
其中：境外发行					
四、中长期借款					
其中：境外借款					
五、应付及暂收款	0	-332	-100.00	0	525.91
其中：应付利息	0	0	-96.41	0	423.58
六、卖出回购资产					
七、向中央银行借款					
八、同业往来（来源方）	6855	132	1.97	3224	88.81
1. 同业存放	6855	132	1.97	3224	88.81
其中：境外同业存放	6855	132	1.97	3224	88.81
2. 同业拆借					
其中：境外同业拆借					
九、境外联行往来（来源方）					
十、外汇买卖（来源方）	48	0	0.32	41	552.91
其中：结售汇					
十一、委托存款及委托投资基金（净）					
1. 委托存款及委托投资基金					
2. 减：委托贷款及委托投资					
十二、代理金融机构委托贷款基金					
其中：中央银行委托贷款基金					
十三、各项准备	5855	929	18.86	5855	
其中：贷款损失准备	5855	929	18.86	5855	
十四、所有者权益	-4249	-296	7.49	-5616	-410.97
其中：实收资本					
十五、其他	215731	-28991	-11.85	43724	25.42
资金来源总计	224350	-28628	-11.32	47317	26.73

昆明市国家开发银行外汇信贷收支12月月报表

项目 \ 栏目	本期余额	比上月		比年初	
		增减	增减%	增减	增减%
一、各项贷款	222743	-27806	-11.10	46661	26.50
(一) 境内贷款	70256	1090	1.58	2581	3.81
1. 短期贷款	39293	1100	2.88	-8194	-17.26
(1) 个人贷款及透支					
其中：个人消费贷款					
(2) 单位普通贷款及透支	39293	1100	2.88	-8194	-17.26
其中：经营贷款	39293	1100	2.88	-8194	-17.26
固定资产贷款					
(3) 普通并购贷款					
(4) 银团贷款					
(5) 贸易融资					
(6) 境外筹资转贷款					
2. 中长期贷款	30963	-10	-0.03	10775	53.37
(1) 个人贷款					
其中：个人消费贷款					
(2) 单位普通贷款	30963	-10	-0.03	10775	53.37
其中：经营贷款					
固定资产贷款	30963	-10	-0.03	10775	53.37
(3) 普通并购贷款					
(4) 银团贷款					
(5) 贸易融资					
(6) 境外筹资转贷款					
3. 融资租赁					
4. 票据融资					
其中：贴现					
5. 各项垫款					
(二) 境外贷款	152487	-28896	-15.93	44080	40.66
二、有价证券					
三、股权及其他投资					
四、应收及预付款	1607	-822	-33.85	656	69.09
其中：应收利息	1603	-800	-33.27	658	69.64
五、买入返售资产					
六、存放中央银行准备金存款					
七、存放中央银行特种存款					
八、缴存中央银行财政性存款					
九、同业往来					
1. 存放同业					
其中：存放境外同业					
2. 拆放同业					
其中：拆放境外同业					
十、境外联行往来（运用方）					
十一、代理金融机构贷款					
其中：代理人行专项贷款					
十二、库存现金					
十三、外汇买卖（运用方）					
其中：结售汇					
十四、投资性房地产					
资金运用总计	224350	-28628	-11.32	47317	26.73

昆明市金融机构（含外资）外汇信贷收支12月月报表

项目 栏目	本期余额	比上月		比年初		比年初同比多增	同比增幅%
		增减	增减%	增减	增减%		
一、各项存款	110923	-5042	-4.35	31625	39.88	35060	39.88
1. 单位存款	69926	-6949	-9.04	27892	66.36	36370	66.36
其中：活期存款	30375	-5303	-14.86	2116	7.49	16639	7.49
定期存款	4345	-1944	-30.91	-8165	-65.27	-17668	-65.27
通知存款		-39	-100.00	-116	-100.00	2862	-100.00
保证金存款	35206	337	0.97	34057	2962.95	34165	2962.95
2. 个人存款	38867	1297	3.45	3149	8.82	-1760	8.82
储蓄存款	36386	1375	3.93	3030	9.08	-1716	9.08
保证金存款1	38	-2	-6.12	10	38.70	19	38.70
结构性存款	2443	-75	-2.98	108	4.63	-63	4.63
3. 财政性存款	1	0		0	0.01	0	0.01
4. 临时性存款	2033	625	44.34	726	55.52	201	55.52
5. 委托存款	25	-35	-58.29	-200	-88.87	62	-88.87
6. 其他存款	71	21	40.41	58	448.36	186	448.36
二、金融债券							
三、中长期借款	2765	268	10.73	415	17.68	-721	17.68
四、应付及暂收款	45954	2536	5.84	34897	315.60	27416	315.60
其中：应付利息	560	-77	-12.06	188	50.73	-28	50.73
五、同业往来（来源方）	22292	7905	54.94	12347	124.16	8892	124.16
六、系统内资金往来（来源方）	293792	-48752	-14.23	54419	22.73	-93646	22.98
七、外汇买卖（来源方）	116934	12097	11.54	75999	185.66	-14830	-38.14
其中：结售汇	114697	12132	11.83	75758	194.55	-14854	-38.69
八、各项准备	8914	1557	21.16	6466	264.15	5128	264.15
其中：贷款损失准备金	8914	1557	21.16	6466	264.13	5128	264.13
九、所有者权益	-670	-929	-359.12	-4506	-117.48	-1312	-115.52
其中：实收资本	1250						
十、其他	31249	22420	253.93	20449	189.34	18663	189.34
资金来源总计	632153	-7940	-1.24	232112	58.02	-15350	15.33

昆明市金融机构（含外资）外汇信贷收支12月月报表

项 目 栏 目	本 期 余 额	比上月		比年初		比年初同 比多增	同比 增幅%
		增减	增减%	增减	增减%		
一、各项贷款	472780	－15516	－3.18	128046	37.14	－14275	37.14
（一）境内贷款	320293	13380	4.36	83966	35.53	17297	35.53
1. 短期贷款	238657	9098	3.96	60806	34.19	11818	34.19
（1）个人贷款及透支	48	6	15.50	24	100.04	12	100.04
其中：个人消费贷款	48	6	15.50	24	100.04	12	100.04
（2）单位普通贷款及透支	80072	238	0.30	－13301	－14.24	－58722	－14.24
其中：经营贷款	80072	238	0.30	－13301	－14.24	－60360	－14.24
固定资产贷款						1638	
（3）普通并购贷款							
（4）银团贷款							
（5）贸易融资	158537	8853	5.91	74083	87.72	70529	87.72
（6）境外筹资转贷款							
2. 中长期贷款	81635	4283	5.54	23159	39.60	5478	39.60
（1）个人贷款							
其中：个人消费贷款							
（2）单位普通贷款	63876	4018	6.71	23930	59.91	12924	59.91
其中：经营贷款	18340			11870	183.46	5400	183.46
固定资产贷款	45536	4018	9.68	12060	36.03	7524	36.03
（3）普通并购贷款							
（4）银团贷款							
（5）贸易融资	5259	－107	－1.99	－872	－14.22	114	－14.22
（6）境外筹资转贷款	12500	371	3.06	101	0.82	－7561	0.82
3. 融资租赁							
4. 票据融资	0	0	256.72	0	256.72	0	256.72
其中：贴现							
5. 各项垫款							
（二）境外贷款	152487	－28896	－15.93	44080	40.66	－31571	40.66
二、有价证券							
三、股权及其他投资	499	7	1.42	7	1.42	－5	1.42
四、应收及预付款	38431	－3931	－9.28	26854	231.95	17580	231.95
其中：应收利息	2224	－1065	－32.37	538	31.89	－441	31.89
五、同业往来（运用方）	1276	785	159.71	828	184.82	571	184.82
六、系统内资金往来（运用方）							
七、金银占款							
八、外汇买卖（运用方）	116823	11010	10.40	76287	188.20	－19047	－38.07
其中：结售汇	114221	11014	10.67	75889	197.98	－18822	－38.74
九、固定资产	81	4	5.16	－16	－16.79	－86	－16.79
十、库存现金	2263	－298	－11.65	107	4.95	－88	4.95
十一、投资性房地产							
资金运用总计	632153	－7940	－1.24	232112	58.02	－15350	15.33

昆明市金融机构（不含外资、证券）外汇信贷收支12月月报表

项目 栏目	本期余额	比上月		比年初		比年初同比多增	同比增幅%
		增减	增减%	增减	增减%		
一、各项存款	110685	-5103	-4.41	31735	40.20	35432	40.20
1. 单位存款	69809	-7009	-9.12	28031	67.10	36712	67.10
其中：活期存款	30259	-5364	-15.06	2256	8.05	16982	8.05
定期存款	4344	-1944	-30.92	-8166	-65.28	-17669	-65.28
通知存款		-39	-100.00	-116	-100.00	2862	-100.00
保证金存款	35206	337	0.97	34057	2962.95	34165	2962.95
2. 个人存款	38746	1297	3.46	3120	8.76	-1730	8.76
储蓄存款	36265	1374	3.94	3002	9.02	-1686	9.02
保证金存款1	38	-2	-6.12	10	38.70	19	38.70
结构性存款	2443	-75	-2.98	108	4.63	-63	4.63
3. 财政性存款	1	0		0	0.01	0	0.01
4. 临时性存款	2033	625	44.34	726	55.52	201	55.52
5. 委托存款	25	-35	-58.29	-200	-88.87	62	-88.87
6. 其他存款	71	21	40.41	58	448.36	186	448.36
二、金融债券							
三、中长期借款	2765	268	10.73	415	17.68	-721	17.68
四、应付及暂收款	45902	2536	5.85	34910	317.60	27470	317.60
其中：应付利息	548	-79	-12.59	197	56.09	-8	56.09
五、同业往来（来源方）	21812	7905	56.84	14577	201.46	13830	201.46
六、系统内资金往来（来源方）	289684	-48511	-14.34	53229	22.51	-94204	22.76
七、外汇买卖（来源方）	116934	12097	11.54	75999	185.66	-14830	-38.14
其中：结售汇	114697	12132	11.83	75758	194.55	-14854	-38.69
八、各项准备	8910	1552	21.10	6462	263.95	5123	263.95
其中：贷款损失准备金	8909	1552	21.10	6461	263.94	5123	263.94
九、所有者权益	-2507	-937	59.71	-4650	-217.03	-1267	-195.45
其中：实收资本							
十、其他	33052	22399	210.26	20504	163.42	18526	163.42
资金来源总计	627237	-7794	-1.23	233182	59.17	-10640	15.70

昆明市金融机构（不含外资、证券）外汇信贷收支12月月报表

栏目 \ 项目	本期余额	比上月		比年初		比年初同比多增	同比增幅%
		增减	增减%	增减	增减%		
一、各项贷款	468062	-15344	-3.17	129087	38.08	-9679	38.08
（一）境内贷款	315575	13552	4.49	85007	36.87	21892	36.87
1. 短期贷款	236946	9154	4.02	61804	35.29	15526	35.29
（1）个人贷款及透支	48	7	15.75	25	104.49	13	104.49
其中：个人消费贷款	48	7	15.75	25	104.49	13	104.49
（2）单位普通贷款及透支	78840	238	0.30	-12106	-13.31	-55101	-13.31
其中：经营贷款	78840	238	0.30	-12106	-13.31	-56739	-13.31
固定资产贷款						1638	
（3）普通并购贷款							
（4）银团贷款							
（5）贸易融资	158058	8909	5.97	73886	87.78	70614	87.78
（6）境外筹资转贷款							
2. 中长期贷款	78629	4398	5.92	23203	41.86	6366	41.86
（1）个人贷款							
其中：个人消费贷款							
（2）单位普通贷款	60870	4133	7.29	23974	64.98	13813	64.98
其中：经营贷款	18340			11870	183.46	5400	183.46
固定资产贷款	42530	4133	10.76	12104	39.78	8413	39.78
（3）普通并购贷款							
（4）银团贷款							
（5）贸易融资	5259	-107	-1.99	-872	-14.22	114	-14.22
（6）境外筹资转贷款	12500	371	3.06	101	0.82	-7561	0.82
3. 融资租赁							
4. 票据融资	0	0	256.72	0	256.72	0	256.72
其中：贴现							
5. 各项垫款							
（二）境外贷款	152487	-28896	-15.93	44080	40.66	-31571	40.66
二、有价证券							
三、股权及其他投资	499	7	1.42	7	1.42	-5	1.42
四、应收及预付款	38368	-3951	-9.34	26866	233.57	17618	233.57
其中：应收利息	2197	-1064	-32.62	574	35.37	-379	35.37
五、同业往来（运用方）	1256	783	165.54	830	194.84	570	194.84
六、系统内资金往来（运用方）							
七、金银占款							
八、外汇买卖（运用方）	116823	11010	10.40	76287	188.20	-19047	-38.07
其中：结售汇	114221	11014	10.67	75889	197.98	-18822	-38.74
九、固定资产							
十、库存现金	2229	-298	-11.80	104	4.91	-97	4.91
十一、投资性房地产							
资金运用总计	627237	-7794	-1.23	233182	59.17	-10640	15.70

（二）

其他金融统计表

云南省近五年主要经济金融指标
(2008～2012)

单位：亿元

项 目（年）	2008	2009	2010	2011	2012
国内生产总值	5692.12	6168.23	7224.18	8750.95	10309.8
第一产业（增加值）	1020.56	1063.96	1108.38	1407.81	1654.56
第二产业（增加值）	2452.77	2580.34	3223.49	3990.97	4419.1
第三产业（增加值）	2218.79	2523.93	2892.31	3352.17	4236.14
全社会固定资产投资	3526.6	4527.02	5528.71	7109.7	7828.51
地方财政收入	613.63	698.22	871.19	1110.83	1337.98
地方财政支出	1470.7	1949.79	2285.72	2929.59	3573.41
社会消费品零售总额	1718.54	2051.06	2500.44	3000.14	3541.6
居民消费价格指数（以上年为100）	105.7	100.9	103.7	104.9	102.7
进出口总额（亿美元）	95.99	80.19	133.68	160.5	210.05
进口（亿美元）	46.12	35.05	76.06	65.8	109.87
出口（亿美元）	49.87	45.14	57.62	94.7	100.18
银行业金融机构各项存款（余额）	8418.94	11119.64	13478.86	15429.41	18061.48
企业单位存款	2882.69	3942.38	4502.92	8038.83	9490.02
财政存款	240.17	337.57	327.77	374.75	354.78
城乡储蓄存款	3783.78	4668.61	5744.64	6711.20	7775.22
银行业金融机构各项贷款（余额）	6594.33	8779.63	10705.99	12347.00	14168.99
短期贷款	2505.45	2924.4	2702.96	3172.41	4126.52
中长期贷款	3817.03	5585.26	7771.89	8917.22	9644.39
现金投放（+）回笼（-）	+53.14	+88.59	+178.68	+19.99	+86
股票市价总值（亿元）	1123.4	2606.85	2791.58	1853.69	1988.50
其中：股票流通市值（亿元）	495.24	1660.69	2109.16	1608.5	1822.41
境内上市公司数（A、B股）（家）	27	26	28	28	28
境内上市外资股（B股）（家）	0	0	0	0	0
境外上市公司数（H股）（家）	1	1	1	1	1
全部保险机构保险费收入	165.39	180.08	235.68	241.1	271.29
全部保险机构保险赔款支出（含满期给付）	63.4	65.12	66.31	79.88	100.11
全部保险机构保险密度（元/人）	364.06	394.87	512.79	524.59	582.31
全部保险机构保险深度（%）	2.9	2.92	3.26	2.76	2.63
保险机构总数（家）	5542	5358	5622	5841	8360
保险机构从业人员总数（人）	66514	65000	65000	68900	71500

注：存贷款数据为含外资的本外币合计数据

2012 年云南省小额支付业务量统计表(含包数)

单位:包/笔/万元

	发起包数	发起笔数	发起金额(万元)	收到包数	收到笔数	收到金额(万元)
人民银行昆明中心支行营业部	294	312	456,476.65	257	264	199,882.00
中国人民银行昭通市中心支行	21	22	24.06	45	49	19,736.31
中国人民银行曲靖市中心支行	42	47	48.07	49	53	13,778.51
中国人民银行楚雄州中心支行	25	30	45.45	64	70	23,686.59
中国人民银行玉溪市中心支行	34	35	31.18	48	50	13,829.99
中国人民银行红河州中心支行	56	62	46.21	135	156	13,919.08
中国人民银行文山州中心支行	23	23	19.40	51	51	8,463.77
中国人民银行普洱市中心支行	52	59	73.60	82	95	35,675.13
中国人民银行西双版纳州中心支行	42	48	21.80	60	67	3,963.35
中国人民银行大理白族自治州中心支行	23	24	20.07	47	48	198,518.67
中国人民银行保山市中心支行	20	22	55.57	39	43	105,836.20
中国人民银行德宏州中心支行	28	39	36.54	345	364	6,416.33
中国人民银行丽江市中心支行	14	18	14.39	42	51	10,528.76
中国人民银行怒江州中心支行	0	0	0.00	9	9	3,520.97
中国人民银行迪庆州中心支行	3	3	1.80	13	13	3,287.94
中国人民银行临沧市中心支行	10	10	7.92	21	20	6,661.06
国家金库云南省分库	619	627	1,894,147.34	563	668	699,227.98
中华人民共和国国家金库昭通市中心支库	116	38,663	16,388.60	86	139	768.24
中华人民共和国国家金库曲靖市中心支库	52	6,760	7,438.48	247	255	10,579.75
中华人民共和国国家金库楚雄州中心支库	31	31	45,073.48	43	86	454.64
中华人民共和国国家金库玉溪市中心支库	17	25	411,241.66	288	542	8,846.42
中华人民共和国国家金库红河州中心支库	65	3,519	5,030.06	385	968	2,401.49
中华人民共和国国家金库文山州中心支库	0	0	0.00	87	121	1,704.14
中华人民共和国国家金库普洱市中心支库	30	30	277.80	520	1,054	2,204.50
中华人民共和国国家金库西双版纳州中心支库	180	180	44,575.48	287	346	2,705.66
中华人民共和国国家金库大理州中心支库	95	95	91,003.37	243	747	7,263.75
中华人民共和国国家金库保山市中心支库	16	16	3,474.36	49	59	2,029.18
中华人民共和国国家金库德宏州中心支库	22	22	10,613.18	123	130	65,709.07
中华人民共和国国家金库丽江市中心支库	57	57	25,852.35	14	16	1,328.20
中华人民共和国国家金库怒江州中心支库	0	0	0.00	4	4	1,094.53
中华人民共和国国家金库迪庆州中心支库	8	8	81.93	29	30	100.28

续表

	发起包数	发起笔数	发起金额（万元）	收到包数	收到笔数	收到金额（万元）
中华人民共和国国家金库临沧市中心支库	4	5	12.85	44	103	385.78
中国工商银行云南省分行清算中心（不办对外业务）	304,603	1,353,589	1,201,487.31	366,128	1,874,329	1,420,588.57
中国农业银行云南省分行清算中心（不对外办理业务）	597,149	1,371,895	1,485,822.20	392,042	1,856,191	1,629,721.32
中国银行股份有限公司云南省分行	233,677	1,112,303	970,114.40	197,996	677,148	659,756.75
中国建设银行股份有限公司云南省分行	301,930	2,092,351	1,894,509.85	408,402	1,629,050	1,298,598.52
国家开发银行股份有限公司云南省分行	98	234	48.14	444	524	533.64
中国进出口银行云南省分行	5	5	2.70	16	16	12.02
中国农业发展银行云南省分行	7,113	9,549	7,524.23	6,700	8,651	13,171.11
交通银行股份有限公司云南省分行	230,907	486,907	411,013.46	132,174	410,228	337,712.19
中信银行昆明分行会计清算部	2,864	74,823	43,954.98	2,079	4,225	3,906.57
中信银行股份有限公司昆明分行	78,255	2,154,567	1,170,868.98	66,769	156,742	150,737.44
中国光大银行昆明分行	28,634	43,224	43,588.26	53,191	147,000	138,260.74
华夏银行昆明分行会计处	12,578	34,201	19,276.81	63,348	142,707	142,882.27
华夏银行玉溪支行	337	1,532	329.85	4,758	8,263	6,139.81
中国民生银行昆明分行	52,037	76,501	118,642.93	60,902	406,515	353,821.60
广发银行股份有限公司昆明分行	61,458	113,561	132,160.72	84,107	258,975	206,036.11
深圳发展银行股份有限公司昆明分行	65,711	79,907	100,466.37	40,144	73,543	81,045.22
平安银行股份有限公司昆明分行	10,397	13,454	17,068.91	6,231	12,839	15,961.93
招商银行昆明分行	250,807	486,615	473,393.25	153,140	478,798	437,917.45
兴业银行股份有限公司昆明分行	65,551	118,018	149,820.64	36,395	130,536	105,865.98
上海浦东发展银行昆明分行	52,215	76,170	91,054.31	36,829	104,134	105,723.59
富滇银行股份有限公司运营管理部	93,612	284,385	303,112.67	135,101	793,235	914,497.06
曲靖市商业银行	23,741	40,108	64,455.21	26,629	64,246	83,946.04
玉溪市商业银行	17,303	31,254	33,747.88	13,679	24,860	28,656.35
重庆农村商业银行股份有限公司（不对外办理业务）	0	0	0.00	0	0	0.00
恒丰银行股份有限公司昆明分行	3,558	3,860	4,133.76	2,284	5,964	6,363.53
上海农村商业银行	0	0	0.00	0	0	0.00
云南省农村信用社联合社	153,437	560,570	611,831.23	242,468	1,201,875	1,128,124.90
中国邮政储蓄银行总行	0	0	0.00	0	0	0.00
汇丰银行（中国）有限公司昆明分行	138	234	126.35	23	23	33.02
恒生银行（中国）有限公司昆明分行	187	193	170.82	211	229	307.32
昆明银行电子结算中心	0	0	0.00	0	0	0.00
合计	2,650,301	10,670,802	12,360,859.87	2,536,509	10,477,517	10,744,829.31

2012 年云南省大额支付系统业务量统计表

单位：笔/万元

	发起笔数(往账)	发起金额(万元)	接收笔数(来账)	接收金额(万元)
人民银行昆明中心支行营业部	36,640	148,772,009.75	14,148	31,558,618.96
中国人民银行昭通市中心支行	2,969	3,321,030.34	4,114	4,077,611.02
中国人民银行曲靖市中心支行	3,541	6,978,336.70	1,959	4,922,510.41
中国人民银行楚雄州中心支行	3,566	3,200,898.90	5,071	3,226,642.34
中国人民银行玉溪市中心支行	5,026	13,591,934.83	3,699	11,366,822.85
中国人民银行红河州中心支行	6,676	6,340,534.83	6,654	6,390,928.05
中国人民银行文山州中心支行	4,619	3,899,185.53	4,079	4,270,251.10
中国人民银行普洱市中心支行	3,492	3,473,113.10	3,032	3,348,630.76
中国人民银行西双版纳州中心支行	1,311	1,946,189.20	1,166	1,937,443.46
中国人民银行大理白族自治州中心支行	4,789	5,018,328.08	9,228	4,758,842.16
中国人民银行保山市中心支行	3,096	3,943,650.22	6,439	3,786,712.28
中国人民银行德宏州中心支行	2,084	1,500,898.62	2,976	1,523,549.17
中国人民银行丽江市中心支行	2,136	2,502,992.06	2,126	2,589,937.20
中国人民银行怒江州中心支行	2,413	832,039.79	3,853	837,097.26
中国人民银行迪庆州中心支行	934	1,037,173.13	1,767	1,013,378.35
中国人民银行临沧市中心支行	3,756	3,284,385.43	6,549	3,390,149.89
国家金库云南省分库	8,760	47,279,471.25	22,530	47,561,677.82
中华人民共和国国家金库昭通市中心支库	8,174	2,912,377.07	3,727	3,047,079.21
中华人民共和国国家金库曲靖市中心支库	6,324	4,982,326.00	6,063	4,971,929.94
中华人民共和国国家金库楚雄州中心支库	5,647	2,314,989.63	2,717	2,360,055.23
中华人民共和国国家金库玉溪市中心支库	5,890	4,368,731.15	4,325	4,765,576.84
中华人民共和国国家金库红河州中心支库	8,645	4,191,507.36	8,280	4,202,772.11
中华人民共和国国家金库文山州中心支库	7,261	2,230,774.81	3,748	2,227,796.69
中华人民共和国国家金库普洱市中心支库	5,868	2,031,957.44	3,945	2,063,688.42
中华人民共和国国家金库西双版纳州中心支库	5,469	1,110,160.46	3,414	1,209,922.60
中华人民共和国国家金库大理州中心支库	8,810	2,593,503.56	4,165	2,717,103.04
中华人民共和国国家金库保山市中心支库	7,712	1,821,508.50	5,580	1,812,560.80
中华人民共和国国家金库德宏州中心支库	7,126	1,705,437.20	3,784	1,584,977.97
中华人民共和国国家金库丽江市中心支库	4,169	1,215,415.58	1,604	1,257,677.04
中华人民共和国国家金库怒江州中心支库	2,869	487,256.54	1,507	502,981.84
中华人民共和国国家金库迪庆州中心支库	2,933	922,364.46	1,560	919,746.98

续表

	发起笔数(往账)	发起金额(万元)	接收笔数(来账)	接收金额(万元)
中华人民共和国国家金库临沧市中心支库	5,261	1,763,081.30	3,404	1,772,128.03
中国工商银行云南省分行清算中心(不办对外业务)	2,027,458	144,713,968.28	746,420	148,449,871.00
中国农业银行云南省分行清算中心(不对外办理业务)	1,099,279	169,929,416.70	1,247,245	180,472,891.73
中国银行股份有限公司云南省分行	348,377	83,762,813.50	431,171	99,206,538.10
中国建设银行股份有限公司云南省分行	711,165	143,998,649.39	937,251	151,770,578.68
国家开发银行股份有限公司云南省分行	11,159	9,765,878.13	4,603	12,667,985.25
中国进出口银行云南省分行	390	1,118,544.36	510	1,131,702.31
中国农业发展银行云南省分行	37,834	8,322,865.65	23,734	8,434,292.98
交通银行股份有限公司云南省分行	215,568	62,861,704.18	250,699	72,119,953.84
中信银行昆明分行会计清算部	4,867	1,927,118.57	4,737	2,030,740.88
中信银行股份有限公司昆明分行	125,491	39,845,707.54	143,281	45,178,050.78
中国光大银行昆明分行	55,202	35,289,891.54	90,029	38,535,152.67
华夏银行昆明分行会计处	242,857	56,192,923.34	136,997	63,172,399.53
华夏银行玉溪支行	17,758	2,710,790.36	10,736	3,405,532.26
中国民生银行昆明分行	170,750	66,499,652.45	136,604	69,178,554.56
广发银行股份有限公司昆明分行	86,978	26,350,059.45	138,305	28,423,581.50
深圳发展银行股份有限公司昆明分行	76,833	23,510,557.49	87,737	24,315,561.67
平安银行股份有限公司昆明分行	12,123	3,760,928.46	13,523	3,928,089.67
招商银行昆明分行	173,297	44,386,596.60	286,658	64,409,088.27
兴业银行股份有限公司昆明分行	110,446	62,691,298.44	63,666	64,775,679.75
上海浦东发展银行昆明分行	67,320	44,938,698.57	91,558	49,456,002.87
富滇银行股份有限公司运营管理部	446,541	136,471,730.09	364,788	143,282,601.43
曲靖市商业银行	78,296	7,094,689.69	63,488	8,729,282.34
玉溪市商业银行	52,191	19,769,451.91	36,390	21,168,606.89
重庆农村商业银行股份有限公司(不对外办理业务)	588	103,514.36	492	70,375.99
恒丰银行股份有限公司昆明分行	9,955	29,793,046.44	9,842	30,362,910.20
上海农村商业银行	3,379	252,075.04	1,519	343,835.93
云南省农村信用社联合社	648,820	190,543,066.00	1,090,447	204,399,836.89
中国邮政储蓄银行总行	50,256	9,314,523.05	151,417	12,686,254.04
汇丰银行(中国)有限公司昆明分行	115	112,957.46	220	120,742.84
恒生银行(中国)有限公司昆明分行	620	352,764.28	814	349,280.35
昆明银行电子结算中心	0	0.00	0	0.00
合计	7,073,879	1,717,959,444.17	6,722,094	1,724,552,775.02

2012 年云南省支票影像系统业务统计表（按行别）

编号	行别	区域				全国			
		提出		提入		提出		提入	
	名称	笔数	金额	笔数	金额	笔数	金额	笔数	金额
1	中国工商银行	23	224.21	45	213.97	4	9.18	59	300.21
2	中国农业银行	112	407.1	90	378.16	0	0	39	258.77
3	中国银行	46	74.54	97	991.16	5	98.87	71	1023.79
4	中国建设银行	259	721.78	78	577.94	27	263	140	1043.56
5	恒丰银行	0	0	0	0	0	0	1	5
6	中国农业发展银行	1	0.02	2	0.28	0	0	0	0
7	交通银行	10	100.31	31	306.18	10	85.69	30	256.44
8	中信银行	0	0	5	56.71	0	0	14	140.38
9	中国光大银行	0	0	2	10	0	0	3	1.83
10	华夏银行	48	471.86	12	92.05	5	71.3	28	550.7
11	中国民生银行	1	3.89	7	30.64	1	37.25	4	33.29
12	广东发展银行	2	0.51	27	141.76	0	0	144	320.73
13	深圳发展银行	39	312.22	2	8.74	0	0	27	286.38
14	招商银行	16	188.32	15	225.92	3	80.25	31	339.08
15	福建兴业银行	0	0	12	58.5	2	21	5	16.09
16	上海浦东发展银行	5	36.41	5	65.23	0	0	12	219.14
17	城市商业银行	141	1314.15	256	943.35	14	324.31	5262	7983.08
18	农村信用合作社	244	1479.46	261	1234.16	11	93.1	33	424.41
	合计	947	5334.78	947	5334.75	82	1083.95	5903	13202.88

云南银行业金融机构从业人员、法人机构和营业网点情况表

2012 年 12 月

机构名称	从业人员数（人）	法人机构数（个）	营业性网点（个）
政策性银行合计	2030	0	88
国家开发银行	187	0	1
进出口银行	1808	0	1
农业发展银行	35	0	86
大型商业银行合计	35088	0	1584
工商银行	8652	0	365
农业银行	13231	0	678
中国银行	4236	0	163
建设银行	7607	0	329
交通银行	1362	0	49
股份制商业银行合计	5611	0	163
中信银行	787	0	24
光大银行	550	0	16
华夏银行	535	0	20
广东发展银行	648	0	20
平安银行	470	0	11
招商银行	938	0	25
上海浦东发展银行	492	0	18
兴业银行	467	0	11
民生银行	644	0	15
恒丰银行	80	0	3
城市商业银行	3335	3	149
富滇银行	2354	1	100
曲靖市商业银行	631	1	31
玉溪市商业银行	350	1	18
农村金融机构合计	20699	133	2382
农村商业银行	38	0	1
农村合作银行	1435	4	150
农村信用社	19226	129	2231
村镇银行	635	26	42
外资银行合计	98	0	4
邮政储蓄银行	2864	0	851
云南国托公司	82	1	1
财务公司	38	1	2
资产管理公司	130	0	3
银行业金融机构合计	70610	164	5269

注：1. 本表机构数为季度数据，从业人员数为半年数据；从业人员数指在岗的工作人员。

2. 邮政储蓄银行人员不含代理机构从业人员，工行人员含其他劳务人员。

2012年云南省证券市场主要指标

指　标	单位	2012年12月底		2011年12月底	
		绝对数	同比增长（增减）%	绝对数	同比增长（增减）%
(1) 法人证券机构资产总额	亿元	127.45	16.85	109.07	-18.34
(2) 法人证券机构负债总额	亿元	68.7	33.17	51.59	-33.28
(3) 法人证券机构净资产	亿元	58.75	2.21	57.48	2.2
(4) 法人证券公司营业收入	万元	91607.12	-22.37	118002.16	-32.57
其中：经纪业务手续费收入	万元	36047.57	-32.55	53439.84	-36.12
利息收入	万元	12086.27	-25.26	16171.32	-14.13
证券承销业务收入	万元	18067.1	-8.11	19660.67	22.39
(5) A股投资者账户数	万户	196.86	4.86	187.73	8.33
(6) 基金管理公司当年新发基金数	只	0	0	0	0
(7) 新发基金首次募集金额	亿元	0	0	0	0
(8) 境内证券市场交易额	亿元	6496.62	-5.44	6870.43	-22.33
(9) 境内上市公司数量	家	28	0	28	0
(10) 境内上市公司累计募集资金	亿元	526.2	1.94	516.2	24.1
(11) 境内上市公司总市值	亿元	1516.4	2.1	1485.73	-37.37
(12) 当年境内股票募集资金	亿元	0	-100	78.25	60
		2012年12月底		2011年12月底	
1. 证券法人机构净资本充足率	%	66.07		96.03	
2. 证券法人机构净资本负债率	%	151.35		103.73	
3. 证券法人机构资产利润率	%	1.62		3.45	
4. 证券法人机构资产总额	亿元	127.45		109.07	
5. 证券业金融机构家数					
(1) 证券法人机构	家	2		2	
(2) 基金管理公司	家	0		0	
(3) 期货经纪公司	家	2		2	

2012 年云南省各保险公司原保险保费收入与赔付支出情况表

2012 年 12 月

单位：万元

项目	原保险保费收入			赔款与给付支出			市场占有率（%）	
	本年累计	上年同期	同比（%）	本年累计	上年同期	同比（%）	本年累计	上年同期
财产保险公司	1298103.10	1144780.05	13.39	672800.07	498413.35	34.99	100.00	100.00
人保股份	565181.23	532302.44	6.18	321489.71	247695.07	29.79	43.54	46.50
平安财险	210184.25	186140.14	12.92	102234.23	71401.98	43.18	16.19	16.26
太平洋财险	182315.65	154085.36	18.32	94800.96	66152.52	43.31	14.04	13.46
大地财险	96377.53	84968.18	13.43	46362.05	32806.64	41.32	7.42	7.42
阳光财险	63612.29	51860.99	22.66	26058.78	19016.41	37.03	4.90	4.53
国寿财险	49714.77	30139.10	64.95	21153.62	13557.90	56.02	3.83	2.63
华泰财险	26559.31	22734.44	16.82	11351.86	7131.18	59.19	2.05	1.99
天安保险	15556.67	18788.74	-17.20	11872.91	13024.75	-8.84	1.20	1.64
永诚财险	14248.56	16140.76	-11.72	9768.89	6924.59	41.08	1.10	1.41
永安财险	14077.88	11024.55	27.70	6743.64	6751.85	-0.12	1.08	0.96
鼎和财险	13796.23	211.43	6425.28	2930.25	4.16	70255.27	1.06	0.02
太平财险	11067.33	6008.85	84.18	3394.68	3110.08	9.15	0.85	0.52
出口信用	9111.40	8141.50	11.91	3085.84	1238.13	149.23	0.70	0.71
天平车险	6251.17	3982.82	56.95	2433.73	711.61	242.00	0.48	0.35
中银保险	5155.37	5494.34	-6.17	1278.17	1347.19	-5.12	0.40	0.48
华安财险	5120.70	5495.62	-6.82	4220.54	3556.84	18.66	0.39	0.48
诚泰财险	4155.86	-	-	477.09	-	-	0.32	-
渤海财险	3266.73	3427.36	-4.69	2162.98	1908.83	13.31	0.25	0.30
安邦保险	1466.26	2958.32	-50.44	367.37	1105.33	-66.76	0.11	0.26
都邦财险	883.92	875.11	1.01	612.77	968.28	-36.72	0.07	0.08
人寿保险公司	1414880.93	1266244.03	11.74	328307.91	300528.68	9.24	100.00	100.00
中国人寿	553503.23	480031.95	15.31	107558.39	114785.71	-6.30	39.12	37.91
新华人寿	164007.52	155113.55	5.73	8319.77	7556.17	10.11	11.59	12.25
太平洋人寿	150553.49	145406.23	3.54	15679.71	22104.78	-29.07	10.64	11.48
泰康人寿	138721.91	140971.68	-1.60	14507.94	10302.35	40.82	9.80	11.13
平安人寿	115720.85	112856.46	2.54	30378.47	24282.45	25.10	8.18	8.91
人保健康	95768.85	63762.50	50.20	58153.06	57020.47	1.99	6.77	5.04
人保人寿	60164.58	51270.10	17.35	5081.40	1914.48	165.42	4.25	4.05
阳光人寿	45844.36	41831.89	9.59	2856.98	1779.10	60.59	3.24	3.30
太平人寿	33634.73	23715.65	41.83	2197.44	1588.78	38.31	2.38	1.87
生命人寿	21234.33	21460.11	-1.05	1054.46	911.48	15.69	1.50	1.69
平安养老	18971.46	14529.83	30.57	14065.19	8082.44	74.02	1.34	1.15
国寿存续	13758.24	15181.90	-9.38	68386.26	50200.47	36.23	0.97	1.20
华夏人寿	2997.37	112.17	2572.10	68.82	0.00	-	0.21	0.01
总计	2712984.03	2411024.08	12.52	1001107.98	798942.03	25.30	-	-

2008 年至 2012 年云南省银行卡跨行业务统计表

单位:万笔　亿元　户　台　万张

年度	银行卡交易量					受理市场规模			发卡规模		
	清算笔数	清算金额	ATM 清算笔数	ATM 清算金额	POS 清算笔数	POS 清算金额	累计商户	累计 POS 终端	累计 ATM 终端	信用卡累计发卡量	借记卡累计发卡量
2008 年	5114. 73	694. 71	2497. 86	173. 94	2225. 98	507. 73	27232	40417	3766	242. 00	3016. 00
2009 年	6706. 89	1241. 01	3077. 46	228. 79	3611. 90	1010. 74	52715	76287	4943	280. 29	3625. 71
2010 年	8662. 12	1970. 18	3881. 89	312. 74	4762. 97	1647. 32	83176	114330	5903	367. 78	4212. 89
2011 年	11534. 04	2708. 44	5064. 29	440. 25	6378. 42	2084. 29	120820	165345	7200	421. 56	5090. 18
2012 年	14951. 80	3537. 58	6272. 98	574. 79	8359. 74	2902. 81	191150	255287	9343	483. 36	6081. 00

2012 年州市银行卡跨行业务统计表

单位:万笔 亿元 户 台

地 区	银行卡跨行交易量				受理市场规模		
	ATM 交易		POS 交易		累计商户数	累计 POS 终端	累计 ATM 终端
	笔数	金额	笔数	金额			
昆明	3050.07	282.78	4658.60	1811.09	90333	129258	3960
曲靖	486.91	42.47	635.41	191.12	16231	21162	785
玉溪	223.31	16.75	377.25	105.08	11590	14007	564
保山	153.46	13.65	160.30	62.12	6700	8309	332
昭通	233.17	21.87	107.64	36.87	5755	6498	304
楚雄	207.89	15.17	179.40	40.09	6935	10049	382
红河	346.35	31.23	279.30	83.52	9176	11506	615
文山	227.26	20.20	110.00	36.35	4799	5661	313
普洱	179.23	15.97	115.79	35.80	5577	6529	357
版纳	219.46	23.97	144.37	70.38	4138	5344	252
大理	310.01	28.76	297.52	100.55	10895	14808	514
德宏	102.86	10.49	97.70	58.08	6278	7005	222
丽江	232.39	24.04	198.93	48.75	5235	6683	268
怒江	59.34	5.21	27.56	5.66	1979	2125	104
迪庆	56.66	5.87	30.90	8.30	1127	1499	96
临沧	184.18	16.29	87.42	22.56	4402	4844	275
其它			851.65	186.49			
合计	6272.98	574.79	8359.74	2902.81	191150	255287	9343

云南省支付系统2012年资金流量流向情况表

单位：笔/万元

流出 CCPC		流入 CCPC	7310	7310	7310	7310	7310	7310	合计	合计
			昆明城市处理中心	昆明城市处理中心	昆明城市处理中心	昆明城市处理中心	昆明城市处理中心	昆明城市处理中心	合计	合计
		借贷类型	借记回执	借记回执	贷记	贷记	小计	小计		
		度量	笔数	金额（万元）	笔数	金额（万元）	笔数	金额（万元）	笔数	金额（万元）
1000	北京城市处理中心		68	266,671.68	305,631	384,649,686.65	305,699	384,916,358.33	305,699	384,916,358.33
1100	天津城市处理中心		0	0	30,262	5,380,135.92	30,262	5,380,135.92	30,262	5,380,135.92
1210	石家庄城市处理中心		0	0	49,215	3,530,944.83	49,215	3,530,944.83	49,215	3,530,944.83
1610	太原城市处理中心		0	0	21,844	2,873,058.38	21,844	2,873,058.38	21,844	2,873,058.38
1910	呼和浩特市处理中心		0	0	16,042	2,473,000.11	16,042	2,473,000.11	16,042	2,473,000.11
2210	沈阳城市处理中心		0	0	34,523	18,475,784.52	34,523	18,475,784.52	34,523	18,475,784.52
2410	长春城市处理中心		0	0	18,429	9,863,213.62	18,429	9,863,213.62	18,429	9,863,213.62
2610	哈尔滨城市处理中心		0	0	19,311	4,910,978.06	19,311	4,910,978.06	19,311	4,910,978.06
2900	上海城市处理中心		2	21.00	936,799	74,359,504.88	936,801	74,359,525.88	936,801	74,359,525.88
3010	南京城市处理中心		0	0	134,624	13,097,281.80	134,624	13,097,281.80	134,624	13,097,281.80
3310	杭州城市处理中心		0	0	211,774	14,061,130.79	211,774	14,061,130.79	211,774	14,061,130.79
3610	合肥城市处理中心		0	0	39,364	3,111,334.31	39,364	3,111,334.31	39,364	3,111,334.31
3910	福州城市处理中心		0	0	105,628	44,171,330.33	105,628	44,171,330.33	105,628	44,171,330.33
4210	南昌城市处理中心		0	0	46,351	8,351,448.70	46,351	8,351,448.70	46,351	8,351,448.70
4510	济南城市处理中心		0	0	88,159	14,998,532.15	88,159	14,998,532.15	88,159	14,998,532.15
4910	郑州城市处理中心		0	0	49,694	4,119,829.93	49,694	4,119,829.93	49,694	4,119,829.93
5210	武汉城市处理中心		0	0	68,265	8,631,647.88	68,265	8,631,647.88	68,265	8,631,647.88
5510	长沙城市处理中心		0	0	80,157	4,653,784.44	80,157	4,653,784.44	80,157	4,653,784.44
5810	广州城市处理中心		33	359.47	395,520	38,928,811.34	395,553	38,929,170.81	395,553	38,929,170.81
5840	深圳城市处理中心		4	37.87	281,002	38,029,885.17	281,006	38,029,923.04	281,006	38,029,923.04
6110	南宁城市处理中心		0	0	85,801	6,456,350.23	85,801	6,456,350.23	85,801	6,456,350.23
6410	海口城市处理中心		0	0	16,054	682,587.62	16,054	682,587.62	16,054	682,587.62
6510	成都城市处理中心		0	0	270,827	17,617,461.20	270,827	17,617,461.20	270,827	17,617,461.20
6530	重庆城市处理中心		0	0	95,289	10,741,497.64	95,289	10,741,497.64	95,289	10,741,497.64
7010	贵阳城市处理中心		0	0	132,954	5,500,539.77	132,954	5,500,539.77	132,954	5,500,539.77
7310	昆明城市处理中心		607,101	61,306,900.50	13,229,822	919,988,020.99	13,836,923	981,294,921.49	13,836,923	981,294,921.49
7700	拉萨城市处理中心		0	0	7,503	172,733.70	7,503	172,733.70	7,503	172,733.70
7910	西安城市处理中心		0	0	39,095	3,051,044.51	39,095	3,051,044.51	39,095	3,051,044.51
8210	兰州城市处理中心		0	0	17,251	3,201,961.58	17,251	3,201,961.58	17,251	3,201,961.58
8510	西宁城市处理中心		0	0	7,198	1,077,143.00	7,198	1,077,143.00	7,198	1,077,143.00
8710	银川城市处理中心		0	0	5,573	325,316.48	5,573	325,316.48	5,573	325,316.48
8810	乌鲁木齐城市处理中心		0	0	16,501	6,392,931.89	16,501	6,392,931.89	16,501	6,392,931.89
合计			607,208	61,573,990.52	16,856,462	1,673,878,912.41	0	0	17,463,670	1,735,452,902.94

制表说明：月份　介于“201101”和“201112”和流入 CCPC 在列表中（7310：昆明城市处理中心）

钻取路径：表 CNAPS－2－1－3 支付系统资金流量流向情况月报表

2012 年昆明城市处理中心电子商业汇票业务量统计表(按行别)

单位:笔/万元

类别 / 行名		按出票人开户行统计		按承兑人开户行或承兑行统计					
		商业承兑汇票		银行承兑汇票		商业承兑汇票		银行承兑汇票	
编号	名称	笔数	金额	笔数	金额	笔数	金额	笔数	金额
1	中国建设银行	0	0.00	25	11,046.60	0	0.00	30	12,625.42
2	中信银行	12	11,377.48	362	104,323.67	13	12,045.48	363	109,673.67
3	中国光大银行	0	0.00	640	173,965.18	0	0.00	643	174,710.18
4	中国民生银行	206	359,500.01	44	71,772.00	211	363,151.01	45	73,772.00
5	广发银行股份有限公司	0	0.00	58	15,466.74	0	0.00	60	15,502.24
6	深圳发展银行	0	0.00	174	61,380.83	0	0.00	174	61,380.83
7	招商银行	0	0.00	70	139,270.81	0	0.00	72	142,320.81
8	上海浦东发展银行	22	123,624.80	68	73,498.83	26	139,229.80	68	73,498.83
9	城市商业银行	0	0.00	74	53,841.23	0	0.00	76	55,565.29
10	中国工商银行	0	0.00	5	427.54	0	0.00	6	477.86
11	中国农业银行	0	0.00	7	3.229.98	0	0.00	7	3,229.98
12	中国银行	0	0.00	14	2,122.00	0	0.00	15	2,127.00
13	国家开发银行	0	0.00	1	1,500.00	0	0.00	1	1,500.00
14	交通银行	0	0.00	26	7,810.00	0	0.00	26	7,810.00
15	华夏银行	7	19,500.00	9	37,600.00	10	31,000.00	9	37,600.00
16	福建兴业银行	0	0.00	3	2,250.00		0.00	3	2,250.00
合　计		247	514,002.29	1580	759,505.40	260	545,426.29	1598	774,044.11

2012 年国家开发银行利润表

机构：云南省分行　　类别：年报　　日期：2012 年 12 月 31 日　　币种：人民币汇总　　单位：元

行次	项　　目	本期发生金额	本年累计金额
1	营业收入	3，769，608，973.34	3，769，608，973.34
2	利息净收入	3，525，343，851.74	3，525，343，851.74
3	利息收入	10，720，947，219.46	10，720，947，219.46
4	利息支出	-7，195，603，367.72	-7，195，603，367.72
5	手续费及佣金净收入	245，503，963.60	245，503，963.60
6	手续费及佣金收入	255，459，995.51	255，459，995.51
7	手续费及佣金支出	-9，956，031.91	-9，956，031.91
8	投资收益	0.00	0.00
9	其中：对联营企业和合营企业的投资收益	0.00	0.00
10	公允价值变动收益/（损失）	0.00	0.00
11	汇兑收益	-1，238，842.00	-1，238，842.00
12	其他业务收入	0.00	0.00
13	营业支出	-2，076，008，082.75	-2，076，008，082.75
14	营业税金及附加	-574，088，401.41	-574，088，401.41
15	业务及管理费	-118，460，143.53	-118，460，143.53
16	资产减值损失	-1，383，459，537.81	-1，383，459，537.81
17	其他业务成本	0.00	0.00
18	营业利润	1，693，600，890.59	1，693，600，890.59
19	加：营业外收入	900，237.99	900，237.99
20	减：营业外支出	-4，837，000.00	-4，837，000.00
21	利润总额	1，689，664，128.58	1，689，664，128.58
22	减：所得税费用	0.00	0.00
23	净利润	1，689，664，128.58	1，689，664，128.58

2012 年国家开发银行资产负债表

编报行:云南省分行　类别:年报　日期:2012 年 12 月 31 日　币种:人民币汇总　单位:元

资　产	行次	期末金额	期初金额	负债及股东权益	行次	期末金额	期初金额
资产:				负债:			
现金及存放中央银行款项	1	337,981,852.55	161,151,840.10	向中央银行借款	19	0.00	0.00
存放同业款项	2	13,260,914.70	11,600,500.40	同业及其他金融机构存放款项	20	3,476,490,429.07	3,230,015,598.67
贵金属	3	0.00	0.00	拆入资金	21	0.00	0.00
拆出资金	4	0.00	0.00	交易性金融负债	22	0.00	0.00
交易性金融资产	5	0.00	0.00	衍生金融负债	23	0.00	0.00
衍生金融资产	6	0.00	0.00	卖出回购金融资产款	24	0.00	0.00
买入返售金融资产	7	0.00	0.00	吸收存款	25	8,651,276,668.93	9,126,191,147.36
应收利息	8	434,017,281.54	332,790,700.36	应付职工薪酬	26	0.00	0.00
发放贷款和垫款	9	155,829,681,909.61	136,109,923,124.51	应交税费	27	301,100,623.54	354,777,410.57
可供出售金融资产	10	0.00	0.00	应付利息	28	22,750,964.90	15,071,440.20
持有至到期投资	11	0.00	0.00	预计负债	29	0.00	0.00
长期股权投资	12	0.00	0.00	应付债券	30	0.00	0.00
投资性房地产	13	0.00	0.00	递延所得税负债	31	0.00	0.00
固定资产	14	24,089,799.80	13,620,342.85	其他负债	32	161,419,247,848.87	140,010,561,357.73
无形资产		450.00	720.00	负债合计	33	173,870,866,535.31	152,736,616,954.53
递延所得税资产	16	0.00	0.00	所有者权益(或股东权益):			
其他资产	17	18,921,498,455.69	17,939,075,085.42	实收资本(或股本)	34	0.00	0.00
				资本公积	35	0.00	0.00
				减:库存股	36	0.00	0.00
				盈余公积	37	0.00	0.00
				一般风险准备	38	0.00	0.00
				未分配利润	39	1,689,664,128.58	1,831,545,359.11
				外币报表折算差额	40	0.00	0.00
				所有者权益(或股东权益)合计	41	1,689,664,128.58	1,831,545,359.11
资产总计	18	175,560,530,663.89	154,568,162,313.64	负债及所有者权益(或股东权益)总计	42	175,560,530,663.89	154,568,162,313.64

图书在版编目(CIP)数据

云南金融年鉴. 2013：总第18卷 /《云南金融年鉴》编委会编. —— 昆明：云南人民出版社，2013.9
ISBN 978-7-222-11183-7

Ⅰ. ①云… Ⅱ. 云… Ⅲ. ①金融事业—云南省—2013—年鉴 Ⅳ. ①F832.774-54

中国版本图书馆CIP数据核字(2013)第205052号

责任编辑：段金华　李景霞
装帧设计：侯大蓉
封面设计：年鉴编辑部

书　　名	云南金融年鉴2013(总第18卷)
作　　者	云南金融年鉴编委会　编
出　　版	云南出版集团公司　云南人民出版社
发　　行	云南人民出版社
社　　址	昆明市环城西路609号
邮　　编	650034
网　　址	www.ynpph.com.cn
E - mail	rmszbs@public.km.yn.cn
开　　本	889×1194　1/16
印　　张	27
字　　数	600千
版　　次	2013年11月第1版第1次印刷
印　　刷	云南民大印务有限公司
书　　号	ISBN 978-7-222-11183-7
定　　价	280.00元